V&R

Das Alte Testament Deutsch

Neues Göttinger Bibelwerk

In Verbindung mit Walter Beyerlin, Erhard Gerstenberger,
H. W. Hertzberg, Bernd Janowski, Jörg Jeremias, Matthias Köckert,
Reinhard G. Kratz, Christoph Levin, James A. Loader, Arndt Meinhold,
Diethelm Michel, Siegfried Mittmann, Hans-Peter Müller, Martin Noth,
Jürgen van Oorschot, Karl-Fr. Pohlmann, Norman W. Porteous, Gerhard von Rad,
Henning Graf Reventlow, Magne Sæbø, Ludwig Schmidt, Werner H. Schmidt,
Hermann Spieckermann, Timo Veijola, Artur Weiser, Peter Welten,
Claus Westermann, A. S. van der Woude, Ernst Würthwein

herausgegeben von Otto Kaiser und Lothar Perlitt

Teilband 22/1

Das Buch des Propheten Hesekiel (Ezechiel)
Kapitel 1–19

Göttingen · Vandenhoeck & Ruprecht · 1996

Das Buch des Propheten Hesekiel (Ezechiel) Kapitel 1–19

Übersetzt und erklärt
von
Karl-Friedrich Pohlmann

Göttingen · Vandenhoeck & Ruprecht · 1996

Die Deutsche Bibliothek – CIP-Einheitsaufnahme

Das *Alte Testament deutsch*: neues Göttinger Bibelwerk / in
Verbindung mit Walter Beyerlin ... hrsg. von Otto Kaiser und
Lothar Perlitt. –
Göttingen: Vandenhoeck und Ruprecht.
Teilw. hrsg. von Artur Weiser. – Teilw. in Fraktur. – Teilw. mit Nebent.: ATD
NE: Kaiser, Otto [Hrsg.]; Weiser, Artur [Hrsg.]; ATD

Teilbd. 22. Das Buch des Propheten Hesekiel (Ezechiel) /
Übers. und erklärt von Karl-Friedrich Pohlmann.
1. Kapitel 1–19. – 1996
ISBN 3-525-51210-4 kart.
ISBN 3-525-51209-0 Gewebe
NE: Pohlmann, Karl-Friedrich

Gesamtherstellung: Hubert & Co., Göttingen

Inhalt

Kommentar: Ezechiel 1 bis 19 – Übersetzung und Erklärung

Zur Druckgestaltung

In der Übersetzung werden Textanteile unterschiedlicher Herkunft[1] auf folgende Weise gekennzeichnet:

halbfett	Textanteile des älteren Prophetenbuches
kursiv	Textanteile der golaorientierten Redaktion
mager	Textanteile späterer Bearbeitungen

Der spezielle Charakter dieses Kommentars in der Reihe ATD läßt es nur bedingt zu, ausführlich auf textkritische Fragen einzugehen. Von unvermeidlichen Ausnahmen abgesehen muß es daher mit knappen Verweisen auf den textkritischen Apparat der BHS sein Bewenden haben. Die am häufigsten wiederkehrenden Verweise erscheinen im Übersetzungstext als ein hochgestelltes Ap (= ^{Ap}) für „vgl. Ap. BHS" sowie als hochgestelltes G- (= $^{G-}$) für „Fehlt in G". Auf textkritische Probleme gehen ausführlich ein Zimmerli, BK XIII, 1/2, und neuerdings Allen, WBC. Ein * hinter der Verszahl bedeutet, daß sekundär zugewachsene Anteile unberücksichtigt bleiben.

Abkürzungs- und Literaturverzeichnis[2]

Textzeugen

M	Masoretischer Text (hebräisch)
G	Septuaginta (griechisch)
S	Peschitta (syrisch)
T	Targum (aramäisch)
V	Vulgata (lateinisch)
Vrs	Die Versionen (antike Übersetzungen des Alten Testaments)

---

[1] Die Druckgestaltung soll eine Orientierungshilfe bieten; Feindifferenzierungen sind nicht immer möglich gewesen; dazu und zu weiteren Einzelheiten ist die Kommentierung heranzuziehen.

[2] Vgl. außerdem die Literaturhinweise zu den Einzelabschnitten. – Abkürzungen nach S. Schwertner, Internationales Abkürzungsverzeichnis für Theologie und Grenzgebiete, Berlin/New York 1992².

Textausgaben

BHK Biblia Hebraica, ed. R. Kittel, Stuttgart 1937[3].
BHS Biblia Hebraica Stuttgartensia, ed. K. Elliger/W. Rudolph, Stuttgart 1967/1977.
Ziegler Septuaginta. Vetus Testamentum Graecum. Auctoritate Societatis Academiae Scientiarum Gottingensis editum, vol. XVI, pars 1 Ezechiel, ed. J. Ziegler, 2., durchgesehene Auflage. Mit einem Nachtrag von D. Fraenkel, Göttingen 1977.
Biblia Sacra iuxta Vulgatam Versionem. Bd. I/II, ed. R. Weber, Stuttgart 1969.
Qumran Die Texte aus Qumran. Hebräisch und deutsch, hg.v. E. Lohse, Darmstadt 1986[4].

Kommentare zum Ezechielbuch:

KH: R. Smend 1880[2]; KAT: J. Herrmann 1924; HAT: A. Bertholet 1936; TeDi: P. Auvray 1947; HAT: G. Fohrer 1955; ICC: G. A. Cooke 1936 (1951); BOT: A. van den Born 1954; ATD: W. Eichrodt I 1959 (1986[5]), II 1966 (1984[3]); BK: W. Zimmerli 1969 (1979[2]); AncB: M. Greenberg 1983; NEB: H. F. Fuhs I 1984, II 1988; WBC: W. H. Brownlee 1986 (= c. 1–19); WBC: Allen 1990 (= c. 20–48), 1994 (= c. 1–19); B. Maarsingh I (De Prediking van het Oude Testament, Nijkerk) 1985, II 1988; R. W. Klein, Ezekiel. The Prophet and His Message, Columbia/South Carolina 1988; Interpretation (Westminster/John Knox): J. Blenkinsopp 1990.

Monographien und Aufsätze[3]

J. Herrmann, Ezechielstudien, BWANT 2, Leipzig 1908; G. Hölscher, Hesekiel. Der Dichter und das Buch, BZAW 39, Giessen 1924; C. C. Torrey, Ezekiel and the Original Prophecy, YOS 18, New Haven 1930; S. Spiegel, Ezekiel or Pseudo-Ezekiel? HThR 24, 1931, 245–321; V. Herntrich, Ezechielprobleme, BZAW 61, Gießen 1932; C. Kuhl, Zur Geschichte der Hesekiel-Forschung, ThR 5, 1933, 92–118; ders., Neuere Hesekiel-Literatur, ThR 20, 1952, 1–26; ders., Zum Stand der Hesekiel-Forschung, ThR 24, 1957/58, 1–53; W. A. Irwin, The Problem of Ezekiel, Chicago 1943; L. E. Browne, Ezekiel and Alexander, London 1952; G. Fohrer, Die Hauptprobleme des Buches Ezechiel, BZAW 72, Berlin 1952; ders., Das Symptomatische der Ezechielforschung, ThLZ 83, 1958, Sp. 241–250; H. Gese, Der Verfassungsentwurf des Ezechiel (Kap. 40–48) traditionsgeschichtlich untersucht, BHTh 25, Tübingen 1957; S. Herrmann, Die prophetischen Heilserwartungen im Alten Testament. Ursprung und Gestaltwandel, BWANT 85, Stuttgart 1965; H. Schulz, Das Todesrecht im Alten Testament, BZAW 114, Berlin 1969; J. Ebach, Kritik und Utopie. Untersuchungen zum Verhältnis von Volk und Herrscher im Verfassungsentwurf des Ezechiel (Kap. 40–48), Diss. Hamburg 1972; J. Garscha, Studien zum Ezechielbuch. Eine redaktionskritische Untersuchung von Ez 1–39, EHS.T 23, Bern/Frankfurt 1974; H. Simian, Die theologische Nachgeschichte der Prophetie Ezechiels. Form- und traditionsgeschichtliche Untersuchung zu Ez 6; 35; 36, FzB 14, Würzburg 1974; R. Liwak, Überlieferungsgeschichtliche Probleme des Ezechielbuches. Eine Studie zu postezechielischen Interpretationen und Kompositionen, Diss. Bochum 1976; F.-L. Hossfeld, Un-

[3] In den Anmerkungen wird mit Verfassernamen und Kurztitel oder Erscheinungsjahr abgekürzt zitiert.

tersuchungen zu Komposition und Theologie des Ezechielbuches, FzB 20, Würzburg 1977; K.-F. Pohlmann, Studien zum Jeremiabuch. Ein Beitrag zur Frage nach der Entstehung des Jeremiabuches, FRLANT 118, Göttingen 1978; B. Lang, Kein Aufstand in Jerusalem, SBB, Stuttgart 1978; G. Bettenzoli, Geist der Heiligkeit. Traditionsgeschichtliche Untersuchung des qdš-Begriffs im Buch Ezechiel, QuSem 8, Florenz 1979; W. Zimmerli, Das Phänomen der „Fortschreibung" im Buche Ezechiel, in: J.A. Emerton (ed.), Prophecy. Essays presented to G. Fohrer, BZAW 150, Berlin 1980, 174–191; E. Vogt, Untersuchungen zum Buch Ezechiel, AnBib 95, Rom 1981; B. Lang, Ezechiel. Der Prophet und das Buch, EdF 153, Darmstadt 1981; J. Lust, Ezekiel 36–40 in the Oldest Greek Manuscript, CBQ 43, 1981, 517–533; W. Zimmerli, Artikel Ezechiel/Ezechielbuch, TRE 10, 1982, 766 ff.; J. Becker, Erwägungen zur ezechielischen Frage, in: Künder des Wortes, FS Schreiner, hg. von L. Ruppert, P. Weimar und E. Zenger, Würzburg 1982, 137–149; L.J. McGregor, The Greek Text of Ezekiel. An Examination of Its Homogeneity, SBL. Septuagint and Cognate Studies Series 18, Atlanta (Georgia) 1985; E. Kutsch, Die chronologischen Daten des Ezechielbuches, OBO 62, Freiburg/Schweiz-Göttingen 1985; R. Bartelmus, Ez 37, 1–14, Die Verbform w^{e}qatal und die Anfänge der Auferstehungshoffnung, ZAW 97, 1985, 366–389; Chr. Levin, Die Verheißung des neuen Bundes, FRLANT 137, Göttingen 1985; J. Lust (Hg.), Ezekiel and his Book. Textual and Literary Criticism and their Interrelation, BEThL LXXIV, Leuven 1986; ders., The Use of Textual Witnesses for the Establishment of the Text. The Shorter and Longer Text of Ezekiel, in: Lust (Hg.), BEThL LXXIV, 1986, 7–20; J. Becker, Ez 8–11 als einheitliche Komposition in einem pseudepigraphischen Ezechielbuch, in: Lust (Hg.), BEThL LXXIV, 1986, 136–150; M. Greenberg, What Are Valid Criteria for Determining Inauthentic Matter in Ezekiel?, in: Lust (Hg.), BEThL LXXIV, 1986, 123–135; H. F. Fuhs, Ez 24. Überlegungen zu Tradition und Redaktion des Ezechielbuches, in: Lust (Hg.), BEThL LXXIV, 1986, 266–282; R. Rendtorff, Ez 20 und 36, 16 ff. im Rahmen der Komposition des Buches Ezechiel, in: Lust (Hg.), BEThL LXXIV, 1986, 260–265; F.-L. Hossfeld, Probleme einer ganzheitlichen Lektüre der Schrift. Dargestellt am Beispiel Ez 9–10, ThQ 167, 1987, 266–277; Ellen F. Davis, Swallowing the Scroll. Textuality and the Dynamics of Discourse in Ezekiels's Prophecy, JSOT. S 78, Sheffield 1989; Th. Krüger, Geschichtskonzepte im Ezechielbuch, BZAW 180, Berlin 1989; K.-F. Pohlmann, Die Ferne Gottes. Studien zum Jeremiabuch. Beiträge zu den „Konfessionen" im Jeremiabuch und ein Versuch zur Frage nach den Anfängen der Jeremiatradition, BZAW 179, Berlin 1989; ders., Zur Frage nach den ältesten Texten im Ezechielbuch - Erwägungen zu Ez 17, 19 und 31, in: Prophet und Prophetenwort, FS Kaiser, hg. von V. Fritz, K.-F. Pohlmann und H.-C. Schmitt, BZAW 185, Berlin 1989, 150–172; Ph.J. Swanson, The Role of Covenant in Ezekiel's Program of Restoration, New Orleans (Baptist Theological Seminary) 1989; G. H. Matties, Ezekiel 18 and the Rhetoric of Moral Discourse in the Book of Ezekiel, SBL. DS 126, Atlanta 1990 (= PH. D. 1989 Vanderbilt University); M. F. Rooker, Biblical Hebrew in Transition. The Language of the Book of Ezekiel, JSOT. S 90, Sheffield 1990; F. Sedlmeier, Studien zu Komposition und Theologie von Ezechiel 20, SBB 21, Stuttgart 1990; St. Ohnesorge, Jahwe gestaltet sein Volk neu. Zur Sicht der Zukunft Israels nach Ez 11, 14–21; 20, 1–44; 36, 16–38; 37, 1–14. 15–28, FzB 64, Echter Verlag, Würzburg 1991; D. Bodi, The Book of Ezekiel and the Poem of Erra, OBO 104, Freiburg/Schweiz-Göttingen 1991; F. Fechter, Bewältigung der Katastrophe. Untersuchungen zu ausgewählten Fremdvölkersprüchen im Ezechielbuch, BZAW 208, Berlin 1992; Julie Galambush, Jerusalem in the Book of Ezekiel. The City as Yahweh's Wife, SBL. DS 130,

Atlanta (Georgia) 1992; K.-F. Pohlmann, Ezechielstudien. Zur Redaktionsgeschichte des Buches und zur Frage nach den ältesten Texten, BZAW 202, Berlin 1992; R. Albertz, Religionsgeschichte Israels in alttestamentlicher Zeit, GAT 8, 1.2, Göttingen 1992; D. Vieweger, Die literarischen Beziehungen zwischen den Büchern Jeremia und Ezechiel, Beiträge zur Erforschung des Alten Testaments und des Antiken Judentums Bd. 26, Frankfurt/M. u. a. 1993; O. Kaiser, Grundriß der Einleitung in die kanonischen und deuterokanonischen Schriften des Alten Testaments, Bd. 1: Die erzählenden Werke, Gütersloh 1992; Bd. 2: Die prophetischen Werke. Mit einem Beitrag von K.-Fr. Pohlmann, Gütersloh 1994; B. Seidel, Ezechiel und die zu vermutenden Anfänge der Schriftreligion im Umkreis der unmittelbaren Vorexilszeit. Oder: Die Bitternis der Schriftrolle, ZAW 107 (1995), 51-64; H. Donner, Geschichte Israels und seiner Nachbarn in Grundzügen, GAT 4, 1.2, Göttingen 1995^{2}; U. Feist, Ezechiel. Das literarische Problem des Buches forschungsgeschichtlich betrachtet, BWANT 138 = 7. Folge 18, Stuttgart - Berlin - Köln, 1995.

Weitere Abkürzungen

Ap. BHS	verweist auf den textkritischen Apparat der BHS
Ap. BHK	verweist auf den textkritischen Apparat der BHK
G-K^{28}	W. Gesenius, Hebräische Grammatik, völlig umgearbeitet von E. Kautzsch, Leipzig 1909^{28} (= Hildesheim 1985 = Darmstadt 1991)
K	K^{e}tib (hebräischer Konsonantentext)
KTU	M. Dietrich - O. Loretz - J. Sanmartín, The Cuneiform Alphabetic Texts from Ugarit, Ras Ibn Hani and Other Places (KTU: second, enlarged edition), Abhandlungen zur Literatur Alt-Syrien-Palästinas und Mesopotamiens (= ALASP), Bd. 8, Münster 1995
Q	Q^{e}re (Lesevorschlag der Masoreten)

Herzlichen Dank an dieser Stelle den Herausgebern der Kommentarreihe für ihre hilfreichen und kritischen Hinweise und Anfragen sowie den Mitarbeitern des Verlags und zumal Frau Renate Hartog für die hervorragende Zusammenarbeit und die Betreuung der Drucklegung. Besonders danke ich meinen Doktoranden Thilo Rudnig und Susanne Zelt - selbst schon Spezialisten der Ezechielexegese - für wichtige Anregungen und kompetente Hilfe bei der Erstellung der Endfassung des Manuskripts und beim Lesen der Korrekturen.

Karl-Fr. Pohlmann Ende August 1996

Einleitung

I. Das Ezechielbuch – Zeitgeschichtlicher Hintergrund

1. Juda und Jerusalem unter babylonischer Oberherrschaft (bis 587 v. Chr.)

Da das AT und seine einzelnen Schriften historisch gewordene Größen sind, sind gewisse Grundkenntnisse über Raum und Zeit ihrer Entstehung unverzichtbar[4].

Der Raum, in dem das AT entstand, gehört zum sog. fruchtbaren Halbmond, der sich vom Zweistromland des Euphrat und Tigris über Syrien und Palästina bis zum Land des Nil, also Ägyten erstreckt. Auf Schritt und Tritt sind all die Einflüsse wahrzunehmen, die diese geographische Konstellation als schmaler Kulturlandstreifen zwischen Meer und Wüste und zwischen Mesopotamien und Ägypten auf das Denken und Fühlen des atl. Menschen ausübte und somit auch auf diejenigen, deren Denken und Fühlen im verschrifteten Wort auf uns gekommen ist. Das gilt nicht nur hinsichtlich kultureller Einflüsse. Gerade auch das politische Geschick der Menschen in Palästina ist seit je und im Grunde bis heute mitbestimmt von den jeweiligen Machtverhältnissen in Ägypten und im Zweistromland. Die Brücke zwischen diesen beiden Regionen, Syrien-Palästina, war über weite Zeitspannen hinweg Zankapfel zwischen den jeweiligen Großmachtgebilden am Nil und im Zweistromland. Nur wenn sich zwischen den Großmächten Ägyptens und Mesopotamiens ein Machtvakuum herausbildete, so daß von keiner Seite Ansprüche auf die Landbrücke zwischen Asien und Afrika erhoben wurden, war für die Bewohner dieser Region die Chance einer unabhängigen Entwicklung gegeben.

Nach dem Zerfall des „Großreiches" Davids und Salomos (926 v. Chr.) wurden die daraus hervorgegegangenen getrennten Staatengebilde „Israel" mit der Hauptstadt Samaria (Gründung ca. 876 v. Chr.) im Norden und „Juda" mit der Hauptstadt Jerusalem im Süden schließlich in der zweiten Hälfte des 8. Jh.s zunehmend mit der geballten Macht der expansiven Assyrer und deren Unterwerfungsstrategien konfrontiert. 733 v. Chr. bleibt als Ergebnis

[4] Vgl. z. B. Donner, Geschichte 1 u. 2; A. H. J. Gunneweg, Geschichte Israels bis Bar Kochba, Stuttgart 1989[6]; J. A. Soggin, Einführung in die Geschichte Israels und Judas. Von den Ursprüngen bis zum Aufstand der Bar Kochbas, Darmstadt 1991.

der assyrischen Unternehmungen vom Nordstaat Israel nur noch die Hauptstadt Samaria übrig; 722 schließlich kommt das endgültige Aus, das Nordreich hat aufgehört zu existieren, es wird zur assyrischen Provinz *Samerina* (= Samaria) degradiert. Beachtliche Bevölkerungsanteile wurden in andere Regionen des assyrischen Reiches verschleppt. An ihrer Stelle hätten die Assyrer (nach 2. Kön 17) fremde Völkerschaften aus anderweitig eroberten Gebieten angesiedelt, so daß jetzt im ehemaligen Nordreich eine Mischbevölkerung entstanden wäre.

König Ahas von Juda - die Propheten Jesaja und Micha sind seine Zeitgenossen - gelang es durch rechtzeitige Anerkennung der assyrischen Oberherrschaft und entsprechende Tribute, seinen Staat vor dem Schlimmsten zu bewahren. Aber Juda mit Jerusalem war nun ein von Assur abhängiger Vasallenstaat. Fast ein Jahrhundert bleibt Juda unter assyrischem Joch. Der Versuch König Hiskias (ca. 725–697 v. Chr.), im Verbund mit anderen von Assur unterdrückten Nachbarstaaten die assyrische Oberherrschaft abzuschütteln, war kläglich gescheitert; durch eine noch rechtzeitige Kapitulation und hohe Tributleistungen konnte das belagerte Jerusalem vor Eroberung und Zerstörung bewahrt werden (701 v. Chr.; vgl. 2. Kön 18–20*).

Erst die Schwierigkeiten, in die das assyrische Großreich auf Grund innerer Unruhen geriet, weil inzwischen die Chaldäer (oder „Neubabylonier") im Verein mit den Medern im Zweistromland agierten, führte in Syrien-Palästina zu einem Machtvakuum, das es dann König Josia (639–609 v. Chr.) ermöglichte, aus dem Vasallenverhältnis auszuscheren. Wie eng sein Handlungsspielraum trotz des Niedergangs der assyrischen Großmacht war, zeigen die weiteren Entwicklungen. In die Auseinandersetzungen zwischen Rest-Assur und den Chaldäern schaltet sich alsbald Ägypten ein; die Region Syrien-Palästina und somit auch Josias Staat betrachteten die Ägypter als ihr Aufmarschgebiet. Josias Versuch, das ägyptische Vordringen zu verhindern, scheitert. Als er sich im Jahre 609 v. Chr. in der Nähe von Megiddo den Ägyptern unter Pharao Necho entgegen stellt (2. Kön 23, 29 f.), unterliegt er und findet den Tod. Ägypten schaltet sich in die inneren Angelegenheiten Judas ein und kassiert den als Nachfolger Josias zum König eingesetzten Joahas (2. Kön 23, 30). Joahas muß ins Exil nach Ägypten (2. Kön 23, 31–34; vgl. Ez 19, 4); an seiner Stelle wird Jojakim als König von Ägyptens Gnaden inthronisiert. Die damit angezeigte Oberherrschaft Ägyptens ist jedoch nur ein Zwischenspiel. Denn Ägypten ist zu schwach, die Region Syrien-Palästina zu halten. Im Zweistromland hatten die Neubabylonier inzwischen die Macht übernommen. Nach der Schlacht bei Karkemisch im Jahr 605, die für die Ägypter in einem Desaster endet, sind die Babylonier unter Nebukadnezar (605–562) die Herren des Vorderen Orients. Das bedeutete für Jojakim, daß er Nebukadnezar als seinen neuen Oberherrn anerkennen muß. Sein Versuch, bereits nach drei Jahren das babylonische Joch abzuwerfen, wahrscheinlich in der Hoffnung auf ägyptische Rückendeckung, scheitert. Im Jahre 598 steht die babylonische Strafexpedition im Lande. Jojakim stirbt, an seiner Stelle wird sein Sohn Jojachin zum König erhoben. Jerusalem wird belagert, binnen weniger Wochen gibt Jojachin den Kampf auf; er kapituliert. Die Stadt scheint also nicht erobert worden zu sein, von besonderem Widerstand oder Zerstörungen ist weder in 2. Kön 24, 10ff. noch in den babylonischen Quellen[5] die Rede. Nebukadnezar setzt Zedekia, einen Sohn Josias und somit Onkel Jojachins, zum König ein. Jojachin und die Jerusalemer Oberschicht - „die oberen Zehntausend" (nach 2. Kön 24, 14 10.000 Gefangene) werden nach Babel ins Exil verschleppt.

Auf die soeben kurz angedeuteten Vorgänge wird im Ezechielbuch mehrfach Bezug genommen[6]. Ezechiel selbst gehört nach der Darstellung des jetzigen Buches zur ersten Gola, also zu denen, die mit König Jojachin 597 v. Chr. ins Exil mußten. In Ez 19 wird das Geschick der letzten Könige in einer Art Totenklage vor Augen geführt; auf Jojachins Deportation und die Einsetzung Zedekias als Vasallenkönig Nebukadnezars spielt Ez 17 an. Zedekia, der letzte judäische König, hat nach etwa zehn Jahren den Eid gegenüber seinem Lehnsherrn Nebukadnezar aufgekündigt (vgl. dazu Ez 17, 16ff.). Wahrscheinlich geschah das im Zusammenhang mit einer allgemeinen Aufstandsbewegung auch der Nachbarstaaten[7].

Über diese Vorgänge und die weiteren Entwicklungen bis hin zur totalen Katastrophe im Jahr 587 v. Chr., also der Einnahme Jerusalems durch die Babylonier, weiß neben 2. Kön 25 auch das Jeremiabuch ausführlich zu berichten (Jer 37–39; vgl. Jer 52), weil hier das in diese Ereignisse hineinverflochtene Wirken und Geschick Jeremias im Mittelpunkt steht. Die Babylonier können eine Bresche in die Stadtmauer legen und so schließlich nach ca. anderthalb Jahren Belagerung die Stadt einnehmen. Der Fluchtversuch König Zedekias mißlingt; er wird für seinen Eidbruch grausam bestraft; Nebukadnezar läßt ihn blenden, nachdem er zuvor die Hinrichtung seiner Söhne hatte mitansehen müssen, und anschließend in Ketten nach Babel bringen, wo er im Gefängnis gestorben ist (Vgl. Jer 52, 11). In Jerusalem macht Nebukadnezar *tabula rasa*: Jahwes Tempel und der Königspalast werden zerstört, die Stadtmauer wird geschleift, die Bewohner müssen ins babylonische Exil; zurückbleiben dürfen nur die „Geringen im Lande" (vgl. 2. Kön 25, 12; Jer 39, 10; 52, 16).

---

[5] Vgl. K. Galling (Hg.), Textbuch zur Geschichte Israels, Tübingen 1968², 74: „... Die Stadt von Juda... griff er [der König von Akkad = Nebukadnezar] an. Am 2. Adar eroberte er die Stadt [umgerechnet: am 16. 3. 597 v. Chr.]. Den König nahm er gefangen. Einen König nach seinem Herzen setzte er über sie. Schweren Tribut nahm er mit und brachte (ihn) nach Babel."

[6] Im Jeremiabuch finden sich in einer Sammlung von Sprüchen über die letzten Könige (Jer 22) Anspielungen auf das Geschick Josias und den nach Ägypten verschleppten Joahas (Jer 22, 10–12), ferner auf Jojakim, dem seine Prunksucht sowie soziale Ungerechtigkeiten vorgeworfen werden (Jer 22, 13ff.), sowie auf Jojachin und sein Exilsgeschick in Babel (Jer 22, 24–30).

[7] Vgl. Jer 27, wo die Könige von Edom, Moab, Ammon, Tyrus und Sidon neben Zedekia aufgefordert werden, sich dem Joch des Königs von Babel zu beugen.

2. Juda und Jerusalem in exilisch-nachexilischer Zeit – Jerusalems Untergang und die Folgen

Seit 597 und besonders, weil endgültig, seit 587 ist „Israel" zerrissen. Beachtliche Anteile der Bevölkerung leben im babylonischen Exil. Allerdings geht auch in Juda, jetzt wohl der Provinz Samaria angegliedert, das Leben weiter. Entgegen der späteren Darstellung besonders im chronistischen Geschichtswerk (vgl. auch Lev 26), wonach Juda und Jerusalem nach 587 völlig ohne Bewohner war und sich das ganze Volk im Exil befunden hätte, war das Land keineswegs menschenleer. Die größeren Anteile des Volkes waren im Lande verblieben; die während der Kriegswirren in die Nachbarstaaten Ammon, Moab und Edom geflüchteten Bewohner begannen zurückzukehren (vgl. Jer 40, 11 f.). Die Bemühungen, sich wieder zurecht zu finden, das alltägliche Leben neu zu organisieren, mögen schwierig genug gewesen sein. Und viele, die dem Geschick der Zwangsexilierung nach Babel entgangen waren, sind in den Jahren nach der Katastrophe angesichts einer fehlenden Perspektive im Lande mehr oder weniger freiwillig außer Landes gegangen, vorwiegend nach Ägypten (vgl. Jer 41–43*).

Abgesehen von den äußeren Schwierigkeiten, den Zerstörungen im Lande, den Verlusten an Menschen etc., stand man sowohl im babylonischen Exil als auch im Lande selbst vor dem großen Problem, die durch die Katastrophe eingetretene geistig-religiöse Krise bewältigen zu müssen. Mit dem Fall Jerusalems waren ja nicht nur die bis dahin tragenden Säulen des Staates eingerissen worden. Hinfällig geworden waren damit ja auch die Grundpfeiler der bis dahin geltenden Glaubensüberzeugungen.

Der Tempel und der damit verbundene Kult waren zerstört (vgl. 2. Kön 25, 9; Jer 39, 8; 52, 13)[8]. Der König aus Davids Geschlecht, „der Gesalbte Jahwes, der unser Lebensodem war, ist gefangen in ihren Gruben; wir aber hatten gedacht: ‚In seinem Schatten werden wir leben unter den Völkern' " (Klgl 4, 20). Jahwe „hat in Zion ein Feuer angesteckt, das auch ihre Grundfesten verzehrt hat; es hätten's die Könige auf Erden nicht geglaubt noch alle Leute in der Welt, daß der Widersacher und Feind zum Tor Jerusalems einziehen könnte" (Klgl 4, 10 f.).

Die eben zitierten Worte aus Threni, später Jeremia zugeschrieben als Klagelieder Jeremias, widerspiegeln deutlich, auch wenn man ihre Entstehung in einem größeren Abstand zu den angesprochenen Ereignissen selbst ansetzt, daß die Vernichtung des Tempels, die Zerstörung der Gottesstadt und die Liquidierung des Königtums für die Überlebenden „keine lediglich politische, sondern eine religiöse, ihr Leben in seinen Tiefen erschütternde und in Frage stellende Katastrophe"[9] bedeutete. Die Bewältigung der geistig-religiösen

---

[8] Vgl.: Jahwe „hatte nicht gedacht an seinen Fußschemel am Tage seines Zorn..." (Klgl 2, 1), er „hat seinen Altar verworfen und sein Heiligtum entweiht" (Klgl 2, 7); „Jahwe hat in Zion Feiertag und Sabbat vergessen lassen, und in seinem grimmigen Zorn ließ er König und Priester schänden" (Klgl 2, 6).

[9] Kaiser, ATD 16, 2, 333.

Krise war im wesentlichen nur möglich, wenn es gelang, den Verdacht und die Befürchtung auszuräumen, daß Jahwe sein Volk oder seine Stadt in der Katastrophe grundlos, vielleicht gar machtlos im Stich gelassen haben könnte.

Die weiteren äußeren Entwicklungen seien kurz angedeutet: Um die Mitte des 6. Jh.s setzte allmählich der Niedergang der babylonischen Vorherrschaft im Vorderen Orient ein. Der kommende Mann war der Perserkönig Kyros (559–530 v. Chr.). Spätestens seit der Eroberung des Lydischen Reiches unter dem sprichwörtlich bekannten Krösus (546) war abzusehen, wie die weitere Entwicklung ablaufen würde. Zu eben dieser Zeit dürfte jener Grundstock von Heilsworten für Israel, Jerusalem und die Exilierten entstanden sein, die zwar in keinerlei Verbindung mit dem z. Zt. der Könige Ahas und Hiskia wirkenden Jesaja stehen, aber dennoch im Jesajabuch in Kap. 40–55 überliefert sind; weil in diesen Texten selbst nichts über den Namen ihres Sprechers verlautet, hat man sich darauf geeinigt, sie einem sog. „Deuterojesaja" zuzuschreiben. Mit der Eroberung Babels 539 v. Chr. tritt Kyros dann die Weltherrschaft im damaligen Sinne an. Als Rechtsnachfolger der Babylonier fallen ihm auch die bisherigen Provinzen zu; Syrien-Palästina bleibt von da an bis in die Zeit Alexanders d. Gr. unter persischer Oberhoheit.

Nach Darstellung des Esrabuches (vgl. 1, 1 ff. und 6, 3–5) hätte Kyros bereits in seinem ersten Jahr die Erlaubnis zum Wiederaufbau des Tempels und zur Heimkehr aus dem babylonischen Exil gegeben. Wie die Rückwanderung im einzelnen vonstatten ging, ist trotz Esr 1 f. unklar; wahrscheinlich hat sie sich allmählich und in mehreren Schüben vollzogen. Außerdem dürften längst nicht alle, ja, nicht einmal die überwiegende Mehrheit der Exiljudäer, sich der alten Heimat zugewendet haben (vgl. Esr 7 ff.).

Sicher ist, daß der Tempel dann erst unter Darius I (521–486 v. Chr.) wiederhergestellt werden konnte (516/515 v. Chr.; vgl. Esr 6, 15). Dabei scheinen neben Serubbabel, einem Enkel des 597 v. Chr. exilierten Königs Jojachin, die beiden Propheten Haggai und Sacharja eine wichtige Rolle gespielt zu haben. Mit Serubbabel, dem Sproß Babels, also dem Enkel Jojachins, war also wieder ein Davidide am Geschehen in Jerusalem beteiligt, und zwar in einer führenden, wahrscheinlich sogar von den Persern abgesegneten Position. Auf Grund bestimmter Indizien im Sacharjabuch hat man sogar vermutet, daß sich an die Person Serubbabels besondere Hoffnung knüpften, daß man von ihm die Wiedererrichtung der davidischen Königsherrschaft erwartet habe[10].

Für die weiteren Entwicklungen dürfte von besonderer Bedeutung das Wirken Esras (vgl. Esr 7–10; Neh 8) und Nehemias (Neh 1–13*) gewesen sein. Ohne auf die bislang noch immer diskutierte Frage eingehen zu müssen, ob Esra tatsächlich vor Nehemia gewirkt hat oder umgekehrt, kann man jedenfalls festhalten, daß die weitere Konsolidierung der äußeren Lage Jerusalems

---

[10] Zu dieser Hoffnung vgl. z. B. im Ezechielbuch 17, 22–24.

(Wiedererrichtung der Stadtmauern Jerusalems) das Verdienst des vom persischen Königshof entsandten Nehemia war, während der Priester und Schriftgelehrte Esra als der „Sachverständige für das Gesetz“ im Auftrag des Großkönigs wohl mehr die Neuregelungen im geistig-religiösen Bereich zu verantworten hatte.

Mit der Konsolidierung der Verhältnisse im Lande und in Jerusalem war allerdings nur ein Teil des 587 v. Chr. eingetretenen Schadens behoben. „Israel“ war seitdem immer noch eine mehrfach gespaltene Größe, denn große Bevölkerungsanteile befanden sich weiterhin im Exil, oder besser: in der Zerstreuung, in der „Diaspora“, und zwar trotz der persischerseits zugestandenen Rückkehrmöglichkeiten, also freiwillig.

Das Problem der „Zerstreuung Israels“ bestand weiterhin, ebenso das Problem der Zerrissenheit Israels, die Aufteilung in „Haus Israel“ und „Haus Juda“ (vgl. Ez 37, 15 ff.). Das Ezechielbuch spiegelt in seinen jüngeren Textanteilen das Ringen um entsprechende Antworten, ja, es läßt sich zeigen, daß selbst auf in der ersten Hälfte des 2. vorchristlichen Jh.s sich aufdrängende neue Fragestellungen Bezug genommen wird wie z. B. auf die Frage der Auferweckung der Toten[11].

II. Das Ezechielbuch im Gesamtentwurf

1. Inhalt und Aufbau von Ez 1–48

A) Gerichtsworte gegen Jerusalem und Juda Ez 1–24: Ez 1–3 Vision (Berufung und Sendung, das Wächteramt Ezechiels); Ez 4–7 Zeichenhandlungen und Gerichtsworte (Jerusalems Untergang); Ez 8–11 Vision (die Verschuldungen in Jerusalem, das Gericht); Ez 12 Zeichenhandlung (die Exilierung der Jerusalemer); Ez 13, 1–14, 11 wider falsche Propheten; 14, 12–23 die Überlebenden des Gerichts; Ez 15–17. 19 Bildworte (Jerusalem: Ez 15 als nutzloses Rebholz, Ez 16 als treulose Frau Jahwes; Jojachin und Zedekia: Ez 17 der Zedernwipfel und der niedrige Weinstock; das Königtum: Ez 19 die Löwin und der Verlust ihrer Junglöwen, die Vernichtung des prächtigen Weinstocks); Ez 18 die Lehre von der individuellen Schuldhaftung; Ez 20 Geschichtsrückblick (die Widerspenstigkeit Israels gegen Jahwe seit Ägypten) und Zukunftsperspektive (die Sammlung der Zerstreuten); Ez 21 Gerichtsworte und Zeichenhandlungen (Jerusalem); Ez 22 die Verschuldungen Jerusalems und der Führungsschicht; Ez 23 Ohola und Oholiba, die beiden treulosen Frauen Jahwes Samaria und Jerusalem; Ez 24 Zeichenhandlungen (Jerusalems Untergang).

---

[11] Vgl. die jüngsten Textanteile in Ez 37, 1 ff., dazu Bartelmus (1985), 387 f.

B) Ez 25–32 Fremdvölkersprüche: Ez 25 Ammon, Moab, Edom, Philister; Ez 26–28 Tyros und Sidon; Ez 29–32 Ägypten; darin Bildworte: Ez 27 Tyros als Schiff; Ez 29 und 32 der Pharao als Krokodil, Ez 31 der Pharao als Zedernbaum.

C) Ez 33–39 Heilsworte an Jahwes eigenes Volk: Ez 33 als Überleitung (das Wächteramt, die völlige Verwüstung des Landes); Ez 34 die Hirten Israels und ihre Schafe: das künftige Heil (Jahwe und sein Knecht David, Friedensbund, Fruchtbarkeit im Lande, Sicherheit); Ez 35 Gerichtswort über Seir/Edom; Ez 36 Heil für die Berge Israels, die Sammlung, Reinigung und Erneuerung der Zerstreuten; Ez 37,1–14 Vision (die Wiederbelebung der Totengebeine); 37,15–28 Zeichenhandlung (die Wiedervereinigung von Nord- und Südreich); Ez 38–39 Ankündigung des Zuges des Gog aus Magog gegen das Land und seiner Vernichtung.

Ez 40–48, der sogenannte Verfassungsentwurf des Ezechiel, setzt seiner Eigenart nach die Heilsverkündigung fort: Ez 40–42 Vision vom neuen Tempel; Ez 43 von der Rückkehr der Herrlichkeit Jahwes in den Tempel, vom Altar und seiner Weihe; Ez 44 vom Osttor und Anweisungen über den Zutritt zum Tempel und den Priesterdienst; Ez 45–46 von der Größe und Verteilung des Landes; von den Aufgaben des Fürsten, Opfer und Festbestimmungen; Vision von den Opferküchen; Ez 47–48 von dem unter dem Osttor des Tempels entspringenden Paradiesesstrom, Anweisungen über die Grenzen und die Verteilung des Landes.

2. Strukturierungsmerkmale

a. Das sogenannte ‚dreigliedrige eschatologische Schema'

Diese Textanordnung im Ezechielbuch – 1. Unheil für das eigene Volk, 2. Unheil für fremde Völker, 3. Heil für das eigene Volk – ist kein Sonderfall, sondern auch vom Jesajabuch und, besonders durchsichtig, von der griechischen Fassung (G) des Jeremiabuches bezeugt. Mit Verweis auf die das jeweilige Prophetenbuch abschließenden und zugleich Endgültigkeitscharakter beanspruchenden Heilsankündigungen spricht die alttestamentliche Wissenschaft hier von einem dreigliedrigen eschatologischen[12] Schema. Auf diese

---

[12] Im Blick auf das Alte Testament darf man allerdings unter ‚Eschatologie' und ‚eschatologisch' noch nicht einen mit den Vorstellungen vom Weltende und -untergang zusammenhängenden Ideenkomplex verstehen, wie er später in der jüdischen Apokalyptik erkennbar wird. Vielmehr geht es hier noch um „die Erwartung eines den Lauf der Geschichte des Gottesvolkes, der Gottesstadt und der Menschheit entscheidend bestimmenden Eingreifens Gottes in der Zukunft" (vgl. O. Kaiser, Geschichtliche Erfahrung und eschatologische Erwartung. Ein Beitrag zur Geschichte der alttestamentlichen Eschatologie im Jesajabuch, NZSTh 15, 1973, 272–285 [wieder abgedruckt in: Eschatologie im Alten Testament, WdF CDLXXX, hg.v. H. D. Preuß, 444–461; ferner in: O. Kaiser, Von der Gegenwartsbedeutung des Alten Testaments. Ges. Stud. zur Hermeneutik und zur Redaktionsgeschichte, hg.v. V. Fritz, K.-F. Pohlmann u. H.-C. Schmitt, Göttingen 1984, 167–180]; zitiert nach WdF CDLXXX, 444 f.).

Weise soll das Buch das planvolle Wirken Jahwes in der Geschichte aufdekken und zum Vertrauen in die Heilsbotschaft führen: Wie sich die dem im Exil lebenden Propheten teilweise visionär vermittelten Jahweworte (vgl. Ez 1–3 und 8–11) erfüllt haben, und das durch sie angesagte und zudem durch Zeichenhandlungen (vgl. Ez 4–5; 21; 24) vorabgebildete Unheil in Juda und Jerusalem eingetreten ist (Ez 1–24), so bezeugen Ez 25–32 Jahwes Macht über die Völker, so daß der Leser darauf vertrauen darf, daß sich die Ezechiel unmittelbar nach der Katastrophe und in der Folgezeit eröffneten, wiederum teilweise visionär vermittelten (vgl. Ez 37 und 40,1 ff.) Verheißungen ebenfalls erfüllen werden (Ez 33–39 und 40–48). Sie kündigen an, daß das verwüstete Land (vgl. Ez 35) wieder seine einstige Fruchtbarkeit zurückerhalten, daß Jahwe die Exilierten und Zerstreuten sammeln, in die Heimat zurückbringen und mit einem neuen Herzen und Geist ausstatten werde (Ez 36), nachdem er sie bereits im Exil zu neuem Leben erweckt hat (37,1–14). Dann würden die wieder geeinten Völker Israel und Juda unter der Leitung eines anderen David in einem neuen von Jahwe gewährten Bundesverhältnis in Sicherheit im Lande leben (37,15–28). Diese würde durch die Beseitigung des letzten Weltfeindes gewährleistet, den Jahwe auf den Bergen Israels vernichten werde (Ez 38–39). Und schließlich durfte der Prophet bereits den wiedererrichteten Jerusalemer Tempel und die in ihn zurückkehrende „Herrlichkeit" Jahwes schauen und sich Einzelheiten des in dem Tempel zu vollziehenden Jahwedienstes wie der Reorganisation des Landes erläutern lassen (Ez 40–48).

Das Ezechielbuch erhält seinen kompositionellen Zusammenhalt nicht nur durch das dreigliedrige eschatologische Schema, sondern auch durch eine golaorientierte[13] Geschichtskonzeption, seine interne Chronologie, seine Visionen, die Beauftragung des Propheten zum „Wächter" und sein von seiner Berufung bis zum Eintreffen der Nachricht vom Fall Jerusalems von Jahwe verordnetes Verstummen.

b. Die golaorientierte Geschichtskonzeption

Abgesehen davon, daß das vorliegende Buch dem Leser einen Propheten Ezechiel vorstellt, der im Kreise der ersten, 597 v. Chr. deportierten Gola in Babylonien wirkte und sich speziell an sie wendet, vgl. 1,1; 3,12–27; Ez 8–11; 24,24–27; 33,21 ff., finden sich in ihm weitere Hinweise darauf, daß die besondere Wertschätzung dieser Gola sich auch buchkonzeptionell niedergeschlagen hat. So wird im Anschluß an die gegen Jerusalem gerichteten Unheilsworte (Ez 4–7) in Ez 8–11 die Frage nach der künftigen Bedeutung Jerusalems und der Beziehung Jahwes zu seinem Volk beantwortet und dabei den im Lande Zurückgebliebenen Unheil, den Exilierten aber Heil angesagt[14]. Die Kapitel 12 ff. arbeiten zudem unter Verwendung weiterer Unheilsworte

[13] Man unterscheidet zwischen einer „ersten" und einer „zweiten" Gola; gemeint sind die um 597 und 587 v. Chr. von Nebukadnezar nach Babylonien exilierten Jerusalemer und Judäer.

[14] Vgl. dazu Krüger, Geschichtskonzepte, 321.

heraus, daß selbst alle diejenigen verworfen sind, die der Katastrophe Jerusalems entgehen werden, ja, daß das Land nach ihr öde und wüst daliegen wird[15]. Diesen Eindruck soll der vor den Heilsworten Ez 34 ff. plazierte Abschnitt 33, 21–29 gleichsam abrunden, indem in ihm noch einmal an das Endergebnis der Katastrophe in Gestalt der totalen Verwüstung des Landes erinnert wird. Nach diesem Konzept kommen als Adressaten für die mit Ez 34 beginnenden Heilsworte nur noch die Angehörigen der ersten Gola in Frage[16]. Dem entspricht, daß 33, 21 f. explizit absichert, daß sich Ezechiel nach dem Fall Jerusalems an die erste Exilsgemeinde wendet.

c. Die Datierungen

Die Datierungen zeigen bereits durch ihre weithin auffällige Plazierung, vgl. 1, 1.f.; 8, 1; 24, 1; 33, 21 und 40, 1, daß sie für die Gliederung des Buches von Bedeutung sind. Nach dem überlieferten Datierungssystem wären alle in Ez 1–24 enthaltenen Orakel und Aufträge Ezechiel bereits vor dem Beginn der Belagerung Jerusalems durch Nebukadnezar als dem Anfang des Unheils durch Jahwe offenbart worden, vgl. 24, 1 mit 1, 1. Damit wird gesichert, daß die Katastrophe von Jahwe seinem Propheten bereits vor ihrem Eintritt eröffnet worden ist. Mithin sollen alle in Ez 1–24 enthaltenen Texteinheiten ohne Rücksicht auf ihren eventuellen primären Sitz im Leben als Weissagungen verstanden werden. Aufgrund von 31, 21 muß der Leser weiterhin annehmen, daß die Heilsworte Ez 34 ff. Ezechiel erst nach dem Eintreffen der Nachricht vom Fall Jerusalems offenbart worden sind. Sie sollen sich demnach allein noch an die 597 v. Chr. zusammen mit König Jojachin Deportierten richten. Dabei unterstreicht die Datierung nach den Regierungsjahren Jojachins[17] die Bedeutung der ersten Gola; denn wenn auf diese Weise ausgedrückt wird, daß der exilierte Jojachin und nicht der in Jerusalem regierende Zedekia der wahre König ist, wird damit zugleich angedeutet, daß diese Exilsgemeinde das wahre Israel repräsentiert.

d. Die Visionen

Die eng miteinander verknüpften Visionskapitel am Anfang, in der Mitte und am Ende des Buches lassen in ähnlicher Weise einen klaren buchstrukturierenden Gestaltungswillen erkennen. Am Anfang schaut der Visionär die Herrlichkeit (den *kabod*) Jahwes in Babylonien (vgl. 1, 28), im Fortgang sieht er, wie sie den Tempel und die Stadt verläßt (vgl. 11, 22 f.), und schließlich erblickt er in der Schlußvision ihre Rückkehr in den neuen Tempel (vgl. 43, 1 ff.).

---

[15] Vgl. programmatisch 14, 21–23 und 15, 8.
[16] Vgl. ähnlich Krüger, aaO., 323.
[17] Ausnahme 24, 1.

e. Das Wächteramt und das Verstummungsmotiv

Weitere Strukturierungen werden erkennbar, wenn man beachtet, daß das Buch nicht nur die Wirksamkeit Ezechiels mittels des dreigliedrigen eschatologischen Schemas in unterschiedliche Phasen aufteilt, sondern seinen Auftrag auch darüber hinaus spezifiziert. Nach Ez 1–3 befindet sich der Prophet unter den Exilierten in Babylonien. Hier wird er von Jahwe zum Propheten bestimmt, vgl. 2, 3 ff. In 3, 16–21 erfolgt dann seine Einsetzung zum Wächter, worauf auffälligerweise erst wieder in 33, 1–20 und damit in dem zu den Heilsweissagungen überleitenden Kapitel Bezug genommen wird. Merkwürdigerweise werden die Aufträge dadurch eingeschränkt, daß Ezechiel in 3, 26 f. das Verstummen bis zu der Zeit, in der Jahwe seinen Mund öffnen wird, verordnet wird. Von ihm ist jedoch erst am Ende des ersten Teils in 24, 25–27 wieder die Rede, wo Ezechiel die Aufhebung des Verstummens beim Eintreffen eines der Katastrophe Entronnenen in Aussicht gestellt wird. Am Anfang des dritten Teils wird schließlich in 33, 21 f. nach der erneuten Beauftragung zum Wächter (in 33, 1–20) berichtet, daß Jahwe seinen Mund nach dem Eintreffen des Boten mit der Nachricht vom Fall Jerusalems wieder geöffnet habe. Diese Notizen verfolgen zweifellos den Zweck, bei dem Leser die Vorstellung zu erwecken, daß der Prophet erst nach dem Eintritt der Katastrophe uneingeschränkt wirken konnte.

Die Beantwortung der Frage, ob diese Strukturierungsmittel insgesamt derselben Hand und Zeit entstammen oder Folge einander ablösender Bearbeitungen sind, läßt sich nur im Zusammenhang mit tendenzkritischen Beobachtungen beantworten.

III. Das Ezechielbuch – Zur Frage seiner Entstehung

Was für das Jeremiabuch festgestellt werden kann, trifft für das Ezechielbuch ebenso zu, wie auch für zahlreiche andere atl. Schriften: „Eine Polyphonie von Texten zu den Themen, die im Buch angeschlagen werden, ist positiv zu werten“[18]. Aber folgt daraus: „Wer ein buntes Bild deuten will, braucht sich nicht als Ziel vorzunehmen, jede einzelne verwendete Farbe wieder in die einschlägige Tube zurück zu versorgen“[19]? Das hier verwendete Bild liegt völlig neben der eigentlichen Problemlage, mit der der Textcharakter z. B. des Ezechielbuches den Leser konfrontiert. Ein Prophetenbuch ist ja gar nicht mit einem stimmig konzipierten, künstlerisch einheitlich von einer Hand geschaffenen Gemälde vergleichbar. Läßt sich überhaupt nicht bestreiten, daß sol-

[18] So I. Meyer zum Jeremiabuch in: E. Zenger u. a., Einleitung in das Alte Testament, KStTh Bd. 1, 1, Stuttgart u. a. 1995, 331.

[19] Ebd.

cher Entstehungsprozeß eines Prophetenbuches von seinen ersten Anfängen sich über Jahrhunderte hinziehen konnte, bis schließlich eine bestimmte Textform für sakrosankt angesehen wurde, so kann man diesem Sachverhalt nur gerecht werden, indem man – um das eben zurückgewiesene Bild durch ein zutreffenderes zu ersetzen – sich der Mühe unterzieht, den zahlreichen Künstlern und ihren Konzeptionen, Techniken, Materialien, Abhängigkeiten etc. nachzuspüren, die sukzessive für die Entstehung des Gesamtkunstwerkes ausschlaggebend waren. Andernfalls müßte es bei Marin Luthers Beurteilung der Prophetenbücher bleiben: „Sie haben eine seltzsame weyse zu reden, als die keine ordnunge halten, sondern das hundert yns tausent werffen, das man sie nicht fassen noch sich dreyn schicken muge"[20]. Damit würde man dem prophetischen Schrifttum ebensowenig gerecht wie mit der Verabsolutierung eines – was immer das sein mag – sog. kanonischen Endtextes, dessen – wie auch immer zu erhebendes – Aussageanliegen dann als allein theologisch relevant ausgeben wird.

1. Das literarische Problem des Buches

Angesichts der eigentümlichen Fortschreibungen der Orakel und Berichte des Buches, der visionären Entrückung des Propheten nach Jerusalem, seiner teilweise an die Adresse der Jerusalemer gerichteten Worte und der sich zumal in der Chronologie und Stoffanordnung erweisenden Systematik des Buches stellt sich die Frage, ob es in seiner überlieferten Gestalt ganz oder überwiegend auf den Propheten Ezechiel und gegebenenfalls auch seine Schüler zurückgeht, es sich bei ihm um ein in einem längeren Fortschreibungs- und Ausgestaltungsprozeß entstandendes Werk oder gar um eine späte Pseudepigraphe handelt. Alle drei Erklärungsmöglichkeien werden bis heute vertreten.

2. Zur Forschungsgeschichte[21]

Das im 19. Jh. vorherrschende Verständnis des Buches hat *Rudolf Smend* sen. dahingehend zusammengefaßt, daß „das ganze Buch" als „die logische Entwicklung einer Reihe von Gedanken nach einem wohlüberlegten und z.Th. ganz schematischen Plan" zu betrachten sei, aus dem „man kein Stück herausnehmen [könne], ohne das ganze Ensemble zu zerstören"[22]. Ezechiel sei „im Grunde … überhaupt kein Prophet mehr, sondern Seelsorger und Ge-

[20] Martin Luther, Werke, Kritische Gesamtausgabe [Weimarer Ausgabe], Bd. XIX, 350.

[21] Vgl. C. Kuhl, Neuere Hesekiel-Literatur, ThR 20, 1952, 1–26; ders., Zum Stand der Hesekiel-Forschung, ThR 24, 1957/58, 1–53; G. Fohrer, Ezechielforschung, 1958; Sp. 241–250; H. Bardtke, Der Prophet Ezechiel in der modernen Forschung. Zum Ezechiel-Kommentar von Walter Zimmerli, ThLZ 96, 1971, Sp. 721–734; H. Simian, Nachgeschichte, 1974, 18–58; Lang, Ezechiel; Zimmerli, BK XIII/1, Neukirchen 1979^2; Feist, 1995.

[22] KeH, 1880, XXI.

setzgeber"[23] gewesen und habe sein Buch als „schriftstellerische Einheit" geschrieben und gleichsam „am Abend seines Lebens seine Gesamtauffassung der damaligen Lage Israels wie seiner Vergangenheit und Zukunft dargelegt"[24]. Die kritische Rückfrage, ob sich im literarischen Gefüge des Buches nicht Risse erkennen ließen, setzte erst um die Jahrhundertwende ein. Überblickt man die wichtigsten Versuche, die sich einerseits deutlich abzeichnenden Strukturierungen und die andererseits nicht weniger auffälligen Spannungen und Brüche im Aufbau des Buches zu erklären, ergibt sich folgendes Bild:

I. Die wohl einflußreichste, bis in unsere Zeit weithin als im wesentlichen zutreffend beurteilte Sichtweise wurde von *Johannes Herrmann* (1908) in seinen „Ezechielstudien" vorgetragen. Nach seiner Auffassung stellt das Buch keinen durchlaufenden Bericht, sondern „ein allmählich entstandenes Sammelwerk" von „lauter relativ kleinen selbständigen Stücken" dar[25] die er als „zumeist einzelne, nach Entstehungszeit und Inhalt selbständige ‚Perikopen', Dokumente der langjährigen Tätigkeit des Propheten"[26] ansah. Das Buch als Ganzes sei denn auch abgesehen von wenigen jüngeren Texten auf den Propheten selbst zurückzuführen, der seinerseits das Buch an vielen Stellen redaktionell bearbeitet habe[27]. Das von *Herrmann* entwickelte Modell, nach dem der Prophet selbst der Verfasser und Fortschreiber des Buches gewesen wäre, hat in der Folge manche Anhänger gefunden, zu denen u. a. *Georg Fohrer* (1955), *Walther Eichrodt* (1959 und 1966), *Walther Zimmerli* (1969) und *Bernhard Lang* (1981) gehören. Dabei bestehen die Differenzen zwischen diesen Auslegern vor allem darin, daß sie die Intensität der redaktionellen Fortschreibungen unterschiedlich einschätzen und für sie nicht nur den Propheten, sondern, wie *Zimmerli*, auch seinen Schülerkreis verantwortlich machen[28]. *Fohrer* ging in dieser Beziehung noch weiter, indem er zwar die Aufzeichnung und Fortschreibung der Einzelworte und Berichte Ezechiel selbst zuschrieb, für ihre Zusammenstellung und Anordnung unter thematischen und chronologischen Gesichtspunkten aber erst Spätere verantwortlich

---

[23] AaO., VI.

[24] AaO., XVI.

[25] J. Herrmann, Ezechielstudien, 12; vgl. ferner aaO., 62.

[26] Vgl. aaO., 7.

[27] Vgl. aaO., 62.

[28] Nach Zimmerli, BK XIII/1, 109* „wird man schon beim Propheten selber neben der mündlichen Verkündigung rhythmisch geformter Worte... mit der Zweitform der lehrhaften Kommentierung und weiteren Ausführung seines Wortes, d. h. mit einer Art ‚Lehrhaus-Betrieb', rechnen müssen". Im Einzelfall sei es allerdings oft unmöglich, „die Grenzlinie festzustellen, an der des Propheten eigene Arbeit in die der Schule übergeht". Aus der Hand der Schule Ezechiels stamme zweifellos das vorliegende Ezechielbuch. Dabei sei der Prozeß der Gesamtredaktion von dem der Fortschreibung nicht mehr säuberlich zu isolieren. Bei der sukzessiven Entstehung des Buches seien zum Teil schon fest abgeschlossene Teilgrößen wie z. B. 1, 1–3, 16a. 22–17, 24; 19, 1–24, 27; 33, 21–39, 29* zusammengefügt und Zusammenhänge störende Nachträge eingefügt worden (vgl. 113f.*). Der Endredaktor habe „lieber Störungen der geordneten Reihenfolge der Daten in Kauf genommen, als daß er vorgefundene Textaussagen geändert hätte" (114*).

machte[29]. Ähnlich hätte nach *Thomas Krüger* (1989) eine kurz nach Ezechiel wirkende Redaktion das schon in Sammlungen vorliegende umfangreiche ezechielische Textgut entsprechend den darin vorgegebenen Gerichts- und Restitutionsankündigungen zweigliedrig geordnet und ergänzt und so schließlich überhaupt erst ein Ezechielbuch geschaffen. Dieses „ältere" Buch favorisiere die babylonische Gola „als Boden und Ausgangsgruppe der Neukonstituierung Israels"[30]. Mit seiner wohl in die Makkabäerzeit anzusetzenden Überarbeitung zum vorliegenden Buch habe es schließlich den Stempel eines der Apokalyptik nahestehenden Geschichtsbildes erhalten[31].

II. Eine andere Gruppe von Forschern hält zwar daran fest, daß gewisse Bestandteile des Buches auf den historischen Ezechiel zurückgehen, veranschlagt ihren Anteil jedoch gegenüber den redaktionellen Texten als relativ gering. So befand *Gustav Hölscher* (1924), die Kritik von *Johannes Herrmann* sei auf dem halben Wege stehen geblieben[32]; denn nach seiner eigenen Ansicht war der historische Ezechiel ein prophetischer Dichter, von dem daher auch nur poetisch geformte Texte stammen können. Unter Zugrundelegung dieses Kriteriums reduzierte sich ihm der ezechielische Bestand gegenüber den 1273 Versen des ganzen Buches auf maximal 170[33]. Den Rest beurteilte er als das Ergebnis pseudepigraphischer Schriftstellerei aus dem 5. Jh. v. Chr.[34].

Auch *Volkmar Herntrich* (1932) rechnete mit einer einschneidenden Bearbeitung älterer Texte. Aber während *Hölscher* den Grundbestand auf den im Exil wirkenden Propheten zurückführte, lokalisierte er den historischen Ezechiel im Jerusalem der letzten Jahre vor der Katastrophe. Erst ein Redaktor hätte die von dem Propheten hinterlassenen Fragmente in den babylonischen Rahmen des überlieferten Buches gestellt[35]. Dabei zeige sich seine Tendenz, der Gola Jojachins die geistige Führung des exilischen Israels zu sichern, am deutlichsten in 14, 21–23[36]. Das von *Herntrich* gesehene Problem des Nebeneinanders und Miteinanders von palästinischen und exilischen Elementen im Ezechielbuch hat bis heute seine Aktualität nicht verloren. Daher rechnet eine ganze Reihe von Forschern mit der Möglichkeit einer zeitweisen Wirksamkeit Ezechiels in Palästina[37].

Die Bedeutung der Arbeiten von *Hölscher* und *Herntrich* liegt jedenfalls

---

[29] Vgl. Fohrer, HAT, XI. Die Redaktion des Buches sei zumal durch priesterliche Hände erfolgt, habe aber trotz ihrer Umstellungen, Verzahnungen und Glossierungen „das von Ez hinterlassene Erbe nicht verändert und das Bild des Propheten nicht wesentlich entstellt"; ebd.

[30] Geschichtskonzepte, 323.

[31] Vgl. aaO., 470.

[32] Hölscher, Hesekiel, 3.

[33] Nach Zimmerli (BK XIII/1, 8*) blieben Hölscher lediglich 144, nach Lang (Ezechiel, 7) jedoch 147 Verse als ezechielisch übrig.

[34] Ähnlich führte auch Irwin (Problem, 1943) nur 251 Verse auf den Propheten zurück.

[35] Vgl. Herntrich, Ezechielprobleme, 126.

[36] Vgl. aaO., 127 f.

[37] Vgl. z. B. A. Bertholet, HAT I/13, 1936; weitere Vertreter bis 1949 bei Fohrer, Hauptprobleme, 1952, 8 ff.; später z. B. Herrmann, Heilserwartungen, 1965, 283; P. R. Ackroyd, Exile and

darin, daß sie die Schwierigkeiten und Unwägbarkeiten auf dem Weg zum historischen Ezechiel und seinen Worten deutlicher als ihre Vorgänger bewußt gemacht haben.

Noch radikaler als beide hat freilich *Jörg Garscha* (1974) den Befund beurteilt; denn nach ihm wären überhaupt nur 17, 1–10* und 23, 2–25* mit einem Propheten Ezechiel zu verbinden. Im Rückgriff auf diese Texte wie unter Verwendung weiterer Überlieferungen (wie z.B. Ez 19; 23, 31–34) sei zunächst um 500 v. Chr. ein „Prophetenbuch" komponiert worden. Dieses sei später durch eine deuteroezechielische Bearbeitung ausgiebig mit der Absicht erweitert worden, die Vorrangstellung der Gola zu sichern. Erst auf diese Weise sei „Ezechiel" unter die Exulanten geraten[38].

III. Ein gänzlich anderes Modell zur Erklärung der Entstehung des Buches vertreten die Forscher, welche eine längere Entstehungsgeschichte des Buches überhaupt bestreiten, sei es, daß sie in ihm wie *Moshe Greenberg* (1983)[39] aufgrund einer holistischen Betrachtungsweise eine planvolle Schöpfung des Propheten erkennen, oder sei es, daß sie es wie z.B. *Leopold Zunz* (1873)[40], *Charles C. Torrey* (1930), *Adrianus van den Born* (1954) und *Joachim Becker* (1982) als eine Pseudepigraphe beurteilen. Dabei datierte *Zunz* das Buch in die Perserzeit; nach *Torrey* wäre sein Grundbestand um 230 v. Chr. entstanden und kurz danach mit dem Ziel überarbeitet worden, das Werk einem Exilspropheten Ezechiel zuzuschreiben. *Becker* unterstreicht, wie nahe das Buch mit seiner starken Betonung der prophetischen Offenbarung, seinen Regieanweisungen, Datierungen und seiner inneren Dramatik der Apokalyptik steht, und beurteilt es als „eine am Schreibtisch entstandene Propheteninterpretation"[41].

Unsere allein an den Grundtendenzen der Ezechielforschung ausgerichtete Übersicht zeigt, daß die eigentlich strittige Frage die nach der Beziehung zwischen den Einzeltexten und ihrem durchstrukturierten Rahmen ist. Daß das Buch in seiner vorliegenden Gestalt als planvolle Komposition zu betrachten ist, steht außer Zweifel. Daraus folgert jedoch nicht zwangsläufig, daß der Entwurf auch von einem einzigen Verfasser, sei es nun wie für *Greenberg* von dem Propheten selbst, sei es wie für *Becker* von einem späten Schriftgelehrten stammt; denn eine planvolle Strukturierung muß keineswegs primär sein, sondern es kann sich bei ihr durchaus auch um das Ergebnis einer Bearbeitung handeln, der ihrerseits ein bereits mehrschichtiges Werk vor-

---

Restoration, OTL, London 1968, 106 Anm. 20; vgl. auch Garscha, Studien, 1974, 286ff.; weitere Vertreter bis 1980 bei Lang, Ezechiel, 1981, 8ff.; vgl. auch Fuhs (in: Lust (Hg.), BEThL LXXIV, 1986, 273), der gegen Langs Urteil (Ezechiel, 1981, 30), der „Jerusalemer Ezechiel" sei ein Irrweg der Forschung, im Blick auf Ez 24, 1–14 ihre primäre Verkündigung in Jerusalem für wahrscheinlich und das Problem für keineswegs erledigt hält; vgl. auch ders., Ezechiel, I, NEB, 13; anders Krüger, Geschichtskonzepte, 1989, 396.

[38] Vgl. Garscha, Studien, 284ff. und 294ff.

[39] Vgl. auch ders., in: Lust (Hg.), BEThL LXXIV, 1986, 134.

[40] Zunz, Bibelkritisches II, Ezechiel, ZDMG 27, 1873, 676–681.

[41] Becker, Erwägungen, 139.

lag. Die Entscheidung zwischen diesen beiden Möglichkeiten ist allein davon abhängig zu machen, ob sich in dem Buch Texteinheiten und Textabfolgen nachweisen lassen, die für Entstehungsphasen des Buches sprechen, die der übergreifenden Redaktion vorausgehen. Das bedeutet, daß eine Klärung nur von sorgsamen literar-, redaktions-, form- und tendenzkritischen Untersuchungen zu erwarten ist.

3. Redaktionelle Schichten im Ezechielbuch

Die redaktions- und tendenzkritische Analyse des Buches ergibt, daß in ihm mindestens zwischen einer gola- und mehreren diasporaorientierten Bearbeitungen zu unterscheiden ist[42]. Dabei erweisen sich die miteinander korrespondierenden Datierungen nach den Regierungsjahren König Jojachins und die Beauftragung mit dem Wächteramt, 3, 16–21, als golaorientiert. Die Einfügung des Motives des Verstummens des Propheten gleich nach seiner Bestellung zum Wächter, 3, 22–27, gehört dagegen bereits zu einer der Diasporaschichten, die sich durch den unterschiedlichen Horizont ihrer geschichtstheologischen Reflexion unterscheiden.

a. Die gola- und die diasporaorientierte Redaktion

Wir haben im Vorhergehenden bereits wiederholt auf die golaorientierten Tendenzen des Buches hingewiesen. Sie gehören offensichtlich einer sich über das ganze Buch erstreckenden Redaktionsschicht an[43]. In ihr scheint genau die Auffassung vertreten zu sein, die sich auch im Jeremiabuch in bestimmten golaorientierten Passagen beobachten läßt[44]. In beiden Fällen steht die Überzeugung im Hintergrund, daß die Wende von der Unheils- zur Heilszeit erst mit der Rückführung der *ersten* Gola eintreten wird. Daneben wird den nach 597 v. Chr. im Lande Verbliebenen kein Platz in der künftigen Heilsgeschichte Jahwes mit seinem Volk eingeräumt[45]. Allerdings ist das buchprägende Profil dieser Bearbeitungsschicht im Ezechielbuch bisher kaum hinreichend erkannt worden. Selbst in der Frage, welche Texte zu dieser Schicht gehören, besteht bislang noch keine Einigkeit[46]. Vor allem aber ist bisher übersehen worden, daß diese Redaktion den speziellen Zweck verfolgt, die Sonderstellung der ersten Gola zu vertreten. Schon 14, 21–23 stellen klar, daß die nach der Eroberung Jerusalems Deportierten in Jahwes Zu-

---

[42] Vgl. dazu Pohlmann, Ezechielstudien, 120 ff.

[43] Vgl. dazu schon Herntrich, Ezechielprobleme, 127 f. Texte wie z. B. 3, 10 ff.; Kap. 8–11; 24, 25–27 und 33, 21 ff. weist Garscha, Studien, 297, einer deuteroezechielischen Bearbeitung zu, welche die Position der Exilierten vertritt.

[44] Vgl. besonders Jer 24, 1–10 und dazu Pohlmann, Studien, 19 ff.

[45] Vgl. Ez 33, 23–29 mit Jer 24, 8–10 und dazu Pohlmann, Studien, 25 ff.

[46] So weist Garscha (vgl. Studien, 113 ff. und 298) z. B. Kap. 20 und 36, 16–32 (vgl. aaO., 219 und 302) seiner deuteroezechielischen Schicht zu, während Krüger (Geschichtskonzepte, 442 und 466) beide Texte letztlich auf den Propheten selbst zurückführen möchte.

kunftsplänen keine Rolle spielen. Und 33, 21–29 läuft gar darauf hinaus, daß die damals noch im Lande Gebliebenen verschwinden. Aber obwohl sich im Ezechielbuch geradezu ein Netz miteinander verknüpfter golaorientierter Texte nachweisen läßt[47], ist nicht zu übersehen, daß die auf den besonderen Status der ersten Gola abhebende Engführung an einer ganzen Reihe von Stellen aufgegeben ist[48]: in ihnen wird über das Israel in der Diaspora, die Zerstreuung unter die Völker und in die Länder, deren Hintergründe und künftige Entwicklungen reflektiert und damit die Sonderstellung der ersten Gola nivelliert. Man wird also genauer zwischen Texten zu unterscheiden haben, die der gola- und die der diasporaorientierten Redaktion angehören.

b. Zu Anliegen und Theologie der golaorientierten Redaktion

Das golaorientierte Ezechielbuch sollte sicherstellen, daß allein die erste Gola das wahre Israel und damit auch den Adressaten der Heilsworte des Propheten bildet. Seine inzwischen erfüllten Gerichtsworte sollten ihr die Gewißheit geben, daß sie durch die Worte Ezechiels insgesamt zuverlässig über die Absichten Jahwes unterrichtet sei. Aus ihrem Bereich heraus hatte Jahwes Wort die Ereignisse in der fernen Heimat gesteuert, vgl. z. B. Kap. 11* und 24. Die Abwertung der nach 587 v. Chr. im Lande verbliebenen Bevölkerung und die Negierung ihrer Ansprüche bei gleichzeitiger Herausstellung des Exklusivanspruchs der ersten Gola, vgl. z. B. Ez 11; 24, 25–27 und 33, 21 ff., und die Verheißung der Einpflanzung eines Nachkommens König Jojachins auf dem „hohen Berg Israels", vgl. 17, 22–24, belegen, daß sich hier Kreise der ersten Gola zu Worte melden, aus denen die Gruppe stammt, die unter der Führung Serubbabels (vgl. z. B. Esr 2, 2; 3, 2. 8) die Rückkehr wagte und zugleich den religiösen und politischen Führungsanspruch erhob.

c. Zu den Datierungen

Das Geflecht der Datierungen korrespondiert in 1, 1 f.; 8, 1 und 33, 21 mit der golaorientierten Tendenz[49]. Daher ist es an diesen Stellen den Berechnungen der golaorientierten Redaktion zuzuschreiben. Für die Datierungen innerhalb des Komplexes der Fremdvölkerworte Ez 25–32 läßt sich das nicht in jedem Fall sichern; hier deuten die merkwürdige Verteilung wie die Abfolge der Daten zumindest auf nachträgliche Erweiterungen und Umstellungen hin. Einen Sonderfall stellt 24, 1 dar, wo anders als sonst statt nach den Regierungsjahren Jojachins nach denen Zedekias datiert wird. Während *Zimmerli* mit einem sekundären, an 2. Kön 25, 1 angleichenden Nachtrag rechnet[50], wollte *Garscha* in dieser Abweichung einen Hinweis auf ein vorgolaorientiertes Textstadium erkennen[51].

---

[47] Vgl. 1, 1–3*; 3, 10–16*; Kap. 8–11*; 14, 21–23; 15, 6–8; 17, 19–24; 24, 25–27*; 33, 21–33.

[48] Vgl. z. B. Kap. 20; 36, 16 ff.; 37, 15 ff.; Kap. 38–39.

[49] Vgl. oben II. 2. b.

[50] Vgl. Zimmerli, BK XIII/1, 526 und Kutsch, Daten, 61 ff.

[51] Garscha, Studien, 67 und 145.

d. Zu den Visionen

In den Ez 1–3 bilden die Grundkomponenten der Golasituation (Situationsangaben 1, 1–3*, Visionsgeschehen 1, 3bff., Beauftragung für die Gola 3, 11, Ende der Vision 3, 12 ff. und Golasituation 3, 15 f.) ein eng aufeinander abgestimmtes und einheitlich golafixiertes Beziehungsgeflecht. In es dürften 2, 3-7 und 3, 4–9 mit ihrer Beauftragung für das abtrünnige Volk erst nachträglich eingefügt worden sein. Als sekundär ist auch die Thronwagenvision 1, 4–28 samt ihrem Ausklang in 2, 1–2 zu beurteilen[52]. Außer den Angaben über Zeit, Ort und Person und das Ereignis der Inanspruchnahme Ezechiels durch Jahwe in 1, 1–3* bilden nur 2, 9. 10; 3, 1*. 2–3. 10a. 11*. 14b und 15 den ursprünglichen Berufungsbericht. Er ist jedoch kaum als authentisch zu betrachten; es dürfte sich vielmehr um einen aus buchkompositorischer Absicht verfaßten Text handeln, der den Sprecher alles Folgenden als den visionär begabten und von Jahwe berufenen Propheten aus dem Kreise der ersten Gola vorstellt und demgemäß auch der golaorientierten Redaktion angehört.

Die erzählerisch unausgeglichene Gestalt von Ez 8–11 erklärt sich dadurch, daß beachtliche Textanteile auf nachträgliche Übermalungen[53] einer ursprünglich golaorientierten Textgrundlage zurückgehen. An den jetzt breit ausgeführten Visionsinhalten war dieser Grundtext nicht interessiert; den primär knappen Verweisen auf Ezechiels visionäre Erfahrungen kam ursprünglich lediglich die Aufgabe zu, es angesichts von 11, 1–13* glaubhaft erscheinen zu lassen, daß der im Exil lebende Prophet sich in Jerusalem abspielende Ereignisse wahrnehmen und zu ihnen Stellung beziehen konnte, um so diesen im vorgegebenen Textgut enthaltenen Passus auf die eigene Konzeption abzustimmen. Dabei wurde 11, 1 ff. zwischen Ez 7 und 12 eingefügt, um sicherzustellen, daß die Rede vom Ende in Ez 7 die erste Gola nicht betrifft. Deshalb leitet der sie favorisierende Verfasser auch mit der Frage nach dem Rest Israels in 11, 13 zu den Aussagen über die Bedeutung der Gola in 11, 14 ff.* über.

Der in ihrer überlieferten Gestalt golaorientierten Totenfeldvision in 37, 1-14 war ein älteres selbständiges Disputationswort in Gestalt von 37, 11–14* vorgegeben, welches der Redaktor seiner Absicht gemäß überarbeitete[54] und als Heilswort für die Exilierten interpretierte. Der dieser Vision von dem Redaktor zugeschriebenen kompositionellen Bedeutung kommt man auf die Spur, wenn man erkennt, daß sich in Ez 34–39 eine möglicherweise mehrschichtige diasporatheologische Bearbeitung nachweisen läßt, die 36, 16 ff. und Ez 38–39* einfügte, und daß es sich bei 36, 23b–38 um einen noch jüngeren Sondertext handelt;[55] denn damit ergibt sich, daß 37, 1–14 ursprünglich direkt an das Heilswort für die Berge Israels in 36, 1–15 anschloß und so an-

[52] Vgl. dazu auch Kutsch, Daten, 52 f.

[53] Vgl. dazu z. B. Hossfeld, Die Tempelvision Ez 8–11 im Licht unterschiedlicher methodischer Zugänge, in: J. Lust (Hg.), BEThL LXXIV, 1986, 151 ff.

[54] Vgl. ähnliche Verfahren in 11, 1–21*; 14, 21–15, 8; 17, 19–24 und Ez 24.

[55] Vgl. dazu Lust, CBQ 43, 517 ff.

gesichts der Existenz der Exilsgemeinde zum Beschluß des Buches beglaubigt, daß Jahwes Heilswirken in ihr bereits im Gang war. Es bleibt der weiteren Forschung vorbehalten, die Frage zu klären, ob und in welcher Fassung auch Ez 40–48 bereits Teil des golaorientiert redigierten Ezechielbuches gewesen sind oder ob sie erst aus diasporatheologischer Perspektive wichtig wurden[56].

e. Das Wächteramt und das Motiv des Verstummens

Die Genese der jetzigen Textanordnungen 3, 16b–21 (Ezechiels Bestellung zum Wächter) und 3, 22–27 (Ezechiels Verstummen) sowie 33, 1–20 (Ezechiels erneute Bestellung zum Wächter) und 33, 21 f. (Aufhebung der Verstummung) wird durchsichtig, wenn man erkennt, daß auf diese Weise der zeitliche Rahmen für das Wirken des Propheten als „Wächter" so abgesteckt wird, daß es nicht mehr bevorzugt auf die erste Gola abzielt. Denn soll Ezechiel nach der Bestellung zum Wächter im Kreis der ersten Gola anschließend stumm bleiben (3, 22–27), so ergibt sich aus der Wiederaufnahme der Beauftragung zum Wächter in 33, 1–20 und der anschließenden Notiz von der Aufhebung der Verstummung im Zusammenhang mit der Benachrichtigung über den Fall Jerusalems (33, 21), daß Ezechiel eben bis zu diesem Zeitpunkt sein Wächteramt für die erste Gola nicht wahrnehmen durfte. Sein Wirken als Wächter ebenso wie die in Ez 34 ff. ihm aufgetragenen Heilsworte gelten daraufhin auch den der Katastrophe von 587 v. Chr. Entronnenen, vgl. 14, 21–23; 12, 15–16, sofern nicht die Diaspora generell eingeschlossen ist, während Ezechiel im Rahmen der golaorientierten Konzeption von Anfang an exklusiv als Wächter für die erste Gola vereinnahmt worden war, 3, 16b–21.[57] Mithin sind die in 3, 16b–27 und 33, 1–22 vorliegenden Verknüpfungen der beiden Motive „Ezechiel als Wächter" und „Ezechiels Verstummen" in der tendenziösen Absicht vorgenommen worden, den von der golaorientierten Redaktion betonten Sonderstatus der ersten Gola zu nivellieren. Die sachliche Nähe zu jenen bereits erwähnten Textpassagen, in denen die golaorientierte Engführung zugunsten einer Diasporatheologie aufgegeben ist[58], ist unverkennbar.

f. Zur ursprünglichen Funktion des Verstummungsmotivs

Der diasporaorientierte Bearbeiter konnte für die mit dem Verweis auf Ezechiels Verstummen von Anfang an vorgenommene Korrektur (3, 22–27) von 3, 16–21 an die vorgegebenen Vermerke in 24, 27 und 33, 21 f. anknüpfen. Das an den beiden letztgenannten Stellen erkennbare Beziehungsgefüge trägt die Handschrift der golaorientierten Redaktion; bei ihrem Vorhaben, in

[56] Dabei wird auch die eigentümliche Anordnung des Papyrus 967 eine Rolle spielen, in dem 36, 16–23abα 38;39 und 37 aufeinander folgen. Hier könnte 37, 15 ff. die Funktion der Überleitung zu Ez 40 ff. besessen haben.

[57] Zu weiteren Einzelheiten vgl. Pohlmann, Ezechielstudien, 32 f.

[58] Vgl. oben Anm. 48.

24,25–27 die Golasituation Ezechiels herauszustellen und entsprechend 33,21f. zu konzipieren, mußte sie das im vorgegebenen Textgut in 24,25–27* bereits fest verankerte Verstummungsmotiv berücksichtigen und gleichsam aus literarischem Sachzwang vermerken, daß die in 24,27 Ezechiel zugesagte Aufhebung der Verstummung beim Eintreffen der Nachricht vom Fall Jerusalems eingetreten war. Ursprünglich war das Verstummungsmotiv in 24,25–27* durchaus stimmig in Anknüpfung und Weiterführung zu den vorausgehenden Darlegungen über Ezechiels Leiderfahrung (24,15–24*) als ein Element aus dem Beschreibungsrepertoire von Reaktionen auf Leid- und Notsituationen (vgl. z.B. Jes 53,7; Ps 38,14; 39,3; Klgl 3,29) verwendet worden.

g. Diasporatheologische Bearbeitungen im Ezechielbuch

Die der ersten Gola zugeschriebene Sonderrolle wird in dem Buch mehrfach dadurch relativiert, daß umfassend und allgemein von der Zerstreuung[59] und in Korrespondenz dazu von der Sammlung Israels[60] die Rede ist. Besonders deutlich ist das in Ez 20 der Fall. Das ganze Kapitel trägt eine die sonstigen geschichtstheologischen Ansätze weit hinter sich lassende Reflexion vor, in der es darum geht, die keineswegs auf die Zeit zwischen 587 und 538 v.Chr. begrenzte Diasporasituation Israels theologisch zu bewältigen. Dabei schließt die Israel in 20,5–24 von seinen Anfängen an zugeschriebene Widerspenstigkeit eine Vorzugsstellung der ersten Gola aus[61]. Im Duktus von 20,1–31 erklärt sich ihr Geschick als Teilrealisierung jenes Zerstreuungsgerichts, das für Israel seit langem vorgesehen (V.23) und nach 587 v.Chr. umfassend vollzogen worden war. Das Hauptanliegen des nachexilischen Verfassers ist der Nachweis, daß der durch die Verschuldungen Israels provozierte Zorn Jahwes eigentlich schon immer zu seiner Vernichtung hätte führen müssen, Jahwe ihn aber um seines Namens bei den Völkern willen jeweils bändigte und deswegen an seinem Plan mit Israel festhält. Auf diesem Hintergrund mußte die Verheißung glaubhaft erscheinen, daß er die Diaspora auch um der Ehre seines Namens willen zu seinem heiligen Berg (20,40ff.) zurückbringen werde.

Demgegenüber scheint z.B. in 36,16–23b* ein früheres, das Schicksal der Diaspora betreffendes Reflexionsstadium vorzuliegen. Denn der Verfasser dieses Heilswortes begründet die Diasporasituation mit dem Zorneswirken Jahwes; die Zukunftsperspektive erschließt sich ihm in der Absicht Jahwes, seinen von den unter den Heiden lebenden Israeliten geschändeten Namen in den Augen der Völker wiederherzustellen. Wie das geschieht, erfahren wir nicht in 36,23b–32*, sondern erst in der Weissagung vom Einfall und Untergang des Gog aus Magog und seines Völkerheeres in Ez 38 und 39[62]. Dage-

59 Vgl. 4,13; 6,8–10; 11,16; 12,11.15f.; 20,23; 22,15f. und 36,19.
60 20,34.41; 28,25; 34,13; 36,24 und 39,25ff.
61 Vgl. auch 20,1–3.30f.
62 Vgl. auch die Textanordnung in Papyrus 967.

gen handelt es sich in dem im Papyrus 967 fehlenden Abschnitt 36, 23b-32*[63] um ein bereits im Schatten der Diasporatheologie von Ez 20 stehendes Wort, in dem die Erwartung eines abschließenden Völkergerichts aufgegeben zu sein scheint.

Mithin ist deutlich, daß die diasporatheologischen Texte des Buches nicht aus einer Hand stammen, sondern mindestens dreischichtig sind. Das von der Golarezension bestimmte Ezechielbuch ist auf diese Weise von den Fragen nach Bedeutung und Zukunft der Diaspora her aktualisiert worden.

h. Zu den Heilsworten

Die älteste erkennbare übergreifende Konzeption in Ez 34–37 geht auf die golaorientierte Redaktion zurück. Denn die Textfolge 35, 1–36, 15 läuft darauf hinaus, daß das künftige Heil des Landes, das von seinen ehemaligen Besitzern verlassen, von den Nachbarvölkern an sich gerissen und völlig verwüstet ist, erst wieder mit der Rückkehr der Exilierten (36, 8b) einsetzt. Die mit dem Verweis auf Edoms Spottreden und Besitzansprüche auf das Land begründeten Unheilsworte für Edom in Ez 35 haben die Funktion, die totale Verwüstung des Landes zu belegen und in Verbindung mit 36, 1–5 zu demonstrieren, daß sich im Lande nach 587 v. Chr. Israel betreffend nichts mehr abgespielt hatte. Damit liegen 35, 1–15; 36, 1–15 ganz auf der in 33, 23–29 von der golaorientierten Redaktion eingeschlagenen Linie mit ihrem Zielpunkt in 37, 1–14. Dabei erweckt 36, 1–15 den Eindruck, daß der Redaktion hier ein Kern von Heilserwartungen aus der Sicht der im Lande Verbliebenen zur Überarbeitung vorgegeben war[64]. Daß sie in 37, 11–14* ebenfalls eine ältere als Disputationswort gefaßte Heilszusage aufgreifen konnte, wurde bereits vermerkt. Andererseits ist die golaorientierte Fassung der Heilsworte weiterhin diasporaorientiert ergänzt worden. Das belegt nicht nur 36, 16ff., sondern auch Ez 34[65]. In seiner vorliegenden Fassung spiegelt es Probleme der Diaspora (vgl. 34, 13) sowie die enttäuschende Situation der nachexilischen Jerusalemer Gemeinde wider, 34, 17–22[66]. Außerdem hebt sich die wahrscheinlich nicht in einem Zuge konzipierte Textfolge 37, 15–28 als ganze wie in ihren Teilen deutlich vom Profil der golaorientierten Redaktion ab; so ver-

---

63 Vgl. dazu Lust, CBQ 43, 517ff.

64 S. Herrmann (Prophetie und Wirklichkeit in der Epoche des babylonischen Exils, AzTh 1, 32, Stuttgart 1967, 21 [abgedr. in: ders., Gesammelte Studien zur Geschichte und Theologie des Alten Testaments, TB 75, München 1986, 179–209]) stellt zu Ez 34ff. fest: „Der Schluß ist naheliegend, daß solche Hoffnungen im Lande selbst ausgesprochen worden sind, kaum unter den verschiedenen Gruppen der Diaspora. In diesen Heilssprüchen kommen somit die Hoffnungen derer zum Ausdruck, die während der Exilszeit im Mutterlande wohnen bleiben konnten, so beispielsweise Ez 36, 7ff.: ‚... denn bald werden sie heimkehren! Denn fürwahr, ich werde zu euch kommen und mich zu euch wenden'".

65 Zu Ez 34 vgl. J. Lust, „Gathering and Return" in Jeremiah and Ezekiel, in: P.-M. Bogaert (Hg.), Le Livre de Jérémie, BEThL LIV, 1981, 119–142; s. bes. 149f.; vgl. ferner Levin, Verheißung, 222.

66 Vgl. Fuhs, NEB II, 193.

knüpft 37, 21 f. die Beendigung der Diasporasituation mit der zuvor verheißenen Wiedervereinigung des gespaltenen Israel, 37, 15 ff., und der Zusage eines allen gemeinsamen Königs. Mithin bestätigt sich auch hier der bisherige Befund, daß sich im Ezechielbuch außer einer golaorientierten Redaktion diasporatheologische Fortschreibungen nachweisen lassen. Daraufhin wird man auch die Frage einerseits der Entstehung der mehrschichtigen Kapitelfolge Ez 40–48 und andererseits der Hintergründe ihrer Verklammerung mit den vorausgehenden Heilsworten[67] neu aufrollen müssen.

i. Zu den Fremdvölkerworten

Angesichts der zwischen 24, 25–27 und 33, 21 f. bestehenden Verbindung wirken die Fremdvölkerworte in Ez 25–32 wie ein nachträglicher Einschub, der im Interesse der dreigliedrigen eschatologischen Schematisierung des Buches vorgenommen worden ist. Mithin liegt die Annahme nahe, daß sie das golaorientierte Beziehungsgefüge voraussetzen und demgemäß erst relativ spät in das Buch aufgenommen worden sind. In der jüngsten Diskussion sind die Ansichten in dieser Hinsicht jedoch geteilt. Während z. B. *Hans F. Fuhs* die Einfügung der vorher selbständigen Sammlung der Fremdvölkersprüche des Propheten erst der Endredaktion zuschreibt[68], plädiert *Thomas Krüger* für ihre Tradierung im literarischen Zusammenhang mit den Ez 1–24 und 33 ff.*. Er meint jedoch, daß man die Frage nach der konkreten Gestalt dieses hypothetischen Zusammenhangs nur noch spekulativ beantworten könne[69]. *Matthias Krieg* rechnet dagegen mit der Existenz eines älteren „Nänienzyklus“, dem außer dem Gedicht über Jerusalem in Ez 19 auch die Leichenlieder über Tyros und Ägypten in Ez 27–32* angehört hätten[70].

4. Zur Entstehung des Buches

Ausgangsbasis für die golaorientierte Redaktion war ein älteres Prophetenbuch[71], das wahrscheinlich noch in exilischer Zeit in Palästina konzipiert worden war[72]. Obwohl sich Textumfang und -abfolge nur noch teilweise rekonstruieren lassen, gibt es Anhaltspunkte für einen literarisch durchdacht

---

[67] Dazu Lust, CBQ 43, 530.

[68] Vgl. Fuhs, NEB I, 7.

[69] Vgl. Krüger, Geschichtskonzepte, 307 ff.

[70] Vgl. M. Krieg, Todesbilder im Alten Testament, AThANT 73, Zürich 1988, 454; ferner Pohlmann, Ezechielstudien, 190 f. und 198.

[71] Anders Krüger, Geschichtskonzepte, 395, der die Entstehung einer ersten Buchfassung, „älteres Ezechielbuch“, auf die golafavorisierende Redaktion zurückführt; vgl. auch aaO., 468 ff.

[72] Vgl. so bereits Garscha, Studien, 288 ff., dessen Thesen zum Textumfang des Buches und zu seiner weiteren Ausgestaltung allerdings stark zu modifizieren sind, weil erst mit der konsequenten Unterscheidung zwischen der golaorientierten Redaktion und diasporatheologischen Fortschreibungen der Gefahr falscher Textzuweisungen und somit auch redaktionsgeschichtlichen Fehlschlüssen begegnet werden kann.

strukturierten Gesamtentwurf. In einem ersten umfangreicheren Teil waren Unheil thematisierende Texte angeordnet; der zweite, wesentlich kürzere enthielt Heilsworte. Mit Kap. 4–7*; 11, 1–13*; 12, 21ff*; 14, 1–20*; 17, 1–18*; Kap. 18*; Kap. 19/31*; 15, 1–6*; 21, 1–5*; Kap. 24*; 36, 1–15*; 37, 11–14* dürften die Konturen des Grundbestands im wesentlichen erfaßt sein[73]. Zu berücksichtigen bleibt, daß nicht nur die golaorientierte Redaktion mit ihren den Textbestand massiv ergänzenden und umordnenden Eingriffen, sondern auch die weiterhin mehrfach vorgenommenen diasporatheologischen Aktualisierungen Spuren verwischt haben. Während man die golaorientierte Redaktion ins ausgehende 5. Jh. datieren wird, gehören die sukzessive vorgenommenen diasporaorientierten Fortschreibungen[74] ins 4. Jh. Ein noch späteres Bearbeitungsstadium dürften wegen ihrer apokalyptisierenden Tendenzen jene in Ez 1–3 und Ez 8–11 enthaltenen Textanteile belegen, die die Einsichtnahme in die Sphäre göttlichen Hintergrundwirkens ausgeweitet haben[75]. Eine klare Lösung des Problems, in welchem Entstehungsstadium des Ezechielbuches Fremdvölkerworte eingeschaltet und schließlich zur vorliegenden Sammlung ausgestaltet wurden, ebenso wie die der Fragen, wann, aus welchem Anlaß und in welchem Umfang die in sich uneinheitlichen Ez 40–48 berücksichtigt wurden, steht noch aus und bleibt Aufgabe weiterer Untersuchungen[76].

a. Das ältere Prophetenbuch

Eine für das ältere Prophetenbuch konzeptionell wichtige Texteinheit wird in Ez 24* erkennbar; denn hier dient die vom golaorientierten Datierungssystem abweichende Zeitangabe des Belagerungsbeginns Jerusalems, 24, 1, dem Nachweis der Erfüllung vorausgehender Worte[77], die der zuständige Autor somit als Belege für das planvolle Hintergrundwirken Jahwes bis zu diesem Zeitpunkt gewertet wissen will. Darüberhinaus will er mit 24, 25–27* hinter 24, 1. 3–24* versichern, daß, wie die hier angesagte Wende in Leben und Wirken Ezechiels analog zur Erfüllung der Unheilsworte eintreten wird, Jahwe auf Grund des Zeichencharakters dieses Geschicks auch die Wende im Unheilsgeschick seines Volkes längst vorgesehen hat und realisieren wird, womit zugleich die Überleitung zu entsprechenden Heilsworten markiert ist[78]. Der Nachweis erfüllter Prophetie[79] und die Art, wie er geführt wird, sind Kenn-

---

[73] Anders Garscha, Studien, der auch Texte wie z. B. 37, 15–22 und Ez 38/39 dem Prophetenbuch zuweist.

[74] Vgl. dazu die Überlegungen Levins, Verheißung, 167 f.

[75] Daß 37, 1–14 Zusätze aus der Makkabäerzeit enthält, hat Bartelmus (1985) gezeigt.

[76] Vgl. zu Ez 40–48 künftig Th. Rudnig, Diss. Münster.

[77] Vgl. z. B. 4, 1 ff.*; 12, 1 ff.*; 17, 1 ff.*; 21, 23 ff.*; 23, 22 ff.

[78] Vgl. Pohlmann, Ezechielstudien, 27 ff.

[79] Vgl. ähnlich *vaticinia ex eventu* in babylonisch/neubabylonischen Texten; M. Weippert (Aspekte israelitischer Prophetie im Lichte verwandter Erscheinungen des alten Orients, in: FS Kh. Deller, hg. v. G. Mauer u. U. Magen, AOAT 220, Neukirchen 1988, 287–319) vermutet, „daß die vaticinia ex eventu, deren fiktiv unterstelltes ‚Eintreffen' ja von jedem Geschichtskundi-

zeichen eines literarisch durchdachten Gesamtentwurfs. Zur Abfolge der Texte läßt sich feststellen: Kap. 24* bildete den Abschluß des ersten Hauptteils, der sich wahrscheinlich in zwei Unterabschnitte aufgliederte (Kap. 4-7*; 12, 21-Kap. 24*). Denn 12, 21-28* bezieht sich deutlich auf Kap. 7* zurück (vgl. die Stichworte „Schauung" [12, 21 ff. und 7, 13.26] und „Nähe" des Gerichts [12, 23 und 7, 7.8]), woraus folgt, daß vor Einschaltung des golaorientierten Visionsberichts (Kap. 8-11*) ursprünglich 12, 21 ff. als Weiterführung zu Kap. 4-7* fungierte; in dieser Abfolge wird, nachdem Ez 7* mit der Rede vom Ende für letzte Klarheit über den Umfang des drohenden Unheils gesorgt hat, in 12, 21 ff. betont daraufhingewiesen, daß Zweifel am Eintreffen von Schauung und Jahwewort alsbald widerlegt werden. Mit 24, 1, dem Datum des Belagerungsbeginns, wird gezeigt, wie unberechtigt solche Zweifel waren. Daß 11, 1-13* der golaorientierten Redaktion vorgegeben war, wurde bereits vermerkt. Im Kern handelt es sich um ein mit Verweis auf Jerusalemer Zustände und Fehlhaltungen der dortigen Führung begründetes Unheilswort des in Jerusalem wirkenden prophetischen Sprechers. Ferner ist aus der aus golaorientierter Hand stammenden Abfolge 14, 21-15, 8 und der Einbindung in den jetzigen Kontext zu entnehmen, daß im vorgolaorientierten Textstadium bereits 14, 1-20* enthalten war; denn 14, 21-23 setzt die sakralrechtlich unterweisenden Passagen 14, 4-11.12-20 voraus und reagiert darauf; hier liegt somit ein Indiz dafür vor, daß das Prophetenbuch schließlich benutzt wurde, auch Reflexionen über anderweitige Fragestellungen einzutragen[80]. Außerdem ist festzuhalten, daß die Redaktion das Bildwort vom unnützen Rebholz 15, 1-4* seinem ursprünglichen literarischen Zusammenhang,[81] hinter 19, 10-14 und vor 21, 1-5*, entrissen hat. Während in 19*; 15, 1-4* ältestes im Ezechielbuch greifbares Textgut erhalten ist,[82] dürfte 21, 1-5* in der ursprünglichen Fassung im Rückgriff auf das Bildmaterial in 15, 1-4 konzipiert worden sein. Das neue Bild vom nun von Jahwe veranlaßten Waldbrand wird als prophetische Ansage eingeführt; hier wird die literarische Weitergestaltung und Übertragung vorgegebener nichtprophetischer Rede auf die Aussageebene eines Prophetenbuchs greifbar. Auch das Bildwort 17, 1-10 zusammen mit der anschließenden Erläuterung 17, 11-18* muß bereits Bestandteil des vorgolaorientierten Prophetenbuches gewesen

---

gen nachgeprüft werden konnte, dem Zweck dienten, die Glaubwürdigkeit der „echten" Vorhersagen zu unterstreichen" (293).

[80] Vgl. auch Ez 18, worauf der golaorientierte Autor von 3, 17-21 zurückgreift; vgl. dazu Pohlmann, Ezechielstudien, 32, Anm. 114 und 243. Die zuerst von H. Schulz (Todesrecht) und im Anschluß an ihn von Garscha (Studien) sondierte „deuteroezechielische" bzw. „sakralrechtliche" Schicht ist demnach sukzessive entstanden; Ez 18* und 14, 1-20 wurden bereits im älteren Prophetenbuch verankert; 3, 17-21 ist Produkt der golaorientierten Redaktion; 33, 1-20 verdankt seine Entstehung diasporaorientierten Anliegen.

[81] Dazu Pohlmann, Ezechielstudien 173 f.; zur Stichwortanbindung von 21, 1 ff.* an 15, 1-4* vgl. aaO., 58.

[82] Vgl. dazu unten z. St.!

sein, da sich der golarientierte Verfasser von 17,22–24 eng an 17,3 ff. anlehnt.

Daß der zweite, wesentlich kürzere Hauptteil Heilsworte enthielt, die sich auf die Situation im Lande konzentrierten und vorsichtig die Verbesserung der Lebensumstände auf Jahwes Wirken zurückführen, ist der Aussageintention des selbständigen Disputationswortes 37,11–14* sowie 36,1–15* zu entnehmen[83].

In 11,1–13*; Kap. 24*; 37,11–14* liegen deutliche Hinweise darauf vor, daß der Ursprungsort des Buches im Lande war. Das bestätigen zudem jene Texte, die ihm im Verlauf der Überlieferungsgeschichte noch vor der grundlegenden Überarbeitung durch die golaorientierte Redaktion zugewachsen sind und deutlich aus der Sicht des Landes konzipiert worden sind, vgl. z. B. 18,6.11.15 und 14,7[84].

Die genauere Beantwortung der Datierungsfrage hängt davon ab, ob es gelingt, das im Buch verarbeitete älteste Textgut zu sondieren und theologiegeschichtlich einzuordnen. Ferner ist zu beachten, daß das Buch bereits vor der golaorientierten Überarbeitung ergänzt und fortgeschrieben worden ist. Ein Versuch, seine Trägerkreise genauer zu erfassen, ist schwierig. Im Verlauf der exilischen/frühnachexilischen Zeit dürfte das Buch immer mehr an Gewicht gewonnen haben.

b. Zur Frage nach ältesten Texten

Ein solches Prophetenbuch muß eine Vorgeschichte haben, so daß sich die Frage nach seinen Entstehungsvoraussetzungen, und zwar in zweierlei Hinsicht, aufdrängt. Zu klären sind zum einen die Entstehungsvoraussetzungen der Gattung bzw. der Konzeption „Prophetenbuch“; zum anderen interessiert natürlich das bei der Konzipierung des Buches ausgewertete Textgut. Erkenntnisse über die dem Prophetenbuch selbst schon vorgegebenen Texte, ihren ursprünglichen „Sitz im Leben“, ihren Textumfang, ihre Organisation, Überlieferung etc. vor der späteren Aufnahme im Prophetenbuch erlauben möglicherweise Rückschlüsse auf die Hintergründe, die bei der Entstehung der Gattung „Prophetenbuch“ eine Rolle gespielt haben. Es gilt daher, jene Texte aufzuspüren und genauer zu sondieren, die möglicherweise zum ältesten Bestand des Buches gehören und die demzufolge als Ausgangsbasis aller weiteren literarischen Ausgestaltungen gelten können. Ein solcher Versuch[85], für bereits lediglich rekonstruierte literarische Vorstufen des Ezechielbuches (golaorientierte Version, Prophetenbuch) eine weitere Vorstufe erfassen zu wollen, provoziert auf den ersten Blick wahrscheinlich den Vorwurf, damit die literar- und redaktionskritische Forschungsmethodik zwanghaft zu überspitzen. Daß das nicht zutreffen muß, kann man sich immerhin mit Verweis

[83] Vgl. so auch S. Herrmann (s. o. Anm. 64).

[84] Dazu Pohlmann, Ezechielstudien, 243.

[85] Vgl. dazu Pohlmann, Ezechielstudien, Teil B. „Zur Frage nach den ältesten Texten im Ezechielbuch“, 135 ff.

auf die Erforschung der synoptischen Evangelien klar machen. Konnte hier schließlich immer deutlicher an den Tag gebracht werden, daß und welche literarischen Vorstufen zu veranschlagen sind, ja daß schließlich auch Vorstufen der Vorstufen zu postulieren sind[86], so zeigt das, daß es keineswegs ein Auswuchs spitzfindiger Schreibtischgelehrsamkeit ist, wenn man auch für das Ezechielbuch mit ähnlichen Textentwicklungen rechnet, zumal hier für sukzessive redaktionelle Weiter- und Umgestaltungen jeweils bereits in sich geschlossen konzipierter Textvorgaben Jahrhunderte mit entsprechend zahlreichen und höchst unterschiedlichen Fragestellungen veranschlagt werden können, wogegen sich die Entstehungsprozesse bis hin z.B. zum Matthäusevangelium lediglich in einem Zeitraum von wenigen Jahrzehnten vollzogen. Zwar ist die Ausgangslage für einen Versuch, im Ezechielbuch Vorstufen der rekonstruierten Vorstufen der jetzigen Endgestalt zu sondieren, weitaus ungünstiger als im Fall der synoptischen Evangelien, wo der synoptische Vergleich und darauf abgestimmte Rückschlußverfahren es ermöglichen, die Vorlagen und weiteren Vorstufen mit ihrem jeweiligen Eigencharakter zu erfassen; doch erlaubt auch das Ezechielbuch textvergleichende Gegenüberstellungen, und zwar anhand einiger thematisch und sachlich verwandter Einzeltexte.

Setzt man sich auf der Suche nach den ältesten Texten das Ziel, angesichts der Textverhältnisse im Ezechielbuch sicher zu unterscheiden zwischen „Primärtexten" und „Sekundärtexten", also z.B. zwischen Texteinheiten oder -abfolgen, die tatsächlich aus der Zeit um 587 v. Chr. stammen, und solchen, in denen verschriftete Ergebnisse späterer, exilischer oder gar nachexilischer Theologie vorliegen, so lehrt die bisherige Forschungsgeschichte, daß man sich möglicherweise in einem Zirkel bewegt, wenn man die Texteinheiten nach dem Kriterium „prophetisch" oder „Prophetenwort" sortiert und aussortiert. Auf diesem Wege sind keine sicheren Ergebnisse zu erzielen, da man allzuleicht Gefahr läuft, mit dem jeweils veranschlagten Verständnis von „prophetisch" und „Prophetenwort" lediglich den die Prophetenbücher prägenden Prophetenauffassungen und damit exilisch-nachexilischen Reflexionen über Prophet und Prophetenwort zu folgen. Das Grundproblem, vor dem hier die alttestamentliche Forschung steht, kann man auf die Frage reduzieren: Wie läßt sich angesichts der Textverhältnisse im Ezechielbuch überhaupt sicherstellen, daß Texteinheiten oder -abfolgen tatsächlich aus der Hand Ezechiels stammen und nicht erst die verschrifteten Ergebnisse späterer, exilischer Theologie darstellen, die im Rückblick auf die Katastrophe von 587 v. Chr. die Bedeutung von Prophet und Prophetenwort reflektiert? Läßt man daher aus methodischen Gründen zunächst generell offen, ob und welche Spruchеinheiten von Ezechiel herzuleiten sind, welches Alter und welche zeitliche Abfolge zu veranschlagen ist, so führt der Weg zu solchen Ausgangskriterien nur über eine vergleichende Gegenüberstellung von thematisch verwandten Einzeltexten (formal als eigenständig ausgewiesene und als solche erkennbare Einheiten). Von solchen Gegenüberstellungen darf erwartet werden, daß man so dem Vergleichsmaterial zumindest Anhaltspunkte dafür abgewin-

[86] Vgl. die Bemühungen, die Entstehung von Q (sog. „Logienquelle") weiter zurückzuverfolgen etc.

nen kann, in welchem zeitlichen oder sachlichen Neben- bzw. Nacheinander solche Einzeltexte stehen. Nur so kann es gelingen, die „Voraussetzungen dieses Literaturwerkes“[87] aufzuhellen, das Buch als Ganzes ebenso wie seine Teile besser zu verstehen und tiefere und genauere Einsichten in jene geistig-religiöse Umbruchsituation zu gewinnen, in die „Israel“ durch die katastrophalen Ereignisse von 597 und 587 geraten war[88].

Im den Nachweis erfüllter Prophetie führenden Erstentwurf des Prophetenbuches fallen Textanteile auf, die in der sie prägenden Form der Toten- bzw. Untergangsklage, vgl. 19, 1–9*; 19, 10–14; Ez 31*, oder als reines Bildwort, 15, 2–4*, ursprünglich nicht als Zukunfts- bzw. Unheilsansagen fungiert haben können. Eine vergleichende Gegenüberstellung von Ez 19 und 31 mit dem thematisch verwandten Ez 17 kann das verdeutlichen[89] und zugleich sicherstellen, daß es in den klageähnlichen Gedichten 19, 1–9*; 19, 10–14*; Ez 31* ursprünglich lediglich darum ging, analog zur Totenklage Artikulationsmöglichkeiten zu schaffen für diejenigen, die im Lande die Katastrophe und damit den Verlust des bisherigen theologischen Ordnungshorizontes erfahren hatten. Damit dürfte sich auch das Fehlen jeglicher Hinweise auf ein Hintergrundwirken Jahwes sowie auf eigene Vergehen erklären; das vor Augen stehende Chaos war offensichtlich nicht mehr mit der bislang gängigen Vorstellung von einem ordnenden Handeln Jahwes in Einklang zu bringen. Das besondere Interesse am Jerusalemer Königtum, seine hohe Wertschätzung (im Bild des Löwen, des Weinstocks, der Zeder) und die deutliche Irritation über seinen Verlust dürften anzeigen, daß sich hier Jerusalemer, dem Königshof nahestehende Kreise zu Wort melden. Die wahrscheinlich in einer Sammlung aufgereihten Klagen gehören zum ältesten Textgut, das im Ezechielbuch enthalten ist. Es liegt nahe, daß solche Texte zum Thema „Untergang“ und ihre Abfolge schließlich in den Augen Späterer als eine Aufreihung stolzer und erhabener Größen (Löwe, Weinstock, Zeder etc.) wirkten, die so die Ordnung des „Hochmut kommt vor dem Fall“ zu belegen schien. Auf diese Weise schienen die Katastrophengeschehen durchsichtig und nachvollziehbar: Hochmut und Stolz waren, wie man an den Gedichten vermeintlich illustriert sah, die Fehlhaltungen gewesen, auf Grund derer der Untergang vorprogammiert war. Ob in dieser Sichtweise nun anders als in den vorgegebenen Untergangsklagen schon von vornherein ein Hintergrundwirken Jahwes vorausgesetzt war, ist offen. Fest steht nur, daß diese neu erkannte „Ordnung“ schließlich in der Folgezeit mit Jahwes Wirken in Verbindung gesehen wird. Schließlich konnte man diese Texte auch so auffassen, daß hier vorweg etwas festgehalten schien, was schließlich auch eingetroffen war, also als eine Weissagung warnenden Charakters, woraufhin die weiteren Entwicklungen

[87] Vgl. unten Anm. 96 S. Herrmanns Feststellung.

[88] Zu methodischen Fragen und Problemen der „Prophetenexegese“ vgl. besonders W. Schottroff, Jeremia 2, 1–3, ZThK 67, 1970. 263–294, besonders 293 f.

[89] Vgl. dazu Pohlmann, Ezechielstudien, 137 ff.

angebahnt waren, die schließlich im Endergebnis auf ein Prophetenbuch hinauslaufen mußten.

5. Ezechiel – Person, Zeit und Ort seiner Wirksamkeit nach den Angaben des Buches

In 1, 1–3, 15 wird Ezechiel als Angehöriger jener Deportierten vorgestellt, die Nebukadnezar 597 v. Chr. aus Jerusalem nach Babylonien verschleppen ließ. Nach 2. Kön 24, 10 ff. befand sich unter ihnen außer König Jojachin und seiner Familie auch der überwiegende Teil der Oberschicht. Als Aufenthaltsort des Propheten werden 3, 15 Tel Abib bzw. 1, 1. 3; 3, 23; 10, 15. 22 und 43, 3 die Gegend am Fluß (bzw. Kanal) Kebar angegeben. Aus dem Ortsnamenselement Tel[90] erschließt man, daß den Exulanten eine aufgegebene Siedlung zum Wohnsitz angewiesen worden war. Am Kebar, einem Seitenarm des Euphrat, vermutlich in der Nähe des alten Nippur, soll Ezechiel nach 1, 2b „im 5. Jahr nach der Verbannung König Jojachins" berufen worden sein (1, 3–3, 15). Nach 24, 15 ff. wäre er verheiratet gewesen, hätte jedoch seine Frau durch plötzlichen Tod zu dem gleichen Zeitpunkt verloren, als Nebukadnezar die Belagerung Jerusalems aufnahm. Über seine sonstigen persönlichen Verhältnisse ist uns abgesehen davon, daß er nach 3, 24 und 8, 1 (vgl. auch 12, 1 ff.) ein eigenes Haus besessen hätte, kaum etwas bekannt. Nach 8, 1; 14, 1 und 20, 1 wäre sein Ansehen bei seinen Schicksalsgefährten so groß gewesen, daß die Ältesten zu ihm zu kommen pflegten, um Jahwe zu befragen. Nach 33, 30–33 hätten ihn die Leute auch sonst gern gehört, ohne jedoch seine Prophezeiungen zu respektieren. Die Wirksamkeit Ezechiels hätte sich nach den im Buch enthaltenen chronologischen Angaben[91] von 594/3 (vgl. 1, 2) bis 572 (vgl. 29, 17) erstreckt[92]. In der Zeit zwischen 594/3 bis zum Beginn der Belagerung Jerusalems am 15. 1. 588 (vgl. 24, 1) hätte der Prophet in einer ersten Periode seiner Wirksamkeit Jerusalem und Juda das Gericht angesagt. Die in den Kap. 25–32 folgenden Fremdvölkerorakel sind teils in die Zeit zwischen dem Beginn der Belagerung und der am 29. 7. 587 erfolgten Zerstörung Jerusalems bzw. dem Eintreffen der Nachricht von der Katastrophe bei Ezechiel am 19. 1. 586 (vgl. 33, 21) datiert[93], teils in die anschließenden Jahre[94]. Nach der Kunde vom Fall Jerusalems (33, 21) wären dem Propheten vor allem Verheißungen aufgetragen (Kap. 34–37; 38–39). Die große Vision vom neuen Tempel und Lande der Kap. 40–48 wäre ihm nach 40, 1 im Jahr 574 v. Chr. zuteil geworden.

---

[90] D.h. „Ruinenhügel".
[91] Vgl. zu ihnen Kutsch, Daten.
[92] 5. bzw. 27. Jahr der Exilierung Jojachins.
[93] Vgl. 29, 1 (17. 1. 588); 30, 20 [10. 4. 588]; 31, 1 (2. 6. 588).
[94] Vgl. Kap. 25 (implizit); 26, 1 (13.2. oder 15. 3. 586?); 29, 17 (8. 4. 572); 32, 1 (15. 3. 586); 32, 17 (29. 3.? 586).

6. Zur Frage nach dem historischen Ezechiel

Da die Anordnung der Textgruppen eindeutig dem sog. dreigliedrigen eschatologischen Schema entspricht, liegt der Verdacht auf der Hand, daß die im vorliegenden Buch ablesbaren drei Wirkungsphasen Ezechiels nicht auf zuverlässiger Kenntnis seines Lebens, sondern auf einer prophetentheologischen Konstruktion beruhen. Das rät zur Vorsicht gegenüber Bemühungen, die überlieferte Textfolge biographisch umzusetzen. Das gilt sowohl im Blick auf die drei im Buch vorausgesetzten Verkündigungsphasen wie auf die dem Propheten zugeschriebenen eigentümlichen Zeichenhandlungen und Visionen. Der Rückschluß auf den historischen Ezechiel und gar seine psychische Konstitution[95] ist erst möglich, wenn die Redaktionsgeschichte des Buches durchschaut und der Unterschied zwischen primären Überlieferungen und sekundären Ausgestaltungen erkannt ist[96]. Die bisherigen Beobachtungen und Einsichten führen zu dem Schluß, daß uns Ezechiels Gestalt immer weniger greifbar wird. Das mag man bedauern[97]; aber Ezechiel teilt hier das Geschick eines Mose und anderer, über deren historisches Wirken uns kaum etwas bekannt ist, obwohl oder gerade weil sich sukzessive das Interesse der Nachgeborenen immer mehr auf sie konzentrierte. Daß es einen historischen Ezechiel gegeben hat, auch daß *ipsissima verba* im jetzigen Buch enthalten sind, kann man postulieren. Aber auf welchem Wege sind sie zu sondieren? Hier wird man kritisch zu bedenken haben, daß wir eben nicht einmal genau wissen, wonach zu suchen ist. Ezechiel – ist er der zeichenhandelnde Pro-

---

[95] Vgl. z. B. K. Jaspers, Der Prophet Ezechiel. Eine pathographische Studie, in: ders., Arbeiten zur Psychiatrie, Neurologie und ihren Grenzgebieten, FS K. Schneider, Heidelberg 1947, 77–85; neuerdings z. B. D. J. Halperin, Seeking Ezekiel. Text and Psychology, University Park/ PA, The Pennsylvania State University Press, 1994, der unter Berufung auf Texte wie z. B. Ez 8,7–12; 16 und 23 zu dem Ergebnis kommt, der Autor dieser Texte sei psychisch schwer krank.

[96] Vgl. z. B. R. Rendtorff, Das Alte Testament. Eine Einführung, Neukirchen 1983, 226: „Die vielschichtige und kunstvolle Komposition des Buches Ezechiel macht es so gut wie unmöglich, über die Person des Propheten Genaueres zu erfahren"; man wird „angesichts der Komposition des Buches auf die Rekonstruktion einer ‚ursprünglichen' Verkündigung des Propheten selbst verzichten müssen"; vgl. auch schon S. Herrmann, Heilserwartungen, 281f.: „Ezechiel steht uns in seinem Buch wechselweise ebenso nahe und ebenso fern wie der historische Jesus im Johannes-Evangelium... Wenn es so ist, daß im Buch Ezechiel ebenso wie im Johannes-Evangelium, ausgehend von einer Überlieferung über die Prophetenpersönlichkeit, eine theologisch vereinheitlichende Buchschöpfung unter dem Namen Ezechiel vorliegt, dann ist zuerst nach den Voraussetzungen dieses Literaturwerkes, erst in zweiter Linie nach den Schicksalen des Propheten zu fragen".

[97] Vgl. E. Gerstenberger, „Gemeindebildung" in Prophetenbüchern? Beobachtungen und Überlegungen zum Traditions- und Redaktionsprozeß prophetischer Schriften, in: V. Fritz/ K.-F. Pohlmann/ H.-C. Schmitt (Hg.), Prophet und Prophetenbuch, FS O. Kaiser, BZAW 185, Berlin – New York 1989, 44–58: „Die Sehnsucht nach den ‚ipsissima verba' schlägt unter Alttestamentlern beim Umgang mit dem ‚allerheiligsten' Prophetenkanon noch unreflektierter durch als bei neutestamentlichen Kolleginnen und Kollegen, die gelernt haben, auch zentrale Jesusworte als ‚Gemeindebildung' ansehen zu dürfen" (aaO., 47).

phet? Ist er der Visionär? Ist er der Zukunftsankünder? Ist er der Warner, der Wächter...?

Wie und wo auch immer man den Einsatzpunkt jenes Prozesses zu erkennen versucht, als dessen Endprodukt das jetzige Buch gilt, man wird in dieser Frage wohl kaum zu einem allgemein anerkannten Ergebnis gelangen. Sicher ist nur: Ezechiel war nicht der, wie er uns jetzt im Endstadium des Buches vor Augen stehen soll; er war nicht all das zusammen, nämlich Visionär, Umkehrprediger, Unheilsverkünder, Wächter und Warner, Dichter von Untergangsklagen etc. Er wurde das alles, ähnlich wie Mose schließlich der geworden ist, den uns der Pentateuch in seinem Endstadium in dem Blick rückt.

Was wir wissen können, ist: Das nicht nur im Ezechielbuch zu beobachtende Phänomen solcher „Ämterhäufung" auf eine Person ist das Ergebnis sukzessiver Fortschreibungen. Aus dem Ezechiel des Prophetenbuchs, dessen Unheilswort sich erfüllt hat, wird am Ende des Fortschreibungsprozesses der Visionär. Aus dem ursprünglichen Prophetenbuch wird schließlich ein Buch der Visionen, die über Einsichtnahmen in die göttliche Sphäre selbst informieren[98].

IV. Das Ezechielbuch – Zum Text und zur Wirkungsgeschichte

Zum Text und seiner Überlieferung: Die uns aus der Hand der jüdischen Masoreten überkommene hebräische Version des Buches (M) enthält neben streckenweise textlich einwandfreien Passagen (vgl. z. B. Kap. 3; 6; 15; 18) auch zahlreiche stark verdorbene Anteile (vgl. z. B. Kap. 7; 21). Besonders die griechische Übersetzung[99] (G) ist eine unverzichtbare Hilfe bei Versuchen, Textverderbnisse in M zu beheben[100]. Der aus der 1. Hälfte des 3. Jh.s n. Chr. stammende vorhexaplarische Papyrus 967 bietet zudem für G eine Textanordnung im Bereich der Kap. 36-39[101], die gegenüber der von der allgemeinen Textüberlieferung bezeugten älter sein dürfte (Kap. 36 (ohne V. 23bβ-38); 38-39; 37; 40-48). Demnach hat nach der Entstehung der griechischen Übersetzung der hebräische Text noch durchaus beachtliche Veränderungen erfahren.

Zur Wirkungsgeschichte: Für Spätere war die in 1,4–28 beschriebene Erscheinung der „Herrlichkeit" Jahwes von besonderem Interesse und Ausgangspunkt zu weiteren Spekulationen über die Verfaßtheit der himmlischen

[98] Vgl. z. B. Ez 8–11.

[99] Maßgebliche Textausgabe: Ziegler.

[100] Zu den methodischen Problemen vgl. besonders J. Lust, The Use of Textual Witnesses (1986), 7–20.

[101] Vgl. dazu z. B. Zimmerli, BK XIII, 1, 117*f. und besonders Lust, CBQ 43, 1981, 517 ff.

Welt. Jesus Sirach hebt im „Preis der Väter“ (49, 8) an Ezechiel besonders dessen „Gesichte“ sowie den „Anblick des Wagens“ hervor. In Qumran[102] sind voressenische aramäische Texte aufgetaucht mit einer umfangreichen „Beschreibung des Neuen Jerusalem, das Gott im Himmel bereithält. Der Darstellung liegen die Kapitel 40–48 des Prophetenbuchs Ezechiel zugrunde“[103]. Die sogenannte Totenfeldvision in Ez 37 ist Thema einer der um 250 n. Chr. entstandenen Wandmalereien in der Synagoge des am Westufer des Euphrat gelegenen Dura-Europos. Im NT steht besonders die Offenbarung des Johannes (Apk) unter dem Einfluß des Ezechielbuches. Ihr Verfasser kennt die ezechielischen Visionen und wertet sie für Kapitel 4 aus. Die Apk des Johannes ist auch sonst bestimmt vom Rückgriff auf wichtige Inhalte des Ezechielbuches (vgl. z. B. Ez 3, 1–3 und Apk 10, 9 ff.; Ez 38/39 und Apk 19/20). In der frühen Christenheit meint man die Erwähnung der vier Gesichter in Ez 1, 1–3, 15 auf die vier Evangelisten beziehen zu können; angesichts der unterschiedlichen Texte am Anfang ihrer Werke wird Matthäus das Symbol Mensch, Markus das Symbol Löwe, Lukas das Symbol Stier und Johannes das Symbol Adler zugeordnet[104].

---

[102] Zu Ezechiel-Handschriften in Qumran vgl. J. Lust, Ezekiel manuscripts in Qumran. Preliminary edition of 4Q Ez a and b, in: J. Lust (Hg.), Ezekiel and his book. Textual and literary criticism and their interrelation, BEThL LXXIV, 1986, 90–100.

[103] Vgl. H. Stegemann, Die Essener, Qumran, Johannes der Täufer und Jesus, Freiburg u. a. 1994[4], 140 f. 374.

[104] Vgl. Stegemann, aaO., 315; zur Ezechielrezeption im frühen Christentum vgl. E. Dassmann, Trinitarische und christologische Auslegung der Thronvision Ezechiels in der patristischen Literatur, in: M. Boehnke – H. Heinz (Hg.), Im Gespräch mit dem dreieinen Gott, FS W. Breuning, Düsseldorf 1985, 159–174; s. a. W. Neuß, Das Buch Ezechiel in Theologie und Kunst bis zum Ende des XII. Jahrhunderts, Beiträge zur Geschichte des alten Mönchtums und des Benediktinerordens, 1/2, Münster 1912.

Ezechiel 1 bis 19 – Übersetzung und Erklärung

Ez 1–3 Eingangsvision

a. 1, 1–3, 15 a Jahwevision, Prophetenberufung und Sendungsaufträge

1 Und es geschah im dreißigsten Jahr am fünften Tag des vierten Monats, und ich war mitten unter den Verbannten am Fluß Kebar; es tat sich der Himmel auf, und ich sah göttliche Visionen. *2 Am fünften Tag des Monats, es war das fünfte Jahr der Verbannung des Königs Jojachin, 3 erging*[Ap] *das Wort Jahwes an Ezechiel, den Sohn des Busi, den Priester, im Lande der Chaldäer am Fluß Kebar. Und es kam über mich*[Ap] *dort*[1] *die Hand Jahwes.* 4 Und ich schaute und siehe, ein Sturmwind kam von Norden, eine große Wolke und zuckendes Feuer, [und Glanz um sie ringsum][2] und aus seiner Mitte wie Funkeln von Elektron[3], [aus der Mitte des Feuers][4]. 5 Und aus seiner Mitte [erschien] die Gestalt von vier Lebewesen. Und dies war ihr Aussehen/Anblick: Gestalt von Menschen[5] hatten sie. 6 Vier Gesichter hatte ein jedes, und vier Flügel hatte ein jedes[Ap]. 7 Und ihre Beine waren geradfüßig (gestreckt), und ihre Hufe waren wie die Hufe eines Jungstieres, glänzend wie das Funkeln blanken Erzes[6], 8 und Menschenhände[Ap] waren unter ihren Flügeln an ihren vier Seiten, und ihre Gesichter [und ihre Flügel][G-] waren bei allen vieren; 9 [es berührten einander ihre Flügel][7]; sie wandten sich nicht um, wenn sie gingen; ein jedes gingen sie gerade vor sich hin[8]. 10 Und die Gestalt ihrer Gesichter war eines Menschen Gesicht, und eines Löwen Gesicht war zur Rechten allen vieren, und ein Stiergesicht war von der Linken allen vieren, und ein Adlergesicht war allen vieren. 11 [Und ihre Gesichter][G-] und ihre Flügel waren nach oben hin ausgespannt, und bei jedem berührten zwei einander[9], und zwei bedeckten ihre Körper. 12 Und ein jedes gingen sie gerade vor sich hin, wohin der

---

1 Fehlt in G! Vgl. 3, 22; 8, 1.
2 Vgl. Ap. BHS; Ergänzung nach 1, 27.
3 Ergänzung nach 1, 27?
4 Wegen der Ergänzung am Ende von 4 a erforderliche Klarstellung.
5 Sekundäre Vorwegnahme von 1, 26?
6 Vgl. Dan 10, 6.
7 Fehlt in G!
8 Vgl. V. 12.
9 So mit Ap. BHS.

Geist stand zu gehen, gingen sie; sie wandten sich nicht um, wenn sie gingen. 13 Und aus der Mitte[10] der Lebewesen ein Anblick[11] wie brennende Feuerkohlen, wie der Anblick von Fackeln fuhr es[12] hin und her zwischen den Lebewesen; und Lichtglanz hatte das Feuer; und aus dem Feuer kamen Blitze heraus. 14^{G-} [Und die Lebewesen gingen^{Ap} hin und her wie der Anblick von Blitzen^{Ap}].

15 Und ich schaute [die Lebewesen]$^{G-}$, und siehe, ein Rad war auf dem Boden[13] neben den Lebewesen, bei den vieren^{Ap}. 16 Und^{Ap} der Anblick der Räder [und ihre Machart]$^{G-}$ war wie das Funkeln von Tarsis. Und einerlei Gestalt hatten die vier; [und ihr Anblick]$^{G-}$ und ihre Machart war, als wäre ein Rad inmitten eines Rades. 17 Nach[14] ihren vier Seiten gingen sie, [bei ihrem Gehen]$^{G-}$; sie wandten sich nicht um bei ihrem Gehen. 18 [Und ich sah[15], und siehe, sie hatten Felgen][16], und ihre Felgen waren voller Augen ringsum bei allen vieren. 19 Und wenn die Lebewesen gingen, gingen die Räder neben ihnen, und wenn sich die Lebewesen vom Boden erhoben, erhoben sich (auch) die Räder; 20 wohin der Geist stand zu gehen, gingen sie;[17] und die Räder erhoben sich gleichzeitig mit ihnen; denn der Geist der Lebewesen[18] war in den Rädern. 21 Wenn sie gingen, gingen (auch) sie, wenn sie stehen blieben, blieben (auch) sie stehen; und wenn sie sich vom Boden erhoben, erhoben sie [die Räder]$^{G-}$ sich gleichzeitig mit ihnen; denn der Geist der Lebewesen[19] war in den Rädern.

22 Und die Gestalt über den Häuptern der Lebewesen[20]: eine Platte wie das Glitzern von furchterregendem^{G-} Eis[21], ausgebreitet oben über ihren Häuptern. 23 Und unter der Platte waren ihre Flügel [ausgespannt, berührten einer den anderen]^{Ap}, ein jedes hatte zwei, die ihre Körper bedeckten[22]. 24 Und ich hörte das Rauschen ihrer Flügel wie das Rauschen vieler Wasser, [wie die Stimme Schaddais][23], wenn sie gingen [das Geräusch des Getöses wie das Geräusch eines Heerlagers]$^{G-}$; wenn sie stehen blieben, ließen sie ihre Flügel sinken. 25 [Und es war ein Geräusch über der Platte, die über ihrem Haupte war;

---

[10] So mit G; vgl. V. 5; möglich ist auch (vgl. Ap. BHK) *bynwt* (= „zwischen"), vgl. 10, 2. 6. 7.

[11] So mit G anstelle von M „war ihr Anblick".

[12] Bezieht sich auf das „Feuer" der Kohlen.

[13] Wörtlich: „auf der Erde".

[14] Anstelle von *ʿl* ist *ʾl* zu lesen; beide Präpositionen werden im Ezechielbuch regellos vertauscht.

[15] Vgl. G.

[16] So mit Ap. BHS; M bietet für V. 18 a einen völlig unverständlichen Text: „Und ihre Felgen, und sie hatten Höhe (vgl. so auch G), und sie hatten Furcht".

[17] Vgl. V. 12; das folgende „dorthin der Geist zu gehen" ist Ergebnis von Dittographie.

[18] Das singular. *hḥyh* ist hier wahrscheinlich kollektiv aufzufassen.

[19] Vgl. zu V. 20.

[20] Vgl. zu V. 20.

[21] Daß G das hebr. *qrḥ* (sonst in der Bedeutung „Eis") mit *krystallos* übersetzt, heißt nicht, daß hier an „Bergkristall" zu denken ist; G kann mit *krystallos* durchaus „eisähnlichen Glanz" (so Keel, Jahwe-Visionen, 255) anzeigen.

[22] So mit Ap. BHS.

[23] Fehlt in G, vgl. 10, 5.

wenn sie stehen blieben, ließen sie ihre Flügel sinken.][24] 26 Und oberhalb der Platte, die über ihrem Haupte war, war wie der Anblick eines Lapislazuli die Gestalt eines Thrones. Und auf der Gestalt des Thrones war eine Gestalt wie der Anblick eines Menschen oben darüber. 27 Und ich schaute: wie das Funkeln von Elektron war es [wie der Anblick von Feuer, das ringsum ein Gehäuse hat][G-] vom Anblick seiner Hüfte an aufwärts; und vom Anblick seiner Hüfte nach unten schaute ich wie einen Anblick von Feuer. Und Glanz war um ihn ringsum. 28 Wie der Anblick des Bogens, der in der Wolke am Tag des Regens erscheint, so war der Anblick des Glanzes ringsum. So war der Anblick der Gestalt der Herrlichkeit Jahwes. Und ich schaute, und ich fiel auf mein Angesicht; und ich hörte die Stimme eines, der redete.

2, 1 Und er sprach zu mir: „Menschensohn, stell dich auf deine Füße, und ich werde mit dir reden". 2 Und es kam Geist in mich, [als er zu mir redete][G-], und stellte mich auf meine Füße, und ich hörte ihn[25] zu mir reden. 3 Und er sprach zu mir: „Menschensohn, ich sende dich zum Haus[26] Israel, [zu Völkern][G-], zu den Empörern, die sich gegen mich empört haben, sie und ihre Väter [haben sich gegen mich aufgelehnt][G-] bis auf den heutigen Tag 4 [und die Söhne mit hartem Angesicht und verhärtetem Herzen – zu ihnen sende ich dich][G-]. Und du sollst zu ihnen sprechen: ‚So spricht [der Herr][27] Jahwe', 5 [und sie][G-], ob sie hören oder es lassen – denn ein Haus der Widerspenstigkeit sind sie –, so sollen sie doch erkennen, daß ein Prophet in ihrer Mitte gewesen ist. 6 Und du, Menschensohn, fürchte dich nicht vor ihnen und vor ihren Worten fürchte dich nicht[28]; denn Dornen umgeben dich[29], und auf Skorpionen sitzest du. Vor ihren Worten fürchte dich nicht und vor ihrem Angesicht erschrick nicht; denn ein Haus der Widerspenstigkeit sind sie. 7 Und du sollst meine Worte zu ihnen reden, ob sie hören oder es lassen; denn ein Haus[30] der Widerspenstigkeit sind sie. 8 Und du, Menschensohn, höre, was ich zu dir rede. Sei nicht widerspenstig wie das Haus der Widerspenstigkeit. Tue deinen Mund auf und iß, was ich dir gebe".

9 *Und ich schaute, und siehe, eine Hand war zu mir ausgestreckt, und siehe, darin*[31] *war eine Buchrolle. 10 Und er breitete sie vor mir aus. Und sie war beschrieben vorn und hinten. Und das darauf Geschriebene waren Klagen und Seufzer und Wehe.*

3, 1 Und er sprach zu mir: „Menschensohn, [was du findest, iß,][32] *iß diese*

---

[24] Wahrscheinlich späterer Nachtrag, vgl. auch G.

[25] Vgl. G.

[26] So mit G.

[27] Fehlt in G; zu den Formen des Gottesnamens im Ezechielbuch sowie seiner Wiedergabe in G vgl. Zimmerli, BK XIII, 2, 1250–1258: Exkurs 1 Der Gottesname im Buche Ezechiel, sowie Zimmerlis Nachtrag dazu, aaO., 1265.

[28] G liest: „und erschrick nicht vor ihrem Angesicht".

[29] So mit Ap. BHS; M liest: „denn Widerspenstige und Dornen sind bei dir".

[30] So mit G.

[31] M = „in ihm".

[32] In M offensichtlich Jer 15, 16 berücksichtigende Glosse, fehlt in G.

Rolle, und geh, rede zum Haus Israel". *2 Und ich öffnete meinen Mund, und er gab mir die Rolle zu essen. 3 Und er sprach zu mir: „Menschensohn, deinen Leib speise und dein Inneres fülle mit dieser Rolle, die ich dir gebe". Und ich aß sie*[33]*, und sie wurde in meinem Munde so süß wie Honig.*

4 Und er sprach zu mir: „Menschensohn, auf, geh zum Haus Israel und rede mit meinen Worten zu ihnen. 5 Denn nicht zu einem Volk unverständlicher Sprache [und schwerer Zunge]G- bist du gesandt, [zum Haus Israel][34]. 6 Und[35] nicht zu vielen Völkern [unverständlicher Sprache und schwerer Zunge][36], deren Worte du nicht verstehen könntest. Wenn[37] ich dich zu ihnen senden würde, sie würden auf dich hören. 7 Aber das Haus Israel wird nicht auf dich hören wollen; denn sie wollen nicht auf mich hören; denn das ganze Haus Israel ist sturköpfig und starrsinnig[38]. 8 Siehe, ich mache dein Angesicht hart gleichwie ihr Angesicht und deine Stirn hart gleichwie ihre Stirn, 9 wie Diamant härter als Fels [mache ich deine Stirn]G-. Fürchte sie nicht und erschrick nicht vor ihnen. Denn ein Haus der Widerspenstigkeit sind sie." *10 Und er sprach zu mir: „Menschensohn,* alle meine Worte, die ich zu dir rede, nimm in dein Herz auf, und mit deinen Ohren höre sie. 11 Und, *auf, gehe zu den Verbannten, zu den Söhnen deines Volkes*[39]*, und du sollst zu ihnen reden* und zu ihnen sprechen: ‚So spricht [der Herr]G- Jahwe', ob sie hören oder es lassen"[40]. 12 Und Geist hob mich empor, und ich hörte hinter mir den Lärm eines großen Bebens, indem sich die Herrlichkeit Jahwes[41] von ihrem Ort erhob[42], 13 und den Lärm der Flügel der Lebewesen, die einer den anderen berührten, und den Lärm der Räder gleichzeitig damit und den Lärm eines großen Bebens. 14 Und Geist hob mich empor und entrückte mich, *und ich ging [verbittert]G- in der Erregung meines Geistes. Und die Hand Jahwes war hart auf mir. 15 Und ich kam zu den Verbannten nach Tel Abib, [die am Fluß Kebar wohnten]*[43]*, wo diese*[44] *wohnten.* Und ich saß dort sieben Tage verstört in ihrer Mitte.

Lit.: Garscha, Studien, 141 ff. 241 f.; O. Keel, Jahwe-Visionen und Siegelkunst. Eine neue Deutung der Majestätsschilderungen in Jes 6, Ez 1 und 10 und Sach 4, SBS 84/85, Stuttgart 1977; Vogt, Untersuchungen, 1–43; B. Lang, Die erste und die letzte Vision des Propheten. Eine Überlegung zu Ezechiel 1–3, Bib 64, 1983, 225–230; D. Vieweger, Die Spezifik der Berufungsberichte Jeremias und Ezechiels im Umfeld ähnli-

---

33 So G.
34 Wahrscheinlich zusätzliche Erläuterung.
35 So mit G.
36 Wahrscheinlich späterer Zusatz, fehlt in S.
37 „Wenn nicht" in M ist fehlerhaft.
38 Wörtlich: „von harter Stirn und verhärtetem Herzen".
39 Vgl. Ez 13, 17; 33, 12. 17. 30; 37, 18.
40 Vgl. Ez 2, 5. 7; 3, 27.
41 Vgl. Ez 1, 28.
42 So mit Ap. BHS.
43 Späterer Zusatz, vgl. Ap. BHS.
44 So mit Ap. BHS.

cher Einheiten des Alten Testaments, BEATAJ 6, 1986; L.C. Allen, The structure and intention of Ezekiel i, VT XLIII, 1993, 145-161.

1, 1-3 Überschrift und Einleitung des Buches

Datierungen und Ortsangaben kennzeichen betont im Bucheinsatz den in den folgenden Texten maßgeblichen Sprecher und Handlungsträger als Angehörigen jener im Jahre 597 v. Chr. mit König Jojachin aus Jerusalem nach Babylonien Deportierten (1.Gola). Damit ist zunächst der Situationsrahmen umrissen, den sich der Leser zum Verständnis der in 1, 4-3, 26 folgenden Selbst-Berichte vor Augen halten soll; ferner ist diese Ausgangssituation zugleich auch für alle weiteren Darlegungen des Sprechers von Belang. Denn alle übrigen Situationsangaben[45] des durchgängig (außer 1, 3!) in der Form des Selbst- Berichts konzipierten Buches setzen die in 1, 1-3 definierte Ausgangssituation voraus[46].

Aus den unterschiedlichen Datierungen in V. 1 und 2 und dem Übergang der Ich-Rede (V. 1) in einen Er-Bericht (V. 3) sowie aus der doppelten Ortsangabe „am Fluß Kebar" (V. 1 a und 3 a) ist zu folgern, daß die jetzige Textfolge 1, 1-3 nicht aus einem Guß ist. Wie sie entstanden ist, ist immer noch nicht befriedigend erklärt. Mehrheitlich nimmt man an, daß ein älterer Text nachträglich erweitert wurde. So rechnet z. B. Kutsch damit, „daß in Ez 1, 1-3 zwei ursprünglich selbständige ‚Überschriften' miteinander verflochten sind - 1, 2. 3 a und 1, 1. 3 b - "[47], und unterscheidet zugleich zwischen der sogenannten Thronwagenvision in 1, 4-28 a sowie dem eigentlichen Berufungsbericht in 1, 28 b-3, 11; der Bericht über die Berufung des Ezechiel zum Propheten für sein Volk mit den entsprechenden Jahweworten und Verweis auf die „Buchrollenvision" gehöre „an den Beginn der Wirksamkeit des Ezechiel, er stand zunächst auch zu Recht - mit der einleitenden Überschrift in 1, 2. 3 a - am Anfang einer Sammlung von Ezechieltexten"[48]. Die mit 1, 1. 3 b eingeleitete Thronwagenvision stamme aus viel späterer Zeit, nämlich aus dem 30. Jahr nach der Verbannung Jojachins, d. h. aus dem Jahre 569/8, als Ezechiel mit ca. 65 Jahren bereits am Ende seines Lebens stand. Ursprünglich habe sie „seine Wirksamkeit als Prophet abgeschlossen"[49]. Sie sei nachträglich „fast wie ein Motto von der Herrlichkeit Jahwes - an den Anfang des Buches gerückt und der Berufungserzählung vorangestellt worden"[50]. Dabei habe die

---

[45] Vgl. 3, 11. 15. 23; 8, 1. 4; 11, 24f.; 24, 2. 26f.; 33, 21 ff.; 37, 1-14; 40, 1.

[46] Zu Formulierungen, die kaum mit der jetzt das ganze Buch prägenden Vorstellung von der exilischen Wirksamkeit Ezechiels in Einklang zu bringen sind, vgl. z. B. "jeder vom Haus Israel und von den Fremdlingen, die als Fremdlinge im Haus Israel weilen" in Ez 14, 7; vgl. die Berücksichtigung der „Fremdlinge" auch in 22, 7; ferner ist für 18, 1-20 zumindest wegen V. 6. 11. 15 („essen auf den Bergen") sicher, daß hier aus der Sicht des Landes formuliert ist; vgl. jeweils z. St.

[47] Kutsch, Daten, 52.

[48] Kutsch, Daten, 53.

[49] Kutsch, Daten, 54, geht davon aus, „daß Ezechiel bei seiner Deportation im März/April 597 etwa 5 Jahre Priester... war und bei der Übernahme des Priesteramtes ein Alter von 30 Jahren hatte (vgl. Num 4, 3 usw.)"; aaO., 54.

[50] Ebd.

für diese Verschachtelung verantwortliche Redaktion die Datierung der Vision der ursprünglichen Einleitung des Buches (1, 2. 3 a) vorgeschaltet, wobei zugleich in V. 2 die Gleichsetzung des „30. Jahres" mit dem „5. Jahr" „ungeschickt und falsch" bewerkstelligt worden sei. Schwachpunkt dieser Erklärung ist allerdings, daß es keinerlei Anhaltspunkte für eine Logik gibt, die zu dieser Gleichsetzung führte[51].

Andere Versuche, die Entstehung der jetzigen Textfassung 1, 1-3 und die merkwürdige Datierung ins „30. Jahr" zu erklären, bewegen sich ebenfalls im Bereich von Vermutungen. Worauf sich die Angabe „im 30. Jahr" bezieht, ist immer noch offen. Vorgeschlagen werden z. B. das Lebensalter Ezechiels[52], die Berechnung vom Beginn der Reform Josias[53], die Verrechnung der Exilsdauerangaben von einmal „70 Jahren" in Jer 25, 11 f; 29, 10 und zum andern „40 Jahren" in Ez 4, 6[54].

In V. 1 erfährt der Leser weder etwas über Stand und Herkunft noch den Namen des hier anhebenden Ichs. Zu Beginn eines Prophetenbuches oder einer Apokalypse ist jedoch zumindest der Name des Handlungsträgers unverzichtbar[55]. Da der Leser ohne die Angaben in V. 3 die Lektüre bis 24, 24 vorantreiben müßte, um erst hier schließlich den Namen des Visionärs zu erfahren, kann V. 3 a nicht die Funktion eines 1, 1 sekundär erläuternden Zusatzes haben. Wie ein Blick auf Überschriften in Hag 1, 1 und Sach 1, 1 erhellt[56], erfüllt die Textfolge von 1, 2-3 a alle Voraussetzungen für eine ursprünglich selbständige Überschrift, die entsprechend der verwendeten Wortereignisformel („da erging das Wort Jahwes an Ezechiel"[57]) als Einleitung zu einer Sammlung oder zu einem Buch von Prophetenworten fungieren konnte[58]. Das trifft für 1, 1 für sich genommen jedenfalls nicht zu. Was auch immer mit dem „dreißigsten Jahr" in V. 1 gemeint ist, die Zeitangabe in V. 2 hebt hervor, daß bereits fünf Jahre vergangen sind, seitdem König Jojachin vor den Babyloniern kapituliert hatte und damit Jerusalem vor der Zerstörung hatte retten können, selbst aber als Gefangener ins „Land der Chaldäer" weggeführt worden war. Zugleich ist dem Leser klar, daß es noch weitere fünf Jahre dauerte, bis Jerusalem die totale Katastrophe traf (587 v. Chr.). Daraufhin liest er die in 1, 3 ff. anschließenden Textfolgen bis 33, 21, der Notiz über die Benachrichtigung Ezechiels vom Untergang Jerusalems, als Darlegungen über Eze-

---

[51] So auch Lang, Ezechiel, 19.

[52] So z. B. Eichrodt, ATD I, z. St. und neuerdings wieder Miller (s. u. Lit. zu 1, 1-3).

[53] Herrmann, KAT, 10.

[54] Hölscher, Hesekiel, 44

[55] Vgl. die Eingangspartien der Prophetenbücher; siehe ferner z. B. Dan 7,(1)2; 8, 1; 9, 2; syrBar 1, 1 ff.; 4.Esra 1, 1 ff.

[56] Vgl. auch Hag 2, 1; Sach 1, 7; 7, 1.

[57] Die Wortereignisformel steht in einer gewissen Spannung zu 1, 3 b/4 ff.; denn normalerweise wird damit ein direkt anschließendes Jahwewort eingeleitet; vgl. so auch Ez 3, 16 bff.; 6, 1 ff.; 7, 1 ff.; 11, 14 ff.; 12, 1 ff. usf.!; vgl. auch Jer 1, 4 ff. u. ö.

[58] So auch Kutsch, Daten, 51. - Möglicherweise ist die Wortereignisformel Relikt einer Einleitung zu einem noch nicht golaorientiert redigierten Prophetenbuch; vgl. dazu oben 33 ff.

chiels Wirken und Worte bis zu eben diesem Zeitpunkt. Zugleich ist ihm klar, daß sich die in Ez 3–24 enthaltenen Worte als wahr erwiesen haben; was Ezechiel im Auftrag Jahwes noch in einem deutlichen zeitlichen Abstand vor der Eroberung Jerusalems angekündigt hatte, war 587 v. Chr. eingetroffen.

Das in 1, 2 eröffnete Datierungssystem[59] des Buches dient also auch dazu, die Texte auf die Weise zu ordnen, daß der Weissagungs- und Erfüllungscharakter vorausgehender und folgender Worte deutlicher in den Blick gerät[60]. „Hinter einem solchen Bestreben steckt die Absicht, eine größere Zeiträume übergreifende Metaebene hinter den Ereignissen der Vergangenheit anzudeuten. Die zugrunde liegende theologische Konzeption beinhaltet ein Jahweverständnis, nach dem Jahwe die angesprochenen Unheilsereignisse selbst geplant und gesteuert hat, also auch für die Zukunft weiterhin plant und steuert."[61] Daß uns in V. 2 das tatsächliche Datum der Berufung Ezechiels mitgeteilt wird, ist also keineswegs so sicher, wie man in der Regel annimmt.

„König Jojachin": Die hier und mit Ausnahme lediglich von 24, 1 in sonst allen Datierungen gewählte Zählweise nach der Ära König Jojachins[62] soll dem Leser signalisieren, daß Jojachin im Exil der wahre König ist und nicht der nach 597 v. Chr. in Jerusalem residierende Zedekia, womit zugleich die Sonderstellung der ersten Gola angedeutet wird, nämlich, daß das wahre Israel im Exil sitzt und nicht in Juda und Jerusalem.

Als Aufenthaltsort des als Priester[63] vorgestellten[64] Ezechiel[65] wird zunächst die Gegend am Fluß (bzw. Kanal) Kebar (1, 1.3; 3, 23; 10, 15.22; 43, 3) angegeben; hier an einem Seitenarm des Euphrat, wohl bei Nippur, hätte Ezechiel dann „im 5. Jahr der Verbannung König Jojachins"[66] (1, 2b) die seine Berufung implizierende Thron- bzw. Buchrollenvision gehabt[67].

---

[59] Vgl. die am jeweils buchkonzeptionell wichtigen Ort plazierten Datierungen 1, 1 f.; 8, 1; 24, 1; 33, 21 und 40, 1.

[60] Vgl. ähnlich im Jeremiabuch die Datierungen „im vierten Jahre Jojakims"; diese Datierungen (vgl. Jer 25, 1; 36, 1; 46, 1 f.) sind Ergebnis berechnender Überlegungen, die mit einer schon ausgeprägten Prophetentheorie einhergehen; denn das 4. Jahr Jojakims entspricht dem 1. Jahr Nebukadnezars (25, 1). Mit dieser Zeitangabe soll sichergetellt werden, daß Jeremia seine Verkündigung (vgl. Jer 25 und 36) tatsächlich als prophezeiendes Wort, ja sogar als im Buch fixiertes Prophetenwort (Jer 36) längst übermittelt hatte, bevor sich in der Gestalt Nebukadnezars das Unheil aus dem Norden am geschichtlichen Horizont abzeichnete; zu den Datierungen im Jeremiabuch vgl. Pohlmann, Die Ferne Gottes, 125 f.

[61] Pohlmann, Ezechielstudien, 12 f.

[62] Anders als in Jer 27, 20 [G]; Jer 22, 28 wird ihm in Ez 1, 2 ausdrücklich der Königstitel zugestanden.

[63] Oder Priestersohn; die Angaben in 1, 3 sind nicht ganz eindeutig.

[64] Vgl. Jer 1, 1 „aus der Priesterschaft..."

[65] Der Name des Offenbarungsempfängers (hebräisch: Jechezk'él, Septuaginta: Iezekiel, Vulgata: Hiezecihel, danach deutsch: Hesekiel) taucht außer in der Überschrift in 1, 3 a nur noch in 24, 24 auf (vgl. dagegen den ganz anderen Sachverhalt im Jeremiabuch); er bedeutet: „Gott möge stärken"; vgl. M. Noth, Die israelitischen Personennamen, BWANT III/10, Stuttgart 1928, Nr. 659, 202.

[66] Nach Kutsch, Daten, also im Jahre 594/3 v. Chr.

[67] Vgl. Dan 10, 4, wo ebenfalls ein Fluß als Ort eines Visionsgeschehen erwähnt wird; vgl. Dan 12, 5 ff.

Lit. zu 1, 1-3: Garscha, 141ff. 241f; Lang, Ezechiel, 19ff.; Kutsch, Daten, 45-54; J.E. Miller, The thirtieth Year of Ezekiel 1:1, RevBib 99, 1992, 499-503.

1, 3/4-3, 15 Zur Frage der Einheit – Beobachtungen zum Aufbau

Der in V. 3 bereits mit „da sah ich" avisierte und dann in V. 4 einsetzende Visions- bzw. Auditionsbericht (2, 1 ff.) endet in 3, 12-14 mit Hinweisen auf den Abschluß der Vision/Audition. 3, 15 stellt das bisherige insgesamt abrundend fest, daß sich „Ezechiel" nun im Kreis der ersten Gola befindet. Daß 1, 3-3, 15 insgesamt nicht von einer Hand konzipiert worden sein kann, dürfte allerdings schon daraus hervorgehen, daß dem Visionär eine mehrfache Beauftragung widerfährt[68]. Dazu folgende Beobachtungen:

Eingebunden in den geschilderten Visions- und Entrückungsvorgang finden wir zunächst den mit der Sendungsaussage (2, 3) einsetzenden Abschnitt
2, 3-7 2, 3-7, der die Sendung an die Israeliten (G = „Haus Israel") mit deren und ihrer Väter Abtrünnigkeit Jahwe gegenüber begründet. „Ezechiels" Wirken unter ihnen soll sie zu der Erkenntnis führen, daß ein Prophet unter ihnen gewesen ist (V. 5b). 2, 6f. (vgl. 3, 9) enthalten die Aufforderung zur Furchtlosigkeit sowie die, Jahwes Worte zu reden (V. 7; vgl. 3, 4 und 3, 10f.).

Während innerhalb von 2, 3-7 selbst nirgends angedeutet ist, daß die hier erfolgte Beauftragung sich im Rahmen einer Vision abspielt, ist das für die Darlegungen in 2, 8-3, 3[69] eindeutig. Offen bleiben kann zunächst noch, ob dieser Abschnitt als direkte Fortsetzung zu 1, 28; 2, 1. 2a in Frage kommt.

3, 4-9 3, 4-9 liest sich jetzt wegen des einleitenden Befehls, zum „Haus Israel" zu gehen (vgl. 2, 3), wie die konsequente und konkrete Ausführungsbestimmung zu 2, 8-3, 3. Ohne diesen vorausgehenden Abschnitt wirkt 3, 4-9 für sich genommen unvermittelt und unvollständig. Versucht man 3, 4-9 als direkte Weiterführung von 2, 3-7 einzustufen, so sprechen gegen eine solche Textfolge die zahlreichen, nahezu wörtlich übereinstimmenden Doppelaussagen (vgl. 3, 4 mit 2, 7; 3, 9 mit 2, 6; 3, 7b mit 2, 4), die bei Herleitung aus einer Hand äußerst merkwürdig wirken.

Der Adressatenkreis ist nach 3, 4 in Verbindung mit 3, 7 „das ganze Haus Israel", das hier ähnlich wie in 2, 3. 4, jedoch in Gegenüberstellung zu „vielen Völkern" (V. 6), als insgesamt verstockt[70] charakterisiert wird. Liest man so von 3, 4-9 herkommend den nächsten Abschnitt 3, 10-16, der von der Beauftragung „Ezechiels" für die Gola handelt, so erstreckt sich der Verstockungsvorwurf jetzt auch auf die erste Gola; diese Gola erscheint jetzt als Teil des insgesamt verstockten Israel (3, 7).

3, 10-15 3, 10-15 berichtet inzwischen zum vierten Mal von Sendung[71] und Redeauftrag[72]. Während wie in 2, 3-7 innerhalb von 3, 4-9 keine Spur darauf hin-

---

[68] Vgl. „rede zu ihnen" 2, 7; 3, 4; 3, 11; vgl. 3, 1.
[69] Vgl. V. 9 „und ich sah...".
[70] Das Thema klingt auch in 11, 19; 18, 31; 36, 26 an.
[71] 3, 11; vgl. 2, 3 und 3, 1. 4.
[72] 3, 11; vgl. 2, 7 und 3, 1. 4.

deutet, daß diese Einheit von vornherein im Rahmen des Visionsberichts fest verankert war, wird in 3, 10–15 mehrfach auf das vorausgesetzte Visionsgeschehen Bezug genommen: 3, 12 f. nennt zuvor in 1, 3 ff. genannte Visionsinhalte; 3, 14 b bezieht sich mit dem Verweis auf „Jahwes Hand" zurück auf 1, 3.

Bevor wir an diese Beobachtungen anknüpfend eine genauere Sondierung der Textverhältnisse versuchen, halten wir zu Ez 1–3 insgesamt fest:

In der Grundstruktur ist Ez 1–3 als Selbstbericht einer „Berufung" konzipiert, der bucheinleitend feststellen soll, woraufhin der in den folgenden Buchteilen zuständige Sprecher als Sprecher Jahwes fungiert und worin sein konkreter Aufgabenbereich besteht. Mit den Verweisen auf das Widerfahrnis einer Jahwevision wird die Legitimation als Sprecher Jahwes besonders hervorgehoben; dem korrespondieren die innerhalb der Vision zur Audition überleitenden Aussageelemente, die als Anrede Jahwes den eigentlichen Auftrag umreißen (Sendung, Sendungsziel, Aufforderung zur Rede im höheren Auftrag) und so den Sprecher für die konkrete Aufgabe als im höheren Auftrag autorisiert auszeichnen. Beide Komponenten sind unlösbar miteinander verknüpft: Die Verweise auf das Widerfahrnis der Jahwevision allein wirken funktionslos, die Aussagen über den Auftrag ohne den Kontext der Jahwevision uneingeleitet und unvermittelt.

Daraufhin ist zu fragen, welche Textanteile innerhalb von Ez 1–3 diese Grundstruktur tragen. Da die durch die Anrede Jahwes autorisierte Beauftragung in 2, 3–3, 16 auffällig überschüssig wirkt[73], ist hier mit nachträglichen Erweiterungen zu rechnen. Somit ergeben sich mehrere Möglichkeiten der Rekonstruktion jeweils einer Textbasis mit der oben veranschlagten Grundstruktur, die als Ausgangstext für die vorliegende Textfolge existiert haben könnte.

In der jetzigen Fassung von 1, 1–3, 15 läuft alles auf die Beauftragung des Sprechers für die erste Gola hinaus (3, 10 ff.). Dieser Abschnitt schlägt mit seinen Zielangaben „Gola" (V. 11. 15) einen Bogen zurück zu 1, 1–3*. Darf man davon ausgehen, daß der Verweis auf „Jahwes Hand" ein wesentliches Grundelement zur Einleitung des Visionsberichtes darstellt (1, 3 b)[74], so ist 3, 10–16* zudem über V. 14 b „und die Hand Jahwes lag schwer auf mir" wegen des deutlichen Rückbezugs auf 1, 3 b mit der hier vorliegenden Überleitung zur Vision fest verknüpft. D.h.: Die Komponenten „Golasituation" (1, 1–3*), „Visionsgeschehen" (1, 3 bff.), „Beauftragung für die Gola" (3, 11) und „Ende der Vision" (3, 12 ff.), „Golasituation" (3, 15 f.) bilden ein eng aufeinander abgestimmtes einheitliches Beziehungsgeflecht golaorientierter Prägung.

Da das Ezechielbuch auch sonst im golaorientierten Sinn vorgegebene Texte strukturiert und interpretiert[75], ist zu klären, ob sich für Ez 1–3 ein äl-

[73] Vgl. 2, 3 ff.; 3, 1; 3, 4 ff.; 3, 10 ff.

[74] Vgl. auch 3, 14. 22; 8, 1; 33, 22; 37, 1; 40, 1; ähnlich 1. Kön 18, 46; 2. Kön 3, 15 f.; Jes 8, 11; Jer 15, 17; dazu Zimmerli, BK XIII, 1, 47 ff.

[75] Vgl. dazu oben 27 ff.

teres, vorgolaorientiertes Textstadium ausmachen läßt, das erst durch die golaorientierten Textanteile seine jetzige Aussagerichtung erhielt. Es darf allerdings auch nicht ausgeschlossen werden, daß das soeben vorgestellte Beziehungsgeflecht als Entwurf aus golaorientierter Hand nachträglich noch einmal Ausgangsbasis und Textgrundlage für Erweiterungen und Akzentverschiebungen war. Für die Suche nach möglichen Textanteilen aus einem vorgolaorientierten Textstadium kommen die in 2, 3–3, 9 erkennbaren Texteinheiten 2, 3–7; 2, 8–3, 3 und 3, 4–9 in Frage[76]. Wie oben bereits vermerkt, wirkt auch diese Textfolge keineswegs aus einem Guß, weil 2, 3–7 und 3, 4–9 weithin parallel laufen und zahlreiche Doppelaussagen auffallen. Dieser Befund ist bei den folgenden Sondierungsversuchen mitzubedenken. Außerdem ist zu beachten, daß Textanteile aus einem vorgolaorientierten Textstadium folgende Voraussetzung erfüllen müssen: Ihre Aussagen und Aussagetendenzen dürfen nicht in einer Weise dem golaorientierten Anliegen entgegenstehen, daß nicht mehr nachvollziehbar ist, wie die golafavorisierende Redaktion daran anknüpfen konnte. Bedenken in dieser Richtung muß man sowohl für 2, 4–7 als auch für 3, 4–9 anmelden. Ganz gleich in welcher hypothetisch als ursprünglich angesetzten Textabfolge[77] diese Abschnitte auftauchen, die darin enthaltenen abwertenden Verdikte über „das Haus Israel" bzw. „ganz Israel" dürften sich kaum angeboten haben, im Anschluß daran in golafavorisierender Weise auf die erste Gola zu sprechen zu kommen, weil in dieser Abfolge das Verdikt ja nun auch die Gola miteinbezog.

Somit ergibt die Suche nach möglichen Textanteilen aus einem vorgolaorientierten Textstadium innerhalb von Ez 1–3, daß die Texteinheiten 2, 3–7 und 3, 4–9 weder in der jetzigen, noch in einer anderen Abfolge, noch als einzelne Einheiten als Ausgangstexte für eine nachträgliche Verknüpfung mit dem Ez 1–3 prägenden golaorientierten Beziehungsgeflecht in Betracht kommen. Lediglich 2, 8–3, 3 für sich genommen sperrt sich nicht gegen eine Weiterführung im golafavorisierenden Sinn. Dieser Abschnitt wirkt jedoch ohne Weiterführung unabgeschlossen. Daß darin ein Bestandteil einer vorgolaorientierten Einleitung erhalten geblieben ist, wäre immerhin möglich; die ursprüngliche Überleitung zur prophetischen Verkündigung müßte man sich zugunsten der jetzigen golaorientierten Fortsetzung (3, 10 ff.) weggefallen denken.

Zur Frage, inwiefern das oben umrissene Beziehungsgeflecht golaorientierter Prägung im nachherein zur jetzigen Textfassung erweitert worden sein kann, ergibt sich folgendes: Abgesehen davon, daß die Abschnitte 2, 3–7 und

---

[76] Vorausgesetzt werden muß, daß diesen Einheiten eine wie auch immer gestaltete Einleitung vorausgeht; für 2, 8–3, 3 wäre zu fordern, daß diese Einleitung Verweise auf eine folgende Jahwevision enthalten hat.

[77] Theoretisch sind folgende Möglichkeiten denkbar: a. 2, 3–7; 2, 8–3, 3; 3, 4–9. Diese Abfolge kann wegen der zahlreichen Doppelaussagen (vgl. den 1. und den 3. Abschnitt) außer Betracht bleiben. b. 2, 3–7; 3, 4–9 fällt aus den gleichen Gründen aus. c. 2, 3–7; 2, 8–3, 3 leuchtet nicht ein, weil man nach 2, 8–3, 3 weitere Ausführungen erwarten darf. So bleibt nur d. 2, 8–3, 3; 3, 4–9 bzw. e. 2, 3–7 oder f. 3, 4–9.

3, 4–9 der golaorientierten Konzeption deutlich entgegenstehende Tendenzen enthalten, und das um so deutlicher am jetzigen Ort vor 3, 10–15, war auch schon aufgefallen, daß sie jetzt zwar innerhalb des Visionsgeschehens eingebettet sind, sich aber nirgends eine Spur andeutet, die die Annahme einer Abfassung im gleichen Zuge mit der Konzipierung des Visionsberichts nahelegen könnte. Anders liegt der Fall in 2, 8–3, 3; hier sind unübersehbar Aussageelemente enthalten, die eine enge Verknüpfung oder Einbettung im Rahmen einer Visionsschilderung signalisieren. Dazu kommt, daß eine Weiterführung dieses Abschnitts mit 3, 10–15 ohne Einschränkung stimmig wirkt: Auf die in der Audio-Vision erfahrene Wortverleihung (das Essen der Buchrolle) folgt die Sendung zur Gola. M.E. spricht daher alles dafür, daß die Abfolge 2, 8–3, 3*; 3, 10–15* Textprodukt aus golaorientierter Hand ist.

Bevor wir der Frage nachgehen, wie die golaorientierte Einleitung des Visionsberichts (1, 3 ff.) gestaltet war, die zu 2, 8–3, 3*[78] hingeführt haben muß, ist jedoch noch auf den Werdegang bis zur vorliegenden Endfassung 2, 3–3, 15 und die dafür zu veranschlagenden redaktionellen Verfahren und Anliegen einzugehen. Läßt sich klären, aus welchen Gründen 2, 3–7 und 3, 4–9 in das oben postulierte vorgegebene golaorientierte Beziehungsgeflecht[79] eingetragen wurden?

3, 4–9: Daß hier der Sprecher beauftragt wird, Jahwes Worte an „das Haus Israel" auszurichten und zugleich, wie bereits vermerkt, „das ganze Haus Israel" ausnahmslos als verstockt etc. charakterisiert wird (3, 7), hat zur Folge, daß das dem Sprecher in der Vision von der Buchrolle einverleibte Jahwewort (2, 8–3, 3*) nun nicht mehr ausschließlich der ersten Gola vermittelt werden und also nicht mehr nur die erste Gola im Mittelpunkt des Interesses stehen soll. Es geht um ganz Israel. Die erste Gola steht jetzt lediglich als Teilisrael vor Augen; zugleich ist sie in das Verdikt, daß „ganz Israel" (V. 7) nicht auf Jahwe hören will, miteinbezogen. 3, 4–9 ist somit eindeutig darauf angelegt, die golaorientierte Konzeption aufzubrechen und zu öffnen[80]. 3, 4–9

2, 3–7: Die Schwierigkeit, die Aussageintention dieser Einheit und damit auch ihre Funktion vor 2, 8 ff. genau zu erfassen, besteht darin, daß zumindest 2, 4–7 einen stark überschüssigen Eindruck macht und somit große Unsicherheit besteht, in welcher ursprünglichen Textfassung dieser Abschnitt vor 2, 8 ff. geriet. Nimmt man V. 4 a wegen der Wiederholung der Sendungsaussage (V. 3) und unter Berufung auf G als spätere variierende Angleichung an 3, 7 heraus, so fällt als Sonderaspekt immerhin der Hinweis auf die „Abtrünnigkeit" etc. der „Väter" (V. 3) auf. Dieses Thema „Abtrünnigkeit und 2,3–7

[78] Daß 2, 8–3, 3* der golaorientierten Redaktion bereits vorgegeben war, ist möglich.

[79] Mit den Komponenten Golasituation (1, 1–3*), Visionsgeschehen ([1, 3 bff.] 2, 8–3, 3*), Beauftragung für die Gola (3, 11) und Ende der Vision (3, 12 ff.*), Golasituation (3, 14 bf.*).

[80] Da die Formulierung *l' y'bw lšmʿ 'l* („sie wollen nicht hören auf") in Ez 20, 8 auftaucht, hängt die Einschaltung von 3, 4–9 möglicherweise mit Reflexionen zusammen, die auch für die Konzipierung und Einschaltung von Ez 20 ausschlaggebend waren. In Ez 20 wird die Sonderstellung der ersten Gola nivelliert, weil hier über „Israel in der Diaspora" reflektiert wird; vgl. dazu die Einleitung (31) sowie z. St.

Verschuldung der Väter" steht im Zentrum von Ez 20; auch die Wortfolge *mrd/pš*ʿ (V. 3) begegnet Ez 20, 38. Der Vermerk in V. 5 b „sie werden erkennen, daß ein Prophet in ihrer Mitte war" (vgl. Ez 33, 33), ganz gleich, ob ursprünglich oder nachgetragen, dürfte im jetzigen Kontext, also hinter dem Verweis auf die Abtrünnigkeit der Väter (V. 3) und vor den Andeutungen über die den Sprecher bedrohenden Momente, auf eine von späterer dtr.[81] Prophetentheologie beeinflußte Hand zurückgehen, die den Propheten als den die Sündengeschichte Israels begleitenden Mahner und Warner herauszustellen sucht[82].

Nach allem bleibt festzuhalten: Auch wenn der literarische Charakter und das Anliegen von 2, 3–7 und 3, 4–9 nicht in allen Einzelheiten zu erfassen sind, sprechen die bisherigen Beobachtungen dafür, daß diese Texte nachträglich in das golaorientierte Beziehungsgeflecht eingearbeitet worden sind. Mit dieser Einschätzung geraten wir in die Nähe zu Hölschers Auffassung, daß in 2, 8 b–3, 3; 3, 10–15 der ursprüngliche Kern des gesamten Komplexes Ez 1–3 zu finden sei[83]. In geringfügiger Abweichung von Hölschers Textabgrenzung halten wir 2, 9. 10; 3, 1 aα.bα (ohne Sendungswort). 2. 3. 10 a. 11 (bis „und du sollst zu ihnen reden"). 14 b. 15[84] allerdings nicht für den ursprünglichen „Visionsbericht Hesekiels"[85], sondern für einen in buchkonzeptioneller Absicht erstellten Visionsbericht, der in der Funktion einer Einleitung den Sprecher aller folgenden Texte auf die Seite der ersten Gola stellen soll, also die auch sonst erkennbare golafavorisierende Ausrichtung des „Buches"[86] gleich eingangs anstrebt, wie ja auch den beiden anderen Visionsberichten (Ez 8–11; 37, 1–14) in ihrer ursprünglichen golaorientierten Fassung die Aufgabe zukam, an jeweils buchkonzeptionell wichtigen Stellen Aufgabe und Wirken „Ezechiels" im Kreis der ersten Gola herauszustellen[87].

---

[81] Darunter ist eine in exilischer und nachexilischer Zeit einflußreiche und auch literarisch wirksame Theologenschule zu verstehen, deren Hauptanliegen die theologische Bewältigung der nach der Katastrophe von 587 eingetretenen Sinn- und Glaubenskrise war. Das Attribut „deuteronomistisch" wurde diesen Theologen, deren literarisches Wirken nicht nur im sogenannten „deuteronomistischen Geschichtswerk" (Dtn, Jos, Ri, 1./2. Sam, 1./2. Kön), sondern auch in den Prophetenbüchern (vgl. besonders Jer) greifbar ist, deswegen beigelegt, weil ihre theologischen Denkbemühungen sehr stark an Vorstellungen und Forderungen des Deuteronomiums (5. Buch Mose) orientiert sind.

[82] Erwägen kann man auch, ob das formelhafte „ob sie es hören oder es lassen" (vgl. 2, 7; 3, 11. 27) hier schon Ezechiels Aufgabe als Wächter (3, 17–21) im Blick hat und sein Wirken in der aufgetragenen Richtung dann von vornherein als wenig erfolgversprechend kennzeichnen soll. In jedem Fall wird man an das dtr. Fazit der erfolglosen Wirksamkeit der Propheten als Mahner und Umkehrprediger erinnert (vgl. z. B. 2. Kön 17, 13 ff.; Jer 7, 25. 26; 11, 7; 25, 4 ff.; 26, 5; 29, 19; 44, 4).

[83] Vgl. Hölscher, Hesekiel, 53f; ähnlich neuerdings Lang, Ezechiel, 22 (Ez 2, 8–3, 3; 3, 10–11. 14 b–15 = „ein Bericht, der vermutlich die Erstberufung des Propheten schildert").

[84] Zu dieser Abgrenzung vgl. unten z. St.

[85] Hölscher, Hesekiel, 49; vgl. auch 14 f.

[86] Vgl. oben 27 ff.

[87] Zu dieser Einschätzung von Ez 8–11 und 37, 1 ff. vgl. Pohlmann, Ezechielstudien, 88 ff. 120 ff.

Da 2, 9 ff. ohne vorausgehende Ein- oder Hinführung kaum überzeugt, bleibt noch zu klären, ob und in welcher Weise die jetzige Textfolge 1, 3 b–1, 28; 2, 1 f. oder Teile daraus die Darlegungen in 2, 9 ff. vorbereitet haben. In der vorliegenden Fassung wirkt dieser umfangreiche Komplex an sich schon überladen und daraufhin auch als Hinführung zu 2, 9 ff. äußerst übergewichtig. Daß hier wegen des literarisch uneinheitlichen Charakters sukzessive Textanreicherungen zu veranschlagen sind, ist in der einschlägigen Forschung überwiegend zugestanden[88]; die schwierige Frage allerdings, wie man sich im einzelnen den Werdegang dieses Textkomplexes vorzustellen hat, wird immer noch kontrovers beantwortet. M.E. hat auch in diesem Punkt Hölschers Auffassung viel für sich. Er scheidet „auf literarkritischem Wege" die „Thronwagenbeschreibung 1, 5–27. 28 aβ"[89] aus und findet den originalen Einsatz in 1, 4. 28[90]: „Es steht nichts im Wege, 2, 8 b unmittelbar an 1, 28 (bezw. an *wy'mr 'ly* 2, 1) anzuschließen"[91]. Für diese Auffassung spricht, daß die so reduzierte Eingangsvision und die Vision in Ez 37*, die u.E. den Abschluß des golaorientiert konzipierten Buches bildet, besser aufeinander abgestimmt und gleichgewichtiger wirken. Vielleicht empfiehlt es sich sogar, von Ez 37* her über Hölscher hinausgehend als Ursprungstext nach den Angaben über Zeit, Ort und Person in 1, 1–3 a* lediglich die Feststellung „da geriet die Hand Jahwes über mich" zu postulieren, woraufhin die Weiterführung mit „und ich schaute" in 2, 9 erfolgte[92].

Fazit zu Ez 1–3: Die Komponenten Golasituation (1, 1–3*), Visionsgeschehen (1, 3 b ff.), Beauftragung für die Gola (3, 11) und Ende der Vision (3, 12 ff.), Golasituation (3, 15 f.) bilden ein eng aufeinander abgestimmtes einheitliches Beziehungsgeflecht golaorientierter Prägung. In dieses Geflecht sind 2, 3–7 und 3, 4–9 nachträglich eingepaßt. Nach Abzug der ebenfalls später eingearbeiteten Thronwagenbeschreibung 1, 4–28 sowie von 2, 1–2 kristallisiert sich nach den Angaben über Zeit, Ort und Person und der Feststellung „da geriet die Hand Jahwes über mich"[93] in 1, 1–3 a* als ursprünglicher Visionsbericht 2, 9. 10; 3, 1 aα.bα (ohne Sendungswort). 2. 3. 10 a. 11 (bis „und du sollst zu ihnen reden"). 14 b. 15 heraus. Dieser in buchkonzeptioneller Absicht erstellte Visionsbericht soll in der Funktion einer Prophetenbucheinleitung den Sprecher aller folgenden Texte als den visionär begabten Propheten im Kreise der ersten Gola vorstellen und legitimieren[94].

Die hypothetisch erschlossene ursprüngliche golaorientierte Textfassung:

---

88 Vgl. z.B. Zimmerli, BK XIII, 1, 23 ff.; Lang, Ezechiel, 21 f.

89 Vgl. Hölscher, Hesekiel, 48.

90 Ohne „das war die Erscheinung der Herrlichkeit Jahwes"; vgl. aaO., 47 f.

91 AaO., 51.

92 Vgl. 8, 1 f.

93 Zu „da kam die Hand Jahwes über mich..." vgl. noch 3,(14)22; 8, 1; (33, 22) 37, 1; 40, 1 b; diese Wendung gehört zu den für die Visionsberichte in Ez konstitutiven Elementen und bildet den hier charakteristischen Einsatz eines Visionsberichtes; dazu Zimmerli, BK XIII, 1, 47 ff.

94 Zur Frage, inwiefern die biblischen Berufungsberichte überhaupt noch auf die unmittelbare Lebenslage des jeweiligen Propheten bezogen sind, vgl. B.O. Long, Artikel Berufung I, TRE 5,

1, 2 Am fünften Tag des ... (?) Monats, es war das fünfte Jahr der Verbannung des Königs Jojachin, 3 erging das Wort Jahwes an Ezechiel, den Sohn des Busi, den Priester, im Lande der Chaldäer am Fluß Kebar.

„Und es kam über mich dort die Hand Jahwes. 2, 9 Und ich schaute[95], und siehe, eine Hand war zu mir ausgestreckt, und siehe, darin war eine Buchrolle. 10 Und er breitete sie vor mir aus. Und sie war beschrieben vorn und hinten. Und das darauf Geschriebene waren Klagen und Seufzer und Wehe.

3, 1 Und er sprach zu mir: „Menschensohn, iß diese Rolle". 2 Und ich öffnete meinen Mund, und er gab mir die Rolle zu essen. 3 Und er sprach zu mir: „Menschensohn, deinen Leib speise und dein Inneres fülle mit dieser Rolle, die ich dir gebe". Und ich aß sie, und sie wurde in meinem Munde so süß wie Honig.

3, 10 Und er sprach zu mir: „Menschensohn, 11 auf, gehe zu den Verbannten, zu den Söhnen deines Volkes, und du sollst zu ihnen reden[96]".

3, 14 b Und ich ging in der Erregung meines Geistes. Und die Hand Jahwes war hart auf mir. 15 Und ich kam zu den Verbannten nach Tel Abib, die dort wohnten...

1, 4–28 Vision – Die Erscheinung der „Herrlichkeit Jahwes"

„Dem Baalschem, dem Stifter des Chassidismus, wird der Spruch zugeschrieben, wenn einer das Lob der Zaddikim erzähle, so sei dies, als befasse er sich mit dem Mysterium des von Ezechiel geschauten Gotteswagens. Und ein Zaddik der vierten Generation... führt erklärend hinzu: ‚Denn die Zaddikim sind der Gotteswagen[97].'"[98]

Selbst diejenigen Forscher, die eine zur Erscheinung der „Herrlichkeit Jahwes" hinführende Vision in 1, 4–28 als ursprünglichen Bestandteil des Berufungsberichts veranschlagen, gehen in der Regel davon aus, daß die darüber uns vorliegende Textfassung uneinheitlich und das Ergebnis sekundärer Erweiterungen ist. Daß die Verse 15–21 (über die vier Räder und ihr Verhältnis zu den vier Lebewesen) erst später nachgetragen wurden, ist inzwischen kaum noch strittig. Ferner mögen einzelne Züge der in 1, 5–12 gebotenen Beschreibung der vier Lebewesen „sekundäre Präzisierungen sein"[99]. Zimmerli spricht von einer „wirren Lage in Kap. 1"[100] und sondiert „nach Abhebung

1980, 682 f. Aus den bislang gewonnen Einsichten ist zu folgern, daß Ez 1–3 wie auch andere prophetische Berufungsberichte das „spätere, wahrscheinlich schriftgelehrte Bemühen" spiegeln, „die Autorität von Sprechern und ihren Schriften als Offenbarung anzuerkennen und in Anspruch zu nehmen" (ebd.).

[95] Vgl. zur Weiterführung von 1, 3 mit 2, 9 die Textfolge in 8, 1 f.

[96] Vgl. 3, 4.

[97] „Zitat aus Midrasch Genesis rabba LXXX 117, vgl. Raschi zu Gen 17, 22".

[98] M. Buber, Die Erzählungen der Chassidim, Zürich 1949, 5.

[99] Keel, Jahwe-Visionen, 143.

[100] Zimmerli, BK XIII, 1, 28.

aller Bearbeitungszusätze"[101]: 1, 1. 3 b. 4 aα. 5. 6*. 11 b. 12 a.bβ. 13 aα.b 22 a. 26. 27*. 28; 2, 1 ff.*. Eine ähnliche Grundschicht, allerdings mit direktem Anschluß von V. 22 a an V. 5 a, ermittelt Fuhs[102].

Die Struktur der Vision im Grundbestand von Ez 1 wird durch die Verbindung zweier Motive von ganz verschiedener Herkunft bestimmt. Es handelt sich zum einen um die israelitische Vorstellung vom Kommen Jahwes in Sturm und Wetter (Gewitter); und zum andern ist es die Vorstellung von der „Herrlichkeit des thronenden Gottes", die mit den die Thronherrlichkeit strukturierenden Elementen „Lebende Wesen – Platte – Thron – Thronender" im mesopotamisch-anatolischen Bereich seit der Mitte des 3. Jahrtausends v. Chr. bis in die Perserzeit bekannt ist[103]. Mit der hier vorgenommenen Verbindung beider Vorstellungen soll dem Leser signalisiert werden, wie Israels Gott Jahwe als der über dem Himmel wie über einer Platte thronende Himmelsgott allgegenwärtig wirkend auf dem Plan sein kann. Eben diesen so allem und allen als überlegen vorgestellten Gott, sein Wort und sein Wirken an seinem Volk und den Völkern soll im folgenden der Leser wahrnehmen.

1, 4 Der Sturm vom Norden

Die Vision setzt hier ein mit dem Verweis auf ein Sturmwetter, das vom „Zaphon", aus dem „Norden" auf den Seher zukommt; damit wird dem Leser das Phänomen einer traditionellen „Gewittertheophanie"[104] vor Augen gerückt. Die Vorstellung vom Erscheinen oder Handeln Jahwes in Verbindung mit „Sturm" und Wetter ist häufig belegt[105]. Das Einherfahren Jahwes im Sturm konnte vom Süden, vom alten Gottesberg[106] her, aber auch vom Zion[107] her erwartet werden. Daß auch vom Zion als dem Gottesberg „fern im Norden" die Rede sein kann (allerdings nur Ps 48, 2 f.), ist hier nicht dahingehend zu veranschlagen, daß das im folgenden mit dem Sturm vom Norden verbundene Motiv der Thronherrlichkeit Jahwes dann die Übersiedlung seiner Jerusalemer Thronherrlichkeit nach Babel anzeigen soll. Dagegen spricht bereits, daß für den Seher am Kebar-Fluß Jerusalem im Westen lag[108]. „Zaphon" ist hier lediglich eine adverbiale Näherbestimmung, kann also gar nicht als „religiös-weltbildhafte Bezeichnung für Jerusalem" beabsichtigt sein wie in Ps 48, 3, wo anders als in Ez 1, 4 „Zaphon" eben zu die-

---

[101] AaO., 33.
[102] Fuhs, NEB I, 22.
[103] Vgl. dazu Keel, Jahwe-Visionen, 190.
[104] Keel, Jahwe-Visionen, 143.
[105] Z. B. in Ri 5, 4 f.; Jer 23, 19 (= Jer 30, 23 „Sturm Jahwes"); Ez 13, 13; Sach 9, 14 („Jahwe wird erscheinen... in Stürmen des Südlandes..."); Ps 50, 2 f.; Hiob 38, 1; 40, 6.
[106] So Dtn 33, 1 f.; Hab 3, 3 f.
[107] Ps 50, 2f.; 97, 2–6 vgl. 8.
[108] Vgl. zu weiteren Einzelheiten unten zu Ez 10; dazu Keel, Jahwe-Visionen, 272: „Der Glaube, es handle sich in Ez 1 um eine Übersiedlung der Jerusalemer Thronherrlichkeit nach Babylonien, dürfte seinen Ursprung im Grundbestand von Kap. 10 haben, in dem Jahwe den Kerub, den entweihten Tempel... im Zorn verläßt, um sich auf dem Berg östlich der Stadt niederzulassen".

sem Zweck als Prädikat mit einem deutlich benannten Subjekt eingesetzt ist[109]. Da die Angabe „von Norden" häufig verwendet wird, um auf ein undurchschaubares, unheimliches, überraschendes und Unerwartetes und sogar Bedrohliches mit sich bringendes Geschehen und seine fernsten Ursprünge zu verweisen[110], muß der Leser hier Entsprechendes assoziieren und sich auf Überraschungen gefaßt machen. Im folgenden wird ferner klar, daß gerade dieser Bereich der fernsten Ferne eben auch der Majestät Jahwes unterstellt ist.

1, 5–12 Die vier Lebewesen

Während in V. 4 zunächst allgemein die Konfrontation mit einem Theophaniegeschehen vermerkt ist, setzt in 1, 5 ff. die Beschreibung der Details ein. 1, 5–12 schildert vier Lebewesen, zwar menschengestaltig, aber vierflüglig. Es handelt sich hier demnach nicht um Kerubim[111], da „ein Kerub im Alten Testament grundsätzlich ein geflügelter Löwe mit Menschenkopf ist"[112]. Vierflüglige menschengestaltige Wesen können in Assyrien und Nordsyrien seit dem 15./14. Jh. v. Chr. göttliche Wesen darstellen, auch so bedeutende Gottheiten wie Baal und Anat. Die Schilderung in Ez 1, 5 ff. liefe dann hinsichtlich der ihnen hier zugedachten Trägerfunktion auf die Degradierung dieser Götter hinaus. Statt an kanaanäische oder assyrische Götter dürfte der Autor jedoch eher an Wesen gedacht haben, die nach phönizischen und auch persischen Vorstellungen als Himmelsträger fungierten, d. h. die Flügel der Sonne bzw. den Himmel stützen[113]. „Die Menschengestalt, die vier Flügel und... die Mehrgesichtigkeit sind alles Züge, die die vier Wesen Ezechiels mit den Himmelsträgern gemeinsam haben"[114].

Da die vier Wesen mit den vier Flügeln für die vier kosmischen Winde als die vier Himmelsträger bzw. Himmelswächter stehen[115], die in der Vierzahl die vier Weltgegenden repräsentieren, ist damit die weltumfassende Macht dessen angezeigt, dessen Thron sich auf der von ihnen getragenen Platte befindet. Alle Einzelzüge[116] der Schilderung der Trägerwesen, zumal aufgrund der Abweichungen von sonst belegten Darstellungen, dienen allein dem Anliegen, die alles umgreifende, unfaßbare Majestät Jahwes vorstellbar zu machen. Als Ausgangsbasis für dieses Verfahren ist das entsprechende Bewußt-

---

[109] Vgl. Keel, aaO., 142, Anm. 9.

[110] Vgl. z. B. das Thema „Unheil aus dem Norden" in Jer 1, 13–16; 4, 5–6; 6, 1; 6, 22–23 (=50, 41–43 gegen Babel); 10, 22 (13, 20); vgl. sonst noch Jes 14, 31; Jer 46, 20; Ez 38, 15; 39, 2.

[111] In Ez 10 werden die vier Wesen des Grundbestandes von Ez 1 erst sekundär mit den Kerubim identifiziert; vgl. dazu unten z. St.

[112] Keel, Jahwe-Visionen, 192.

[113] Keel, aaO., 207.

[114] Keel, aaO., 213.

[115] Keel, aaO., 243.

[116] Vgl. zu den vier Gesichtern jedes Wesens (Löwe, Stier, Adler und Mensch) Keel, aaO., 239 ff.

sein einer allem Weltlichen und Menschlichen gegenüber uneingeschränkten Überlegenheit Jahwes zu veranschlagen.

1, 22–25 Die Thronplatte

Vers 22 lenkt den Blick auf eine wie Eis[117] glitzernde Platte, die über den Köpfen der vier Wesen ausgebreitet ist. Gedacht ist an die Himmelsplatte[118], das Firmament[119], also „die Grenze zwischen der unzugänglichen heiligen Sphäre Gottes und dem Bereich der Schöpfung"[120], die sich nur ungefähr beschreiben läßt. Ob die weiteren Details in 23–25 zu den vier Wesen unter der Platte zur ursprünglichen Beschreibung gehören, ist strittig[121].

1, 26–28 Der Thron und der Thronende

Die Ausführungen zum Bereich über der Platte sind wesentlich knapper gehalten als die zu dem unter der Platte. Über der wie Eis glitzernden Platte soll sich der Leser einen thronartigen Lapislazulistein vorstellen. Wegen seiner undurchsichtig dunkelblauen Farbe und der winzigen weißen oder gelben Einsprengsel ist Lapislazuli schon „früh mit dem tiefblauen Taghimmel oder dem blauschwarzen, mit Sternen übersäten Nachthimmel assoziiert" worden[122]. Wie der Thron genau aussieht, wird nicht gesagt. Ebenso bleibt der Thronende selbst, abgesehen vom vage andeutenden Hinweis „wie der Anblick eines Menschen", im funkelndem Licht und Feuerglanz verborgen. Mit V. 28 und dem Vergleich mit dem Glanz des Regenbogens kann der Autor geschickt der Schwierigkeit begegnen, die „Herrlichkeit"[123] Jahwes, also das Unbeschreibbare, zu beschreiben und genauer vorzustellen.

1, 15–21 Die Räder

„Die Räder, die die im Grundbestand gar nicht vorhandene besondere Mobilität[124] unterstreichen sollen, sind von der Literarkritik und der Motivgeschichte mit vereinten Kräften als sekundär erwiesen worden"[125]. Die früher vertretene These, daß ein zu den Jerusalemer Kultobjekten zu rechnender

---

[117] Das Attribut „furchterregend" ist nach Keel (aaO., 255) durchaus am Platz, da Gottes Wirken und Werke als „furchterregend" gelten können (vgl. z. B. Ex 34, 10; Jes 64, 2), zumal die Himmelsplatte in ihrem eisähnlichen Glanz Gottes ganz besonderes Meisterwerk darstellt.

[118] Soll der Hinweis auf den „Eischarakter" des Firmaments dessen Durchsichtigkeit und Festigkeit zugleich erklären?

[119] *rqyᶜ* in dieser Bedeutung in Gen 1, 6 f. 14 f. 17. 20; vgl. Ps 19, 2; 150, 1; Dan 12, 3; vgl. Sir 43, 8.

[120] Keel, aaO., 255.

[121] Vgl. Keel, aaO., 144 f.

[122] Keel, aaO., 256.

[123] Der Rede von der Konfrontation mit der „Herrlichkeit" Jahwes ist zu entnehmen, daß offensichtlich nicht an eine direkte Begegnung mit Jahwe selbst gedacht war, sondern an die Wahrnehmung der Begleiterscheinungen, der Wirkungen seiner nicht direkt zu schauenden Präsenz.

[124] Daß die Thronherrlichkeit zum Propheten gelangt, ist Wirkung und Folge des „Sturmes" (1, 4) und impliziert keineswegs die Beweglichkeit der vier Wesen.

[125] Keel, Jahwe-Visionen, 251 f.

Thronwagen Jahwes als Vorbild gedient habe, hier nachträglich das Bild eines mit Rädern versehenen Götterthrones oder Thronwagens in den Blick zu rücken, ist schon deswegen unzutreffend, weil von einem Gestell in Verbindung mit einem Thron zur Befestigung der vier Räder hier gar nicht die Rede ist. Im übrigen spielt weder in Ez 1 noch in Ez 10 der Begriff *merkabah* eine Rolle[126]. Die Räder sind offensichtlich unabhängige, neben den vier „Wesen“ selbständige Größen. Gegen die Interpretation eines fahrbaren Götterthrones spricht außerdem, daß das archäologische und ikonographische Material Palästinas wie des Alten Orients insgesamt dafür bislang keinerlei Anhaltspunkte bietet. „... da ist von fahrbaren Götterthronen nichts zu finden“[127]. Belegt sind zwei- und vierrädrige Götterwagen[128]. Die Perserkönige führten auf ihren Heereszügen (leere) Götterwagen mit sich, so z. B. Xerxes auf seinem Zug gegen die Griechen den „heiligen Wagen des Zeus“[129], um damit die reale Anwesenheit, das Mitsein der Gottheit zu demonstrieren. Man wird daher mit Keel davon ausgehen, „daß ein Ergänzer in Ez 1 gerade angesichts des Ansehens, das der Gotteswagen im persischen Reich genoß, die ezechielische Vision um die Räder vervollständigt hat“[130]. Wollte er damit andeuten, daß Jahwe mit den vom Sturm getragenen Rädern noch ganz andere Räume zu durchmessen in der Lage war als die persischen Gotteswagen auf ihren Fahrten durch die Weiten des Reiches? Die die Räder betreffenden Ausmalungen in Ez 1 mögen von der Ausstattung solcher assyrisch-persischer Götterwagen inspiriert worden sein.

Verstehensschwierigkeiten entstehen besonders hinsichtlich der technischen Funktion der Räder. Sollen die Angaben über ihre Konstruktion in 1, 16 „als wäre ein Rad inmitten eines Rades“ das Bild zweier rechtwinklig ineinandergeschobener Räder suggerieren, so daß man an ein globusartiges Kugelrad[131] denken soll? Einleuchtender scheint die Erklärung, die in den prachtvoll gearbeiteten Felgenrädern assyrischer und persischer Darstellungen von Kriegs- und Prunkwagen das Vorbild für die Beschreibung eines Rades im Rad erkennt; denn diese wirken in der Tat so, als wären ihre Felgen aus zwei konzentrisch ineinander geschobenen Reifen konstruiert. Dazu paßt dann auch, daß man sich die Räderfelgen voller „Augen“ vorstellen soll; denn die erwähnten Prunkwagen tragen seit der ausgehenden assyrischen Zeit Räder mit nagelbeschlagenen Felgen, so daß man in diesen Nägeln die Anregung für die Ausstattung der Räder mit Augen in V. 18 vermuten darf. Mit dem Verweis auf die Augen sucht der für den Zusatz 1, 15–21 zuständige Autor die in den vier Wesen repräsentierte alles umgreifende, unfaßbare Maje-

---

[126] Erst viel später (vgl. Sir 49, 8; Ez 43, 3 G; Dan 7, 9) ist an einen visionär geschauten Wagen gedacht.

[127] Keel, aaO., 167.

[128] Zu Einzelheiten vgl. Keel, aaO., 182 ff.

[129] So Herodots Interpretation, vgl. Historien, VII, 40; VIII, 115.

[130] Vgl. Keel, aaO., 187.

[131] Als Abbildung des Gottes der Zeit Chronos-Aion allerdings erst für die Zeit des sich seit dem 1. Jh. v. Chr. ausbreitenden Mithraskultes belegt.

stät Jahwes um einen weiteren Aspekt, den der ständigen Kontrollmöglicheit bzw. der göttlichen Allwissenheit zu ergänzen.

Im Vergleich zum jesajanischen und besonders jeremianischen Berufungsbericht spiegelt Ez 1–3 zumal mit der Vision in 1, 4–28 ein weit fortgeschrittenes Stadium israelitischer Theophanievorstellungen[132] bzw. Visionsbeschreibungen. Ähnlich wie auch im Danielbuch und weiteren apokalyptischen Schriften sollen unter Auswertung unterschiedlicher Theophanievorstellungen und mit Hilfe entsprechender Motivkombinationen Geheimnis, Wucht, Intensität der den Sprecher auszeichnenden und legitimierenden Selbstmitteilung Jahwes betont werden. Da deutlich die Absicht erkennbar ist, „eine Atmosphäre des Geheimnisvollen zu schaffen, unter anderem durch die Anwendung von Ausdrücken wie *d*^{e}*mût*, *k*^{e}*-*, *mar'aeh* und *tabnît* (vgl. 8, 2f; 10, 1. 8. 21; auch 1, 26–28; 40, 2 f.)"[133], ist es nahezu ausgeschlossen, ja, auch nicht angebracht, alle Bildvorgaben, Einzelzüge und Anspielungen aufschlüsseln zu wollen, zumal die Gefahr besteht, die eigentliche Aussageintention der Vision zu verfehlen und sich in ihren zahlreichen Einzelheiten zu verlieren. Alle rätselhaft und geheimnisvoll wirkenden Aussagen resultieren aus dem Anliegen, den Gott Israels als den alleinigen und souveränen Himmelsgott und sein Verhältnis zur Welt so zu charakterisieren, daß einerseits jegliche Gefahr einer Identifizierung dieses Gottes mit weltlichen Gegebenheiten ausscheidet, andererseits aber doch die geheimnisvolle und nicht nachvollziehbare Wirkungsweise des Gottes Israels als diese Welt steuernd und durchwaltend erscheinen kann.

Die Öffnung des Himmels, die hier die Überschreitung der Schwelle der Transzendenz markieren soll, die somit gewährte Einblicknahme in höhere Sphären, die Gottesgesichte[134], alle diese Hinweise auf die Wahrnehmung der „Metaebene" über oder hinter der vorfindlichen Wirklichkeit verstärken zugleich den Wahrheitsanspruch aller weiteren Mitteilungen durch den Propheten; und umgekehrt war es wahrscheinlich schon die Konzeption des älteren vorgegebenen, bereits golaorientierten Prophetenbuches, die aufgrund der darin enthaltenen Planungen Jahwes und ihrer nachgewiesenen „Erfüllung" den Verfasser von Ez 1–3 motivierte, die göttliche Aktionsebene hier als abgehoben und unabhängig von weltlichen Abläufen „offenzulegen".

Da die Vorstellung vom Auftun des Himmels und der so gewährten Einsichtnahme in die göttliche Welt[135] sonst nur noch in sehr späten, apokalyptisch ausgerichteten oder beeinflußten Texten belegt ist[136], deutet die ent-

---

[132] Traditionelle Theophanievorstellungen z. B. in Ps 50, 1–3; 97, 1–3; Hab 3, 3 f.

[133] Diese Feststellung Beckers (Komposition, 140) zu Ez 8–11 (bzw. 1–3) gilt auch für 1, 4–28.

[134] Zu *mr'h* als übernatürliche Schauung vgl. auch Dan 10, 7; in Ez sonst noch Ez 8, 3; 40, 2; (43, 3?) siehe noch Gen 46, 2; im NT Mk 1, 10; vgl. Lk 3, 21.

[135] Zur Formulierung „es tat sich der Himmel auf und ich sah Gottesgesichte" vgl. F. Lentzen-Deis, Das Motiv der „Himmelsöffnung" in verschiedenen Gattungen der Umweltsliteratur des NT's, Bib 50 (1969), 301–327.

[136] Vgl. Dan 8, 2; 10, 4 ff.; Hen 13, 7; Mt 3, 16 par; Jes 63, 19; ferner 3. Makk 6, 18; Apc Bar 22, 1; Test L 2, 6; 18, 6; TestJud 24, 2; Apg 7, 55; 10, 11; Apk 4, 1. Sonst öffnet sich der Himmel,

sprechende Formulierung hier in Verbindung mit der Vision von der Herrlichkeit des thronenden Gottes auf eine bereits der Apokalyptik nahestehende oder von ihr beeinflußte Bearbeitung[137].

2, 1–3, 11 Berufung und Aufträge

Als Kernbestand dieses redundant wirkenden Abschnitts läßt sich ein Bericht über die visionär erfahrene Übergabe des bereits in einer Buchrolle gefaßten Jahweworts und die Beauftragung und Sendung des Visionärs an die erste Gola ermitteln[138]. Es handelt sich um die Einleitung zum golaorientierten Prophetenbuch.

Darin soll dem Leser gleich eingangs verdeutlicht und eingeprägt werden: Der Sprecher aller folgenden Worte war zwar fern von Jahwes Land im Exil; dennoch kam dort Jahwes Hand über ihn, um ihn für das Wirken im Auftrag Jahwes in Beschlag zu nehmen. Damit ist zum einen sichergestellt, daß die erste Gola zum Zuständigkeitsbereich Jahwes gehört. Indem dann „Ezechiel" als wahrer Prophet ausgewiesen wird, weil Jahwe seine bereits auf einer Buchrolle fixierten Worte in seinen Mund gegeben hatte (vgl. Dtn 18, 18f.) und weil seine Unheilsansagen mit der Katastrophe von 587 v. Chr. eingetroffen waren (vgl. Dtn 18, 21), und indem dieser wahre Prophet der ersten Gola zugewiesen wird, erreicht die Redaktion zum andern, daß sich die erste Gola sogar als das eigentliche Planungs- und Wirkungszentrum Jahwes verstehen

---

um Gaben des Himmels wie z. B. Regen zu spenden (vgl. Gen 7, 11; Dtn 28, 12; Ps 78, 23f.; Jes 24, 18; Mal 3, 10).

[137] Daß die Gattung des „Visionsberichtes" als Klammer zwischen Prophetie und Apokalyptik zu betrachten sei, hat K. Koch zu zeigen versucht (vgl. Vom profetischen zum apokalyptischen Visionsbericht, in: D. Hellholm [Hg.], Apocalypticism in the Mediterranean World and the Near East. Proceedings of the International Colloquium on Apocalypticism Uppsala, August 12–17, 1979, Tübingen 1983, 413–446). Vgl. noch K. Rudolph („Apokalyptik in der Diskussion", in: D. Hellholm [Hg.], Apocalypticism…, 771–789): „Der Schulzusammenhang läßt sich bei der späteren Prophetie (Sach, Ez) festmachen, wobei die Zunahme an Realitätsverlust, Verschwommenheit, Übertreibung, bzw. Übersteigerung in der metaphorischen und symbolischen Redeweise als typisch für die Apk zu gelten hat" (782f.). – Nach H. Stegemann (Die Bedeutung der Qumranfunde für die Erforschung der Apokalyptik, in: D. Hellholm (Hg.), Apocalypticism…, 495–530; vgl. besonders 526ff.) sind für Apokalypsen als literarische Werke folgende Züge charakteristisch: Das in ihnen Dargestellte ist als „himmlisch offenbart" ausgewiesen; daß der „Himmel" gesondert in Anspruch genommen wird, geschieht im Interesse der Legitimation einer neuen Sichtweise, die sich nicht mit Verweis auf die vorgegebenen religiösen Autoritäten begründen läßt; als Empfänger der himmlischen Offenbarungen und Autoren der entsprechenden Offenbarungsschriften fungieren in der Regel Autoritäten der religiösen Tradition; der Kontakt zwischen Offenbarungsempfänger und „Himmel" wird als Vision, Audition und/oder als Himmelsreise vorgestellt; das rechte Verständnis des visionär Geschauten wird durch eine göttlich autorisierte Mittlergestalt sichergestellt (vgl. so auch in Ez 8–11); eine wichtige Rolle spielen u. a. der Transzendenzaspekt und Jenseitsschilderungen (z. B. Gottesthron). All diese von Stegemann aufgelisteten Charakteristika zeichnen auch das Ezechielbuch in vorliegender Fassung aus. Hinsichtlich der buchkonzeptionell wichtigen Visionen Ez 1ff.; 8–11; 37; 40ff. kann man feststellen, daß wie in den Apokalypsen auch hier „das gesamte Werk – insbesondere auch in seinem literarischen Rahmen – auf diesen Aspekt des ‚himmlischen Geoffenbarten' abgestellt" ist (aaO., 526).

[138] Zum Versuch einer Textrekonstruktion vgl. oben 56.

kann. Ihr war über den Propheten Einsicht in den weiteren Verlauf der Dinge gewährt worden; aus ihrem Bereich heraus steuerte das Wort Jahwes die Abläufe in der fernen Heimat (vgl. Ez 11*; 24).

2, 1-2 Überleitung zur Prophetenberufung und zu Sendungsaufträgen

1-2 bildet die wegen der nachträglichen Einschaltung der Vision vom Erscheinen der „Herrlichkeit" Jahwes (1, 4-28*) erforderliche neue Überleitung zu der in 2, 3-7 vorliegenden Texteinheit über die „Sendung zu den Israeliten"[139]. Die in Visionsberichten apokalyptischen Gepräges übliche Notiz über die bestürzte Reaktion des Visionärs (1, 28: „und ich fiel auf mein Angesicht"[140]) mußte zur Weiterführung mit der vorgegebenen Texteinheit entsprechend ergänzt werden. Wie aus Dan 8, 17f; 10, 9-11 ersichtlich, ergehen die göttlichen Anweisungen an den Visionär erst, sofern Bestürzung oder gar Ohnmachtszustand aufgehoben sind, er also wieder „selbständig" reagieren kann. Während im Amos- und im Jeremiabuch Jahwe seinen Propheten auch durchaus mit Namen ansprechen kann[141], wird der Prophet im Ez ausschließlich und konsequent mit „Menschensohn"[142] angeredet (93 mal). Geht es darum, auf diese Weise den unendlichen Unterschied und Abstand vor Augen zu rücken, der zwischen dem irdischen Verhaftetsein des Offenbarungsempfängers und der in der Vermittlung des göttlichen Wortes nahe gekommenen göttlichen Sphäre besteht[143]?

2, 3-7 Sendung zu den Israeliten – „... daß ein Prophet in ihrer Mitte gewesen ist"

Die Einheit 2, 3-7 war bereits oben als nachträgliche Erweiterung zur golaorientierten Einleitung des Prophetenbuches erkannt worden[144]; das Verbindungselement, mit dessen Hilfe 2, 3-7 hier hinter dem 1, 1-3* abschließenden Vermerk „und es kam über mich dort die Hand Jahwes" (3 b) und vor 2, 9 ff. verklammert wurde, könnte das jetzt nach 1, 28 bβ; 2, 1.2 a redundant wirkende „und ich hörte ihn zu mir reden" in 2, 2 b gewesen sein.

2, 3-5 begründet die Sendung zu den Israeliten[145] mit deren und ihrer Väter Auflehnung/"Sünde" und Abtrünnigkeit[146] Jahwe gegenüber. Worin die 3-5

[139] Daher auch die Redundanzen in 1, 28 bβ-2, 2.

[140] Vgl. Ez 3, 23; 43, 3; 44, 4; Dan 8, 17 f. – In Ez 9, 8; 11, 13 und Num 16, 22; 17, 10; 20, 6 handelt es sich um eine Geste der Fürbitte vor Jahwe, Lev 9, 24 um eine Geste freudigen Erschreckens.

[141] Vgl. Jer 1, 11; 24, 3; Am 7, 8; 8, 2.

[142] Die Anrede des Propheten mit „Menschensohn" (*bn 'dm*) begegnet außer in Ez im AT nur noch in Dan 8, 17.

[143] Vgl. ähnlich die Betonung des Unterschiedes zwischen Gott und Mensch in Jes 31, 3; Num 23, 19; s. a. Ps 8, 5.

[144] S. o. S. 53 f.

[145] G liest „Haus Israel"; das in G nicht bezeugte „zu Völkern" in M dürfte ein die Völkerworte des Buches berücksichtigender sekundärer Zusatz sein.

[146] Dieses Thema „Abtrünnigkeit und Verschuldung der Väter" steht im Zentrum von Ez 20; auch die Wortfolge *mrd/pšʿ* (V. 3) begegnet Ez 20, 38.

Sünde und Abtrünnigkeit konkret besteht, braucht offensichtlich nicht erinnert zu werden; die Sendung scheint auch gar nicht darauf abzuzielen, bestimmte Mißstände abzustellen, wie denn auch V. 4 und 5a mit der Charakterisierung der Adressaten von vornherein die Aussichtslosigkeit und das Scheitern seiner Mission andeuten. Auf der gleichen Linie liegt die abschließende Kennzeichnung als „Haus der Widerspenstigkeit"[147] (V. 5aβ und 6Ende). „Ezechiels" Wirken unter ihnen soll sie lediglich zu der Erkenntnis führen, daß ein Prophet unter ihnen gewesen ist (V. 5b).

6f. 2,6f. enthalten die Aufforderung zur Furchtlosigkeit sowie dazu, Jahwes Worte zu reden. Die Aufforderung, sich nicht zu fürchten" etc. (vgl. 3,9), lesen wir auch im Berufungsbericht des Jeremia (vgl. Jer 1,8.17), dort mit der Beistandszusage („fürchte dich nicht, denn ich bin mit dir, dich zu retten"), die hier zu fehlen scheint[148].

Wir hatten oben schon darauf hingewiesen, daß der Abschnitt 2,4–7 einen stark überschüssigen Eindruck[149] macht und somit große Unsicherheit besteht, in welcher ursprünglichen Textfassung dieser Abschnitt vor 2,8ff.* geriet. Als Hauptaspekte waren in V. 3 der Hinweis auf die „Abtrünnigkeit" etc. der „Väter" sowie in V. 5b die Feststellung „so sollen sie doch erkennen, daß ein Prophet in ihrer Mitte gewesen ist" aufgefallen. Wie bereits vermerkt, stellt eine von späterer dtr. Prophetentheologie beeinflußte Stimme in 2,5b im jetzigen Kontext „Ezechiel" in die Reihe der Propheten, die seit den Zeiten der Väter[150] die Sündengeschichte[151] Israels als Mahner und Warner begleiteten[152]. Entsprechend kann in Ez 33,10f. Ezechiel ausdrücklich als Um-

[147] Gemeint ist der Ungehorsam Jahwe gegenüber, der Unwille, auf ihn und sein Wort zu hören, vgl. z.B. Jos 1,18; 1. Sam 12,15; 1. Kön 13,21. Diese Formulierung begegnet so nur in Ez (vgl. Ez 2,5.6.8; 3,9.26.27; 12,2.3.9.25; 17,12; 24,3); s.a. 44,6; zum Thema „Widerspenstigkeit" ist auch Ez 20 zu beachten (vgl. 20,8.13.21); hier ist Israel seit Ägypten ein „widerspenstiges" Volk. Das hebräische Äquivalent für „Haus" bedeutet auch „Dynastie"; so wird hier also betont auf die Generationenabfolge verwiesen.

[148] Möglicherweise ist die Beistandszusage jedoch implizit in 2,6aβ enthalten: Folgt man dem Vorschlag S. Garfinkels (Of thistles and thorns: a new approach to Ezekiel II 6, VT XXXVII (1987), 421–437; vgl. 436f.), so will das Bild des von Dornen und Skorpionen umgebenen Propheten gerade nicht auf die gefährlichen Bedrohungen von allen Seiten verweisen, sondern vielmehr darlegen, daß Jahwe dem Propheten eine geschützte, nach außen abwehrende Position garantiert, die ihn unangreifbar macht. – Es ist auch nicht auszuschließen daß 2,6 hier nachgetragen ist, da V. 7 nach dem Prinzip der „Wiederaufnahme" auf V. 5 zurücklenkt.

[149] Auffällig sind auch die nahezu wörtlich übereinstimmenden Doppelaussagen zu 3,4–9 (vgl. 2,4 mit 3,7b; 2,5aβ mit 3,9bβ; 2,6 mit 3,9; 2,7 mit 3,4 [3,10f.]).

[150] Von den Verfehlungen bereits der „Väter" ist die Rede in Ps 79,8; Klgl 5,7; Esr 9,7; Ps 106,6ff.; Neh 9,16ff.; Tob 3,3f.; Dan 9,8.16; Bar 1,16ff.; 2,33c; 3,(4b).5a.7c.8; 4QDibHam II,7f.; 1QS I,25; CD XX,28f.; dazu O.H. Steck, Israel und das gewaltsame Geschick der Propheten. Untersuchungen zur Überlieferung des deuteronomistischen Geschichtsbildes im Alten Testament, Spätjudentum und Urchristentum, WMANT 23, Neukirchen 1967, 125ff.; Verweis auf die eigenen und die Sünden der Väter wie das entsprechende Bekenntnis sind bezeichnend für die nachexilische Frömmigkeit.

[151] *mrd* im Sinne von „abfallen von Jahwe" auch in Dan 9,5.9; Neh 9,26; vgl. noch Jos 22,16.18.19.22.29; Num 14,9; sonst im Sinne von politischer Abtrünnigkeit gebraucht.

[152] Vgl. z.B. 2. Kön 17,13f.; ferner im Jeremiabuch z.B. 7,25f.; 11,6–8; 26; 35; 44; vgl. Steck,

kehrprediger mit dem entsprechenden Umkehrruf (11 b) vorgestellt werden. Bemerkenswert ist, daß die gleichen Worte wie in 2, 5 b zu Beginn der Unheilsverkündigung in 33, 33 kurz vor dem Einsatz der Heilsverkündigung auftauchen. Heißt es in 33, 33 „Wenn es aber kommt..., werden sie erkennen, daß ein Prophet in ihrer Mitte war", so liegt hier der Ton darauf, daß kommt, was der Prophet ansagt (vgl. auch Ez 24, 24). Anders als in 2, 5 soll hier der Leser darauf gestoßen werden, daß am Prophetenwort und seiner Erfüllung Jahwes Geschichtsplanen erkennbar ist[153]. Das Anliegen von Ez 33, 33 berührt sich mit jener in den Königsbüchern redaktionell wirksam gewordenen dtr. Theologie, die mit dem Verweis auf die Propheten und die Erfüllung ihrer Ankündigungen im Auftrag Jahwes den Ohnmachtsverdacht[154] zu widerlegen suchte, unter den Jahwe wegen der Katastrophe von 587 v. Chr. geraten war: Ließ sich zeigen, daß sich erfüllt hatte, was Jahwe hatte ansagen lassen, so war der Ablauf der Geschichte von ihm gesteuert, verlief die Geschichte, auch die Unheilsgeschichte Israels, nach seinem Plan. Die ebenfalls dtr. Verweise auf die Propheten als die die Sündengeschichte Israels begleitenden Umkehrprediger sollen dazu ergänzend klarstellen, daß es dem Jahwevolk nie an gottgesandten Männern und göttlichen Weisungen gefehlt hat. Die von Jahwe herbeigeführte Katastrophe von 587 v. Chr. resultierte demzufolge nicht aus einem Willkürhandeln Jahwes, sondern aus der permanenten Untreue Jahwe gegenüber und der hartnäckigen Weigerung des Volkes, sich auf die Umkehrmahnungen und Weisungen der von Jahwe immer wieder gesandten Propheten einzulassen[155].

2, 8–3, 3 Die Ausstattung mit dem Jahwewort

2, 8–3, 3* – der Bericht über die visionär erfahrene Darreichung einer beschrifteten Buchrolle – ist das Kernstück der Einleitung zum golaorientierten Prophetenbuch, jetzt durch 3, 4–9 von der ursprünglichen Fortsetzung mit 3, 10–15* getrennt. Als originaler Kern läßt sich 2, 9. 10; 3, 1 aα.bα (ohne Sendungswort). 2. 3. 10 a. 11 (bis „rede zu ihnen"). 14 b. 15 ermitteln[156]; denn 2, 8 stößt sich mit 3, 2, weil hier die Aufforderungen zu früh kommen; der Vers ist im Zusammenhang mit der nachträglichen Vorschaltung von 2, 3–7 als literarische Brücke konzipiert; auch der in 3, 1 bβ voreilig wirkende Sendungsauftrag „und geh, rede zum Haus Israel" (Dublette zu 3, 4!; vgl. 3, 11) hat Klammerfunktion[157]; er soll „rechtzeitig" Ziel und Zweck des Empfangs der

---

Israel, 73; vgl. auch Sach 1, 4 ff.; hinsichtlich des Wortgebrauchs und der Argumentation steht Ez 2, 4–7 in großer Nähe zu Neh 9, 26 ff. und Dan 9.

[153] Zu dieser Prophetenauffassung z. B. in den Königsbüchern vgl. Würthwein, ATD 11, 2, 496 ff.

[154] Vgl. z. B. Jer 14, 8 f.; Jes 50, 2 b.

[155] Zur Theologie der Deuteronomisten in den Königsbüchern vgl. z. B. O. Kaiser, Einleitung in das Alte Testament, Gütersloh 1984[5], 171; ders., Grundriß, Bd. 1, 128 f.

[156] Vgl. auch schon oben 55 f.

[157] Zu 3, 1 aα vgl. bereits oben Anm. 68.

Buchrolle angeben und somit den Nachtrag 3, 4–9 vorbereiten[158]. Ebenfalls als Folge dieses Nachtrags und als Klammerelement ist Ez 3, 10b einzustufen; auffällig ist, „daß hier nicht in perf. Aussage formuliert wird ‚Alles, was ich geredet habe‘, obwohl doch in der Rolle das Wort Jahwes dem Propheten ein für allemal eingegeben worden zu sein scheint“[159]; soll damit angedeutet werden, daß dem Propheten abgesehen vom Inhalt der Buchrolle von nun an noch weitere Jahweworte vermittelt werden? 3, 11*. 12. 13. 14a sind Bestandteile weiterer Ausmalungen der Buchrollenvision, die der inzwischen erfolgten Einschaltung von 1, 4–28 (Erscheinung der „Herrlichkeit Jahwes“) Rechnung tragen.

In Dtn 18, 18 lesen wir, daß Jahwe seine Worte in seines Propheten Mund geben will; im „Berufungsbericht“ Jeremias heißt es lediglich, daß das in seinem Fall Jahwes Hand durch die Berührung seines Mundes bewirkt (Jer 1, 9). Ez 2, 9ff. reicht Jahwes Hand dem Propheten eine Rolle zum Essen[160]. Zum Inhalt der Rolle verweist 2, 10 auf „Klagen[161], Seufzen und Wehe“. „Das Wort Jahwes ist hier... Buch“; zum „Vorgegebenen gehört ohne Zweifel schon die Kenntnis buchgewordenen Prophetenwortes“[162]. Diese „relativ späte Auffassung von der Gestalt des prophetischen Gotteswortes“[163] ist nach den obigen Darlegungen zum der golaorientierten Redaktion vorgegebenen Textgut eher als ein Reflex der Redaktion auf ihre Vorlage[164] anzusehen.

3, 4–9 Nochmaliger Sendungsauftrag – Haus Israel

Dieser Abschnitt mit einem erneuten Sendungsauftrag (vgl. 2, 3; 3, 1) wirkt wie eine Dublette zu 2, 3–7. Einen Sonderaspekt stellt die vergleichende Gegenüberstellung Israels und fremder Völker dar (V. 5–7); hier wird hervorgehoben (V. 5), daß Israel sich nicht wie ein fremdes Volk herausreden kann, wegen sprachlicher Verständigungsprobleme den Propheten nicht verstehen zu können. Damit und indem ferner (V. 6) behauptet wird, Ezechiel werde im Fall seiner Sendung zu Völkern, die er wiederum nicht verstehen kann, dort sogar Gehör finden, ist schon klar, was dann V. 7 auf den Punkt bringt.

---

[158] Möglicherweise soll hier auch nach der Einschaltung von 2, 3–7 klargestellt werden, daß es eben das in der Buchrolle gefaßte und von Ezechiel zu verschlingende göttliche Wort ist, von dessen Übermittlung durch Ezechiel an die „Israeliten“ zuvor die Rede war.

[159] Zimmerli, BK XIII, 1, 81.

[160] In Jer 15, 16 formuliert der Beter: „Fanden sich deine Worte, so aß (verschlang) ich sie, und deine Worte sind mir zur Freude geworden...“.

[161] Vgl. 19, 1. 14; 26, 17; 27, 2. 32; 28, 12; 32, 2. 16.

[162] So Zimmerli, BK XIII, 1, 79.

[163] Vgl. Zimmerli, BK XIII, 1, 79, der die Frage, ob „von dem geschichtlichen Vorgang der Buchwerdung des Prophetenwortes noch etwas zu erkennen“ sei, mit dem Verweis auf Jer 36 zu beantworten sucht. Er hält es für denkbar, daß sich Ezechiel als „dem jungen Zuschauer damals das Bild des Prophetenwortes als einer Rolle, ‚beschrieben mit Klagen, Seufzen und Wehe‘, so unauslöschlich eingebrannt hätte, daß es in der Stunde des eigenen Berührtwerdens durch den göttlichen Ruf“ (Ez 1, 3ff.) „in eben dieser Gestalt als anschaubarer Erlebnisgehalt vor ihm stand“. In der neueren Forschung ist allerdings die Historizität des in Jer 36 Berichteten strittig; vgl. Kaiser, Grundriß Bd. 2, 76f.

[164] Zur Rolle voller „Klagen, Seufzen und Wehe“ vgl. Pohlmann, Ezechielstudien, bes. 198.

Das „ganze Haus Israel" ist nicht lediglich unfähig oder behindert, auf Ezechiel zu hören; es ist schlicht nicht willens[165], wie es schon immer (V. 7 aβ[166]) bewußt nicht auf Jahwe hören wollte; es ist unbelehrbar („stur und starrsinnig"[167]). War also in 2, 3–7 der Ton auf die Geschichte der Auflehnung Jahwe gegenüber gelegt worden, der Jahwe mit der Sendung der Propheten als Umkehrprediger zu begegnen suchte, so versucht dieser Abschnitt hier klarzustellen, warum alle Bemühungen Jahwes und seiner Propheten, das Volk auf den rechten Weg zu bringen, erfolglos geblieben waren. Von dieser Einschätzung des Volkes, daß aus eigener Kraft und eigenem Wollen der Mensch und damit das Volk vor Gott nicht gut sein kann, ist es nicht mehr weit zu Jer 31, 31, der Vorstellung von einem neuen Bund Gottes und der von Gott bewirkten Änderung der Sinne, oder zu den Gebetsgedanken in Dan 9 und zumal zu dem in V. 18 formulierten Eingeständnis „wir liegen vor dir mit unserem Gebet und vertrauen nicht auf unsere Gerechtigkeit, sondern auf deine große Barmherzigkeit".

Da nach allem hier das „ganze Haus Israel" ausnahmslos als verstockt etc. gilt, es hier also um ganz Israel geht, wird damit zugleich der ersten Gola, jetzt lediglich Teilisrael, jeglicher Sonderstatus bestritten; sie ist hier in das Verdikt, daß „ganz Israel" (V. 8) nicht auf Jahwe hören will, miteinbezogen (vgl. hier auch Ez 12, 2).

3, 10f. Sendung zu den Verbannten (Gola)

Während 3, 9 Ende das „ganze Haus Israel" (vgl. V. 7) mit dem Prädikat „Haus der Widerspenstigkeit" belegt ist, bleiben die als Adressaten der Verkündigung Ezechiels hier eingeführten Exilierten im folgenden ohne solche abwertende Qualifizierung. Zimmerlis Frage, „ob es mehr als zufällig ist, daß in der Sendung an die Deportierten das 2, 5–8; 3, 9 bei den Worten der Sendung an Israel so hartnäckig wiederholte ‚denn sie sind ein Haus Widerspenstigkeit' hier bei der Sendung an die Exulanten nicht wiederholt wird"[168], ist so zu beantworten: Die golaorientierte Konzeption hat die erste Gola wegen des in ihren Augen besonderen Stellenwerts niemals so charakterisiert[169]. Nicht eindeutig ist, warum die Adresse (11 aα) „zur Gola (zu den Exilierten), zu den Angehörigen (wörtlich: Söhnen) deines Volkes/deiner Sippe[170]" (hebr. = *ʿm*) lautet. *ʿm* hat entweder die Beutung „Verwandtschaft"[171] oder

[165] Vgl. Jes 28, 12; 30, 9, Ez 20, 8.

[166] Der Partizipialstil verweist im Hebräischen auf einen Dauerzustand.

[167] Vgl. ähnlich Jer 5, 3; Jes 48, 4.

[168] BK XIII, 1, 81 f.

[169] Vgl. Hölscher (Hesekiel, 50), der mit Verweis auf Ez 8, 1 betont, daß „diese Zuhörer Hesekiels… kein ‚Haus der Widerspenstigkeit'" sind; dazu paßt, daß auch in Ez 1, 1 und 11, 24 f. sowie eindeutig golaorientierten Textpassagen wie Ez 14, 21–23 und 33, 21–29 die Gola so nicht gekennzeichnet ist; für Ez 2, 5. 6. 7. 8; 3, 9; 12, 25; 17, 12; 24, 3 (44, 6) liegt die Vermutung nahe, daß hier als Adressaten ursprünglich an die Bewohner im Lande nach 587 v. Chr. gedacht ist.

[170] Vgl. sonst in Ez 33, 2. 12. 17. 30; 37, 18,; ferner 13, 17; 18, 18.

[171] Vgl. z. B. Num 5, 21; 2. Kön 4, 13.

„Volk“[172]. Setzt man hier die Bedeutung „Verwandtschaft“ an, so dürfte es sich um den klarstellenden Hinweis handeln, daß Ezechiel es lediglich mit einem kleinen Kreis von Ansprechpartnern und nicht mit der gesamten Exulantenschaft zu tun hat. Geht man von der Bedeutung „Volk“ aus, so soll damit offensichtlich die Sonderstellung der Exilierten (1. Gola) relativiert werden. In beiden Fällen ist von einem Zusammenhang mit den auch sonst beobachteten nachträglichen Nivellierungen des besonderen Ansehens der ersten Gola auszugehen.

Ob das formelhafte „ob sie es hören oder es lassen“ (vgl. 2, 5.7; 3, 27) in V. 11 urspünglich ist oder sekundäre Angleichung nach den Einträgen von 2, 4–7 und 3, 4–9, ist nicht mehr zu klären.

3, 12–15 Visionsende

3, 12.13.14 a sind Bestandteile weiterer auf 1, 4–28 rückbezogener Ausmalungen des Visionsgeschehens. In der golaorientierten Fassung (14 b.15) begibt sich Ezechiel auf Befehl Jahwes zu den Verbannten nach Tel Abib, das man sich in der Gegend am Fluß (bzw. Kanal) Kebar, einem Seitenarm des Euphrat, wohl bei Nippur gelegen, vorstellen muß. Anschließend erfolgt dort nach sieben Tagen die Beauftragung Ezechiels mit dem Wächteramt[173].

b. 3, 16–21 Die Bestellung zum Wächter

16 Und es geschah nach sieben Tagen, und es erging das Wort Jahwes an mich folgendermaßen: 17 „Menschensohn, zum Wächter mache ich dich für das Haus Israel; und hörst du aus meinem Mund ein Wort, dann warne sie vor mir. 18 Wenn ich zum Frevler sage[174]: ‚Sterben mußt du‘, [und du warnst ihn nicht][175] und du redest nicht, den Frevler vor seinem [frevlerischen][176] Weg zu warnen, um ihn am Leben zu erhalten, so wird er, der Frevler, um seines Vergehens willen sterben. Aber sein Blut fordere ich aus deiner Hand. 19 Und du, wenn du den Frevler warnst, und er kehrt nicht um von seinem Frevel und seinem [frevlerischen][177] Wege, so wird er, der Frevler[178] um seiner Verschuldung willen sterben; du aber hast dein Leben gerettet. 20 Und wenn der Gerechte umkehrt von seiner Gerechtigkeit[179] und Unrecht tut, und ich ein Hindernis vor ihn lege, so wird er sterben; falls du ihn nicht gewarnt hast, wird er um seiner Sünde willen sterben, und seiner gerechten Taten[180] wird nicht gedacht, die er getan hat[G-]. Aber sein Blut fordere ich aus deiner Hand. 21 Und du, wenn du den Gerechten

---

[172] Vgl. z. B. Ex 8, 5.7; Dan 12, 1; Ps 68, 8.
[173] Zur Wirkungsgeschichte von Ez 1, 2–3, 15 vgl. die Hinweise oben 41 f.
[174] Vgl. 3, 27.
[175] Zusatz, vgl. Ez 33, 8.
[176] Fehlt in G und in 33, 8.
[177] Fehlt in G und 33, 9.
[178] So mit G.
[179] Siehe Ap. BHS.
[180] So mit Q.

warnst^Ap, nicht zu sündigen, [der Gerechte][181]*, und er sündigt nicht, so wird er gewiß leben; denn er ließ sich warnen; du aber hast dein Leben gerettet.*

Lit.: G. Hölscher, Hesekiel, 54–61; Krüger, Geschichtskonzepte, 345 ff.; Pohlmann, Ezechielstudien, 24 ff.; 32 ff.

Im Anschluß an den Sendungsauftrag an die Gola (V. 11) und Darlegungen über die vom Geist bewirkte Rückversetzung unter die Exilierten in Tel Abib (3, 10–15) berichtet die mit der sogenannten Jahwewort-Ergehensformel (3, 16 b) eingeleitete Texteinheit 3, 16–21 über die Einsetzung des Propheten zum „Wächter" und die entsprechenden Aufgaben[182]. Nach den Ausführungen in den anschließenden Versen 3, 22–27 hätte Jahwe jedoch merkwürdigerweise den Propheten von diesem Auftrag mit sofortiger Wirkung bis auf weiteres suspendiert. Diese Textanordnung (3, 16–21. 22–27) ist jedoch erst das Produkt späterer Eingriffe. 3, 22–27 ist Nachtrag zu 3, 17–21. Im Rah- 3, 22 ff.
men der golaorientierten Konzeption hatte 3, 17–21 die Funktion, hinter 3, 10–15 Ezechiel als von Anfang an und ohne Einschränkung für die erste Gola zum „Wächter" beauftragt vorzustellen. Der Nachtrag 3, 22 ff. richtet sich gegen den Exklusivanspruch der ersten Gola und stellt klar, daß Ezechiel zwar bereits bei seiner Berufung zum „Wächter" bestimmt war, dieses Amt jedoch erst nach der Katastrophe, und d. h. dann auch für die in diesem Zusammenhang Exilierten ausüben sollte (vgl. Ez 33)[183].

Exkurs: Ezechiels Beauftragung zum „Wächter" und die Funktion des Verstummungsgebots

Der Passus 3, 16–21 (über den „Wächter") berührt sich in vielerlei Hinsicht mit Ausführungen in Ez 18, 21 ff. und besonders Ez 33, 7 ff. Es ist unübersehbar, daß diese Texte über das Amt des „Wächters" und die entsprechenden Ausführungsbestimmungen ein enges Beziehungsgeflecht bilden. Ferner läßt sich beobachten, daß wie hinter Ez 3, 16 b–21 in 3, 22–27 so auch hinter Ez 33, 1–20 in 33, 21 f., also jeweils direkt nach den Darlegungen über „Ezechiels Beauftragung zum Wächter", das Verstummungsmotiv auftaucht. Das bedeutet, daß das Beziehungsgeflecht „Verstummung" mit dem anderen Beziehungsgeflecht „Ezechiels Beauftragung zum Wächter" verschachtelt worden ist. Die dabei entstandenen Korrespondenzen der Textabfolgen sind mit Sicherheit kein Zufallsprodukt. Um das zugrunde liegende Aussageanliegen zu erfassen, sind weiterhin folgende Beobachtungen wichtig: Mit 33, 1–20 33, 1–20
insgesamt (incl. Beauftragung zum „Wächter") setzt jetzt hinter den letzten Fremdvölkerworten (in Ez 32) jener Teil des Buches ein, der überwiegend an das Haus Israel gerichtete Heilsworte enthält. Vor der Mitteilung der eigentlichen Heilsworte erfolgt also die Beauftragung zum „Wächter", im Rückblick auf Ez 3, 16 b–21 also als Wie-

[181] Zusatz.
[182] Wie ein Blick auf Ex 19, 16; Ri 19, 1; Rut 1, 1; 2. Sam 7, 4 und 1. Kön 13, 20 f. zeigen kann, besteht nicht der geringste Anlaß, an der Textfolge in V. 16 Anstoß zu nehmen und die beiden Vershälften auseinanderzureißen (so mit Greenberg [AncB] gegen Zimmerli [BK XIII, 1] u. a., jeweils z. St.).
[183] Zu Einzelheiten vgl. den folgenden Exkurs.

deraufnahme, bzw. Rückerinnerung an eine Aufgabe Ezechiels, mit der er schon gleich zu Beginn seines Wirkens betraut worden war. Da in 33,21f. in Verbindung mit der Nachricht vom Fall Jerusalems darüber informiert wird, daß nun die Verstummung Ezechiels ein Ende hat, muß man der Textfolge 33,1–22 insgesamt entnehmen, daß Ezechiel bis zu diesem Zeitpunkt sein „Wächter"-Amt nicht wahrnehmen konnte oder sollte, es aber jetzt nach erneuter, den ursprünglichen Auftrag bestätigender Einsetzung nach dem Fall Jerusalems ausüben kann und soll. Dieser Konzeption korrespondiert die Abfolge 3,16b–27 insofern, als Ezechiel zwar von Anfang an zum „Wächter" bestimmt wird, ihm jedoch die Ausübung dieses Amtes zu Beginn seines Wirkens verwehrt sein soll, da ihm Jahwe die Zunge bindet, ihn „stumm" sein läßt (V.26) mit der folgenden Feststellung, daß Ezechiel nicht als *'yš mwkyḥ*, also als Unterweiser, als Mahnredner auftreten kann.

Diese Beobachtungen zu den Korrespondenzen zwischen den Textabfolgen 3,16–27 (Bestimmung zum „Wächter", Verstummungsmotiv [Zwangssuspendierung]) und 33,1–22 (Bestimmung zum „Wächter", Verstummungsmotiv [Aufhebung der Suspendierung]) führen zu dem Ergebnis, daß das Verstummungsmotiv in diesen Texten lediglich als ein Mittel zum Zweck benutzt wird. Denn das Primäranliegen konzentriert sich nicht auf die Informationen über die Verstummung Ezechiels bzw. die Aufhebung der Verstummung; vielmehr werden diese Informationen lediglich dazu verwendet, den zeitlichen Rahmen für die Wirksamkeit Ezechiels als „Wächter" zu strukturieren und klarzustellen, daß er für eine bestimmte Zeit dieses Amt nicht ausüben durfte, bzw. daß er es erst nach Eintritt eines bestimmten Ereignisses ausüben sollte.

Das eigentliche Aussageziel, das bei der Ausgestaltung des zweifachen Beziehungsgeflechts intendiert war, rückt allerdings erst in den Blick, wenn man erkennt, daß die Textfolge 3,16–21 (Ezechiels Beauftragung zum „Wächter" im Zusammenhang seiner
3,22–27 Berufung) jetzt zusammen mit 3,22–27 (anschließende Suspendierung mit Hilfe des Verstummungsmotivs) hinter 3,10–15 (Sendungauftrag für die erste Gola) darauf hinaus will, daß der Prophet sich nicht als „Wächter" und Warner für die Gruppierung der ersten Gola betätigen darf[184]. Aus den Textfolgen 3,10–27 und 33,1–22 ist klar, daß sich die Zeitspanne der Suspendierung vom Amt des „Wächters" bis zum Eintreffen der Nachricht vom Fall Jerusalems erstreckt. Für diesen Zeitraum muß demnach nach der jetzigen Darstellung die Gruppierung der ersten Gola auf Ezechiels Dienste als „Wächter" und Warner verzichten. Nach dem Fall Jerusalems soll Ezechiel sein Amt ausüben. „Nach dem Fall Jerusalems" heißt aus der Sicht des hier zuständigen Bearbeiters allerdings, daß mit dem Ergebnis und den Auswirkungen der Katastrophe nun nicht mehr nur der Kreis der ersten Gola als die Adresse in Frage kommen kann, an die sich Ezechiel als „Wächter" und Warner, bzw. *'yš mwkyḥ* (3,26) richten soll. Es sind nun mindestens auch jene Gruppen eingeschlossen, die, wie auch die golaorientierte Redaktion zugeben muß[185], aber auch anderweitig im Ezechielbuch vermerkt ist[186], der Katastrophe entronnen sind, falls nicht gar das Diaspora-Israel all-

[184] Dazu paßt, daß nach 3,27 „die Stummheit Ezechiels für den Fall aufgehoben wird, daß er ein Jahwewort zu übermitteln hat, während 24,27 und 33,22 eine völlige Stummheit des Propheten vorauszusetzen scheinen" (vgl. Krüger, Geschichtskonzepte, 352); daß diese „interne Spannung der auf die Stummheit Ezechiels bezogenen Texte in Kap. 3; 24 und 33" mit redaktionellen Eingriffen in 3,27 zu tun hat, erkennt auch Krüger ebd.

[185] Vgl. 14,21–23.

[186] Vgl. z.B. 12,15–16.

gemein mit einbezogen sein soll[187]. Das gesamte Beziehungsgeflecht[188] ist also als eine literarische Konstruktion zu werten[189]. Sie verfolgt das Ziel, die von der golaorientierten Redaktion erstellte Buchfassung, in der die Autorität des Propheten Ezechiel exklusiv für die erste Gola in Anspruch genommen war (s. o.), aus dieser Engführung herauszuführen. Mit diesem Anliegen ist zweifellos zugleich eine Relativierung der von der ersten Gola beanspruchten Sonderstellung verbunden.

Zur Frage, in welchem Stadium der Entstehungsgeschichte des Ezechielbuches Ez 33, 1–20 seinen jetzigen Platz erhielt, ergibt sich aus den vorstehenden Darlegungen, daß dem Autor dieses Passus folglich die golaorientierte Abfolge 33, 21–29 bereits vorgegeben war. Ferner ist klar, daß dieser Autor von 3, 10–27 herkommend[190] auch auf eine Notiz Wert legen muß, die das Ende der Verstummung Ezechiels, bzw. das Öffnen seines Mundes festhält. Offen ist allerdings noch, ob ihm eine solche Notiz im vorgegebenen Kontext (Ez 24, 1–27/33, 21–29*), als er 33, 1–20 hineinverankerte, bereits vorlag oder ob sie von ihm selbst im gleichen Zuge mit 33, 1–20 zusammen an passender Stelle eingefügt worden ist (33, 22). Eine Entscheidung ist im Blick auf die Stellung von V. 22 in 33, 21–29 allein nicht möglich. Die Notiz kann sehr wohl bereits vorgegeben gewesen sein; denn es läßt sich zeigen[191], daß die golaorientierte Redaktion, falls 24, 25–27* in dem ihr vorgegebenen Buch bereits das Verstummungsmotiv enthielt, gleichsam aus einem literarischen Sachzwang auch das Ende der Verstummung im Kontext von 33, 21–29 anmerken mußte.

Man kann sich aber auch gut eine golaorientierte Textfolge (33, 21–29) vorstellen, die, falls sie in 24, 25–27 das Verstummungsmotiv noch nicht berücksichtigen mußte, lediglich den Fall der Stadt konstatierte (33, 21) und mit 33, 23 ff. weitergeführt wurde. In diesem Fall müßte man davon ausgehen, daß der Bearbeiter, auf den die Passage über Ezechiel als „Wächter“ und anschließend der Hinweis auf die Verstummung (3, 17–21. 22–27) zurückgeht, konsequenterweise 33, 22 im gleichen Akt mit der Vorschaltung von 33, 1–20 zusammen eingefügt hat. Man müßte dann außerdem annehmen, daß erst jetzt das Verstummungsmotiv überhaupt eingeführt wurde, also auch jetzt erst in 24, 25–27 Aufnahme fand[192].

Diese Überlegungen zeigen, daß sich bei einem Versuch, die Hintergründe für die Entstehung des zweifachen Beziehungsgeflechts aufzuhellen, alles auf die Frage zuspitzt, zu welchem originalen Zweck und in welchem Redaktionsstadium 24, 25–27 entstanden ist. Es gilt zwischen zwei Möglichkeiten zu entscheiden: Einerseits, so wird sich unten ergeben[193], kommt 24, 25–27 durchaus als Abschlußtext zu 24, 1. 3–24 in Frage, mit dem am jetzigen Ort eine kompositionell erstellte Sammlung von Zeichenhandlungen endet. Andererseits erscheint 24, 25–27 jetzt als ein Bestandteil des doppelten Beziehungsgeflechts (Verstummung/Wächter), das eine spätere Redaktionsstufe widerspiegelt. Vergegenwärtigen wir uns daher noch einmal das besondere Anliegen des Redaktors, der das Beziehungsgeflecht 3, 10–27 – (Kap. 18*) – 33, 1–29 konstruiert, indem wir uns dabei auf die Frage konzentrieren, ob und welch eine

24,25–27

[187] Vgl. dazu Pohlmann, Ezechielstudien, 33 f.
[188] Dazu gehört auch Ez 18, vgl. dazu Pohlmann, Ezechielstudien, 238 ff.
[189] Vgl. bereits oben Einleitung, III, 3., e.
[190] Vgl. aber auch 24, 27.
[191] Vgl. Pohlmann, Ezechielstudien, 22.
[192] Dagegen sprechen allerdings die zu 24, 25–27 gewonnenen Einsichten, vgl. dazu unten z. St.
[193] Vgl. zu 24, 25–27.

Funktion 24, 25–27 darin zugedacht ist: Dem zuständigen Autor ging es darum, den in der Vorlage akzentuierten Sonderstatus und Exklusivanspruch der ersten Gola zu relativieren. Zu diesem Zweck zeigt er, daß Ezechiel, obzwar Prophet in der ersten Gola, hier das ihm auferlegte Amt des „Wächters“ und Warners (3, 16–21) nicht ausüben durfte (3, 22–27); das Wirken als Wächter läßt er in voller Absicht erst zu einem Zeitpunkt einsetzen, nach dem es möglich war, nun auch weitere Kreise über die erste Gola hinaus mitzuberücksichtigen. So erklärt sich die Suspendierung vom Amt des „Wächters“ (Verstummung) bis in die Zeit nach dem Eintritt der Katastrophe 587 v. Chr. (33, 22); seit diesem Zeitpunkt konnten eben auch die mit der zweiten Exilierung nach Babel Verschleppten von Ezechiel berücksichtigt werden. Bei diesem Anliegen ist einsichtig, daß er entsprechend in den Bericht über die Berufung Ezechiels eingegriffen hat; ebenso klar ist daraufhin, daß nach einem Bericht oder einer Notiz über Jerusalems Fall entsprechend zu verfahren war. Daß der zuständige Autor zur Durchführung seiner Absicht das Verstummungsmotiv auch in 24, 25–27 unterbringen mußte, scheint jedoch keineswegs zwingend. Für seine Konstruktion ist 24, 25–27 durchaus verzichtbar, jedenfalls kein Passus, mit dem das Konstrukt steht oder fällt. Auf diesen Punkt ist bei der Behandlung von 24, 25–27 zurückzukommen.

– Ende des Exkurses –

Zum Bild des „Wächters“ sind z.B. 2. Sam 13, 34; 18, 24–27; 2. Kön 9, 17 f. 20; Jes 52, 8 zu vergleichen; hier ist an Späh- oder Wachtposten einer Stadt o.ä. gedacht; nach 1. Sam 14, 16 gab es unter den Kriegsleuten Sauls Späher. Von Propheten als „Wächtern“, die von Jahwe eingesetzt und mit der Aufgabe des Warnens betraut sind, ist neben Ez 3 und 33 noch in Jer 6, 17 die Rede. Jes 56, 10 f. erwähnt die „Wächter“ parallel zu den Hirten des Volkes. Man wird davon ausgehen können, „daß das Bild des ‚Wächters‘ – unabhängig vom sprachlichen Ausdruck – als Mittel, die Funktion eines Propheten zu erfassen und zu beschreiben, vorgeprägt und verbreitet ist“[194]. Die
3, 17–19 „Dienstanweisung“[195] 3, 17–19 besagt, daß Ezechiel jeweils denjenigen rechtzeitig zu warnen hat, dessen Verhalten und Tun Jahwes Ahndung nach sich zieht; und das zu dem Zweck, daß der Betroffene, entsprechend „vor seinem Weg“ (V. 18) gewarnt, die Möglichkeit zur Umkehr wahrnimmt und so am Leben bleibt. In jedem Fall soll so gewährleistet werden, daß Jahwes Strafe die Betroffenen nicht unvorbereitet trifft. Dieser Aspekt ist im Vergleich zu den Darlegungen in Ez 18 über das Geschick des Frevlers bzw. des Frommen und deren Umkehr- bzw. Abkehrmöglichkeiten neu, auch insofern, als dort offensichtlich das Problem unberücksichtigt bleibt, woraufhin denn der Schuldige einen Anstoß zur Umkehr wahrnimmt. Das muß allerdings nicht heißen, daß eben diese Punkte noch gar nicht im Blick waren; hier ist auch zu beachten, daß in Ez 18 zunächst nur eine neue Theologie, eine neue Lehre über Jahwes Wahrnehmung von Schuldverfallenheit propagiert wird, ohne zugleich konkrete Anweisungen mitzuliefern, wie dementsprechend in der Praxis zu verfahren ist.

---

[194] Krüger, Geschichtskonzepte, 346, mit Verweis auf Jer 6, 17 f., Jes 56, 10 f. und Hab 2, 1–5.
[195] Ebd.

Spannungen zwischen dem prophetischen „Wächteramt“, wie es in Ez 3 und 33 beschrieben ist, und dem in den Gerichtsprophezeiungen gegen Jerusalem/Israel in Kap. 1–24 weithin vorausgesetzten Verständnis des Propheten und seiner Funktion[196], hat die golaorientierte Redaktion so nicht sehen müssen, weil sie ihren Ezechiel als Wächter der ersten Gola zugewiesen versteht, Ezechiel als „Gerichtsprophet“ aber gegenüber Jerusalem und Juda/Israel als dem „Haus der Widerspenstigkeit“ fungiert.

Ezechiels Bestimmung zum Wächter mit der Maßgabe, zu warnen und zu mahnen, erinnert an jene Passagen zumal im Jeremiabuch, aber auch besonders in 2. Königsbuch, die die Propheten in der Rolle der von Jahwe seinem Volk gesandten Mahner und Umkehrprediger sehen. Dort wenden sich diese Propheten allerdings an die Gesamtheit des Volkes; und das Geschick des ganzen Volkes steht auf dem Spiel. Dagegen scheint es in unserem Text (vgl. ferner besonders Ez 18; 33) der je einzelne zu sein, auf dessen Tun und Ergehen sich der Prophet nach Jahwes Maßgabe zu konzentrieren hat.

Die Reflexionen über die Frage, wie überhaupt Jahwes Unheilswirken „gerecht“ war oder sein kann, sind in unserem Text bereits weiter vorangetrieben worden. Der dtr. Prophetenauffassung ging es darum, die Propheten in Gestalt der an das Volk sich wendenden Mahner und Umkehrprediger als die Garanten dafür vorzustellen, daß Jahwes Unheilshandeln im Rückblick und auch in Zukunft nicht aus Willkür geschehen war. Dieser Verdacht war wegen des rechtzeitigen Verweises auf Jahwes drohendes Unheilshandeln und der angemahnten aber nicht vollzogenen Umkehr des Volkes unberechtigt. Die Bestellung des Propheten zum Wächter setzt die dtr. Auffassung voraus und hängt mit daran anknüpfenden Überlegungen zusammen, wie denn die Überlebenden, die dem Unheil Entronnenen (vgl. 12, 16; 14, 12 ff.; 14, 22; vgl. auch 33, 23 ff.) einzuschätzen sind. War bei einem eine Stadt oder ein Land treffenden Unheil garantiert, daß es die Schuldigen traf und die Unschuldigen am Leben blieben? Wie war sichergestellt, daß die Überlebenden ihre Rettung nicht dem Zufall oder der Willkür verdankten? Diese Fragen werden ausführlich in Ez 18 behandelt mit dem Ergebnis, daß die Rettung, das Leben eines Menschen allein davon abhängt, ob er als gerecht gilt oder zumindest rechtzeitig sich von seiner Ungerechtigkeit abgekehrt hat. Damit niemand eine Entschuldigung hat, und um den Vorwurf zu entkräftigen, daß Jahwe Einzelschicksale außer Acht lasse[197], hat der Prophet in Ergänzung zu seiner Funktion als Mahner und Umkehrprediger für das ganze Volk nun als Wächter den Frevler noch einmal darauf hinzuweisen, wo er steht, und ihn so mit der Chance zur Umkehr zu konfrontieren; entsprechend soll er sich um den schuldig gewordenen Gerechten bemühen. Auf diese Weise ist garantiert, daß Jahwes Unheilshandeln nicht – zufällig – versehentlich Schuldige oder Umkehrwillige trifft, sondern nur die wirklichen, unverbesserlichen Frevler.

[196] Vgl. dazu auch Krüger, aaO., 350. 352.
[197] Vgl. auch unten zu Ez 9/10.

Wie man sich das entsprechende prophetische Wirken vorstellen soll, bleibt offen. Ist an eine auf das jeweilige Individuum zielende spezielle Warnung gedacht? Immerhin könnte man auf 2. Sam 12 verweisen[198], wo der Prophet Nathan David mit dessen Schuld konfrontiert, die er sich mit der Bathsebageschichte aufgeladen hat, woraufhin David seine Schuld eingesteht, also umkehrt und die prophetische Zusage erhält „du wirst nicht sterben" (2. Sam 12.13f.).

In jedem Fall dürften die ausdrücklichen Hinweise auf das Beispiel des vielleicht umkehrfähigen Frevlers wie des rückfälligen, aber umkehrbereiten Gerechten dem Leser verdeutlichen, daß bei rechter Fürsorge und Obacht durch einen Propheten bzw. einen „Mahner"[199] möglicherweise Menschen auf den Weg des Lebens zurückzuholen sind.

Hinter allem ist als Hauptanliegen erkennbar, Jahwe als einen Gott zu vermitteln, der das Leben will, dem alles daran liegt, Leben zu erhalten, der bis zuletzt nach Wegen sucht, den Frevler vor seinem Untergang zu bewahren. Nichts anderes scheint geboten zu sein als die Umkehr, die Aufhebung der Abkehr von Gott[200]. Auf nichts anderes zielte die Predigt Johannes des Täufers; und auch Jesu Bußruf geht es nach Mk 1, 15 darum, den Zugang zu Gott und seinem Reich zu öffnen.

Exkurs: Ez 3, 17–21 und die Berührungen mit Ez 18, 21–24(25–29) und Ez 33, 7–9

Ohne hier die Einzelnachweise vorführen zu können, erklären sich die engen Berührungen mit Ez 18, 21–24(25–29) und Ez 33, 7–9 m.E. wie folgt am besten: 1. Der golaorientierten Redaktion lag Ez 18, 21 ff. bereits vor; Ez 18, 21 ff. ist am jetzigen Ort aus weiterführenden Reflexionen zu den vorausgehenden Darlegungen erwachsen[201]. – 2. Diese lehrhaften Rechtssätze wurden im Rahmen der golaorientierten Konzeption gleich eingangs dahingehend aufgenommen, daß Ezechiels Tätigkeit in der Situation der ersten Gola nun auch die besondere Aufgabe einschloß, seinen Leidensgenossen in der Exilsgemeinde entsprechend dieser Lehre Weisung zu erteilen und über sie zu wachen und sie zu warnen. In diesem Zusammenhang greift der zuständige Verfasser auf das Bild des „Wächters" zurück und formuliert entsprechend Ezechiels Beauftragung in 3, 17–21. – 3. Ez 33, 1–20 ist das jüngste Stück, und zwar nicht nur aus den bereits oben[202] dargelegten Gründen, daß hier im Verbund mit dem Verstummungsmotiv (33, 21 f.) der zeitliche Rahmen für Ezechiels Wächtertätigkeit neu abgesteckt wird und Ezechiel jetzt eben erst nach dem Fall Jerusalems und damit zugleich für die umfassendere Exilsgemeinde sein Amt ausübt. Dafür sprechen auch folgende Beobachtungen: 33, 1–6 ist von vornherein auf den Abschnitt 7–9 hin konzipiert. Dabei scheint der zuständige Verfasser bereits Ez 14, 12ff. zu berücksichtigten (vgl. 33, 2 und 14, 17). Außerdem ist zu beachten, daß diese Ausführungen über die Aufgabe eines

198 Vgl. eventuell noch Jer 5, 4 (vgl. V. 3); 22, 1 ff.; 23, 22; 26, 2 f.

199 Vgl. so Ez 3, 26: *'yš mwkyḥ* = ein Mann, der zurechtweist.

200 Die Möglichkeit oder Fähigkeit zur Umkehr wird dem Frevler nicht bestritten; dem Frevlersein eignet kein *charakter indelebilis.*

201 Vgl. dazu Pohlmann, Ezechielstudien, 221 f. sowie unten z. St.

202 Vgl. den vorausgehenden Exkurs!

Wächters im Fall von kriegerischen Ereignissen, die Jahwe über irgendein Land herbeiführt (V. 2 a), direkt auf die Sammlung der Unheilsworte über fremde Völker folgen. Hier liest sich jetzt 33, 1–6 wie eine Erläuterung zu Fragen, wie sie im Blick auf Jahwes Gerichtswirken an anderen Ländern aufbrechen mußten, sofern über dieses Gerichtswirken und seine Auswirkungen auf den je einzelnen Gerechten bzw. Ungerechten reflektiert wurde (vgl. auch Ez 14, 12–20). Denn mit V. 6 läuft diese Einheit darauf hinaus, daß der Wächter, der rechtzeitig vor dem Schwert Jahwes warnen soll, sich selbst verschuldet, wenn er seiner Aufgabe nicht nachkommt und dadurch in Kauf nimmt, daß jemand ohne Warnung „in seiner Sünde" dahingerafft wird. Diesem Aussagegefälle ist zu entnehmen, daß der Sinn der Tätigkeit des Wächters in erster Linie darin gesehen wird, die Schuldigen zu retten, bzw. sicher zu stellen, daß sie nicht ungewarnt das Gericht trifft. Dieser Punkt entspricht genau 33, 7. 33, 1–6 bereitet also einerseits den Spezialfall der Wächtertätigkeit Ezechiels (33, 7 ff.) vor, bedenkt aber andererseits im Anschluß an die Völkerworte und damit im Blick auf Jahwes Gerichtswirken in der Völkerwelt generell die Frage, wie sichergestellt ist, daß dieses Gerichtswirken tatsächlich nur die nicht zur Umkehr bereiten Schuldigen trifft. 33, 1–6 ist folglich als Brückentext konzipiert, der nach den Völkerworten zu den Ausführungen in 33, 7 ff. überleiten soll[203]. Dem zuständigen Verfasser muß allerdings 33, 7–9 bereits anderweitig vorgegeben gewesen sein; nur so erklärt sich, daß dem Volk durch Ezechiel zu vermittelnde Darlegungen Jahwes (33, 1–6)[204] mit 33, 7–9 fortgesetzt werden, obwohl hier die für Ezechiel bestimmten Anweisungen Jahwes gar nicht für die Weitergabe an das Volk bestimmt sind. Da auch 33, 10–20 wieder für die Zuhörer Ezechiels bestimmte Darlegungen Jahwes enthalten (33, 10. 11. 12), erweist sich 33, 7–9 als ein Sonderstück innerhalb der Einheit 33, 1–20. Daß 33, 7–9 nicht von demjenigen selbst konzipiert worden sein kann, der den vorausgehenden und nachfolgenden Kontext erstellt hat[205], geht auch schon aus der nicht aufeinander abgestimmten Diktion hervor[206]. All diese Beobachtungen zwingen zu dem Schluß, daß dem Verfasser von 33, 1–20 die Einheit 3, 17–21 vorgegeben war. So erklären sich die wortwörtlichen Übereinstimmungen zwischen 33, 7–9 und 3, 17–19. Die Vorgabe in 3, 17 ff. über Ezechiels Beauftragung zum Wächter erzwang die wörtliche Übernahme in den neuen Kontext. Ferner läßt sich beobachten, daß 33, 13 bereits 3, 20/18, 24 voraussetzt, also der jüngere Text ist. Während 3, 20 schlicht die Möglichkeit der Abkehr des Gerechten einführt, wird in 33, 13 dieser Fall weiter ausgeführt und damit erklärt, daß möglicherweise der Gerechte sich Ungerechtigkeiten deswegen erlaubt, weil er sich auf seine Gerechtigkeit gleichsam als einen *charakter indelebilis* verläßt[207].

– Ende des Exkurses –

---

[203] Auch Zimmerli, BK XIII, 1, 799, erwägt die Möglichkeit, „daß 7–9 zunächst als selbständiges Wort bestanden hätte, zu dem dann 2–6 als Erläuterung hinzugetreten wäre".

[204] Vgl. V. 2.

[205] Unter Auswertung von Ez 18 (vgl. z. B. Ez 18, 25–30 a und 33, 17–20), Ez 24, 23 (vgl. Ez 33, 10), mit Bezug auf Ez 20 (vgl. Ez 33, 15 und 20, 11. 13. 21).

[206] Vgl. die unterschiedlichen Wendungen in 6 bβ (*wdmw myd hṣph 'drš*) und 8 bβ (*wdmw mydk 'bqš*) sowie in 5 bβ (*npšw mlṭ*) und 9 bβ (*npšk hṣlt*).

[207] Nach Dan 9, 18 wird der wirklich „Gerechte" bzw. Fromme vor Gott niemals mit seiner Gerechtigkeit argumentieren.

c. 3,22–27 Zeit der Verstummung

22 Und es kam dort^{G-} die Hand Jahwes über mich, und er sprach zu mir: „Steh auf, geh hinaus in die Ebene, und dort rede ich mit dir". 23 Und ich stand auf und ging hinaus in die Ebene. Und siehe, dort stand die Herrlichkeit Jahwes, wie die Herrlichkeit, die ich am Kebar-Fluß geschaut hatte. Und ich fiel auf mein Angesicht. 24 Und es kam Geist in mich, und er stellte mich auf meine Füße. Und er redete mit mir und sprach zu mir: „Geh, schließ dich inmitten deines Hauses ein. 25 Und du, Menschensohn, siehe, man legt dir Stricke an[208] und bindet dich damit, und du wirst nicht in ihre Mitte hinausgehen. 26 Und deine Zunge lasse ich an deinem Gaumen kleben, und du wirst stumm sein[209], und du wirst für sie nicht zum Mann, der zurechtweist. Denn ein Haus der Widerspenstigkeit sind sie. 27 Und (jedes Mal) wenn ich mit dir rede, öffne ich deinen Mund, und du sollst zu ihnen sprechen: ‚So spricht [der Herr]$^{G-}$ Jahwe'. Der es hört, hört es; der es läßt, läßt es. Denn ein Haus der Widerspenstigkeit sind sie.

Lit.: Vogt, Untersuchungen, 92–106; Krüger, Geschichtskonzepte, 351 f.; Pohlmann, Ezechielstudien, 24 ff.

3,22–27 berichtet über eine erneute Vision/Audition „Ezechiels". Noch bevor er sich an die Ausführung der bisherigen Aufträge machen konnte, wird er erneut mit der Erscheinung der „Herrlichkeit" Jahwes konfrontiert. Diese Konfrontation verläuft zunächst analog zu der in 1,28; 2,1 f. geschilderten; aber überraschenderweise – nach allem, was vorausging – teilt ihm Jahwe hier anschließend mit, daß er in seiner Bewegungsfreiheit und Verkündigungstätigkeit eingeschränkt werden soll (25–27).

Aus 3,22–24 a ist ersichtlich, daß der Autor nicht nur die den golaorientierten Visionsbericht abschließenden Verse über Ezechiels Sendung zur Gola und seine dortige Ankunft (3,11.15) voraussetzt, sondern auch bereits die visionäre Schau der „Herrlichkeit Jahwes" in 1,3 ff. kennt[210], um die der golaorientiert redigierte Visionsbericht noch nachträglich erweitert worden war. Der ganze Abschnitt wird in der Forschung fast durchweg als „sekundäres Stück" gewertet, dessen Abfassung allerdings nicht aus „rein literarischer Betätigung späterer Schriftsteller" resultiere, sondern „Prophetenschülern" zu verdanken sei[211], die „das Bild ihres Meisters durch Verstärkung und Unterstreichung bestimmter Wesenszüge seiner Botschaft dem Verständnis der Gemeinde näherzubringen"[212] suchten. Von „rein literarischer Betätigung"[213] kann in der Tat keine Rede sein. Wie wir bereits festgestellt ha-

---

208 Vgl. 4,8.
209 Vgl. 24,27; 33,22.
210 Vgl. 3,23 und 1,28; 3,12.
211 So im Anschluß an Zimmerli z. B. Eichrodt, ATD I, 23; Fuhs, NEB I, 31.
212 Eichrodt, ATD I, 23.
213 Was immer man darunter zu verstehen hat!

ben[214], handelt es sich um eine Texteinheit, die im Kontext von Reflexionen über das Israelverständnis der nachexilischen Zeit und die Frage nach dem Stellenwert des gesamten „Diaspora-Israel" zu sehen ist und zu den entsprechenden Textproduktionen gehört, wie sie auch sonst in Ez nachweisbar sind. Sie soll im Verbund mit 33, 1 ff. und wahrscheinlich im Zusammenhang mit weiteren Eingriffen die golafavorisierende Ausrichtung der Einleitungspassagen korrigieren, hier konkret die Angaben in 3, 16–21[215], die nach 3, 15 gleich eingangs festhalten sollen, daß „Ezechiel" als Wächter über die Israel repräsentierende erste Gola zu verstehen ist. Daher taucht hier auch (3, 26. 27) das Prädikat „Haus der Widerspenstigkeit" auf die Gola bezogen auf.

3, 24 b spricht die erste der hier aufgeführten Behinderungen Ezechiels an, seine Verkündigungstätigkeit aufzunehmen: Er soll sich auf Anweisung Jahwes in seinem Haus einschließen.[216] Darauf folgt in V. 25, anders als in V. 24 jetzt mit der Anrede „Menschensohn" eingeleitet, die Ankündigung, daß man dem Propheten Fesseln[217] anlegen wird.

Das Verstummungsmotiv, wie es in 3, 26 eingesetzt wird, erinnert an das 26
Fürbitteverbot, das Jahwe Jeremia[218] auferlegt: Jahwes Untergangsbeschluß steht unabwendbar fest; Jeremia kann ihn von nun an durch nichts mehr zu einer Rücknahme bewegen. In Ez 3, 26 allerdings soll ausgeschlossen werden, daß Ezechiel der Sondergruppe der Erstexilierten mahnend und warnend als „Mann, der zurechtweist"[219], zur Seite steht. Die nach 3, 17–21 den Erstexilierten zugesagte Sonderbetreuung soll vorerst unterbleiben. Die Ausführungen in Ez 20, die ebenfalls die Sonderstellung der Erstexilierten zurückweisen, könnten geradezu als Illustration und Konkretion dessen gelten, was der Autor unseres Abschnitts darlegen will: Die Erstexilierten sind keine von Jahwe bevorzugte Sondergröße; in keiner Weise stehen sie vor Jahwe besser da als das sonstige Israel. Deswegen soll sich Ezechiel den Ältesten verweigern, die durch ihn Jahwe zu befragen suchen (20, 1 f. 31).

Ist so das eigentliche Aussageanliegen von 3, 22–27 erfaßt, so ist damit keineswegs ausgeschlossen, daß hier zugleich auch die Charakterisierung des Propheten als des Einsamen, vom Volk Abgesonderten und Angefeindeten[220] beabsichtigt ist, also das typische Prophetengeschick veranschlagt wird, wie nämlich „von Anfang an schweres Leiden die Ausrichtung des prophetischen Auftrags begleitete"[221].

---

214 Vgl. dazu oben 70 f.

215 Vgl. dazu oben 72 f.

216 Darauf scheint 8, 1; 14, 1 ff. (dazu Pohlmann, Ezechielstudien, 8, Anm. 22) und 20, 1 insofern abgestimmt zu sein, als sich hier die Ältesten zur Kontaktaufnahme mit dem Propheten zu seinem Haus bemühen müssen.

217 Vgl. 4, 8.

218 Jer 7, 16; 11, 14; 14, 11.

219 Vgl. Am 5, 10 „Sie sind dem gram, der im Tor zurechtweist und verabscheuen den, der die Wahrheit sagt"; Jes 29, 21; vgl. auch Hölscher, Hesekiel, 57 f.

220 Vgl. die Darstellungen Jeremias in Jer 36, 5; 16, 1 ff.; Kap. 20.

221 Eichrodt, ATD I, 22.

Ez 4–7 Prophetische Zeichenhandlungen und Unheilsansagen

a. 4, 1–5, 17 Zeichenhafte Darstellung der Unheilsgeschicke Jerusalems und seiner Bewohner – Hintergründe der Unheilsgeschicke

4,1 Und du, Menschensohn, nimm dir einen Ziegel. Und du sollst ihn vor dich hinlegen und darauf eine Stadt einritzen: Jerusalem[222]. 2 Und du sollst über sie eine Belagerung verhängen und gegen sie ein Belagerungswerk bauen und gegen sie eine Sturmrampe aufschütten und gegen sie Heerlager errichten und Sturmböcke ringsum aufstellen[Ap]. 3 Und du, nimm dir eine eiserne Platte, und du sollst sie als eiserne Wand zwischen dir und der Stadt errichten, und du sollst dein Angesicht auf sie richten. Und sie soll in Belagerung sein, und du sollst sie belagern. Ein Zeichen ist es für das Haus Israel. 4 Und du, lege dich auf deine linke Seite, und ich lege[Ap] die Verschuldung des Hauses Israel auf dich[Ap]. Die Anzahl der Tage, die du darauf liegst, wirst du ihre Verschuldung tragen. 5 Und ich gebe dir die Jahre ihrer Verschuldung zur Anzahl von Tagen: 390[223] Tage. Und du sollst die Verschuldung des Hauses Israel tragen. 6 Und du sollst diese vollenden und dich auf deine rechte Seite legen [ein zweites Mal][G-] und sollst die Verschuldung des Hauses Juda tragen, 40 Tage, je einen Tag für ein Jahr gebe ich dir. 7 Und auf die Belagerung Jerusalems wirst du dein Angesicht richten und deinen entblößten Arm, und du sollst wider es weissagen. 8 Und siehe, ich lege dir Stricke an, und du wirst dich nicht wenden von einer Seite auf die andere, bis du vollendet hast die Tage deiner Belagerung.

9 Und du, nimm dir Weizen und Gerste und Bohnen und Linsen und Hirse und Emmer, und du sollst es in ein einziges Gefäß geben, und du sollst dir daraus Brot machen, die Anzahl der Tage, die du auf deiner Seite liegst, 390 Tage[224] wirst du es essen. **10 Und deine Speise, die du issest, soll abgewogen 20 Schekel am Tag ausmachen. Zu bestimmten Zeiten[225] wirst du sie essen. 11 Und Wasser wirst du abgemessen trinken: ein Sechstel Hin; zu bestimmten Zeiten wirst du trinken.** 12 Und als Gerstenfladen wirst du es essen, [und es][G-], mit Mistfladen aus Menschenkot wirst du es backen vor ihren Augen." 13 Und Jahwe sprach: „So werden die Israeliten [ihr Brot][G-] Unreines essen unter den Völkern [wohin ich sie verstoße][G-]". 14 Und ich sprach: „Ach Herr Jahwe, siehe, ich selber bin nicht verunreinigt. Und Aas und Zerrissenes habe ich nicht gegessen seit meiner Jugend bis jetzt. Und in meinen Mund ist kein

---

[222] „Jerusalem" ist keineswegs eine die spätere Deutung vorwegnehmender Zusatz; für das Prädikat „additum" in BHS Ap. gibt es keinerlei Anhaltspunkte in der Textüberlieferung; vgl. dazu Krüger, Geschichtskonzepte, 115, Anm. 252.

[223] 190 nach G.

[224] G liest 190.

[225] Wörtlich: „von Zeit zu Zeit".

unreines Opferfleisch gekommen". 15 Und er sprach zu mir: „Siehe, ich gebe dir Rindermist statt Mistfladen von Menschen. Und du sollst dein Brot darauf bereiten." 16 Und er sprach zu mir: „Menschensohn, siehe, ich zerbreche den Stab des Brotes in Jerusalem; und sie werden Brot abgewogen essen und in Sorge; und sie werden Wasser abgemessen trinken und mit Entsetzen, 17 darum daß sie an Brot und Wasser Mangel haben. Und sie werden einer wie der andere verschmachten und in ihrer Verschuldung dahinschwinden.

5, 1 Und du, Menschensohn, nimm dir ein scharfes Schwert, als Schermesser nimm es dir; und du sollst es über dein Haupt und deinen Bart gehen lassen, und du sollst dir eine Waage nehmen und sie[226] aufteilen. 2 Ein Drittel wirst du mit Feuer anzünden inmitten der Stadt, wenn sich die Tage der Belagerung erfüllen; und [du sollst nehmen][227] ein Drittel wirst du mit dem Schwert zerschlagen rings um sie herum, und ein Drittel wirst du in den Wind streuen. Und das Schwert[228] werde ich hinter ihnen her zücken. 3 Und du sollst von dort wenige an Zahl nehmen, und du sollst sie in deinem Gewandzipfel einbinden. 4 Und davon wirst du noch einmal nehmen, und du sollst sie mitten ins Feuer werfen und sie im Feuer verbrennen. [Von ihm wird ein Feuer ausgehen für das ganze Haus Israel][229]."

5 So spricht [der Herr]^G- Jahwe: „Dies ist Jerusalem. In die Mitte der Völker habe ich es gesetzt, und rings um es herum sind die Länder. 6 Und es benahm sich widerspenstig gegen meine Rechte in frevlerischer Weise mehr als die Völker und gegen meine Satzungen mehr als die Länder rings um es herum. Denn meine Rechte verachteten sie und in meinen Satzungen wandelten sie nicht". 7 Darum, so spricht [der Herr]^G- Jahwe: „Weil ihr widerspenstiger wart[230] als die Völker, die rings um euch herum sind – in meinen Satzungen wandeltet ihr nicht, und meine Rechte tatet ihr nicht, aber entsprechend den Rechten der Völker, die rings um euch herum sind, tatet[231] ihr", 8 darum, so spricht [der Herr]^G-Jahwe: **„Siehe, ich will an dich** [auch ich][232], und ich

---

[226] Gemeint sind „die Haare".

[227] Zusatz, vgl. Ap. BHS.

[228] Während G sonst in Ez 1–24 das hebr. *ḥrb* (Schwert) konsequent mit ρομφαια wiedergibt, übersetzt sie hier in 5, 2 bγ und in 5, 12 bβ auffälligerweise mit μαχαιρα, das sonst überwiegend in Ez 26–39 (Ausnahmen: 29, 8; 30, 24. 25; 32, 10. 11, 33, 2. 3. 4. 6. 26) zur Wiedergabe von *ḥrb* eingesetzt wird; vgl. auch L.J.McGregor, The Greek Text of Ezekiel. An Examination of its Homogeneity, Atlanta 1985, 101 ff.; diese Übersetzungsinkonsequenz könnte ein Indiz dafür sein, daß in der hebr. Vorlage für G die Aussagen in 5, 2 bγ und 5, 12 bβ noch nicht enthalten waren und erst später nachgetragen wurden; die Inkonsequenz könnte nämlich daraus resultieren, daß anläßlich eines späteren Vergleichs der griech. Übersetzung mit der inzwischen um die fraglichen Versanteile erweiterten hebr. Version eine Nachübersetzung notwendig wurde und daß dabei der verantwortliche Übersetzer die bisherige Wiedergabepraxis außer acht ließ.

[229] So die kaum verständliche M-Lesart, vgl. dazu unten; G liest als Einleitung zu V. 5: „Und du sollst dem ganzen Haus Israel sagen: ‚So spricht der Herr...'."

[230] So mit Ap. BHS.

[231] So nach Ez 11, 12 zu korrigieren; M liest „nicht tatet" – ein Versuch offensichtlich, die Verderbtheit der Jerusalemer noch einmal zu steigern; allerdings insofern irritierend, als diese Aussage ja auch eine Abgrenzung vom Verhalten der Völker andeuten könnte.

[232] Fehlt in G und S.

vollstrecke in deiner Mitte Gerichte[233] vor den Augen der Völker. 9 Und ich tue dir an, was ich noch nicht getan habe und so nicht noch einmal tun werde, wegen all deiner Greueltaten. 10 Darum werden Väter Söhne aufessen in deiner Mitte, und Söhne werden [ihre][G-] Väter aufessen; und ich vollstrecke an dir Strafgerichte und zerstreue deinen ganzen Überrest in alle Winde. 11 Darum, so wahr ich lebe", Spruch [des Herrn][G-] Jahwe, „fürwahr, weil du mein Heiligtum verunreinigt hast [mit all deinen Scheusalen und][G-] mit all deinen Greueltaten, werde auch ich scheren[234]; und mein Auge wird nicht mitleidig blicken, und ich werde auch nicht verschonen. 12 Ein Drittel[Ap] von dir wird an der Pest sterben und am Hunger zugrunde gehen in deiner Mitte; und ein Drittel wird durchs Schwert fallen rings um dich herum; und ein Drittel werde ich in alle Winde zerstreuen; und das Schwert werde ich hinter ihnen her zücken[235]. 13 Und mein Zorn soll sich erschöpfen, und ich werde meinen Grimm an ihnen befriedigen [und ich werde mir Rache verschaffen][G-]. Und sie sollen erkennen, daß ich, Jahwe geredet habe.[236] In meinem Eifer, indem ich meinen Grimm an ihnen voll zum Zuge bringe, **14 da gebe ich dich zur Trümmerstätte** [zum Schmähwort unter den Völkern, die rings um dich herum sind],[237] **in den Augen eines jeden, der vorübergeht.** 15 Und du sollst[238] Schmähwort und Hohnrede [Warnung und Entsetzen][G-] sein für die Völker, die rings um dich herum sind, indem ich an dir Strafgerichte vollziehe[239] [in Zorn und Grimm][G-] in grimmigen Zurechtweisungen. Ich, Jahwe, habe geredet. 16 Indem ich meine bösen Pfeile[240] [des Hungers][241] [unter euch][Ap] aussende, die zum Verderben werden [die ich aussende, euch zu verderben, und Hunger vermehre ich unter euch][G-], da zerbreche ich euch[242] den Stab des Brotes. 17 Und ich schicke über euch[243] Hunger und böses Getier, und sie machen dich[244] kinderlos. Und Pest und Blut wird über dich ziehen. Und das Schwert bringe ich über dich. Ich, Jahwe, habe geredet."

Lit.: Garscha, Studien, 87ff.; Krüger, Geschichtskonzepte, 63–138; C. Uehlinger, ‚Zeichne eine Stadt … und belagere sie!'. Bild und Wort in einer Zeichenhandlung

[233] Zu *mšpṭ* in dieser Bedeutung vgl. z. B. Ez 39, 21; Jer 51, 9.
[234] Anders G.
[235] Vgl. oben Anm. 228 zu Ez 5, 2.
[236] Zu dieser Satzaufteilung vgl. Ez 5, 15. 17; 17, 21; 21, 22. 37; 30, 12; 34, 24; vgl. dazu auch Lang, Kein Aufstand, 18.
[237] Zusatz; vgl. Ap. BHS.
[238] So mit Vrs.
[239] Vgl. Ez 5, 10.
[240] So mit Ap. BHS.
[241] Zusatz?
[242] G liest sing.
[243] G liest sing.
[244] Das Schwanken zwischen „ihnen", „euch" und „dich" (2.pers. sing. f.) wird mit Versuchen zusammenhängen, die in 5, 8–15 vor Augen stehende Adresse (Jerusalem in der 2. pers. sing. f. angeredet) auf die jetzt anschließenden V. 16. 17 zu übertragen.

Ezechiels gegen Jerusalem (Ez 4 f.), in: M. Küchler/C. Uehlinger (Hg.), Jerusalem. Texte – Bilder – Steine, FS H. u. O. Keel-Leu, NTOA 6, Freiburg, Schweiz/Göttingen 1987, 111–200.

4, 1–5, 17 Zum Gesamtgefüge und buchkonzeptionellen Aspekten

Ez 1–3, wiewohl erst das Ergebnis komplizierter und mehrstufiger literarischer Gestaltungen, konzentrieren sich zu Beginn und als Einleitung des Prophetenbuches darauf, über die Legitimierung Ezechiels als Prophet, seine Sendungen im höheren Auftrage, die Zielgruppen seines Wirkens und die von ihm generell geforderten Verhaltensweisen zu informieren sowie seine Aufgabe allgemein zu definieren[245]. Über die konkreten Inhalte seines Wirkens handeln die Kapitel 4 ff. Somit wäre zu erwarten, daß mit den hier folgenden Schilderungen der Rahmen des zuvor dargestellten Berufungsgeschehens verlassen ist. Das aber ist merkwürdigerweise nicht der Fall; denn zu 4, 1 ff. fehlt eine spezielle Ein- oder Überleitung; die Anweisungen aus Jahwes Mund in 4, 1 ff. scheinen jetzt direkt im Anschluß und im Rahmen jener zweiten Vision (3, 22–27) zu erfolgen, in der Ezechiel mit der Einengung seiner Wirksamkeit (Verstummung etc.) konfrontiert wurde. Die Frage, ob und welch eine Ein- bzw. Überleitung ursprünglich vorgegeben war, ist schwierig zu beantworten. In der golaorientierten Fassung des Ezechielbuches folgte 4, 1 ff. wohl direkt im Anschluß an die Bestallung Ezechiels zum Wächter.

Der Form nach liegt eine sich bis 5, 17 erstreckende Jahwerede vor[246], lediglich in 4, 13–15 durch eine Wechselrede mit Ezechiel und der Botenformel in 5, 5.7 sowie der Gottesspruchformel in 5, 11 unterbrochen. Daß dennoch kaum von einem in einem Guß entworfenen Gesamtgefüge auszugehen ist, ergibt sich aus der Art und Weise, wie hier eine Vielzahl von Aktionen und Themen angesprochen und miteinander verschachtelt sind. Eine grobe Sortierung ergibt folgendes Bild:

a. 4, 1–3.7–8 Thema: Belagerung Jerusalems – Aktion: Vorabbildung durch den Propheten – Der Plan auf dem Lehmziegel.

b. 4, 4–6 Thema: Die Verschuldungen Israels und Judas – Aktion: Der Prophet soll das Schuldtragen und seine Dauer darstellen – Liegen auf der Seite.

c. 4, 9–11. 16–17 Thema: Die Situation der Belagerten – Aktion: Vorabbildung durch den Propheten – Die Rationierung der Lebensmittel.

d. 4, 12–15* Thema: Unreine Speise für Israels Diaspora – Aktion: Vorabbildung durch den Propheten – Brotbacken auf Rindermist

e. 5, 1–4 Thema: Das Geschick der Besiegten – Aktion: Vorabbildung durch den Propheten – Das Schwert als Schermesser – Vernichtung

245 Vgl. die Botenformel in 2, 4; 3, 11; 3, 27: Ezechiel soll als Bote Jahwes dessen Wort ausrichten.

246 Einsatz bereits in 3, 24 b. 6, 1 mit der Jahwewort-Ergehensformel leitet einen neuen Redegang ein.

f. 5, 5–17 scheint Erläuterungen zu den Ezechiel aufgetragenen Aktionen[247] zu enthalten und die Begründungen der darin vorabgebildeten Unheilsabläufe zu liefern.

Die in 4, 1–5, 4 verhandelten Themen und Aktionen beziehen sich demnach zum einen auf die Situation der Belagerung Jerusalems und kündigen diese an; zum andern werden die Frage der schuldadäquaten Strafdauer, die Problematik unreiner Speise sowie auch schon das spätere Exils/Diasporageschick angesprochen. Diesen Sachverhalt wie auch den, daß die Textanteile, die die Belagerung vor Augen rücken, nach der Anrede des Propheten stereotyp mit dem Befehl „nimm dir" einsetzen, hat man schon recht früh als Indizien dafür gewertet, daß in einem älteren Textstadium ein lediglich die Belagerung Jerusalems thematisierendes „Gedicht in drei regelmäßigen Strophen" vorgegeben war (4, 1–2[248]; 4, 9 a. 10. 11; 5, 1–2 a.bαβ)[249]. Alles andere ist der nachträglich eingearbeitete Niederschlag jüngerer Reflexionen. Nach Hölscher war „der ursprüngliche Wortlaut... etwa folgender"[250]:

„Nimm dir einen Ziegel und lege ihn vor dich,
zeichne drauf eine Stadt und kreise sie ein!
Bau gegen sie einen Turm, schütte gegen sie einen Damm,
führ Heere gegen sie, stell Widder rings umher!

Nimm dir Weizen und Gerste, Bohnen, Linsen, Hirse und Spelt,
tu alles in einen Topf und mach dir ein Mahl daraus!
Iß täglich nur zwanzig Schekel, iß nur von Zeit zu Zeit,
trink Wasser ein Sechstel Hin, trink nur von Zeit zu Zeit!

Nimm dir ein scharfes Messer, fahr über Haupt und Bart,
und nimm eine Waage zum Wiegen und teil es in Teile ein:
Ein Drittel verbrenn im Ofen, wenn die Tage der Einkreisung voll;
ein Drittel zerhau mit dem Messer, ein Drittel streu in den Wind!"

Nach der vorliegenden Fassung 4, 1–5, 4 sollen die dem Propheten aufgetragenen Zeichenhandlungen die Unheilsereignisse der Belagerung und Eroberung Jerusalems sowie deren Auswirkungen für das ganze „Haus Israel" in ihrer Abfolge vorabbilden. Damit kommt ihnen im Rahmen und im literarischen Arrangement des Prophetenbuches eine wichtige Funktion zu. Denn Ezechiels erster konkreter Verkündigungsauftrag spricht eine erst künftige unheilvolle Ereignisabfolge an, deren erste Etappe zu einem späteren Zeitpunkt seines Wirkens dann als tatsächlich eingetreten verbucht werden kann. Aus der genauen Datierung nämlich im Schlußkapitel des ersten, das Unheil über das eigene Volk thematisierenden Buchteils (24, 1) ergibt sich für den

[247] Vgl. 5, 10. 16. 17 a zu 4, 9–11. 16–17 [Hunger] – 5, 11–12. 17 b zu 5, 1–4 [Schwert].
[248] Der ebenfalls mit „nimm dir" eingeleitete V. 3 wird als eine 4, 1–2 voraussetzende und daran anknüpfernde Erweiterung eingestuft.
[249] Vgl. Hölscher, Hesekiel, 62.
[250] Ebd.

Leser nicht nur, daß alle vorausgehenden Worte vor diesem Zeitpunkt ausgesprochen wurden, sondern auch, daß diejenigen Unheilsworte als bereits eingetroffen zu betrachten sind, die die Bedrohung durch die Babylonier[251] und die Belagerung Jerusalems[252] sowie die Vorbereitungen dazu[253] behandelten. Denn was es mit dem in 24, 1 benannten Zeitpunkt auf sich hatte – das Erscheinen des babylonischen Heeres vor Jerusalem und der Belagerungsbeginn –, konnte als dem Leser bekannt vorausgesetzt werden[254]. Dem Leser soll somit von 4, 1 ff. herkommend in 24, 1 signalisiert werden, daß die in 4, 1–5, 4 vorgestellte Unheilssystematik nach Jahwes Plan angelaufen ist und nun auch weiter abläuft.

Aber nicht erst 4, 1–5, 4 in der vorliegenden Fassung, sondern schon das im älteren Textstadium die Belagerung Jerusalems thematisierende „Gedicht in drei regelmäßigen Strophen" ist als eine die zurückliegenden Unheilsabläufe von 587 v. Chr. berücksichtigende Komposition anzusehen und hinsichtlich der in Ansage und Erfüllung zwischen 4, 1 ff. und 24, 1 bestehenden Korrespondenz bereits als Bestandteil des Konzepts „Prophetenbuch" einzustufen. Darin soll mit dem Verweis auf die im Auftrag Jahwes ergangenen Prophetenworte und ihre Erfüllung die hinter der Unheilsgeschichte anzusetzende höhere Ordnung, Jahwes Geschichtsmächtigkeit, aufgedeckt werden, um so die nach der Eroberung Jerusalems 587 v. Chr. drängende Frage nach den Hintergründen dieser Katastrophe zu beantworten und den Jahwe gegenüber aufgekommenen Ohnmachtsverdacht auszuräumen. Daß hier bereits eine voll ausgebildete Geschichtstheologie vorliegt, spricht allerdings gegen ezechielische Verfasserschaft. Denn die Katastrophe nicht als ein Symptom der Ohnmacht Jahwes, sondern gerade als Beweis seiner der Welt überlegenen Geschichtsmächtigkeit einzustufen, dieses theologische Denkmuster stand beim Eintritt der Katastrophe und auch kurz danach noch gar nicht zur Verfügung[255]. Das ist aus der Orientierungslosigkeit zu folgern, wie sie sich in sehr alten Klagetexten im Jeremia- und Ezechielbuch ausspricht[256]. Man kann auch auf Ps 137 verweisen, „welcher wohl nur als theologische Kapitulationserklärung verstanden werden kann. Eine Theologie, die schon immer die Geschicke des Volkes umfassend begleitet und reflektiert hätte, wäre wohl nicht zu dieser Sprachlosigkeit verdammt gewesen"[257]. Es ist allerdings

---

[251] Vgl. z. B. in Ez 17, 1 ff.*.

[252] Vgl. die Symbolhandlungen in Ez 4, 1 ff.*.

[253] Vgl. Ez 21, 23–27; 23, 22 ff.

[254] Zum Datum der Belagerungsaufnahme Jerusalems durch die Babylonier vgl. 2. Kön 25, 1; Jer 52, 4; 39, 1.

[255] Vgl. zu diesem Punkt weiter K.-F. Pohlmann, Erwägungen zu Problemen alttestamentlicher Prophetenexegese, in: I. Kottsieper u. a. (Hg.), „Wer ist wie du, Herr, unter den Göttern?". Studien zur Theologie und Religionsgeschichte Israels, FS für O. Kaiser zum 70. Geburtstag, Göttingen 1994, 325–341.

[256] Vgl. dazu Pohlmann, Ferne Gottes (161 ff.), ferner ders., Ezechielstudien (139 ff.).

[257] So H. Spieckermann, Heilsgegenwart. Eine Theologie der Psalmen, FRLANT 148, Göttingen 1989, 158 f.; vgl. ders. Rede Gottes und Wort Gottes in den Psalmen, in: Kl. Seybold u.

nicht ausgeschlossen, daß mögliche Vorstufen und Vorgegebenheiten des Gedichts mit einem historischen Ezechiel zu tun haben, woraufhin zu prüfen ist, welche Textanteile in 4, 1–5, 4(17) dafür in Frage kommen.

Während sich in 4, 1–5, 4 Jahwe an den Propheten wendet, richten sich seine mit der Botenformel eingeleiteten Worte in 5, 5–17, die insgesamt eine begründete Unheilsankündigung darstellen, an die Jerusalemer (vgl. 5, 7. 16. 17 a) bzw. Jerusalem (vgl. 5, 8 ff. 17 b). Stellenweise scheinen zuvor verhandelte Themen und Aktionen erneut angesprochen zu sein (vgl. 5, 10. 16. 17 a zu 4, 9–11. 16–17 [Hunger] – 5, 11–12. 17 b zu 5, 1–4 [Schwert]); da außerdem ausführlicher als in 4, 4–6 dargelegt wird, warum Jahwes Unheilswirken erfolgt, stuft man den Abschnitt 5, 5–17 oft als eine auf 4, 1–5, 4 bezogene Deutung und Erläuterung ein.

4, 1–8 Der Plan auf dem Lehmziegel – Jerusalem wird belagert*

Thema wie Stichwort „Belagerung“ (4, 1–3) spielen zwar in 4, 4–6 keine Rolle, tauchen aber in 4, 7. 8 noch einmal auf; da zudem mit einer erneuten Anrede und Handlungsanweisung in 4, 9 der Einsatz einer neuen Sinneinheit hinter 4, 8 feststeht, ist es angebracht, von 4, 1–8 als einem abgerundeten, wenn auch thematisch in sich nicht einheitlichen Textgebilde auszugehen. Das Thema „Verschuldung des Hauses Israel“ etc. (4, 4–6) ist unverkennbar[258] erst nachträglich aufgenommen.

1–3 4, 1–3 zufolge soll der Prophet als erste konkrete Handlung Jerusalems Belagerung in Einzelzügen „vorspielen“[259]; Nebukadnezar wird sie entsprechend nachvollziehen; so wird es in 21, 27 mit den wörtlichen Anklängen an 4, 2 ausdrücklich avisiert. Die Versfolge wirkt zweiteilig (4, 1–2 und 4, 3), so daß zu fragen ist, ob sie aus einem Guß ist, oder ob V. 3 erst nachträglich zugefügt wurde[260]. Nicht ganz klar ist ferner, wie man sich die Handlung in Einzelheiten vorstellen soll. Soll der Prophet nach Fertigstellung der Stadtskizze auf dem Ziegel nun kinderspielartige Belagerungsmaschinen etc. basteln, oder ist auch hier an entsprechende Einritzungen gedacht?

Die dem Propheten abverlangten, in Einzelheiten festgelegten Aktionen sollen offensichtlich ein künftiges Ereignis, Jerusalems Belagerung etc., als vorausgesagt, also als von Jahwe seit langem geplant, kennzeichnen. Das zu belegen, hätten allerdings auch Jahweworte wie z. B. in 5, 5 ff. genügt. Daß der Einsatz der konkreten Verkündigungstätigkeit „Ezechiels“ gerade mit-

---

E. Zenger (Hg.), Neue Wege der Psalmenforschung, Herders Biblische Studien 1, Freiburg-Basel-Wien 1994, 157–173, vgl. 158 f.

[258] Vgl. oben bei Anm. 249.

[259] Auf Tontafeln skizzierte Stadtpläne sind im AO belegt; vgl. dazu J.P. Heisel, Antike Bauzeichnungen, Darmstadt 1993.

[260] So Zimmerli, BK XIII, 1, 113, indem er annimmt, „daß diese Erweiterung vom Propheten selber nachträglich zugefügt sein könnte“.

tels Zeichenhandlungen daher auffällig und erklärungsbedürftig ist, hat die Ezechielforschung bislang nicht wahrgenommen. Als merkwürdig empfindet man immerhin, daß hier im Vergleich zu anderen Berichten[261] jeglicher Hinweis auf deren tatsächliche Durchführung fehlt, da diese zum Wesen einer echten Zeichenhandlung gehört. Zimmerli meint: „Eine nicht mehr gehandelte, sondern nur berichtete Zeichenhandlung müßte als eine späte Zersetzungsform betrachtet werden"; er hilft sich mit der Feststellung, daß „alles in das gebietende Wort Jahwes hinein verschlungen ist"[262]; hier komme „zum Ausdruck, daß... die Zeichenhandlung ganz und gar nur leibhafte Manifestation des *Wortes* Jahwes ist, selbst ein Stück Verkündigung und vom sonstigen Prophetenwort schlechterdings nicht ablösbar"[263]. Das heißt mit anderen Worten: Nur der Ansagecharakter der Zeichenhandlungen ist wichtig. Daß hier sonst auf alles weitere verzichtet werden kann[264], dürfte dann aber mit den oben dargelegten Hintergründen zu tun haben: Für das mit 4, 1 ff. verfolgte buchkonzeptionelle Anliegen war eine Notiz über den Vollzug der Zeichenhandlung überflüssig.

Warum dann aber überhaupt anstelle von Jahweworten der Verweis auf solche Zeichenhandlungen, zumal so betont zu Beginn des Buchteiles mit der konkreten Verkündigung „Ezechiels"? In anderen Prophetenbüchern wird zwar auch von prophetischen Zeichenhandlungen[265] berichtet; doch abgesehen vom Hoseabuch steht sonst zu Beginn die prophetische Rede als Übermittlung des Jahwewortes zu lesen.

Ein grober Überblick über die im AT verhandelten prophetischen Zeichenhandlungen im Zusammenhang mit Feindbedrohungen und kriegerischen Ereignissen ergibt, daß hier jeweils Aspekte des Magischen eine Rolle spielen oder gespielt haben[266], wie sich das auch sonst für den alten Orient belegen läßt[267]. Bekannt sind hier besonders Statuetten und Tongefäße, die, beschriftet mit den Namen der zu vernichtenden Feinde, zerbrochen oder zerschlagen wurden (vgl. die Anspielung in Ps 2, 9[268]). In Jes 47, 9-12 wird auf allerlei Zauberpraktiken angespielt, mit deren Hilfe sich Babel bis-

[261] Vgl. z. B. 1. Kön 22, 10 f.; 2. Kön 13, 14 ff.; Jes 20, 1 ff.; Jer 13, 1-11; 27/28; 32, 6-15.

[262] Zimmerli, BK XIII, 1, 104.

[263] Ebd.

[264] Vgl. ähnlich z. B. Ez 12, 17-20; 21, 23-29.

[265] Vgl. Jes 8, 1 ff.; Jes 20, 1 ff.; Jer 13, 1-11; 43, 8-13; 51, 59-64.

[266] Vgl. im AT besonders eindrücklich z. B. Jer 43, 8-13; 51, 59-64; häufig begegnen in magischen Kriegsritualen Formen von Analogiezauber (2. Kön 13, 15-19); zu magischen Zügen in Zeichenhandlungen vgl. z. B. G. Fohrer, Die symbolischen Handlungen der Propheten, AThANT 54, Zürich 1968²; ders., Die Gattung der Berichte über symbolische Handlungen der Propheten, in: ders., Studien zur atl. Prophetie (1949-1965), BZAW 99, Berlin 1967, 92-112; ders., Prophetie und Magie, in: BZAW 99, 242-264; Krüger, Geschichtskonzepte, 116 ff.

[267] Vgl. zu Nachrichten über gegen Feind- und Fremdvölker gerichtete Zeichenhandlungen magischen Charakters z. B. O. Keel, Die Welt der altorientalischen Bildsymbolik und das Alte Testament. Am Beispiel der Psalmen, Neukirchen-Vluyn 1980³, 245 ff.; s. a. ders., Wirkmächtige Siegzeichen, OBO 5, 1974; vgl. ferner Uehlinger, „Zeichne eine Stadt...", 127 ff.

[268] Vgl. dazu Keel, Bildsymbolik, 247.

lang seine Stellung gesichert habe[269]. Nach Ez 21,23–28 wären für Nebukadnezars Kriegspläne bestimmte Wahrsagepraktiken ausschlaggebend gewesen: Hinter seinem Befehl, gegen Jerusalem zu ziehen, „steht die ganze unheimliche Macht der heidnischen Religion, durch ihre in Israel verbotene Mantik wirkungsvoll vertreten“[270]. In der Ezechielexegese wird nun immer wieder besonders betont, daß die hier geschilderten prophetischen Zeichenhandlungen mit Magie nichts mehr zu tun hätten, weil es sich ja um Handlungen im Auftrag Jahwes handle. Das ist sicher zutreffend; aber es scheint hier nicht nur darum zu gehen, magische Praktiken und Wirkweisen dem Zuständigkeitsbereich Jahwes zuzuweisen. Ist davon auszugehen, daß im gesamten Alten Orient, einschließlich bei Israels Feindmächten, schädigende magische Praktiken anläßlich kriegerischer Unternehmungen eine Rolle gespielt haben[271], dann soll möglicherweise die Beschreibung der von Ezechiel zu vollziehenden Zeichenhandlungen in Ez 4,1ff. zugleich jeglichen Verdacht widerlegen, daß Eroberung und Untergang Jerusalems mit unheimlichen magischen Machtausübungen seitens der Babylonier zusammenhängen. Da es jetzt die im Namen Jahwes geübte Zeichenpraxis war, die das Dargestellte tatsächlich herbeigeführt hatte, war der Erfolg der siegreichen Feinde nicht einer mächtigeren, einer also auch Jahwe überlegenen „Magie“ zuzuschreiben[272]. Möglicherweise ist 4,1f. bewußt im Vorausblick auf 21,23–28 konzipiert worden, um von vornherein klarzustellen, daß Jahwe mit der Skizzierung der Ezechiel aufgetragenen Zeichenhandlung das Vorgehen Nebukadnezars bis in alle Einzelheiten vorausbestimmt hat, woraufhin der Babylonier in 21,26ff. lediglich das abruft, was Jahwe längst festgelegt hat[273].

Dem Anliegen und der Konzeption „Prophetenbuch“ käme diese Sicht sehr entgegen; das Konzept der als wirksam erwiesenen Zeichenhandlungen bewegt sich im gleichen Problem- und Denkhorizont wie die über das Schema „Weissagung – Erfüllung“ versuchte Vergewisserung der Geschichtsmächtigkeit Jahwes.

Zur Situation des Propheten: Da Jahwes Anweisungen an Ezechiel in 4,1ff. direkt im Anschluß und im Rahmen jener nach sieben Tagen gewährten zweiten Vision erfolgen, müßte man an sich davon ausgehen, daß der

---

[269] Vgl. ähnlich Nah 3,4 über Ninive.

[270] Lang, Kein Aufstand, 117.

[271] Vgl. für Israel z.B. 1. Kön 22,11, wo ein Prophet mit selbst hergestellten eisernen Hörnern vorweg das Niederstoßen der Feinde vorspielt, oder 2. Kön 13,15ff., wo Elisa mit einem Pfeilschuß einen Sieg über die Aramäer herbeischießen läßt.

[272] Aus Ex 7,8ff.; 7,14ff. etc. (vgl. z.B. noch 8,14f.; 9,11) läßt sich entnehmen, daß man sich in Israel sehr wohl mit der Frage beschäftigt hat, ob und welch eine Macht die „Sachverständigen“ magischer Praktiken – hier der Großmacht Ägypten – ausüben konnten und ob dergleichen für Israel (und Jahwe?) eine Bedrohung sein konnte. – Einen Fall konkurrierender, bzw. einander die Wirksamkeit bestreitender Zeichenhandlungen stellt Jer 27/28 dar.

[273] Vgl. die Übereinstimmungen zwischen 4,2 und 21,27b; „Widder“ (=Sturmböcke) werden im gesamten AT nur an diesen beiden Stellen erwähnt.

Prophet sich noch in der in 3,22f. genannten Ebene in Babylonien befindet; er hätte hier also „7 Tage nach seiner Berufung den Auftrag bekommen, sich in sein Haus einzuschließen und dort durch zeichenhafte Handlungen die bevorstehende Belagerung und den Fall Jerusalems zu verkündigen“[274]. Es ist allerdings zu fragen, was diese Aktionen dann bezwecken sollen, wenn mit ihnen in der Abgeschlossenheit eines Hauses gar keine Außenwirkung erzielt werden kann, man sich bestenfalls vorstellen kann, daß einige wenige Vertraute dabei zugegen waren. Verständlich ist die jetzige Textfassung nur wieder in buchkonzeptioneller Hinsicht, d.h. ihr Arrangement spiegelt nicht eine tatsächliche „prophetische“ Verkündigungstätigkeit in einer bestimmten historischen Situation. Aber auch wenn man die Zeichenhandlungen für sich nimmt, zumal in ihrer postulierten älteren Fassung[275], ist nicht sicher, ob sie abgesehen von Sitz und Funktion im älteren Prophetenbuch überhaupt einen tatsächlichen „Sitz im Leben“ gehabt haben. Zwar erscheint die Ortung solcher Handlungen und damit „Ezechiels“ in Jerusalem oder Juda kurz vor oder während der Belagerung Jerusalems 587 v.Chr., wie sie mehrfach vorgeschlagen wurde und noch wird[276], wirklichkeitsnäher. Doch ist hier letzte Sicherheit nicht erreichbar. Wenn man diese Zeichenhandlungen, da ja auch sonst der Vollzug von Zeichenhandlungen durch Propheten mehrfach belegt ist, mit einem historischen Propheten Ezechiel, jetzt in Jerusalem auftretend, in Verbindung bringen möchte, so ist kritisch im Auge zu behalten, daß aus den oben vorgetragenen Erwägungen ihre Konzipierung in tendenziöser Absicht nicht auszuschließen ist, nämlich so die Überlegenheit im Auftrag Jahwes vollzogener magischer Techniken gegenüber den magischen Praktiken der Feinde zu belegen[277].

4,3 Während in V.1+2 eindeutig Belagerungsmaschinen und -technik[278] 3
vor Augen geführt sind, und auch deutlich ist, auf welche Ereignisse angespielt werden soll, ist in V.3 das Aussageziel der Aktion mit der eisernen Platte („Backplatte“) nicht klar erkennbar. Mit der erneuten Anrede und Handlungsanweisung (wie in 4,1.9; 5,1) liegt formal ein Neueinsatz vor; auch vom Inhalt her kann es sich nicht um die Fortsetzung des Belagerungsspieles handeln, denn die eiserne Backplatte ist im Bild der zuvor skizzierten Belagerung und unter den entsprechenden Utensilien nicht unterzubringen. Während in V.1f. Funktion und Bezeichnung der hier genannten Gegenstände identisch sind, hat die Backplatte in V.3 eine symbolische Bedeutung; sie soll zweckentfremdet als eiserne Wand, und zwar zwischen Ezechiel und der Stadt, fungieren.

In der Regel versteht man V.3abα so, daß hier Härte und Unerbittlichkeit des Belagerungsgeschehens hervorgehoben werden sollen. Wie der Prophet

---

274 So Zimmerli, BK XIII, 1, 136.
275 Vgl. dazu oben 81ff.
276 Vgl. oben die Einleitung, Anm. 37.
277 Vgl. oben 85f.
278 Entsprechende assyrische Reliefdarstellungen sind in ANEP², 367.369 abgebildet.

wegen der Eisenwand unbewegt und unbeeinflußbar von Seiten der Stadt sein Antlitz auf sie richtet, so soll man sich Jahwes feindselige Haltung Jerusalem gegenüber vorstellen[279]. Spielt der Prophet in V. 1 f. das Vorgehen irdischer Feinde, so stellt er hier also gleichsam Jahwe als den göttlichen Feind dar. In 4, 7 wird dieser Punkt noch einmal angesprochen. Indem Ezechiel den eigentlichen Hintergrundakteur und seine feindselige Haltung vorführen soll, liegt diese Zeichenhandlung auf einer anderen Aussageebene als das ursprüngliche „Gedicht in drei regelmäßigen Strophen“, in dem es um die Vorabbildung einer künftigen Unheilsereignisabfolge geht. Daß die Anweisungen Jahwes in 4, 1 ff.* seine entschlossene Feindseligkeit gegenüber der Stadt bereits implizieren, ist dem Ergänzer entweder nicht bewußt oder nicht deutlich genug hervorgehoben.

Die Zusatzinformation in V. 3 abα will möglicherweise dem Leser auch signalisieren, daß die Aktionen des Propheten keineswegs als letzte Warnung gedacht waren, um Jerusalem doch noch zur Umkehr zu bewegen mit der Folge der „Reue“ Jahwes und der Rücknahme seines Unheilsbeschlusses[280]. Jahwe hat sich nach Ez 4, 3 schon längst und unwiderruflich auf den Untergang Jerusalems festgelegt[281].

Daß es sich betont um eine „eiserne Backplatte“ handelt, erinnert an die eiserne Mauer in Jer 1, 18; das „eisern“[282] steht entsprechend auch in 4, 3 für „unüberwindbar, unzerbrechbar, irreversibel“. Was es bedeutet, wenn Jahwe sein Angesicht gegen Jerusalem richtet, kann z. B. Jer 21, 10 illustrieren[283].

V. 3 bβ spricht wieder explizit auf die Belagerung der Stadt an und könnte ursprüngliche Fortsetzung von V. 2[284] sein. 3 bγ betont gleichsam abschließend, daß das Belagerungsspiel ein „Zeichen“ für das Haus Israel sein soll. Mit dieser Andeutung kann nur gemeint sein, daß das, was hier gespielt wird, auch Realität wird[285] und dann allen[286] im nachherein klar

---

[279] Vgl. Ez 15, 7.

[280] Vgl. so das Prophetenverständnis z. B. in Jer 26, 19; entsprechend kann hier Jahwe das geplante Unheil bereuen! Ferner sei an Jer 11, 14 und 14, 11 erinnert, wo Jahwe von vornherein Jeremia jeglichen Versuch der Fürbitte verbietet, weil sein Unheilsbeschluß unwiderruflich feststeht. Das nach 587 v. Chr. verbreitete dtr. Verständnis der Propheten als Umkehrprediger warf im Rückblick auf die Katastrophe Fragen auf wie z. B., warum einem Jeremia oder Ezechiel, sofern doch sonst hin und wieder auf Umkehr drängende Propheten als erfolgreich einzuschätzen waren (vgl. Jer 26, 19 über Micha), der Erfolg versagt geblieben war, oder ob gar in letzter Stunde die Umkehr doch noch vollzogen worden war (vgl. Jer 14, 7 ff. und dazu 14, 10 ff.), und warum Jahwe dann nicht seinen Unheilsplan außer Kraft gesetzt hatte.

[281] Dagegen ist Jahwe in Jer 38, 17 offensichtlich bis zuletzt für die Verschonung der Stadt offen; denn hier kann der Prophet Jeremia in Jahwes Auftrag trotz der Belagerungssituation König Zedekia noch entsprechende Zusagen machen.

[282] Vgl. auch das eiserne Joch Jeremias (Jer 28, vgl. Dtn 28, 48); s. auch z. B. noch 1. Kön 22, 11; Ps 2, 9; Jer 15, 12.

[283] Vgl. noch Jer 44, 11; Ez 15, 7.

[284] Vgl. noch unten zu V. 7 f.

[285] Vgl. in diesem Sinn z. B. auch Jes 8, 18 und 20, 3; hier begegnet neben *'wt* (Zeichen) in gleicher Bedeutung *mwpt* (Wahr- oder Vorzeichen); zu diesem Begriffspaar vgl. noch Dtn 13, 2. 3

sein wird, daß alles von Jahwe selbst geplant und gesteuert, er also selbst am Werk war.

4,4–8[287] bereitet nicht nur wegen der für uns undurchsichtigen Zahlensymbolik große Schwierigkeiten; auch die Genese dieser Versfolge sowie die Hintergründe ihrer Einordnung zwischen 4,1–2(3) und 4,9ff.* sind dunkel. 4–8
Die engen Berührungen zwischen 4,7 und 4,3b könnten damit zusammenhängen, daß nach der Einschaltung von 4,4–6 nach dem „Prinzip der Wiederaufnahme"[288] 4,7 an 4,3b anklingend und dortige Aussagen verstärkend konzipiert wurde, da ja die für die nächste Zeichenhandlung in 4,9ff. wichtige Belagerungssituation nicht aus dem Blick geraten durfte. Daß in V.8 Ezechiel nur noch das Objekt einer Zeichenhandlung darstellt und diese nun von Jahwe selbst durchgeführt wird[289], und daß zudem ein Rückbezug auf 3,25 vorliegt, macht diesen Vers als jüngeren interpretierenden Nachtrag verdächtig. Aber auch V.5+6 sind nachtragsverdächtig; denn hier soll klargestellt werden, daß mit dem „Haus Israel" in V.3Ende.4aβ die beiden Häuser ehemals Nordreich Israel und Südreich Juda gemeint sind. Somit dürfte V.4 als ältester Kern der in 4,4–8 vorliegenden Einschaltung[290] in das „Gedicht in drei regelmäßigen Strophen" anzusehen sein. Ezechiel soll jetzt den Hintergrund der in 4,1–2(3) ja unbegründet scheinenden Aktion gleichsam in einer Metaaktion aufdecken und darin auf die Schuld des Hauses Israel (vgl. V.3+4) hinweisen.

4,4aα Anders als in der vorausgehenden Zeichenhandlung soll Ezechiel in der nun folgenden Aktion lediglich mit seiner Körperhaltung etwas darstellen[291]. Während die ihm auferlegte Handlung nachvollziehbar ist, bereitet die anschließende Ausführung über deren Sinn, die Aussage über die „Verschuldung des Hauses Israel", nach der M-Version Schwierigkeiten. Denn hier wäre Ezechiel aufgefordert, diese Verschuldung „auf es", d.h. auf das Haus Israel zu legen[292], also das Haus Israel jetzt mit seiner Schuld zu behaften, bzw. ihm seine Schuldstrafe zuzusprechen. Dann (4b) aber müßte er

u.ö.; zu Einzelheiten vgl. F. Stolz, THAT I, Sp. 91ff. Im Ezechielbuch taucht *'wt* nur in 4,3 auf, in 12,6.11 und 24,24.27 wird *mwpt* verwendet. Während z.B. in Ex 7,9 mit *mwpt* ein übernatürlicher Vorgang, eine wundersame Machttat bezeichnet wird, erweist sich im Ezechielbuch das Wunderhafte, ein Machtzeichen darin, daß ein noch ausstehendes Geschehen vorausgewußt und angezeigt wurde; d.h. erst die Erfüllung einer Voraussage führt zur Wahrnehmung eines Machtzeichens.

286 Mit „Haus Israel" steht m.E. das exilisch/nachexilische Israel vor Augen (vgl. so Ez 37,11 und 39,29).

287 Vgl. dazu Krüger, Geschichtskonzepte, 129ff.

288 Vgl. dazu C. Kuhl, „Die ‚Wiederaufnahme' – ein literarkritisches Prinzip?", ZAW 64 (1952), 1–11.

289 *mṣwr* hier im Sinne von „Bedrängnis"?

290 Auch nach Fohrer, HAT, 30, ist 4,4ff. „nachträglich in die anderen Berichte eingeschoben und durch die Glosse in 7 mit ihnen verbunden worden... In Wirklichkeit" hätte Ezechiel „diese symbolische Handlung"... „während der Belagerung Jerusalems, nach dem Tode seiner Frau (24,15–24) oder nach seinem Verstummen (3,22–27) vollzogen".

291 Vgl. ähnlich Jes 20; Jer 27/28; Ez 24,15ff.

292 Die „Seite" Ezechiels kann deswegen nicht gemeint sein, weil er ja darauf liegen soll.

doch selbst diese Verschuldung tragen. Abgesehen davon, daß Ezechiel in dieser Zeichenhandlung eine Doppelrolle spielen müßte, fragt man sich, was die geforderte Körperhaltung mit dem Auftrag der Schuldzuweisung an das Haus Israel zu tun haben soll. Folgt man daher dem alten Vorschlag[293], daß 4aβ ursprünglich lautete „und ich (Jahwe) lege die Schuld/Strafe des Hauses Israel auf dich“, so macht V. 4 insgesamt Sinn. Mit seiner Lage am Boden bildet der Prophet das für lange Zeit am Boden liegende und seine Schuldstrafe tragende[294] Israel, also das Exil und seine Dauer, im voraus ab. Daß Ezechiel dabei zugleich als der leidende[295], gar als stellvertretend die Schuldjahre abtragende Prophet vorgestellt werden soll[296], will auf der Ebene jedenfalls der ursprünglichen Aussagelinie der Zeichenhandlungen (Zukunftsansage) nicht einleuchten.

5.6 Die weiteren Ausführungen in V. 5+6 sind der Niederschlag von Bemühungen um Anhaltspunkte für eine Antwort auf die im Exil und auch später noch drängende Frage nach dem „Wie lange?“ der Unheils- bzw. Strafzeit. Bei diesen Bemühungen stand man vor dem Problem, in welchem Verhältnis Strafe und Schuld gesehen werden mußten, bzw. wie beides im Blick auf den Zeitpunkt der Katastrophe um 587 v. Chr. miteinander zu verrechnen war. M.a.W.: Mit der Frage nach dem „Wie lange?“ der Strafzeit war zugleich die Frage nach Umfang und Zeitraum der Verschuldung aufgeworfen. Auf Berechnungen in dieser Richtung gehen also die Zahlen und Zeitangaben in V. 5. 6 zurück.

Warum in V. 6 für das „Haus Juda“ eine Zeitspanne von 40 Jahren angegeben wird, ist nicht nachvollziehbar, sofern man analog zum auf das Nordreich Israel angewendeten Verfahren[297] einen Verschuldungszeitraum von 40 Jahren annimmt und entsprechend von 587 v. Chr. an zurückrechnet; es ist „nicht zu erkennen, wie man in dieser Rechnungsweise zu einem sinnvollen Ergebnis kommen soll“[298]. Ein Blick auf Num 14, 20 ff. im Rahmen der sog. Kundschaftergeschichte kann jedoch erhellen, welche Überlegungen hier im Falle Juda eine Rolle gespielt haben. Nach Num 14, 22 f. ist das Verhältnis von Strafe und Ungehorsam der Exodusgeneration so bestimmt, daß Strafe und Strafzeit nur diese Generation betreffen sollen; die dafür anzusetzende Zeitspanne beträgt entsprechend der Lebensdauer einer Generation 40 Jahre (vgl. auch Num 32, 13).[299] Aus der gleichen Überlegung wie in Num 14, 22 f. dürfte die in unserem Text erwähnte 40 jährige Strafdauer für Juda resultie-

---

293 Vgl. z. B. A. Bertholet, Das Buch Hesekiel, KHC 12, Freiburg 1897, z. St.
294 Zum Ausdruck „die Schuld tragen“ vgl. ausführlicher unten zu Ez 18, 19 f.
295 Vgl. Zimmerli, BK XIII, 1, 116 f.
296 Vgl. Jes 53; zu weiteren Einzelheiten und Thesen vgl. Krüger, Geschichtskonzepte, 129 ff.
297 Vgl. dazu unten.
298 Zimmerli, BK XIII, 1, 120.
299 In Num 14, 34 will eine jüngere Hand (P) die Strafdauer von 40 Jahren zusätzlich erläutern; hier wird sie nach dem Maßstab „ein Jahr für einen Tag“ berechnet: „Nach der Zahl der Tage, in denen ihr das Land erkundet habt, 40 Tage, je ein Tag mit einem Jahr berechnet, sollt ihr eure Verschuldungen tragen, 40 Jahre lang...“

ren. Die Strafdauer erstreckt sich auf die Lebensdauer derjenigen Generation, deren Schuld geahndet werden soll[300]. Die Zeitspanne von 40 Jahren in unserem Text erklärt sich dann am besten so, daß hier das Ergebnis älterer Überlegungen zur Frage nach der Dauer der Unheilszeit[301] berücksichtigt wurde. Jüngeren Datums sind jedenfalls die Zahlenangaben für das Nordreich Israel (M+G); denn sie lassen erkennen, daß man sich nachträglich um genauere Angaben bemühte.

Es ist bislang allerdings noch niemandem gelungen, die Art und Weise der Berechnungen völlig zu durchschauen, die diesen Israel betreffenden Zahlenangaben zugrunde liegen. Die von G überlieferten 190 Jahre erklärt man in der Regel so, daß in diesem Fall als Strafzeit die Jahre nach dem Untergang Samarias (722 v. Chr.), bzw. nach der Katastrophe unter Pekach (733 v. Chr.) gezählt worden wären[302]. Rechnet man von 587 v. Chr. 150 Jahre (= 190 abzüglich 40 Jahre noch gemeinsame Strafzeit für Israel und Juda) zurück, so kommt man allerdings auf das Jahr 737 v. Chr. Man muß also entweder die 190 bzw. 150 Jahre als aufgerundet verstehen oder unterstellen, daß man damals andere als uns erhaltene chronologische Daten auswertete[303]. Es bleibt also „auch hier im einzelnen viel Unsicherheit"[304]. Da Straf- und Schuldzeit in einem einander entsprechenden Verhältnis stehen dürften, wird man von 722/733 v. Chr. 190 Jahre zurückrechnen müssen, um den Beginn der Schuldzeit zu bestimmen; immerhin kommt man dann mit 912/922 v. Chr. ungefähr in die Zeit der sog. Reichsteilung (926 v. Chr.). Versteht man die von M angegebene Zahl von 390 Jahren auf den Verschuldungszeitraum bezogen, so gelangt man von 587 v. Chr. zurück ins Jahr 977. In diesem Fall könnte die Tempelweihe der Ausgangspunkt der Berechnungen gewesen sein[305]; vorstellbar wäre auch eine Abgrenzung der Sündengeschichte wie in Jer 32, 31 „seit diese Stadt (= Jerusalem) gebaut ist". Es kann dann nur an die für Juda veranschlagte Verschuldungszeitspanne gedacht sein, wobei Juda „Israel" insgesamt repräsentiert. Will man auch hier eine der Schuldzeit entsprechende Strafzeit veranschlagen, so gerät man mit der Berechnung ihres Endes in das erste Jahrzehnt des 2. Jh.s v. Chr. In der Tat deuteten die Essener (vgl. CD I, 5 f.) „die 390 Jahre aus Ezechiel 4, 5... auf die Zeitperiode vom Beginn des Exils (587/6 v. Chr.) bis zur Ermordung des Hohenpriesters

---

[300] In Ez 18 ist noch deutlich erkennbar, daß hier ursprünglich die Frage nach dem Generationen übergreifenden Schuldzusammenhang mit dem Ergebnis verhandelt worden war, daß die Söhne nicht die Schuld der Väter ausbaden müssen, sondern daß die Strafe der schuldbeladenen Generation gilt.

[301] In der Regel setzt man die Erwartung einer 40 jährigen Exilszeit vor 547 v. Chr. an, also vor dem Ablauf der 40 Jahre nach der Zerstörung Jerusalems.

[302] So z. B. Zimmerli, BK XIII, 1, z. St., Fuhs, NEB I, z. St.

[303] So hatte z. B. Demetrius, einer der besten jüdischen Geschichtsschreiber im ausgehenden 3. Jh. v. Chr., „die Spanne zwischen dem Exilsbeginn und seiner eigenen Zeit ebenfalls um 27 Jahre kürzer berechnet..., als wir Heutigen dies für richtig halten" (vgl. H. Stegemann, Die Essener, Qumran, Johannes der Täufer und Jesus, Freiburg u. a. 1994[4], 173).

[304] Zimmerli, BK XIII, 1, 121 f.

[305] Vgl. Zimmerli, BK XIII, 1, 119.

Onias III. (170 v. Chr.)“[306]. Vermerkt sei immerhin noch, daß möglicherweise auch die von P erwähnten 430 Jahre Unterdrückung in Ägypten bei den Zahlenkombinationen und -kalkulationen mit im Spiel waren (390 + 40 = 430)[307]. In der Folgezeit waren allerdings weniger die in Ez 4, 5 f. angegebenen Zahlen Ausgangspunkt weiterer Spekulationen über die Dauer der von Jahwe verhängten Unheilszeit als die im Jeremiabuch erwähnten 70 Jahre[308].

7 4, 7 stellt die Rückverbindung zu 4, 3 wieder her und verschärft jetzt die dortigen Aussagen. Der Prophet soll Jahwe als den Jerusalem feindlichen Gott darstellen; über V. 3 bα hinausgehend soll er seinen „entblößten Arm“ gegen die Stadt richten und damit anzeigen, daß Jahwe sich wie sonst gegenüber den Feindmächten seines Volkes nun Jerusalem gegenüber verhalten wird[309]. Was darunter vorzustellen ist, läßt sich mit Jer 21, 5 f. (gegen die Jerusalemer gerichtete Jahwerede) illustrieren: „Und ich selbst will wider euch streiten mit ausgestreckter Hand, mit starkem Arm, mit Zorn und Grimm und ohne Erbarmen und will die Bewohner dieser Stadt schlagen... etc.“[310].

4, 9–17 Die Rationierung der Lebensmittel – Hunger in der Stadt

In 4, 9–17 schließt an das „Belagerungsspiel“ (4, 1–8*) die Vorabbildung der bedrängten Situation der Belagerten an. Der Prophet soll mit der Darstellung der Rationierung von Lebensmitteln die künftige Hungersituation Jerusalems vor Augen malen. Da die Verse 12–15 bereits „aus der Belagerungssymbolik in die Exilssymbolik hinüber“führen[311], V. 13 sogar schon auf die Diasporasituation anspielt[312], ist zunächst auf die die künftige Hungersituation ansprechenden Verse 4, 9–11. 16 f. einzugehen.

9–11 4, 9–11 Der Prophet soll verschiedene Getreidesorten (Weizen, Gerste, Emmer, Hirse) und Hülsenfrüchte (Bohnen, Linsen) miteinander vermischen, um daraus Brot herzustellen. Auf eine solche Mischung als eine Art Brotersatz kommt man nur, wenn einem nichts anderes mehr übrig bleibt, als alle möglichen eßbaren Reste zusammenzukratzen. Ist damit schon implizit

---

306 Vgl. Stegemann, Qumran, 173; ferner Brownlee, WBC, z. St.

307 Alle Versuche, die Berechnungen zu durchschauen, bleiben höchst unsicher, weil wir das ausgewertete Datenmaterial sowie auch die Art der Auswertung nicht kennen und zudem berücksichtigen müssen, daß der Text nicht in einem Guß erstellt wurde.

308 Jer 25, 11 f.; 29, 10; vgl. 2. Chr 36, 21; ferner Esr 1, 2; Dan 9, 2.

309 Zum „Arm“ Jahwes vgl. z. B. Jes 52, 10; 51, 9; 53, 1; 62, 8; Jer 21, 5; Dtn 4, 34.

310 Vgl. z. St. Pohlmann, Studien, 34 f.

311 Zimmerli, BK XIII, 1, 128.

312 Das Thema Israel unter den Völkern in der „Zerstreuung“ taucht außer in 4, 13 auch noch in Ez 6, 8–10 (vgl. 12, 15 f. und 14, 21–23); 20, 1–44; 22, 15; 28, 25 f.; 34, 13; 36, 16–32 und 37, 21 auf und dazu in Korrespondenz an zahlreichen Stellen die „Sammlung aus den Völkern und Ländern“(vgl. 20, 34. 41; 28, 25; 34, 13; 36, 24; 37, 12; 39, 25 ff.); da in diesen Texten das Sondergeschehen „erste Gola“ relativiert wird, dürfte auch 4, 13 der „diasporaorientierten“ Bearbeitung (vgl. dazu oben) zuzuweisen sein.

eine Notsituation angesprochen, so explizit in V. 10[313] mit der Anweisung zur Rationierung der Speise: Die Tagesration wird auf 20 Schekel, d. h. nicht einmal 250 g festgesetzt. Ebenfalls äußerst knapp bemessen ist die täglich zur Verfügung stehende Wassermenge: 1/6 Hin entspricht etwa einem Liter. Nachrichten über die tatsächliche katastrophale Versorgungslage während der Belagerung Jerusalems sind in Jer 37, 21; 38, 9; 52, 6 (= 2. Kön 25, 3) erhalten[314].

4, 16 f. ist zwar thematisch eng mit 4, 9–11 verknüpft. Aber die hier mit neuer Redeeinleitung vorliegende und unter Verwendung vorgegebener Formeln[315] konzipierte Jahwerede soll über den eigentlichen Aussagehorizont der Zeichenhandlungen hinausgreifende Einsichten vermitteln; es geht nicht einmal mehr um eine Ausdeutung der Aktion[316], sondern schon darum, auch hier wieder auf Jahwe als den Hintergrundakteur zu verweisen und zugleich an die Verschuldung Jerusalems als Ursache ihres Geschicks zu erinnern. Unter dem „Brotstab" muß man sich hier einen Stock vorstellen, an dem das ringförmig gebackenene Brot (Kringel) zum Schutz gegen Mäuse etc. aufgehängt und bevorratet ist. Das „Zerbrechen des Brotstabes" bedeutet also, daß jetzt niemand mehr auf Brotvorräte zurückgreifen kann. 16 f.

4, 12–15 fallen aus dem Aussagerahmen der Zeichenhandlung heraus; nicht die Vorabbildung künftiger Ereignisse[317] ist hier beabsichtigt; von Interesse ist vielmehr, wie eigentlich Ezechiel im Exil mit den Reinheits- und Speisevorschriften zurechtkommt. Daß der zuständige Verfasser schon Bedenken hinsichtlich der Mischung unterschiedlicher Fruchtsorten hatte, wird man nicht sagen können[318]; denn dagegen läßt er seinen Ezechiel ja nicht protestieren. Er ortet die Gefahr von Verunreinigung im Vorgang der Zubereitung von Speisen. Jedenfalls kommt er in V. 12 b noch einmal auf das in V. 9 b von Ezechiel geforderte Backen des Brotes zurück. Die hier Jahwe in den Mund gelegten Anweisungen übersteigen für einen auf kultische Reinheit bedachten Juden alles Maß des Zumutbaren. Indem Ezechiel mit Verweis auf sein bislang untadeliges Beachten der Reinheits- und Speisevorschriften dagegen Einspruch einlegt und bewirkt, daß Jahwe (V. 15) daraufhin seine Anweisung zurücknimmt, also anstelle des überaus verunreinigenden Menschenkots nun Rindermist und somit gängiges Brennmaterial zum Brotbacken zuläßt, wird deutlich, daß Jahwe den Aufenthalt der Exilierten im fremden Land nicht mit deren totaler Verunreinigung gleichsetzt, ja, daß er seine Absichten in dieser Richtung revidiert[319]. Indem zugleich gezeigt wird, daß es einem Ezechiel möglich ist und ermöglicht wird, sich vor be- 12–15

[313] V. 9 b resultiert aus einem Versuch, 9 ff. mit 4, 4–8 (vgl. besonders V. 5 b) zu verknüpfen.

[314] Vgl. ferner Klgl 2, 11; 4, 9 f.

[315] Zum „Zerbrechen des Brotstabs" vgl. Ez 5, 16; 14, 13; Lev 26, 26; Ps 105, 16; zu V. 16 b vgl. Ez 12, 18 f.; zu V. 17 b vgl. Ez 24, 23 b; 33, 10; Lev 26, 39.

[316] Vgl. dagegen z. B. Ez 12, 9 ff. hinter 12, 1 ff.; Ez 24, 19 ff.

[317] Diesen Aspekt vermißte offensichtlich der Interpolator von V. 13.

[318] So öfters erschlossen aus den Verboten in Lev 19, 19; Dtn 22, 9–11.

[319] Immerhin gilt das Sterben im unreinen Lande nach Am 7, 17 als Strafe; vgl. noch Hos 9, 3 f.

stimmten Verunreinigungen[320] zu bewahren, kommt dem Propheten Vorbildcharakter zu. Die Textpassage insgesamt resultiert aus Reflexionen über Möglichkeit bzw. Unmöglichkeit einer auf die Speise- und Reinheitsgebote abgestimmten Exilsexistenz[321].

Daß nach Vorstellung des Verfassers Jahwe dazu zu bewegen ist, eine zunächst von ihm ins Auge gefaßte harte Auflage oder Strafe zu mildern, erinnert an Gen 4, 13 ff.; Gen 18, 22 bff.; Ex 32, 7 ff.; Num 14.

5, 1–4 Das Schwert als Schermesser – Vernichtung

Wie in 4, 1 und 4, 9 wird diese Texteinheit mit der Anrede „und du, Menschensohn" sowie dem darauf folgenden Befehl Jahwes „nimm dir" eingeleitet[322]. Der Prophet soll sich mit einem scharfen Schwert Bart und Haare abscheren[323] und mit diesem Haar etwas vorführen. Die betreffenden Anweisungen dazu sind in V. 4 abgeschlossen. V. 5 eröffnet mit der Botenformel eine neue Redeeinheit. Die in 5, 1–4 enthaltene dritte Strophe des die Katastrophe von 587 v. Chr. thematisierenden Gedichts[324] soll als Ergebnis der Belagerung (4, 1–2) und der Hungersituation (4, 9 ff.) das Untergangsgeschick der Jerusalemer vorzeichnen. Die jetzige Fassung enthält einige Züge, die den ursprünglichen Aussagerahmen einer prophetischen Zeichenhandlung erweitern: So ergänzt Jahwe in V. 2 bγ seine Anweisungen zur Ausführung der Zeichenhandlung mit einem Verweis auf seine eigene Aktion[325]; die Verse 3+4 modifizieren das Aussageergebnis von V. 2; es handelt sich daher um einen Nachtrag, der zusätzliche Aspekte berücksichtigt haben will. Als Kerntext ist somit 5, 1+2*[326] zu veranschlagen.

1.2 5, 1+2 Was es damit auf sich hat, daß Ezechiel sich Haare und Bart abscheren soll, erhellt ein Blick auf Jes 7, 20. Hier besteht Jahwes Strafgericht an Juda darin, daß er den König von Assur gleichsam als Schermesser benutzt, um Haupt und Haare am Leib zu scheren und den Bart abzunehmen,

---

320 Vgl. z. B. über die Verunreinigungen mit Aas Lev 11, 35 ff.

321 Vgl. zu weiteren Fragen zur Verunreinigung durch Speisen in der Fremde oder in der Diaspora, bzw. zu Möglichkeiten und Beispielen, solche Verunreinigungen zu vermeiden (Tobit, Judit), K. Kochs ausführliche Darlegungen zu Dan 1, 8 ff. (Daniel, BK XXII, 1, Neukirchen 1986, 58–69).

322 Die Textfolge Ez 4, 16. 17; 5, 1 ist in dem in Qumran (Höhle 1) gefundenen kleinen Fragment (1Q Ezekiel) belegt; vgl. dazu J. Lust, Ezekiel Manuscripts in Qumran. Preliminary Edition of 4Q Ez a and b, in: BEThL LXXIV, 1986, 90.

323 Möglicherweise hat die Schilderung Ez 7, 18 („auf all ihren Häuptern eine Glatze" (vgl. Am 8, 10) den Anstoß gegeben, die entsprechende Zeichenhandlung zu konzipieren, vgl. ferner 7, 15 f. und 5, 2.

324 Siehe oben.

325 So im Vorgriff auf 5, 12; vgl. noch 12, 14; ferner Lev 26, 33.

326 Ohne V. 2 bγ (s. o.) und die kleineren nachträglichen Verdeutlichungen („nimm es dir als Schermesser"; „mitten in der Stadt..."; „rings um sie her"), die möglicherweise im gleichen Zuge wie V. 3+4 und darauf abgestimmt angebracht wurden.

also um Juda zurechtzustutzen und in Trauer, Elend und Schande zu versetzen[327]. Demnach müßte man Ezechiel hier in einer Doppelrolle sehen: Er spielt zugleich den Vollzieher des künftigen Strafgerichts, also Jahwes Rolle (oder analog zu Jes 7, 20 dessen Gerichtswerkzeug), wie auch das Objekt des Strafgerichts, also Jerusalem und die Jerusalemer. Dieser Sachverhalt spricht weniger für einen authentischen prophetischen Selbstbericht und eher dafür, daß hier im Rückgriff auf vorgegebene Bilder und Formeln eine Texteinheit über die Beauftragung zu einer prophetischen, also Künftiges abbildenden Zeichenhandlung konstruiert worden ist[328]. In die gleiche Richtung deutet ferner, daß das Instrument zum Scheren ebenfalls in einer Doppelrolle fungiert; daß ein Schwert zum Scheren dienen soll, wenn es auf das Ergebnis „Haare ab", also Elend und Schande ankommt, ist nicht einzusehen[329]; darauf kann man nur verfallen, wenn gleich anschließend dem Schwert in seiner eigentlichen Bestimmung eine wichtige Rolle zukommt, es also als Vernichtungs- und Tötungswerkzeug in den Blick gerückt werden soll. Wegen der Doppelfunktion des Schwertes schien sowohl der klarstellende Nachtrag erforderlich, daß das Schwert zunächst als „Schermesser" (V. 1 aβ) dienen soll, als auch schließlich die Kennzeichnung als Schwert Jahwes (V. 2 bγ).

Am Ende des Haarescherens interessiert hier nicht das Objekt des Scherens, das nun seiner Haartracht und damit seiner Würde beraubt ist, sondern was mit dem Produkt des Scherens, der Haarmenge, angestellt wird. Sie soll gewogen werden, um sie in drei Teile aufteilen zu können. Daraufhin wird in V. 2 zu einer weiteren Zeichenhandlung aufgefordert. Die Abfolge, daß ein Drittel verbrannt, ein weiteres Drittel mit einem Schwert vernichtet und das letzte Drittel in den Wind geworfen werden soll, soll Ablauf und Endergebnis der Eroberung Jerusalems vorabbilden, also aufzeigen, daß ein Drittel der Bewohner in den Bränden während der Belagerung und dann Eroberung umkommt[330], ein Drittel erschlagen, ein letztes Drittel in alle Winde zerstreut wird[331].

Bei der Abfassung des ursprünglichen dreistrophigen Gedichtes dürfte schon die Abfolge der Ereignisse berücksichtigt sein, wie sie in Jer 52 und 2. Kön 25 (vgl. noch 2. Chr 36) geschildert wird[332]. Außerdem lassen sich zahl-

---

327 Zu dieser Bedeutung des Haareabscherens vgl. z. B. 2. Sam 10, 4 f.; Jer 41, 5; Jes 15, 2.

328 Es sei hier daran erinnert, daß auffälligerweise der Vollzugsbericht fehlt, hier auch fehlen kann, da es sich nicht um tatsächliche Berichte, sondern um in buchkonzeptioneller Hinsicht wichtige literarische Produkte handelt, zu deren Abfassungsvoraussetzung eine sich in exilischer Zeit erst herausbildende Propheten- bzw. Geschichtstheologie gehört; vgl. dazu bereits o. 33 ff.

329 Zwar kann das hebr. *ḥrb* auch „Messer" bedeuten (Jos 5, 2); da es jedoch ein für das Scheren und Rasieren spezielles Instrument mit Spezialbezeichnung gab (vgl. z. B. Jes 7, 20), ist aus der offensichtlich bewußten Wortwahl „Schwert" zu folgern, daß der Verf. auch schon die spätere Aussage in V. 2 bα (und V. 12 aβ) mitabdecken wollte.

330 Der Zusatz in V. 2 aβ soll das verdeutlichen.

331 Jetzt also steht nicht mehr Ezechiel, sondern sein abgeschorenes Haar für Jerusalem bzw. die Jerusalemer.

332 Nach der Aufnahme der Belagerung (Jer 52, 4 f. – 2. Kön 25, 1–2 – Ez 4, 1 f.) mit der Folge

reiche Berührungspunkte mit weiteren Texteinheiten innerhalb des Ezechielbuches feststellen, in denen die Unheilsmächte und das Geschick Jerusalems und Judas sowie die weiteren Folgen angesprochen werden. In Ez 21, 1–5 wird auf das vernichtende Feuer[333] verwiesen; Ez 21, 6 ff. 13 ff. 19 ff. 23 ff. handelt vom Schwert Jahwes, das er zückt (V. 6 ff.), das dem Henker übergeben wird, dem das Volk verfallen ist (V. 16 f.), das schließlich als das Schwert des Königs von Babel fungieren wird (V. 23 ff.). Abgesehen davon, daß die in Ez 12, 17–20 geschilderte Aktion an die in Ez 4, 9 ff.* vorabgebildete Hungersituation Jerusalems erinnert, ist vom Hunger häufig in Verbindung mit Schwert und Pest als Unheilsmächten die Rede[334]. Das Thema „Zerstreuung" wird in Ez 4, 13; 5, 10; 6, 8–10; 12, 14f; 14, 21–23; 17, 21; 20, 23; 22, 15; 28, 25f; 34, 13; 36, 19 behandelt[335].

3.4 5, 3+4 sollen offensichtlich am Aussageergebnis von 5, 1–2 eine Korrektur anbringen; jedenfalls scheint der zuständige Autor erläutern zu wollen, was es mit dem letzten Drittel[336], das in den Wind geworfen werden soll, genauer auf sich hat. Steht das „in den Wind werfen" für Zerstreuung, Vertreibung o.ä., so ist explizit jedenfalls nichts darüber gesagt, ob der entsprechende Vorgang den Untergang der Betroffenen bedeutet oder zumindest den allmählichen Untergang, das Verschwinden, zur Folge hat oder lediglich die Kummerexistenz in der Fremde anzeigen soll[337]. Der für 5, 3 f. zuständige Autor weiß in jedem Fall von einem Rest „der Zerstreuten". Deren weiteres Geschick erscheint ihm wichtig. So ergänzt er (V. 3) mit dem Bild vom „Einbinden in einen Gewandzipfel"[338] die bisherigen Anweisungen dahingehend, daß eine geringe Menge des in den Wind geworfenen Haares geborgen und bewahrt werden soll. Die Anweisung in V. 4 a stellt dann klar, daß die ange-

---

des Hungers in der Stadt (Jer 52, 6 – 2. Kön 25, 3 – Ez 4, 9 ff.*) wird die Stadt genommen und schließlich verbrannt (Jer 52, 12 f. – 2. Kön 25, 8 f. – Ez 5, 2 a); es folgen zahlreiche Hinrichtungen (Jer 52, 24–27 – 2. Kön 25, 18 ff. – Ez 5, 2 bα), danach die Wegführung Judas aus seinem Lande (Jer 52, 27 ff. – 2. Kön 25, 21 – Ez 5, 2 bβ).

333 Vgl. noch Ez 15, 6 f.; 19, 14.

334 Vgl. „Schwert, Hunger, Pest" (so die verbreitetste Abfolge) in Ez 6, 11; 12, 16; vgl. Jer 14, 12; 24, 10; 29, 17; 32, 14; 42, 17 u. ö.; „Schwert, Pest, Hunger" in Ez 7, 15; andere Abfolgen in Ez 5, 12 („Pest, Hunger, Schwert, Zerstreuung"; vgl. Lev 26, 23–33); 14, 13 ff. („Hunger, wilde Tiere, Schwert, Pest"); 14, 21 („Schwert, Hunger, wilde Tiere, Pest"); 33, 27 („Schwert, Tiere, Pest"); vgl. noch Jer 5, 12; 11, 22; 14, 13; 44, 12 („Schwert, Hunger"); Jer 15, 2 („Tod, Schwert, Hunger, Gefangenschaft").

335 Ägyptens Zerstreuung in Ez 29, 12; 30, 23. 26; vgl. sonst Jer 31, 10 (Israel); 49, 36 (Elam).

336 Von einem Gerichtshandeln an zwei Dritteln und dem besonderen Geschick des dritten Drittels handelt ferner Sach 13, 8 f.

337 Der Zusatz in 5, 2 bγ (vgl. Ez 5, 12; 12, 14 und Lev 26, 33) soll nicht nur klarstellen, daß mit dem Schwert Ezechiels Jahwes Schwert gemeint ist, sondern auch, daß die Vertriebenen wo auch immer von Jahwe bedroht sind und sein Schwert, also Untergang zu fürchten haben. Während nach Ex 14, 14. 25; Dtn 1, 30; 3, 22; Jos 10, 14 u. ö. Jahwe als der Kriegsmann (vgl. Ex 15, 3) für sein Volk streitet (vgl. auch die Bitte des einzelnen in Ps 35, 1–3), wird er hier (vgl. auch 4, 3. 7) als derjenige vorgestellt, der jetzt seine fürchterliche Waffe gegen sein Volk einsetzt.

338 Vgl. 1. Sam 15, 27; 24, 12; nach Hag 2, 12 wurden Rock- und Gewandzipfel bzw. -säume benutzt, um darin Eingeschlagenes, Eingewickeltes zu transportieren; BRL^2, 187, Abb. 44.

zeigte Bewahrung nicht die Rettung für alle bedeutet. Noch einmal soll Ezechiel Feuer einsetzen und darin einiges Haar verbrennen. Aber es bleibt gleichsam ein Rest vom Rest[339]. Die Frage nach dem Geschick und Bedeutung der Zerstreuten, d.h. aller derjenigen, die die Katastrophe von 587 v. Chr. überlebt haben, aber nun im Lande ohne das ehemalige religiöse Zentrum, in fremden Ländern (vgl. Jer 40, 11) oder gar im Exil leben müssen, wird ferner noch in Ez 6, 8 ff.; 12, 15 f.; 14, 21–23; 15, 6–8; 17, 19–21; 20, 30 ff. und 33, 21–29[340] behandelt. In 14, 21–23; 15, 6–8; 17, 19–21 und 33, 21–29 ist die golaorientierte Redaktion dafür verantwortlich, daß hier die nach der Katastrophe von 587 v. Chr. übriggebliebenen Gruppierungen – seien es die im Lande verbliebenen, seien es die ins Exil verschleppten – abgewertet werden, weil sie in den Augen der ersten Gola (oder ihrer Abkömmlinge nach der Rückkehr?) dem eigenen Ausschließlichkeitsanspruch entgegenstanden. Wie Ez 33, 21–29 darauf hinausläuft, daß die nach der Katastrophe im Lande noch Übriggebliebenen schließlich verschwinden, so stellt Ez 14, 21–23 darauf abgestimmt klar, daß auch solche Gruppierungen, die nach 587 v. Chr. noch ins Exil mußten, für Jahwes Zukunftspläne keine Rolle spielen können[341]. Da in 5, 3 f. Wert darauf gelegt ist, daß immerhin ein Rest des Restes nach der Katastrophe bewahrt wird[342], dürfte die in diesen Versen vorliegende Ergänzung zu 5, 1–2 nicht im Interesse der golaorientierten Redaktion entstanden sein, sondern auf Bearbeiter zurückgehen, deren Interesse am Geschick des seit 587 v. Chr. „unter die Völker und in die Länder" zerstreuten Israel auch in Ez 6, 6–8; 12, 14–16[343] und 20, 30 ff. literarischen Niederschlag[344] gefunden hat[345].

5, 5–17 Hintergründe der Unheilsgeschicke

Die Genese dieses mit der einleitenden Botenformel als Jahwerede gekennzeichneten Textstückes ist im einzelnen kaum mehr aufzuhellen. Daß mit

339 Worauf 4 b mit „von ihm wird ein Feuer ausgehen für das ganze Haus Israel" hinauswill, ist nicht mehr auszumachen.

340 Vgl. auch Jer 24, 8–10.

341 Diese Konzeption liegt auch jenem redaktionellen Programm im Jeremiabuch zugrunde, das hier vorgegebene, ältere Jeremiatraditionen in einer Weise umpolt, daß sie dem Exklusivanspruch der ersten Gola nicht mehr entgegenstehen (vgl. besonders Jer 24, 9).

342 Spielt Ezechiel hier wie in 5, 1 f. die Rolle Jahwes, so ist damit angezeigt, daß letztlich für die Bewahrung des Restes der Zerstreuten Jahwe verantwortlich zeichnet; vgl. Zimmerli, BK XIII, 1, 138: „eine Gebärde der Bergung durch die Hand Gottes".

343 12, 15. 16 hebt wie 5, 3 hervor, daß es sich um „einige wenige", bzw. „wenige an Zahl" handelt.

344 Zum Thema „Zerstreuung" vgl. sonst noch Ez 4, 13; 22, 15; 28, 25 f. und 36, 16–32 sowie in Korrespondenz dazu die „Sammlung aus den Völkern und Ländern" in Ez 20, 34. 41; 28, 25; 34, 13; 36, 24; 37, 21; 39, 25 ff.

345 Vgl. Einzelheiten jeweils z. St.; zu Anliegen, Zeit und Ort dieser die Diasporaproblematik einbeziehenden Theologie vgl. oben die Einleitung.

mehreren sukzessiv angebrachten Texterweiterungen zu rechnen ist, wird schon an den gleich viermal zu Schlußfolgerungen anhebenden „darum“-Sätzen (5, 7. 8. 10. 11) deutlich. Außerdem fallen Doppelungen (vgl. nur 5, 6 b mit 7 aβ; 5, 12 mit 5, 17; 10 bβ mit 12 bα) und Verdeutlichungen (vgl. 5, 10 zu 5, 9) ins Auge[346]. Ferner wechselt mehrfach die Rederichtung. In V. 6 spricht Jahwe über Jerusalem und die Jerusalemer[347], in V. 7 spricht er die Jerusalemer direkt an. Mit Ausnahme von V. 13, wo über die Jerusalemer gehandelt wird, ist dann in V. 8–14 Jerusalem die angesprochene Adresse (Anrede in 2. pers. sing. f.). In V. 16. 17 schwankt M zwischen „ihnen“, „euch“ und „dich“ (2. pers. sing. f.).

In 4, 1–5, 4 waren lediglich im Abschnitt 4, 4–6 Gründe für die mit den verordneten Zeichenhandlungen angezeigten Unheilsabläufe angedeutet; es wird hier kurz die Schuld der beiden Häuser Israel und Juda erwähnt, aber nicht gesagt, worin diese besteht. Das geschieht nun in 5, 5–11 ausführlich und in überschüssiger Weise. V. 5 stellt zunächst klar, daß die Zeichenhandlungen auf Jerusalem zielen, also auf die Stadt, die Jahwe selbst „unter die Völker“ gesetzt hat und um die „ringsumher die Länder“ sind. Häufig wird diese Aussage so verstanden[348], als werde hier Jerusalems von Jahwe zugewiesene Sonderstellung als Nabel der Erde[349], als zentrale Mitte der Völkerwelt hervorgehoben. Es spricht jedoch einiges eher dafür, daß Jerusalems Sonderstellung hier gerade relativiert[350] werden soll; denn der Hinweis auf die Lage Jerusalems unter den Völkern und im Kreis der Länder erinnert deutlich an die Situation der Diaspora, die von Jahwe vollzogene Zerstreuung, wie es stereotyp heißt, „unter die Völker und in die Länder“[351].

6 Nach V. 6 ist Jerusalem vorzuwerfen, daß es die Völker an Frevelhaftigkeit
übertrifft, weil es sich gegen Jahwes Rechte und Satzungen widerspenstig
zeigt, ja seine Rechte „verachtet“[352] und nicht in seinen Satzungen wandelt
(6 b). Auch in V. 7 wird das Verhalten der Jerusalemer mit dem der Völker ver-
glichen; hier besteht der Vorwurf darin, daß sie nicht in Jahwes Satzungen
wandeln und seine Rechte nicht tun[353]. In V. 6 fällt also die Charakteristik Je-
7 rusalems noch negativer aus als in V. 7. Die bewußte Ver- bzw. Mißachtung
der Gebote Jahwes (V. 6) ist noch schwerwiegender als ein Vergessen oder ge-

[346] Nach Zimmerli, BK XIII, 1, 100, handelt es sich in vorliegender Fassung um „ein durch Interpretationszusätze stark angereichertes Textstück“, als dessen ursprünglicher Bestand sich die Verse 5, 4 b–6. 8–9. 14–15 erweisen ließen (132).

[347] Der Numeruswechsel von 3. pers. sing. f. in V. 6 a zur 3. pers. plur. in V. 6 b ist hier kein Indiz dafür, daß in der zweiten Vershälfte ein Nachtrag vorliegt (so Zimmerli); die hier die Feststellung in V. 6 a erläuternden Aussagen (vgl. dazu z. B. Ez 20, 13. 16) sind nur im Plural, also auf die Bewohner Jerusalems bezogen, sinnvoll.

[348] Vgl. z. B. jeweils z. St. Fohrer, HAT; Zimmerli, BK XIII, 1; anders Greenberg, AncB, z. St.

[349] Zu dieser Auffassung vgl. Ez 38, 12.

[350] Vgl. ähnlich Ez 16, 3 ff.

[351] Vgl. oben Anm. 312.

[352] Vgl. so auch Ez 20, 13. 16. 24; ferner Lev 26, 15. 43; s. a. 2. Kön 17, 15.

[353] Vgl. z. B. Ez 11, 12 (11, 20); 18, 9. 17; 20, 19. 21.

dankenloses Übernehmen der Gebote anderer Völker (V.7)[354]. In V.8 geht 8
die Jahwerede über in die Unheilsansage, wiewohl weitere Schuldaufweise als
Unheilsbegründungen in V.9Ende. 11a vermerkt werden. Auf die Botenformel
folgt eine formelhafte Redewendung[355], die ursprünglich einen Gegner zum
Kampf herausforderte und z.B. in Nah 2,14 als Jahwes Kampfansage gegen
Israels Feindin Ninive verwendet ist, also an dieser Stelle Jahwes entschlossene
Feindseligkeit Jerusalem gegenüber kennzeichnen soll. Sodann (8b) wird her-
vorgehoben, daß das künftige Strafhandeln Jahwes „vor den Augen der Völ-
ker" geschehen wird. Hier werden also die katastrophalen Ereignisse um 587
v.Chr. als eine Demonstration der Macht Jahwes im Horizont der Völkerwelt
interpretiert, also genau so betrachtet wie sonst Jahwes Heilstaten zu Gunsten
seines Volkes, die er wie einst den Exodus aus Ägypten[356] und wie künftig das
neue Heil[357] „vor den Augen der Völker" verrichtet, bzw. wodurch er sich wie
beim neuen Exodus, bei der Sammlung aus den Völkern[358] und im Gericht an
Gog[359] jeweils „vor den Augen der Völker" als heilig erweist. V.9 stellt das Au- 9
ßergewöhnliche an Jahwes Strafhandeln[360] heraus und damit zugleich impli-
zit, daß es sich bei „all deinen Greueltaten"[361] um außergewöhnliche Straf-
gründe handelte. V.10a will mit dem Verweis auf Kannibalismus[362] illustrie- 10
ren, in welche außerordentliche Notsituation Jahwes Strafhandeln führt. Ana-
log zu 5,15; 11,9; 25,11; 28,22.26; 30,14.19 wäre zu erwarten, daß der Ver-
weis auf Jahwes Strafgerichte in V.10b eine abrundende oder abschließende
Funktion hat; das ist jedoch nicht der Fall; außerdem klappt V.10b nach, was
um so mehr für eine spätere Ergänzung spricht[363], als V.12b noch einmal auf
die Zerstreuung zu sprechen kommt.

V.11 mit Jahwe-Schwurformel[364] bringt einen weiteren Schuldaufweis; hier 11
ist es die Verunreinigung des Heiligtums[365] „mit all deinen Greueltaten" (vgl.
5,9Ende), die Jahwe zum Einschreiten[366] veranlaßt, und zwar, wie ausdrück-

[354] Der für die Jerusalemer negativ ausfallende Vergleich mit den Völkern erinnert an Jer 2,10ff.; vgl. sonst noch 2. Kön 21,9 (= 2. Chr. 33,9).

[355] Vgl. ähnlich Ez 13,8; 21,8; 29,10.

[356] Vgl. Lev 26,45; Ez 20,9.14.22.

[357] Vgl. Jes 52,10 (Ps 98,2).

[358] Vgl. Ez 20,41; 28,25; 36,23; 39,27.

[359] Vgl. Ez 38,23.

[360] Vgl. ähnlich Gen 8,21! – Zur Kennzeichnung von Außergewöhnlichem vgl. noch 2. Kön 23,25.

[361] Nach Ez 16,2 (vgl. 16,15ff.) handelt es sich dabei um Abfall zu fremden Göttern (vgl. noch 14,6f.); nach Ez 22,2ff. zählen dazu „Blutvergießen" und Götzendienst.

[362] Vgl. Hinweise darauf im Zusammenhang mit Schilderungen der Katastrophe von 587 v.Chr. z.B. in Klgl 2,20b; 4,10; vgl. ferner Lev 26,29; Dtn 28,53ff.; 2. Kön 6,29; Jer 19,9.

[363] Vgl. auch die auffällige Formulierung „ganzer Rest".

[364] Vgl. Ez 17,16.19; 20,33; 33,27; 34,8; 35,6; bzw. Ez 14,16(18).20; 16,48; 18,3; 20,31; 33,11. – Zur komplizierten Satzkonstruktion vgl. ähnlich Ez 34,8.

[365] Vgl. Ez 8,6; 23,38f. (Lev 20,3); s.a. Jer 7,30; 32,34; 2. Chr 36,14; in Ps 79,1 sind es die „Heiden", die den Tempel verunreinigt haben.

[366] 5,1ff. aufnehmend bildhaft mit „scheren" (zu *grʿ* vgl. Jes 15,2; Jer 48,37) umschrieben.

lich betont wird, ohne Mitleid und Erbarmen[367]. Diesen Aspekt ergänzt dann der nicht zum Grundbestand zu rechnende V. 13 mit dem Hinweis auf Jahwes Zorn[368].

12 V. 12 nimmt explizit Bezug auf die letzte Zeichenhandlung in 5, 1 ff. und macht klar, daß die der Zeichenhandlung „Ezechiels" (vgl. V. 2) entsprechenden Strafaktionen[369] im Sinne Jahwes sind, ja, daß er die Zerstreuung des letzten Drittels selbst in die Hand nimmt. Soll der abschließende Hinweis auf Jahwes gezücktes Schwert wie in 5, 2Ende sicherstellen, daß den Zerstreuten keine Chance bleibt, sie also restlos verschwinden? 5, 10 bβ wäre dann als eine später angebrachte Vorwegkorrektur zu V. 12 aufzufassen, da darin nur festgehalten wird, daß „dein Rest" zerstreut wird[370]. Daraufhin kann der Leser davon ausgehen, daß Jahwes Strafgericht mit der Zerstreuung sein Bewenden hat: Ein Rest wird, wenn auch in der Zerstreuung, weiter existieren.

13.14 V. 13 bβ[371]. 14: An Jahwes Eifer, seinen Grimm voll zum Zuge kommen zu lassen, liegt es, daß schließlich die Stadt „in den Augen eines jeden, der vorübergeht"[372] nur noch als Trümmerstätte gilt[373].

15 ff. V. 15 hebt zum Abschluß hervor, wie Jerusalem durch all die Strafgerichte Jahwes unter den Nachbarvölkern zum Hohn etc. geworden ist[374]. In V. 16. 17 ist die Rederichtung „Jerusalem" aufgegeben[375]. Den Ausführungen über Jahwes Verderben bringende Pfeile[376] und weitere Unheilsmächte, die an Dtn 32, 23 ff. erinnern[377], geht es offensichtlich darum, die weitere Unheilsgeschichte nach der Zerstörung Jerusalems abzudecken und damit zu belegen, daß auch die notvolle, die weitere Existenz des Volkes gefährdende Folgezeit von Jahwe vorausbedacht war.

Ein Versuch, die ursprüngliche Weiterführung des älteren dreistrophigen Gedichts (vgl. oben 82), also die Fortsetzung im Anschluß an die Zeichenhandlungen zu rekonstruieren, kann über Spekulationen nicht hinauskommen. Man könnte darauf hinweisen, daß in den Völkerorakeln häufiger die sog. Gerichtsrede mit „Siehe, ich will an dich" einsetzt (vgl. z. B. Nah 3, 5; Jer

---

[367] Die Formulierungen in V. 11 bβ entsprechen fast wörtlich 7, 4. 9; 8, 18; 9, 10; vgl. 24, 14.

[368] Vgl. 20, 8 b. 13 b. 21 b; ferner 6, 12; 7, 8.

[369] Anstelle der Unheilsmacht „Feuer" bewirken jetzt inmitten der Stadt „Pest" und „Hunger" den Untergang des ersten Drittels. Der Verfasser von V. 12 scheint 7, 15 f. zu berücksichtigen (vgl. „drinnen und draußen").

[370] Vgl. andere Aussagen über den „Rest" Am 1, 8; Jes 14, 30; 15, 9; Jer 15, 9; 47, 4; positiv über den „Rest" Mi 5, 6. 7; Esr 9, 14.

[371] Zur Satzaufteilung vgl. oben die Übersetzung.

[372] Vgl. Ez 36, 34, ferner ähnlich 1. Kön 9, 8; Jer 18, 16; 19, 8; Zef 2, 15.

[373] Vgl. Lev 26, 31. 33; ein ähnlich formuliertes Tyrus betreffendes Unheilswort in Ez 28, 18 bβ; vgl. noch Ez 25, 13 b (Edom); 29, 9. 10 (Ägypten); vgl. Jer 25, 18.

[374] Vgl. Ez 22, 4; in 36, 15 die Zusage, künftig nicht mehr dem Schmähen der Völker ausgesetzt zu sein.

[375] Vgl. oben die Übersetzung.

[376] Vgl. Dtn 32, 23. 42; Hab 3, 9. 11. 14; Ps 18, 15; 38, 3; 144, 6.

[377] Vgl. A. Bertholet (Deuteronomium, KHC, Tübingen 1899, z. St.: „Die weitere Aufzählung der Plagen: Hunger, Seuchen, wilde Tiere, Schwert (V. 25) erinnert an Drohungen Jer.s und Hes.s, spec. Hes 5, 17; 14, 21."

51,25; Ez 26,3; 28,22; 29,3) und schließlich in die Feststellung totaler Verwüstung ausmündet (z. B. Nah 3,7; Jer 51,26), dann also damit rechnen, daß V. 8 aβ und V. 14* zum älteren Grundbestand gehörten; für die ursprüngliche Zugehörigkeit von V. 12* spricht, daß hier die Zeichenhandlung 5,1–2 aufgenommen ist und hier die pauschale Gerichtsansage (vgl. V. 8. 10ba.) inhaltlich gefüllt wird (vgl. Ez 28,22. 23; 29,3 ff.). Alles weitere aber bleibt äußerst unsicher. Analog zu Ez 26,2 könnte die Begründung des Strafgerichts (*yʿn...*) vorausgehen (vgl. Ez 5,7 a), nach 29,6 könnte sie folgen (vgl. Ez 5,9Ende, bzw. 5,11).

Man wird sich damit zufrieden geben müssen, daß die Entstehung der jetzigen Fassung das Ergebnis intensiver Bearbeitungen einer zu postulierenden älteren Textgrundlage ist und daher nur noch Rudimente davon erhalten bzw. unter den sukzessive nachgearbeiteten Themen und Aspekten erkennbar sind. Solche in spät- bzw. nachexilischer Zeit wichtige Themen sind das Ansehen Israels unter den Völkern, d. h. einmal die Frage, warum gerade das Jahwevolk solch ein Katastrophengeschick treffen mußte (vgl. 5,6.7), zum andern, wie Israel nach 587 v. Chr. in den Augen der Völker dasteht (vgl. 5,15). Ferner beunruhigte immer noch die Frage, ob die Katastrophe nun als ein Ohnmachts- oder Machtbeweis Jahwes einzuschätzen war (vgl. dazu 5,8Ende). Außerdem blieb weiterhin die Frage im Auge zu behalten, aus welchen Gründen Jahwe das Gericht herbeigeführt hatte[378]; vor Mißständen der eigenen Zeit ließ sich besonders gut warnen, wenn gezeigt werden konnte, daß die gleichen Verschuldungen bereits das Unheil 587 v. Chr. zur Folge hatten[379]; offen und umstritten war zudem, welche Volksteile nach der Katastrophe als Rest, also „Israel" gelten konnten (vgl. oben zu 5,10bβ und 12); bedrohlich schien offensichtlich die Möglichkeit weiterer Katastrophen (vgl. oben zu 5,9).

Das „durch Interpretationszusätze stark angereicherte[s] Textstück"[380] resultiert wie auch sonst zahlreiche Texteinheiten im prophetischen Schrifttum aus Versuchen, nach dem irreversiblen Verlust der kultischen Mitte und damit auch aller kultischen Möglichkeiten der Vergewisserung Gottes im nachkultischen Raum Theologie zu betreiben, also daraus, die im nachkultischen Raum nach 587 v. Chr. zu bewältigende Wirklichkeit als die von Jahwe gewollte und gewirkte Wirklichkeit wahrzunehmen und festzuhalten. Wir stoßen hier wie auch sonst in den Prophetenbüchern auf theologische Denkbe-

---

378 Vgl. 5,6 Verachtung der Rechtssatzungen Jahwes; 5,7 Übertretung, Vernachlässigung der Rechtssatzungen zu Gunsten der Rechtsatzungen anderer Völker; 5,9Ende Greueltaten; 5,11 Verunreinigung des Tempels.

379 Vgl. E. Gerstenberger, Das 3. Buch Mose Leviticus, ATD 6, Göttingen 1993, 383 zu Lev 26 und den Berührungen (Trias „Schwert, Pest, Hunger") mit u. a. Ez 5,7–17: „Die Kombination dieser Strafen wird gern von frühjüdischen Bußpredigern zur Warnung und Mahnung der Gemeinde gebraucht. So, wie es Jerusalem... ergangen ist, weil Jahwe die Gebotsübertretung der Stadt strafen wollte, so muß auch die Gemeinde achtgeben, daß sie nicht erneut für ihre Sünden zur Rechenschaft gezogen wird."

380 Zimmerli, BK XIII, 1, 100.

mühungen, die sich immer wieder neu gegen den Verdacht richten, daß das Volk wie der Einzelne total den wirren Entwicklungen und Konstellationen lediglich weltlicher Gegebenheiten, dem Chaos also, ausgeliefert sein könnten. Versuchte man dem wegen der Erfahrungen um 587 v. Chr. aufgekommenen Verdacht der Ohnmacht Jahwes und der Gottverlassenheit zum Trotz die Anwesenheit und Zuständigkeit Jahwes zu denken und führte das schließlich zu dem Postulat eines die Abläufe der Weltgeschichte steuernden Ordnungswirkens Jahwes, das dann in einem ersten literarischen Entwurf „Prophetenbuch" mit Hilfe prophetischer Ansagen und dem Nachweis ihrer Erfüllung belegbar schien, so mußte man an dieser Konzeption des Ordnungswirkens Jahwes im weiteren Verlauf der Entwicklungen immer wieder neu und aktualisierend weiterarbeiten, also das göttliche Ordnungswirken in der Geschichte auf dem Wege eines permanenten Fortschreibungsprozesses gleichsam beschwörend stabilisieren.

b. 6, 1–14 Das Geschick der „Berge Israels"

1 Und es erging das Wort Jahwes an mich folgendermaßen: 2 „Menschensohn, richte dein Angesicht auf die Berge Israels und weissage wider sie. 3 Und du sollst sprechen: ‚Ihr Berge Israels, hört das Wort [des Herrn]G- Jahwes: So spricht [der Herr]G- Jahwe zu den Bergen und Hügeln, den Bachbetten und Tälern: Siehe, ich bringe über euch das Schwert und vernichte eure Höhen. 4 Und verwüstet werden eure Altäre und zerbrochen eure Räucheraltäre. Und ich lasse eure Erschlagenen vor euren Götzen hinfallen; 5 [Und ich gebe die Leichen der Israeliten vor ihre Götzen]G-, und ich zerstreue eure Gebeine rings um eure Altäre. 6 An allen euren Wohnsitzen **werden die Städte in Trümmern liegen,** und die Kulthöhen verwüstet sein, damit eure Altäre in Trümmern liegen [und verwüstet sind][381], und eure Götzen zerbrochen werden [und verschwinden]G-, und eure Räucheraltäre abgebrochen werden, [und vertilgt eure Werke]G- **7 Und fallen sollen Erschlagene in eurer Mitte. Und ihr sollt erkennen, daß ich Jahwe bin[382].** 8 [Und ich lasse übrig]G-; indem ihr dem Schwert Entronnene unter den Völkern habt, indem ihr in den Ländern zerstreut seid[383], 9 da denken eure Entronnenen an mich unter den Völkern, wohin sie gefangen weggeführt wurden. [Und ich zerbreche][384] ihr Herz, das sich buhlerisch abwandte [welches abgewichen ist]G- weg von mir, und ihre Augen, die sich buhlerisch abwandten hinter ihren Götzen her; und sie sollen sich vor sich selbst ekeln [wegenAp der bösen Taten, die sie getan

[381] Vgl. Ap. BHS; fehlt in G.

[382] Zur Formel „ich bin Jahwe" vgl. D. Michel, Nur ich bin Jahwe. Erwägungen zur sogenannten Selbstvorstellungsformel, ThViat 11, 1973, 145–156; vgl. zu einer Theologie des Jahwenamens 151–154.

[383] So mit Ap. BHS.

[384] So mit Ap. BHS.

haben][G-] wegen[385] all ihrer Greueltaten. 10 Und sie sollen erkennen, daß ich, Jahwe, [nicht umsonst][G-] geredet habe, [ihnen dieses Unheil anzutun][G-]“.

11 So spricht [der Herr][G-] Jahwe: „Klatsche in die Hand und stampfe mit deinem Fuß auf und sprich: ‚Ha[Ap]! – *Wegen all der [bösen][G-] Greueltaten des Hauses Israel. Durchs Schwert, durch den Hunger und durch die Pest werden sie fallen.*[386] *12 Der Ferne wird durch die Pest sterben, und der Nahe wird durchs Schwert fallen, [und der Übriggebliebene][G-] und der Bewahrte wird durch den Hunger sterben. Und ich bringe meinen Grimm an ihnen voll zum Zuge. 13 Und ihr sollt erkennen, daß ich Jahwe bin.* Indem ihre Erschlagenen mitten unter ihren Götzen liegen rings um ihre Altäre herum, auf jedem hohen Hügel [auf allen Berggipfeln][G-] und unter jedem grünen Baum [und unter jeder dichten Terebinthe][G-], dort wo sie darbringen angenehmen Geruch allen ihren Götzen, 14 da strecke ich meine Hand gegen sie aus, *und ich gebe das Land zur Wüstung und Einöde von der Steppe bis nach Ribla*[Ap] *an allen ihren Wohnsitzen. Und sie*[387] *sollen erkennen, daß ich Jahwe bin“.*

1–14 Mit der Jahwewort-Ergehensformel leitet 6, 1 über zu einem neuen, das gesamte Kapitel 6 umfassenden Redegang, der allerdings nicht aus einem Guß ist. Die im Auftrag Jahwes zu übermittelnden Jahweworte gelten nach V. 2 f. zunächst den „Bergen Israels“, die im folgenden auch direkt angesprochen sind[388]. Die V. 8–10 haben eine andere Adresse vor Augen; hier ist Israel auf seine Zerstreuung und seine „Zerstreuten in den Ländern“ angeredet. Die Ausführungen dagegen in 6, 11 ff. zu den über das „Haus Israel“ verhängten Unheilsmächten sind wichtig für eine Gruppe, die vom Haus Israel zu unterscheiden ist, weil sie selbst vom angesagten Unheil nicht direkt, sondern indirekt betroffen sein wird, insofern nämlich, als ihnen zugesprochen wird, daß sie am entsprechenden Ergehen des Hauses Israel „Jahwe erkennen“ werden (V. 13). Mit der in V. 13 direkt angeredeten Gruppe kann nur die vom Haus Israel unterschiedene Gola Ezechiels gemeint sein.

Daß mit einer komplizierten Entstehungsgeschichte dieses offensichtlich mehrschichtigen Kapitels zu rechnen ist, ergibt sich aus folgenden Beobachtungen:

1–7: In V. 2 soll der Prophet sein Antlitz gegen die „Berge Israels“ richten 1–7
und damit ähnlich wie in 4, 3.7 Jahwes feindselige Haltung darstellen[389]. Die Rede von den „Bergen Israels“ ist eine Eigenart des Ezechielbuches[390]. Ana-

---

385 Das auffällige *lkl* (M) erklärt sich als Folge der vorausgehenden Ergänzung; lies wie in 36, 21 *ʿl kl*.

386 So V. 11 b nach G; M bietet V. 11 b als Relativsatz.

387 G liest 2. pers. plur. masc.; vgl. V. 13.

388 Vgl. V. 3; unklar ab V. 4.

389 Vgl. Zimmerlis Erwägung, „ob auch ein Zusammenhang dieser prophetischen Ausdruckshandlung mit dem göttlichen ‚Wenden des Angesichtes gegen jemanden‘... (vgl. zu 14, 8) vorliegt“, BK XIII, 1, 143.

390 6, 2.3; 19, 9; 33, 28; 34, 13.14; 35, 12; 36, 1.4.8; 37, 22; 38, 8; 39, 2.4.17; vgl. noch „Bergland/Gebirge Seir“ (=Edom) in Ez 35, 2.3.7.15.

log zur Verwendung der Formulierung „Bergland Seir" in 35, 2 ff. ist hier damit das Kernland Israels umschrieben. In jedem Fall wird mit diesen Aussagen sichergestellt, daß Jahwe es nicht mit auf Jerusalem begrenzten Unheilsauswirkungen bewenden lassen wird.

Nach V. 3 soll der Prophet die Berge Israels auffordern, auf das Wort Jahwes zu hören, das dann auf die Botenformel folgend nun genauer „den Bergen und Hügeln, den Bachbetten und Tälern"[391] auszurichten ist. Das Wort Jahwes besteht in der Ankündigung des Schwertes, das Jahwe selbst über die Berge bringen wird, sowie der Feststellung, daß ihre „Höhen"[392] zugrunde gehen. Während in V. 3 eindeutig die „Berge Israels" vor Augen stehen, ist das in V. 4 ff. kaum mehr der Fall; denn die Formulierungen „eure Altäre" etc., „eure Erschlagenen vor euren Götzen", „eure Gebeine" können sich nicht auf die „Berge Israels" beziehen; hier ist ganz deutlich an von Israeliten ausgeübte Kulte und Kultstätten gedacht. Daß die Textfolge 6, 1–7 nicht einheitlich ist, ist zudem aus den Wiederholungen in V. 4–6 so wie aus dem Wechsel zwischen Schilderung in der 3.pers. und Ansage in der 1.pers. zu folgern.

Die Redundanz der jetzt 6, 1–7 beherrschenden Höhen- und Götzenkultthematik verringert sich, wenn man erkennt, daß nicht nur der in G noch unberücksichtigte V. 5 a, sondern auch V. 6 aβ.b nachträglich Klarstellungen bezwecken sollen. V. 5 a soll zu V. 5 b erläutern, daß mit „euren Gebeinen" natürlich nicht Totengebeine und Knochen wie z. B. in Ez 37, 1 ff. gemeint sind, sondern eben Leichen[393]. 6 aβ.b läuft am Schluß auf die Feststellung hinaus, daß auch die „Götzen" zerbrochen etc. sind; eine solche Notiz wurde offensichtlich für erforderlich gehalten[394], um das im Blick auf V. 4Ende mögliche Mißverständnis von einer Verschonung bzw. Weiterexistenz der Götzen auszuschließen.

Versucht man den Sachverhalt zu erklären, daß hier merkwürdigerweise die Anrede der „Berge Israels" vermischt ist mit der Anrede derjenigen, deren Ältäre, Räucheraltäre und Götzen auf den Bergen zerstört und entweiht werden sollen, so kann ein Vergleich mit Ez 35, 1–4(5–9) zeigen, daß und wie man sich eine der jetzigen „Vermischung" vorausgehende, ältere Textfassung vorzustellen hat. Für einen Vergleich beider Texte und entsprechende Folgerungen spricht, daß sich zwischen Ez 35, 1–9 und 6, 1–7* einige auffallende Strukturentsprechungen[395] ausmachen lassen: Abgesehen davon, daß in

---

[391] Diese Abfolge sonst nur noch in Ez 36, 4. 6; vgl. noch 35, 8.

[392] Daß damit nicht immer und von vornherein Kulthöhen gemeint sein müssen, belegt „deine Höhen" in 2. Sam 1, 19. 25.

[393] Daß V. 5 a so verstanden als *ad hoc* angebrachte Glosse einzustufen ist, widerspricht der die engen Berührungen mit Lev 26, 30 berücksichtigenden These, diese Vershälfte sei „von Lev 26, 30 her bestimmt", Zimmerli, BK XIII, 1, 140; Lev 26, 30 ist vielmehr umgekehrt von Ez 6, 5 a beeinflußt; zu Lev 26 und den für dieses Kapitel zu veranschlagenden Wachstumsprozessen vgl. E. Gerstenberger, Das 3. Buch Mose Leviticus, ATD 6, Göttingen 1993, z. St.

[394] Nach 6 aα waren erneute Angaben zum Umfeld (vgl. V. 4) der Götzen nicht zu umgehen.

[395] Vgl. auch Ez 28, 20 ff.; 29, 1 bff.

35, 1.2 das „Gebirge Seir" angesprochen ist, stimmen diese Verse mit 6, 1.2 wörtlich überein[396]; ferner setzt die jeweils nach der Botenformel mitgeteilte Jahwerede ein mit „siehe, ich... über/wider euch/dich"[397]; außerdem ist in beiden Texten vom Geschick der Städte[398] sowie den Schwerterschlagenen[399] die Rede. Aus den Übereinstimmungen zwischen beiden Texten[400], deren Aussagen darauf hinauslaufen, schlicht die Verwüstung und Entvölkerung einmal des „Gebirges Seir", zum anderen der „Berge Israels" anzusagen, ist zu folgern, daß die Kulthöhen- und Götzenthematik in dem der jetzigen Fassung von 6, 1–7 vorgegebenen älteren Kern keine Rolle gespielt hat. Diese Auffassung hat zudem für sich, daß diesem älteren Unheilswort, das Jahwes Strafgericht an Jerusalem auf die „Berge Israels" ausweitet, in Ez 36, 1–15 ein Heilswort[401] korrespondiert, in dem den „Bergen Israels" nun wieder Fruchtbarkeit (V. 8), sowie die Zuwendung Jahwes (V. 9) und die Wiederbesiedlung der Städte (V. 10) zugesagt wird. Alle bisherigen Beobachtungen und Erwägungen deuten daraufhin, daß der sich abzeichnende ältere Kern von 6, 1–7 Bestandteil des ursprünglichen, noch nicht im golaorientierten Sinn redigierten Prophetenbuches[402] gewesen ist. In Zimmerlis Versuch, die Einheit von 6, 2–7 zu verteidigen[403] und auch „den Adreßwechsel als ursprünglich" hinzunehmen, ist der „unmerkliche Übergang der Anrede an die Berge Israels zur Anrede an die hier wohnenden Menschen" ein wichtiges Argument gegen weitere Abtrennungen[404]. Hier ist jedoch nicht bedacht, daß sich dieser „unmerkliche Übergang" viel besser als das Ergebnis einer äußerst intensiven Überarbeitung erklärt.

1–3. 6 aβ. 7 Mit der ursprünglichen Redeeinheit ließ sich im Kontext des vorgolaorientierten Prophetenbuchs demonstrieren, daß die Auswirkungen der katastrophalen Entwicklungen um 587 v. Chr. auf das als die „Berge Israels" angesprochene Kernland als längst zuvor zuverlässig angesagt und demnach als in Jahwes Plan vorgesehen gelten konnten. Damit war zugleich ein Beleg für die Zuverlässigkeit jener Worte erbracht, die in Ez 36, 1–15 das von Jahwe für die Zukunft geplante Heil für die „Berge Israels" ansprechen. 1–3. 6 aβ. 7

Der jetzt 6, 1–7* beherrschenden Höhen- und Götzenkultthematik geht es

---

396 Vgl. ähnlich Ez 28, 20. 21; 29, 1 b. 2.

397 Vgl. Ez 28, 22; 29, 3.

398 6, 6; 35, 4; vgl. 29, 12; 30, 7.

399 6, 7 (vgl. V. 3); 35, 8; vgl. 28, 23; 30, 4.

400 Vgl. auch die Verweise auf Ez 28, 20 ff., 29, 1 b ff.

401 Pohlmann, Ezechielstudien, 110, rechnet mit einem älteren Kern von 36, 1–15, „in dem sich Heilserwartungen aus der Sicht der im Lande Verbliebenen artikulierten, die daraufhinaus laufen, daß die natürliche Lebensbasis (Thema ‚Fruchtbarkeit des Landes'; vgl. noch 34, 25 ff. und 36, 29 b. 30) des Volkes wiederhergestellt wird (vgl. z. B. Jer 30, 19; 31, 27; 42, 2 ff.)".

402 Vgl. dazu bereits oben 34 ff. sowie unten 110.

403 Er möchte lediglich die Verse 6.7 a wegen „Zweitformulierung des ganzen Gedankenganges... als nachträgliche Erweiterung vom ursprünglichen Wort abheben", Zimmerli, BK XIII, 1, 144.

404 Ebd.

nun nicht um einen weiteren Ausbau oder eine Verfeinerung dieses vorgegebenen Reflexionsrahmens, sondern um folgende zwei Aspekte: Zum einen soll illustriert werden, daß wegen der Götzenkulte die „Berge Israels" und damit das Land (vgl. 6, 14) samt Bewohnern als völlig verdorben zu betrachten sind und dementsprechend ihre Verwüstung und restlose Vernichtung die Folge sein wird. Der Punkt „restlose Vernichtung" wird noch einmal verstärkt in 6, 11–14 angesprochen. Zum andern impliziert diese Textfassung eine deutliche Mahnung an die Gegenwart, sich vor ähnlichen oder gleichen Fehlhaltungen im kultischen Bereich zu hüten.

3.4 3/4: „Höhen, Altäre, Räucheraltare und Götzen" – In vorexilischer Zeit hat es zahlreiche lokale Höhenheiligtümer gegeben, an denen Jahwe[405] oder auch andere Gottheiten verehrt wurden[406]. Für exilisch-nachexilische Theologen sind diese Gegebenheiten in Israel seit je verboten[407]. Für sie ist und war der einzig legitime Kult der monotheistische Jahwekult im Jerusalemer Tempel. Dieser strenge, durchreflektierte Monotheismus ist jedoch erst das Ergebnis der theologischen Bewältigung der Katastrophe von 587 v. Chr. Erst seitdem wurden polytheistische Einstellungen und regionale Kultpraktiken als Mißachtung des einen Gottes und dann auch des einen Jerusalemer Tempels verurteilt. Im Rückblick auf die vergangene Geschichte versuchte man dann, aufzudecken, wie sich jeweils Achtung oder Mißachtung des Ausschließlichkeitsanspruchs Jahwes und seines Jerusalemer Tempels auf Israels Geschick ausgewirkt hatten, und schließlich die Katastrophe von 587 v. Chr. als die Reaktion Jahwes auf den permanenten Ungehorsam verständlich zu machen[408]. Wahrscheinlich hat der zuständige Bearbeiter in unserem Text nicht nur die Zustände der Vergangenheit, sondern auch seiner Gegenwart vor Augen[409]. Ein Indiz dafür könnte die Erwähnung der sonst nur in späten Texten belegten „Räucheraltare"[410] sein. Unter den „Götzen"[411] wird man sich nach Dtn 29, 16, wo sie zusammen mit den „Scheusalen" erwähnt werden[412], Kultgegenstände (fremder Völker?), wahrscheinlich Götterbilder, aus „Holz, Stein, Silber und Gold" vorzustellen haben.

Da die Götzenkultthematik mit nur leichten Varianten in 6, 13. 14 wieder aufgenommen ist, bleibt zu klären, in welchem Verhältnis die jetzt durch 6, 8–10 voneinander getrennten Abschnitte 6, 1–7 und 6, 11–14 zueinander stehen.

---

405 1. Sam 9, 12 ff. ist ganz unbefangen davon die Rede, daß der Seher Samuel an einem Opferfest auf einer „Höhe" beteiligt ist; vgl. andererseits die Polemik gegen Höhenkulte z. B. in Am 7, 9; Jer 2, 20; 3, 2. 20.

406 Z. B. Baal, vgl. Jer 3, 23 f.; vgl. auch den Götter-Katalog 2. Kön 22, 13.

407 Vgl. das Zerstörungsgebot Dtn 12, 2 f.

408 Vgl. die Konzeption des sog. dtr. Geschichtswerkes in 1./2. Kön, z. B. 2. Kön 17, 7 ff.

409 Daß es in nachexilischer Zeit zum Abfall vom reinen Jahweglauben und Eindringen kultischer Mißstände kommen konnte, geht z. B. aus Jes 57, 3 ff.; 65, 1–5; 66, 17 hervor.

410 Jes 17, 8; 27, 9; 2. Chr 14, 4; 34, 4. 7.

411 Hebr. *glwlym*, eine Wortbildung, die möglicherweise die Bedeutung „Mistdinger" hat.

412 Vgl. so auch Ez 37, 23.

8–10 sollen das Aussageergebnis des Kontextes korrigierend klarstellen, daß nicht an eine restlose Vernichtung[413] gedacht ist. Da das implizit bedeutet, daß eben auch die nach 587 v. Chr. „in die Länder und unter die Völker" Zersteuten[414] und folglich nicht allein die erste Gola als Objekt künftigen Jahwehandelns übrig geblieben sind, geht es hier wie in 5, 3f; 12, 15f. und Kap. 20 darum, Sonderstellung und Alleinvertretungsanspruch der ersten Gola, wie sie im von golaorientierter Hand redigierten Prophetenbuch herausgearbeitet waren, zu nivellieren. 8–10

Vorerst ist nicht mehr angesagt[415], als daß diese nach 587 v. Chr „Entronnenen" und Weggeführten sich unter den Völkern an Jahwe erinnern werden[416] (V. 9 a) und sich dann wegen ihrer Verhaltensweisen schämen, vor sich selber ekeln[417] werden. *zkr* mit Jahwe als Objekt (= Jahwes gedenken, sich an Jahwe erinnern) steht in einigen Psalmen „für die vertrauensvolle Hinwendung zu Jahwe, wie sie die Beter von Klage- und Danklied für sich bekunden" (vgl. z. B. Ps 42, 7; 63, 7; 77, 4), worin „ein erinnerndes und lobendes Aufgreifen des Vergangenen" einbezogen ist[418]. Die Zerstreuten werden sich also auf Jahwe als den besinnen, dem sie mit dem Gericht ihre „Errettung" und „Zerstreuung unter die Völker" wie auch das Zerbrechen ihrer von Jahwe wegführenden Vorstellungen verdanken. Das hebr. *nqṭw bpnyhm* wäre auch, vielleicht zu drastisch, aber zutreffend mit „es wird euch ankotzen" zu übersetzen.

Während nach der Darstellung des aus golaorientierter Sicht formulierten Abschnitts 14, 21–23 die nach der Katastrophe ins Exil Verschleppten nicht um ihrer selbst willen entkommen sind, sondern lediglich zu dem Zweck, im Blick auf ihren weiteren „Wandel und ihre Taten" (V. 23 a) die erste Gola in Babel zu der Erkenntnis (14, 23 b) zu führen, daß Jahwes Totalgericht (14, 21 b) an Jerusalem berechtigt war, betont dagegen 6, 8–10 abschließend, daß diese Zerstreuten selbst zur Jahweerkenntnis gelangen; diese besteht darin, daß die Ereignisse und Abläufe der vergangenen Geschichte nach Jahwes Wort gewordenem Willen ausgerichtet waren.

Das in G nicht bezeugte „und ich lasse übrig"[419] (V. 8) dürfte zwar nicht zum ursprünglichen Text gehören, ergänzt aber treffend dessen Aussageanliegen: Jahwe selbst hat es gewollt und gefügt, daß es die „Diaspora" gibt.

---

413 So besonders die Aussagen in 6, 11–14.

414 Zu diesem Thema im Ezechielbuch vgl. die Ausführungen oben zu 4, 13 und 5, 3 f. – Neben den ins babylonische Exil Verschleppten sind auch die Gruppierungen gemeint, die den 587 v. Chr. folgenden Notzeiten im Lande durch Abwanderung ins Ausland zu entgehen suchten. Hier ist sicher an mehrere Schübe zu denken; Ägypten dürfte das bevorzugte Einwanderungsziel gewesen sein (vgl. Jer 41–43*).

415 Vgl. dagegen die Ankündigungen der Sammlung Israels „aus den Ländern und Völkern" (vgl. 20, 34. 41; 28, 25; 34, 13; 36, 24; 39, 25 ff.).

416 In Jer 51, 50 ergeht die Aufforderung an die Exilierten, „sich an Jahwe zu erinnern".

417 Vgl. 20, 43; 36, 31.

418 Vgl. dazu W. Schottroff, THAT I, Sp. 516 zu *zkr*; daß Israel Jahwes nicht gedacht habe, ist in Jes 17, 10 Anlaß des Gerichts; vgl. noch Jes 57, 11.

419 Vgl. 12, 16, ferner 14, 22.

11–14 11–14 Während sich Ezechiel in 6, 3 ff. an die „Berge Israels" richten soll, betreffen V. 11 ff. das „Haus Israel"; angesprochen aber ist mit „und ihr sollt erkennen, daß ich Jahwe bin" (V. 13 aα) eine vom Haus Israel unterschiedene Gruppe[420]. Deren Jahweerkenntnis wird von den Auswirkungen der drei Unheilsmächte „Schwert, Hunger und Pest"[421] auf das „Haus Israel" (V. 11 a) hervorgerufen; sie wird nämlich daraus resultieren, daß es vor dem sich in diesen Unheilsmächten realisierenden Jahwezorn weder für den „Fernen" noch für den „Nahen"[422], folglich für niemanden ein Entrinnen geben wird (V. 12). Damit ist zugleich die nach der Ankündigung der Verwüstung der Städte (V. 6) noch offene Frage nach dem Gesamtgeschick der Bewohner beantwortet. Daß 6, 12 auf den vorausgehenden Kontext 6, 1–7 abgestimmt formuliert ist, wird im Vergleich mit Ez 7, 15[423] deutlich, wo das Wirken der Unheilsmächte entsprechend der Situation einer belagerten Stadt beschrieben ist. Aus der Art der Angaben in V. 12 muß der Leser schließen, daß der gesamte Bereich der „Berge Israels" bzw. des „Landes" (V. 14) ausnahmslos[424] betroffen sein soll.

Nach der sich an die erste Gola richtenden Erkenntnisformel in V. 13 aα wird noch einmal auf die bereits in 6, 1–7 verhandelten Sachverhalte Götzenverehrung etc. verwiesen, wobei zusätzlich typisch dtr. Redeweise über Fremdgötterverehrung übernommen[425] bzw. variiert wurde[426]. Daß V. 13 aβ.b ein Nachtrag von späterer Hand ist, ist nicht nur deswegen höchst wahrscheinlich, weil hier zu 6, 4–7 parallele, aber um weitere Aspekte vermehrte Ausführungen[427] vorliegen; auch die Art des Anschlusses an die Erkenntnisausage[428] mit *bhywt* (Präposition *b* + inf.cstr.) ist charakteristisch

[420] Vgl. Ez 15, 6 ff.; die Deutung des Gleichniswortes 15, 1–5 in V. 6 bezieht das Gleichnis auf die Jerusalemer; diese sind aber nicht diejenigen, für die die Deutung des Gleichnisses bestimmt ist. Die Deutung spricht die Exilierten (erste Gola) an. Denn Ez 15, 7 bα kann mit der sogenannten Erkenntnisformel (Anrede in der 2. pers. plur. masc.) nur diesen Kreis vor Augen haben (vgl. Ez 14, 21–23!) und nicht die Jerusalemer, um deren Geschick es hier geht. Dem korrespondiert, daß auch Ez 15, 6.7 a sich nicht an die von den Unheilsansagen eigentlich Betroffenen richten, da von diesen hier in der 3. Person die Rede ist, also über sie verhandelt wird (vgl. Ez 11, 15; Ez 12, 19); zu Ez 15 vgl. Pohlmann, Ezechielstudien, 159 ff. sowie unten z. St.

[421] Vgl. dazu bereits oben zu 5, 1 f. und 5, 17.

[422] Zu ähnlichen Formulierungen vgl. Jes 57, 19; Esth 9, 20; Dan 9, 7.

[423] Vgl. Jer 14, 18.

[424] Vgl. die gleiche Aussagetendenz in 33, 27–29.

[425] Vgl. „unter jedem grünen Baum" z. B. Dtn 12, 2; 2. Kön 17, 10; Jer 2, 20; 3, 6.

[426] Vgl. zu „auf jedem hohen Hügel" 2. Kön 17, 10; Jer 2, 20.

[427] Zum Hinweis auf das Darbringen des „angenehmen Geruchs" (Beschwichtigungsgeruch) allen ihren Götzen vgl. Ez 16, 19; 20, 28. 41; nach Ez 20, 40 f. kommt solche Darbringung nicht nur allein Jahwe zu; er nimmt sie auch nur in seinem Tempel auf seinem Hl. Berge, d. h. in Jerusalem entgegen; das bedeutet implizit für die „Zerstreuten", die Diaspora, das Verbot eigener Jahwetempel bzw. die Aufforderung, sich auf den Jerusalemer Tempel als das allein legitime Heiligtum auszurichten.

[428] In zahlreichen Fällen fungiert die Erkenntnisaussage als Beschluß einer Aussageeinheit (vgl. Ez 6, 10*; 7, 4. 9. 27; 12, 20; 13, 23; 17, 21; 22, 16; 23, 49; 24, 27; 25, 5. 7. 11. u. ö.).

für Texterweiterungen[429]. Demzufolge endet das Kapitel hinter der Erkenntnisaussage von V. 13 aα in V. 14 mit der Feststellung der totalen Verwüstung des Landes[430], und damit im Wortlaut wie in der Aussagetendenz mit den aus golaorientierter Hand stammenden Passagen Ez 15, 8 und 33, 28f[431] übereinstimmend. Die Wendung in V. 14 aα „ich strecke meine Hand gegen sie aus" dürfte erst zusammen mit dem Nachtrag in V. 13 eingedrungen sein, so daß ursprünglich an die Erkenntnisaussage direkt die Ankündigung „und ich gebe das Land zur Wüstung und Einöde..." anschloß[432].

Die bislang zurückgestellten, den Abschnitt 6, 11–14 einleitenden Hand- 11
lungsanweisungen an den Propheten „Klatsche in die Hand und stampfe mit deinem Fuß auf und sprich: ‚Ha'..." spielen im folgenden überhaupt keine Rolle; nirgends ist ein Rückbezug oder eine Anspielung darauf erkennbar. Zu welchem Zweck also ist hier von dieser dem Propheten zugemuteten Körpersprache die Rede? In Ez 25, 6 reagieren die Ammoniter mit solchen Gesten des Höhnens und der Schadenfreude auf das Geschick des Landes Israel[433]. Weil Zimmerli davon ausgeht, daß der Prophet in 6, 11 ff. das Verhalten und die Einstellung Jahwes vorabbilden soll, meint er nachweisen zu müssen, daß mit diesen Gesten hier „nicht... dessen Schadenfreude angezeigt werden soll", es sich dagegen „um den leibhaften Ausdruck der ungezähmten Zorneswirklichkeit"[434] Jahwes handele. Zwar ist es richtig, daß der Prophet nach Ez 4, 3.7; 5, 1 ff. auch Jahwes Rolle vorspielen soll; aber in Ez 4 bilden die Zeichenhandlungen überwiegend künftige Ereignisse und die Reaktionen und Handlungen der davon Betroffenen und Beteiligten ab[435]. Daher ist zu erwägen, ob das hier nicht ursprünglich und in Fortsetzung des nur noch rudimentär erhalten Kernes von 6, 1–7* ebenfalls der Fall war. Wegen der Be-

---

[429] Vgl. z. B. Ez 12, 15 f.(!); 15, 7; 20, 42.44; 25, 17; 28, 22; 30, 8.25(!); 33, 29; 34, 27; 36, 23 f. (vgl. dazu die für G in Pap. 967 bezeugte Textfolge; dazu Pohlmann, Ezechielstudien, 86).

[430] „von der Steppe bis nach Ribla": Wahrscheinlich ist im Süden die von Ägypten trennende Südwüste, im Norden Ribla am Orontes im Lande Hamath gemeint (vgl. 2. Kön 23, 33; 25, 21); allerdings ist diese Vorstellung von der Ausdehnung des Landes im Norden nur in Ez 47, 17 belegt; vgl. immerhin Am 6, 14.

[431] Da der Abschnitt 33, 21–29 vor Beginn der Heilsansagen in Kap. 34 noch einmal das Endergebnis „totale Verwüstung" im Lande hervorhebt, bleibt nur zu folgern, daß allein diese erste Gola von Jahwes Volk und als Jahwes Volk übriggeblieben ist. Demnach kommt auch für die in Ez 34 ff. vorliegenden Heilsworte als einzig mögliche Adresse nur noch diese erste Gola in Frage.

[432] Zur Fortsetzung der Erkenntnisaussage mit (w.)perf. vgl. z. B. 13, 14 f.; Ez 15, 7.8 (ohne die Dublette zu 7 aα in 7 bβ); 17, 24; 21, 10; 22, 22; 35, 12; 36, 11 f.; 36, 36. – Mit „und ich strecke meine Hand aus gegen..." sind z. B. in Jer 51, 25 b; Ez 25, 7.13.16 jeweils die Unheilsankündigungen eingeleitet; zur Abfolge „und ich gebe das Land zur Wüste ..." in direkter Fortsetzung von „und ich strecke meine Hand aus gegen..." vgl. Ez 35, 3; „und ich gebe das Land zur Wüste ..." wie in Ez 6, 14 aβ in vorausgehende Aussagen zusammenfassender Funktion, aber ohne vorausgehendes „ich strecke meine Hand aus gegen...", in Ez 29, 12; 33, 28; 35, 7; Jer 9, 10 b; 34, 22.

[433] Vgl. das „in die Hände schlagen" in Nah 3, 19 als Zeichen der Schadenfreude über den Fall Ninives.

[434] Zimmerli, BK XIII, 1, 145.

[435] Vgl. das die Belagerung Jerusalems thematisierende ältere „Gedicht in drei regelmäßigen Strophen" 4, 1–2; 4, 9 a. 10. 11; 5, 1–2; dazu oben z. St.

rührungen mit den später aufgelisteten Reaktionen der Völker auf Israels Geschick (vgl. 25, 3; 26, 2; 36, 2) ist die Annahme nicht abwegig, daß deren künftiges Verhalten hier analog zu den vorausgehenden Zeichenhandlungen in Ez 4/5 als vom Propheten im voraus angezeigt erscheinen sollte. Dazu paßt hervorragend: Der mit „Ha" wiedergegebene hebr. Ausruf des Propheten „drückt sonst meist Spott und Schadenfreude aus (25, 3; 26, 2; 36, 2; Ps 35, 21 u. ö."[436]. Mit dieser Sicht wäre nicht nur erklärt, warum die besprochenen Aussageelemente überhaupt auftauchen, sondern auch, warum Ez 6 (ohne die spätere Erweiterung in V. 8–10) in der golaorientierten Fassung zweiteilig konzipiert erscheint: Vorgegeben war ein die „Berge Israels" betreffendes Unheilswort (6, 1–7*); darauf folgte eine weitere Aussageeinheit mit der Aufforderung zu einer Zeichenhandlung, die den Hohn und die Schadenfreude der Nachbarvölker und damit weitere Schmach ankündigte.[437]

Zur komplizierten Entstehungsgeschichte des Kapitels sind zusammenfassend als wichtigste Etappen festzuhalten: Ein älteres, nur noch in Rudimenten und aufgrund von Strukturanalogien erschließbares, an die „Berge Israels" gerichtetes Unheilswort, dem im älteren Prophetenbuch ein ebenfalls nur noch rudimentär greifbares Heilswort (Ez 36, 1–15*) korrespondierte, wurde zunächst im golaorientierten Sinn überarbeitet[438]. Die später eingeschalteten Verse 8–10 sind einer Redaktion zuzuschreiben, der das gesamte Diaspora-Israel am Herzen liegt, diese Israeliten in Jahwes Heilsplan nicht ausgeklammert sehen kann und deswegen die im golaorientierten Ezechielbuch herrschende Engführung der Texte auf den Exklusivanspruch der ersten Gola hier auf die Weise aufhebt, daß das golafavorisierende Verschweigen der Existenz der „Zerstreuten in den Ländern und unter den Völkern" gebrochen wird.

c. 7, 1–27 Das Ende ist gekommen

1 Und es erging das Wort Jahwes an mich folgendermaßen: 2 „Und du, Menschensohn, sprich[439]: ‚So spricht [der Herr]$^{G-}$ Jahwe zum Land Israels:[440]

---

[436] So Zimmerlis eigene Beobachtung, vgl. BK XIII, 1, 146.

[437] Falls diese Überlegungen in die richtige Richtung gehen, wäre weiter zu folgern, daß dann doch auch einige Völkerorakel (VO) im älteren Prophetenbuch eingearbeitet waren, zumindest solche, die mit den als Unheilsbegründung dienenden Vorwürfen „Schadenfreude" als Beweis der Erfüllung der hypothetisch erschlossenen Zeichenhandlung gelten konnten. Auf die Frage nach Umfang und Stellung solcher Völkerorakel im älteren Prophetenbuch kann hier noch nicht eingegangen werden. Die jetzige Stellung der VO scheint einen früheren Textzusammenhang Ez 24/33, 21 ff. auseinanderzureißen; es könnte allerdings auch sein, daß hinter Ez 24 bereits einige VO so fest verankert waren, daß die golaorientierte Redaktion diesen Sachverhalt nicht mehr rückgängig machen konnte.

[438] Auch die „Götzenverehrung" (*glwlym*) ist in golaorientierten Texten ein wichtiges Thema (vgl. Ez 33, 25; 8, 10).

[439] So mit G; vgl. Ap. BHS·

[440] G führt V. 2 mit V. 6 aβ („es kommt das Ende"). 7. 8. 9 weiter. Dann folgen V. 3–5. 6 aα (bis:

,[Das] Ende [kommt][441], es kommt das Ende über die vier äußersten Ränder der Erde.

3 Nun (kommt) das Ende über dich, und ich schicke meinen Zorn auf dich, und ich richte dich nach deinen Wegen, und ich bringe über dich alle deine Greueltaten.

4 Und mein Auge wird nicht mitleidig auf dich blicken, und ich werde nicht verschonen[442]. Fürwahr, deine Wege gebe ich auf dich, und deine Greueltaten sollen in deiner Mitte sein. Und ihr werdet erkennen, daß ich Jahwe bin.

5 So spricht [der Herr][G-] Jahwe: [Unheil nach[Ap] Unheil, siehe es kommt.][G-]

6 Ende kommt, es kommt das Ende, das Ende[443] über dich [siehe es kommt,
7 es kommt ,der Kranz'[444] über dich][445], Bewohner des Landes.
Es kommt der Zeitpunkt, nah ist der Tag [der] Bestürzung[446], und kein [Jubel von Bergen][447].

8 Nun gieße ich in Kürze meinen Grimm über dich aus, und ich bringe meinen Zorn an dir voll zum Zuge, und ich richte dich nach deinen Wegen, und ich bringe über dich all deine Greueltaten.

9 Und mein Auge wird nicht mitleidig blicken, und ich werde nicht verschonen. [Fürwahr][448], deine Wege gebe ich auf dich, und deine Greueltaten

---

„[das] Ende kommt") und V. 10 ff. Da sich feststellen läßt, daß diese griech. Textfolge nicht auf die Hand nur eines Übersetzers zurückgeführt werden kann, weil sich das Übersetzungsgriechisch in den Versen 1–6 aα. 10 ff. von dem in den Versen 6 aβ–9 unterscheidet, dürfte die jetzige griech. Versanordnung auf die Weise entstanden sein, daß ein zweiter Übersetzer eine bereits vorgegebene Übersetzung ergänzt hat. Diese Ergänzung besteht aus V. 6 aβ–9. Aus diesem Sachverhalt lassen sich verschiedene Schlüsse ziehen: Es ist vorstellbar, daß der erste Übersetzer in seiner hebr. Vorlage nur die Abfolge 7, 1–6 aα. 10 ff. gelesen hat und diese übertrug. Der zweite Übersetzer griff ein, weil seine hebr. Vorlage inzwischen um die Verse 6 aβ–9 erweitert worden war, und die ältere vorliegende griech. Übersetzung entsprechend angeglichen werden sollte (vgl. zu dieser Auffassung Zimmerli, BK XIII, 1, z. St.). Die Entstehung der jetzt von M abweichenden Versfolge in G wäre darauf zurückzuführen, daß die vom zweiten Übersetzer als Randnotiz angefügte Ergänzung (= V. 6 aβ–9) beim nächsten Abschreibevorgang durch ein Versehen hinter V. 2 geriet. Es ist andererseits jedoch auch nicht auszuschließen, daß beim ersten Übersetzungsvorgang der Übersetzer Doppelungen im Text zu vermeiden suchte, also die Verse 6 aβ–9 überging, weil sie zum großen Teil die Aussagen in V. 2–6 aα wiederholen, und so die Verse 10 ff. mit 2–6 aα verband. Dieses Textdefizit in G mußte bei einem späteren Vergleich mit M auffallen mit der Folge, daß hier ebenfalls (s. o.) ein zweiter Übersetzer den Schaden zu beheben suchte; vgl. aber neuerdings J. Lust, The Use of Textual Witnesses for the Establishment of the Text. The Shorter and Longer Texts of Ezekiel. An Example: Ez 7, BEThL LXXIV, 7–20; P.-M. Bogaert, Les deux rédactions conservées (LXX et TM) d'Ézéchiel 7, BEThL LXXIV, 21–47.

441 So mit G (vgl. Ziegler).
442 Vgl. Ez 5, 11.
443 *hqyṣ* = orthographische Variante zu *hqṣ*.
444 Undeutbar!
445 Nachtrag?
446 Vgl. Jes 22, 5.
447 Unsicher.
448 Vgl. 7, 4.

sollen in deiner Mitte sein. Und ihr werdet erkennen, daß ich Jahwe bin, der schlägt[449].

10 Siehe, der Tag, siehe es kommt, es geht heraus ‚der Kranz'[450].
Es blüht [die Rechtsbeugung][451], es sprießt der Übermut.

11 [Die Gewalttat erhebt sich zum Stab der Gottlosigkeit][452]...[453]

12 Es kommt der Zeitpunkt, es drängt an der Tag; **der Käufer freue sich nicht, und der Verkäufer trauere nicht.** [Fürwahr, Zornesglut (kommt) über all sein[454] Gepränge.][G-]

13 Fürwahr, der Verkäufer[455] kehrt nicht zurück zum Verkauften[456], [nicht mehr, solange ihr Leben währt[457], fürwahr, die Schauung[458] über all sein Gepränge wird nicht rückgängig werden][459].
Und keiner in seiner Verschuldung wird sein Leben festhalten[460].

14 Sie blasen[461] ins Horn, sie rüsten die Kriegswaffen[462] [fürwahr, meine Zornesglut (kommt) über all sein Gepränge][G-].

15 Das Schwert draußen, und die Pest und der Hunger drinnen;
wer auf dem Felde ist, stirbt durchs Schwert;
wer in der Stadt ist, den fressen[463] Hunger und Pest.

16 Und entkommen von ihnen Flüchtlinge, so sind sie auf den Bergen, [wie gurrende[464] Tauben][465], allesamt stöhnend[466], ein jeder in seiner Verschuldung.

17 Alle Hände[Ap] sind schlaff, und alle Knie triefen von Wasser.

18 Und sie gürten sich den Sack um, und es bedeckt sie Schrecken, und auf allen Gesichtern ist Scham und auf all ihren Häuptern eine Glatze.

19 Ihr Silber werfen sie auf die Gassen, und ihr Gold wird zum Unrat, [ihr Silber und ihr Gold kann sie nicht retten am Tag des Zornes Jahwes][467],

---

449 So mit G.

450 Vgl. 7,7.

451 So nach Ez 9,9; M liest „der Stab".

452 Erläuternder Zusatz zu V. 10bβ?

453 Der Rest des Verses ist unverständlich.

454 Sing.f.; bezieht sich auf Ez 7,2 „das Land", vgl. Ez 29,19.

455 G= „Käufer".

456 G= „zum Verkäufer".

457 Wörtlich: „und ist noch unter den Lebendigen ihr Leben".

458 „Schauung" sonst noch Ez 7,26; 12,22f. 27.

459 Dieser Versteil fehlt in G; zum Verständnis und zur Genese der masoretischen Fassung von V. 13 vgl. die Auslegung.

460 Vgl. G.

461 Vrs lesen Imperativ.

462 Der Infinitiv constr. dient hier (vgl. z. B. 1. Chr 21,24b; 2. Chr 7,3) zur Fortsetzung des finiten Verbs. M bietet einen erweiterten Text: „Sie blasen... und rüsten alles zu; aber keiner zieht in den Kampf".

463 G= „vertilgen".

464 Statt M *kywny hg'ywt* „wie Tauben der Täler" ist wohl *kywnym hgywt* (vgl. einige G-Textzeugen) zu lesen; zu *hgh* vom Gurren der Tauben vgl. Jes 38,11 und 59,11 (gleiche Verwendung des Bildes).

465 In wichtigen G-Textzeugen.

466 G liest *hmty* (oder: *'myt*) und übersetzt: „ich werde sie alle töten".

467 Fehlt in G; vgl. Zef 1,18!

sich selber können sie nicht sättigen und ihren Bauch nicht füllen;
fürwahr, es wurde Anlaß ihrer Verschuldung.

20 Und die Zierde seines[468] Schmuckes benutzten sie[Ap] zur „Angeberei“[469], und die Bilder ihrer Greueltaten [ihre Scheusale][G-] stellten sie daraus her.
Darum gebe ich es ihnen zum Unrat[470].

21 Und ich gebe es in die Hand der Fremden zum Raub und den Frevlern der Erde zur Beute, und die werden es entweihen[Ap].

22 Und ich wende mein Antlitz von ihnen ab, und man entweiht mein Kleinod;
und es kommen Räuber darüber[Ap] und entweihen es[Ap] 23 und machen[Ap] [ein Gemetzel (?)][471],
fürwahr, das Land ist voll an [Gericht][G-] Blutschuld[472]; und die Stadt ist voll an Gewalttat.

24 [Und ich bringe die Schlimmsten der Völker, und sie nehmen ihre Häuser in Besitz][G-].
Und ich mache ein Ende dem Schutz, worauf sie stolz sind[473]; und entweiht werden ihre Heiligtümer[474].

25 Angst kommt[Ap]; und man sucht Heil, aber es gibt keines.

26 Unglück[475] kommt über Unglück, und Gerücht über Gerücht gibt es;
und man sucht Schauung beim Propheten;
und Weisung geht dem Priester verloren und Rat den Ältesten.

27 [Der König trauert und][G-]; der Fürst kleidet sich in Entsetzen, und die Hände des Volkes des Landes sind vor Entsetzen gelähmt.
Nach ihrem Wege[476] handle ich an ihnen, und nach[Ap] ihren eigenen Satzungen richte ich sie. Und sie werden erkennen, daß ich Jahwe bin.

Lit.: M. Masson, S^{E}PIRA (Ezéchiel VII 10), VT XXXVII (1987), 301–311.

1–27 Der uns überlieferte Text ist streckenweise unheilbar verdorben; aber 1–27
nicht nur deswegen steht man bei der Auslegung vor enormen Schwierigkeiten. Das Kapitel, das in V. 1 mit der sog. Jahwewort-Ergehensformel eingeleitet ist und sich vom anschließenden Kontext 8, 1 ff. (Visionsbericht) deutlich abhebt, kann dennoch keinesfalls als eine literarische Einheit betrachtet werden. Die im Text enthaltenen Dubletten[477] und variierenden Wiederholun-

[468] Bezieht sich auf „Silber...“ (V. 19).
[469] *g'wn* (vgl. noch Ez 24, 21; 30, 6; 33, 28; Jes 13, 11) sonst „Stolz“, „Hoffart“, „Anmaßung“.
[470] Vgl. V. 19.
[471] So nach Vorschlag von Ap. BHS.
[472] Vgl. Ez 9, 9.
[473] Oder: „Aushängeschild ihrer Stärke“. – Für „die Starken“ (M) ist „ihre Stärke/ihr Schutz“ zu lesen; vgl. G und Ez 24, 21; 30, 6. 18; 33, 28; Lev. 26, 19.
[474] So mit G und V.
[475] Vgl. Jes 47, 11.
[476] Vgl. G.
[477] Vgl. 7, 3. 4 = 7, 8. 9.

gen[478], die passagenweise engen Berührungen und Übereinstimmungen mit anderen Texten des Ezechielbuches und Aussagen anderer Prophetenschriften[479] sowie der Wechsel der Rederichtung[480] sind deutliche Anzeichen für einen länger währenden komplizierten Wachstumsprozeß. Ein Vergleich der M-Textfassung mit G ergibt, daß der hebr. Text sogar noch, nachdem bereits die griech. Übersetzung angefertigt war, erweitert und glossiert worden ist. Diesen Wachstumsprozeß im einzelnen nachzuvollziehen, ist nur sehr schwer möglich; und Rekonstruktionen[481] des ursprünglichen Textkerns als Ausgangstext bleiben weithin hypothetisch. Mit Vorbehalt läßt sich immerhin folgendes erheben: Wie auch immer man die G-Textgestalt im Vergleich zur M - Abfolge 7, 1–9 beurteilt (s. o.), man wird 7, 1–9 (bzw. 7, 1–4) wegen a) der hier konsequent durchgehaltenen Jahwerede, b) der ebenfalls durchgängigen Anrede in der 2. pers. sing. f. sowie c) der inhaltlichen Ausrichtung von 7, 10–27 abgrenzen.

1–9 7, 1–9 Versucht man, die Hintergründe aufzuspüren, die die zahlreichen Doppelaussagen und Wiederholungen erklären, so läßt sich folgendes beobachten: 7, 1–4 und 7, 5–9 gehen weithin parallel, unterscheiden sich aber darin, daß die Ankündigungen in 7, 2 bff. in einem umfassenderen Horizont verstanden werden sollen („es kommt das Ende über die vier äußersten Ränder der Erde“[482]) als in 7, 6 ff., wo der „Bewohner des Landes“ (V. 7 a) angesprochen ist. Somit ist 7, 2 b–4 „ein umdeutender Zusatz von jüngerer Hand“[483].

Für den verbleibenden Rest 7, 5–9 ist nicht zu übersehen, daß die Abfolge 7, 8–9 (wie auch entsprechend 7, 3 bβ. 4) redundant formuliert ist. Denn 8 aγ.b und 9 bα (vgl. 3 aβ.b und 4 bα) formulieren mit annähernd übereinstimmenden Worten jeweils dasselbe Aussageziel. Mit Verweis auf Ez 8, 18 könnte man sich vorstellen, daß auf die Unheilsansage in 8 aαß in der Ansage des konsequenten Jahwezornes ursprünglich zunächst keine eigene Begründung zu folgen brauchte, daß also wie in 8, 18 die Feststellung des mitleidslosen Vorgehens Jahwes in 7, 9 a direkt und stringent an 7, 8 aαβ an-

---

[478] Vgl. V. 3 aγ.b ≙ 4 b; 8 aγ.b ≙ 9 b; ferner: „das Ende kommt...“ in V. 2. 6; vgl. noch V. 7 mit V. 12; s. a. V. 15 a „Schwert, Pest, Hunger“ und V. 15 b.

[479] Vgl. z. B. 7, 9 aα und Zef 1, 18; 7, 26 bβ und Jer 18, 18.

[480] Vgl. die Anrede 2. pers. sing. f. in 7, 3. 4 abα; aber 2. pers. plur. mask. in 7, 4 bβ; 2. pers. sing. mask. in 7, 7 a; wieder 2. pers. sing. f. in 7, 8. 9 abα; aber 2. pers. plur. mask. in 9 bβ; 7, 10–27 Berichtsform ohne Anrede (vgl. aber immerhin Vrs zu V. 14); die Erkenntnisaussage in 7, 27 bβ 3. pers. plur.mask.

[481] Vgl. zu 7, 5–6 aα. 10–27 [zu dieser Textfolge vgl. oben!] Zimmerlis Rekonstruktion der „unkommentierte(n) Urgestalt des Prophetenwortes über den bitteren Tag des Endes“, BK XIII, 1, 174.

[482] Damit soll das Augenmerk des Lesers auf das noch bevorstehende Weltgericht (vgl. Jes 11, 12 ff.; Jes 24 [vgl. dort auch „Rand der Erde“ in V. 16]) gelenkt werden, dessen Eintreffen um so sicherer bevorsteht, als sich die in 7, 5 ff. folgenden Ansagen bereits erfüllt haben.

[483] Vgl. Hölscher, Hesekiel, 67; wenn in V. 5 b „Unheil nach Unheil, siehe es kommt“ zu lesen ist, könnte das damit zusammenhängen, daß damit die Katastrophe von 587 v. Chr. als das Glied einer bis zum Endgericht reichenden Kette gekennzeichnet werden soll.

schloß[484], woraufhin dann 7,9bβ abschließend die Ursache des Zornes Jahwes und seiner Unbarmherzigkeit klarstellte. Die in V.9abα vorliegende Aussagefolge bestätigen Ez 9,10 und 24,14.

Aber auch die Aussagefolge 8aαβ.9 dürfte noch nicht zum ältesten Textbestand zählen. Im Vergleich zum Folgenden handelt es sich um recht pauschalisierende Feststellungen, die hier vorweg als eine Art Vorspann zu den Aussagen in 7,10ff. klarstellen sollen, daß darin Jahwes gerechtes, Wege und Taten vergeltendes Zornesgericht angesprochen ist (7,9bα), was im vorgegebenen Text erst am Schluß 7,27b mit dem Verweis auf Jahwes Handeln und Richten „ihrem Weg entsprechend"[485] festgehalten hatte. Ferner soll in V.9bβ der Hinweis auf die „Greueltaten"[486] von vornherein die Negativqualität der „Wege" bzw. des „Wandels" eindeutig kennzeichnen. Die in der Ich-Rede Jahwes anhebenden Aussagen über das Ausgießen und Vollenden des Jahwezorns (7,8aαβ)[487] betonen, daß es im folgenden um mehr geht als um ein einzelne Vergehen ahndendes Vorgehen Jahwes. Daß sich in diesen Punkten die Aussagen in 7,8.9 mit 8,17.18[488], berühren, bleibt im Auge zu behalten.

Möglicherweise enthält 7,6f. Reste eines ursprünglichen Textes, der anstelle von 7,10.12 oder in Kombination mit darin jetzt noch erhaltenen Aussagen die weiteren Darlegungen in 7,10–27 einleitete. Daß Aussagen in V.7 (vgl. zu „Zeit" und „Tag") leicht variiert in V.10 und 12 zu lesen sind, spricht jedenfalls dafür, daß der in 7,8.9* sondierte „Vorspann" hier unter Anwendung des „Prinzips der Wiederaufnahme"[489] verklammert wurde: Die Hinweise auf das nahe Ende, die Zeit etc. waren als ursprüngliche Einleitung zu 7,10–27* vorgegeben; der spätere „Vorspann" 7,8.9* wurde nun so eingebunden, daß die betreffenden Hinweise als Kopf des Vorspanns zu lesen standen, woraufhin ihre Wiederholung hinter 7,8.9* zwecks Ein- bzw. Überleitung zu 7,10–27* notwendig wurde. Dafür, daß in V.7bα die im Vergleich zu V.12aα ursprünglichere Formulierung erhalten ist, spricht möglicherweise, daß in Ez 12,23 mit „nahe sind die Tage" unverkennbar ein Rückbezug auf das „nah ist der Tag" in 7,7 vorliegt[490]. Der Verweis auf das kom- 6.7

[484] Vgl. auch Ez 5,11.

[485] Vgl. so oder ähnlich 7,3.4.8.9.27; 9,10; 18,30; 20,44; 24,14 („deinem Wandel und deinen Taten entsprechend"); 33,20; 36,19b; vgl. noch Jer 32,19; Sach 1,6.

[486] Vgl. vor Ez 7 die Hinweise in 5,9.11; 6,9.11; dann in 8,6.9.13.15.17; 9,4.

[487] Vgl. zum Thema ferner 5,13; 6,12; 9,8; 14,19; 20,8.13.21.33.34; 22,22; 30,15; 36,18; Klgl 2,4; 4,11; vgl auch Ez 21,36; Jes 42,25; Zef 3,8; vgl. zum Jahwezorn Kaiser, ATD 16,2, 137, Anm.63.

[488] Vgl. Ez 9,8–10.

[489] Vgl. C.Kuhl, Die „Wiederaufnahme" – ein literarkritisches Prinzip, ZAW 64 (1951), 1–11.

[490] Die Beobachtung, daß sich 12,21–28* deutlich auf Ez 7* zurückbezieht, weil hier wie dort das Stichwort *ḥzwn* eine Rolle spielt (vgl. 7,[13].26) und, besonders eindrücklich, hier wie dort die Frage der „Nähe" des Gerichts bedacht wird (vgl. 7.7.8 [*qrwb hywm*] und 12,23 [*qrbw hymym*]; vgl. auch 12,27), spricht dafür, daß vor Einschaltung des golaorientierten Visionsberichts Ez 8–11* ursprünglich an Ez 4–7* direkt Ez 12,21ff.* anschloß (12,1–16 fällt aus dem golaorientierten Profil heraus, weil hier der besondere Vorrang der ersten Gola nivelliert wird;

mende „Ende"[491] (V. 6) taucht möglicherweise nach der Einschaltung von V. 8 aαβ. 9 deswegen nicht mehr in der Überleitung zum Folgenden auf, weil damit in V. 6 das nun die neue Textfolge insgesamt abdeckende Thema genannt ist.

10–27 7, 10–27 Im Vergleich zum „Vorspann" fällt hier die Fülle konkreter Aussagen sowie der Wechsel der Themen oder Blickrichtungen ins Auge. In 7, 10–13 wird auf Fehlentwicklungen im Wandel („Rechtsbeugung", „Übermut") und Reaktion im Handel (vgl. „Kaufen und Verkaufen") hingewiesen; 7, 14–17 sprechen ein Kriegsgeschehen und seine Auswirkungen (Schwerterschlagene, Hungertote, Flüchtlinge) an. 7, 18–19 beschreibt eine Situation der Bestürzung und Trauer. Während bislang das „Ich" Jahwes nirgends auftauchte[492], ist die in 7, 20–27 vorliegende Abfolge begründeter Unheilsankündigungen als Ich-Rede Jahwes[493] konzipiert.

Das älteste Textstadium als Ausgangstext für die jetzige Abfolge läßt sich nur annäherungsweise rekonstruieren, zumal es Anzeichen für mehrfache Fortschreibungen gibt. Eindeutig erkennbare späte Nachträge sind die noch in G fehlenden Vermerke über die „Zornesglut" in V. 12 b und 14 b sowie die von G ebenfalls nicht bezeugten Versanteile in V. 13, V. 19 (= Zefanja-Zitat) und V. 24. Zusatzverdächtig ist ferner der Hinweis auf die „Verschuldung" in V. 13 bβ und V. 16 b, eventuell auch in V. 19 b, da hiermit beflissen und beeinflußt von Aussagen in Ez 18 die in Ez 7, 10 ff. beschriebenen äußeren Befindlichkeiten „ordnungsgemäß" auf die innere sündhafte Haltung zurückgeführt werden. V. 20. 21 sind zusammen mit V. 19 b als V. 19 aα sukzessiv weiterführende und uminterpretierende Glossen einzustufen. Doch auch nach Abzug dieser Textanteile dürfte das älteste Textstadium noch nicht erreicht sein[494].

5–9 7, (1–4)5–9* Das Ende – Jahwes schonungsloses und unwiderrufliches Zornesgericht: Abgesehen davon, daß mit dem einleitenden Verweis auf das bevorstehende allgemeine Ende[495] alle vorausgehenden und folgenden Unheilsaspekte gebündelt werden, bietet dieser „Vorspann" an sich für den Leser nichts Neues. Denn bereits in 5, 11–13 war zu lesen, daß Jahwe wegen der Greueltaten erbarmungs- und gnadenlos vorgehen (5, 11 bβ) und seinem Zorn ungehemmten Lauf lassen wird (5, 13)[496]. Daraus erhellt, daß die Aussagen

---

vgl. dazu Pohlmann, Ezechielstudien, 36 ff.); das bedeutet, daß in dieser Abfolge das Profil einer vorgolaorientierten Textfolge greifbar wird. Hier wird, nachdem Ez 7* mit der Rede vom Ende für letzte Klarheit über den Umfang des drohenden Unheils gesorgt hat, in Ez 12, 21 ff. betont daraufhingewiesen, daß Zweifel am Eintreffen von Schauung und Jahwewort alsbald widerlegt werden. Mit 24, 1, dem Datum des Belagerungsbeginns, wird gezeigt, wie unberechtigt solche Zweifel waren (vgl. Pohlmann, Ezechielstudien, 125).

[491] Vgl. noch Am 8, 2; Ez 21, 30. 34; ferner Jer 51, 13; Klgl 4, 18; ferner Gen 6, 13.

[492] 7, 14 b fehlt noch in G, ist also nicht ursprünglich.

[493] Außer V. 23. 25. 26. 27 a; das „Ich" Jahwes in V. 20 b. 21. 22. 24. 27 b.

[494] Zu weiteren Einzelheiten vgl. unten 120 ff.

[495] Vgl. dagegen Klgl 4, 18: „unser Ende", „unsere Tage"; Ez 21, 30; Ps 37, 13: „sein Tag"; Ez 21, 34: „ihr Tag"; Ez 22, 4: „deine Tage" (c. *qrb* hi.).

[496] Vgl. auch Ez 6, 11. 12; 8, 17 f.; 9, 5; 9, 8–10; zu Ez 7, 9 vgl. ferner Klgl 2, 17. 21; 3, 42 f.; Jer 13, 14.

in 7, 5–9* speziell auf die in 7, 10ff. vorliegenden Darlegungen bezogen konzipiert sind und darin vermißte wichtige Aspekte vorausschicken. Ohne den jetzigen Vorspann bleibt in 7, 10ff. ja zunächst offen, in welchem größeren Horizont die angesprochenen Sachverhalte gesehen werden sollen. Während in 7, 10ff. zunächst ohne Hinweise auf eine theologisch begründete Metaebene lediglich von Irritationen, Bedrohungen und Ausweglosigkeiten die Rede ist, bietet 7, 5–9* dazu vorweg eine Art theologisches Koordinatensystem. Indem jetzt das nahe Ende als der Zeitpunkt in den Blick gerückt ist, an dem Jahwes gnadenloses „Ausgießen" seines Zornes[497] in engster Verbindung mit seinem Wege und Wandel berücksichtigenden Richten einhergehen wird, erfolgt eine klarstellende theologische Ortung: Die Rede vom Zorn Jahwes impliziert, daß dieser Zorn durch entsprechendes Verhalten Jahwe gegenüber provoziert wurde; das sollen die ausdrücklichen Hinweise auf Verschuldungen in V. 9b belegen. Die Möglichkeit der Vergebung und damit Abwendung des Jahwezorns[498] wird ausdrücklich ausgeschlossen; das Maß war voll[499]; d.h. die Katastrophe von 587 v. Chr., auf die mit der Rede vom „Ende" etc. angespielt und von deren Auswirkungen in 7, 10ff. die Rede ist, war nach Auffassung der für diesen Abschnitt zuständigen Theologen längst beschlossene Sache, sowie zum Zeitpunkt, da Ezechiel bereits das Exilsgeschick der ersten Gola teilen mußte, auch nicht mehr abwendbar und in jeder Beziehung gerechtfertigt. Überlegungen dazu, unter welchen Voraussetzungen und Bedingungen überhaupt ein Abwenden der Katastrophe möglich gewesen wäre, wie sie z. B. noch vom Autor der älteren Fassung der Schlußerzählungen im Jeremiabuch angestellt werden[500], aber auch sonst im Jeremiabuch eine Rolle spielen (Jer 3, 14ff., 4, 1ff.), können hier offensichtlich als unangebracht bei Seite gelassen werden.

7, 10–27 Geschick und Reaktion der Betroffenen

Die ursprüngliche Einleitung läßt sich nach den bisherigen Beobachtungen nur noch annäherungsweise erschließen. Eingangs war mit dem Hinweis auf das kommende Ende, das Nahen eines besonderen Tages etc. (V. 10*. 12*) die Aussagerichtung der folgenden Darlegungen vorweg gebündelt[501].

V. 10 Was mit „es geht heraus ‚der Kranz'" in V. 10bα[502] gemeint ist, ist 10
bislang nicht geklärt. Die Wiedergabe von *ṣp[y]rh* mit „Kranz" orientiert sich
an Jes 28, 5[503]. Ob jedoch die dort zu veranschlagende Bedeutung auch für
Ez 7, 7+10 das Richtige trifft und worauf hier dann überhaupt angespielt

[497] Das „Ende", der „Tag", die „Zeit" in Verbindung mit dem „Ausgießen" des Jahwezorns (7, 3f.; 7, 7. 8) begegnet so auch in Klgl 4, 11. 18.
[498] Vgl. dazu z. B. Jer 4, 4.
[499] Vgl. auch Jer 7, 16; 11, 14; 14, 11; 15, 1; dazu Pohlmann, Ferne Gottes, 171.
[500] Vgl. Jer 38, 17ff.; dazu Pohlmann, Studien zum Jeremiabuch, 84ff.
[501] Vgl. umgekehrt in Klgl 4, 18.
[502] Vgl. 7, 7.
[503] *ṣp[y]rh* im AT sonst nur hier!

wird, ist völlig offen[504]. Die anschließenden Worte vom „Blühen“ und „Sprossen“ erinnern an Hos 10, 4 „so sproßt das Recht wie Gift...“[505] und wären dann so aufzufassen, daß sie die Gründe für das im folgenden vor Augen gestellte Unheil anführen sollen[506].

11 V. 11 a ist wahrscheinlich zur Ergänzung und Illustration von V. 10 nachgetragen[507]; die Feststellung, daß sich „Gewalttat zum Stab der Gottlosigkeit“[508] erhebt, hat dann wahrscheinlich die Herrschaft der letzten Könige Judas[509] vor Augen[510]. Der Rest des Verses (11 b) ist dunkel.

12.13 V. 12. 13 Waren in V. 10 bβ(11 a) „Tatbestände“ umschrieben, die als Bewirkgründe des bedrohlichen „Tages“ gelten dürften, so leitet V. 12 mit dem V. 7 wiederaufnehmenden, erneuten Verweis auf das Kommen der Zeit und das Andrängen des Tages Aussagen ein, die nun die Auswirkungen des „Tages“ auf die Menschen in ihren Betroffenheiten ausmalen (7, 12–27).

Auf welche konkrete historische, durch den Unheilstag bedingte Entwicklungen im Handel die Aussage „der Käufer freue sich nicht, und der Verkäufer trauere nicht“ anspielt[511], muß offen bleiben. Der Tenor der Aussage ist

---

504 Während Fohrer an eine „verderbte Glosse“ denkt, HAT, z. St., und Zimmerli „angesichts der Undeutlichkeit des Wortes... nichts Näheres auszumachen“ weiß, BK XIII, 1, 173, interpretiert Fuhs, NEB I, z. St., „die Reihe ist an dir“; Masson, VT XXXVII (1987), 301–311, versteht unter *ṣp[y]rh* ein „Netz“ oder „Lasso“, womit die Deportation symbolisiert werde. – Die Verstehenschwierigkeiten im Blick auf V. 6 f. und 10 hängen möglicherweise damit zusammen, daß hier Aussageelemente eingesetzt werden, die ursprünglich in einem ganz anderen Vorstellungskomplex eine Rolle spielten. Folgende Auffälligkeiten seien immerhin vermerkt: Das hebr. *qṣ* hat auch die Bedeutung „Ernte“ (vgl. so z. B. schon im sog. Gezer-Kalender, s. KAI Nr. 182, 7); in Jer 8, 20 heißt es im Zusammenhang einer Untergangsklage (vgl. dazu Pohlmann, Die Ferne Gottes, 161 ff.): „Vorbei ist die Getreideernte und zu Ende ist die Obsternte (*qṣ*; d. h. die gesamte Erntezeit; vgl. ähnlich Jes 16, 9 f.); und uns ist nicht geholfen“. Im Blick besonders auf Jes 16, 9 f. ist zu erwägen, ob Ez 7, 7 bβ nicht auf das „Jauchzen“ (für *hd* wäre *hydd* zu lesen) bei der Ernte (bzw. Keltertreten) verweisen soll (so Greenberg, AncB, 161). Weitere Beispiele für Erntemetaphorik in Unheilsankündigungen: Jes 17, 5. 11; Jer 51, 33; Hos 6, 11; Am 8, 2; ferner Jer 51, 13. 14; in Heilsworten: Jes 9, 2.

505 Vgl. zum Bild auch Ps 72, 7.

506 Vgl. z. B. Jer 49, 16; Ob 3; Ps 92, 8; vgl. noch Jer 50, 31, hier ist „Übermut“ Prädikat oder Synonym für Babel und damit zugleich die Begründung für den „kommenden Tag, die Zeit der Heimsuchung“ an Babel. – Andere wollen Ez 7, 10 bβ als eine verschleierte Ankündigung der Unheilsmacht Babels auffassen, weil mit *zdwn* = „Übermut“ wegen Jer 50, 31 auf Babel angespielt werde und dazu passend auch die masoretische Lesart „Stab“ analog zu Jes 10, 5 (Assur als Jahwes Stab bzw. „Zuchtrute“) Sinn mache.

507 Vgl. zum Stichwort „Gewalttat“ Ez 7, 23; 8, 17, 9, 9; 12, 19(!).

508 Oder: „des Gottlosen“.

509 Vgl. zu Jojakim z. B. Jer 22, 13–17.

510 Vgl. Jes 14, 5, wo ähnliche Formulierungen („Stab der Frevler“ parallel zu „Szepter der Herrschenden“) auf die babylonischen Gewaltherrscher anspielen; zu *mṭh* = Stab/Szepter als Insignie königlicher Herrschaft in Jerusalem vgl. Ez 19, 11. 12. 14; Ps 110, 2 – Analog zu den Überlegungen zu 10 bβ (vgl. Anm.) kann man auch hier erwägen, ob V. 11 a nicht auf die babylonische Gewaltherrschaft anspielt, zumal Hab 1, 9 im Blick auf die Babylonier feststellt, daß „ein jeder davon zur Gewalttat kommt“.

511 Vgl. dazu z. B. Fohrer, HAT, z. St.

in jedem Fall: Geschäfte, geschäftliche Gewinne oder Verluste werden völlig irrelevant sein[512].

V. 13 Die vorliegende Aussagefolge wirkt konfus; ursprünglich war hier wohl lediglich als Kommentierung zu V. 12a zu lesen, daß auch die sogenannte Erlaßjahrregelung (Lev 25, 8 ff.), nach der verkaufter Grundbesitz nach einer Frist von fünfzig Jahren wieder an den Verkäufer zurückfallen muß (Lev 25, 28), nicht mehr zur Anwendung kommen wird (13 aα), da keiner sein Leben festhalten werde (13 bβ). Eine zusätzliche „Klarstellung", die in G noch fehlt, soll V. 13 aβbα*[513] bringen: Selbst wer lange genug leben wird, wird ja nicht zurückkehren! Ein noch späterer, wahrscheinlich zunächst als Glosse am Rand vermerkter Zusatz ist offensichtlich V. 13 bα*, zunächst wohl in der Fassung wie V. 12 b (vgl. 14 b) „fürwahr, [meine] Zornesglut (kommt) über all sein Gepränge"; warum und wie im einzelnen schließlich aus dieser Aussage eine Feststellung über die Unumkehrbarkeit der „Schauung" wird[514], mag offen bleiben[515].

V. 14–17 stellen ein Kriegsgeschehen und seine Auswirkungen vor Augen 14–17
und bieten somit die ersten deutlicheren Hinweise darauf, welcher Art die Bedrohungen des angekündigten „Tages" sein werden. V. 14 Das Blasen der Signalhörner erfolgt nach Hos 5, 8; Jer 4, 5; 6, 1 angesichts höchster Kriegsgefahr und entsprechender Bedrohung[516]; daß die Lage aussichtslos ist, ergibt sich aus den folgenden knappen Andeutungen. V. 15 a[517] wie auch die wie eine zusätzliche Klarstellung wirkende zweite Vershälfte scheinen Jer 6, 22–26[518] und 14, 18 zu berücksichtigen[519]. V. 16 vermerkt, daß es in diesem Unheilsgeschehen Entronnene gibt[520], die sich auf die Berge flüchten. Zum Vergleich mit den Tauben - möglicherweise doch schon im ursprünglichen Text verankert[521] - sei zum einen auf Jer 48, 28 (= Jes 16, 2) verwiesen, wo es wie in unserem Text um eine letzte Rückzugsmöglichkeit geht[522], und zum anderen auf Jes 38, 14 und 59, 11, wo man sich in Notsituationen auf Hilfe harrend gleich gurrenden Tauben fühlt. Die in V. 17 erwähnten körperlichen

512 Nach Zimmerli, BK XIII, 1, 176, wäre hier ähnlich wie in Jes 24, 2 festgehalten, daß an diesem „Tag" Stellung, Stand und Besitzstand der Menschen keinerlei Rolle spielen.

513 Ohne „fürwahr, die Schauung über all sein Gepränge", vgl. dazu noch die Auslegungen unten.

514 Kaum eine schlichte Verschreibung von *ḥrwn* (= Zorn) in *ḥzwn* (= Schauung).

515 Vgl. immerhin die die prophetische „Schauung" betreffenden Aussagen in Ez 12, 22 ff.

516 Vgl. noch Neh 4, 12; Am 3, 6.

517 Ähnlich formuliert in der Klageform Klgl 1, 20: „Draußen raubte die Kinder das Schwert, im Hause der Hunger" (zu Übersetzung und Textproblemen vgl. O. Kaiser, Klagelieder, ATD 16/2, Göttingen 1992, 116); vgl. noch Ez 33, 27.

518 Vgl. auch Ez 7, 17 f. und Jer 6, 24.26.

519 Da hier (vgl. auch die Berührungen mit Klgl 1, 20) die Belagerungssituation bereits vorausgesetzt ist, wäre daraus zu folgern, daß Ez 7, 14 ff. nach der Katastrophe konzipiert wurde.

520 Dieser Punkt wird in 6, 8.9 aus diasporaorientierter Sicht und in 14, 22; 24, 26.27 und 33, 21.22 von der golaorientierten Redaktion berücksichtigt.

521 Gegen Zimmerli, BK XIII, 1, z. St.

522 Vgl. noch Ps 55, 7 f.; 11, 1.

Symptome völliger Entmutigung und fassungslosen Schreckens geben eine Ahnung von der Übermacht des Feindes und den Auswirkungen des Kriegsgeschehens[523].

18 V. 18 beschreibt Verhaltensweisen in einer Situation der Bestürzung und
Trauer. Das Anlegen des „Sacks“ kann im Zusammenhang der Begehung
eines Todes (Totenklage; vgl. z. B. 2. Sam 3, 31), als Zeichen von Reue
und Buße (vgl. Jona 3, 5. 8; Neh 9, 1), als Zeichen der Reue und Unterwer-
fung nach einem verlorenen Krieg (vgl. 1. Kön 20, 31 f.) oder auch als Re-
aktion im Zusammenhang einer Untergangsklage nach einer umfassenden
Katastrophe verzeichnet werden (vgl. z. B. Klgl 2, 10 zur Katastrophe von
587 v. Chr.). In Amos 8, 10; Jes 15, 2. 3; 22, 12 ist neben dem „Sack“ auch
die „Glatze“ als Trauerzeichen genannt. Während aus V. 18 selbst nicht
eindeutig hervorgeht, ob hier an Reaktionen noch während oder bereits
19 nach dem Unheilsgeschehen gedacht ist, spricht die Fortsetzung in V. 19
dafür, daß es noch im Gange ist; denn daß Silber und Gold wertlos ge-
worden sind, deutet auf eine Hungersnot während einer Belagerungssitua-
tion, in der auch mit solchen Schätzen nichts gegen den Hunger auszurich-
ten ist[524].

V. 19 b stuft „Silber und Gold“ als „Anlaß zur Verschuldung“[525] ein. Es
handelt sich hier zusammen mit den daran anschließenden Darlegungen in
20 V. 20 um eine nachträgliche Kommentierung der in V. 19 enthaltenen Aus-
sage über das Gold: Weil man es zur „Hoffart“, zur „Angeberei“ benutzte,
ja, daraus abscheuliche Bilder, also Götzenbilder hergestellt hatte, hatte
Jahwe das Gold zum „Unrat“ (vgl. V. 20 bEnde und V. 19 aαEnde) werden
lassen.

21–24 V. 21 führt die in V. 20 b anhebende Ich-Rede[526] Jahwes weiter. Während
in den vorausgehenden Darlegungen überwiegend die Folgen des bevorste-
henden Unheils für die Menschen wichtig waren, folgen jetzt (bis V. 24) kon-
kretere Hinweise auf die Unheilsmächte und -abläufe. Vor allem aber stellt
Jahwe klar, daß er selbst der eigentliche Hintergrundakteur ist: Er wird dafür
sorgen, daß das bereits zum Unrat gewordene Gold (vgl. V. 20) nun noch
„Fremden“[527] als Raub und Frevlern als Beute zufällt; aber die werden nicht
nur auf Rauben und Plündern aus sein. 22 a Weil Jahwe sein huldvolles Ant-

---

[523] Vgl. ähnlich Ez 21, 12 b; Jes 13, 7.

[524] Der Zef 1, 18 berücksichtigende Interpolator von 19 aβ (fehlt in G) will wohl darauf verweisen, daß es an einem solchen „Tag“ auch nicht die Möglichkeit von Lösegeld oder Freikauf gibt (vgl. Jes 13, 17).

[525] Vgl. zu dieser Formulierung Ez 14, 3. 7; 18, 30; 44, 12 (im AT nur hier).

[526] Die in der Ich-Rede Jahwes gehaltenen Verse wirken im Kontext wie ein Fremdkörper. Indem darin jetzt offengelegt wird, wer aus welchen Gründen hinter allem die Vorgänge steuert, also bislang fehlende Hintergrundinformationen gebracht werden, ist die Darstellungsebene der übrigen Verse in 17–27 verlassen. Denn darin wurde ja nicht einmal das in V. 14–16 angedeutete Unheil weiter ausgemalt; und dessen Umfang sollte sich dem Leser lediglich indirekt über die Beschreibung der körperlich-seelischen Betroffenheiten in der dann nicht weiter zu schildernden Unheilssituation erschließen.

[527] Vgl. Ez 11, 9; 28, 7; 30, 12; 31, 12.

litz abwenden[528] und somit seine Hüterfunktion[529] nicht mehr wahrnehmen wird, wird es sogar zur Entweihung seines Heiligtums[530] kommen. V. 21 im Anschluß an V. 20 b ist möglicherweise ein Nachtrag innerhalb der Ich-Rede Jahwes. Indizien dafür sind: a) Die Wendung „und ich gebe es (das Gold)“ wird in V. 21 a wieder aufgenommen. b) Auf die Aussage, daß das Gold zum „Unrat“, zum Ekel geworden ist, wirkt die Ansage V. 21 a insofern schwach, als ein Verlust solchen „Unrats“ durch Raub danach nicht als bedrohlich und eine Entweihung kaum als schmerzlich anzusehen sind. c) Die „Frevler (bzw. Gottlosen) der Erde“ in V. 21 spielen sonst in Ez keine Rolle, gehören aber zur Psalmensprache[531]. d) In den drei Zeilen von V. 21. 22 fällt dreimal das Stichwort „entweihen“, ein viertes Mal dann in V. 24 b. Da die V. 22. 23. 24 a allerdings V. 21 voraussetzen, wäre diese Versfolge insgesamt als später zwischen V. 20 und 24 b eingeschaltete Kommentierung[532] einzustufen. In der Tat paßt V. 24 b als direkte Fortsetzung von V. 20 hervorragend: V. 24 bα greift das Stichwort *g'wn* = Hoffart von V. 20 aα auf: Jahwe wird dem „Aushängeschild ihrer Stärke“ ein Ende machen; und V. 24 bβ bringt eine Klarstellung im Blick auf V. 20 aβ: alles, was sie sich an Bildnissen geschaffen hatten, ihre „Heiligtümer“, werden entweiht[533].

V. 25–27 a kommt wieder (vgl. 7, 12–19 a*) zurück auf die Auswirkungen 25–27 a
des „Tages“ auf die Menschen und ihre verzweifelten Reaktionen[534]. V. 25: Die Suche nach Heil, Frieden ist aussichtslos (Ez 13, 10. 16). V. 26 a: Unheilsbotschaft folgt auf Unheilsbotschaft[535]. V. 26 b: man erwartet umsonst vom Propheten bessere „Aussichten“, wendet sich Weisung und Rat suchend vergeblich an die zuständigen religiösen Leitinstitutionen. V. 27 a: Auch die politische Führung[536] ist völlig in Panik[537]. V. 27 b kommentiert abschließend in ähnlicher Weise wie 7, 3f(8 f.), daß all dieses Jahwes Vergeltungs- und Gerichtshandeln ist, woran dann Jahwe zu erkennen[538] sein wird.[539]

Zieht man nach allem jene den späteren Bearbeitungen zuzuschreibenden

---

[528] Vgl. ähnlich Ez 39, 23. 24. 29.

[529] Vgl. Num 6, 25 f.

[530] *ṣpwny* wörtlich: „mein Verborgenes“.

[531] Ps 75, 9; 101, 8; 119, 119.

[532] Daß auch daran mehrere Hände gearbeitet haben, zeigt ein Blick in G; vgl. auch die Berührungen zwischen V. 23 b und 8, 17; 9, 9.

[533] In Ez 11, 16 wird dagegen der ersten Gola zugestanden: „und ich [Jahwe] wurde ihnen ein wenig zum Heiligtum“.

[534] Vgl. ähnlich Klgl 2, 9 f.

[535] Vgl. Jer 51, 46: Ez 21, 12.

[536] Zu „Fürsten“ vgl. Ez 12, 12; 19, 1, 21, 17. 30; 22, 6. 25; das „Volk des Landes“ ist die aus wehrfähigen Bürgern bestehende Oberschicht.

[537] Vgl. dazu Jer 4, 9; s. a. Jer 18, 18.

[538] Reagiert die sog. Erkenntnisaussage auf solche Einwürfe wie in Jer 5, 12 *l' hw'* („nicht der“ im Sinne von „der wird nichts machen“ o.ä.)?

[539] Festgehalten seien die auffälligen Berührungen zwischen Ez 7 und Ez 21 (vgl. Ez 7, 17 - Ez 21, 12; Ez 7, 26 [„Gerücht“] - Ez 21, 12; Ez 7, 24 [„Heiligtümer“] - Ez 21, 7; Ez 7, 27 [„Fürst“] - Ez 21, 30; ferner zwischen Ez 7 und Jes 13 (vgl. Ez 7, 17 - Jes 13, 7; Ez 7, 20 - Jes 13, 19; Ez

Erweiterungen ab, so hat Zimmerlis Rekonstruktion einer „Urgestalt“ von Ez 7,5/6*.10–27[540] durchaus einiges für sich. Daß der Autor hier Einzelheiten des Unheilsgeschehens selbst nur indirekt über seine Schilderung der Reaktionen der Betroffenen vermittelt, erinnert allerdings an einen in Untergangsklagen häufig gebräuchlichen Redestil[541]. So wirkt der Text 7,10ff. in manchen Teilen (7,10–19*.25.26.27a) wie in prophetisches Wort umgesetzte Klageaussagen[542]. Daher kann man fragen, ob tatsächlich eine originale Unheilsansage (vor 587 v. Chr) vorliegt.

7,24b – Jes 13,11 [vgl. dazu besonders Greenberg, AncB, 159f.]) sowie zwischen Ez 7,26b und Jer 18,18.

540 BK XIII, 1, 174.

541 Vgl. z.B. Klgl 2,9ff.; 2,20f.; 4,1ff.; Jes 16,9f.; Jer 48,36ff.

542 Vgl. zu Ez 7,(6).10.12 z.B. Klgl 4,18; zu Ez 7,15 z.B. Klgl 1,20b; zu Ez 7,24b z.B. Klgl 2,7; vgl. zur Abfolge und Thematik von Ez 7,26b.27 ähnlich Klgl 2,9f.

Ez 8–11 Ezechiels Entrückungsvision – Die Mißstände im Jerusalemer Tempel und Jahwes Gericht

8, 1 Und es geschah im sechsten Jahr, im sechsten Monat, am fünften Tag des Monats, während ich in meinem Hause saß, und die Ältesten Judas vor mir saßen, da fiel[543] *auf mich dort*$^{G-}$ *die Hand [des Herrn]*$^{G-}$ *Jahwes.* 2 Und ich schaute, und siehe eine Gestalt [wie der Anblick]$^{G-}$ eines Mannes[544], [vom Anblick]$^{G-}$ von seinen Hüften[545] abwärts war Feuer, und von seinen Hüften aufwärts wie der Anblick [von Glanz, wie das Glitzern/Funkeln]$^{G-}$ von Elektron. 3 Und er streckte etwas wie eine Hand aus und nahm mich an meinem Haarschopf; und Geist hob mich empor zwischen Erde und Himmel *und brachte mich nach Jerusalem, in göttlichen Visionen,* an den Eingang des Tores^{Ap}, das sich nach Norden richtet, wo (sich) der Standplatz des Eifersuchtsbildes, das Empörung hervorruft, (befand)[546]. 4 Und siehe, dort (war) die Herrlichkeit des Gottes Israels, wie die Erscheinung, die ich in der Ebene geschaut hatte. 5 Und er sprach zu mir: „Menschensohn, erhebe doch deine Augen Richtung Norden." Und ich erhob meine Augen Richtung Norden, und siehe, nördlich vom Tor war ein Altar^{Ap}, [dieses Eifersuchtsbild am Eingang]$^{G-}$. 6 Und er sprach zu mir: „Menschensohn, siehst du, was sie[547] tun? Große Greueltaten [die das Haus Israel ‚tut']$^{G-}$ tun sie hier, sich fern zu halten von meinem Heiligtum. Und du wirst noch größere Greueltaten sehen. 7 Und er brachte mich zum Eingang des Vorhofs. [Und ich schaute, und siehe, ein Loch war in der Wand.]$^{G-}$ 8 Und er sprach zu mir: „Menschensohn, brich durch die Wand"; und ich brach durch die Wand; und siehe, da war ein Eingang. 9 Und er sprach zu mir: „Geh hinein und sieh die bösen^{G-} Greueltaten, die sie hier tun." 10 Und ich ging hinein, und ich sah, und siehe, da war allerlei [Abbildung von Gewürm und Viehzeug]$^{G-}$ Gräßliches und allerlei Götzen des Hauses Israel, eingeritzt[548] [auf der Wand][549] überall ringsum. 11 Und siebzig Mann von den Ältesten des Hauses Israel [und Jaasanja, der Sohn Schaphans, stand in ihrer Mitte]^{Ap} standen vor ihnen; und jeder hatte seine Räucherpfanne in seiner Hand; und der Duft [der Wolke]$^{G-}$ des Räucherwerks stieg auf. 12 Und er sprach zu mir: „Hast du gesehen, Menschensohn, was die Ältesten des Hauses Israel tun [im Dunkeln]$^{G-}$, ein jeder in seiner Bilderkammer[550]? Fürwahr, sie sagen: ‚Jahwe sieht uns[551] nicht; Jahwe hat das

---

[543] G liest „kam".
[544] So mit G; M liest „Feuer".
[545] So mit G.
[546] G kürzt.
[547] Vgl. G und Q.
[548] "Ritzzeichnung".
[549] G liest: „auf ihr/darauf".
[550] Sing. mit G, V und S; M liest plur.
[551] Fehlt in G; vgl. Ez 9, 9.

Land verlassen'." 13 Und er sprach zu mir: „Du wirst noch größere Greueltaten sehen, die sie tun." 14 Und er brachte mich zum Eingang des Tores des Hauses Jahwes, das nach Norden (weist), und siehe, dort saßen die[G-] Frauen, die den Tammuz beweinten. 15 Und er sprach zu mir: „Hast du es gesehen, Menschensohn? Du wirst noch größere Greueltaten sehen als diese." 16 Und er brachte mich in den inneren Vorhof des Hauses Jahwes, und siehe, am Eingang des Tempels Jahwes zwischen der Vorhalle und dem Altar waren etwa zwanzig [und fünf][G-] Mann mit ihrem Rücken zum Tempel Jahwes und ihrem Gesicht nach Osten; und sie warfen sich anbetend[Ap] [nach Osten][G-] vor der Sonne nieder. 17 Und er sprach zu mir: „Hast du es gesehen, Menschensohn? Ist es dem Hause Juda zu wenig, die Greueltaten zu tun, die sie hier tun? Fürwahr, sie haben das Land mit Gewalttat angefüllt [und sie haben mich fortgesetzt beleidigt][G-]. Und siehe, sie strecken die Ranke zu ihrer Nase hin.[552] 18 So will auch ich im Zorn handeln[553]; und mein Auge wird nicht mitleidig blicken, und ich werde nicht verschonen[554]; [und sie werden vor meinen Ohren mit lauter Stimme rufen, aber ich werde sie nicht hören.]"[G-].

9, 1 Und er rief vor meinen Ohren mit lauter Stimme folgendermaßen: „Nahegekommen sind die Heimsuchungen[555] der Stadt. [Und ein jeder hatte sein Vernichtungswerkzeug in seiner Hand.][556]" 2 Und siehe, sechs Männer kamen aus der Richtung vom oberen Tor, das sich nach Norden wendet; und jeder hatte sein Zerstörungswerkzeug in seiner Hand; und ein Mann war in ihrer Mitte, mit Leinen bekleidet, und das Schreibzeug des Schreibers war an seiner Hüfte. Und sie kamen und stellten sich neben den ehernen Altar. 3 Und die Herrlichkeit des Gottes Israels erhob sich hinweg vom Keruben[557], auf dem[558] sie war, auf die Schwelle des Hauses. Und er rief zu dem mit Leinen bekleideteten Mann, der das Schreibzeug des Schreibers an seiner Hüfte (trug), 4 und er, Jahwe[G-] sprach zu ihm: „Geh mitten durch die Stadt [mitten durch Jerusalem][559], und du sollst ein Zeichen auf die Stirnen der Männer zeichnen, die seufzen und stöhnen über all die Greueltaten, die in ihrer Mitte[560] getan werden". 5 Und zu den anderen sprach er vor meinen Ohren: „Geht durch die Stadt hinter ihm her und schlagt nieder. Euer Auge[Ap] soll nicht[561] mitleidig blicken, und ihr sollt nicht verschonen. 6 Greis und[562] Jüngling und Jungfrau und Kind und Frauen sollt ihr töten zum Verderben. Und niemandem, auf dem das Zeichen, sollt ihr euch nahen. Und an meinem Heiligtum fangt an!" Und sie fingen an mit den Männern, [den Ältesten][G-], die vor dem Haus

---

552 G liest: „Sie rümpfen die Nase"; was genau gemeint ist, bleibt undeutlich.
553 G: „an ihnen".
554 Vgl. Ez 5, 11; 7, 4. 9; 9, 10; 24, 14.
555 G liest sing.
556 Wahrscheinlich Zusatz, vgl. V. 2.
557 G liest plur.
558 G liest plur.
559 Zusatz; vgl. Ap. BHS.
560 D.h.: der Stadt.
561 So mit Q und Vrs.
562 So mit G und S.

(standen). 7 Und er sprach zu ihnen: „Verunreinigt das Haus und füllt die Vorhöfe[563] mit Erschlagenen. Geht heraus und schlagt nieder in der Stadt“[564]. 8 Und es geschah, als sie niederschlugen, [und ich allein blieb übrig^{Ap}]$^{G-}$, da fiel ich auf mein Angesicht und schrie und sprach: „Ach [Herr]$^{G-}$ Jahwe, willst du den ganzen[565] Rest Israels verderben, indem du deinen Grimm ausgießst über Jerusalem?“ 9 Und er sprach zu mir: „Die Verschuldung des Hauses Israel und Juda ist überaus groß. Und das Land ist angefüllt mit Blutschuld[566], und die Stadt ist voll Rechtsbeugung[567]. Fürwahr, sie sagen: ‚Jahwe hat das Land verlassen. Und Jahwe sieht es nicht‘. 10 Und auch ich – mein Auge wird nicht mitleidig blicken, und ich werde nicht verschonen. Ihren Wandel gebe ich auf ihren Kopf.“ 11 Und siehe, der mit Leinen bekleidete Mann, der das Schreibzeug an seiner Hüfte (trug), erstattete Bericht folgendermaßen: „Ich habe getan, wie du mir befohlen hast“.

10, 1[568] Und ich schaute, und siehe, über der Platte, die über dem Haupt der Keruben war, (etwas) wie ein Lapislazuli, [wie der Anblick][569] der Gestalt eines Thrones [wurde sichtbar]$^{G-}$ über ihnen. 2 Und er sprach zu dem mit Leinen bekleideten Mann [und er sprach]$^{G-}$: „Geh hinein mitten zwischen das Galgal[570] bis unterhalb des Keruben[571] und fülle deine beiden hohlen Hände mit glühenden Kohlen mitten heraus zwischen den Keruben, und streue sie aus über die Stadt“. Und er ging hinein vor meinen Augen. 3 Und die Keruben standen südlich vom Haus, als der Mann hineinging. Und die Wolke erfüllte den inneren Vorhof. 4 Und es erhob sich die Herrlichkeit Jahwes hinweg von dem Keruben[572] auf die Schwelle des Hauses; und das Haus wurde mit der Wolke erfüllt, und der Vorhof war voll vom Glanz der Herrlichkeit Jahwes. 5 Und der Lärm der Flügel der Keruben war zu hören bis in den äußeren Vorhof, wie der Lärm des El Schaddaj, wenn er redet. 6 Und es geschah, indem er dem mit Leinen bekleideten Mann befahl folgendermaßen: „Nimm Feuer heraus zwischen dem Galgal[573] zwischen den Keruben!“, da ging er hinein und stellte sich neben das Rad, 7 und [der Kerub]$^{G-}$ streckte seine Hand [zwischen den Keruben heraus]$^{G-}$ hin zu dem Feuer, das zwischen den Keruben war, und hob (es) empor und gab (es) in die hohlen Hände des mit Leinen Bekleideten; und er nahm (es) und ging heraus. 8 Und es wurde sichtbar an den Keruben etwas wie eine Menschenhand[574] unter ihren Flügeln. 9 Und ich schaute, und siehe, vier Räder waren neben den Keruben, je ein Rad neben je einem Keruben; und das Aussehen der Räder war wie das Funkeln des Chrysolithsteins. 10 Und ihr Aussehen: einerlei Gestalt hatten die vier, gleich als wäre ein Rad mitten im Rad. 11 Indem

[563] G liest „die Wege“.

[564] Vgl. Ap. BHS; M liest: „‚Geht heraus‘. Und sie gingen heraus und schlugen nieder in der Stadt.“

[565] Fehlt in G; vgl. Ez 11, 13.

[566] Vgl. Ez 7, 23.

[567] Vgl. Ez 7, 10.

[568] Zum Text von 10, 1–22 vgl. die in Qumran gefundenen Textfragmente 4Q Ez a und dazu J. Lust, Ezekiel Manuscripts in Qumran, BEThL LXXIV, 1986, 90–100.

[569] Fehlt in G, vgl. aber 1, 26.

[570] Vgl. Ez 10, 6. 13; zur Bedeutung von *glgl* vgl. unten 155.

[571] G liest plur.

[572] G liest plur.

[573] Vgl. Anm. 570 zu V. 2!

[574] G liest plur.

sie gingen, gingen sie nach ihren vier Seiten; sie wandten sich nicht, indem sie
gingen; denn sie gingen an den Ort, wohin das Vorderste die Richtung ein-
schlug, hinter ihm her. Sie wandten sich nicht, indem sie gingen. 12 [Und ihr
ganzer Leib][G-] und ihre Rücken[Ap] und ihre Hände und ihre Flügel und die Rä-
der waren voll von Augen ringsum bei allen vieren, [ihre Räder][575]. 13 Die Rä-
der betreffend: Sie wurden Galgal[576] genannt vor meinen Ohren. 14 [Und vier
Gesichter hatte ein jeder; das Gesicht des ersten war ein Kerubengesicht, und
das Gesicht des zweiten ein Menschengesicht. Und der dritte: ein Löwenge-
sicht, und der vierte: ein Adlergesicht.][G-] 15 Und es erhoben sich die Keruben;
es war das Lebewesen[577], das ich am Fluß Kebar gesehen hatte. 16 Und indem
die Keruben gingen, gingen die Räder ihnen zur Seite; und indem die Keruben
ihre Flügel hoben, um sich von der Erde zu erheben, wandten sich auch dann
die Räder nicht von ihrer Seite. 17 Indem sie stehen blieben, blieben sie stehen;
und indem sie sich erhoben, erhoben sie sich mit ihnen[Ap]. Denn der Geist des
Lebewesens war in ihnen. 18 Und die Herrlichkeit Jahwes zog aus dem Haus
[weg von der Schwelle][G-] und stellte sich auf die Keruben. 19 Und es hoben die
Keruben ihre Flügel, und sie erhoben sich von der Erde vor meinen Augen; in-
dem sie herauszogen, da waren die Räder gleichzeitig neben ihnen. Und sie[578]
stellte sich[579] an den Eingang des östlichen Tores des Hauses Jahwes, und die
Herrlichkeit des Gottes Israels war oben über ihnen. 20 Es war das Lebewesen,
das ich unter dem Gott Israels am Fluß Kebar gesehen hatte. Und ich erkannte,
daß es Keruben waren. 21 Vier[Ap] Gesichter hatte ein jeder, und vier Flügel
hatte ein jeder; und die Gestalt menschlicher Hände war unter ihren Flügeln.
22 Und die Gestalt ihrer Gesichter: sie waren die Gesichter, die ich am Fluß
Kebar gesehen hatte[580] [ihre Erscheinung][581]. [Und sie selbst][582], ein jeder gin-
gen sie gerade vor sich hin[583].

11, 1 Und Geist hob mich empor und brachte mich *zum östlichen Tor des Hau-*
ses Jahwes, das sich nach Osten richtet. Und siehe, **am Eingang des Tores waren**
fünfundzwanzig Mann. Und ich sah in ihrer Mitte Jaasanja, den Sohn Azzurs,
und Pelatja, den Sohn Benajas, die Vorsteher des Volkes. 2 Und er sprach zu
mir: „Menschensohn, diese sind die Männer, die Frevel ausdenken und die bö-
sen Plan planen in dieser Stadt, 3 die sprechen: ‚Nicht in der Nähe Häuser
bauen[584]; sie ist der Topf, und wir sind das Fleisch‘. 4 Darum prophezeie ge-
gen sie, prophezeie, Menschensohn“[585]. 5 Und es fiel auf mich der Geist [Jah-
wes][G-], und er sprach zu mir: „[Sprich:][G-] **So spricht Jahwe: So habt ihr ge-**

575 Klarstellende Glosse zu „und die Räder“ in Versmitte.
576 Vgl. Anm. 570 zu V. 2.
577 Vgl. Ez 1, 20.
578 Gemeint ist die „Herrlichkeit Jahwes“.
579 G liest plur.
580 G liest weiter: „unter der Herrlichkeit des Gottes Israels“.
581 Nachgetragene Erläuterung; fehlt in G.
582 Zu *'t* als hinweisende Partikel vor einem Nominativ vgl. G-K^{28}, § 117i.
583 Vgl. Ez 1, 9. 12.
584 Was gemeint ist oder worauf angespielt wird, ist nicht eindeutig, zu Einzelheiten vgl. unten die Auslegung.
585 Vgl. Ez 13, 2.

sprochen, Haus Israel; und was euch in den Sinn kommt, erkenne ich[Ap]. 6 Ihr habt zahlreich gemacht eure Erschlagenen in dieser Stadt; und ihr habt ihre Gassen mit Erschlagenen angefüllt. 7 Darum, so spricht [der Herr][G-] Jahwe: Eure Erschlagenen, die ihr in ihre Mitte getan habt, sie sind das Fleisch, und sie ist der Topf. Und euch führe ich[Ap] aus ihrer Mitte heraus. **8 Das Schwert fürchtet ihr; und das Schwert bringe ich über euch, Spruch [des Herrn][G-] Jahwes.** 9 Und ich führe euch aus ihrer Mitte heraus, und ich gebe euch in die Hand von Fremden, und ich vollstrecke Strafgerichte[586] an euch. 10 Durchs Schwert werdet ihr fallen. An der Grenze Israels werde ich euch richten. Und ihr werdet erkennen, daß ich Jahwe bin. **11 Sie soll für euch nicht zum Topf werden, und ihr sollt in ihrer Mitte nicht[587] zum Fleisch werden; an der Grenze Israels werde ich euch richten.** 12 Und ihr werdet erkennen, daß ich Jahwe bin, [die ihr in meinen Satzungen nicht gewandelt seid und meine Rechte nicht getan habt. Aber entsprechend den Rechten der Völker, die rings um euch herum sind, habt ihr getan.][G-]« **13 Und es geschah, als[Ap] ich prophezeite, da starb Pelatja, der Sohn Benajas;** *und ich fiel auf mein Angesicht und schrie mit lauter Stimme und sprach: „Ach, [Herr][G-] Jahwe, machst du[Ap] dem Rest Israels ein Ende[588]?“*

14 Und es erging das Wort Jahwes an mich folgendermaßen: 15 „Menschensohn, deine Brüder[Ap], die Männer deiner Verwandtschaft[589] und das ganze Haus Israel insgesamt, von denen die Bewohner Jerusalems sprechen: ‚Sie sind fern[Ap] von Jahwe; uns...[590] ist das Land zum Besitz gegeben‘ – 16 darum [sprich][591], so spricht [der Herr][G-] Jahwe: Fürwahr, ich habe sie unter die Völker entfernt, und fürwahr, ich habe sie in die Länder verscheucht; und ich wurde ihnen (nur) ein wenig zum Heiligtum in den Ländern, wohin sie kamen. 17 Darum [sprich][592], so spricht [der Herr][G-] Jahwe: Und ich sammle euch aus den Völkern und bringe euch aus den Ländern zusammen, in die ihr zerstreut wurdet, und ich gebe euch das Land/den Boden Israels. 18 Und sie kommen dorthin und entfernen alle seine Scheusale[593] und alle seine Greueltaten daraus. 19 Und ich gebe ihnen ein anderes[594] Herz; und einen neuen Geist gebe ich in ihre[595] Mitte, und ich entferne das Herz aus Stein aus ihrem Fleisch und gebe ihnen ein fleischernes Herz, 20 damit sie in meinen Satzungen wandeln und meine Rechte bewahren und sie tun. Und sie werden mir zum Volk, und ich werde ihnen zum Gott. 21 Und diese, nach[Ap] ihren Scheusalen und

---

586 Vgl. so noch Ez 5, 10.15; 16, 41; 25, 11; 28, 22.26; 30, 14.19.

587 So G; in M fehlt hier die zweite Negation, weil „nicht selten... eine Negation ihre Wirkung auch auf einen parallelen zweiten... Verneinungssatz“ erstreckt (vgl. G-K[28], § 152z).

588 Vgl. Ez 9, 8.

589 G liest „deiner Verbannung“.

590 Vgl. G und Ez 33, 24.

591 Fehlt in einigen Textzeugen.

592 Fehlt in einigen Textzeugen.

593 Vgl. Ez 5, 11.

594 So mit G.

595 So mit G u. a. Textzeugen.

ihren Greueltaten geht ihr Sinn, ihren Weg gebe ich auf ihren Kopf", Spruch [des Herrn]G- Jahwes.

> 22 Und die Keruben hoben ihre Flügel empor, und die Räder (bewegten sich) gleichzeitig mit ihnen, und die Herrlichkeit des Gottes Israels war oben über ihnen. 23 Und die Herrlichkeit Jahwes stieg herauf mitten aus der Stadt und blieb stehen auf dem Berge im Osten der Stadt.

24 Und Geist hob mich empor und brachte mich nach Chaldäa zu den Verbannten in der Vision durch den Geist Gottes; *und es hob sich weg von mir die Vision, die ich gesehen hatte. 25 Und ich redete zu den Verbannten alle Worte Jahwes, die er mich hatte schauen lassen.*

Lit. zu Ez 8-11: O. Keel, Jahwe-Visionen und Siegelkunst. Eine neue Deutung der Majestätsschilderungen in Jes 6, Ez 1 und 10 und Sach 4, SBS 84/85, Stuttgart 1977; W. Zimmerli, „Fortschreibung"; Vogt, Untersuchungen, 38ff.; F.-L. Hossfeld, Die Tempelvision Ez 8-11 im Licht unterschiedlicher methodischer Zugänge, in: BEThL LXXIV, 1986, 151-165; ders., Probleme; J. Becker, Ez 8-11 als einheitliche Komposition in einem pseudepigraphischen Ezechielbuch, in: BEThL LXXIV, 1986, 136-150; Susan Ackerman, Under Every Green Tree. Popular Religion in Sixth-Century Judah, Atlanta (Georgia) 1992 (zu Ez 8 vgl. 37-100); St. Ohnesorge, 1991.

a. Ez 8-11 Zur Genese

Daß ebenso wie die Eingangsvision auch Ezechiels Entrückungsvision das Buch im golaorientierten Sinn mitprägt, ist offenkundig. Von 3, 15 her gelesen, hält sich „Ezechiel" in seinem Haus im Kreis der Erstexilierten auf (8, 1); hier widerfährt ihm eine Vision (8, 2ff.), deren Inhalt er anschließend der „Gola" in Babylonien mitteilt (11, 24.25).

Obwohl Ez 8-11, „wie die Rückkehr des Schlusses zum Anfang zeigt, als Bericht über ein zusammenhängendes Visionserlebnis verstanden werden"[596] will, muß man wegen der unübersehbaren „erzählerische[n] Unausgeglichenheit"[597] mit einer „Nachgeschichte des Textes" rechnen, die den ursprünglichen Inhalt der Vision angereichert und verändert hat. Über die zahlreichen Versuche, diese „Nachgeschichte" bzw. die „Fortschreibungen" und „Redaktionen"[598] aufzuhellen, kann hier nicht referiert werden[599]. Daß man bisher noch nicht zu einem allgemein überzeugenden Ergebnis gelangt ist, hängt offensichtlich damit zusammen, daß man hier voraussetzt, das Ezechielbuch sei teils auf redaktionelle Fortschreibung, teils auf den historischen Propheten selbst zurückzuführen. Entsprechend müssen, je nachdem welches Vorverständnis von Prophet und Prophetenwort vorausgesetzt ist und damit die

---

[596] Zimmerli, BK XIII, 1, 202.

[597] Ebd.

[598] Vgl. Hossfeld, BEThL LXXIV, 164.

[599] Vgl. die knappe Durchsicht der unterschiedlichen Ergebnisse bei Becker, BEThL LXXIV, 138f.

zu rekonstruierende Ausgangsbasis des Fortschreibungsprozesses festgelegt scheint, die Lösungen unterschiedlich ausfallen.

Angesichts der Schwierigkeit, daß einerseits zweifellos beachtliche Textanreicherungen zu veranschlagen sind, andererseits jedoch die Frage der Beurteilungskriterien strittig ist, prüfen wir, ob es möglich ist, die unverzichtbaren Grundelemente eines zu postulierenden ursprünglichen Ausgangstextes zu erfassen. Hier läßt sich anhand folgender Indizien erheben: Alle Textabschnitte oder -einheiten (mit Ausnahme von 11, 14–21[600]), die „Ezechiels" Erleben im Jerusalemer Tempel behandeln, setzen einleitende Bemerkungen darüber voraus, daß und wie er überhaupt aus dem fernen Exil nach Jerusalem gelangt sein kann. Während die Textfolge von 8, 4 bis 10, 22 „Ezechiels" Aufenthalt im Tempel konsequent und durchlaufend als visionäres Erleben darstellt und auch noch 11, 1 als der Ein- und Überleitungsvers zu 11, 2ff. entsprechend konzipiert ist, kann dagegen 11, 2–13 (14–21) kaum noch als visionärer Er- 11,2–21
lebnisbericht eingestuft werden[601]. Für 11, 2–13* läßt sich unschwer erkennen, daß die hier geschilderten Vorgänge nicht von vornherein auf die Ebene des zuvor berichteten visionären Ablaufs abgestimmt waren und die Art und Weise, wie 11, 2–13 hier eingepaßt ist, auf eine Verbindung zweier selbständiger Aussageweisen deutet. Dieser Sachverhalt ist damit zu erklären, daß der Abschnitt 11, 2–13, weil die darin geschilderten Abläufe die Anwesenheit des Sprechers in Jerusalem fest voraussetzen, nur auf die vorliegende Weise, d. h. über den Versuch, des Sprechers Erfahrungen in Jerusalem als visionäre Erfahrungen zu deklarieren, auf die golaorientierte Konzeption abzustimmen war. Daraufhin steht man allerdings vor der Frage, ob der Abschnitt 11, 2ff.* nachträglich erst in die golaorientiert konzipierte Vision über Vorgänge im Jerusalemer Tempel verankert worden ist, oder ob hier eine Texteinheit aus vorgegebenen Textmaterialien von der golaorientierten Redaktion selbst an die eigene Konzeption angeglichen wurde.

In der Regel rechnet man mit dem ersten Fall und stuft 11, 1–13. 14–21 als Einschub ein, der entweder von Ezechiel selbst[602] oder „von Schülern des Propheten stammt, die nach 587/6 anläßlich konkreter Ereignisse in Jerusalem der dortigen Führungsschicht das Gericht verkünden und ihre Ankündigung auf der lokalen und sachlichen Nähe zur Grundvision hier" unterbringen[603]. Die Einschätzung als späteren Einschub fußt auf der Annahme, daß in der vorausgehenden Textfolge nach Abzug zahlreicher sekundär eingestufter Zusätze die Grundstruktur eines Visionsberichts erkennbar wird, also eine „Grundvision" vorgelegen haben muß. In der Tat läßt sich der Textcha-

600 Zimmerli, BK XIII, 1, 247: „Wort ohne Schau und Handlung".

601 Vgl. Hossfeld, BEThL LXXIV, 154: „dreiteiliges Disputationswort".

602 So z. B. Zimmerli, BK XIII, 1, 242, der es für möglich hält, daß Ezechiel hier „eine etwas später erfahrene Schau, die eher als (thematisch verschobene) Parallele denn als Weiterführung der ursprünglichen Vision 8–11 zu bezeichnen ist, mit einer auffallenden Unbekümmertheit um die genaue Einpassung in den Erzählungszusammenhang nachträglich der älteren Visionsschilderung einverleibt" hätte.

603 So Hossfeld, BEThL LXXIV, 154f.

rakter von Ez 8ff. wie auch der Eingangsvision nicht anders erklären, als daß die vorliegenden Fassungen das Ergebnis intensiver Fortschreibungen eines jeweils zu postulierenden Grundtextes sind; und wie auch immer man nun im Fall von Ez 8ff. einen solchen Grundtext rekonstruiert, zur Grundstruktur zugehörig erweist sich immer, daß mittels der visionären Wahrnehmung die räumliche Distanz zwischen Gola-Situation und Jerusalem überwunden ist. Gerade dieser Punkt ist nun für die Aufhellung der Genese des Gesamtkomplexes von entscheidender Bedeutung. Denn dafür, daß in Ez 8ff. die räumliche Distanz zwischen dem Exil und Jerusalem ausgeschaltet wird, damit „Ezechiel", obwohl im Exil, zugleich doch in Jerusalem etwas wahrnehmen kann und dazu Stellung nimmt etc., bietet sich nicht nur als Erklärung an, daß hier eben authentisch über solch eine in der Vision erfahrene Distanzaufhebung berichtet wird. Die mittels einer Vision bewerkstelligte Überwindung der Distanz zwischen Golasituation und Jerusalem kann zumindest ebensogut damit zusammenhängen, daß sie als literarisches Mittel eingesetzt worden ist, und zwar zu dem Zweck, Spannungen auszugleichen, die anders nicht auszugleichen waren. Wir hatten bereits darauf hingewiesen, daß Ez 11,2–13 über Vorgänge in Jerusalem, und zwar in Gegenwart „Ezechiels" handelt. In einem golaorientierten Ezechielbuch, das betont den Propheten im Kreis der ersten Gola vorstellen möchten, war ein solcher Text ein Problem. Entweder mußte man auf diesen Text verzichten oder die Erfahrungen „Ezechiels" in Jerusalem einsichtig erklären. Daraufhin bot sich der Verweis auf die ja einem Propheten zuzutrauende visionäre Erfahrung an.

Für die Beantwortung der Frage, welche dieser beiden eben angezeigten Möglichkeiten die Verklammerung von 11,1–21 im jetzigen Kontext des Visionsberichtes zutreffender erklärt, sind folgende Beobachtungen ausschlaggebend:

Muß man angesichts offensichtlich späterer Erweiterungen und Übermalungen für Ez 8–11 eine ältere Vorstufe veranschlagen und reduziert man diese Vorstufe auf die unverzichtbaren Kernelemente, so müssen dazu gehört haben a) die Grundstruktur eines Visionsberichtes und b) Darlegungen über die „Greuel" *(twʿbwt)* im Jerusalemer Tempel. Diese beiden Elemente sind unauflösbar miteinander verknüpft. Der Visionsbericht setzt in jedem Fall ein mit dem Verweis auf „Jahwes Hand", die über „Ezechiel" gekommen war (8,1b). Daraufhin erfährt er sich im Jerusalemer Tempel und nimmt die dortigen „Greuel" wahr, um abschließend zu hören, daß diese Greuel der Grund für Jahwes zorniges und mitleidloses Handeln sind (8,18; 9,10)[604]. Das wichtigste Aussageanliegen ist also zum einen, daß Jerusalemer Zustände, die „Greuel", ausschlaggebend gewesen sind für Jahwes Zorneshandeln an Jerusalem, und zum andern, daß „Ezechiel", obwohl fern von Jerusalem im Kreis

[604] An diesem Grundkonzept ändert sich auch nichts, falls man die jetzt auf 8,18 folgenden Darlegungen 9,1–11 miteinbezieht; denn mit 9,10 führt dieser Abschnitt zu 8,18 zurück, alles sonstige soll weitere Einblicke in Jahwes Hintergrundhandeln vermitteln. Die visionäre Wahrnehmungsebene ist auf eine höhere Stufe verlagert; zu weiteren Einzelheiten vgl. noch unten 142ff.

der ersten Gola lebend, sich selbst von diesen Zuständen überzeugt haben soll.

Zu beachten ist nun, daß das Thema „Greuel" bereits mehrfach im Ez 8 ff. vorausgehenden Kontext angesprochen worden ist[605]. D.h.: Vom vorausgehenden Kontext aus gelesen wirken die Ausführungen über die „Greuel" in 8, 1 ff.* wie Zusatzerläuterungen, wie die Ausbreitung von Hintergrundwissen. Im Aussageergebnis bringen sie jedoch gar keine neuen Aspekte[606]. Das Aussageergebnis von 8, 1 ff.* (ohne 11, 1–21) ist das gleiche wie die Summe der vorausgehenden Texteinheiten, nämlich: Im Blick auf die „Greuel" wird Jahwe einschreiten und mitleidslos handeln.

Somit ergibt sich: Die Darlegungen in 8, 1 ff.* malen, was das Grundelement b) betrifft, lediglich ausführlicher und eindringlicher aus, was vorher längst klar ist. Das zeigt, daß hinter Ez 5–7 im Visionsbericht 8, 1 ff.* der Schwerpunkt nicht auf den Informationen über die Jerusalemer „Greuel" liegt; dieses Thema ist nicht neu. Neu ist, daß „Ezechiel" diese „Greuel" selbst zu Gesicht bekommt, indem er sich auf visionäre Weise über die Jerusalemer „Unsitten" ein Urteil bilden kann. Der Schwerpunkt des „Visionsberichts" liegt also darauf, „Ezechiels Anwesenheit" in Jerusalem vorzustellen. Anders als in Ez 1 ff., wo es darum geht, gleich zu Beginn des Buches „Ezechiel" in besonderer Weise für seinen Auftrag zu legitimieren, und auch anders als in Ez 37, wo die Zukunft betreffende Heilsperspektiven mit dem Garantiesiegel einer von Jahwe gewährten Schau versehen sind, ist dieser Aspekt, daß die Vision den Propheten und sein Wort besonders auszeichnet, bestenfalls ein Nebeneffekt, jedenfalls von völlig untergeordneter Bedeutung.

Nach diesen Beobachtungen und Abwägungen kommen wir auf die Frage zurück, ob Ez 8, 1 ff. im Kern als authentischer Visionsbericht gelten kann, oder ob der Visionsbericht bereits von Anfang an als literarisches Mittel gedacht und konzipiert war. Die Möglichkeit eines authentischen Visionsberichtes kann zwar nicht grundsätzlich ausgeschlossen werden; dagegen spricht aber deutlich, daß gerade die Grundstruktur „Visionsbericht" (Element a), s. o.) in erster Linie dazu eingesetzt wird, Erfahrungen „Ezechiels" auch in Jerusalem zu belegen, also dazu, die Distanz Gola – Jerusalem zu überbrücken. Wir haben oben gezeigt, daß die golaorientierte Konzeption zur Durchführung ihres Anliegens, „Ezechiel" als auf Seiten der Gola und folglich auch in deren Reihen wirkend vorzustellen, mehrfach in vorgegebene Texte eingegriffen und die erforderlichen Abstimmungen vorgenommen hat. M. E. hat 8, 1 ff.* als Visionsbericht hier eine entsprechende Funktion, nämlich im Blick auf sperriges Textgut die golaorientierte Konzeption durchzu-

---

[605] Vgl. 5, 9 (gehört nach Zimmerli, BK XIII, 1, 132 ff. zum „Grundtext"); in 5, 11, wo „die Entweihung des Heiligtums, die in Kap. 8 im einzelnen vom Propheten geschildert ist, vor Augen" steht (Zimmerli, aaO., 135), taucht der Hinweis auf die „Greuel" auf wie in 8, 18 und 9, 10 in Verbindung mit der Feststellung, daß Jahwe daraufhin „ungerührt und mitleidlos" (vgl. auch in 7, 3–4 und 7, 8–9) handeln wird; in 7, 20 ist von „Bildern ihrer Greuel" die Rede.

[606] Vgl. 8, 17 f. und die Aussagen in 5, 9; 5, 11; 7, 3 f.; 7, 8–9 (7, 20).

halten und abzusichern. Dieses sperrige Textgut liegt deutlich in Ez 11, 1–13* vor. Die übliche Einstufung als nachträglichen „Einschub“, wofür übrigens wirklich überzeugende Gründe gar nicht beigebracht werden können, erfolgte in der Regel unter der nicht überprüften Voraussetzung, daß Ez 8–10; 11, 22–25 im wesentlichen fertig vorlag und die Darlegungen 11, 1 ff. dahinein verklammert worden sein müssen, weil sie darin als Fremdkörper wirken. Nun wird in neueren Untersuchungen immer deutlicher erkannt, daß der Visionsbericht Ez 8–11 erst durch sukzessive Übermalungen so geworden ist, wie er jetzt (vgl. ähnlich Ez 1–3) vorliegt[607]. Rechnet man mit Verweis auf Ez 37 konsequenterweise mit einer am Anfang ganz schlichten visionären Grundstruktur, so liest sich im Anschluß daran 11, 1–14* durchaus als Teil der visionären Wahrnehmungen „Ezechiels“ in Jerusalem. Die Spannung, daß 11, 1 ff.* den Sprecher und Akteur in dieser Einheit in Jerusalem voraussetzen, der „Ezechiel“ der golaorientierten Konzeption sich aber im Kreis der ersten Gola befinden muß, ist auf diesem Wege ausgeglichen. Darum geht es der golaorientierten Redaktion. So liegt es durchaus nahe, hypothetisch die folgende Textfassung als sinnvollen Ursprungstext zu vertreten:

Zu Beginn verweist der Sprecher auf die „Hand Jahwes“ (8, 1[608]), die ihm visionär Jerusalem vor Augen stellt (8, 3: „und brachte mich nach Jerusalem“[609]). Daß daran 8, 5–18* anschloß, ist zwar möglich; sinnvoll ist jedoch auch die direkte Fortsetzung mit 11, 1 aα 2(*ʾl šʿr byt yhwh*...)ff., zumal folgendes zu berücksichtigen ist: Garscha beobachtet zutreffend, daß die Schilderung 8, 5 ff. „nicht mit 8, 18 a ihr Ziel erreicht haben“ kann, „da die kurze Drohung, die dieser Vers anfügt, in keinem Verhältnis zu der ausführlichen Darstellung der kultischen Vergehen steht“[610]. Daraus folgt jedoch nicht, wie Garscha meint, daß als ursprüngliche Fortsetzung hinter 8, 18 b nur Kapitel 9 in Frage kommen kann. Daß „Ezechiel“ hier die tiefere Einsicht in die Hintergrundsphäre des göttlichen Wirkens gewährt wird, also die Darstellungsebene von 8, 5 ff. verlassen ist, spricht eher dagegen. Es liegt viel näher, daß 8, 5–18* ursprünglich auf die Fortsetzung mit 11, 1 ff.* hin konzipiert worden ist, also diese Einheit voraussetzt. 8, 5 ff. könnte auch als erste ergänzende Erweiterung zu einer ursprünglichen Textfolge 8, 1*. 3* vor 11, 1 ff.*[611] entstanden sein. Dem Verfasser und Interpolator von 8, 5 ff. ging es darum, zusätzlich zu den in 11, 1 ff.* angesprochenen Verschuldungen das Thema „kultische Vergehen“ in Abstimmung auf den vorausgehenden Kontext Ez 5–7 in den Vordergrund zu rücken.

Die sukzessive Genese von Ez 8–11 wird dann in den Hauptschritten wie folgt nachvollziehbar:

---

607 Vgl. neuerdings Hossfeld, BEThL LXXIV, 155 ff.

608 Ob mit oder ohne einleitende Datierung, lassen wir offen.

609 Vgl. zur Abfolge „da kam die Hand Jahwes auf mich und brachte mich...“ z. B. Ez 40, 1 b; ähnlich 37, 1; ursprünglich war in 8, 3 *wybʾ* zu lesen; das jetzige *wtbʾ* ist Angleichung an die Ausmalung des Vorgangs.

610 Studien, 257.

611 Vgl. oben 131.

a. 8, 1*. 3*; 11, 1 ff.* (bzw. 8, 1*. 3*. 5–18*; 11, 1 ff.*)[612]
b. 8, 1*. 3*. 5–18; 9, 1–11*; 11, 1 ff.*
c. 8, 1–18*; 9, 1–11; 10, 1–22*; 11, 1 ff.

Daß sich hier von Stufe zu Stufe eine deutliche Zunahme an Übermalungen und Höherstilisierungen der Visionssphären ablesen läßt, spricht dafür, daß der so veranschlagte Werdegang von Ez 8–11 jedenfalls in den Grundzügen zutreffend erfaßt sein dürfte[613]. Die oben vorgeschlagene Rekonstruktion der Ursprungsform von Ez 8–11 (Stufe a1.) läßt zudem frappierende Gemeinsamkeiten mit Ez 37, 1–14* deutlich werden[614]:

1. Hier wie dort sind die für einen Visionsbericht konstitutiven Elemente äußerst sparsam eingesetzt[615].

2. Hier wie dort ist alsbald die Form „Visionsbericht“ aufgegeben[616], der Text läuft wie in 37, 3 ff. so auch in 11, 2 ff. nach dem „Prophetenspruchschema“ ab[617].

3. Hier wie dort wird anschließend der „Visionsstil“ wieder aufgenommen (37, 7 b. 8*; 11, 13); „Ezechiel“ bekommt Auswirkungen der Realisierung des Redeauftrags zu sehen.

4. Hier wie dort schließen sich daran weitere Ausführungen an, die in Anknüpfung an die vorausgehenden Darlegungen diese interpretieren, bzw. hier zum eigentlich abschließenden (und zwar jeweils golaorientierten) Aussageziel (37, 11- -14; 11, 14–21[618]) führen.

5. Hier wie dort stellt die abschließende Einheit ein Disputationswort dar; als Auslöser fungiert jeweils ein Zitat[619] (vgl. 37, 11; 11, 15).

6. Hier wie dort geht es darin um das Thema „Rückkehr“.

7. Hier wie dort ist die Verleihung des „Geistes“ ein wichtiger Aspekt (37, 14; 11, 19).

Alle diese Punkte sprechen dafür, daß der hypothetisch erschlossene Ursprungstext von Ez 8–11 sowie Ez 37, 1–14* auf ein und denselben golafavorisierenden Verfasser zurückzuführen ist, dem wir außerdem den Ursprungstext der jetzigen Eingangsvision verdanken. Hinsichtlich der Eingangsvision ist offenkundig, daß er diesen Text in buchkonzeptioneller Absicht entworfen und plaziert hat. Daß das auch für Ez 37* gilt, ist eine naheliegende Folgerung und wird sich bei der Untersuchung dieses Kapitels bestä-

---

612 Daß 11, 24 b. 25 den ursprünglichen Schluß gebildet hat, ist wahrscheinlich, aber nicht sicher; Ez 37* zeigt, daß ein abschließender Vermerk darüber, wie sich „Ezechiel“ nach der Vision wieder der Gola zuwendet, fehlen kann.

613 Auf die eben sondierten Zusatzeinheiten und ihre Abfolge ist später genauer einzugehen; zu beachten bleiben auch die Verbindungen, die offenkundig zwischen diesen Zusätzen und denen in Ez 1–3 und Ez 40 ff. bestehen.

614 P. Höffken, Beobachtungen zu Ezechiel XXXVII 1–10, VT XXXI (1981), 305–317, stuft Ez 11 als „Strukturparallele“ zu Ez 37 ein (310; vgl. auch 312, Anm. 22 und 316).

615 Verweis jeweils auf „die Hand Jahwes“, Verwendung von *whnh*, *w'r'h*.

616 37, 3 ff. (vgl. dazu Bartelmus, 1985, 377 f.) und 11, 2 ff.

617 Vgl. dazu aaO., 378.

618 Vgl. dazu jedoch noch unten.

619 Zu dieser Stilform im Ezechielbuch vgl. Zimmerli, BK XIII, 1, 275.

tigen[620]. Zu klären bleibt, welche Funktion in dieser Richtung Ez 8–11* zugedacht war. Darüberhinaus, daß der Verfasser hier Spannungen zwischen seiner golaorientierten Auffassung (Ezechiel im Kreis der ersten Gola) und Darlegungen eines vorgegebenen Textes (Ez 11, 2 ff.* mit deutlich in Jerusalem spielenden Erfahrungen) auszugleichen sucht, ist m. E. zu erwägen, daß er auf diesem Wege generell seinen „Ezechiel“ auch für alle sonstigen Texte besser auf die darin vorgegebene Rederichtung „Jerusalem – Juda“ einstellen konnte. Das buchkonzeptionelle Anliegen rückt noch deutlicher in den Blick, wenn man erkennt, daß der Ursprungstext von Ez 8–11 geplant gerade hinter Ez 7 und vor Ez 12/13 eingeschaltet wurde.

b. Ez 8–11 Zum Kontext

Ez 12, 21–28 handelt über die Zuverlässigkeit der prophetischen Schauung (*ḥzwn*). Da sich zeigen läßt, daß 12, 1–16 aus dem golaorientierten Profil herausfällt[621], weil hier der besondere Vorrang der ersten Gola nivelliert wird, ist also ein Textstadium zu postulieren, in dem 12, 21–28 im geringen Abstand auf den ursprünglichen Visionsbericht folgte. Daß diese Anordnung nicht von ungefähr zustande gekommen ist, liegt auf der Hand[622]. Das Stich-
12, 21 ff. wort *ḥzwn/ḥzh* spielt lediglich noch im Anschluß an 12, 21–28 in Kapitel 13 (vgl. 13, 6–9. 16. 23) eine wichtige Rolle; sonst taucht es im gesamten Ezechielbuch nur in 7, 13. 26 und 21, 34; 22, 28 auf[623]. Dazu kommt, daß hier wie dort die Frage der „Nähe“[624] des Gerichts bedacht wird (vgl. 7. 7 [*qrwb hywm*] sowie 7, 8 [*mqrwb*] und 12, 23 [*qrbw hymym*] sowie 12, 27 b). Der somit deutliche Rückbezug von 12, 21–28* auf Ez 7* spricht dafür, daß vor Einschaltung des golaorientierten Visionsberichts ursprünglich an Ez 5–7* direkt Ez 12, 21 ff.* anschloß; das bedeutet, daß in dieser Abfolge das Profil einer vorgolaorientierten Textfolge greifbar wird. Hinter der die vorausge-

---

620 Hier mögen folgende Hinweise genügen: Es spricht alles für die Vermutung, daß Ez 37, 1–14* in einem Vorstadium des jetzigen Buches (vgl. dazu Pohlmann, Ezechielstudien, 86, dort die Beobachtungen zu Ez 36, 16–23 a.b.α und die Erwägungen im Blick auf die von Pap. 967 bezeugte Textfolge) im Anschluß an Ez 34–36, 15* als Abschlußtext, und zwar aus golaorientierter Hand fungiert hat. Der für die Visionsberichte (älteste Fassung!) zuständige Autor ist mit dem Autor jener bereits als golaorientiert erkannten Textanteile identisch, zumindest sind beide ein und demselben Kreis zugehörig. Es geht jeweils darum, die golaorientierte Ausrichtung vorgegebener Texte oder Textsammlungen sicherzustellen und ihre Herleitung aus dem Munde des die erste Gola begleitenden Propheten „Ezechiel“ vertretbar und nachvollziehbar zu machen.

621 Vgl. dazu Pohlmann, Ezechielstudien, 36 ff. sowie unten z. St.

622 Wir können hier den kurzen Abschnitt 12, 17–20 unberücksichtigt lassen (vgl. dazu z. St.); der enge Bezug zwischen 8–11* und 12, 21 ff. bleibt außer Frage.

623 *r'h* im Sinn von „visionär, prophetisch sehen“ außer in Ez 1–2; 8–11 und 40 ff. nur noch in in 13, 3.

624 "nahe sein“ bezogen auf den prophetisch angesagten Gerichtstermin sonst in Ez nur noch 9, 1 und 30, 3; vgl. sonst z. B. Jes 13, 6. 22; Jer 48, 16; Joel 1, 15; 2, 1; 4, 14; Ob 15; Zef 1, 7; auf das kommende Heil bezogen z. B. in Jes 46, 13; 50, 8; 51, 5.

henden Worte zusammenfassenden Rede vom kommenden „Ende" Ez 7* und vor dem ursprünglich daran anschließenden Disputationswort Ez 12, 21–28, das Einwände im Blick auf die noch ausstehende Erfüllung der prophetischen Schauung zurückweist, verankert also der golaorientierte Redaktor seine Aussagen über das Geschick Jerusalems (11, 1–13*) und die Zukunft der ersten Gola (11, 14–21*)[625]. Er tut das gerade hier offensichtlich deswegen, weil so, wie in 12, 21 ff. die Einwände gegen die baldige Realisierung der Unheilsworte zurückgewiesen werden[626], zugleich Einwände und Bedenken gegen seine Heilsperspektive zurückgewiesen sind. Denn wie der Leser von 12, 21 ff. weiß, waren die die Zuverlässigkeit der Unheilsworte relativierenden Einwände mit der Katastrophe 587 v. Chr. ja eindeutig widerlegt worden; Jahwe hatte gegen die Disputationsgegner Recht behalten. Daraus mußte sich für 11, 14–21* im jetzigen Kontext ergeben, daß Jahwe dann auch seine Heilsabsicht zu Gunsten der ersten Gola trotz aller Zweifel und Einwände realisieren würde[627].

Für das Verständnis und die Auslegung des gesamten Komplexes Ez 8–11 ist also festzuhalten: An den jetzt breit ausgeführten Visionsinhalten (vgl. besonders Ez 8–10) war dieser golaorientierte Ausgangstext gar nicht interessiert; den Verweisen auf eine visionäre Erfahrung „Ezechiels" kam lediglich die Funktion zu, auf diesem Weg sicherzustellen, daß „Ezechiel", obwohl im Exil, zugleich doch in Jerusalem dortige Vorgänge wahrnehmen und dazu Stellung nehmen konnte[628]. Veranlaßt zu dieser Konstruktion sah sich die golaorientierte Redaktion im Blick auf Ez 11, 1–13*. Denn der hier agierende prophetische Sprecher war unzweifelhaft in Jerusalemer Vorgänge verwickelt. Mit Verweis auf visionäre Erfahrungen konnte die golaorientierte Redaktion den im vorgegebenen Textgut enthaltenen Passus Ez 11, 1–13*[629] der eigenen Konzeption anpassen.

Die golaorientierte Redaktion hat nicht nur einen älteren, ihr vorgegebenen Text in der gezeigten Weise auf die eigene Konzeption abzustimmen ver-

---

[625] Vgl. dazu noch unten.

[626] Das war allerdings nicht das Primäranliegen der in Ez 5–7*; 12, 21 ff.* enthaltenen vorgolaorientierten Textstufe. Die Nachweisbemühungen, daß Jahwe tatsächlich tut, bzw. getan hat, was er sagt (vgl. 12, 25), spiegeln bereits eine Theologie nach 587 v. Chr. wider, die auf diesem Wege – mit dem Verweis auf das bestätigte Prophetenwort – Jahwe als den eigentliche Hintergrundakteur der katastrophalen Entwicklungen zu erfassen sucht und daraufhin Möglichkeiten sieht, trotz der katastrophalen Lage nach 587 v. Chr. Zukunftsperspektiven zu entwerfen und dafür Jahwes Wirken zu veranschlagen; der entsprechende Denkansatz ist in Jer 32 explizit dargelegt (vgl. V. 42).

[627] Ez 11, 14–21 in der jetzigen Fassung läßt die eigentliche Zielaussage der golaorientierten Redaktion nur noch ahnen; sie ist deutlich geprägt durch Eingriffe, die die ursprünglich auf die erste Gola konzentrierten Heilszusagen auf das allgemeine Diaspora-Israel ausdehnen; vgl. dazu Einzelheiten z. St.

[628] Vgl. oben 131 f.

[629] Ez 11, 1–13* ist also nicht, wie die überwiegende Mehrzahl der Exegeten annimmt, erst ein nachträglicher Einschub in eine bereits im wesentlichen voll ausgebaute Visionsschilderung (Ez 8–10*; 11, 22–25).

sucht[630]; darüberhinaus lag ihr deutlich daran, hier auch die Sonderstellung der ersten Gola hervorzuheben. Das geschieht in Ez 11, 14–21*. Während Ez 11, 1–13* der Redaktion vorgegeben war, geht 11, 14–21 in der ursprünglichen Fassung auf die golaorientierte Redaktion selbst zurück. Die Verklammerung der beiden Einheiten zwischen Ez 7* und Ez 12* war für den Redaktor deswegen geboten, weil so hinter Ez 7* sichergestellt werden konnte, daß die hier die vorausgehenden Worte bündelnde Rede vom „Ende" die erste Gola nicht tangierte, und weil Ez 12, 21 ff.* dann anschließend das sichere Eintreffen prophetischer Schauung (Stichwort *ḥzwn*) hervorhebt. Da zwischen Ez 12, 21 ff. und Ez 7* enge Verbindungslinien nachweisbar sind (Stichwort *qrwb*), die jetzt durch Ez 8–11 unterbrochen wirken, ist davon auszugehen, daß die golaorientierte Redaktion hier eine vorgegebene ältere Textfolge Ez (5)–7*; 12*/13* als Ausgangstext zu berücksichtigen hatte.

Für den Werdegang von Ez 8–11 in der Einbindung im jetzigen Kontext sind also, abgesehen von den nachträglichen Übermalungen, die sukzessive die Einsichtnahme in die göttliche Sphäre ausweiten (Ez 9–10), im wesentlichen zwei Stufen zu veranschlagen:

1. Vorgolaorientiertes Textstadium (Ez [5]–7*; 12, 21 ff.; 13*...[?]; ferner: 11, 1–13*[631].

2. Golaorientierte Textstufe (Ez 7*; 8, 1*. 3* [8, 5–18*][632] 11, 1–21*; 12, 21 ff.*[633]).

Bestimmte Textanteile in der vorliegenden Fassung von Ez 11, 14–21 deuten daraufhin, daß später noch eine diasporaorientierte Überarbeitung und Neuakzentuierung folgte[634].

c. Ez 8–11 Zur ältesten Fassung 8, 1 ff.*/11, 1 ff.*

Ursprünglich[635] wurde über V. 1 und 3* dem Leser lediglich vermittelt, wann und wie überhaupt der unter den Exilierten weilende Ezechiel an den im vorgegebenen Textgut 11, 1–13* geschilderten Vorgängen in Jerusalem beteiligt gewesen sein konnte:

8, 1 **„Und es geschah im sechsten Jahr, im sechsten Monat, am fünften Tag des Monats, während ich in meinem Hause saß und die Ältesten Judas vor mir saßen, da fiel auf mich dort die Hand [des Herrn] Jahwes.** 2 Und ich schaute,

---

[630] Sonst der golaorientierten Redaktion vorgegebenes sperriges Textgut ist erkennbar z. B. in 18, 6. 11. 15 („auf den Bergen/Höhen essen"); 14, 7 und 22, 7 mit der Berücksichtigung des „Fremdlings"; zu Einzelheiten vgl. Pohlmann, Ezechielstudien, 8. 124 ff.

[631] Ursprünglich in Verbindung mit Ez 24, 1 ff.* (hier wie dort das Stichwort „Topf")?

[632] Ob 8, 5–18* bereits im Zusammenhang mit der ältesten golaorientierten Textstufe konzipiert worden war oder erst nachträglich ergänzt wurde, ist nicht mehr mit letzter Sicherheit auszumachen.

[633] Zu Ez 12, 17–20 siehe z. St.

[634] Vgl. ausführlicher dazu unten z. St.

[635] Im folgenden Fettdruck.

und siehe eine Gestalt [wie der Anblick] eines Mannes [vom Anblick] von seinen Hüften herunter Feuer, und von seinen Hüften aufwärts wie der Anblick [von Glanz, wie das Glitzern/Funkeln] von Elektron. 3 Und er streckte etwas wie eine Hand aus und nahm mich an meinem Haarschopf; und es hob mich empor Geist zwischen Erde und Himmel **und brachte mich nach Jerusalem, in göttlichen Visionen...**". Daran schloß 11,1–13* an[636]: 11,1 „Und Geist hob mich empor[637] und brachte mich **zum östlichen Tor des Hauses Jahwes, das sich nach Osten richtet. Und siehe, ... 11,1 aβff.**"

Man soll sich Ezechiel in seinem Hause vorstellen. Mit der Anwesenheit der Ältesten Judas streicht der Autor die besondere Stellung Ezechiels heraus; der Leser geht davon aus, daß sie den Propheten in der Hoffnung auf ein wegweisendes Jahwewort aufgesucht haben[638]. In ihrer Gegenwart wäre dann Jahwes Hand über ihn[639] gekommen, um ihn[640] nach Jerusalem zu versetzen[641], wo er dann in der in 11,1 ff. geschilderten Weise im Auftrag Jahwes als Prophet (V. 4 ff.) am Osttor des Tempels (V. 1) auftritt. Datiert ist das Ereignis auf den 5. Tag des sechsten Monats im sechsten Jahr [der Exilierung König Jojachins]; es hätte also umgerechnet auf unsere Zeitrechnung ante Christum natum am 28. September 593, somit fast sechs Jahre vor der Eroberung und Zerstörung Jerusalems am 29. Juli 587[642] und ca. ein Jahr nach Ezechiels Berufung (1,1 ff.) stattgefunden.

Alle weiteren Darlegungen zwischen 8,3* und 11,1 ff. lassen sich entweder wie 8,5–18 als ergänzende, auf die Fortsetzung mit 11,1 ff.* hin konzipierte Erweiterungen erklären, in der Absicht, zusätzlich zu den in 11,1 ff.* angesprochenen Verschuldungen das Thema „kultische Vergehen" in Abstimmung auf den vorausgehenden Kontext Ez 5–7 deutlicher in den Vordergrund zu rücken, oder sind als nachträgliche Übermalungen einzustufen, die die Darstellungsebene von 8,5 ff. verlassend wie Kap. 9 „Ezechiel" zunächst tiefere Einsicht in die Hintergrundsphäre des göttlichen Wirkens gewähren und schließlich sukzessiv die Einsichtnahme in die göttliche Sphären ausweiten (Ez 10), was deutlich an Eigenheiten apokalyptischer Literatur erinnert[643].

---

[636] Zu 8,5–18 vgl. unten.

[637] Vgl. Ez 8,3; 11,24; ferner 3,12.14.; 43,5.

[638] Vgl. ähnliche Situationen Ez 14,1; 20,1; 33,31; in Jer 42 wird geschildert, daß sich nach der Katastrophe von 587 v. Chr. und den anschließenden Wirren die gesamte Restbevölkerung im Lande beim Propheten Jeremia eingefunden habe, um von ihm Auskunft über Jahwes weitere Pläne zu erhalten (vgl. dazu Pohlmann, Studien zum Jeremiabuch, 123 ff.).

[639] Vgl. 1,3; 3,14.22; 33,22; 37,1; 40,1 b.

[640] "in göttlichen Visionen" soll, ob ursprünglich oder Nachtrag, das Geschehen als visionär qualifizieren.

[641] Zu dieser Textfolge vgl. Ez 40,1 b, ähnlich 37,1.

[642] Angaben und Umrechnungen nach Kutsch, Daten, 71; vgl. zu Ez 8,1 bes. 59 f.

[643] Vgl. auch oben zu Ez 1,15–21.

d. 8, 1–22 Die Mißstände im Jerusalemer Tempel

1–3 8, 1–3 bα Bereits in V. 2. 3* ist deutlich die Absicht erkennbar, „eine Atmosphäre des Geheimnisvollen zu schaffen“[644] und das Wunderhafte des Visionserlebnisses hervorzuheben.

In V. 2 ist die Schau eines „Mannes“ eingeführt, dessen Aussehen wie das Jahwes in Ez 1, 26 b. 27 beschrieben ist, der aber zugleich an den in 40, 3 f. vorgestellten *angelus interpres* erinnert; da in den weiteren Darlegungen auf diese Gestalt nirgends mehr Bezug genommen wird, weil darin der „Geist“ die Entrückungen (8, 3 b; 11, 1; 11, 24) trägt, für die Aufklärung Ezechiels über die Zustände im Tempel aber Jahwe selbst zuständig ist (vgl. 8, 6. 17 ff.; 9, 4 u. ö.), handelt es sich vermutlich um einen Nachtrag mit dem Ziel, das die „Atmosphäre des Geheimnisvollen“ kennzeichnende Beschreibungsrepertoire bzw. -inventar der Berufungsvision und der beiden Tempelvisionen aufeinander abzustimmen[645]. V. 3 a.bα mit den Angaben darüber, wie sich der Leser Ezechiels wunderhafte Versetzung nach Jerusalem, also die Überbrükkung der riesigen Distanz zwischen Babylonien und der Heimat, vorstellen soll, liest man ähnlich in der Doppelerzählung von „Bel und dem Drachen“, einem Zusatzstück der griech. Übersetzung zum Danielbuch[646]: Hier ist es der Prophet Habakuk in Judäa, der vom „Engel des Herrn“ am Schopf ergriffen und nach Babylonien versetzt wird, auf diese Weise den in der Löwengrube weilenden Daniel mit Lebensmitteln versorgen kann und anschließend noch am gleichen Tage wieder zurückgebracht wird.

3 bβ–18 In Jerusalem führt Jahwe höchstpersönlich über vier im einzelnen nicht immer eindeutig zu lokalisierende Stationen dem Propheten die „Greueltaten“ der nach 597 v. Chr. im Lande Verbliebenen vor Augen.

3b–6 8, 3 bβ–6 abα Die erste Station, der „Eingang des Tores, das sich nach Norden[647] richtet, wo (sich) der Standplatz des Eifersuchtsbildes, das Empörung hervorruft, (befindet)“, war offensichtlich ein Tor der Stadtmauer, befand sich also noch außerhalb des Tempelbezirkes. Was es mit dem dortigen „Eifersuchtsbild“ auf sich haben soll, ist nicht mit letzter Sicherheit auszumachen; wegen des Standplatzes im Torbereich denkt man an auch sonst häufig

---

[644] So Becker, BEThL LXXIV, 140 mit Verweis auf die Anwendung von Ausdrücken wie *dmwt* („Gestalt“), *k-* („wie“), *kmr'h* („wie der Anblick“) und *tbnyt* („etwas wie“); s. a. 10, 1. 8. 21; ferner 1, 26–28; 40, 2 f.

[645] Die Annahme, daß der in V. 2. 3 a eingeführte „Mann“ das in der 3. pers.sing.masc. vorgestellte Handlungssubjekt in 8, 5 ff. darstellen soll, woraufhin dieses dann als der im folgenden Ezechiel im Tempel führende „angelus interpres“ zu verstehen wäre, müßte dem Interpolator unterstellen, daß er die in 8, 6. 18 (vgl. auch 9, 4. 6) alles folgende als Jahwerede kennzeichnenden Merkmale entsprechend übersah.

[646] Zur Übersetzung vgl. O. Plöger, Zusätze zu Daniel, JSHRZ I, 1, 63–87, vgl. 85; vgl. ferner K. Koch, Deuterokanonische Zusätze zum Danielbuch. Entstehung und Textgeschichte, AOAT 38/1–2, Kevelaer/Neukirchen-Vluyn 1987.

[647] Der „Norden“ spielt in den Jerusalem geltenden Unheilsworten des Jeremiabuches eine wichtige Rolle, weil aus dieser Himmelsrichtung das Unheil bzw. der Feind erwartet wird (vgl. Jer 1, 13 ff.; 4, 6; 6, 1; 6, 22).

im Alten Orient belegte löwen- oder stiergestaltige Wächterfiguren. Als eigentliche Greueltat wird nun der Altar vor diesem Bild herausgestellt; denn mit seiner Existenz ist zu belegen, daß man „sich fern hält von Jahwes Heiligtum" (V. 6 bα); mit dieser Feststellung von späterer, die golaorientierte Textfolge erweiternder Hand soll offensichtlich das in 11, 15 aus Jerusalemer Mund zitierte, gegen die erste Gola gerichtete Wort „sie sind fern von Jahwe" konterkariert werden: Die Jerusalemer vergessen, daß sie sich selbst, und das freiwillig und in provozierender Weise, von Jahwes Heiligtum und damit von Jahwe längst entfernt haben. Zugleich impliziert der Verweis auf diesen Altar den gleichen Vorwurf wie in Jer 11, 13 die Feststellung: „Denn soviel Städte du hast, soviel Götter hast du, Juda; und soviel Gassen Jerusalem hat, soviel Altäre... habt ihr errichtet, um dem Baal zu opfern". V. 4, der überraschend die Gegenwart der „Herrlichkeit des Gottes Israels"[648] betont und auf die Identität mit der „Erscheinung in der Ebene" (Ez 3, 22 ff.) verweist, ist als Zusatz einzustufen, der bereits die in Ez 10 als Erweiterung zu Ez 9 vorliegende Darstellung des Auszugs der „Herrlichkeit Jahwes" aus dem Tempel voraussetzt.

8, 6 bβ–12 Die nächste Station, zu der Jahwe den Propheten bringt, damit er „noch größere Greueltaten sieht", ist der „Eingang des Vorhofs", wahrscheinlich das Tor zum äußeren Tempelvorhof[649] (V. 7 a). Die noch in G fehlenden, kaum durchsichtigen Angaben in V. 7 b sowie V. 8 wird man als von 12, 5. 7 angeregte Ausweitung einstufen müssen, so daß zuvor die Aufforderung Jahwes in V. 9 direkt an 7 a anschloß. In jedem Fall soll man sich Ezechiel im Bereich des Vorhofes vorstellen, wo er nun „noch größere Greueltaten" beobachten muß. Unter den „Ritzzeichnungen" von „Greueln" und allerlei „Götzen" sind Reliefbilder zu verstehen, auf denen mischwesenartige Tiere dargestellt sind, analog offensichtlich zu besonders für Ägypten, aber auch das Zweistromland charakteristischen Tierbildern. Das deutet nicht nur die in V. 10 nachgetragene Notiz „Abbildung von Gewürm und Viehzeug" an, sondern auch der Ausdruck „Greuel" (= *šqṣ*); denn nach Lev 11 wird anscheinend jegliches Getier als *šqṣ* und damit als unrein qualifiziert, das in der Tierwelt als mischgestaltig galt, wie z. B. Wassertiere ohne Schuppen und Flossen. War der Verstoß gegen das Bilderverbot schon verwerflich genug, um so mehr das dann noch beobachtete Verhalten der im Vorhof befindlichen siebzig Ältesten „des Hauses Israel", die ein jeder vor solchen Bildern Opferhandlungen vollzogen (V. 11)[650]. Die von Jahwe aus dem Munde der 7–12

[648] Vgl. so noch Ez 9, 3 a; 10, 19 bβ; 11, 22 b.

[649] Nach 1. Kön 7, 12 identisch mit dem großen Palastvorhof; vgl. zur Palastanlage incl. Tempel in Jerusalem den hypothetischen Plan von K. M. Kenyon, Archäologie im Heiligen Land, Neukirchen 1967, 236.

[650] Sollte mit dem von den siebzig einzig mit Namen genannten Jaasanja, dem Sohn Schaphans (möglicherweise nachträgliche Ergänzung), ein Angehöriger der bekannten, angesehenen und einflußreichen Schaphanidenfamilie (vgl. 2. Kön 22, 3 ff.; Jer 36, 10 ff.; 2. Kön 25, 22 ff.; Jer 26, 24; 39, 14; 40, 5 ff.; 41, 1 ff.) gemeint sein, so müßte man hier einen dem Ansehen dieser Familie abträglichen Hinweis unterstellen; soll damit indirekt Gedalja, ein Enkel Schaphans, als von

siebzig zitierte Begründung ihres Verhaltens (12b) soll belegen, daß diese siebzig Repräsentaten Israels[651] die Gegenwart und Zuständigkeit Jahwes im Lande bestreiten[652]. Während in 8,6 der Vorwurf erhoben wurde, man halte sich von Jahwes Heiligtum fern, soll hier noch deutlicher illustriert werden, warum man sich generell von Jahwe nichts mehr verspricht und sich daher anderen Mächten zuwendet. Das „Zitat" greift möglicherweise ein unter den nach der Katastrophe im Lande Verbliebenen umlaufendes Wort auf, in dem sie angesichts der Ereignisse und der fehlenden Zukunftsperspektive ihre Resignation und Orientierungslosigkeit artikulierten[653]. Vielleicht ist V. 12b sogar erst ein späterer Nachtrag, woraufhin die in V. 13 weiterführende Jahwerede (vgl. 8,6.15) zu Beginn dieses Verses als solche erneut kenntlich gemacht werden mußte.

Die Frage, an welchen Kult der Leser denken soll oder vor welchem Kult er damit gewarnt wird, läßt sich nicht beantworten. Werden absichtlich konkretere Angaben vermieden[654], damit der Text hier über die konkret vor Augen stehende Situation hinausweisend auch warnend in die Gegenwart des Lesers trifft?

13–15a 8,13–15a Mit einer weiteren Steigerung der Gottlosigkeit wird Ezechiel schließlich am Eingang des nördlichen Tempeltores konfrontiert; denn das, was er jetzt wahrnehmen muß, spielt sich bereits im eigentlichen Tempelareal ab: In Jahwes ureigenem Bereich haben sich die Frauen niedergelassen, um den Tammuz[655] zu beweinen! In dem hier angesprochenen Vorgang steht eine Gestalt im Mittelpunkt, deren Hochschätzung bereits um 2000 v. Chr. in sumerischen Dichtungen bezeugt ist; in darin überlieferten Klagetexten über diese hier Dumuzi genannte, teils göttliche, teils menschliche Gestalt wird das Verschwinden dieser die sterbende und wiedererstehende Vegetation repräsentierenden Gottheit während der heißen Sommerzeit beklagt[656]. Der besonders bei Frauen beliebte Kult hat sich in der Folgezeit im gesamten Alten Orient ausgebreitet[657].

---

den Babyloniern nach 587 v. Chr. eingesetzter und folglich auch mit diesen kollaborierender Statthalter im Lande (Jer 39,14; 40,5ff.) abqualifiziert werden?

[651] Vgl. Ex 24,1.9; Num 11,16.24.

[652] Vgl. die Wiederaufnahme in 9,9.

[653] Vgl. ähnlich z. B. Jer 14,8b.9; in Dtn 31,17 soll es schließlich Jahwe selbst sein, der ankündigt, daß er sein Volk zur Strafe für dessen Treulosigkeit verlassen wird; vgl. dagegen Jer 32,15 und 42,10 und dazu K.-F. Pohlmann, Studien, 199.

[654] Vgl. sonst zum Thema kultischer Verirrungen sehr häufig die Warnung vor der Verehrung Baals oder der Baale, z. B. „dem Baal räuchern/opfern" in Jer 7,9; 11,13.17; 19,5; 32,29.35 Hos 11,2 u. ä.

[655] Im AT nur hier erwähnt.

[656] Vgl. deutsche Übersetzung in TUAT II, 5, 1989, 693ff.; vgl. ähnliche Klagen anläßlich des Todes Baals (Text z. B. in W. Beyerlin [Hg.], RTAT, 233f.); weitere sterbende und wieder erstehende Vegatationsgötter sind z. B. Hadad, Osiris und Adonis (vgl. V zu Ez 8,14: Adonidem); sonstige Anspielungen auf Fruchtbarkeitskulte im AT z. B. in Jes 17,9–11; zu Tammuz vgl. noch W. H. Schmidt, Alttestamentlicher Glaube in seiner Geschichte, Neukirchen 1990[7], 185.

[657] S. Ackermans Untersuchung (s. o. Lit.) kommt zu dem Ergebnis, daß die in Ez 8 erwähnten Kulte in Juda nicht nur bis ins 6. Jh. florierten, sondern sogar als zur Praxis des Jahwereligion

8, 15b–17 Ist der Platz am Eingang des Tempels zwischen der Vorhalle 15b–17
und dem Altar nach Joel 2, 17 der Ort, wo an großen Bußtagen und in Anwesenheit der ganzen Gemeinde die Priester weinend und im Gebet vor Jahwe, also nach Westen blickend stehen, um fürbittend für die Gemeinde einzutreten, so soll Ezechiel also gleichsam die Perversion dazu auf eben diesem Platz wahrnehmen, weil er hier auf fünfundzwanzig Männer stößt, die Jahwe nicht nur den Rücken zukehren[658], sondern sich sogar im Gebetsgestus Richtung Osten[659] vor der aufgehenden Sonne niederwerfen. Daß bis in Josias Zeiten im Tempelkult zu Jerusalem die Sonne bzw. der Sonnengott eine Rolle gespielt hat, geht aus 2. Kön 23, 11 (5) hervor, wonach es dort Pferde und Wagen für den „Sonnengott" gab. Hier handelte es sich wahrscheinlich um den unter assyrischem Einfluß bzw. Druck eingerichteten Kult des Sonnengottes „Schamasch"[660]; ob dieser Kult nach seiner Ausssetzung unter König Josia um 622 v. Chr. später unter Jojakim wieder aufgenommen wurde, muß offen bleiben. Zimmerli gibt zu erwägen, daß solche Ritualelemente von den Ausübenden „als Elemente einer möglichen solaren Interpretation Jahwes verstanden" wurden[661]. Im griech. Kulturkreis ist die Verehrung des Zeus als Zeus Helios bekannt.

V. 17bα verläßt mit dem Verweis auf „Gewalttat" den Bereich des Kultes und lenkt das Augenmerk von den darin konstatierten „Greueltaten" auf Vergehen im sozialen Bereich[662]. Von solcher Gewalttat war bereits in 7, 23bβ die Rede; während dort die „Stadt" voll an „Gewalttat" ist, stellt 8, 17aβ klar, daß man damit auch das Land angefüllt hat (vgl. noch 9, 9 mit 7, 23bα). Möglicherweise sollen V. 17bα und 9, 9 auf die späteren Aussagen über soziale Vergehen einer Führungsgruppe in Jerusalem in 11, 6f. vorbereiten[663]. Worauf der Rest des Verses mit dem obskuren Verweis auf das Hantieren mit der „Weinranke" anspielt, hat sich bislang nicht klären lassen[664]. Zu den Formulierungen in V. 18a, die nach allem nun Jahwes ausreichend begründeten 18
zornigen Entschluß zum mitleidlosen Vorgehen ansprechen, ist Ez 5, 11;

---

zugehörig, also nicht als synkretistisch, pagan o. ä. einzustufen sind. Somit wären in den Texten nicht lediglich eine religiöse Randerscheinung, Praktiken von Minoritäten angesprochen, sondern vielmehr die von den meisten der im Lande Verbliebenen, die sich durchaus als „Jahwisten" verstanden, quer durch alle Schichten und Gruppierungen praktizierte „popular religion". Die Frauen verehrten neben Jahwe die Himmelskönigin (Jer 7; 44) und Tammuz (Ez 8), die Aristokratie hatte ihre Kultfeiern à la Ez 8, 8–12, der Restklerus favorisierte den Sonnenkult (Ez 8, 16).

[658] Vgl. den Vorwurf in Jer 2, 27; 32, 33.

[659] Da der als sog. Langhaus gestaltete salomonische Tempel auf die Ost-West-Achse ausgerichtet war und sich in Vorhalle mit Eingang von Osten, Tempelraum und Allerheiligstes (hebr. *dbyr*) mit dem unsichtbar anwesend vorgestellten Jahwe gliederte, war die korrekte Gebetshaltung die Richtung Westen.

[660] Vgl. zu Einzelheiten H. Spieckermann, Juda unter Assur in der Sargonidenzeit, FRLANT 129, Göttingen 1982, 107ff.; 245ff.; vgl. ferner R. Albertz, Religionsgeschichte Israels, 207.

[661] BK XIII, 1, 221.

[662] Vgl. Ez 7, 11.23; 8, 17; 9, 9; 12, 19.

[663] Vgl. ähnlich Hossfeld, Die Tempelvision Ez 8–11, 158.

[664] Zu den zahlreichen Erklärungsversuchen vgl. Zimmerli, BK XIII, 1, 195.222f.

7, 4. 9; 9, 10; 24, 14 zu vergleichen. Daß Jahwe von einem bestimmten Punkt an nicht mehr ansprechbar sein wird (18 b)[665], daß es ein „Zu spät", einen „point of no return" gibt, wird auch in Jer 11, 11 betont.

e. 9, 1–11 Jahwes mitleidloses Strafgericht an den Schuldigen

Die jetzt auf 8, 18 folgenden Darlegungen 9, 1 ff. sollen vermitteln, wie „Ezechiel" tiefere Einsicht in die Hintergrundsphäre des göttlichen Wirkens gewährt wird. Daß Ez 9 insgesamt als jüngerer Nachtrag einzustufen ist, ergibt sich eindeutig daraus, daß hier die bisherige visionäre Wahrnehmungsebene auf eine höhere Stufe verlagert und somit die Darstellungsebene von 8, 5 ff. verlassen ist, und zudem 9, 10 das bereits feststehende Fazit Jahwes von 8, 18 wieder aufnimmt[666].

9, 1–11 Inhalt und Aufbau

Läuft Ez 8 jetzt insgesamt auf einen umfassenden Schuldaufweis hinaus, so stellt der Verfasser und Interpolator von Ez 9[667] vor Augen, wie Jahwe das entsprechende Strafgericht in die Wege leitet, ja, organisiert.

9, 1–2 Indem Jahwe konstatiert, daß jetzt die Zeit der „Heimsuchungen" gekommen ist, stellt sich auch schon das ihm für solche Zwecke zur Verfügung stehende und entsprechend ausgestattete Dienstpersonal ein.

3–6 a Jahwe erteilt genaue Anweisungen, wie vorzugehen ist: Damit das Strafgericht nicht auch Unschuldige trifft, muß zuvor ein als „mit Leinen bekleidet und mit dem Schreibzeug des Schreibers an seiner Seite"[668] beschriebener Mann solche Unschuldigen kennzeichnen; ihm sollen dann die übrigen folgen und alle mit Ausnahme der Gezeichneten erschlagen.

6 b–7 Nachdem die Ausführung des Auftrags im Tempelbereich erfolgt ist, erteilt Jahwe eine zusätzliche Anweisung, mit der er die Verunreinigung des Tempels sichergestellt wissen will.

8–10 Angesichts des sich vor Ohren und Augen Ezechiels abspielenden Vernichtungsgeschehens erkennt dieser, daß dieses Gerichtshandeln Jahwes nicht einmal mehr die Weiterexistenz eines Restes Israels vorsieht. Seinen verzweifelten Appell an Jahwe läßt dieser wegen der außerordentlichen Größe der Schuld nicht gelten. Aus der Vollzugsmeldung des Mannes mit dem Schreibzeug in V. 11 ist abschließend zu entnehmen, daß das Strafgericht systematisch zu Ende vollzogen werden kann. Da dieser Mann in Ez 10 als der Linnengekleidete weiterhin eine wichtige Rolle spielt, stellt sich die Frage, ob

---

665 In G nicht bezeugt.

666 Vgl. auch in 9, 9 die Wiederholung der Anklagepunkte von 8, 12.

667 Auf Ez 8* folgte ursprünglich Ez 11, s. o. 131 f.

668 Vgl. zu dieser Doppelkennzeichnung unten 149 ff. die Überlegungen zur Frage der literarischen Einheitlichkeit von Ez 10.

und inwiefern Textanteile in Ez 10 noch eine genuine Fortsetzung zu Ez 9 bilden[669].

9, 1–11 Zur literarischen Einheitlichkeit des Kapitels

Neuerdings meint man folgenden Sachverhalt für die Annahme veranschlagen zu können, daß uns das Kapitel nicht in seiner Erstfassung erhalten ist: Bevor die für die Durchführung des Strafgerichts zuständigen „Männer" (V. 2) den Befehl erhalten (V. 5. 6), schonungslos und ohne Ausnahme „Greise, Jünglinge, Mädchen, Kinder und Frauen" zu erschlagen, wird in V. 4 der „Linnengekleidete" bzw. „der Mann mit dem Schreibzeug" mit der Aufgabe betraut, diejenigen besonders zu kennzeichnen, die wegen ihrer den Götzendienst verwerfenden Einstellung vom Vernichtungsgericht ausgenommen sein sollen. Daraus folgert man: Die jetzige Textfolge bestehe somit aus „zwei Reihen von Aussagen, die einander widersprechen"[670]; „Totalgericht und Teilgericht [seien] nicht beliebige Variationen, sondern logische Gegensätze, die nicht von einer Hand stammen können"[671]. Doch von Widerspruch und Gegensatz muß gar nicht die Rede sein, und entsprechend bedarf es nicht der Unterstellung, daß „ein frommer und gelehrter Leser wusste, dass bei der Eroberung Jerusalems nicht alle Einwohner ums Leben kamen"[672], woraufhin er mit dem Verweis auf eine Spezialaufgabe des Linnengekleideten die in V. 5. 6 ursprünglich für alle Bewohner Jerusalems ausnahmslos vorgesehene Vernichtung nachträglich einschränkte. Denn daß hier diese Aktion zur Rettung eventuell schuldloser Menschen vor Augen gestellt wird, steht ja an sich insofern keineswegs im Gegensatz zu Absicht und Vollzug eines Totalgerichts, als damit lediglich hervorgehoben werden soll, daß ein solches Totalgericht Jahwes selbstverständlich nicht auch Unschuldige, also an den verwerflichen Kulten etc. nicht beteiligte, miteinbezieht. Allein dieser Aspekt ist hier wichtig. Daß der Mann „mit dem Schreibzeug des Schreibers an seiner Seite" alle diejenigen mit einem Schutzzeichen versehen soll, die über die Zustände in Jerusalem klagen, muß demnach gar nicht so verstanden werden, daß der Verfasser damit die Existenz solcher Jahwetreuen anzeigen will. Indem er Ezechiel die verzweifelte Frage in den Mund legt, ob und wie denn Jahwes Vorgehen überhaupt noch eine Chance für einen Rest Israels vorsehe (vgl. 11, 13), signalisiert er hier dem Leser, daß Jahwes Maßnahmen zur Verschonung und somit zur Bewahrung oder Erhaltung eines „Restes" ohne Ergebnis bleiben. Es gibt keine Unschuldigen, und über die solchen von Jahwe zugestandene Verschonung hinaus gibt es keine weiteren Rettungsmöglichkeiten. Überlegungen darüber, welche Kreise von Jahwetreuen der Verfasser hier vor Augen gehabt habe[673], sind daher fehl am Platz. Die Stadt war rest-

---

669 Vgl. dazu unten zu V. 11.
670 Vogt, Untersuchungen, 46.
671 So Hossfeld, Tempelvision, 159 f., im Anschluß an Vogt.
672 Vogt, aaO., 46.
673 Vgl. Zimmerli, BK XIII, 1, 228.

los verdorben (vgl. V. 9)[674]. Daher kann und will Jahwe das Gericht nicht aussetzen; es bleibt beim gerechten Gericht, jeder bekommt seinen Wandel auf seinen Kopf (V. 10b). Daß auch die Kinder als an den Vergehen mitbeteiligt gelten und somit nicht verschont werden können (V. 6), ist eine für uns nicht nachvollziehbare Vorstellung; sie ist jedoch im AT auch sonst belegt (z. B. Num 16, 27). Da sich ferner zeigen läßt, daß *'nšym* auch in der Bedeutung „Leute" (vgl. Ex 5, 9; 4, 19; 2. Sam 15, 22[?]) und *kl 'yš* im Sinne von „jedermann, jeder" verwendet wird, spricht nichts dafür, ein der jetzigen Version vorausgehendes Textstadium ohne Hinweise auf „den Mann mit dem Schreibzeug" und seine Funktion zu postulieren. Eindeutig sekundäre Zusätze sind in V. 3 die im Kontext beziehungslosen Bemerkungen über die „Herrlichkeit Jahwes", die 10, 4 vorwegnehmen oder vorbereiten, sowie der Befehl in V. 7, den Tempel durch Leichen zu verunreinigen.

9, 1–11 Die Verderbergestalten und der Mann mit dem Schreibzeug

Bereits oben war hervorgehoben worden, daß dieses Kapitel einem Autor zu verdanken ist, der dem Leser, der von Kap. 8 herkommt, nun weiteres Hintergrundwissen zu vermitteln und gleichsam die den irdischen Abläufen korrespondierende göttliche Vorgehenswirklichkeit zu offenbaren sucht. Aufgrund der vorstehenden Beobachtungen zur literarischen Einheitlichkeit und zum Anliegen des Autors ist jetzt noch zu ergänzen, daß er hier zugleich eine Antwort auf die brennende und auch sonst öfter verhandelte Frage (vgl. Ez 14; Gen 18) versucht, ob und wie Jahwe denn überhaupt im Zusammenhang eines Totalgerichts, einer umfassenden Katastrophe, den Untergang Unschuldiger vermeiden konnte. Ferner sollen solche Darlegungen über die Art und Weise, wie Jahwe als Hintergrundakteur sein Gerichtsvorhaben organisiert und steuert, dem Verdacht begegnen, die Babylonier könnten auf eigene Faust gehandelt haben und die Eroberung und Zerstörung Jerusalems als einen aus eigener Kraft errungenen Erfolg und damit auch Triumph über Jahwe verbuchen.

1–2 1–2 Der Verfasser hebt hervor, wie nach Jahwes Ausruf „herbeigekommen sind die Heimsuchungen der Stadt" sofort das entsprechende Ausführungsorgan zur Verfügung steht, das gleichsam im „Teamwork" das Gericht vollziehen wird. Damit soll von Anfang an klargestellt werden, daß und wie im Zuge eines Strafgerichts alles seinen geregelten Gang geht; es sind „Fachleute", „Spezialisten" am Werk, die nach Plan vorgehen, die wissen, was sie zu tun haben. Nichts wird dem Zufall überlassen. Das Unheilsgericht über Jerusalem gilt also nicht in dem Sinne als Ausgießen des Jahwezornes (V. 8), daß sich dieser Zorn hemmungslos austobt; nach der Auffassung des Verfassers von

[674] Daß „der nach 9, 4. 6 in Jerusalem zu verschonende Rest... in den geschichtstheologischen Entwürfen auffallend konsequenzenlos geblieben" ist (Zimmerli, Art. „Ezechiel", in: TRE 10, 774), ist also deswegen keineswegs verwunderlich, weil das Aussagegefälle des Kapitels gar nicht die Existenz eines solchen Restes impliziert; Hossfelds „Vermutung, im Teilgericht von 9, 2–11* eine späte Redaktion zu finden, die innerhalb des Ezechielbuches keine größere Wirkungsgeschichte mehr entfalten konnte" (aaO., 160, Anm. 28), beruht auf einem Fehlschluß.

Ez 9 mündet Jahwes Zorn vielmehr kontrolliert und bedacht ins Gericht[675]. Bei den sechs bzw. sieben „Männern"[676] wird es sich um Gestalten handeln, die wie z.B. in 2. Kön 19,35 oder in 1. Chr 21,12.15ff. im Auftrag Jahwes als seine „Boten" oder „Engel" zuschlagen (*nkh* hiph.) und damit Verderben herbeiführen[677]. Ob und wie stark der Verfasser hier von Vorstellungen aus dem Zweistromland beeinflußt ist[678], mag offen bleiben; entscheidend ist, daß die vorgestellten Wesen allein auf Jahwes Befehl agieren. Die Verderbergestalten kommen durch das Nordtor, also von Norden; das erinnert an Jeremias Ankündigung des Feindes aus dem Norden (vgl. Jer 1,14ff.; 4,6; 6,1; 6,22ff.). Damit ist klar, daß ihrem „überirdischen" Wirken aus irdischer Sicht das Wirken der aus dem Norden heranrückenden babylonischen Feindmacht korrespondiert. Daß der Mann mit den Schreibutensilien für seine Sonderaufgabe wie sonst die Priester (vgl. Ex 28,29-42, Ex 39,28), aber nach Dan 10,5; 12,6f. auch die Boten, die „Engel" Gottes als in Leinen gekleidet vorgestellt wird, soll ihn wohl als im kultischen Sinne „rein" auszeichnen. Warum das für sein Geschäft wichtig oder erforderlich ist, wird nicht deutlich. Dieser Punkt ist insofern noch einmal aufzugreifen, als seine priesterliche Gewandung verständlich wird als Voraussetzung für die Erfüllung der ihm nach 10,2 zusätzlich übertragenen Aufgabe im innersten Tempelbereich! Da als Spezialausdruck für die Schreibutensilien ein altägyptisches Lehnwort verwendet ist, darf man sich diese daraufhin nach Art solcher zahlreich erhaltener altägyptischer Schreiberetuis vorstellen. Wie zum Befehlsempfang beziehen die „Männer" Stellung neben dem „ehernen Altar", mit dem auf den in 1. Kön 8,64 erwähnten salomonischen Altar (vgl. 2. Kön 16,14) angespielt sein dürfte.

9,3b[679]-4 Zu Figur und Funktion des Linnengekleideten war oben bereits 3-4
vermerkt worden, daß es hier darum geht, das Strafgericht an Jerusalem als „schuldig" und „unschuldig" berücksichtigendes und somit gerechtes Walten Jahwes vorzustellen. Während in Texten wie z.B. Jer 9,21 das unterschiedslose Dahingerafftsein beklagt wird, ist der Autor von Ez 9 nicht nur der

---

675 Vgl. ähnlich Ez 20,8f. 13f. 21f.; vgl. ferner Ez 36,18.

676 Daß es sich um eine Gruppe von sieben Männern handeln muß, scheint mir nicht ganz so eindeutig, wie bisher allgemein angenommen wird; denn genau betrachtet erwähnt V.2 zunächst „sechs Männer", anschließend wird „ein Mann unter ihnen" (*btwkm*) als „mit Leinen bekleidet und mit dem Schreibzeug des Schreibers an seiner Seite" vorgestellt; das muß nicht unbedingt bedeuten, daß dieser zu den vorher genannten noch hinzuzurechnen ist.

677 Vgl. Ps 78,49; ferner Ex 12,13.23; im NT vgl. Apk 15,6f.

678 Verwiesen wird entweder auf die sieben für den Pestgott Erra geschaffenen Kampfdämonen im babylonischen Erra-Gedicht (vgl. dazu L. Cagni, The Poem of Erra, Sources from the Ancient Near East, Vol. 1, fasc. 3, Malibu/California 1974; deutsche Übersetzung in TUAT III, 4, 781ff.) oder auf die sieben Planetengottheiten.

679 V.3a fällt durch die „Beziehungslosigkeit im Kontext auf" (Zimmerli, BK XIII, 1, 204) und stellt eine fast wörtliche Vorwegnahme von 10,4 dar. Aus welchem Grunde dieser Zusatz hier erfolgte, ist nicht klar erkennbar; möglicherweise soll dem Umstand Rechnung getragen werden, daß die Aussagen in V.6+7 die Verunreinigung des Tempels implizieren (vgl. Keel, Jahwe-Visionen, 147).

Überzeugung, daß der in Gen 18, 23 im Blick auf die geplante Vernichtung Sodoms an Gott gerichtete Vorwurf Abrahams „Willst du denn den Gerechten mit dem Gottlosen umbringen?" unberechtigt ist; er versucht sich sogar auszumalen, wie Gott selbst es anstellt, in seinem umfassenden Gerichtswirken an den Menschen sein die Frommen bewahrendes Handeln durchzuhalten. Vielleicht hat der Autor gerade auch Texte wie Ez 14, 12 ff. und 33, 1 ff. vor Augen, in denen klargestellt ist, daß die Gerechten, bzw. die Bußfertigen auch in umfassenden Strafgerichten wie Hungersnot, Krieg oder Pest nicht umkommen sollen, woraufhin sich die Frage aufdrängen mußte, auf welche Weise wohl Pest, Hungersnot oder Krieg die Aussparung und Bewahrung solcher Gerechten vorgeschrieben werden kann. Dazu stellt sich der Autor vor, daß Jahwe den in der Form eines Kreuzes (+) geschriebenen letzten Buchstaben des althebräischen Alphabets auf geheime, überirdische Weise auf der Stirn[680] der Jahwetreuen anbringen läßt, damit er als Schutz-[681] oder Eigentumszeichen[682] den personhaften Gestalten, die das Gericht vollziehen, das Signal zur Verschonung gibt[683]. Mit Verweis auf überirdisch wirkende personhafte Wesen, die im Auftrag und auf genaue Anweisungen Jahwes die Unheilsabläufe bzw. Strafgerichte zu organisieren und zu steuern imstande sind, versucht der Autor zu belegen, daß die jeweils ausschlaggebenden Unheilsmächte in ihren Wirkungsweisen vollständig unter Jahwes Kontrolle zum Zuge kommen[684]. Nur so scheint nachvollziehbar, daß auch umfassende Katastrophen nichts anderes sind als gerechte Strafgerichte Jahwes.

5–7 9, 5 f. 7 b Nachdem Jahwe also die Verschonung möglicher Unschuldiger sichergestellt hat, kann die Anweisung zur Vollstreckung des Gerichts erteilt werden. Jetzt ist auch klar, daß das geforderte gnadenlose Vorgehen[685] nur die Schuldigen trifft und vernichtet. Die Aktion soll im Tempelbereich starten; seine Asylfunktion ist also hinfällig geworden. Zugleich folgt nun der von Menschen in Kauf genommenen Entweihung des Tempels durch die in Ez 8 vorgestellten Greuel die endgültige Entweihung im Auftrag Jahwes[686]. Danach wird die Vernichtungsaktion auf die ganze Stadt ausgeweitet.

8–10 8–10 Deren Ablauf versetzt den Propheten in höchste Sorge um einen Überrest Israels überhaupt (vgl. 11, 13). Der Verfasser scheint hier Ezechiel

---

[680] Vgl. Apk 7, 2. 3; 14, 1.

[681] Vgl. auch das sog. Kainszeichen in Gen 4, 15.

[682] Zur Kennzeichnung von Menschen als Eigentum vgl. z. B. Ex 21, 6.

[683] Das hier skizzierte Verfahren erinnert an Ex 12 „Einsetzung des Passahfestes und Vernichtung der Erstgeburt der Ägypter", wo zwar nicht die Menschen, wohl aber die Häuser der Israeliten mit einem Kennzeichen der Verschonung versehen werden.– Die Damaskusschrift spricht (CD XIX, 10–12) im Zusammenhang einer künftigen „Heimsuchung" (*pqdh*) von Erretteten und verweist dabei auf Ez 9, 4 („wie es gewesen ist zur Zeit der ersten Heimsuchung, von der er durch Ezechiel gesagt hat: Das Zeichen zu zeichnen auf die Stirn derer, die seufzen und stöhnen").

[684] Nach ntl. Auffassung sieht das Weltregiment Gottes sogar vor, daß kein Sperling ohne seinen Willen vom Dach fällt!

[685] Zu 9, 5 b vgl. 5, 11; 7, 4. 9; 8, 18; 9, 10; vgl. 24, 14.

[686] V. 7 ist eine sekundäre Verdeutlichung dessen, was in V. 6 Jahwes Anweisungen bereits implizieren.

nicht nur als fürbittenden Propheten vor Augen zu haben[687]; Ezechiel entspricht auch dem Bild eines Visionärs, der wie Daniel im apokalyptischen Danielbuch im Zustand der Irritation ob der ihm gewährten Einsichten in Jahwes Absichten um die Beantwortung der Frage nach dem weiteren Gang der Entwicklungen bittet (vgl. Dan 9). Die Ezechiel in den Mund gelegte Frage nach einem Rest Israels, also ob es denn überhaupt eine Zukunft für das Jahwevolk geben kann, war dem Verfasser in Ez 11, 13 vorgeben. Hiermit wie auch sonst im deutlichen Rückgriff auf vorgegebene Aussagen in Ez 8 und 11[688] soll klarer als im vorgegebenen Kontext herausgearbeitet werden, daß Jahwe das Gericht zu Recht schonungs- und mitleidslos vollzieht (8, 18): Zum einen sind eventuelle Unschuldige ausgenommen (9, 3b–6); zum anderen soll 9, 9, wo die vorgegebenen Aussagen in Ez 8, 12. 17 summiert sind, das Ausmaß der Verschuldungen massiver herausstellen[689]. Während die in 11, 13 Ezechiel in den Mund gelegte Frage nach der Rettungsaussicht eines Restes noch so verstanden werden konnte, daß sie aus der Befürchtung eines Totalgerichts resultierte, für dessen Ursache lediglich die in Ez 11 auf ihre Vergehen angesprochene Gruppe von 25 Männern verantwortlich war, verdeutlicht also 9, 9, daß hier die „sehr große Schuld“[690] des ganzen Volkes veranschlagt werden muß.

V. 11 mit dem Verweis auf die Vollzugsmeldung des „Linnengekleideten“ 11
bzw. „des Mannes mit dem Schreibzeug“ soll herauskehren, was bislang implizit vorauszusetzen war, nämlich, daß Jahwes Maßnahmen zur Verschonung Unschuldiger tatsächlich durchgeführt wurden, das Strafgericht also garantiert nicht den Gerechten mit dem Gottlosen zusammen dem Verderben preisgegeben hätte. Möglicherweise soll dieser Vers hinter dem ursprünglichen Abschlußvers 9, 10 „die Weiterführung in Ez 10 vorbereiten, in welcher der Linnengekleidete in einer anderen, inhaltlich sehr veränderten Funktion auftritt“[691].

f. 10, 1–22 Die Einäscherung Jerusalems und das Entschwinden der Herrlichkeit Jahwes aus seinem Tempel

Die vom Interpolator von Ez 9 bezweckte Textfolge 8*; 9, 1–11*;... (11, 1 ff.*[692]) bildete den kunstvoll ausgeflochtenen Themenstrang *das Aus-*

[687] Vgl. dazu Am 7, 2. 5; Jer 7, 16; 11, 14; 14, 11; 15, 1.

[688] Vgl. 9, 5. 10 mit 8, 18; 9, 8 mit 5, 10; 11, 13; 9, 9a mit 8, 17; 9, 9b mit 8, 12; 9, 10b mit 11, 21b.

[689] Vgl. auch Hossfeld: Die Feststellung lediglich von Kultgreueln im „Grundtext“ von 8, 17 werde in 9, 9 „im Stil prophetischer Anklage durch den Aufweis sozialer Vergehen ergänzt bzw. überboten“ (aaO., 158).

[690] Die Konkretion, daß hier „das Land mit Blutschuld angefüllt“ ist, ist deutlich erkennbar eine vorweggenommene Ausweitung der Feststellung in 11, 6f.

[691] Vgl. Zimmerli, „Fortschreibung“, 181.

[692] Daß 9, 1–11 eng auf 11, 1–13 bezogen ist und diesen Text voraussetzt, war bereits deutlich geworden (vgl. 9, 8 mit 11, 13; 9, 9 mit 11, 6).

maß der Verschuldigungen im Jerusalemer Tempel und Jahwes Strafgericht[693]. Darin ging es in erster Linie um die Ausmalung und Neuakzentuierung der Schuldzustände (Ez 8) sowie als Hintergrundinformation um den Nachweis der Vorsorge Jahwes für ein gerechtes Totalgericht (Ez 9)[694]. In Ez 10 wird nun mit Verweis auf eine zweite Aktion des bereits aus Ez 9 bekannten „Linnengekleideten" noch einmal das Strafgericht an Jerusalem thematisiert. Indem in 10,2 an den „Linnengekleideten" der Auftrag ergeht, aus dem Bereich des Allerheiligsten glühende Kohlen zu holen und diese über die Stadt auszustreuen, wird hier das zuvor von Jahwe selbst in Auftrag gegebene Totalgericht an den Schuldigen auf die völlige Zerstörung der Stadt ausgeweitet. Dem Linnengekleideten ist hier also nach seinem Auftreten „als Mann mit dem Schreibzeug" in Ez 9 eine mit der ersten konkurrierende zweite Funktion zugedacht. Zum anderen stößt man jetzt in Ez 10 anders als in den bisherigen Darlegungen in Ez 8 und 9[695] auf umfangreiche Ausführungen über die „Herrlichkeit" Jahwes (vgl. 10,4.18.19) und erfährt, wie diese sich aus dem Tempel absetzt. Beide Handlungsabläufe sind jetzt eng mit- und ineinander verschlungen.

10,1–22 Inhalt und Aufbau

Nach 9,11 setzt 10,1 überraschend mit der Schau eines Thrones auf der Platte über dem Kopf der Keruben[696] ein. Aber damit leitet V.1 offensichtlich gar nicht über zu einem neuen das bisherige ablösenden Visionsgeschehen. Denn die in V.2 folgenden Hinweise auf den „Linnengekleideten" signalisieren hier jetzt eine Fortsetzung der in Ez 9 vorgeführten Vorgänge. Der Linnengekleidete in V.2 soll im Auftrag Jahwes aus dem Bereich direkt unterhalb des Keruben glühende Kohlen holen und diese über der Stadt ausstreuen. Über die Ausführung des Auftrags berichtet V.7. Damit verschwindet der „Linnengekleidete". Die Verlagerung des Interesses auf ein neues Thema war allerdings schon in 10,4–5(6) vollzogen worden. Hier ist plötzlich von der „Herrlichkeit" Jahwes die Rede und wichtig, daß diese sich in Bewegung setzt, während der „Linnengekleidete" noch agiert. Die Verse 8–17 informieren ausführlich über die Keruben und ihnen zugeschriebenes Zubehör. In V.18f. ist zu erfahren, daß sich Jahwes „Herrlichkeit"

---

[693] Zu Ez 11,1–13* (die Konfrontation des Propheten Ezechiel mit einer Gruppe von Männern am Eingang des Tempels) als ursprünglichem Ausgangspunkt des Gesamtkomplexes Ez 8–11 vgl. oben 131ff.

[694] Im Vergleich zum vorausgehenden Kontext (Ez 5–7) bringen diese Darlegungen in der Abfolge Ez 8.9.11* im Aussageergebnis keine neuen Aspekte (vgl. 8,17f. und die Aussagen in 5,9; 5,11; 7,3f.; 7,8–9 [7,20]); das Aussageergebnis von Ez 8/9* (ohne 11,1–21) ist das gleiche wie die Summe der vorausgehenden Texteinheiten, nämlich: Im Blick auf die „Greuel" wird Jahwe einschreiten und mitleidslos handeln (vgl. 8,18; 9,10).

[695] Zu Ez 8,4 und 9,3 vgl. unten.

[696] Unter einem Kerub ist „im Alten Testament grundsätzlich ein geflügelter Löwe mit Menschenkopf" zu verstehen; vgl. Keel, Jahwe-Visionen, 192; zu Einzelheiten und Bildmaterial aaO., 15ff.).

nun endgültig aus dem Tempel absetzt, um am Osttor Position zu beziehen. Nochmals auf die Keruben und ihre Gestalt kommen die Verse 20–22 zu sprechen.

10, 1–22 Zur Frage der literarischen Einheitlichkeit

Aufgrund der bisherigen Beobachtungen zum Aufbau ist eindeutig auszuschließen, daß Ez 10 in einem Guß konzipiert worden sein kann. Daß mit zahlreichen Zusätzen zu rechnen ist, ist in der Forschung inzwischen auch weithin unstrittig. In 10, 1. 2*. 3. 4*. 18 b. 19* kann man Erweiterungen erkennen, die sich von der „Vorstellung von der permanent beweglichen ‚Herrlichkeit des Gottes Israels' " leiten lassen[697]. Außerdem sind deutliche Spuren von Bemühungen erkennbar, die Ausführungen in Ez 1 hier nachträglich mitzuberücksichtigen. „Die Grundlage" hat ursprünglich in V. 2*. 4*. 7 „sing. von *einem* Keruben gesprochen. Die Angleichung hat diesen nach Ez 1 vervielfacht"[698]. In 10, 9–12. 16–17 ist der „von den Rädern handelnde Komplex 1, 15–21... leicht variiert wiederzuerkennen"[699]. Nach Abzug aller Zusätze meint man in der Textfolge 10, 2*. 4*. 7. 18 a. 19 bα den Grundtext des Kapitels (und dazu die Fortsetzung in 11, 23 f.) greifen zu können[700]. Im Blick auf diese Textfolge wäre allerdings noch zu klären, ob Ez 10* in dieser Ursprungsfassung von vornherein über die Aktion des „Linnengekleideten" in Verbindung mit dem Thema „Jahwes Jerusalemer Thronherrlichkeit"[701] informieren wollte, oder ob sich das Interesse hier zunächst auf Jahwes Thronherrlichkeit allein konzentriert hatte[702].

Dieser Punkt ist nicht unabhängig von der bereits oben aufgeworfenen Frage zu behandeln, ob und inwiefern Ez 10 in der ältesten Fassung vom gleichen Autor wie Ez 9* stammt. Dazu läßt sich feststellen: Es gibt überhaupt nur ein Indiz in Ez 9 als Andeutung darauf, daß der Verfasser von vornherein seine Ausführungen auf eine Fortsetzung in Ez 10* ausgerichtet haben könnte; das ist die Beschreibung eines der in Ez 9 auftauchenden Männer als einen „Linnengekleideten", also in priesterlichem Gewande. Daraus könnte man folgern, daß diese Darstellung in Ez 9 bereits die zweite, dem Linnengekleideten in Ez 10 aufgetragene Aktion berücksichtigt und vorbereitet; denn für das Verständnis der in Ez 9 dargestellten ersten Aktion war die Erwähnung der Linnenkleidung ja keineswegs Voraussetzung. Hier genügte allein

---

[697] Vgl. Hossfeld, Tempelvisionen Ez 8–11, 163.

[698] Zimmerli, BK XIII, 1, 205.

[699] AaO., 203.

[700] Vgl. Zimmerli, BK XIII, 1, 202 ff., ferner 206; im Anschluß an Zimmerli so auch Garscha, Studien, 255, Keel, Jahwe-Visionen, 152 und Hossfeld, Tempelvision Ez 8–11, 163; Vogt, Untersuchungen, 50 f., plädiert für die Abfolge 10, 2*. 7*. 4. 18 a. 19 b.

[701] Die Ausführungen über das Vorgehen des Linnengekleideten im allerheiligsten Bereich des Tempels sind ohne eine Stellungnahme zu Jahwes Thronherrlichkeit kaum denkbar.

[702] Auch Zimmerli fragt („Fortschreibung", 181), „wie der weitere Bericht vom Wegzug der Jahweherrlichkeit aus dem Tempel zuzuordnen ist. Hat dieser Bericht zunächst direkt an das Geschehen von Ez 9, 1–10 angeschlossen?".

der Verweis auf das Schreibzeug, um diesen Mann mit seiner Sonderaufgabe von den übrigen mit den Mordwerkzeugen ausgestatteten zu unterscheiden. Aber eine solche Überlegung ist eben nur unter der Voraussetzung stichhaltig, daß es bereits der Erstverfasser von Ez 9 war, der den Mann mit dem Schreibzeug zugleich im Linnenkleid vorstellt. Diese Voraussetzung ist jedoch keineswegs sicher, denn es kann nicht ausgeschlossen werden, daß hier erst ein späterer Bearbeiter am Werk war, der so den von ihm beabsichtigten Nachtrag über die Hintergründe der Verbrennung Jerusalems (Ez 10*) vorbereitete. Es ist durchaus vorstellbar, daß erst dieser den im Bericht über die Verschonung Unschuldiger vorgegebenen Mann mit dem Schreibzeug (vgl. 9, 2. 3 f.[11]) mit dem priesterlichen Leinenkleid[703] versah, woraufhin nach Abschluß seiner ersten Aktion (Ez 9*) seine zweite in priesterlicher Funktion im innersten Heiligtum (Ez 10*) nachvollziehbar wurde. „Wer anders als eine priesterliche Gestalt dürfte sich unterfangen, nach dem heiligen Feuer Gottes zu greifen!“[704]. Nach allem ist dann davon auszugehen, daß Zimmerli[705] mit seinen Überlegungen auf der richtigen Spur war: „Der nach dem Gerichtsbericht von Ez 9 überraschende Neueinsatz mit einer zweiten Gerichtsschilderung, und die ebenso überraschende neue Funktion des Linnengekleideten, der anders als in Ez 9 selber zum Gerichtsvollzieher wird, legen die Frage nahe, ob in alledem nicht eine nachträgliche Fortschreibung des ursprünglich nur 8, 1–9, 10 umfassenden Berichts vom Gericht über Jerusalem zu finden ist“. Da zusätzlich zum Gericht an der Bevölkerung nun in der Weiterführung in Ez 10 der Brand der Stadt in den Blick gerückt werde, erwägt Zimmerli, „ob darin nicht die ausdrücklich von Nebukadnezar angeordnete... Verbrennung... in der Gestalt einer Fortschreibung des Textes unter dem Eindruck des tatsächlich Geschehenen erweiternd nachgetragen ist“[706]. Fazit: Die Textfolge Ez 9*/10* ist nicht zwingend auf die Konzeption ein und desselben Autors zurückzuführen; Ez 10* kann auch als nachträgliche Weiterführung zu Ez 9* begriffen werden.

An diesem Punkt ist die Frage nach der Ursprungsfassung von Ez 10* wiederaufzunehmen. Man könnte mit Zimmerli erwägen, ob nicht in Ez 10* zumindest die Ausführungen „über den Weggang der Jahweherrlichkeit aus dem durch die Greuel verunreinigten Tempel schon mit dem Grundtext 8, 1–9, 10 verbunden war[en]“[707]. Für Zimmerli können sie nicht erst als Bestandteil einer ersten „nachträgliche[n] Fortschreibung des ursprünglich nur 8, 1–9, 10 umfassenden Berichtes vom Gericht über Jerusalem“[708] eingebracht worden sein, weil in diesem Fall zu erwarten wäre, daß darüber „vor der Verbrennung der Stadt (und dann wohl auch des Tempels) berichtet worden wä-

[703] Zur priesterlichen Leinenkleidung vgl. z. B. Ex 28, 42; Lev 16, 4. 23. 32; Ez 44, 17 u. ö.
[704] Zimmerli, BK XIII, 1, 230, mit Verweis auf Num 16, 17. 35; vgl. auch 2. Chr 26, 16–20.
[705] "Fortschreibung“, 181.
[706] Zimmerli, ebd.
[707] Vgl aaO., 182.
[708] AaO., 181.

re“[709]. Diese Überlegungen sind nicht unbedingt schlüssig. Die Art und Weise, wie das Vorgehen des Linnengekleideten dargestellt ist, daß es eben glühende Kohlen aus dem allerheiligsten Bereich sein müssen, mit denen die Vernichtung der Stadt vollzogen wird, deutet auf ein besonderes Interesse des zuständigen Autors am Tempel und den Voraussetzungen seiner Heiligkeit; deswegen kommt er auf das entsprechende Inventar zu sprechen, deswegen muß die Anwesenheit der Herrlichkeit Jahwes über dem Keruben bis zum Einsatzzeitpunkt der Kohlenaktion sichergestellt sein, woraufhin dann auch Informationen über den Verbleib der Jerusalemer Thronherrlichkeit abverlangt waren. Warum der für die Fortschreibung von 8, 1–9, 10* zuständige Bearbeiter nicht erst im Anschluß an Vermerke über einen Auszug der Herrlichkeit Jahwes – falls ihm denn solche vorgegeben waren – die Glühkohlenaktion schildern wollte, sondern beides jetzt eng miteinander verknüpft darstellte, ist also durchsichtig.

Auch diese Erwägungen sprechen dafür, daß Ez 10 in seiner Ursprungsfassung als Nachtrag zu Ez 9 einzustufen ist. Beachtet man, daß Ez 9 von der von Jahwe selbst angeordneten und entsprechend vollzogenen Entweihung des Tempels durch die Leichen der Erschlagenen berichtet[710], und daß dann anschließend in Ez 10* ein die Heiligkeit des Tempels voraussetzender, nämlich priesterlich gekleideter Mann auftritt und auch dann erst Jahwes Thronherrlichkeit den Tempel verläßt, so erklären sich diese Spannungen am besten mit der Annahme, daß hier nachträglich Fragen Rechnung getragen werden soll, die bei Abfassung der Darlegungen in Ez 9 noch nicht im Blickpunkt standen. Im ursprünglichen Visionsbericht Ez 8* war das Hauptanliegen der Nachweis, daß Ezechiel mit eigenen Augen die außerordentlichen Greuel und damit das enorme Ausmaß der Schuld der Jerusalemer wahrgenommen hatte. In Ez 9* ging es um die Frage, ob und in welcher Weise Jahwe bei Vollzug des Totalgerichts ein gerechtes Gericht, also die Verschonung eventueller Unschuldiger garantiert. Hinweise auf die Jerusalemer „Thronherrlichkeit“ Jahwes und ihr Entschwinden waren darin ebensowenig erforderlich wie Informationen darüber, daß Jahwe auch das Verbrennen Jerusalems selbst organisiert hatte. Mit den Ausführungen darüber in Ez 10* will ein späterer Bearbeiter in seinen Augen wichtige, aber bislang außer Acht gelassene Aspekte des Totalgerichts an Jerusalem pointiert in den Blick rücken.

10, 1–22 Die Ursprungsfassung 10, 2. 4. 7*. 18/19**[711]

Aufgrund der bisherigen Beobachtungen und Überlegungen ist davon auszugehen, daß die Ursprungsfassung von Ez 10 aus der Textfolge 10, 2*. 4. 7*. 18/19* bestand. Der dafür zuständige Verfasser hat sie als in

[709] Zimmerli, aaO., 181 f.

[710] Vgl. 9, 6. 7; das, was 9, 6 impliziert, wird in 9, 7 ausdrücklich hervorgehoben.

[711] Zu dieser Abgrenzung vgl. oben 149 ff. sowie unten 155 f. die Darlegungen zu den Zusätzen.

seinen Augen notwendige Zusatzaussagen zu den in 9, 1–10 vorgegebenen Ausführungen konzipiert. Auf ihn geht wahrscheinlich auch 9, 11 als Brükkenvers zurück, mit dem er hinter dem ursprünglichen Abschlußvers 9, 10 zu seinen dann folgenden Darlegungen überleitet. Den in Ez 9 agierenden Mann mit dem Schreibzeug stellt er jetzt mit einer zweiten Aktion beauftragt vor; da diese Aktion diesmal in den innersten Tempelbereich führt, führt er ihn von Anfang an als Linnengekleideten ein, um ihn so als in priesterlicher Funktion zu kennzeichnen. In 9, 2. 3[11] war also vor der jetzigen Erweiterung durch Ez 10* lediglich von einem Mann „mit dem Schreibzeug des Schreibers an seiner Hüfte" die Rede.

10, 2*. 4. 7*. 18/19* Der Visionär befindet sich immer noch (vgl. 8, 16) im inneren Vorhof des Tempels; von dort soll er die in Ez 9 geschilderten Entwicklungen wahrgenommen haben; von dort aus sieht und hört er jetzt, daß der Linnengekleidete beauftragt wird (V. 2), sich nun in den Bereich des Allerheiligsten hineinzubegeben, nämlich in den Bereich unter dem Keruben. Dort soll er sich Glühkohlen[712] besorgen zu dem Zweck, sie über der Stadt auszustreuen. Wie der Linnengekleidete hineingeht (V. 2b), erhebt sich die „Herrlichkeit" Jahwes hinweg vom Keruben hin zur Schwelle des Tempels (V. 4) mit der Folge, daß das Allerheiligste mit einer Wolke erfüllt, es im Vorhof des Tempels dagegen hell („Glanz der Herrlichkeit Jahwes") wird[713]. Anschließend (V. 7) sieht der Visionär, wie der Linnengekleidete nach dem Erhalt der Glühkohlen damit den Tempel verläßt, woraufhin er dann auch gleich wahrnimmt, wie Jahwes Herrlichkeit sich nun aus dem innersten Tempelbereich hinaus an den Eingang des Osttores absetzt (V. 18 f.*)[714]. Daß der Auszug der Herrlichkeit Jahwes hier unterbrochen ist, und erst in 11, 23 zu erfahren ist, wie sie sich nun nach den Wahrnehmungen Ezechiels eben im Bereich dieses Osttores schließlich zum Berg im Osten der Stadt weiter hinwegbegibt, läßt sich unter der Voraussetzung, daß Ez 11 erst nachträglich hinter 10, 18–22* und vor 11, 22–25* verklammert wurde, kaum nachvollziehen. Geht man dagegen davon aus, daß, wie oben begründet, 11, 1–21* zum ältesten Kern des jetzigen Komplexes Ez 8–11 gehört, dann leuchtet die in 10, 18–22* vermerkte „Pause" ein. Der Interpolator der Ursprungsfassung von Ez 10 trägt dann nämlich damit der im folgenden geschilderten Situation am Osttor Rechnung; er belegt die Gegenwart der Herrlichkeit Jahwes auch für das in 11, 1 ff. geschilderte Visionsgeschehen, in dem der Visionär Anweisungen Jahwes erhält und auch sonst die göttliche Gegenwart vorausgesetzt ist (11, 5).

---

712 "heraus zwischen den Keruben" in V. 2 ist nicht ursprünglich.

713 Hier scheint die vom Auszug aus Ägypten her bekannte Vorstellung der Wolke eingebracht zu sein, die nach Ex 14, 19f. nach der einen Seite finster ist und nach der anderen leuchtet (so Keel, Jahwe-Visionen, 150, Anm. 39).

714 Daß anschließend nichts darüber verlautet, wie und mit welchen Folgen die Kohlen über Jerusalem ausgestreut wurden, muß nicht bedeuten, daß die Vision in diesem Punkt „fragmentarisch" ist (so Keel, Jahwe-Visionen, 149, Anm. 35; ferner Eichrodt, ATD I, 67, u. a.); ausdrückliche Hinweise auf die Befehlsausführung als selbstverständliche Folge eines Befehls fehlen in atl. Texten häufiger (vgl. Zimmerli, Ezechiel, 233, Vogt, Untersuchungen, 51, Fuhs, NEB I, 57).

Mit der Textfolge 10,2*.4.7*.18/19* ergänzt der Verfasser die Aussagen von Ez 9 im Hinblick auf die Katastrophe von 587 v.Chr., um klarzustellen einmal, daß nicht nur der Untergang der Jerusalemer, sondern auch die von den Babyloniern bewußt geplante Einäscherung (2. Kön 25,8 f.) der Stadt auf höherer Ebene von Jahwe selbst planvoll arrangiert gewesen war, und zum anderen, daß sich Jahwes den Jerusalemer Tempel auszeichnende „Herrlichkeit" von diesem löst, damit den Eintritt der Katastrophe ermöglicht[715] und zugleich von der Katastrophe selbst unberührt bleibt. „... die Vision dramatisiert das Ende der göttlichen Gegenwart im Tempel"[716].

Die Ausführungen über die „Herrlichkeit" Jahwes dürften hier damit zusammenhängen, daß sich mit der Zerstörung Jerusalems und damit auch des Tempels die Frage nach der Bindung bzw. Anwesenheit Jahwes im Tempel aufdrängte. Bei der Darstellung des Visionsvorganges in Ez 1 scheint diese Frage zwar nirgends eine Rolle zu spielen oder auch nur anzuklingen, was in dem Vorstellungsrahmen von Ez 1 auch gar nicht verwunderlich ist, weil hier im Erscheinen der Himmelsthronherrlichkeit Jahwes seine in der Jerusalemer Thronherrlichkeit gedachte Bindung an den Jerusalemer Tempel kompensiert war. Aber die Frage nach den Auswirkungen der Zerstörung des Tempels auf das Verhältnis Jahwes zu seinem Tempel (auch zum wiedererrichteten) war damit ja nicht erledigt oder beantwortet.

In Ez 1, wo „die Struktur der Vision durch die Verbindung zweier Motive ganz verschiedener Herkunft bestimmt" ist, „nämlich durch die des traditionellen Kommens Jahwes im Gewittersturm mit der Herrlichkeit des thronenden Gottes"[717], artikuliert sich die Überzeugung von einer allem Weltlichen und Menschlichen gegenüber uneingeschränkten Überlegenheit des Himmelsgottes Jahwe[718], der allgegenwärtig wirkend auf dem Plan sein kann. In Ez 10 hat man eher den Eindruck, daß hier die Darlegungen über Jahwes „Herrlichkeit" im Jerusalemer Tempel, zumal in ihrer Weiterführung in Ez 11,22f., lediglich sicherstellen sollen, „daß im Vollzug des von Ezechiel selbst angekündigten Gerichts über Jerusalem die Majestät des im Tempel thronenden Gottes nicht getroffen wird, denn sie hat vorher den Tempel verlassen"[719], woraufhin später Ez 43,2ff. entsprechend in der großen Tempel-

[715] Vgl. ähnlich im akkadischen Erra-Gedicht (Entstehung nach W. von Soden zwischen 765 und 763 v.Chr.; zu Einzelheiten [sowie deutsche Übersetzung] vgl. TUAT III, 4, 781 ff.); hier verläßt Marduk, Stadt- und Hauptgott Babylons, veranlaßt durch eine List Erras, des Gottes des Krieges und der Zerstörung, seinen Thron im Tempel zu Babylon mit der Folge, daß es zur Katastrophe kommt und jegliche Ordnung zusammengebrochen ist.– Vgl. ferner: Nabonids (555–539 v.Chr.) Mutter erklärt die Verwüstung des Tempels in Harran damit, daß der Mondgott Sin aus Zorn über seine Stadt seinen Tempel verlassen habe und in den Himmel aufgestiegen sei, woraufhin Stadt und Tempel verwüstet wurden; vgl. ANET^3, 560 (i).

[716] Vogt, Untersuchungen, 53.

[717] Keel, Jahwe-Visionen, 190; vgl. auch oben zu Ez 1.

[718] Vgl. so auch Jes 40,22; ferner Jes 66,1 ff.

[719] Westermann, Art. *kbd* schwer sein, THAT I, Sp. 811.

vision (Ez 40–48) den Wiedereinzug der „Herrlichkeit" Jahwes in den neuen Tempel vor Augen malen kann.

Zur Frage, wie das Verhältnis der beiden durchaus unterschiedlichen Vorstellungen zueinander, in Ez 1 die vom über dem Himmelspodest thronenden Jahwe als dem allgegenwärtigen und überlegen eingreifenden Gott und in Ez 10 die von Jahwes Jerusalemer Thronherrlichkeit im Tempel[720], zu bestimmen ist[721], kann festgehalten werden: „Die Präsenz Gottes im Himmel ist mit der im Tempel nicht schlicht identisch"[722]. Daß die Gottheit im Himmel wohnt, ist eine häufig belegte Vorstellung (vgl. z. B. nur Gen 11, 5.7; 24, 7; 28, 12; Ex 3, 8; 24, 9 ff.; u. ö.). Von dieser Präsenz unterscheidet sich die im Tempel dadurch, daß die Gottheit hier „verhüllt und verborgen in Symbolen... und in Riten gegenwärtig" ist[723]. „Wie schlecht der Tempel die unverhüllte Anwesenheit der Majestät Jahwes zu ertragen vermag, zeigt das Erbeben seiner Tore"[724] in Jes 6. Das Ergebnis von Versuchen, beide Konzeptionen aussagemäßig einigermaßen zur Deckung zu bringen, ist die jetzige Fassung von Ez 10 mit den darin unübersehbar engen Berührungen mit Visionsinhalten in Ez 1[725].

Die für den Ereignisablauf der ursprünglichen Textfolge von Ez 10 wichtige Szenerie muß man sich im einzelnen wohl wie folgt vorstellen: Der Linnengekleidete soll sich ins Allerheiligste begeben; dort ist die „Herrlichkeit" Jahwes – anders als nach der Beschreibung des salomonischen Tempels in 1. Kön 6, 23–28, wo von zwei Keruben die Rede ist – über einem Keruben anwesend. „Der Gott auf dem Kerub entspricht den häufigen bildnerischen Darstellungen, die Götter auf einem Tier stehend oder thronend zeigen"[726]. Dem Visionär erscheint der Kerub als lebendiges Wesen, weil er nach 10, 7 mit seiner „Hand"[727] dem Linnengekleideten die Glühkohlen reicht. Das erinnert an die Vision in Jes 6 und die dortige Beschreibung der lebendigen Seraphen. Offensichtlich stellt die die Vision bestimmende Szenerie hier nicht einfach

---

720 Neueste Literatur zum Kerubenthron Jahwes und den Keruben im Jerusalemer Heiligtum s. bei M. Metzger, Jahwe, der Kerubenthroner, die von Keruben flankierte Palmette und Sphingenthrone aus dem Libanon, in: „Wer ist wie du, Herr, unter den Göttern?". Studien zur Theologie und Religionsgeschichte Israels, FS für O. Kaiser zum 70. Geburtstag, hg. von I. Kottsieper u. a., Göttingen 1994, 75–90, vgl. S. 76, Anm. 2.

721 Der für den Ez 10* vorbereitenden Nachtragsvermerk in Ez 8, 4 (vgl. 3, 22> 1, 3 ff.) verantwortliche Bearbeiter geht offensichtlich davon aus (vgl. so auch in Ez 10, 15.20 [vgl. 1, 3 ff.] und 43, 3), daß die Jerusalemer Thronherrlichkeit (nach Ez 10) jener Himmelsthronherrlichkeit entspricht, wie sie in Ez 1 vorgestellt ist.

722 Keel, Jahwe-Visionen, 52; vgl. ähnlich die Vorstellung in den Nabonid-Inschriften, daß der Mondgott Sin im Zorn über seine Stadt seinen Tempel verläßt und in den Himmel hinaufsteigt (s. o. Anm. 715); zur Identifikation des Tempels mit dem himmlischen Bereich vgl. auch mesopotamische Bildbelege, z. B. O. Keel, Die Welt der altorientalischen Bildsymbolik und das Alte Testament. Am Beispiel der Psalmen, Neukirchen-Vluyn 1980[3], 153.

723 Keel, Jahwe-Visionen, 52 f.

724 Keel, ebd.

725 Vgl. dazu unten 155 f.

726 Keel, Jahwe-Visionen, 153, vgl. dort das Belegmaterial für den mesopotamischen und kleinasiatischen Raum mit Abbildungen.

727 Vgl. zu „Hand" (*yd* = „Tatze", „Pfote") Ps 22, 21 b.

die kultischen Gegebenheiten des Jerusalemer Tempels dar[728]. Unter dem Kerub befindet sich der *glgl*[729], von dem die Glühkohlen zu holen sind[730]. Auf die Frage, was unter einem solchen *glgl*[731] zu verstehen ist[732], bietet m. E. Keel die einleuchtendste Antwort. Mit Verweis auf Ps 18, der einzigen Stelle außer Ez 10, 4, wo Jahwe auf **einem** Kerub (Ps 18, 11) erscheint und zugleich von dunklen Wolken zu seinen Füßen (V. 10), Wolkenglanz, glühenden Kohlen und Donner (V. 13 f.) die Rede ist[733], sowie auf Ps 77, 19 a „Dein Donner tönt im *glgl*" faßt Keel den *glgl* als einen „sich daherwälzenden Haufen von Wolkendunkel, von glühenden Kohlen und Blitzen" auf, „der die Erscheinung Jahwes begleitet. Aus diesem *glgl* soll der Schreiber-Priester Feuer holen"[734]. Die im Grundbestand der Vision vorgestellte Szenerie beruht demnach auf einer „Verbindung von naturtheophanen mit sakralarchitektonisch-ikonographischen Elementen"[735].

10, 1–22 Die Zusätze[736]

Die meisten Zusätze konzentrieren sich auf die Schau der „Herrlichkeit" Jahwes und ihres Auszuges aus dem Tempel. Sie setzen Ez 1 voraus und dienen durchweg dazu, der Szenerie des Jerusalemer Tempels in Ez 10 die dortigen Visionsinhalte „Jahwe kommt im Sturm von Norden her" etc. anzupassen. So sollen in 10, 1 die nach 9, 11 jetzt unvermittelt auftauchenden Angaben mit aus Ez 1 aufgenommenen Begriffen (vgl. „Platte"; „Lapislazuli-Thron") die in Ez 1 vorgestellte Himmelsthronherrlichkeit der Vorstellung von der Gegenwart der „Herrlichkeit" Jahwes im Jerusalemer Tempel angleichen[737]. Daß die menschengestaltigen Wesen aus Ez 1, 5 ff. („die Gestalt von vier Lebewesen") als Keruben ausgegeben werden (10, 15. 20) und schließlich sogar der eine Kerub aus der Ursprungsfassung von Ez 10 zu einer Vierheit wird, führt nicht nur zu einer Harmonisierung der Vorstellungen in Ez 1 und Ez

---

728 So mit Keel, Jahwe-Visionen, 152 f.

729 In der jetzigen Fassung von Ez 10 soll man unter *glgl* das „Räderwerk" im Sinn von Ez 1, 15 ff. verstehen.

730 Das „zwischen" in 10, 2 ist nicht ursprünglich (so mit Keel, Jahwe-Visionen, 160; vgl. auch schon Zimmerli, BK XIII, 1, 232).

731 In der Bedeutung „Rad", „Wagenrad" z. B. Jes 5, 28; Ez 23, 24; 26, 10; vgl. auch KAI Nr. 215, 13; 216, 8.

732 Zimmerli kommt zu dem Ergebnis, daß diese Frage „nicht mit Sicherheit beantwortet werden" kann (BK XIII, 1, 232).

733 Hier ist die Vorstellung vom „Kerubenthroner" in eigenartiger Weise mit der vom Gewittergott und „Wolkenfahrer" vermischt. Dazu Hossfeld z. St. (in: Fr.-L. Hossfeld – E. Zenger, Die Psalmen I, Psalm 1–50, NEB 29, 1993, 126.): „Die Kumulation der Vorstellungen steigert die Beweglichkeit JHWHs im Sinne der Ubiquität."

734 Jahwe-Visionen, 161 f.

735 AaO., 161.

736 Zur Sondierung vgl. oben die Ausführungen „Zur Frage der literarischen Einheitlichkeit", 149 ff.

737 So mit Keel, Jahwe-Visionen, 147; auch nach Vogt geht es hier um eine Übertragung der „Beschreibung, die Ezechiel in Kap. 1 gegeben hat" (Untersuchungen, 54).

10, sondern auch zu einer gewissen Anpassung der Szenerie der Vision in Ez 10 (*ein* Kerub) an die Tempelausstattung (Kerubenthron) im vorexilischen Jerusalem[738].

Daß in V. 5 das Geräusch der Kerubenflügel analog zu den „Lebewesen" in Ez 1, 24 vermerkt ist, dürfte ebenso wie die in Ez 10 stärker als in Ez 1 ausgebaute Beschreibung der „Räder" (10, 6; 10, 9 ff.) mit dem Anliegen zusammenhängen, so eine nicht an den Tempel gebundene Thronherrlichkeit Jahwes in ihrer völligen Bewegungsfreiheit vorstellbar zu machen. Die Räder (= „Ophanim") „werden in starker Anlehnung an 1, 15–21... neben den Kerubim beschrieben. Über das in Kapitel 1 hinaus Gesagte werden... die Räder mit Zügen der vier Wesen ausgestattet. So haben sie nach 10, 12 einen Körper, Hände und Flügel und nach 10, 14 vier Gesichter"[739]. Die z. T noch in G fehlenden Ausführungen könnten damit zusammenhängen, daß hier bereits Vorstellungen mit im Spiele sind, wie sie dann später voll entwickelt z. B. im aethHen[740] in den sog. „Bilderreden"[741] (vgl. LXI, 10; LXXI, 7) begegnen, wo die Ophanim neben den Kerubim und Seraphim als eine selbständige Engelgruppe aufgeführt sind[742].

g. 11, 1–25 Anklage und Gerichtsansage gegen die Jerusalemer Führungsspitze – Heilsansage für Israel im Exil und in der Diaspora – Ende der Vision

11, 1–25 Inhalt und Aufbau

11, 1 konstatiert die Versetzung Ezechiels an das Osttor des Jerusalemer Tempels. Dort stößt er auf 25 Männer, unter ihnen zwei hochgestellte Personen, „Vorsteher des Volkes". Weil diese, so Jahwes Hinweis, „Böses planen", erhält Ezechiel den Auftrag, gegen sie zu prophezeien (V. 4). V. 5–12 bieten daraufhin den Inhalt der auszurichtenden Jahwerede: In V. 6–7 a wird das in V. 3 zitierte Wort der Angeschuldigten über die Stadt „Nicht in der Nähe (ist es) Häuser (zu) bauen; sie ist der Topf, und wir sind das Fleisch" aufgenommen und richtig gestellt. Darauf folgt in 7 b–11 die Unheils/Gerichtsansage; darin wird die in V. 3 zitierte „These" der Angeschuldigten dann in V. 11 noch einmal aufgenommen und zurückgewiesen. Den Schluß bietet die sogenannte Erkenntnisaussage (V. 12 aα), an die sich weitere, allerdings in G fehlende Schuldvorwürfe anschließen. Noch während des Vollzuges der prophe-

---

738 Vgl. so Keel, Jahwe-Visionen, 88, dort weitere Einzelheiten.

739 Keel, Jahwe-Visionen, 150.

740 Zur Übersetzung vgl. S. Uhlig, Das Äthiopische Henochbuch, JSHRZ, V, 6, Gütersloh 1984.

741 Entstehung wohl noch im 1. Jh. v. Chr.; zum Verfasserkreis und zu Datierungsfragen vgl. Uhlig, aaO., 573 ff.

742 Vgl. dazu D. J. Halperin, The Exegetical Character of Ezek. X 9–17, VT 26 (1976), 129–141; s. a. Keel, Jahwe- Visionen, 269.

tischen Rede, so V. 13, habe Ezechiel dann den Tod eines der beiden eingangs erwähnten Vorsteher wahrnehmen müssen. Daraufhin wendet sich der Prophet mit der verzweifelten Frage an Jahwe, ob Jahwes Vorgehen das Ende Israels ohne einen verbleibenden Rest zur Folge habe. Als Antwort auf diese Frage wird in der in 11, 14–21 formulierten Jahwerede herausgearbeitet, daß der von den Jerusalemern vertretene Anspruch auf eine Sonderstellung und die entsprechende Argumentation, mit der sie zugleich die Exilsgemeinde Ezechiels abwerten und ausschließen (V. 15), völlig unberechtigt ist (V. 16–20); Jahwe hat sich vielmehr für die Exilsgemeinde als das künftige wahre Israel und gegen die Jerusalemer entschieden, die die Folgen ihrer „Greueltaten" tragen müssen (V. 21).

Nach diesen Klarstellungen halten 11, 22–25 fest, daß die Herrlichkeit Jahwes nun die Stadt endgültig verläßt und auf dem Berge im Osten der Stadt Position bezieht, Ezechiel selbst aber nach Chaldäa zurück versetzt wird und dort wieder zu den Verbannten gelangt.

11, 1–25 Zur Frage der literarischen Einheitlichkeit

Die Textfolge 11, 1–21 besteht aus den beiden Abschnitten 11, 1–13 und 11, 14–21. Man hat zu Recht festgestellt, daß der zweite Abschnitt „zunächst mit der visionären Schau nichts zu tun hat"[743]; andererseits „dürften beide Worte aufeinander bezogen sein"[744]. Für diesen „zwiespältigen Charakter" von 11, 1–21[745] sind folgende Ursachen zu veranschlagen: Im golaorientierten Visionsbericht war Ez 11, 1–13* von Anfang an als fester Bestandteil verklammert[746]; im Kern handelt es sich um vorgegebene Darlegungen über Jerusalemer Zustände und Fehlhaltungen der dortigen Führung, auf die hin der prophetische Sprecher veranlaßt wird, das Gericht anzusagen. Am plötzlichen Tode Pelatjas, eines der „Vorsteher", nimmt er die bereits einsetzende Gerichtswirkung des prophetischen Wortes wahr. Dieser Text, der von der Anwesenheit des prophetischen Sprechers in Jerusalem ausgeht, widerspiegelt deutlich ein vorgolaorientiertes Textstadium. Wie bereits vermerkt, konnte dieser Text, weil er sich gegenüber der golaorientierten Konzeption vom Wirken „Ezechiels" im Kreis der ersten Gola im fernen Chaldäa als sperrig erwies, auf diese Konzeption nur abgestimmt werden, indem die Jerusalemer Vorgänge als visionär wahrgenommen gedeutet wurden. Die Gründe, diese Vision hinter Ez 5–7* und vor Ez 12, 21 ff.* einzuschalten, haben wir bereits aufgedeckt[747]. Hinter Ez 7*, der Rede vom „Ende", war entsprechend dem golaorientierten Anliegen zugleich eine Aussage über die besondere Rolle der ersten Gola zwingend erforderlich; denn es galt sicherzustellen, daß die Rede vom „Ende" in Ez 7 nicht die erste Gola tangiert. Aus diesem Grund läßt der

[743] Vgl. Garscha, Studien, 258.
[744] Ebd.; vgl. ähnlich Hossfeld, Tempelvision Ez 8–11, 155.
[745] AaO., 156.
[746] Zur Begründung dieser These s. o. 131 ff.
[747] Vgl. oben 134 ff.

golafavorisierende Verfasser im Anschluß an die Notiz über Pelatjas Tod den Propheten die Frage nach dem „Rest“ Israels aussprechen (11, 13). Mit dieser Frage gelingt ihm die Überleitung zu den beabsichtigten Aussagen über den Sonderstatus der Exilierten als das künftige wahre Israel in 11, 14ff. In der vorliegenden Fassung bereitet 11, 14–21 allerdings insofern Schwierigkeiten, als die von der golaorientierten Konzeption her zu erwartende Stellungnahme sich darin gar nicht auf die erste Gola zu konzentrieren scheint. Es ist nicht zu übersehen, daß in 11, 16f. das umfassendere Thema „Zerstreuung unter die Völker und in die Länder“ angesprochen ist. Dieses Thema ist mit den golaorientierten Anliegen nicht auf einen Nenner zu bringen. Wollte man daraufhin annehmen, daß diese Einheit gar nicht die golaorientierte Konzeption widerspiegelt, so steht dem entgegen, daß 11, 15 völlig unbezweifelbar „Ezechiel“ als Glied der ersten Gola vor Augen hat und daß sich die Jerusalemer hier ausschließlich zum Geschick der ersten Gola abwertend äußern. Von 11, 15 her erwartet man dementsprechend im folgenden eine Aussage, die dezidiert auf die zuvor ausgesprochene Abwertung der ersten Gola reagiert. Die Spannungen innerhalb von 11, 14–21 sind m. E. wie folgt zu erklären: Es war bereits mehrfach dargelegt worden, daß im Blick auf die allgemeine Diasporasituation Israels in späterer Zeit die golaorientierte Konzeption im nachherein aufgebrochen und korrigiert worden ist. Als Resultat einer solchen Korrektur liegt jetzt auch Ez 11, 14–21 in der vorliegenden Fassung mit seinen „kaum lösbaren Interpretationsproblemen“[748] vor. Die „Beurteilung als redaktionelle Kompilation…, die vorgegebenem Material angesichts einer gewandelten Problemstellung neuen Sinn abzugewinnen versucht“[749], ist durchaus zutreffend. Das „vorgegebene Material“ bestand in Aussagen ausschließlich zu Gunsten der ersten Gola; diesen Aussagen, deren Rekonstruktion im Wortlaut kaum mehr möglich sein dürfte[750], mußte man „angesichts einer gewandelten Problemstellung“, nämlich der späteren allgemeinen Diasporasituation, „neuen Sinn abzugewinnen“ suchen; die Heilszusagen in der vorgegebenen golaorientierten Engführung wurden entgrenzt und für „Israel unter den Völkern und in den Ländern“, also für die Diaspora generell veranschlagt[751].

11, 1–13 Anklage und Gerichtsansage gegen die Jerusalemer Führungsspitze

Ez 11, 1–13* ist jetzt zwar als fester Bestandteil des golaorientierten Visionsberichts einzustufen; doch widerspiegelt dieser Text deutlich ein vorgolaorientiertes Textstadium. Im Kern handelt es sich um vorgegebene Darlegungen über Jerusalemer Zustände und Fehlhaltungen der dortigen Führung, auf

[748] So Krüger, Geschichtskonzepte, 320.

[749] Krüger, aaO., 321.

[750] Vgl. dazu weiter unten 165ff.

[751] Vgl. ähnlich die Korrekturen, die mit entsprechenden Textanteilen in Jer 32 (vgl. 32, 36ff., dazu Levin, Verheißung, 202ff.) an der golaorientierten Konzeption von Jer 24 vorgenommen worden sind.

die hin der prophetische Sprecher veranlaßt wird, das Gericht anzusagen; am plötzlichen Tode des Pelatja nimmt er die bereits einsetzende Gerichtswirkung des prophetischen Wortes wahr.

Der hier agierende prophetische Sprecher ist auf eine Weise in Jerusalemer Vorgänge verwickelt dargestellt, daß hier eindeutig an sein tatsächliches Auftreten in Jerusalem gedacht ist. Wie bereits vermerkt konnte dieser Text, weil er sich gegenüber der golaorientierten Konzeption vom Wirken „Ezechiels" im Kreis der ersten Gola als sperrig erwies, auf diese Konzeption nur abgestimmt werden, indem die Jerusalemer Vorgänge als visionär wahrgenommen gedeutet wurden[752]. Im von golaorientierter Hand konzipierten ältesten Visionsbericht schloß V. 1 ursprünglich (ohne den Hinweis auf eine Aktion des „Geistes") mit der Ortsangabe „zum östlichen Tor..." wahrscheinlich direkt an 8, 1. 3* an[753]: 8, 1 „Und es geschah im sechsten Jahr, im sechsten Monat, am fünften Tag des Monats, während ich in meinem Hause saß und die Ältesten Judas vor mir saßen, da fiel auf mich dort die Hand Jahwes 3 und brachte mich nach Jerusalem [in göttlichen Visionen] 11, 1 ... zum östlichen Tor des Hauses Jahwes...".

Mit dem Hinweis auf die „Vorsteher des Volkes" wird signalisiert, daß hier 1–2
die Spitzen der Jerusalemer Führung anwesend sind. Das zeigt auch in V. 2 der Vorwurf Jahwes an, daß sie „Frevel ausdenken[754] und bösen Plan planen in dieser Stadt". Es steht also ein Beratungsgremium, ein Rat der Stadt o.ä. vor Augen[755]. Die beiden in V. 1 mit Namen benannten „Vorsteher" in der Gruppe der dort versammelten Männer sind sonst unbekannt.

V. 3 bereitet wegen einiger Unklarheiten und Mehrdeutigkeiten in den Aus- 3
sageeinheiten beider Vershälften enorme Verständnisschwierigkeiten. Zunächst ist in 3 aα nicht sicher, ob die erste Hälfte des zitierten Satzes als Feststellung oder als Frage aufzufassen ist; anders als obige Übersetzung mit dem Sinn „nicht so bald sind Häuser zu bauen" wäre auch das Verständnis als Fragesatz mit der Aussage „ist es nicht bald so weit, Häuser zu bauen?" möglich[756]. Abgesehen davon, daß *bqrwb* außer einem zeitlichen Aspekt auch einen räumlichen anzeigen kann, ist ferner offen, ob nicht anders als „Häuser bauen"[757] im Sinne von „Bauten errichten" die entsprechende hebr. Wendung

---

[752] Zu erwägen ist, ob Ez 11* zuvor in näherer Verbindung mit Ez 24, 1–14* stand (vgl. das Stichwort „Topf" in 11, 3 und 24, 3 ff.); vgl. die Beobachtungen Fuhs', BEThL LXXIV, 272 f.

[753] S. o. 131 ff.

[754] Vgl. Mi 2, 1.

[755] Zur Kritik an den „Vorstehern" (*śry[m]* sonst in Ez nur noch 17, 12 und 22, 27 [= Beamte des Königs]) als den Verantwortlichen des Volkes oder einer Stadt vgl. z. B. Jes 1, 23; in Jes 3, 14 („Älteste seines [Jahwes] Volkes und seine Vorsteher") ist nicht „der Gegensatz zwischen Jahwe und dem Volk, teils repräsentiert durch seine Exponenten... bestimmend, sondern der zwischen Jahwes Volk... und dessen" Führung (vgl. dazu U. Rüterswörden, Die Beamten der israelitischen Königszeit. Eine Studie zu *śr* und vergleichbaren Begriffen, BWANT 117, Stuttgart u. a. 1985, 141).

[756] Vgl. G-K^{28}, § 150 a, Anm. 1.

[757] Vgl. in diesem Sinne z. B. sonst in Dtn 20, 5; 28, 30; Jes 65, 21; Jer 29, 5; Ez 28, 26; Zef 1, 13.

mit „Familie gründen"[758] wiederzugeben ist. Daraufhin eröffnen sich diverse Interpretationsmöglichkeiten:

Soll hier in V. 3 als Fragesatz verstanden auf Bautätigkeiten angespielt werden „ist es nicht bald so weit, Häuser zu bauen?", so kann damit nur gemeint sein, daß die Sprecher vom Ende eines Krieges bzw. einer Unheilszeit ausgehen und den unmittelbaren Anbruch der Friedenszeit ansprechen. In diesem Sinne ist von „Häuser bauen" z.B. in Jer 29, 5; Ez 28, 26 die Rede. Dann könnte das Zitat die Stimmung derer wiedergeben, die in Jerusalem nach der Belagerungssituation in der Zeit um 597 v. Chr. anders als die damals Exilierten noch einmal davongekommen waren und die sich nun daran machen wollen bzw. entsprechend dafür werben, sich in Jerusalem wieder einzurichten und deswegen die Schäden zu beheben, die durch Abriß von Häusern zur Verstärkung der Verteidigungsanlagen entstanden waren (vgl. dazu Jes 22, 10; Jer 33, 4). Mit dem Satz „Sie (Jerusalem) ist der Topf, wir sind das Fleisch" wäre dann noch markiert: Es kommt auf Jerusalem an und auf uns, die wir in diesem Topf geblieben sind, der Rest ist damit – jedenfalls implizit – abgeschrieben. Die Exilierten mochten solche nach 597 v. Chr, aber möglicherweise auch noch nach 587 v. Chr. im Lande vertretenen Einstellungen[759] dahingehend verstehen, daß ihnen fern der Heimat damit jegliche Zukunftschance abgesprochen werden sollte.

Sollte in V. 3 die Frage lauten „ist es nicht an der Zeit, (wieder) Familien zu gründen"[760], so wäre damit wohl ebenfalls auf eine Aufbruchstimmung in Jerusalem am Ende einer Krisenzeit angespielt. Ob das Verwerfliche dieser Haltung, also das „Frevel ausdenken und bösen Plan planen", darin gesehen wurde, daß bei den Bemühungen, das normale Leben zu organisieren[761], die Erkenntnis und Anerkenntnis eigener Schuld, Buße, Reue und Umkehr keine Rolle zu spielen schienen?[762] Ein deutlicher Schuldaspekt ist ja dann auch in V. 6 mit dem Verweis auf die „Erschlagenen" angesprochen.

Nicht als Fragesatz, sondern als Feststellung verstanden, also in der Übersetzung „nicht so bald sind Häuser zu bauen", würde sich das Zitat nach den obigen Überlegungen auf eine akute Kriegsgefahr oder sogar auf den Willen zur Fortsetzung eines Krieges beziehen. Dann würden die Vorwürfe auf die Situation kurz vor Beginn der Belagerung Jerusalems durch die Babylonier zielen; möglich wäre auch, sie in der Richtung zu verstehen, daß die Verantwortlichen trotz der ungeheuren Opfer nicht zu Verhandlungen mit den Ba-

---

758 Vgl. dazu z. B. Dtn 25, 9 bβ; Rut 4, 11.

759 Vgl. Ez 33, 23 f.; ferner Jer 32, 15; Jer 42, 10; dazu Pohlmann, Studien zum Jeremiabuch, 198 ff.

760 Vgl. eine Aufforderung in dieser Richtung in Jer 29, 6.

761 Vgl. zu den Konsolidierungsbemühungen nach der Katastrophe von 587 v. Chr. Jer 40, 9 ff.; ferner Jer 32, 15: „Man wird wieder Häuser, Äcker und Weinberge kaufen in diesem Lande"; Jer 29, 5.

762 Vgl. entsprechende Vorwürfe in Jes 22, 12 f.; man ist versucht, die in Jes 22, 1 ff. vorgestellte Situation wie eine Konkretisierung zu den in Ez 11, 2 f. enthaltenen Anspielungen aufzufassen.

bylioniern bzw. zur Kapitulation bereit waren[763]. Auf die Frage, welche dieser Interpretationsmöglichkeiten zutrifft, ist nach Analyse der folgenden Verse noch einmal zurückzukommen.

V. 4+5 Die Aussage in V. 5 „Und es fiel auf mich der Geist [Jahwes]" (vgl. 4.5
8, 1) ist an dieser Stelle des Visionsgeschehens ein „ungeschickter Zusatz"[764] und unterbricht, wie aus Ez 34, 2[765] deutlich ersichtlich, die ursprüngliche Weiterführung von V. 4 mit Redebefehl und folgender Botenformel in V. 5. Auffälligerweise ist nach der Botenformel in V. 5 das „Haus Israel" die Adresse; offensichtlich soll damit klargestellt werden, daß es hier nicht lediglich um das Verhalten und Geschick einer zahlenmäßig ausgrenzbaren Führungsclique in Jerusalem, sondern aller nach 597 v. Chr. in der Heimat Verbliebenen geht. Möglicherweise ist für diese Klarstellung die golaorientierte Redaktion verantwortlich, die damit die in dem ihr vorgegebenen Prophetenbuch enthaltene Unheilsansage für die „Vorsteher"[766] auf das ganze Volk ausweitet[767].

V. 6 beschuldigt das Männergremium, für die große Zahl der in der Stadt 6–8
Gemordeten verantwortlich zu sein. Das in V. 7 folgende, mit der Botenformel neu eingeleitete Jahwewort wiederholt diesen Punkt, um sich danach auf die in V. 3b zitierte Auffassung zu beziehen und diese als falsch zurückzuweisen sowie im Anschluß daran eine Unheilsankündigung anzubringen: Die „Erschlagenen" sind das Fleisch, die Stadt ist der Topf; doch nützt das den Beschuldigten nichts, sie werden herausgeholt. Dazu stellt V. 8 klar: Das „Schwert", das man fürchtet, wird Jahwe über die Verantwortlichen bringen, d. h. daß es zu Sanktionen für die Stadt kommen wird[768].

Nach dem das jetzige Buch prägenden Handlungsablauf ist die in 11, 1 ff. dargestellte Situation eindeutig die nach den Ereignissen um 597 v. Chr., also nach der Belagerung, Kapitulation, Exilierung der Oberschicht und daran anschließenden Konsolidierungsbemühungen, und zwar noch Jahre[769] vor der eigentlichen Katastrophe um 587 v. Chr. Man fragt sich jedoch, wie man sich daraufhin den Verweis auf die hohe Zahl von „Gemordeten" (11, 6 f.) erklären soll, bzw. auf welches Ereignis hier angespielt wird. An kriegerische Unternehmen zwischen 597 und 587 v. Chr kann ja nicht gedacht sein; aber welche Vorgänge stehen hier dann vor Augen?[770] Eichrodts Verweis auf die

[763] Vgl. die Darstellung in Jer 38, 17 f., nach der der Prophet Jeremia noch im Endstadium der Belagerung Jerusalems die Möglichkeit der Rettung der Stadt durch Kapitulation angeboten hat.

[764] Zimmerli, BK XIII, 1, 244.

[765] Vgl. noch 21, 7 f. 33; 37, 4. 9.

[766] Vgl. zu diesem Punkt auch oben Anm. 755.

[767] Zu Unheilsworten, die sich in diesem hypothetisch erschlossenen vorgolaorientierten Prophetenbuch (s. o. 34 ff.) auf spezifische Gruppen konzentrieren, vgl. z. B. Ez 13; 21, 30 f.; 22, 23 ff.

[768] Zur Formulierung „das Schwert fürchten" vgl. ähnlich Jer 42, 16.

[769] Vgl. die Datierung in Ez 8, 1; nach Kutsch, Daten, 71, führt sie auf den 28. 9. 593 v. Chr.

[770] Von einem Massenmord in der Nähe von Mizpa, also im Vorfeld Jerusalems, in der unruhigen Zeit kurz nach der Eroberung Jerusalems berichtet Jer 41, 9.

„raschen Bluturteile“ seitens der „servilen Henkersknechte der fremden Oberherrschaft“, um „jeden Verdächtigen unschädlich zu machen…, ehe er der konsequent babylonischen Politik der Regierenden gefährlich werden konnte“[771], ist ebensowenig stimmig wie Fuhs' These, daß für die Führungsclique „Häuserbauen… in der Tat unnötig“ war. „Sie nehmen sie sich… Mit brutaler Gewalt, die den Mord nicht scheut, bereichern sie sich an den sozial Schwachen in der Stadt“[772]. An Eichrodt müßte man die Frage richten, wie es nach den veranschlagten Säuberungen dann schließlich wenige Jahre später doch wieder zu einer antibabylonischen Aufstandsbewegung kommen konnte; und Fuhs' These, daß man sich an den sozial Schwachen bereichert habe, indem man deren Häuser requirierte, ist in sich widersprüchlich.

Vermutungen und Erwägungen zur Frage, auf welche Vorgänge in 11,6f. angespielt ist[773], haben zunächst in Rechnung zu stellen, daß es der für die jetzige Textfolge maßgeblich verantwortlichen golaorientierten Redaktion in erster Linie darauf ankommt, im Prophetenbuch vorgegebenes Textgut so auszuwerten und einzusetzen, daß die nach der ersten Exilierung verbliebenen Jerusalemer für die ihnen verbleibende Zeitspanne zwischen 597 und 587 v. Chr. im möglichst schlechten Licht gesehen werden mußten und einleuchtend belegt erschien, daß nicht mehr diese, sondern nur noch die erste Gola in Jahwes Heilsplan für die Zukunft eine Rolle spielen würden[774]. Daraufhin darf man folglich nicht mehr von vornherein davon ausgehen, daß das der Redaktion im vorgegebenen Prophetenbuch vermittelte Textgut ursprünglich zeitlich genau so verortet war, wie es jetzt auf die golaorientierten Konzeption abgestimmt und eingepaßt vorliegt (vgl. Ez 8,1: „im sechsten Jahr…“[775]). Wegen der Bildwahl „Fleisch im Topf“ liegt die Vermutung nahe, daß der ursprüngliche Kern von 11,1–13 im engen Kontext zu den Aussagen in 24,1–14* verklammert war. Daraus wäre zu schließen, daß 11,1–13* textabfolgemäßig wie auch zeitlich (vgl. die Datierung des Belagerungsbeginns in 24,1[776]) in direktem Bezug auf die Situation um 587 v. Chr. zu lesen war. Darf man ferner ein Beziehungsgeflecht zwischen dem Wort in 11,3b und 24,1–14* unterstellen[777], dann führt das zum Postulat einer ehemaligen Textabfolge 11,1–13*; 24,1–14*; denn die in 11,3 zitierte Behauptung ist wohl vor den Darlegungen in 24,1–14* sinnvoll, aber nicht mehr erst

---

771 So Eichrodt, ATD I, 68.

772 So Fuhs, NEB I, 60; vgl. so bereits Fohrer, HAT, 60.

773 Vgl. noch Zimmerli, BK XIII, 1, 245, der vorschlägt, 11,6 nicht als „Scheltrede“, sondern als „Element der Gerichtsdrohung“ aufzufassen, „das dann in der ausdrücklichen Gerichtsansage 7f. voll entfaltet… wird“.

774 Hölscher (Hesekiel, 77): „Der Standpunkt des Verfassers ist der der Gola, der gegen die palästinische Landesbevölkerung polemisiert.“

775 Entspricht nach Kutsch, Daten, 71, dem Jahr 593 v. Chr.

776 Entspricht nach Kutsch, Daten, 71, dem Jahr 588 v. Chr.

777 Fuhs (Ez 24 – Überlegungen, 1986, 273): „Die Redensart von 11,3 steht also auch bei diesem Gleichniswort im Hintergrund. Der Topf ist Jerusalem, die Bewohner sind das Fleisch darin… Das Wort ist eine unbedingte Gerichtsankündigung über die Bewohner Jerusalems. Selbständig greift es einen Aspekt der Redensart von 11,3 auf und gestaltet ihn frei aus“.

im Anschluß daran. Sind diese Überlegungen schlüssig, so folgt daraus weiterhin, daß diese Textfolge im Kern die Aussagen in V. 7[778] über die „Gemordeten" in der Stadt und ihre als Zurückweisung von 11, 3 b gedachte Gleichsetzung mit dem Fleisch im Topf nicht gekannt haben kann; denn die in 24, 1 ff.* angesprochene Aktion, einen Topf mit Fleisch zum Kochen zu bringen[779], würde ja sonst anzeigen, daß der mit einem Unheilsgeschehen identische Vorgang des Kochens diese zuvor erwähnten beklagenswerten „Gemordeten" betrifft. Als die auch für diesen Kern zu postulierende Zurückweisung der in 11, 3 zitierten „These" kommt dann jedenfalls 11, 11[780] in Frage[781]. Ob weitere Bemühungen um eine Rekonstruktion des vor 24, 1 ff.* ursprünglich verklammerten Kerns von 11, 1–13 wegen der zahlreichen Unsicherheitsfaktoren überhaupt sinnvoll sein können, mag man mit Fug bezweifeln. Einen Versuch in dieser Richtung kann man jedenfalls nur unter starken Vorbehalten wagen. Einige der Dubletten im jetzigen Text[782] dürften immerhin erst im Zusammenhang mit der golarorientierten Bearbeitung[783] und Verklammerung am jetzigen Ort entstanden sein. Es läge dann nahe, V. 7 entsprechend einzustufen, da dieser Vers, wie soeben vermerkt, erst nach der Aufhebung der veranschlagten Textfolge 11, 1–13*; 24, 1 ff.* eingebracht worden sein kann. Diese Entscheidung impliziert allerdings nicht, daß auch V. 6 der Ursprungsfassung abzusprechen ist. Dieser Vers spielt möglicherweise auf die Hintergründe an, die für die in V. 8 erwähnte „Furcht vor dem Schwert" ausschlaggebend waren: Trifft es zu, daß die Furcht vor dem Schwert, also vor schwerwiegenden Sanktionen, diejenigen überfällt, deren Aktionen den Interessen eines Mächtigeren in schwerwiegender Weise geschadet haben und darf man davon ausgehen, daß es sich zur Zeit der babylonischen Oberherrschaft dann um gegen diese gerichtete Aktionen handelte, so liegt die Vermutung nicht allzu fern, daß 11, 6 auf einen Vorgang anspielt, der sich gegen den babylonischen Oberherrn richtete, nämlich ein Massaker[784] an den in Jerusalem anwesenden Babyloniern oder ihren Gewährsleuten[785], womit zugleich der dann in die Katastrophe von 587 v. Chr. führende Aufstand eingeleitet war. Eine Paraphrase dieser hypothetisch erschlossenen Texteinheit ergibt dann folgendes Aussagegeflecht:

---

778 Zu V. 6 vgl. unten.

779 Zur Rekonstruktion eines ursprünglich selbständigen Bildwortes vgl. Fuhs, aaO.

780 Vgl. eine ähnliche Zurückweisung oder Bestreitung in Jes 7, 7.

781 Die Nichtbezeugung in einem Teil der griech. Textüberlieferung erklärt sich nach Ziegler mit Ausfall durch Homoioteleuton. V. 11 ist also nicht von G* noch nicht bezeugte Dublette zu V. 7 (so Zimmerli, BK XIII, 1, 200), sondern umgekehrt V. 7 Dublette zu V. 11.

782 Vgl. V. 6 und V. 7 aα; V. 7 b und V. 9 aα; V. 10 a und V. 11 b; V. 10 b und V. 12 aα.

783 Vgl. bereits oben zu V. 5.

784 Vgl. den terminus „Gemordete" *ḥllym* in dem Bericht über die heimtückische Ermordung von achtzig Männern durch Ismael ben Nethanja, Jer 41, 9.

785 Erinnert sei an die in Jer 41/42 dargestellten Entwicklungen nach der Ermordung Gedaljas sowie der in Mizpa anwesenden Babylonier (vgl. Jer 41, 2 f.), daß sich nämlich daraufhin bestimmte Gruppen anschließend aus Furcht vor babylonischen Sanktionen abzusetzen suchten (Jer 41, 18; vgl. noch Jer 42, 16 den Hinweis auf „das Schwert, vor dem ihr euch fürchtet".).

Vorgeführt wird eine bestimmte Jerusalemer Führungsclique (11, 1), die Jerusalem ins Unglück stürzen (11, 2) wird. Sie bereiten sich auf den Krieg vor und rechnen sich aufgrund der besonderen Position Jerusalems gute Chancen aus (11, 3[786]). Dagegen soll der Prophet Jahwes Wort ausrichten (11, 4): Jahwe durchschaut, was in ihren Köpfen vorgeht (11, 5b*): Sie haben gegnerische oder im Wege stehende Gruppierungen liquidiert (11, 6), und nun „fürchten sie das Schwert“ (11, 8 a). Darum wird Jahwe nun auch das Schwert über sie bringen (8 b). Die Vorstellung, mit der sie ihre Befürchtungen zurückzudrängen suchen, daß die Position Jerusalems Schutz vor Sanktionen
11 bedeutet[787], der Slogan vom „Fleisch im Topf“, wird sich als Irrtum erweisen.

Wenn auch nur hypothetisch und entsprechend unter Vorbehalt kann man sich die ältere, Ez 11, 1–13 vorausgehende Textfassung wie folgt vorstellen:

> 11, 1 ... östlichen Tor des Hauses Jahwes, das sich nach Osten richtet. Und siehe, am Eingang des Tores waren fünfundzwanzig Mann. Und ich sah in ihrer Mitte Jaasanja, den Sohn Azzurs, und Pelatja, den Sohn Benajas, die Fürsten des Volkes. 2 Und er sprach zu mir: „Menschensohn, diese sind die Männer, die Frevel ausdenken und die bösen Plan planen in dieser Stadt, die sprechen: Nicht ist es in der Nähe Häuser bauen (es ist jetzt nicht die Zeit, Häuser...); sie ist der Topf, und wir sind das Fleisch. 4 Darum prophezeie gegen sie, prophezeie, Menschensohn 5 ... Sprich: So spricht Jahwe: So habt ihr gesprochen..., und das, was euch in den Sinn kommt, erkenne ich. 6 Ihr habt zahlreich gemacht eure Erschlagenen in dieser Stadt[788]. 7 Darum [so spricht Jahwe]: 8 Das Schwert fürchtet ihr; aber das Schwert bringe ich über euch. ... 11 Sie soll für euch nicht zum Topf werden, und ihr sollt in ihrer Mitte nicht zum Fleisch werden...“ 13 Und es geschah, indem ich prophezeite, da starb Pelatja, der Sohn Benajas.

Die in 11, 7 ff. jetzt auffälligen Redundanzen bzw. Dubletten erklären sich als sukzessive Versuche, die lapidar gehaltene Ankündigung in V. 8 b „das Schwert bringe ich über euch“ zu erläutern und auf die spätere tatsächliche Abfolge der Ereignisse (vgl. 2. Kön 25; Jer 52) abzustimmen. Über die einzelnen Schritte und Hintergründe lassen sich wiederum lediglich Vermutungen
9 anstellen: Wahrscheinlich sollte V. 9 als erste Ergänzung ausführen, wie das vorstellbar war, daß Jahwe das Schwert über sie bringen würde (V. 8 b), und sie sich zugleich gar nicht als Fleisch im Topf verstehen sollten (V. 11 aβ). So wurde vermerkt, daß Jahwe sie herausbringen und durch Fremde sein Strafgericht an ihnen vollziehen lassen würde. War 11, 1–5*. 8. 9. 11. 13 in diesem Textstadium noch vor 24, 1 ff.* zu lesen, so war dann allerdings nicht mehr klar, was es mit dem anschließend dargestellten Kochvorgang in 24, 1 ff.* noch auf sich haben sollte, mußte doch nach 11, 9 der Topf nun leer erscheinen. Auf diese Frage scheint V. 7 zu antworten, indem hier die zuvor erwähn-

---

786 Die hier zitierten Äußerungen (vgl. dazu bereits oben 159 f.) beziehen sich also auf eine bevorstehende, akute Kriegsgefahr.

787 Vgl. ähnlich die Auffassungen z. B. in Mi 3, 11 f.; Jer 7, 10; vgl. ferner Jer 5, 12.

788 Die zweite Vershälfte „und ihr habt ihre Gassen mit Erschlagenen angefüllt“ ist möglicherweise eine Dublette; vgl. Ohnesorge, 1991, 51.

ten Erschlagenen mit dem Fleisch im Topf gleichgesetzt werden. Daß in Ez 24, 1-14 jetzt das Bild vom Topf in eigenartig verschlungener Weise doppeldeutig eingesetzt wird - in 24, 1-5 ist es das Bild von den Fleischstücken im Topf, die ausgekocht werden, in 24, 6-14 überwiegt das auf die „Blutstadt" bezogene Bild vom unreinen, rostigen Topf, der ausgeglüht wird -, könnte dann mit dem neuinterpretierenden Eintrag von 11, 7 zusammenhängen[789]. Konnte im Blick auf 11, 7 Jerusalem als der mit den Leichen und dem Blut der Erschlagenen angefüllte und somit verunreinigte Topf erscheinen, so mochte daraufhin die Interpretation der Brandkatastrophe Jerusalems als von Jahwe vorgenommener Reinigungsakt im Bild vom Ausglühen eines rostigen Topfes durchaus naheliegen.

Wir verzichten auf weitere Spekulationen in dieser Richtung. Als sicher
darf gelten, daß die in 11, 12aβb enthaltenen generalisierenden Schuldvor- 12
würfe[790], zumal mit dem Schlußhinweis auf die Übernahme der „Gesetze"
der Nachbarvölker, als jüngste Ergänzung einzustufen sind[791].

Am jetzigen Ort in der jetzigen Fassung endet 11, 1-13 mit einer Information über die Reaktion Ezechiels auf den plötzlichen Tod Pelatjas[792] und seiner Frage nach einem möglichen „Rest" Israels. Damit gelingt dem golafavorisierenden Verfasser die Überleitung zu den beabsichtigten[793] Aussagen über den Sonderstatus der Exilierten als das künftige wahre Israel in 11, 14 ff.

11, 14-21 Heilsansage für Israel im Exil und in der Diaspora

Aus den Angaben in 11, 15 („deine Brüder") und 11, 24 f. („zur Gola") geht unzweifelhaft hervor, daß anders als in den bisherigen Texteinheiten jetzt zum ersten Mal Darlegungen speziell auf die Exilsgemeinde Ezechiels zielen und speziell deren Zukunft ansprechen[794]. Daraufhin muß der Leser davon ausgehen, daß die Heilszusagen allein der ersten Gola gelten. Denn den Jerusalemern und den sonst 597 v. Chr. im Lande Verbliebenen wurde ja mit den ihnen geltenden Unheilsworten in Ez 9, 1-11, 13 die Zukunft abgeschnitten. Dieser an der Textabfolge in Ez 11 erkennbaren Differenzierung entspricht, daß in Ez 2-7 „Israel" und die Jerusalemer etc. spezifiziert (vgl. 6, 2 ff.; 7, 20 ff.) oder pauschaliert (2, 3 ff.; 3, 7-9; 5, 5 ff.; 6, 11 ff.) mit Schuldvorwür-

[789] Vgl. zu weiteren Einzelheiten unten zu Ez 24, 1 ff.

[790] Vgl. dazu auch Ez 36, 27; ähnlich ferner 5, 7(!); 11, 20; 18, 9. 17; 20, 13.

[791] Zu den Hintergründen solcher Ergänzungen vgl. die Ausführungen oben zu 5, 7.

[792] Der Hinweis auf den Tod Pelatjas soll gewiß anzeigen, daß Jahwes Strafwirken bereits im Gange ist, womit zugleich das Wort des Propheten beglaubigt ist. Erwägen kann man, ob nicht darüberhinaus dem Tod eines Mannes gerade mit diesem Namen (übersetzt: „Jahwe hat gerettet" [vgl. M. Noth, Die israelitischen Personennamen im Rahmen der gemeinsemitischen Namengebung, BWANT III/10, Stuttgart 1928, 180], bzw. „Jahwes Überrest" oder „Jahwe läßt entrinnen") ein Zusatzsinn zukommen sollte.

[793] Vgl. oben 134 ff. die Erwägungen zum Kontext von Ez 8-11*.

[794] Vgl. zu 11, 14-21 besonders Levin, Verheißung, 205-209.

fen zur Begründung des kommenden Unheils bedacht werden, während in Ez 1–11 jegliche Vorwürfe oder Abqualifizierungen fehlen[795], wenn speziell auf die erste Gola Bezug[796] genommen wird[797].

Während, wie bereits dargelegt[798], Ez 11, 1–13* der Redaktion vorgegeben war, geht 11, 14–21 in der ursprünglichen Konzeption auf die golaorientierte Redaktion selbst zurück. Allerdings läßt 11, 14–21 in der jetzigen Fassung die eigentliche Zielaussage der golaorientierten Redaktion nur noch ahnen; sie ist deutlich geprägt durch Eingriffe, die die ursprünglich auf die erste Gola konzentrierten Heilszusagen auf das allgemeine Diaspora-Israel ausdehnen. Es geht hier nicht mehr lediglich um Ezechiels „Brüder[799], die Männer deiner Verwandtschaft[800]" (V. 15 aα); die Engführung auf die erste Gola wird durch den diasporaorientierten Zusatz „und das ganze Haus Israel insgesamt" (vgl. Ez 20, 40; 36, 10) aufgebrochen. In den Mittelpunkt gerückt wird hier also das sich weit auf Völker und Länder verteilende Israel (V. 16 aβ).

Aufbaumäßig entspricht 11, 14–21 insofern 11, 1–13, als hier ebenfalls eingangs eine These zitiert wird (vgl. 11, 3 und 11, 15), um deren ausführliche Widerlegung es dann im folgenden geht. Wie in 11, 3 wird Ezechiel hier in 11, 15 mit einem Jerusalemer Standpunkt konfrontiert. Während sich 11, 4 ff. mit der Abweisung der positiven Selbsteinschätzung der Jerusalemer und ihrer eigenen Situation befaßt, indem sie mit Jahwes Unheilswort konfrontiert werden, korrigieren die Heilsankündigungen in 11, 16 ff. nun die Jerusalemer Negativbewertung der Exilierten, bzw. jetzt der Diaspora. Diese Negativbewertung besteht darin, daß die Exilsexistenz als eine Existenz fern von Jahwe verstanden wird, die Exilierten also für Jahwe keine Rolle mehr spielen. Ihre eigene Existenz im Lande interpretieren die Jerusalemer als eine von Jahwe gewährte Auszeichnung: Ihnen ist das Land zum Besitz[801] gegeben, was dann bedeutet, auch wenn es nicht ausdrücklich festgehalten ist, daß sie sich in Jahwes Nähe wissen[802].

16 V. 16 a greift die mit der Botenformel eingeleitete Jahwerede den abschätzi-

---

[795] Zur Ausnahme 3, 22–27 vgl. oben 70 f.

[796] Vgl. explizit Ez 3, 10 f.; implizit 11, 14–21.

[797] In Ez 12, 1 ff. ist die Differenzierung hinsichtlich der Schuldvorwürfe aufgehoben, weil hier anders als zuvor die Angehörigen der ersten Gola mit dem Prädikat „Haus der Widerspenstigkeit" belegt werden (12, 2. 3. 9).

[798] S. o. 131 ff.

[799] Zu „Brüder" im Sinne von „Verwandte" vgl. z. B. Gen 16, 12; 25, 18; 31, 23. 25 u. ö.; die Bedeutung „Stammensangehöriger" oder „Volksgenosse" z. B. in 2. Sam 19, 13.

[800] Das entsprechende hebr. Wort spielt eine große Rolle bei rechtlichen Regelungen von Familienbesitzangelegenheiten; vgl. besonders Lev 25, 24. 29. 47–49. Es handelt sich um das Recht oder die Pflicht, verlorenen Familien- bzw. Sippengrundbesitz zurückzukaufen (vgl. z. B. Jer 32, 7 f.). Man wird der M-Lesart „Männer deiner Verwandtschaft" (Zimmerli: „deine Sippenangehörigen"), eine Wortverbindung, die so nur hier im AT belegt ist, der Wiedergabe in G „die Männer, die mit dir verbannt sind" deswegen den Vorzug geben, weil damit schon die im folgenden behandelte Problemstellung vorbereitet ist.

[801] Zum Thema „Besitz des Landes" im Ezechielbuch vgl. 25, 4. 10; 33, 24. 25. 26; 35, 10: 36, 2. 3. 5; sonst z. B. Ex 6, 8; Jes 60, 21; Jer 49, 1 ff.; Obd 17 ff.

[802] Diese Sichtweise dürfte keineswegs ausschließen, daß die Devise „uns ist das Land zum Be-

gen Hinweis auf die Existenz in der Jahweferne auf und stellt klar, daß hier die unter den Völkern und in den Ländern Weilenden gemeint sind, also die Diaspora[803]; die Feststellung, daß Jahwe selbst für deren Geschick die Verantwortung trägt, deutet bereits eine gewisse Korrektur an der Jerusalemer Einschätzung der Exils- bzw. Diasporaexistenz an; denn Jahwe spricht nicht von einem Entfernen aus seinem Zuständigkeitsbereich, sondern davon, daß er sie in die Ferne „unter die Völker" etc. gebracht und (V. 16 b) sie dort nicht gänzlich sich selbst überlassen hat. Was auch immer mit dem im AT singulären „und ich wurde ihnen nur ein wenig zum Heiligtum in den Ländern..."[804] genau gemeint sein mag, die Verbannten, die Zerstreuten leben jedenfalls nicht im „Raum der reinen Gottverlassenheit. Es ist eine Form der Nähe im Raum der Verlassenheit"[805].

V. 17–21 In der nun erneut mit der Botenformel eingeleiteten Jahwerede kulminieren die folgenden Heilsankündigungen jetzt in der sog. Bundesformel in V. 20 b, d. h. in der Zusage der Wiederherstellung des intakten Gottesverhältnisses. Vorausgehen die Zusagen[806] der Sammlung aus den Völkern und Ländern (V. 17 a) und der Landverleihung (V. 17 b) sowie in V. 18 die Ankündigung[807], daß dann die heimgekehrte Diaspora das Land von seinen Scheusalen und Greultaten befreien wird. Betreffen die Aussagen in V. 19 weiterhin die Zurückgekehrten, so würden sie jetzt erst mit einem neuen Geist und anstelle des steinernen Herzens mit einem Herz aus Fleisch ausgestattet[808], obwohl ihr in V. 18 b vermerktes vorbildliches Handeln bereits als vom neuen Geist gewirkt verstanden werden könnte. Oder soll V. 19 andeuten, daß nun nach der Rückkehr der Diaspora (V. 18 a) Jahwe sich auch wieder den im Lande Verbliebenen zuwendet und ihre Verstockung aufhebt (V. 19 b)[809], so daß hier wieder ein einheitliches Israel[810] in den Blick rückt!? In jedem Fall soll die Verleihung eines neuen Herzens bewirken, daß man dann (V. 20 a) in Jahwes Satzungen wandelt und sie einhält, so daß die Vor- 17–21

---

sitz gegeben" (11, 15; 33, 24) auch ganz „profan" die von der babylonischen Besatzungsmacht in die Wege geleiteten Umverteilungen des Landbesitzes (vgl. Jer 39, 10) im Auge hat und mögliche Anrechte der exilierten Vorbesitzer zu bestreiten sucht; dazu Albertz, Religionsgeschichte 8, 2, 378: Man könne „aus den Ez 11, 15 und 33, 24 überlieferten Slogans schließen, daß die Mehrzahl der Daheimgebliebenen die Besitzumverteilung bejahte und auch theologisch rechtfertigte"; vgl. ferner aaO. 8, 1, 372 f.

[803] Zur Redeweise „unter die Völker und in die Länder zerstreuen..." vgl. bereits oben 4, 13; zum Thema „Zerstreuung" vgl. sonst noch Ez 6, 6–8; 12, 14–16; 22, 15; 28, 25 f.; 34, 13; 36, 16–32 und 37, 21 sowie in Korrespondenz dazu die „Sammlung aus den Völkern und Ländern" in Ez 20, 34. 41; 28, 25; 34, 13; 36, 24; 37, 12; 39, 25 ff. Vgl. Einzelheiten jeweils z. St.; zu Anliegen, Zeit und Ort dieser die Diasporaproblematik einbeziehenden Theologie vgl. oben die Einleitung.

[804] Zimmerli, BK XIII, 1, 250, denkt an „Notformen eines auch ferne vom Heiligtum geübten Gottesdienstes".

[805] Ebd.

[806] Anredeform in der 2. pers. plur. masc.

[807] Wechsel zur 3. pers. plur. masc.

[808] Vgl. Ez 36, 26 f.

[809] Vgl. oben zum Zusatz „das ganze Haus Israel insgesamt".

[810] Vgl. auch V. 19 aα „ein Herz", so auch Jer 32, 39.

aussetzung des als „Bund“ dargestellten intakten Gottesverhältnisses gegeben ist, worauf abschließend die sog. Bundesformel (V. 20 b) verweist[811].

An der Entstehung der jetzigen Textfassung 11, 17–21 waren zweifellos mehrere Hände beteiligt; darauf deutet bereits der in diesen Versen auffällige Personenwechsel. In dem redundant formulierten V. 19 dürfte die Gabe des neuen Geistes (Anrede in der 2. pers. plur. masc.) nachgetragen sein[812]. V. 21 soll offensichtlich V. 18 ergänzend sicherstellen, daß es nicht mit der Entfernung der Scheusale etc. sein Bewenden haben darf; Jahwe wird selbstverständlich die für solche Fehlentwicklungen Verantwortlichen zur Rechenschaft ziehen.

Wegen der Unsicherheiten, Abfolge und Umfang der nachträglichen Ergänzungen zu bestimmen, ist es zwar kaum mehr möglich, den genauen Wortlaut der diasporaorientierten Textversion festzulegen. Es gibt aber deutliche Anhaltspunkte dafür, daß sich hier eine Stimme aus Diasporakreisen zu Wort meldet[813], um zu den die Diasporaexistenz betreffenden Fragen Stellung zu beziehen. Am wichtigsten scheint die Zurückweisung der in Jerusalemer Kreisen verbreiteten Auffassung zu sein, daß die Volksgenossen „unter den Völkern und in den Ländern“ sich außerhalb von Jahwes Zuständigkeitsbereich befinden, sie selbst aber im Lande und im Besitz des Landes den Vorzug der Nähe Jahwes genießen. Zwar ist klar, daß die Existenz in der Fremde Mangel an Jahwes Nähe bedeutet; doch insofern man diese Existenz mit Jahwes Wirken in Verbindung sehen kann und zugleich sich von Jahwe zur Sammlung und Rückkehr bestimmt weiß, kann man den Jerusalemern entgegenhalten, daß erst mit dem Vollzug der Heimkehr der Diaspora die bislang gestörte Beziehung Israels zu seinem Gott wieder in Ordnung kommt. Damit ist dreierlei erreicht: Zum einen werden Exklusivansprüche der Jerusalemer korrigiert; sie sind nicht allein das Objekt des Wirkens Jahwes; sie werden es erst eigentlich wieder zusammen mit der heimgekehrten Diaspora; zum anderen wird der Diaspora allgemein signalisiert, daß sie zu ihrer letzten Bestimmung erst nach der Rückkehr ins Land gelangen kann[814]; und zum dritten ist hier auch die vorgegebene Engführung der golaorientierten Sichtweise aufgebrochen, daß in den Augen Jahwes allein noch die erste Gola zählt.

Die einzelnen Themen „Sammlung der Diaspora, Gabe des Landes, Verlei-

---

[811] Vgl. anders Jer 32, 38 f., wo der „Bund“ vor der Gabe hier des einen, „einmütigen“ Herzens rangiert.

[812] Nach Levin (Verheißung, 207. 211) handelt es sich um eine sekundäre Angleichung an Ez 36, 26 (dort entstanden als „Dublette zu V. 27 a“ [Levin, ebd.]); zur Abfolge „neues Herz, neuer Geist“ vgl. noch Ez 18, 31.

[813] Vgl. Levins Vermutung, daß „in Ez 11 die außerpalästinische Judenheit zu Wort“ (Verheißung, 208) kommt.

[814] Vgl. ähnlich die Darlegungen in Ez 20 (dazu Pohlmann, Ezechielstudien, 54–77), die zumal mit den Ausblicken in 20, 32–44 die theologischen Bemühungen der nachexilischen Zeit um den Nachweis widerspiegeln, daß das Israel „unter den Völkern und in den Ländern“ nicht aus dem Zuständigkeitsbereich Jahwes herausgefallen ist, und daß ihm die Rückkehr ins Land nicht versagt sein kann, es vielmehr erst dort „auf Jahwes heiligem Berg“ (v. 40) im Dienst an Jahwe zu seiner Bestimmung gelangen kann.

hung eines neuen, zum Gehorsam fähigen Herzens, Zusage des Bundes" und ihre Verküpfung wollen darlegen, daß das Diaspora-Israel in Jahwes Heilsplan mit seinem Volk nicht nur einbezogen ist, sondern sogar eine hervorragende Rolle spielen wird.

11, 14–25 Zur ursprünglichen golaorientierten Fassung*

Eine sichere Rekonstruktion ist kaum möglich. Doch wird man davon ausgehen können, daß V. 15 in der vorliegenden Fassung eine die erste Gola abwertende Einstellung der nach der Katastrophe im Lande Verbliebenen umreißt[815]. Mit einiger Wahrscheinlichkeit läßt sich von 11, 15 her folgern, daß daraufhin dem Vorwurf, fern von Jahwe zu sein, Rechnung getragen war (vgl. 11, 16bα), und daß der Besitzanspruch der Jerusalemer auf das „Land" abgewiesen wurde (vgl. 11, 17Ende; ferner Ez 33, 24–29). Wenn man den *locus classicus* golaorientierter Theologie Jer 24[816] mitbedenkt, dann liegt die Annahme nahe, daß 11, 16bα den Vorgang der Exilierung ähnlich positiv wie Jer 24, 5b angesprochen hat. Dort wird die erste Gola mit guten Feigen verglichen; Jahwe hat sie nicht „verstoßen" (*ndḥ* hi) oder „versprengt" (*pwṣ* hi bzw. ni) oder „zerstreut" (*zrʿ*), sondern sie „zum Guten" ins Land der Chaldäer „geschickt" (*šlḥ*), wie er auch „zum Guten" sein Auge auf sie richtet, sie ins Land wieder zurückzubringen, sie aufzubauen, einzupflanzen etc. (Jer 24, 5f.[817]). Analog zu Jer 24, 7 könnte auch anstelle der redundanten Aussagen in 11, 19 die Zusage der Verleihung eines (neuen) Herzens mit der folgenden Bundesformel (vgl. Ez 11, 20b) formuliert gewesen sein.

Die Aussageintention der ursprünglichen golafavorisierenden Textversion wird von Ez 12, 17–20 verstärkt[818] und schließlich mit 14, 21–23[819] sowie 33, 21–29[820] komplettiert: Ez 12, 17–20 und dann ein weiteres Mal 33, 21-29 zum Beschluß der Unheilsankündigungen halten das Endergebnis „totale Verwüstung" im Lande vor Augen und erklären aus golaorientierter Sicht die-

---

[815] Für diejenigen, die sich nach 587 v. Chr. weiterhin im Lande befanden, lag es nahe, sich mit Verweis auf „dieses Land", das trotz aller Umwälzungen immer noch als Jahwes Land gelten konnte, der Nähe Jahwes und seiner Zuständigkeit zu vergewissern. Spuren solcher Reflexionen sind z. B. in Jer 42* erkennbar; so bietet Jer 42, 10 eine bedingte Heilszusage an die im Lande Verbliebenen, die Jahwes künftiges Wirken und seine weitere Zuständigkeit „in diesem Lande" gewährleistet weiß und dafür offensichtlich die durch die Katastrophe nicht aufgehobene enge Bindung Jahwes an das Land veranschlagt hat (zu Jer 42, 10 und weiteren Einzelheiten vgl. Pohlmann, Studien, S. 129ff.; 140ff.; 199; vgl. auch P. R. Ackroyd, Exile and Restoration, OTL, London 1968, 58, zu Jer 32, 6–15: „... its significance lies in its emphasis on the recovery of life in its normal forms within the land of Judah...".). Mit solchen Denkansätzen dürfte man allerdings nicht schon von vornherein eine Art Alleinvertretungsanspruch gegen die Exilierten gerichtet intendiert haben.

[816] Vgl. dazu Pohlmann, Studien, 19ff. 183ff.

[817] Vgl. dagegen die Beschreibung und Bewertung des Exilsgeschehens nach der Eroberung Jerusalems 587 v. Chr. in Jer 24, 9!

[818] Vgl. dazu unten z. St.

[819] Vgl. ferner Ez 15, 6–8.

[820] Dort auch die Wendung „uns ist das Land zum Besitz gegeben", vgl. 11, 15 und 33, 24.

jenigen, die nach 587 v. Chr. weiterhin im Lande verblieben waren[821], für bedeutungslos, da sie im weiteren Verlauf der Geschichte im Land dort völlig aufgerieben worden sein sollen[822]; auf der gleichen Linie kommentiert 14, 21–23 den ebenfalls nicht zu bestreitenden Sachverhalt, daß auch 587 v. Chr. noch einmal Israeliten ins Exil[823] gehen mußten. Im Verbund mit 33, 23–29 soll also 14, 21–23/15, 6–8 hervorheben, daß Ausgang und Ergebnis der Katastrophe die Sonderstellung der ersten Gola und ihren Exklusivanspruch rechtfertigen.

22.23 Eine Antwort auf die Frage, warum schließlich in 11, 22.23 die „Herrlichkeit" Jahwes, nachdem sie sich aus der Stadt entfernt hat, nun gerade auf dem „Berge im Osten der Stadt" Stellung bezieht und nicht endgültig entschwindet, scheint bisher noch nicht gefunden. Soll damit angedeutet werden, daß Jahwe nun von diesem Standort aus darüber wacht, daß das von ihm für Jerusalem vorgesehene Strafgericht entsprechend abläuft? Eine gewisse Parallele ist Jonas Aufenthalt im Osten Ninives, wo er nach Erledigung seiner Aufgabe den weiteren Gang der Dinge in Ninive abzuwarten scheint (Jona 4, 5 ff.).

24.25 Daß 11, 24 b. 25 den ursprünglichen Schluß gebildet hat, ist möglich, aber nicht sicher; Ez 37* zeigt, daß ein abschließender Vermerk darüber, wie sich „Ezechiel" nach der Vision wieder der Gola zuwendet, fehlen kann.

Ez 12 Zeichenhafte Darstellungen des bevorstehenden Unheils – Zur Zuverlässigkeit prophetischer Schauung

1 Und es erging das Wort Jahwes an mich folgendermaßen: 2 „Menschensohn, mitten im Haus der Widerspenstigkeit wohnst du, die Augen haben, zu sehen und sehen nicht, und[824] Ohren haben, zu hören und hören nicht; fürwahr, sie sind ein Haus der Widerspenstigkeit. 3 Und du, Menschensohn, mache dir Verbanntengepäck [und zieh weg in die Verbannung][G-] am Tage vor ihren Augen; und du sollst in die Verbannung ziehen weg von deinem Ort zu einem anderen Ort vor ihren Augen. Vielleicht sehen sie; fürwahr, ein Haus der Widerspenstigkeit sind sie. 4 Und du sollst dein Gepäck wie Verbanntengepäck herausbringen am Tage vor ihren Augen; und du selbst sollst herausziehen am Abend vor ihren Augen, wie Verbannte herausziehen[825]. 5 Vor ihren Augen durchbrich[826] für dich die Wand, und du sollst (es) durch

---

[821] „in den Trümmerstätten", vgl. Ez 33, 24. 27.
[822] Vgl. das gleiche Aussageanliegen in Jer 24, 8–10.
[823] Darüber handelt ferner Ez 12, 1–16; s. dazu aber unten 173 ff.
[824] So mit Ap. BHS.
[825] Wörtlich: „wie das Herausziehen der Verbannten".
[826] Vgl. Ez 8, 8; 12, 7. 12.

sie herausbringen[827]. 6 Vor ihren Augen sollst du (es) auf die Schulter laden, im Dunkeln sollst du (es) herausbringen[828]; dein Gesicht sollst du bedecken und das Land nicht sehen. Fürwahr, als Wahrzeichen gebe ich dich für das Haus Israel." 7 Und ich tat so, wie mir befohlen war. Mein Gepäck brachte ich heraus am Tage wie Verbanntengepäck; und am Abend durchbrach ich für mich die Wand [mit Gewalt][829]; in der Dunkelheit brachte ich (es) heraus[830], auf die Schulter lud ich (es) vor ihren Augen. 8 Und es erging das Wort Jahwes an mich am Morgen folgendermaßen: 9 „Menschensohn, hat das Haus Israel, das Haus der Widerspenstigkeit, nicht zu dir gesprochen: Was tust du da? 10 Sprich zu ihnen: So spricht [der Herr][G-] Jahwe: Der Fürst ist diese Last[831], in Jerusalem, und das ganze Haus Israel, die in ihrer Mitte[832] sind[833].

11 Sprich: Ich bin euer Wahrzeichen; wie ich getan habe, so wird ihnen getan; in die Verbannung, in die Gefangenschaft werden sie gehen. 12 Und der Fürst, der in ihrer Mitte ist, wird (es) auf[Ap] die Schulter laden, in der Dunkelheit wird er (es) herausbringen[834], die Wand werden sie durchbrechen, um (ihn/es?) durch sie herauszubringen. Sein Gesicht wird er bedecken, weil er nicht mit den Augen sehen wird[835], er – das Land. 13 Und ich breite mein Netz über ihn aus, und er wird in meinem Jagdnetz gefangen. Und ich bringe ihn nach Babel ins Land der Chaldäer, aber er wird es nicht sehen, und dort wird er sterben. 14 Und alle, die rings um ihn herum sind, seine Helfer[Ap] und alle seine Scharen zerstreue ich in alle Winde, und das Schwert zücke ich hinter ihnen her. 15 Und sie werden erkennen, daß ich Jahwe bin. Indem ich sie unter die Völker verscheuche[836] und indem ich sie in die Länder zerstreue[837], 16 da lasse ich von ihnen einige wenige übrig vom Schwert, vom Hunger und von der Pest, damit sie erzählen all ihre Greueltaten unter den Völkern, wohin sie kommen; und sie werden erkennen, daß ich Jahwe bin".

17 Und es erging das Wort Jahwes an mich folgendermaßen: 18 „Menschensohn, dein Brot sollst du mit Beben essen, und dein Wasser sollst du mit Zittern und in Furcht trinken. 19 Und du sollst zu dem Volk des Landes sprechen: So

---

[827] G liest „herausgehen".
[828] G liest „herausgehen".
[829] Fehlt in G und S; zu *byd* in dieser Bedeutung vgl. Jes 23, 33.
[830] G liest „ging ich heraus".
[831] Vgl. Jer 23, 33.
[832] Mit Ap. BHS (lies: suff. 3.pers. fem. sing. für 3.pers. masc. plur. in M) auf die Stadt Jerusalem bezogen.
[833] Ap. BHS schlägt mit Verweis auf T und V vor, „Über den Fürsten ist dieser Ausspruch in Jerusalem und das ganze Haus Israel, die..." zu lesen.
[834] Analog zu V. 6 ist hier *ywṣ'* (hi.) zu lesen; die M-Lesart „und er wird hinausziehen" ist durch Buchstabenvertauschung entstanden.
[835] G: „damit er von keinem Auge gesehen wird".
[836] Ez 29, 12; 30, 23.
[837] Zu dieser Wiedergabe von V. 15f. vgl. auch Lang, Kein Aufstand, 18 (mit Verweis auf K. von Rabenau, Die Entstehung des Buches Ezechiel in formgeschichtlicher Sicht, WZ(H).GS 5, 1955/56, 659–694, vgl. 673, Anm. 172).

spricht [der Herr][G-] *Jahwe über die Bewohner Jerusalems auf dem Boden Israels: Ihr Brot werden sie in Furcht essen und ihr Wasser mit Schaudern trinken, darum daß das Land*[Ap] *leer seiner Fülle*[838] *verwüstet ist wegen der Gewalttat aller, die darin wohnen. 20 Und die bewohnten Städte werden in Trümmern liegen, und das Land wird zur Wüstung werden. Und ihr werdet erkennen, daß ich Jahwe bin".*

21 Und es erging das Wort Jahwes an mich folgendermaßen: „Menschensohn, was soll euch dieser Spruch über[839] **das Land Israels folgendermaßen: In die Länge ziehen sich die Tage, und ungültig wird jegliche Schauung. 23 Darum sprich zu ihnen: So spricht [der Herr]**[G-] **Jahwe: Ich mache ein Ende diesem Spruch, und man wird ihn in Israel nicht mehr sprechen. Vielmehr rede zu ihnen: Nahe sind die Tage und die Aussage jeglicher Schauung.** 24 Fürwahr, es wird keinerlei Trugschauung und trügerische Wahrsagung mehr geben inmitten des Hauses Israel. **25 Fürwahr, ich, Jahwe, rede; das Wort, das ich rede, wird auch getan; es zieht sich nicht mehr hin.** Fürwahr, in euren Tagen, Haus der Widerspenstigkeit, rede ich ein Wort und tue es auch", Spruch [des Herrn][G-] Jahwes.

26[840] **Und es erging das Wort Jahwes an mich folgendermaßen: 27 „Menschensohn, siehe, das Haus Israel spricht: Die Schauung, die er schaut, bezieht sich auf viele Tage**[841]**; und für ferne Zeiten prophezeit er. 28 Darum sprich zu ihnen: So spricht [der Herr]**[G-] **Jahwe: Nicht ziehen sich mehr hin alle meine Worte. Das Wort, das ich rede, wird auch getan", Spruch [des Herrn]**[G-] **Jahwe.**

Lit.: Lang, Kein Aufstand, 17–27; Uehlinger (vgl. oben Lit. zu Ez 4, 1–5, 17), 136 ff.

a. 12, 1–28 Inhalt und Aufbau – Zur Frage der literarischen Einheitlichkeit

Die jeweils einen Neueinsatz signalisierenden sog. Wortereignisformeln unterteilen das Kapitel in vier Texteinheiten (12, 1–16; 12, 17–20; 12, 21–25; 12, 26– 28).

1–16 In 12, 1–16 steht das Exilsgeschehen von 587 v. Chr. sowie das Ergehen Zedekias (= „der Fürst" in 12, 10. 12 ff.) im Mittelpunkt. 12, 1–6 berichtet Ezechiel von Jahwes Anweisung, sich vor den Augen seiner Exilsgefährten, die hier als das „Haus der Widerspenstigkeit" bezeichnet werden, wie einer auszustatten und zu verhalten, der in die Verbannung ziehen muß. Die Verse 8–16 erläutern die Aktion, deren Vollzug in V. 7 festgehalten ist, und betonen, daß Ezechiel auf diese Weise die künftigen Entwicklungen vorabbildet (vgl.

---

[838] G liest „und seine Fülle".

[839] Vgl. Ez 16, 44; Hab 2, 6; Mi 2, 4. – Möglich ist auch die Übersetzung „im", vgl. Am 7, 17; Jes 14, 2.

[840] Das Fehlen des Abschnitts 12, 26–28 in Pap. G[967] dürfte auf ein Abschreibeversehen zurückgehen.

[841] Wörtlich: „für viele Tage"; vgl. Jer 13, 6; 32, 4; 35, 7; 37, 16; Dan. 8, 26.

besonders V. 6. 11[842]): Der „Fürst" wird gefangen nach Babel verschleppt werden, seine Truppen werden vernichtet (V. 12–14), am Ende steht die „Zerstreuung unter die Völker und in die Länder".

12, 17–20 Oben war bereits bei der Erörterung von Kontextfragen zu Ez 8–11 darauf verwiesen worden, daß 12, 1–16 aus dem sonst weithin buchprägenden golaorientierten Profil herausfällt, weil hier der besondere Vorrang der ersten Gola nivelliert wird. Dagegen scheint 12, 17–20 vom golaorientierten Standpunkt aus formuliert: Diese Verse behandeln die Situation der Bewohner im Lande nach der Katastrophe. Ezechiel soll unter Furcht und Zittern essen und trinken[843] (17–18) und damit, wie die folgende Deutung dieser Aktion (19–20) klarstellt, im voraus anzeigen, daß das Land mit seinen Möglichkeiten der Existenzgewährung am Ende sein wird. Die Vorstellung, daß das Land nach 587 v. Chr. zur „Wüstung" wird (V. 20 aß), ist für die golaorientierte Redaktion charakteristisch (vgl. Ez 15, 8; 33, 28 f.). 17–20

Die beiden folgenden Einheiten 12, 21–25 und 12, 26–28 sprechen ein neues Thema an; während sich 12, 21–25 gegen generelle Zweifel an der Zuverlässigkeit prophetischer Schauung richtet, weist 12, 26–28 – thematisch auf derselben Linie – die These zurück, daß sich solche Schauung lediglich auf „ferne Zeiten" beziehe. Damit fungieren diese Einheiten zugleich als Überleitung zu den Aussagen in Ez 13 über falsche Propheten und Prophetinnen. Demnach sind an der Konzipierung von Ez 12 mehrere Hände beteiligt gewesen. 21–28

b. 12, 1–16 Zeichenhafte Darstellung der Exilierung 587 v. Chr. – Das Exulantengepäck

12, 1–16 Zur Gesamttendenz und zum Beziehungsgeflecht 12, 13 ff./14, 21–23/17, 20 f.

Die Endfassung von 12, 1–16 läuft darauf hinaus, daß mit Hilfe einer Zeichenhandlung des Propheten den Angehörigen der ersten Gola (vgl. V. 11[844]) die Exilierung der Jerusalemer im Zusammenhang mit dem Fall Jerusalems als zwingend bevorstehend vor Augen gemalt wird. Dem Verfasser liegt also daran, daß die tatsächlichen Abläufe um 587 v. Chr. durch die Aktionen des Propheten Ezechiel präfiguriert erscheinen. Sein eigentliches Anliegen ist damit jedoch noch nicht erfaßt. Die folgenden Beobachtungen lassen die Hauptintentionen erkennen: Die erste Gola, unter der sich hier Ezechiel befindet (vgl. V. 2 und V. 11), wird im Endtext von vornherein als das „Haus der Widerspenstigkeit" eingestuft (V. 2. 9), „die Augen haben, zu sehen und

[842] Vgl. Ez 24, 24. 27.
[843] Vgl. die Aktion in Ez 4, 9 ff.
[844] Mit der Anrede „Ich bin euer Wahrzeichen" kann nur die Exilsgemeinde Ezechiels gemeint sein.

doch nicht sehen, und Ohren, zu hören und doch nicht hören". Dieses Prädikat[845] war in Ez 3, 26.27 der Gola ebenfalls in tendenziöser Absicht zugesprochen worden[846], in diesem Fall im Zusammenhang damit, daß Ezechiel ihnen seine Dienste als „Wächter" bis zum Eintritt der Katastrophe, also bis zur zweiten Exilierung vorenthalten soll[847]. In Ez 1, 1; 3, 11.15 und 11, 24f. und eindeutig golaorientierten Textpassagen wie Ez 14, 21–23 und 33, 21–29 fehlt dagegen die Charakterisierung der Gola als „Haus der Widerspenstigkeit". Somit richtet sich hier (12, 2.9) dieses abwertende Prädikat gegen die Exklusivstellung der ersten Gola[848]. Auf der gleichen Linie liegt alles Weitere. Indem in 12, 1–16 die zweite Exilierung zum Thema erhoben und gezeigt wird, daß dieses Ereignis in Jahwes Plan schon vor der Katastrophe 587 v. Chr. vorgesehen war, und indem der „Gola"-Begriff hier eben auch auf die nach 587 v. Chr. Exilierten angewendet und somit verallgemeinert wird[849], ist die Sonderstellung der ersten Gola aufgehoben. Demnach soll die vorliegende Fassung 12, 1–16 die von der golaorientierten Redaktion vertretene Konzeption korrigieren. Entsprechend deklarieren V. 15–16 abschließend das zuvor vorgestellte Unheilsgeschehen der Exilierung als die Zerstreuung „unter die Völker und in die Länder". Dieser in 12, 15f. angekündigten Zerstreuung korrespondieren zweifellos aufs engste Texte wie z. B. in 11, 17; 20, 41 und 36, 24, also Heilsworte, in denen Sammlung und Rückführung aller Zerstreuten, also Israels als Diaspora, im Mittelpunkt steht. An dieser Heilsperspektive zeigt sich die golaorientierte Redaktion in gar keiner Weise interessiert; im Gegenteil, ihre Ausführungen laufen darauf hinaus, daß die der Katastrophe 587 v. Chr. Entronnenen für den weiteren Fortgang der Geschichte Jahwes
14, 21–23 mit seinem Volk außer Betracht bleiben (vgl. 14, 21–23 und 33, 21–29). Daß mit 12, 1–16 im Gegenzug zur vorgegebenen Konzeption der golaorientierten Redaktion und ihren Textanordnungen deren Engführung aufgesprengt werden soll[850], kann eine Gegenüberstellung der Darlegungen in Ez 12, 15f. und 14, 21–23 verdeutlichen, die beide das Exilsgeschick nach 587 v. Chr. thematisieren. Während in der Sicht der golaorientierten Redaktion in 14, 22f. die Entronnenen (*plṭh*), die zur ersten Gola nach Babel gelangen, weiterhin an ihrem bisherigen Wandel festhalten und damit der ersten Gola deutlich ma-

---

[845] Zum Thema „Widerspenstigkeit" ist auch Ez 20 zu beachten (vgl. 20, 8.13.21). Hier ist Israel seit Ägypten ein „widerspenstiges" Volk; zu weiteren Aspekten vgl. unten z. St.

[846] S. o. 77.

[847] Für die übrigen Stellen Ez 2, 5.6.7.8; 3, 9; 12, 25; 17, 12; 24, 3 (44, 6) liegt die Vermutung nahe, daß hier als Adressaten ursprünglich die Bewohner im Lande nach 587 v. Chr. vor Augen standen.

[848] Vgl. die positive Einschätzung der ersten Gola in der Feigenkorbvision Jer 24, 1–7.

[849] Mit *gwlh/glwt* wird sonst überwiegend die erste Gola erfaßt (zu *gwlh* vgl. 2. Kön 24, 14–16 und dagegen 2. Kön 25, 21; Jer 28, 6; 29, 1.4.16.31; Ez 1, 1; 3, 11.15; 11, 24f.; Est 2, 6[!]; Sach 6, 10[?]; zu *glwt* 2. Kön 25, 27; Jer 24, 5; 28, 4; 29, 22 [anders 40, 1]; Ez 1, 2; 33, 21; 40, 1). In Esr/Neh ist der Sachverhalt komplizierter.

[850] Ob 12, 1–16 von der gleichen Hand stammt, die auch das doppelte Beziehungsgeflecht „Ezechiel als Wächter"/„Verstummungsmotiv" konzipiert hat (s. o. 69ff.; 74ff.), bleibt zu überprüfen.

chen, daß Jahwes Handeln 587 v. Chr. begründet war, und daraufhin kein Hinweis auf die weitere Bedeutung dieser „verkommenen" Exilierten zu erfolgen braucht[851], setzt der Verfasser von 12,15 f. die Akzente durchaus anders; es geht ihm offensichtlich darum, 14,21–23 zu modifizieren[852]. Er stellt die Folgen der Katastrophe anders als 14,21–23 als Zerstreuung „unter die Völker und in die Länder" etc. vor Augen. Indem er damit das Anliegen Jahwes verknüpft, daß auf diesem Wege den Völkern die Hintergründe der Katastrophe klar werden sollten[853], macht er deutlich, daß nach seiner Auffassung die Katastrophe von 587 v. Chr. und ihre Auswirkungen in einem weiteren Horizont des Handelns Jahwes verstanden werden müssen, als ihn die golaorientierte Redaktion mit ihrer Engführung auf den Sonderstatus der ersten Gola vorgegeben hatte.

Von den Textanteilen, die sich auf das Geschick Zedekias konzentrieren (12,10.12–14), scheint auffälligerweise lediglich V. 12 auf einige Einzelzüge im Bericht über die Zeichenhandlung abgestimmt zu sein (vgl. 12,5.6). Die Weiterführung mit V. 13 fällt dadurch auf, daß unvermittelt und im Widerspruch zu V. 11 die dortige Prophetenrede in eine Jahwerede umschlägt, die nun bis 12,16 verläuft. Ferner führt V. 13 Einzelheiten vor Augen, die im Blick auf die Zeichenhandlung überschüssig erscheinen. Immerhin steht hier noch wie in V. 12 Zedekia allein im Mittelpunkt. Dagegen handelt V. 14 darüber, in welchem Umfang Jahwe weitere Kreise um Zedekia in sein Unheilswirken einbeziehen wird: Alle, die um ihn sind, seine Hilfe (G = „seine Helfer") und alle seine Scharen sollen in alle Winde zerstreut werden etc.

Welche Funktion kommt V. 14 im vorliegenden Kontext zu? Beachtet man, daß 12,1–16 in der oben beschriebenen tendenziösen Absicht in erster Linie darauf hinaus will, das mit der Katastrophe von 587 v. Chr. verbundene allgemeine Golageschehen als im Plan Jahwes vorgesehen der ersten Gola vor Augen zu stellen, so kann V. 14 mit den darin enthaltenen Spezifizierungen kaum dazu dienen, hier lediglich Einzelheiten zu illustrieren. Indem V. 14 auf das Sondergeschick der „Helfer" Zedekias und „seiner Scharen" hinweist, scheint der zuständige Verfasser zwischen dem allgemeinen Golageschehen sowie seinen in V. 15 f. dargestellten Folgen und diesem Sondergeschick zu differenzieren: Das „ganze Haus Israel"[854] wird in die Verbannung gehen,

---

[851] Vgl. ähnlich in Jer 44,27 f. die Abwertung der Ägyptenflüchtlinge; dazu Pohlmann, Studien, 176–181.

[852] Daß er 14,21–23 voraussetzt, geht unzweifelhaft daraus hervor, daß er das in 14,22 verwendete *nwtrh* („es bleiben übrig") aufgreift; er stellt gegenüber 14,21–23 klar heraus, daß hinter dem Geschehen ein absichtsvolles Handeln Jahwes steht, und formuliert daher *hwtrty* („ich [Jahwe] lasse übrig"); *ntr* im Ezechielbuch in Ez 34,18; 39,14; 48,15.18.21 in anderen Zusammenhängen; zu 12,16 und 14,22 vgl. noch 6,8. Außerdem findet die in 12,16 überraschende und nicht auf den vorausgehenden Kontext (vgl. allerdings die Trias „Schwert, Hunger und Pest bereits in 7,15 und 5,12 ff.) abgestimmte Einbeziehung auch der Unheilsmächte „Hunger" und „Pest" neben dem „Schwert" so ihre Erklärung; der Verfasser von 12,15 f. steht unter dem Einfluß von 14,21 ff.

[853] Zu diesem Punkt vgl. unten die Darlegungen besonders zu Ez 20 (vgl. auch Ez 36).

[854] Vgl. V. 10; falls man V. 10 als späteren Einschub auffaßt, steht man vor der Schwierigkeit,

Zedekias Helfer und Scharen dagegen will Jahwe in alle Winde zerstreuen und mit dem Schwert hinter ihnen her sein. Sinn und Funktion dieser Differenzierung bleiben allerdings dunkel und uneinsichtig, solange man nach Sinn und Funktion im engen Rahmen von 12, 1–16 fragt und die oben gewonnene Erkenntnis außer Acht läßt, daß die Gesamttendenz des Kapitels auf eine Korrektur an der Konzeption der golaorientierten Redaktion hinauslaufen soll und dementsprechend vorgegebene golaorientierte Textpassagen entschärft oder umakzentuiert werden. Da sich für 12, 15 f. zeigen läßt, daß hier der enge Horizont von 14, 21–23 aufgesprengt wird[855], ist analog dazu damit zu rechnen, daß auch 12, 14 im Anschluß an V. 13 als Korrektur an golaorientierten Vorstellungen gedacht ist. Wegen der auffällig engen terminolo-
17, 20 f gischen Berührungen zwischen 12, 13 f. und 17, 20 f. ist zu fragen, ob und in welcher Weise 12, 13 f. im Vorausblick auf 17, 20 und den entsprechenden Kontext neue Akzente setzt.[856] 17, 20 a entspricht wörtlich 12, 13 a; 17, 21 bezieht in das Geschick Zedekias weitere Betroffene ein (seine auserwählten Truppen[857], seine „Scharen“ und die „Übriggebliebenen“ [*whnš'rym*]) und stellt fest, daß die Truppen Zedekias durchs Schwert fallen und die „Übriggebliebenen“ in alle Winde zersteut werden. Im Vergleich dazu heißt es dagegen in 12, 14, daß Jahwe das Heer Zedekias in alle Winde zerstreut und dann das Schwert hinter ihnen her zückt. Während in 12, 14 klar ist, daß hier speziell die Hilfstruppen und Scharen Zedekias dem Untergang ausgeliefert sind, ist 17, 21 so formuliert, daß mit den „Übriggebliebenen“ nicht nur der Rest seines Heeres, sondern generell die nach der Katastrophe Übriggebliebenen einbezogen erscheinen[858]. Der Vergleich zeigt, daß 12, 14 im Vorausblick auf 17, 20 f. klarer hervorzuheben sucht: Mit denjenigen, deren Untergang im Anschluß an die Informationen über Zedekias Geschick angesagt wird, sind keinesfalls die Übriggebliebenen insgesamt nach der Katastrophe 587 v. Chr. gemeint, wie 17, 21 verstanden werden kann oder verstanden werden soll[859]. Entsprechend entschärft 12, 15 die Zerstreuung „in alle Winde“ zur Zerstreuung „unter die Völker und ... in die Länder“.

Fazit: Die Gesamttendenz von 12, 1–16 ebenso wie das im Beziehungsgeflecht 12, 13 ff./14, 21–23/17, 20 f. erkennbare Aussageanliegen von 12, 13 ff. sprechen eindeutig dafür, daß die jetzige Textfassung Bestandteil einer Bearbeitungsschicht[860] ist, die im Kontext von Reflexionen über das Israelverständnis der nachexilischen Zeit und die Frage nach der Bedeutung des gesamten „Diaspora-Israel“ eben dieses Israel „unter den Völkern und in den

---

daß im folgenden Vers unklar bleibt, worauf sich *lhm* bezieht, d. h. wem das widerfahren soll, was Ezechiels Zeichenhandlung im voraus abbildet; vgl. Garscha, Studien, 107.

[855] Vgl. dazu unten 204 ff.

[856] Lang, Aufstand, 17–27, übersieht diese Berührungen und damit den redaktionellen Charakter des Textes, woraufhin auch das theologische Anliegen seines Autors verborgen bleibt.

[857] Zu Einzelheiten s. u. z. St.

[858] *š'r* ni. in Ez sonst nur 6, 12; 9, 8; 36, 36; vgl. noch *š'ryt* 5, 10; 9, 8; 11, 13; 25, 16; 36, 3. 4. 5.

[859] Vgl. ähnlich wie 17, 21 auch Ez 5, 10. 12.

[860] Vgl. dazu oben die Einleitung, III. 3. a. und g.

Ländern" nicht aus dem Zuständigkeitsbereich Jahwes herausgefallen sehen kann und daher die das vorgegebene Ezechielbuch prägende golaorientierte Konzeption korrigiert.

12, 1–16 Das Exilsgeschehen und das Ende Zedekias

Die Textanteile, die sich auf das Ergehen Zedekias konzentrieren, wirken nach der zuvor geschilderten Handlung des Propheten und dem entsprechenden Fazit in V. 11 wie eine zusätzliche Spezialinformation. Daher spricht z. B. Eichrodt[861] von „eingeschobenen Verse[n]" (= 12, 12–14, zusammen mit V. 10 nach der Botenformel), die „eine Ausdeutung der symbolischen Handlung unter dem erschütternden Eindruck des Schicksals Zedekias darstellen". Es ist jedoch zu fragen, ob das Thema „das Ende Zedekias" im Zusammenhang dieser Ausführungen über das Exilsgeschehen überhaupt bei Seite gelassen werden konnte. Ist die oben für 12, 1–16 sondierte Aussagerichtung zutreffend bestimmt, diese Einheit also als nachträgliche Korrektur[862] im Vorausblick auf die golaorientierten Ausführungen in Ez 14, 21–23 und 17, 20 f. einzustufen, dann bestand wegen der Bezugnahme auf 17, 20 f. geradezu ein Sachzwang, die dortigen Bemerkungen zu Zedekia mitzuberücksichtigen, woraufhin die Beschreibung der Zeichenhandlung so anzulegen war, daß die Einbeziehung und Uminterpretation von 17, 20 f. (= 12, 13 f.) möglich wurden.

Entsprechend wird in 12, 1–16 die das Exilierungsgeschehen von 587 v. Chr. anzeigende Aktion Ezechiels so mit Einzelzügen ausgestattet, daß jetzt zugleich Anspielungen auf das persönliche Geschick Zedekias (vgl. Jer 39, 1–10, ferner Jer 52, 6–11; 2. Kön 25, 3–7) mitklingen. Während zunächst 12, 1–4 lediglich Ezechiels Hantieren mit dem Exulantengepäck im Mittel-
punkt steht[863] (12, 1–4), soll in V. 6 die Bemerkung über das „Bedecken des 6
Gesichts"[864] mit der Folge, daß Ezechiel „das Land nicht sieht", die Feststellung in 13 bβ vorbereiten, daß der „Fürst" das Land der Chaldäer nicht sehen werde. Hiermit wird zusätzlich zu Ez 17, 12–21 (vgl. besonders V. 16. 20) und in Verknüpfung mit dortigen Formulierungen (vgl. 12, 13 a. bα mit 17, 20 a. bα) angedeutet, daß Zedekia nach mißglücktem Fluchtversuch von Nebukadnezar für seinen Eidbruch grausam bestraft worden war; nachdem er zuvor die Hinrichtung seiner Söhne hatte mitansehen müssen, ließ ihn der Großkönig blenden (vgl. Jer 39, 7 und par.) und anschließend in Ketten nach Babel bringen, wo er im Gefängnis gestorben wäre (vgl. Jer 52, 11).
In V. 12 ist ebenfalls davon die Rede, daß der Fürst nicht sieht (M), weil er 12

[861] ATD I, 78.

[862] Vgl. so auch Ez 6, 8–10.

[863] Ob die redundant wirkenden Ausführungen dazu von einer Hand stammen, oder hier verdeutlichende Ergänzungen zu veranschlagen sind, mag offen bleiben.

[864] Daß es sich dabei um eine Trauergeste handeln muß (vgl. Lang, Aufstand, 21 f.), ist mit den üblicherweise angeführten Textstellen (2. Sam 15, 30; 19, 5; Jer 14, 3 f.; Est 6, 12) insofern nicht zu belegen, als dort in der Regel vom „Verhüllen des Hauptes" die Rede ist.

sein Gesicht bedeckt hat. Daß auch hier Zedekias Blendung gemeint sein soll, bereitet insofern Schwierigkeiten, als dieser Verweis vor V. 13a zu früh kommt, da erst mit V. 13a Zedekias Gefangennahme angezeigt ist. Diese Schwierigkeit hat offensichtlich G empfunden und daraufhin das Bedecken des Gesichts, bezogen auf den Fürsten, als dessen Versuch interpretiert, unerkannt zu fliehen[865]. Unstimmig bleibt jedoch dann immer noch, daß der „Fürst" nach V. 12a nicht als Flüchtling, sondern als für die Deportation bestimmt charakterisiert ist. Nach allem leuchtet V. 12 am ehesten ein als spätere Randerläuterung zu V. 11, die festhalten sollte, daß sich in den Reihen der Deportierten (V. 11) eben auch der geblendete Zedekia befand. Die in V. 13ff. vorausgesetzte vorherige Erwähnung Zedekias bzw. des „Fürsten" ist in V. 10 enthalten. Gegen die übliche Einstufung von V. 10 als „Einschub",
11 durch den V. 11 als „die unmittelbare Antwort auf die Frage des Volkes in 9" von V. 9 „abgedrängt" sei[866], ist zu bedenken, daß in diesem Fall die sonst nach Jahwes Redebefehl übliche „Botenformel" fehlt. Da in V. 11 die „dem Propheten von Jahwe mitgeteilte Deutung... in für Ez ungewöhnlicher Weise als reine Ich-Rede des Propheten stilisiert" ist[867], somit also nicht unproblematisch ist[868], kann man vielmehr erwägen, ob nicht ursprünglich gerade mit
10 V. 10 das Ez 17, 20f. bewußt vorwegnehmende Jahwewort in V. 13f. vorbereitet wurde, also V. 13f. (vgl. ähnlich Ez 32, 3) als direkte Fortsetzung zu V. 10 gedacht war. Der besonderen Interpretationsschwierigkeiten, vor die die jetzige Versfolge 12, 8–12 (zweimalige Aufforderung zu reden; Wechsel zwischen Gottesrede, Prophetenrede, Gottesrede) stellt, wäre man so enthoben; sie wären erst die Folge späterer Einträge (V. 11) und schließlich in den Text eingearbeiteter Randglossen (V. 12).

Obwohl die eigentliche Aussagetendenz von 12, 1–16 einigermaßen sicher bestimmbar ist, muß man also aufgrund der bisherigen Beobachtungen eine komplizierte Genese des Textes veranschlagen; eben daraus resultieren auch jene Unklarheiten, die hinsichtlich der Deutung der Einzelzüge der Zeichenhandlung bestehen. Soll mit der Verlegung eines Teils der Ezechiel zugemuteten Aktionen auf den Abend bzw. in die Dunkelheit (vgl. V. 4b. 6. 7; vgl. V. 12) Zedekias Flucht bei Nacht (vgl. Jer 39, 4) angedeutet werden, oder liegt darin eine weitere Symbolisierung der Blindheit Zedekias vor, oder soll man hier lediglich an die Aufbruchzeit der Deportierten in der Abendkühle denken? Daß Ezechiel schließlich „eine Wand durchdringen/durchbrechen"
5a. 7a soll (V. 5a. 7a; vgl. V. 12)[869], könnte die der Deportation vorausgehende Eroberung Jerusalems (vgl. 2. Kön 25, 4), also konkret das Anlegen einer Bresche in die Stadtmauer anzeigen. Man fragt sich dann allerdings, warum Eze-

---

[865] Vgl. die G-Lesart in V. 12: „damit er (der Fürst) nicht gesehen wird". In Gen 38, 15 bezweckt das Bedecken des Gesichts, daß man unerkannt bleibt!

[866] Zimmerli, BK XIII, 1, 257.

[867] Zimmerli, aaO., 259.

[868] Auch in Ez 24, 21–27 gehört die Ich-Rede des Propheten V. 22f. „nicht zum Grundbestand des Textes" (Zimmerli, BK XIII, 1, 570).

[869] Vgl. Hiob 24, 16 „in Häuser einbrechen"; *ḥtr* sonst nur noch Am 9, 2 u. Ez 8, 8.

chiels Agieren nicht entsprechend dieser Abfolge vorgestellt ist. Oder liegt hier eine weitere Anspielung auf Zedekias Fluchtversuch vor, zu dem sich dieser schließlich entschloß, nachdem die Babylonier die Stadtmauer überwunden hatten (vgl. 2. Kön 25, 4)?

Die gesamte Aktion Ezechiels soll nach 12, 3 zu dem Zweck erfolgen, daß daraufhin die erste Gola, die als „Haus der Widerspenstigkeit" gekennzeichnet ist, „vielleicht sieht". Mit deutlicher Anspielung auf Jes 6, 9 ff. wird in V. 2 vorausgeschickt, daß sich die Exilsgemeinde Ezechiels weigert, zu sehen und zu hören. Diese am Kopf der eigentlichen Beschreibung der prophetischen Aktion übergewichtigen Ausführungen erinnern an Jer 26, 3 und 36, 3 und die hier jeweils aus dtr.[870] Feder stammende Zielgebung der Aktionen Jeremias, nämlich Jahwes Wort zu verkündigen zum Zweck der Einsicht und Umkehr („vielleicht hören sie und kehren sie um...") „vom bösen Wege". Zur im Text offen gelassenen Frage, woraufhin in 12, 1–3 die erste Gola so charakterisiert 1–3
ist, was ihr konkret vorgeworfen wird und welche Sinnesänderung erreicht werden soll dadurch, daß sie „vielleicht sehen", ist auf 12, 21 ff. zu verweisen. Anders als in 33, 30–33 wird hier nicht verhandelt, daß man Ezechiels Worte zwar hört, aber nicht tut (33, 31 f.), sondern daß die Exilsgemeinde Ezechiels offensichtlich seinen Ankündigungen nicht traute. Also nicht die verweigerte Umkehr hat der Verfasser von 12, 1 ff. vor Augen, sondern Zweifel der ersten Gola an der Erfüllung prophetischer Zukunftsansagen; dem trägt er mit der Abqualifizierung der Adressaten („Haus der Widerspenstigkeit") Rechnung, und die Aktion Ezechiels wird auf der Linie von Ez 2, 5 und 33, 33 als eine Demonstration dahingehend eingesetzt, daß unbestreitbar „ein Prophet unter ihnen gewesen ist". Dem dürfte von derselben Hand in 12, 25 der Hinweis 25
auf die Realisierung des Jahwewortes „in euren Tagen" korrespondieren. Die „Beweisführung" gilt nur vordergründig der ersten Gola; der Autor zielt natürlich auf den zeitgenössischen Leser oder Hörer und dessen Zweifel.

c. 12, 17–20 Zeichenhafte Darstellung der Situation im Lande nach 587 v. Chr. – Essen und Trinken unter Furcht und Zittern

Die Texteinheit besteht aus der Einleitung mit der Jahwewort-Ergehensformel (V. 17), der Beauftragung Ezechiels mit einer Handlung (V. 18) sowie der Aufdeckung des Sinnes dieser Handlung (V. 19. 20 a) mit der sog. Erkenntnisformel zum Beschluß. Die Aktion und ihre Deutung sind adressiert an das „Volk des Landes", das im Beschluß des Jahwewortes (V. 20 b) auch direkt angesprochen und von den „Bewohnern Jerusalems im Land Israel", deren Ergehen Aktion und Deutung thematisieren, zu unterscheiden ist. In vorexilischer Zeit bezog sich der Ausdruck „Volk des Landes" auf die Führungsschicht der Landbevölkerung, den sog. „Landadel"; unter den 597 v. Chr.

[870] Vgl. oben, 54 Anm. 81.

Deportierten dürften auch Vertreter dieser Kreise gewesen sein[871]. Wie in 14,22f.; 15,6–8; 17,20f.[872] steht dem Leser also vor Augen, daß Ezechiel seiner Exilsgemeinde die weiteren Entwicklungen nach der Eroberung Jerusalems (vgl. vorher Ez 11,1–13) aufdeckt.

18 V.18 Der Verfasser läßt Ezechiel die lebensnotwendige Nahrung (Brot und Wasser) unter Begleitzuständen zu sich nehmen, nach denen er das Bild äußerster Verängstigung und Fassungslosigkeit abgibt. Das signalisieren die hebr. Worte für „Beben“ und „Zittern“[873]; als Doppelausdruck können beide ein „Erdbeben“ bezeichnen; während „Beben“ alleinstehend sich immer auf „Erdbeben“ bezieht, verdeutlicht „Zittern“ auch häufig menschliche Extremregungen (vgl. z.B. 2. Sam 7,10; 19,1; Hab 3,16). Das Bild, das Ezechiel darstellen soll, um damit die Zustände im Lande nach 587 v.Chr. zu charakterisieren, steht im äußersten Kontrast zu jenen Vorstellungen vom Leben im Lande, wie sie in zahlreichen Heilsworten vorschweben[874].

19 V.19 Die „Bewohner Jerusalems im Lande Israel“ sind diejenigen Jerusalemer, die die Zerstörung Jerusalems überlebt haben (vgl. Ez 15,6f.) und sich nun auf dem Lande aufhalten (vgl. 33,24ff.). Der golaorientierten Redaktion geht es in diesem Abschnitt darum, sicherzustellen, daß solche Überlebende in der Heimat dem Alleinvertretungsanspruch der ersten Gola als des allein rechtmäßigen Israel nicht entgegenstehen. Ihre Existenz war zwar nicht zu bestreiten[875], aber nach Jahwes Willen und Plan waren sie von vornherein zu einer Kümmerexistenz bestimmt, die schließlich auf die totale Verödung des Landes hinauslaufen würde (12,20[876]; vgl. 15,8).

Beobachtungen zum Kontext: Da 12,1–16 als diasporaorientierte nachträgliche Korrektur des golarorientierten „Beweisgangs“ (vgl. 12,17–20; 14,21–23/15,1–8; 17,20f.; 33,23–29) einzustufen ist, war demnach 12,17–20 ursprünglich als die direkte und konsequente Fortsetzung des golaorientierten Visionsberichtes Ez 8–11* und der darin enthaltenen Aussagen über das Geschick Jerusalems (11,1–13*) und die Zukunft der ersten Gola (11,14–21*[24b.25]) konzipiert, und zwar um hier aus golaorientierter Sicht nun die Situation der Bewohner im Lande, genauer das weitere Unheilsgeschick der im Lande überlebenden Jerusalemer (vgl. 11,15 und 12,19), nach der Katastrophe vorzustellen. Folglich kann man für die der golaorientierten

---

871 Zur Geschichte des Begriffs vgl. E.Würthwein, Der ʿamm haʾarez im Alten Testament, BWANT 69, 1936; ferner A.H.J.Gunneweg, *ʿm hʾrṣ* – A Semantic Revolution, ZAW 95 (1983), 437– 440; s.a. E.Lipinski, ThWAT VI, 190.

872 Vgl. jeweils die Anrede in der 2. pers. masc. plur.

873 Das „und in Furcht“ ist wahrscheinlich aus V.19 nachträglich ergänzt.

874 Vgl. z.B. Joel 4,18; Am 9,13ff.; Mi 4,4; Sach 3,10.

875 Vgl. Ez 14,22f., wo sich die golaorientierte Redaktion damit befaßt, daß unbestreitbar ja auch Jerusalemer nach 587 v.Chr. nach Babylon deportiert worden waren, vgl. die Ausführungen unten z.St.

876 In Ergänzung dazu soll Ez 33,23–29 sicherstellen, daß auch die nach 587 v.Chr. der Katastrophe entronnene Landbevölkerung nach Jahwes Plan schließlich gänzlich aufgerieben und verschwinden wird.

Redaktion vorgegebene ältere Textfolge Ez 12, 21 ff.* als Fortsetzung zu Kap. 5–7 erschließen.

d. 12, 21–28 Die Zuverlässigkeit prophetischer Schauung

Ez 12, 21–28 enthält zwei weitgehend inhaltlich verwandte und parallel formulierte Disputationsworte[877] (12, 21–25 und 12, 26–28), die sich mit Einwänden, Vorbehalten oder Zweifeln gegenüber prophetischer Schauung (*ḥzwn*), bzw. dem prophetischen Wort befassen. Zusätzlich wird das Problem trügerischer Schauung und Weissagung angesprochen (V. 24). Beide werden jeweils durch die Jahwewort-Ergehensformel eingeleitet (12, 21 und 12, 26) und mit der „Jahwe-Spruchformel" abgeschlossen (12, 25 und 12, 28). Daß diese Ausführungen über die Zuverlässigkeit prophetischer Schauung ursprünglich im direkten Anschluß an Ez 7 zu lesen waren, ist bereits vermerkt worden[878]. Im Blick auf die Doppelaussagen stellt sich die Frage, in welcher Textfassung solche Ausführungen hinter der zu postulierenden vorgolaorientierten Textfolge Ez 5–7* und vor 13, 1 ff.*...[879] zu lesen waren, und ferner, in welchem Abhängigkeitsverhältnis beide Aussageeinheiten zueinander stehen, ob 12, 26–28 die vorausgehende voraussetzt oder umgekehrt.

12, 21–25, Das mit V. 21 eingeführte Jahwewort konfrontiert Ezechiel mit 21–25
einem Spruch, in dem die Zuverlässigkeit jeglicher prophetischen Offenbarung in Zweifel gezogen wird, weil immer mehr Zeit vergeht und nichts passiert. Diejenigen, die hier zitiert werden, wissen also von prophetischen Ankündigungen[880], deren Erfüllung sich bereits überaus lange hinauszögert. Der Spruch kursiert „im Land Israel" oder „über das Land Israel"[881]. Bislang ist ungeklärt und auch wohl nicht zu klären, was ursprünglich gemeint war; in der golaorientierten Buchversion kann allerdings aufgrund der direkten Anrede (2. pers. plur. masc.), die ja hier auf die erste Gola zielt, nur ein Spruch gemeint sein, der in deren Reihen „über das Land, das Land betreffend" umlief; für den Hinweis auf einen Spruch aus dem Munde derer im Lande könnte man anstelle der direkten Anrede die 3. pers. plur. masc. erwarten. Daß der zitierte Spruch jetzt auf das „Land Israel" bezogen ist, was aus den Formulierungen für sich genommen keineswegs hervorgeht[882], könnte

[877] Disputationsworte mit einem Zitat als Ausgangspunkt sonst noch in Ez 11, 2 ff.; 11, 15 ff.; 18, 2 ff. (19.25.29); 20, 32 ff.; 33, 17 ff. 24 ff.; 37, 11–14; es handelt sich jeweils um Texteinheiten, in denen eine bestimmte menschliche Redensart oder Sichtweise in einem Jahwewort zurückgewiesen oder korrigiert wird.

[878] S. o. 134 ff.

[879] Das der golaorientierten Redaktion vorgegebene Textgut lag als „Prophetenbuch" konzipiert vor; vgl. dazu oben die Einleitung, III. 4. a.; zu weiteren Einzelheiten Pohlmann, Ezechielstudien, 124 ff.

[880] Mit *ḥzwn/ḥzh* ist jegliche prophetische Offenbarung gemeint, vgl. z. B. Jes 1, 1; 2, 1; 13, 1.

[881] Vgl. oben Anm. 839.

[882] Vgl. so auch die Aufnahme und Korrektur des Zitats in 12, 23 b.

damit zusammenhängen, daß die golaorientierte Redaktion die hier artikulierten Zweifel als die Zweifel der ersten Gola an der Erfüllung der ihnen geltenden Heilszusagen in Ez 11, 14ff.*, konkret der Zusage des „Landes Israel" (vgl. 11, 17!) charakterisiert. Weil die das Zitat zurückweisende Jahwerede der Konzeption des Buches entsprechend immer deutlicher Recht behält, folgt daraus, daß nach der Erfüllung der den Jerusalemern geltenden Unheilsankündigungen (33, 21 f.) die erste Gola entsprechend auch auf das Eintreffen der Heilszusagen (vgl. auch Ez 36, 6ff.) mit aller Zuversicht bauen darf.

Die gleiche Aufgabe, nämlich Zweifel an der Gültigkeit und Zuverlässigkeit des Prophetenwortes etc. zu widerlegen, hatte das Disputationswort bereits im vorgolaorientierten Prophetenbuch im direkten Anschluß an Ez 7*. Auch hier fand der Leser im Fortgang der Lektüre des Buches immer mehr die Anhänger der zitierten These widerlegt; denn Schlag auf Schlag bestätigten sich die Unheilsworte bis zur Aufnahme der Belagerung Jerusalems (24, 1 ff.*).

Abgesehen von den golaorientierten Verweisen („über das Land Israel") dürfte V. 24 ebenfalls nicht ursprünglich sein; es ist ein deutlicher Nachtrag, vermutlich im Vorausblick auf die folgenden Darlegungen in Ez 13 (vgl. 13, 6ff.). Während Jahwe die mit Zitat belegte These von der Unzuverlässigkeit prophetischer Schauung unter Behauptung des Gegenteils schlicht zurückweist, meint der Interpolator von V. 24 hier noch vermerken zu müssen, daß es künftig überhaupt keine „lügnerische Schauung" mehr in Israel geben werde. Hat er die zitierte Äußerung als berechtigte Klage über Falschprophe-
25 tie verstanden? V. 25b wiederholt fast gleichlautend V. 25a; die zusätzliche Klarstellung „in euren Tagen"[883] könnte zusammen mit der Abqualifizierung als „Haus der Widerspenstigkeit" auf der Linie diasporaorientierter Bearbeitungen liegen.

26–28 12, 26–28 greift die These auf, daß sich Ezechiels Schauung wie sein Prophetenwort auf einen noch weit in der Zukunft liegenden Zeitpunkt bezieht (V. 27), und weist sie zurück. Die Zurückweisung erfolgt jedoch nicht unbedingt deswegen, weil ein solches Verständnis generell als unangemessen galt. Prophetische Ankündigungen dieser Art, die sich erst nach einem sehr langen Zeitraum erfüllen, stehen z. B. in 1. Kön 13, 2 und 2. Kön 20, 17–19 vor Augen. Die schriftgelehrte Erläuterung in Ez 38, 17 veranschlagt offensichtlich ebenfalls einen längeren Zeitraum zwischen dem Prophetenwort und seiner Erfüllung. Von einer Schauung die Endzeit betreffend ist in Dan 8, 17 die Rede; nach Dan 8, 26 soll diese Schauung dann geheimgehalten werden, „denn [sie geht] auf viele Tage"[884] (vgl. Ez 12, 26). In Jes 13, 22b wird am Schluß eines gegen Babel gerichteten Jahwewortes, „das Jesaja, der Sohn des Amoz, geschaut hat (*ḥzh*)" (13, 1), zusätzlich zu 13, 6 (Hinweis auf die Nähe des Tages Jahwes) ausdrücklich festgehalten, daß das angesagte Unheil in aller-

---

[883] Vgl. dazu auch oben 179.
[884] Ähnlich Dan 10, 14.

nächster Zeit eintreffen wird und „sich ihre (= Babels) Tage nicht verziehen" werden[885]. Mit all diesem läßt sich belegen, daß die in V. 27 zitierte These an sich nicht ungewöhnlich war. Der Streitpunkt war jedoch offensichtlich, in welchem Fall sie zutraf bzw. anzuwenden war (vgl. auch Jes 13, 22). Wird sie hier zurückgewiesen, so dürfte es dabei nicht lediglich um eine Warnung gegen die „Leichtsinnigen... mit der Parole ‚nach uns die Sintflut'"[886] gehen. Überhaupt muß eine solche Auffassung nicht Ausdruck von Leichtsinn und Oberflächlichkeit gewesen sein; sie beinhaltet ein bestimmtes Vorverständnis gegenüber einem Prophetenbuch.

Wenn „ferne Zeiten" ausgeschlossen werden, bedeutet das für den Hörer als Direktadressaten eines Prophetenwortes eine Warnung; aber für den späteren Leser des Prophetenbuches ist es eher eine Regieanweisung, wie er zu lesen und zu verstehen hat; er muß sich daraufhin jeweils fragen, ob ein einst durch Ezechiel vermitteltes Wort überhaupt noch offen ist für die weitere Zukunft und damit für seine eigene, oder ob Jahwe damals nicht schon längst „getan hat, was er gesagt hat". D.h.: In jedem Fall drängt 12, 26–28 den Leser dazu, die Korrespondenz von Prophetie und Erfüllung (vgl. die Funktion von Ez 24, 1) wahrzunehmen.

Ist nicht auszuschließen, daß mit 12, 26–28, zumindest als Bestandteil des golafavorisierenden Ezechielbuches, vielleicht aber auch schon im vorausgehenden Prophetenbuch, der Leser angehalten wird, die prophetischen Ankündigungen entsprechend als bereits realisiert (Unheil) zu erkennen oder als in der Realisierung begriffen wahrzunehmen (Heil: Rückkehr der Exilierten; Konsolidierung im Lande etc.), so liegt die Frage nahe, ob und inwieweit sich 12, 26–28 dann auch gegenüber solchen Texten wie Ez 38/39 als sperrig erweist, in denen ein „Schritt des... Nachdenkens in das Nächstnächste hinaus getan"[887] wird (vgl. nur Ez 38, 8!). Zu fragen ist ferner, in welcher Weise 12, 26–28 mit den jetzt in Ez 40–48 vorgestellten Zukunftsentwürfen in Einklang stehen kann.

Dem Verfasser unseres Abschnitts geht es darum, die Möglichkeit einer Fehlinterpretation der prophetischen Ankündigungen auszuschließen; ob die von ihm Zitierten deren Gültigkeit und Zuverlässigkeit in Frage stellen, ist nicht der Streitpunkt[888]. Das ist jedoch im vorausgehenden Abschnitt 12, 21–25 der Fall; hier stehen die mit dem Zitat V. 22b belegten Zweifel an der Zuverlässigkeit „jeglicher Schauung" im Mittelpunkt. Da die Auseinandersetzung mit solchen Zweifeln und entsprechende Klarstellungen gegenüber der in 12, 26–28 geführten Diskussion vorrangig erscheint, ist 12, 21–25* als der ältere, im direkten Anschluß an Ez 7* vorgegebene Text einzustufen. Diese

---

885 Die sprachlichen Berührungen mit Ez 12, 27/28 sind auffällig.

886 Vgl. so z. B. Eichrodt, ATD I, 86.

887 Zimmerli, BK XIII, 2, 946.

888 Vgl. dagegen Jes 5, 19; aus dem höhnisch-spöttischen Tonfall der hier Zitierten ist zu entnehmen, daß sie Ankündigungen von Jahwes künftigem Eingreifen für Unsinn halten; vgl. ferner Zef 1, 12 und Jer 17, 15!

Ausführungen zur Gültigkeit und Verläßlichkeit prophetischer Offenbarung nahm der Autor 12, 26–28 zum Anlaß, ein bestimmtes Vorverständnis gegenüber prophetischen Offenbarungen und ihren Verschriftungen zurückzuweisen. Er hielt es offensichtlich gerade im Anschluß an Ez 7* und das darin verhandelte Thema „das Ende kommt" für angebracht, dem Mißverständnis zu wehren, nämlich, daß darin auch auf Ereignisse und Entwicklungen in einem so weiten zeitlichen Abstand von der historischen Situation des jeweiligen Propheten hingewiesen wird, daß spätere Leser dann darin möglichweise auch Aufschluß über ihre eigene Zeit und die ihnen bevorstehende Zukunft erhalten[889]. Hält der Verfasser von 12, 26–28 dagegen, so ist zu erwägen, ob hier nicht geradezu ein deutliches Votum gegen eine eschatologische Interpretation des „Ezechielbuches" beabsichtigt ist. Eine solche Interpretation konnte zumal im Blick auf Ez 7 und das dort verhandelte Thema „das Ende kommt" naheliegen.

Ez 13 Falschprophetie

1 Und es erging das Wort Jahwes an mich folgendermaßen: 2 „Menschensohn, prophezeie gegen[Ap] die Propheten Israels; prophezeie[Ap], und du sollst zu ihnen[Ap] sprechen: Hört das Wort Jahwes: 3 So spricht [der Herr][G-] Jahwe: Wehe denen, die aus ihrem eigenen Herzen heraus prophezeien[890], ohne daß sie etwas gesehen haben. 4 Wie Füchse in Ruinen sind deine Propheten, Israel...[Ap]. 5 Ihr seid nicht in die Bresche[891] gestiegen und habt eine Mauer für das Haus Israel errichtet, standzuhalten im Kampf am Tag Jahwes. **6 Die Trug schauen[Ap] und Lüge wahrsagen[Ap], die da sprechen ‚Spruch Jahwes!' – aber Jahwe hat sie nicht gesandt; und sie warten darauf, das Wort zu bestätigen.** 7 Habt ihr nicht Trugschauung geschaut und lügnerische Wahrsagung gesprochen [und sprecht ‚Spruch Jahwes', und ich habe nicht geredet][G-]? 8 Darum so spricht [der Herr][G-] Jahwe: Weil ihr Trug redet und Lüge schaut, darum, siehe ich will an[Ap] euch, Spruch [des Herrn][G-] Jahwe. 9 Und ich strecke[Ap] meine Hand aus gegen[Ap] die Propheten, die Trug schauen und Lüge wahrsagen. In der Gemeinschaft meines Volkes sollen sie nicht sein, und ins Verzeichnis des Hauses Israel sollen sie nicht eingeschrieben werden, und ins Land/Boden Israels sollen sie nicht hineinkommen. Und ihr werdet erkennen, daß ich [der Herr][G-]Jahwe bin. **10 Darum, weil[892] sie mein Volk**

[889] Vgl. z.B. den Habakuk-Midrasch 1 Q pHab aus Qumran (Textausgabe E. Lohse, Die Texte aus Qumran, München u. Darmstadt 1986^{4}, 226ff.

[890] So mit G; vgl. Ap. BHS.

[891] Vgl. Ap. BHS und Ez 22, 30.

[892] Vgl. Ez 36, 3.

zum Irrtum verführen folgendermaßen: ‚Heil!'; und es gibt kein Heil, – und es (das Volk) baut sich eine Wand, und siehe, sie überstreichen sie mit Tünche – 11 sprich zu den Tünchenstreichern: Gibt[Ap] es einen Sturzregen und fallen Hagelsteine[Ap] und bricht ein Sturmwind hervor[Ap], 12 und siehe, da ist die Mauer eingefallen – wird man dann nicht zu euch sprechen: Wo ist nun der Überstrich, den ihr verstrichen habt? 13 Darum: So spricht [der Herr][G-] Jahwe: Ich lasse einen Sturmwind losbrechen in meinem Grimm, und ein Sturzregen wird in meinem Zorn kommen[893], und Hagelsteine im Grimm zur Vernichtung. 14 Und ich reiße die Wand nieder, die ihr mit Tünche überstrichen habt, und ich werfe sie zur Erde nieder[894], und ihr Fundament wird bloßgelegt. [Und sie stürzt ein, und ihr kommt in ihrer Mitte um.][895] Und ihr werdet erkennen, daß ich Jahwe bin. 15 Und ich werde meinen Grimm voll austoben an der Wand und an denen, die sie mit Tünche überstrichen haben, und man wird[Ap] euch sagen: Wo[Ap] ist die Mauer und wo[Ap] sind die, die sie überstrichen haben, 16 die Propheten Israels, die über Jerusalem prophezeit haben und die, die für sie Schauung des Heils schauten, es gibt aber kein Heil?, Spruch [des Herrn][G-] Jahwes.

17 Und du, Menschensohn, richte dein Angesicht gegen[Ap] die Töchter deines Volkes, die aus ihrem eigenen Herzen heraus prophezeien, und prophezeie gegen sie. 18 Und du sollst sprechen: So spricht [der Herr][G-] **Jahwe: Wehe denen, die Binden zusammennähen für alle Handglenke[Ap] und Hüllen herstellen für Leute[896] jeglichen Wuchses[897], um Menschenleben zu erjagen. Wollt ihr Menschenleben erjagen unter meinem Volk, aber Menschenleben unter euch am Leben erhalten? 19 Und ihr entweiht mich bei meinem Volk mit[898] einigen Händen voll Gerste und einigen Stücken Brot, Menschenleben zu töten, die nicht sterben sollten, und Menschenleben am Leben zu erhalten, die nicht leben sollten, indem ihr[899] mein Volk belügt, die Lüge hören. 20 Darum: So spricht [der Herr][G-] Jahwe: Siehe, ich komme über eure Binden, mit denen[900] ihr Menschenleben erjagt...[Ap], und ich reiße sie weg von euren[901] Armen, und ich lasse die Menschenleben, die ihr erjagt, frei...[Ap]. 21 Und ich zerreiße eure[902] Hüllen, und ich rette mein Volk aus eurer Hand, und sie sollen nicht mehr in eurer Hand zur Beute werden. Und ihr werdet erkennen, daß ich Jahwe bin.** 22 Weil ihr dem Herzen des Gerechten [fälschlich][G-] Schmerz zugefügt habt[Ap] – ich aber ihm keinen Schmerz zufügte –, zu stär-

---

893 Wörtlich: „sein".
894 Wörtlich: „ich lasse sie zur Erde nahen".
895 Diese Bemerkung kann sich wegen des Genuswechsels (3. pers. sing. fem.) nicht auf die „Wand" beziehen; die bildhafte Rede ist hier verlassen und Jerusalem direkt angesprochen.
896 Wörtlich: „für jedes (vgl. Ap. BHS) Haupt".
897 Im Sinne von „jeder Altersstufe".
898 Vgl. dazu die Auslegung.
899 Genuswechsel (vorher 2. pers. plur. fem, hier masc.)!
900 Vgl. Ap. BHS.
901 Das suff.masc. ist nicht auf den Kontext abgestimmt.
902 Vgl. vorletzte Anm.

ken die Hände des Frevlers, so daß er nicht von seinem bösen Wege umkehrt, um sein Leben zu erhalten, 23 darum: Trug sollt ihr nicht schauen und Wahrsagung[903] nicht mehr wahrsagen. Und ich rette mein Volk aus eurer Hand. Und ihr werdet erkennen, daß ich Jahwe bin".

Lit.: F. L. Hossfeld / I. Meyer, Prophet gegen Prophet. Eine Analyse der alttestamentlichen Texte zum Thema: Wahre und falsche Prophetie, BiBe 9, Einsiedeln u. a. 1973; Pohlmann, Ferne Gottes, 78–98.

Hinter der Textabfolge Ez 12,21–28; 13,1–23; 14,1–11 steht deutlich erkennbar ein literarischer Gestaltungswille. Das Thema prophetische „Schauung" aus 12,21–28 wird in 13,1–16 aufgenommen[904], indem hier Israels Propheten das Vergehen von „Trugschauung" vorgehalten wird; Vergehen von Prophetinnen stehen dann in 13,17–23 im Mittelpunkt. 14,1–11 bleibt insofern beim Thema, als hier Ausführungen über die Vorbedingungen einer Prophetenbefragung folgen.

a. 13,1–16 Gegen Israels falsche Propheten

V. 1 deklariert alles Folgende bis zum Ende des Kapitels als eine an Ezechiel gerichtete Jahwerede. V. 2 mit der Aufforderung an ihn, die „Propheten Israels" mit Jahwes Wort zu konfrontieren (V. 2), leitet einen ersten Redeteil (13,3–16) ein.

3–7 V. 3–7 bietet zunächst Anklagen, dann folgen Ankündigungen von Sanktionen (8–16). Die Anklagen setzen ein mit einem mit der Botenformel eingeführten Wehe-Wort über die Propheten, die nach ihren eigenen Vorstellungen prophezeien. V. 4 spricht überraschend in direkter Anrede (2. pers. sing. masc.) Israel auf die Bedeutung seiner Propheten an, wogegen V. 5 direkt an die Propheten gewendet (2. pers. plur. masc.) moniert, daß sie ihren Auftrag nicht erfüllt haben, für Israel schützend in die Bresche zu treten. V. 6 betont, daß ihre Worte Lug und Trug sind, und Jahwe sie nicht gesandt hat (3. pers. plur. masc.). Das wird in Frageform in V. 7 in direkter Anrede der Propheten
8 f. (2. pers. plur. masc.) leicht variiert wiederholt. V. 8 signalisiert mit dem einleitenden „darum", daß die vorgeworfenen Fehlhaltungen nicht ohne Folgen bleiben, und leitet damit zu den Ausführungen über die von Jahwe vorgesehenen Sanktionen über; Jahwe kündigt in direkter Anrede (2. pers. plur. masc.) diesen Propheten an, daß er gegen sie vorgehen wird. V. 9 benennt dann konkrete Sanktionen „von Jahwes Hand". Die Informationen darüber (3. pers. plur. masc.) sind jetzt allerdings nicht an diese Propheten selbst gerichtet;

[903] Nach V. 6. 7. 9. 19 im Sinne von „Lüge".

[904] Vgl. *ḥzh/ḥzwn* in 12,21–28 und in 13,6–9. 16. 23; sonst taucht es im gesamten Ezechielbuch nur in 7,13. 26 und 21,34; 22,28 auf; *r'h* im Sinn von „visionär, prophetisch sehen" außer in Ez 1–2; 8–11 und 40 ff. nur noch in in 13,3.

denn die mit der Jahwe-Erkenntnisformel (2. pers. plur. masc.) am Versende angesprochene Gruppierung kann nicht mit den Propheten identisch sein.

V. 10–12 unterbricht die Ausführungen über die Sanktionen und weist nun 10–12
anders als die Pauschalvorwürfe in V. 3-7 auf konkrete Fehlleistungen der Propheten hin, nämlich, daß sie mit ihrer Heilsbotschaft (V. 10 aβ) das Volk in falscher Sicherheit wiegen. Darauf bezogene Kritik und Bedenken (V. 12 Anrede in 2. pers. plur. masc.) bringt das Bildwort von der Tünche auf der Mauer, die bei entsprechenden Unwettereinwirkungen keinen Bestand haben wird (V. 11-12).

V. 13 kommt mit dem einleitenden „darum“ und der folgenden Botenfor- 13
mel wieder auf von Jahwe geplante Sanktionen zu sprechen; hier will Jahwe selbst in seinem Zorn die zuvor im Bildwort von der getünchten Wand genannten Naturmächte herbeiführen und (V. 14) die Mauer völlig zerstören. Für die direkt angesprochenen (2. pers. plur. masc.) Propheten wird das die Jahweerkenntnis zur Folge haben. V. 15 f. stellt klar, daß sie darüberhinaus auch Jahwes Zorn zu spüren bekommen.

Diese Durchsicht der Textfolgen in Ez 13 läßt zwar einen Leitfaden im übergreifenden Thema „Trugprophetie“ erkennen; zugleich ist jedoch schon wegen des mehrfachen Anredewechsels[905], aber auch im Blick auf die auffälligen Redundanzen, Dubletten (vgl. V. 11. 12 a und 13 f.), Überschüsse/Erweiterungen (vgl. V. 15 f. und V. 12) und Widersprüche (vgl. V. 9 und 15) klar, daß für 13, 1–16 wie für das gesamte Kapitel eine längere und komplizierte Wachstumsgeschichte zu veranschlagen ist. Deren Aufhellung dürfte nur annäherungsweise möglich sein, zumal bei entsprechenden Sondierungsversuchen auch die bisher in den Grundlinien erkannte Gesamtentwicklung des Buches mitzuberücksichtigen und auf Korrespondenzen zu überprüfen ist[906].

13, 1–3 Jahwes „Wehe[907]“ ergeht über die Propheten, die lediglich ihren ei- 1–3
genen Vorstellungen folgen. Entsprechende Vorwürfe finden sich besonders häufig im Jeremiabuch (vgl. Jer 23, 16; ferner 5, 31; 14, 14), aber auch sonst in der prophetischen Literatur (vgl. Mi 3, 5 ff.). Ein solcher Weheruf impliziert, daß diejenigen, deren Verfehlungen zugleich mitangesprochen sind, ein beklagenswertes Geschick erwartet[908]. Die folgenden Ausführungen dazu

---

[905] Vgl. besonders V. 3–7: 3. pers. plur. masc. in V. 3, 2. pers. sing. masc. in V. 4, 2. pers. plur. masc. in V. 5, 3. pers. plur. masc. in V. 6, 2. pers. plur. masc. in V. 7.

[906] Der Ursprungsort des Buches war im Lande (vgl. oben zu Ez 11, 1–13*; ferner zu Ez 24*; zu 37, 11–14* vgl. Pohlmann, Ezechielstudien, 119). Das bestätigen auch die bislang sondierten Erweiterungen zum eigentlichen Prophetenbuch, die im Verlauf der Überlieferungsgeschichte noch vor der grundlegenden Überarbeitung durch die golaorientierte Redaktion vorgenommen worden sein müssen (vgl z. B. zu Ez 14, 1–11*; zu Ez 18 Ezechielstudien, 238 ff.; Ez 13, 1–16* [im Rückgriff auf Ez 22, 28 ff. entstanden?]) und deutlich aus der Sicht des Landes konzipiert sind. Daraus folgt zugleich, daß Versuche, die Wachstumsgeschichte der erkannten Texterweiterungen aufzuhellen, wegen dieser zusätzlichen Zuweisungsmöglichkeit nur selten zu eindeutigen Ergebnissen führen können.

[907] Vgl. sonst noch Ez 34, 2.

[908] Der prophetische Weheruf läßt sich am einleuchtendsten als Übernahme des in der Totenklage beheimateten Klagerufes (z. B. 1. Kön 13, 30 „wehe, mein Bruder!“) erklären; er dient als

sind recht widersprüchlich: Nach V. 9 sollen sie zu denjenigen gehören, denen zuletzt die Heimkehr ins Land Israel versagt bleibt (vgl. Ez 20, 38); während hier die Exilssituation vorausgesetzt ist, also nach der jetzigen „Dramaturgie“ des Buches an Propheten im Umfeld Ezechiels gedacht sein muß, zielen die Aussagen in V. 14. 15 auf Jerusalemer Propheten und ihr Ergehen im
4 Jahr 587 v. Chr. Der an „Israel“ gerichtete Ausruf in V. 4 scheint dagegen mit dem Stichwort „Ruinen“[909] bereits auf die Situation nach der Zerstörung Jerusalems anzusprechen.

5.6 V. 5. 6 Für die ursprüngliche Fortsetzung des Weherufs kommt V. 5 schon wegen des Anredewechsels nicht in Frage; sie dürfte in V. 6 vorliegen[910], in dem der die Propheten betreffende Vorwurf genauer erläutert und ihr Anspruch zurückgewiesen wird[911]. Auf „Trug schauen“ etc. war bereits im voraus in 12, 24 verwiesen worden; die Art der Verknüpfung zwischen 12, 21 ff. und 13, 1 ff. deutet darauf hin, daß das Thema „Falschprophetie“ in der Erstkonzeption des Prophetenbuches in 12, 21 ff. noch nicht berücksichtigt war, hier also eine spätere Ergänzung zu 12, 21 ff. vorliegt[912], allerdings noch vor
7–9 der golaorientierten Redigierung. Da die Verse 7–9 wegen des Anredewechsels sowie der zahlreichen Wiederholungen und zumal der Zielaussage in V. 9 nicht zur Erstfassung dieser Ergänzung gerechnet werden können, sind erst wieder in 13, 10 ff. Anteile des Kernbestandes zu suchen.

10–16 V. 10–16 Diese Anteile sind am ehesten in den Aussagen über die Propheten als „Wandtüncher“ zu sondieren (13, 10–12*); dafür spricht auch, daß diese Abfolge dem engen Nebeneinander der entsprechenden Bild- und Sachaussage des vermutlichen Ausgangstextes Ez 22, 28 (vgl. Klgl 2, 14!) entspricht. In den Darlegungen 13, 11–16 die Erweiterungen vom Kerntext zu unterscheiden, ist äußerst schwierig. V. 10 vergleicht die Irreführung des Volkes durch die unzutreffende Heilsansage mit dem Vorgang des Übertünchens, Verkleisterns. V. 11 bezieht sich auf dieses Bild[913] und erläutert die Nachteile solcher Technik: Unter widrigen Bedingungen kommt heraus, daß Tünche keinen dauerhaften Bestand haben kann. Da das Objekt von Tünche in der Regel Mauerwerk ist, führt V. 12 das Bild von der Unbeständigkeit von Tünche weiter und kommt auf die Folgen für das Mauerwerk zu spre-

---

prophetische Redeform der Feststellung, „daß einem bestimmten menschlichen Verhalten der Keim des Todes bereits innewohnt“ (G. Wanke, ZAW 78, 1966, 218).

[909] Vgl. Ez 33, 23 f. 27.

[910] Weiterhin wie in V. 3 Partizipialstil, 3. pers. plur. masc.; vgl. zum Anschluß von 13, 6 an 13, 3 auch Jer 23, 16 und die Fortführung mit V. 17; ferner Jes 5, 18 f.

[911] Vgl. Jer 14, 14; 23, 16. 17. 21.

[912] Möglicherweise gab Ez 22, 28 (vgl. die z. T. wörtlichen Berührungen) den Anstoß, die Ausführungen in Ez 12, 21 ff. entsprechend zu ergänzen. In seinem Kontext werden die zur Begründung der Katastrophe veranschlagten Verschuldungen in den obersten Führungskreisen des Volkes angesprochen; hier dürfte der Hinweis auf die Fehlhaltungen auch der Propheten im Katalog der Führenden jedenfalls ursprünglicher sein als die grundsätzlichen Ausführungen in 12, 21–13, 16.

[913] Nach Lev 14, 42. 43. 48 (vgl. ferner 1. Chr. 29, 4) geht es um das Be- oder Überstreichen einer Mauer mit Lehm.

chen; die Tüncherei täuscht über den tatsächlichen Zustand hinweg, führt also zu falschen Vorstellungen und Erwartungen. V. 13 f. stimmt z. T. mit V. 11 f. überein, hat aber die Ebene der bildhaften Aussage insofern verlassen, als jetzt Jahwes Wirken als für die widrigen Einwirkungen ausschlaggebend hervorgehoben und zudem dieses Wirken als Zorneswirken erklärt wird[914]. Während V. 14 indirekt, aber unverkennbar auf die Eroberung Jerusalems 587 v. Chr. anspielt, wird in V. 15 nachgetragen, daß natürlich nicht nur die „Mauer“, also Jerusalem, Jahwes Zorn verfällt, sondern auch die „Tüncher“, also die Propheten hier mitbetroffen sein werden; und in V. 16 wird klargestellt, daß hier Jerusalemer Heilsprophetie vor der Katastrophe gemeint ist.

Im Mittelpunkt der Darlegungen (ohne 13, 4. 5. 7. 8 f.) steht in Anknüpfung an 12, 21 ff. die Frage der Zuverlässigkeit prophetischer Verkündigung, und zwar konkret die Frage nach der Bedeutung prophetischer Heilsworte (13, 10[915]). Nach der Art und Weise der Ausführungen und ihrer Verklammerung im Kontext hat man nicht den Eindruck, daß hier „der heiße Atem einer persönlich-unmittelbaren Auseinandersetzung... weht... Hier wird im zusammenfassenden Urteil der Distanz zur Prophetie Israels geredet“[916]. Es geht hier kaum allein darum, eine lediglich der Unheilsverkündigung eines Ezechiel widersprechende Heilsverkündigung[917] als trügerisch zu brandmarken und über die Heilspropheten zur Zeit vor dem Eintritt der Katastrophe 587 v. Chr. zu urteilen. Wie auch im Jeremiabuch aufzeigbar[918] dürfte hier in erster Linie die gerade in exilisch-nachexilischer Zeit strittige Bedeutung der Heilsprophetie das Thema sein[919]. Daß prophetische Heilsverkündigung nicht als generell diskreditiert eingestuft wurde, belegen die Prophetenbücher selbst mit ihren oft umfangreichen Sammlungen von Heilsworten; umstritten war allerdings der rechte Zeitpunkt der Heilsansage bzw. ihrer Geltung[920].

Indem die Propheten in 13, 1–3*. 6. 10 ff.* als diejenigen dargestellt sind, die leichtsinnig oder gar wissentlich den Ernst der Lage überspielen und damit in ihrer Aufgabe als Diagnostiker ihres Gemeinwesens versagen, nämlich dem Volk die Augen zu öffnen und ihm so der Lage angemessene Reaktionen zu ermöglichen, ist zugleich die durchaus allgemeine und überzeitliche Gefahr angesprochen, daß Menschen in verantwortungsvollen Positionen den tatsächlichen Ernst einer Situation durch Schönfärberei verzeichnen und damit das ihnen anvertraute Gemeinwesen zu falschen Zukunftshoffnungen und entsprechenden Fehlhaltungen verführen. Darüber nachzudenken wäre,

[914] Zum „Sturmwind“ Jahwes vgl. besonders Jer 23, 19 [= Jer 30, 23].

[915] Vgl. zur Formulierung „‚Heil!‘; und es gibt kein Heil“ Jer 6, 14 (= 8, 11); ferner Jer 4, 10; 14, 13 f.; 23, 17.

[916] Zimmerli, BK XII, 1, 289.

[917] Vgl. die Schilderung der Auseinandersetzung zwischen Hananja und Jeremia in Jer 28.

[918] Vgl. Pohlmann, Ferne, 95 ff.

[919] Die Auseinandersetzungen mit dem Problem der Prophetie ziehen sich hin bis zum Abschluß der Prophetenbücher (vgl. Sach 13, 1 ff.).

[920] Vgl. dazu Jer 32, 16–25 (Problemstellung) und Jer 32, 42 ff. (Lösung), zu Einzelheiten vgl. Pohlmann, Ferne, 78 ff.

wieso und unter welchen Voraussetzungen Menschen so gut dazu taugen und dazu neigen, schönfärberisch zu täuschen und sich eben auch täuschen zu lassen[921].

4 V. 4 vergleicht Israels Propheten mit „Füchsen/Schakalen in Ruinen"[922] und beabsichtigt damit ohne Zweifel eine Abqualifizierung der Propheten; unklar bleibt allerdings die eigentliche „Spitze" des Vergleichs. Soll damit angezeigt werden: „Wie das Geheule der Schakale an den Ruinen nichts ändern wird, so ändert auch das Gerede der Propheten nichts an der Trümmersituation nach der Katastrophe"? Oder soll man hier an die unterminierende Wühlerei der Füchse denken (vgl. Neh 3, 35), womit dann das Auftreten der Propheten dahingehend charakterisiert wäre, daß sie nicht nur von der Notsituation (Ruinen) profitieren, sondern den Ruin sogar noch vorantreiben?

5 V. 5 bringt ein neues Bild: Wie den Verteidigern einer Stadt wird den Propheten vorgeworfen, daß sie es versäumt haben, in die Bresche zu steigen und die Mauer in Ordnung zu bringen, woraufhin das Haus Israel im Krieg am Jahwetag nicht standhalten kann. Nach Ez 22, 30 f. und Ps 106, 23 bedeutet „in die Bresche treten vor Jahwe", Jahwe von seinem Zorn zum Verderben abzubringen[923]. Das konnte auf doppelte Weise geschehen, einmal durch Fürbitte (so Ps 106, 23 mit Anspielung auf Ex 32, 7–14[924]), zum andern durch Aufdecken der Schuld des Volkes (Klgl 2, 14), durch Mahnen und Warnen.

7–9 V. 7–9 Während der Nachtragsvers 7 a[925] lediglich die Eingangsfeststellungen in V. 6 noch einmal verstärken soll, will der Interpolator von V. 8 f. mit dem hier vermerkten Ausschluß der Falschpropheten von der Rückkehr ins „Land Israel" klarstellen, daß die Worte gegen die Trugprophetie auch auf die fern der Heimat im Exil wirkenden Propheten zielen. Vor Augen stehen hier also falsche Propheten als Glieder der ersten Gola. Anders als in 11, 14–17* wäre hier die erste Gola, weil eben auch in ihren Kreisen Fehlhaltungen feststellbar sind, nicht insgesamt für die Rückkehr ins Land (vgl. 11, 17 f.) vorgesehen. Man steht somit vor der Frage, ob die golaorientierte Redaktion hier selbst die von ihr favorisierte erste Gola als eine, wie das Beispiel der falschen Propheten und Prophetinnen (vgl. auch 13, 17 ff.) zu belegen scheint, durchaus gefährdete Größe charakterisieren will, oder ob im Zusammenhang

---

921 Die Hauptursache könnte damals wie heute der wahnsinnige Anspruch sein, die Wirklichkeit voll erfassen und somit bestimmen zu können. Wo man sich nicht mehr bewußt ist, daß sich das menschliche Wahrnehmungsvermögen lediglich mit Ausschnitten und Teilaspekten der vollen Wirklichkeit begnügen muß, muß man zu völlig falschen Schlüssen über sich selbst, über die Welt und über Gott und damit zu einer kurzsichtigen Daseins- und Erwartungshaltung gelangen.

922 Vgl. zu „Füchsen" (bzw. Schakalen) in Trümmerstätten/Ruinen Jer 9, 10; 10, 22; Klgl 5, 18.

923 Der „Zorn Jahwes" ist besonders in Ez 20 thematisiert.

924 Mose als Fürbitter, vgl. dazu E. Aurelius, Der Fürbitter Israels. Eine Studie zum Mosebild im Alten Testament, CB.OT 27, Lund 1988; zur prophetischen Fürbitte vgl. Am 7, 1–6; in Jer 7, 16; 11, 14; 14, 11; 15, 1 (Verweis auf Mose und Samuel als Fürbitter) wird Jeremia die Möglichkeit der Fürbitte verwehrt (zu diesen Fürbitteverboten vgl. Pohlmann, Ferne, 170 ff.); anders Jer 42, 2 ff.; vgl. ferner Ez 9, 8; 11, 13.

925 V. 7 b fehlt noch in G.

mit den andernorts beobachteten Bestrebungen, die Exklusivstellung der ersten Gola zu nivellieren, erst im nachherein am „Image" der ersten Gola Korrekturen angebracht werden[926].

Da die golaorientierte Redaktion vorgegebene Texte und Textfolgen voraussetzt[927] und eine Reihe solcher Passagen direkt an die Jerusalemer etc. gerichtet war, und da außerdem auch im Rahmen der golaorientierten Konzeption zahlreichen Texte weiterhin diese Ausrichtung belassen ist[928], ist zunächst davon auszugehen, daß die golaorientierte Redaktion Ez 13* als ein gegen die Jerusalemer Propheten gerichtetes Wort (hinter Ez 12, 21 ff.*) vorfand und als solches wie auch andere Worte nun aus der Ferne als von „Ezechiel" ausgesprochen einstufte[929]. Erst eine spätere zwischen der ersten Gola und den Zurückgebliebenen nivellierende Hand hätte dann mit 13, 8 f. (vgl. 20, 38) die Kontextaussagen auf die erste Gola bezogen und hier Fehlhaltungen in ihrem Umkreis belegt gefunden, dabei zugleich berücksichtigt, daß „Ezechiel" die Zukunftsperspektive einer Rückkehr ins Land bereits angesprochen hatte (vgl. Ez 11, 17).

Die in drei Stufen vorgesehenen Strafmaßnahmen (V. 9) Jahwes kappen je- 9
de mögliche Bindung zwischen diesen Propheten und Israel[930]. Der Auschluß aus dem Zirkel „meines Volkes" bedeutet, daß Jahwe sie nicht in den Reihen seines „Bundesvolkes" haben will[931]. Die Eintragung ins „Buch des Hauses Israel"[932] wird deswegen verweigert, weil das Volk selber sie nicht in seinen Reihen haben will, und der Zutritt zum Land Israel wird verwehrt[933], da nicht einmal das Land sie haben will. Während Ez 14, 9 als Strafmaßnahme gegen einen Propheten (vgl. auch 14, 8) die Entfernung bzw. Vertilgung aus Jahwes Volk kennt, muß man die Formulierungen in 13, 9 wohl so verstehen, daß es erst gar nicht zu Aufnahme und Zutritt kommen soll. Hat der zuständige Verfasser bereits das in Ez 20, 37 f. in Aussicht gestellte Verfahren Jahwes im Auge?

---

926 Vgl. ähnlich Jer 29, 20 ff.

927 Vgl. dazu die Überlegungen in Pohlmann, Ezechielstudien 11 f.; 18 ff.; 28 ff. sowie oben 34 ff.

928 Vgl. dazu unten 276, Anm. 415.

929 Vgl. oben zu Ez 8–11 die Ausführungen zum Kontext.

930 Vgl. ähnlich Jer 29, 32.

931 Wird mit dieser gegenüber dem folgenden „Haus Israel" abgehobenen Formulierung „Kreis/Rat/Gemeinschaft meines Volkes" auf eine Art Kerngemeinde der Jahwefrommen verwiesen (vgl. Ps 111, 1)?

932 Auf solche Eintragungen spielt Jer 22, 30 an. Geschlechtsregister werden z. B. in Neh 7, 5 erwähnt; von entsprechenden Einträgen ist in Esr 2, 62 (= Neh 7, 64) die Rede; vgl. ferner Ex 32, 32 f. zur Vorstellung, daß Jahwe selbst ein Buch oder Register führt (= „Buch des Lebens"?, vgl. Jes 4, 3; Ps 69, 29; s. a. Dan 12, 1).

933 Vgl. Ez 20, 38.

b. 13, 17–23 Gegen die Praktiken falscher Prophetinnen

In der mit der erneuten direkten Anrede Ezechiels eingeleiteten zweiten Redeeinheit ergeht an diesen zunächst allgemein der Auftrag, sich als Prophet gegen diejenigen „Töchter" seines Volkes zu wenden, die nach ihren eigenen Vorstellungen prophezeien (vgl. V. 3). Die ausführliche Anklage folgt in einem mit der Botenformel eingeführten Wehe-Wort über Frauen, die mit Hilfe bestimmter Praktiken Menschen in Jahwes Volk Schaden zufügen (V. 18 f.). Nach dem einleitenden „darum" und der folgenden Botenformel informiert V. 20 a über die von Jahwe geplanten Sanktionen (vgl. 13, 8): Jahwe selbst wird die monierten Praktiken unterbinden und für die Aufhebung der Folgen sorgen (V. 20 a). Während bislang die angeklagten Frauen direkt (2. pers. plur. fem.) angesprochen werden, hat V. 20 b männliche Angeklagte vor Augen. Daß Jahwe schließlich sein Volk aus den Händen dieser Frauen rettet (Anrede in 2. pers. plur. fem.), wird sie dann zur Erkenntnis Jahwes führen (V. 21). V. 22 spezifiziert die bisherige Anklage und deckt auf (Anrede 2. pers. plur. fem.), daß die Praktiken der Frauen sich gegen die Gerechten richten, die Frevler dagegen gestärkt und so von ihrer Umkehr abgehalten werden. V. 23 a kann die bislang monierten Praktiken unter „Trugschau" subsumieren und untersagt diese (2. pers. plur. fem.); V. 23 b wiederholt zum Schluß die Kernaussagen von V. 21.

17 V. 17 An die „Prophetinnen"[934] ergeht zunächst der gleiche Vorwurf, wie er in 13, 3 erhoben wurde: Sie weissagen „aus ihrem Herzen heraus". Im Schlußvers ist entsprechend (vgl. 13, 3. 6) von „Trugschau..." die Rede. Insofern ist die Textfolge 13, 17–21 thematisch an 13, 1–16 angebunden. Daß folglich der für die jetzige Fassung von 13, 17–23 zuständige Autor und Interpolator offenbar einen inneren Zusammenhang zwischen den Vergehen der falschen Propheten und den merkwürdigen Praktiken der Frauen gesehen hat, spricht dann dafür, daß er hier weniger mit den Praktiken von „Zauberinnen"[935] als vielmehr mit denen von „Wahrsagerinnen" ins Gericht geht.

18 f. V. 18 f. Was hat man sich unter „Binden[936] zusammennähen für alle Handgelenke" und „Hüllen[937] herstellen für Leute jeglichen Wuchses" vorzustellen? Für wen wird dergleichen angefertigt, für die Frauen selbst (vgl. V. 20) oder ihre Klientel, bzw. Opfer? Inwiefern sind damit „Menschen zu erjagen"[938]? Über Technik, Sinn und Zweck des Hantierens mit „Binden" und „Hüllen"

[934] Daß der sonst auch Frauen zugestandene Titel „Prophetin" *nby'h* (vgl. Miriam, Ex 15, 20; Debora, Ri 4, 4; Jesajas Frau, Jes 8, 3; Hulda, 2. Kön 22, 14; Noadja, Neh 6, 14) hier fehlt und dafür die Umschreibung „Töchter deines Volkes, die... prophezeien" (= *nb'* hitp., wörtlich: „sich als Prophet gebärden", so oft in abwertendem Sinne, vgl. z. B. Jer 23, 13; 29, 26 f.; Sach 13, 4) gewählt ist, ist als ein deutliches Signal der Geringschätzung zu verstehen.

[935] So z. B. Hölscher, Hesekiel, 84 f.; Fohrer, HAT 13, 74 ff.

[936] Das hebr. Wort nur hier und in V. 20.

[937] Das hebr. Wort nur hier und in V. 21.

[938] Mit Verweis auf Spr 6, 26 könnte man darunter einen Ausdruck für die Verführung von Leichtgläubigen verstehen.

lassen sich nur Vermutungen anstellen[939]. Offen ist ferner, worauf der Autor anspielt, wenn er den Einsatz von geringen Mengen Gerstenkörnern und Brotstücken mit einer „Profanierung"/Entweihung Jahwes in Verbindung bringt. Daß die genannten Naturalien die Vergütung der Frauen darstellen, hier also das Gewerbsmäßige ihrer Tätigkeit als besonders anstößig hervorgehoben wird, ist nicht so sicher, wie häufig angenommen wird[940]. Da die auf das hebr. *ḥll* pi. (= entweihen, profanieren) folgende, jeweils mit der Präposition *b* verbundene Angabe in der Regel dasjenige Mittel anzeigt, das die Profanierung bewirkt[941], soll hier der Verweis auf Gerstenkörner und Brotstücke kaum über den „Preis" der Frauen informieren; es handelt sich vielmehr um Andeutungen, in welcher Hinsicht die Frauen in den Augen des Autors den direkten Affront gegenüber Jahwe wagen. Gerstenmehl als Opfergabe spielt nach Num 5, 15 eine wichtige Rolle in einem vom Priester geleiteten Schuldfeststellungsverfahren vor Jahwe. Nach Lev 2, 5 ist Gerstenmehl ein wichtiger Bestandteil des „Anrufopfers": „Die Gottheit soll namentlich an- und herbeigerufen werden..."[942]; ebenso spielt Brot bei Opferhandlungen eine wichtige Rolle (vgl. z. B. nach Lev 7, 12 beim Dankopfer). Man kann daher annehmen, daß die Frauen in vielleicht imitierender Weise Gerste und Brotbrocken verwendeten, sei es, um so Jahwe zu beschwören, sei es als Zugabe zu ihren Gebeten und Anrufungen[943] im Zusammenhang einer Gottesbefragung. Ein solcher Vorgang wird z. B. in 1. Kön 14, 1–18 (Befragung des Propheten Ahia von Silo in einem Krankheitsfall) erwähnt. Hier und auch sonst[944] sind allerdings nicht Frauen, sondern Propheten die Befragten. Daß jedoch auch Frauen in Sachen Gottesbefragung Autoritäten waren, belegt 2. Kön 22, 14 ff. mit der Befragung durch die Prophetin Hulda. Daraufhin ergibt sich für die Einschätzung der Ausführungen in Ez 13, 17 ff.: Die hier vor- 17 ff.
geführten Frauen fühlen sich zuständig für Gottesbefragungen in persönlichen Angelegenheiten; in Krankheitsfällen laufen die Befragungen auf „Leben oder Tod?" hinaus[945]. Ihre Praxis üben sie offensichtlich nicht an legitimen Kultstätten aus; aber es dürfte sich um Jahwebefragungen handeln, da anderenfalls wohl der Vorwurf der Falschprophetie im Namen anderer Götter erhoben worden wäre[946]; und man imitiert auch im offiziellen Kult gängi-

[939] Amulettartige und zauberkräftige Bänder, bzw. über den Kopf gelegte Schleier? Das bisher berücksichtigte religionsgeschichtliche Vergleichsmaterial führt nicht weiter.

[940] So z. B. Hölscher, Hesekiel, 84; Fohrer, HAT 13, 75; Zimmerli, BK XIII, 1, 296; man verweist hier gerne auf 1. Sam 9, 7 f.; 1. Kön 14, 3; 2. Kön 4, 42; 5, 15; 8, 8 ff.; hier wird allerdings an keiner Stelle kritisiert, daß Gaben und Geschenke entrichtet werden.

[941] Beth instrumenti (dazu E. Jenni, Die hebr. Präpositionen. Band 1: Die Präposition Beth, Stuttgart u. a. 1992, 145), so z. B. Ez 20, 39 die Entweihung des heiligen Namens Jahwes „durch eure Gaben"; Ez 28, 18; Jer 16, 18; vgl. aber Jenni, aaO, 152; daß hier Ez 13, 19 unter den Beispielen für Beth pretii eingereiht ist, leuchtet m. E. nicht ein.

[942] E. Gerstenberger, Das 3. Buch Mose. Leviticus, ATD 6, Göttingen 1993, 40.

[943] So Greenberg, AncB, 244.

[944] Vgl. 2. Kön 1, 2; 2. Kön 8, 8 ff.; 2. Kön 20, 1.

[945] Vgl. 1. Kön 14, 3 ff.; 2. Kön 1, 2 ff.; 8, 8 ff.; vgl. auch 2. Kön 20, 1 ff.

[946] Vgl. z. B. Jer 23, 13; 2. Kön 1, 2.

ge Befragungs- und Opferriten[947]. Die von den Frauen angebotenen „Dienste“ müssen eine beachtliche Attraktivität erreicht haben; damit war das von den Propheten bzw. Priestern beanspruchte Privileg der Gottesbefragung und des Bescheids über Leben und Tod[948] gefährdet. Die Ausführungen in Ez 13, 17 ff. zielen deutlich darauf ab, diesen „Konkurrenzbetrieb“ als etwas „schleierhaft“, ja nicht mehr im Rahmen der Jahwegemeinde und schließlich gegen Jahwe selbst gerichtet, kurz: als unrechtmäßig und schädlich, zu kenn-
22 f. zeichnen. Der Autor wertet nicht unbefangen; die Feststellungen in V. 22 f.[949] lassen erkennen, daß ihm solcher Betrieb völlig zuwider ist; ihm scheint überhaupt weniger an einer Prophetie der allgemeinen oder privaten Zukunftsvoraussage zu liegen und mehr daran, daß mit Mahnung und Warnung der Frevler zur Umkehr von seinem Wege gebracht und der Gerechte bewahrt bleiben wird. Auffälligerweise hat der zuständige Autor hauptsächlich Interesse daran, daß diesen Frauen das „Handwerk gelegt wird“; konkrete Sanktionen wie die gegen die männlichen „Kollegen“ in 13, 9. 15 sind offensichtlich nicht vorgesehen; bedrohlich und strafankündigend wirkt allein der Wehe-Ruf in V. 18.

Entstehungszeit und -ort dieser kaum in einem Wurf konzipierten Ausführungen[950] zu bestimmen, ist kaum mehr möglich; 13, 17–23* könnte durchaus bereits seinen Platz im vorgolaorientierten Prophetenbuch gefunden haben, also Versuche beleuchten, ungeregelte Praktiken der Gottesbefragung abzustellen, wie sie nach 587 v. Chr. wegen eines fehlenden geordneten Kultes Konjunktur hatten. Vorstellbar ist aber auch die Abfassung zur Zeit der diasporaorientierten Überarbeitungen.

---

[947] Mit Greenberg (AncB, 244) kann man vermuten, daß auch die „Binden“ und „Hüllen“ den Ausstattungen der Priester vergleichbar dazu eingesetzt wurden, die Klientel zu beindrucken.

[948] Vgl. oben Anm. 945.

[949] 13, 22 b formuliert in enger Anlehnung an Jer 23, 14 aβ.

[950] Vgl. den Anredewechsel.

Ez 14 Jahwebefragung und Götzendienst? – Bewahrung vor dem Gericht?

1 Und es kamen[1] zu mir Männer von den Ältesten Israels. Und sie setzten sich vor mir nieder. 2 Und das Wort Jahwes erging an mich folgendermaßen: 3 „Menschensohn, diese Männer hängen ihren Götzen nach[2], und den Anstoß zu ihrer Verschuldung haben sie vor ihr Angesicht gegeben; lasse ich mich da etwa von ihnen befragen[Ap]? 4 Darum rede mit ihnen, und du sollst zu ihnen sprechen: So spricht [der Herr][G-] Jahwe: Jedermann aus dem Hause Israel, der seinen Götzen nachhängt und den Anstoß zu seiner Verschuldung vor sein Angesicht hinstellt und zum Propheten kommt – ich, Jahwe, werde mich selber[Ap] ihm zu einer Antwort bewegen lassen wegen der Menge seiner Götzen, 5 um das Haus Israel in ihren innersten Absichten zu ertappen[3], die sich von mir weg entfernt haben durch ihre Götzen, sie alle[G-]. 6 Darum sprich zum Haus Israel: So spricht [der Herr][G-] Jahwe: Kehrt um und wendet euch ab von euren Götzen, und von all euren Greueltaten wendet euer Angesicht ab. **7 Fürwahr, jedermann aus dem Hause Israel und von den Fremdlingen, die sich in Israel aufhalten – entzieht er sich meiner und hängt er seinen Götzen nach und stellt er den Anstoß zu seiner Verschuldung vor sich hin und kommt zum Propheten, um mich für sich zu befragen – ich, Jahwe, werde mich selber ihm zu einer Antwort bewegen lassen. 8 Und ich richte mein Angesicht auf diesen Mann und mache ihn[Ap] zum Zeichen und zum Gleichnisspruch[Ap] und rotte ihn aus mitten aus meinem Volk. Und ihr werdet erkennen, daß ich Jahwe bin. 9 Und der Prophet – wenn er sich verführen läßt und ein Wort redet – ich, Jahwe, werde diesen Propheten für verführt erklären[4]; und ich strecke meine Hand aus gegen ihn, und ich vertilge ihn aus der Mitte meines Volkes Israel. 10 Und sie tragen ihre Verschuldung; wie die Verschuldung des Befragenden soll die Verschuldung des Propheten sein, 11 damit das Haus Israel nicht mehr von mir weg in die Irre geht und sie sich nicht mehr verunreinigen mit all ihren Vergehen; und sie sollen mir zum Volk und ich will ihnen zum Gott werden“, Spruch [des Herrn][G-] Jahwes.**

12 Und es erging das Wort Jahwes an mich folgendermaßen: 13 „Menschensohn, wenn ein Land sich an mir versündigt, indem es Treuebruch verübt, dann strecke ich meine Hand aus wider es und zerbreche ihm den Stab des Brotes und lasse Hunger auf es los und rotte aus ihm aus Mensch und Vieh. 14 Und wären diese drei Männer mitten darin: Noah, Daniel und Hiob, würden diese um ihrer Gerechtigkeit willen ihr Leben retten[Ap]“, Spruch [des Herrn][G-] Jahwes.

---

[1] Vgl. Ap. BHS; M liest sing.

[2] Wörtlich: „ließen… in ihr Herz hinaufkommen“.

[3] Wörtlich: „an ihr Herz zu packen“. Die Übersetzung berücksichtigt Num 5, 13, wo *tpś* ni. „ertappt, erwischt werden“ bedeutet; vgl. ähnlich ferner 1 QH IV, 19 (s. u. Anm. 26).

[4] Zum deklarativen Piel vgl. G-K[28], § 52g.

15 „Oder[Ap] ich lasse wilde Tiere durchs Land ziehen, und sie entvölkern es, und es wird zur Wüstung, weil keiner wegen der Tiere hindurchzieht; 16 und[Ap] wären diese drei Männer in seiner Mitte – so wahr ich lebe, Spruch [des Herrn][G-] Jahwes, weder Söhne noch Töchter würden sie retten, sie allein würden gerettet werden, und das Land wird zur Wüstung. 17 Oder ich bringe das Schwert über jenes Land und spreche: Das Schwert soll das Land durchziehen!, und ich rotte aus aus ihm Mensch und Vieh; 18 und wären diese drei Männer in seiner Mitte – so wahr ich lebe, Spruch [des Herrn][G-] Jahwes, sie würden Söhne und Töchter nicht retten, sondern sie allein würden gerettet werden. 19 Oder ich schicke die Pest gegen[Ap] jenes Land und gieße meinen Zorn auf es mit Blut[?], auszurotten aus ihm Mensch und Vieh, 20 und Noah, Daniel und Hiob wären in seiner Mitte – so wahr ich lebe, Spruch [des Herrn][G-] Jahwes, weder Sohn noch Tochter würden sie retten; sie um ihrer Gerechtigkeit willen würden ihr Leben retten".

21 Denn so spricht [der Herr][G-] Jahwe: „Ja, wenn ich meine vier bösen Strafgerichte, Schwert und Hunger und wilde Tiere und Pest gegen Jerusalem schicke, auszurotten daraus Mensch und Vieh, 22 und siehe, darin bleiben Entronnene übrig, die Söhne und Töchter hinausbringen[Ap], siehe, die kommen zu euch heraus, und ihr seht ihren Wandel und ihre Taten. Und ihr tröstet euch über das Unheil, das ich über Jerusalem gebracht habe, über[Ap] all das, was ich über es gebracht habe. 23 Und sie trösten euch, wenn ihr ihren Wandel und ihre Taten seht und ihr erkennt, daß ich nicht umsonst getan habe all das, was ich an ihm (= Jerusalem) getan habe", Spruch [des Herrn][G-] Jahwes.

Lit.: R. Mosis, Ez 14,1–11 – ein Ruf zur Umkehr, BZ 19, 1975, S. 161–194; zu 14,12 ff.: H.-M. Wahl, Noah, Daniel und Hiob in Ezechiel XIV 12–20 (21–3): Anmerkungen zum traditionsgeschichtlichen Hintergrund, VT 42, 1992, 542–553.

a. 14,1–23 Kontext, Inhalt und Aufbau

14,1–11 berühren wie die vorausgehenden Darlegungen (12,21–28; Kap. 13) das Thema Prophetie. Es wird klargestellt, wer unter welchen Voraussetzungen überhaupt eine Prophetenbefragung wagen kann. Diejenigen, die sich wegen ihrer Hinwendung zu den Götzen schuldig gemacht haben, sollen aus dem Jahwevolk (vgl. „mein Volk" in V. 8. 9; ferner V. 11) getilgt werden[5]. Der folgende Abschnitt 14,12–20 steht zum Vorausgehenden insofern in einer durchdachten Verbindung, als hier anders als in 14,1–11 nun nicht die Frage des Umgangs mit einzelnen Schuldfällen, sondern die Möglichkeit einer alles umfassenden Verschuldungssphäre durchgespielt wird. Während nach 14,1–
1–11 11 der Schaden durch Ausgrenzung der jeweils Schuldigen behoben werden

[5] Vgl. 13,9; hier sollen die Angeschuldigten ausgeschlossen sein.

kann[6], und der Bestand des Ganzen dann gewährleistet bleibt, führt 14, 12–
20 vor Augen, daß im Fall einer umfassenden, auf dem Land lastenden 12–20
Schuldsphäre mit der unausweichlichen Folge eines umfassenden Strafhandelns Jahwes nur der wirklich Gerechte, aber auch nur er, sich retten wird, also nicht in die Verschuldungssphäre und das entsprechende Unheilsgeschehen einbezogen wird. Während die in diesen beiden Texteinheiten angesprochenen Fragestellungen unkonkret zeitlos und somit gleichsam theoretisch
abgehandelt werden, konzentrieren sich demgegenüber 14, 21–23 auf eine 21–23
konkrete historische Situation (vgl. V. 21). Im Blickpunkt steht die Katastrophe Jerusalems von 587 v. Chr. und die Frage nach der Bedeutung derer, die diesem Unheil entrinnen (vgl. *plṭh* V. 22). Das Anschlußkapitel 15 über das untaugliche Rebholz, eingeleitet mit der Wortereignisformel und mit der Jahwespruch-Formel am Ende, wirkt wie eine in sich abgerundete, selbständige Einheit. Es ist jedoch mit seinen abschließenden Aussagen deutlich auf 14, 21–23 abgestimmt. Daß die Bemerkung in 15, 8 „und ich gebe das Land zur Wüstung" 14, 21–23 komplettieren soll, erhellt ein Blick auf 33, 21–29; hier wird, nachdem zuvor (33, 21 f.) von dem der Katastrophe von 587 v. Chr. „Entronnenen" (*plyṭ*), bzw. von im Lande Überlebenden die Rede war (33, 27), abschließend mit der gleichen Formulierung wie in 15, 8 (*wntty 't h'rṣ šmmh*) die völlige Verwüstung des Landes (33, 28 f.) angekündigt. Analog fungiert 15, 8: Es handelt sich um das Abschlußfazit, das nach 14, 21–23 und dem Gleichnis vom Rebholz festhält, daß Juda nach der Katastrophe von 587 v. Chr. trotz einiger zunächst Entronnener schließlich völlig verwüstet war. Es ergibt sich somit, daß 15, 8 in enger Verbindung zu 14, 21–23 zu sehen ist.

b. 14, 1–11 Jahwebefragung nur bei Abkehr vom Götzendienst

Ez 14, 1–11 hebt darauf ab, daß die, die sich verschuldet haben (vgl. V. 4 f. 7), „aus der Mitte des Jahwevolkes" getilgt werden sollen (vgl. V. 8. 9), um auf diese Weise das Haus „Israel" vor Verunreinigung und damit in seinem rechten Verhältnis zu Jahwe zu bewahren (vgl. V. 11). Das Aussagegefälle zielt hier also nicht lediglich auf eine Klarstellung, unter welchen Voraussetzungen in der Situation der ersten Gola eine Befragung Jahwes durch Vermittlung Ezechiels in Ordnung geht, wie es nach den einleitenden Versen den Anschein hat. Auch taucht an keiner Stelle ein Indiz in der Richtung auf, daß hier im Vorausblick oder Rückblick die Katastrophe von 587 v. Chr. als ein umfassendes, das Ganze bedrohendes Gerichtshandeln Jahwes mitbedacht[7] ist. Hier wird ein Grundsatzproblem verhandelt. Dafür spricht auch die hier verwendete lehrhaft definierende Form sakraler Rechtssätze, die, ob-

[6] Vgl. V. 8. 9.

[7] Auch Zimmerli vermerkt „das völlige Außerachtlassen der konkreten Lage Jerusalems" (Ezechiel, BK XIII, 1, 308).

wohl auch in Ez 14, 12–20 und Texten wie Ez 3, 17–21; Kap. 18; 22, 1–6; 33, 1–20[8] prägend, im Rahmen eines Prophetenbuches auffällig ist.

Schon die zahlreichen Wiederholungen in 14, 1–11 (vgl. V. 3 mit V. 4 und V. 7) sind ein Indiz dafür, daß die vorliegende Einheit nicht aus einem Guß ist, und daß der ursprüngliche Kern der Rechtsunterweisung wohl lediglich die Verse 7–11* umfaßte. Dazu kommt, daß die Formulierung „jeder vom Haus Israel und von den Fremdlingen, die als Fremdlinge im Haus Israel weilen“ (V. 7) kaum mit der jetzt das ganze Buch prägenden Vorstellung von der exilischen Wirksamkeit Ezechiels in Einklang zu bringen ist; sie zwingt zu der Folgerung, daß in Ez 14, 1–11* aus der Sicht des Landes formuliert ist und hier demnach Bestandteile einer älteren Fassung eines „Ezechielbuches“ erhalten geblieben sind, nach der der Prophet im Lande wirkt[9].

1–3 V. 1–3 Während man sich den Propheten in Ez 12 „vor den Augen“ seiner Exilsgemeinde agierend vorstellen soll, dagegen in Ez 13 unklar bleibt, bei welcher Gelegenheit unter welchen Umständen er seine Redeaufträge ausgeführt hat, unterrichtet hier V. 1 den Leser über eine Zusammenkunft einiger der „Ältesten Israels“[10] als Repräsentanten der ersten Gola vor dem Propheten. V. 3 als Jahwewort begründet mit dem Vorwurf „Götzenverehrung“[11], warum sie mit ihrem Anliegen, Jahwe für sie befragen zu lassen[12], nicht zum Zuge kommen werden, und bewirkt damit die Abqualifizierung der ersten Gola. Daß sie hier auf der gleichen Stufe wie die zurückgebliebenen Jerusalemer[13] stehen[14], geht auf die Rechnung diasporaorientierter Theologie, die, wie auch sonst schon zu beobachten war[15], den Exklusivanspruch der ersten Gola als das bessere bzw. eigentliche „Israel“ abzuweisen sucht[16], um so die Sperre gegen die von ihr propagierte Einbeziehung der Diaspora in Jahwes Heilswillen aufzuheben.

4 ff. V. 4 entspricht fast durchweg V. 7 und soll jetzt als Wort des Propheten an die Ältesten gelesen werden; aus der Anknüpfung an die Eingangsverse folgt, daß V. 4 nicht zum ältesten Kern zu rechnen ist. Das gilt auch für V. 5. 6; sie setzen Anspielungen auf das Thema „Götzen“ voraus. Außerdem scheint der Verfasser von V. 6 anders als die folgenden Verse nicht an Verschuldungen in

---

[8] Allerdings kann von einer in diesen Texten greifbaren durchgängig einheitlichen Schicht keine Rede sein (vgl. z. B. oben die Ausführungen zu Ez 3, 17–21).

[9] Das Problem, daß hier ein Text vorliegt, der nicht aus dem Munde des Exilspropheten stammen kann, weil darin konkrete Verhältnisse im Lande angesprochen sind, will Zimmerli damit aus der Welt schaffen, daß er V. 7 „als eine prophetische Sekundärverwendung einer vorgegebenen nichtprophetischen Redeform“ einstuft (Ezechiel, BK XIII, 1, 306).

[10] Vgl. Ez 20, 1; in Ez 8, 1 „Älteste Judas“.

[11] Vgl. weiter unten zu V. 4. 7.

[12] Vgl. z. B. 1. Sam 9, 9; 1. Kön 14, 5; 22, 5. 8; 2. Kön 22, 13. 18; Ez 20, 3. 31.

[13] Vgl. Ez 8, 10; die nach der Katastrophe von 587 v. Chr. im Lande Übriggebliebenen gelten nach Ez 33, 25 ebenfalls als „Götzenverehrer“, die deswegen aus golaorientierter Sicht dem endgültigen Untergang nicht entrinnen werden.

[14] Dagegen differenziert 14, 21–23 wieder deutlich zwischen beiden Gruppierungen.

[15] Vgl. z. B. oben zu 3, 16 ff.; 12, 15 f.; ferner ausführlich die Einleitung, 31 ff.

[16] Vgl. besonders eindrücklich Ez 20 (s. V. 1. 31).

Einzelfällen zu denken, sondern von der Schuld des ganzen Volkes auszugehen. Die entsprechende Umkehraufforderung wirkt deswegen überzogen, weil anschließend (V. 7 ff.) der Ton darauf liegt, daß Jahwe in bestimmten Schuldfällen die betreffenden Schuldigen „aus seinem Volk“ ausrotten wird, also klargestellt ist, daß die Gesamtgröße nicht für solche Verschuldungen mithaftet und deswegen auch keine übergreifenden Sanktionen folgen. Der hier (V. 7 ff.) zuständige Autor geht davon aus, daß Jahwe den Bestand des Volkes generell garantiert, und daß das Beziehungsgefüge Jahwe – Israel[17] grundsätzlich nicht in Frage gestellt ist, sondern intakt gehalten werden kann[18].

In V. 7 ff. könnte älteres Textgut erhalten sein; vermutlich schlossen die 7 ff.
hier im sakralrechtlichen Formulierungsstil[19] gehaltenen grundsätzlichen Ausführungen direkt an Ez 13Ende an, indem sie nach der Wortereignisformel und der Anrede direkt zur Sache kamen[20] und darlegten, daß ein jeder innerhalb des Jahwevolkes einschließlich der „Fremden“[21] seinen Mitgliederstatus verspielt (vgl. V. 8 f.), der sich von Jahwe ab- und illegitimen Kulten zuwendet. Was man sich unter den „Götzen“ vorzustellen hat, bleibt unklar[22]; möglicherweise deutet die Formulierung „den Götzen nachhängen“[23] an, daß hier nicht der eindeutig verwerfliche Sachverhalt „Fremdgötterverehrung“ vor Augen steht[24], sondern eine vom offiziellen „orthodoxen“ Jahweglauben abweichende „Frömmigkeit“, deren Jahweverständnis die Beteiligung an anderen Kulten bzw. unorthodoxen Kultpraktiken nicht ausschloß. Vielleicht ist der Formulierung sogar zu entnehmen, daß an eine in gedankliche Verirrungen abweichende Frömmigkeit gedacht ist[25]. Der für 14, 7ff* zuständige Verfasser reagiert hier offensichtlich auf in seinen Augen die Einheit und Reinheit des Jahweglaubens gefährdende Tendenzen und zieht eine klare Trennungslinie. Wie eine Illustrierung oder Interpretation zu seinen Ausführungen liest sich die Beschreibung einer ähnlichen, wenn auch wesentlich späteren Frontstellung zwischen der Gemeinde von Qumran und ihren Gegnern in 1 QH[26] IV, 5 ff. Hier kann den Gegnern des Beters zwar nicht abgespro-

---

[17] Vgl. „mein Volk“ in V. 8. 9.

[18] Der einzelne Schuldige ist „dem intakten Volksganzen entgegengesetzt“ (Mosis, Ez 14, 1–11, 179).

[19] Bereits Hölscher (Hesekiel, 87) verweist auf „Berührungen mit dem Heiligkeitsgesetze“: vgl. besonders Lev 17; 20; 26 (jeweils passim).

[20] Vgl. so Ez 14, 12. 13, ferner z. B. Ez 7, 1 f.; 11, 14 f.; 12, 1 f.; 13, 1 f.; 15, 1 f.; 33, 23 f.; 36, 16 f. u. ö.

[21] G = „Proselyten“.

[22] Vgl. oben zu 6, 4.

[23] Wörtlich: „... ins Herz hinaufkommen lassen“; vgl. ähnlich Ez 11, 5; 20, 32; Jes 65, 17.

[24] Vgl. dazu Dtn 29, 16–20.

[25] Vgl. ähnlich Greenberg, AncB, 248 f.

[26] Die sog. „Hodajot“ (= Preislieder) gelten als Hauptdokument der spirituellen Frömmigkeit der Essener; sie sind in der zweiten Hälfte des 2. Jh. v. Chr. verfaßt worden; vgl. H. Stegemann, Die Essener, Qumran, Johannes der Täufer und Jesus, Freiburg u. a. 1994[4], 151 f.; zu Text und Übersetzung vgl. Qumran, 124 ff.

chen werden, daß sie sich als Verehrer Gottes verstehen; aber es wird ihnen vorgeworfen (14), daß sie ihn „mit geteiltem Herzen suchen", daß sie „nicht fest sind in s[d]einer Wahrheit". (15) „... und sie suchen dich bei den Götzen [*wydršwkh bglwlym*]: und den Anstoß zu ihrer Verschuldung stellen sie vor sich hin [*wmkšwl ʿwwnm śmw lngd pnyhm*; vgl. Ez 14, 3. 4. 7!] und kommen, (16) um dich zu suchen aus dem Mund von Lügenpropheten [*ldwrškh mpy nby'y kzb*], die durch Irrtum verführt [*mpwty tʿwt*; vgl. die Wurzel *pth* Ez 14, 9]... (18)... doch du, o Gott, wirst ihnen antworten [*tʿnh lhm*; vgl. Ez 14, 4b. 7Ende], indem du sie richtest (19)... [entsprechend] ihren Götzen [*kglwlyhm*]... damit sie gefangen werden [*lmʿn ytpśw*; vgl. Ez 14, 5] in ihren Plänen, weil sie abgewichen sind [*nzwrw*; vgl. Ez 14, 5] von deinem Bund...". Diese Ausführungen sind zweifellos in Kenntnis von Ez 14, 1 ff. formuliert worden[27].

Der Verfasser von Ez 14, 7ff* will für abtrünnige Kreise die offensichtlich gern in Anspruch genommene Möglichkeit der Propheten- bzw. Jahwebefragung ausschließen; entsprechende Versuche würden Jahwes direkte „Antwort" und die Vernichtung und Entfernung „aus der Mitte seines Volkes" zur Folge haben. Die gleiche Sanktion riskiert ein Prophet, der sich von solchen Leuten zu einer Jahwebefragung verführen läßt[28]. Ist hier jeweils an ein entsprechendes von Jahwe bewirktes Geschick[29] oder an solche Maßnahmen der Kultgemeinschaft wie „Exkommunizierung", Bann oder gar die Todesstrafe gedacht? Nach Lev 20, 2 ff. soll die Kultgemeinde selbst die Todesstrafe vollziehen; falls sie das nicht tut, schreitet in jedem Fall Jahwe selbst zur Exekution des Schuldigen (Lev 20, 4 f.).

Da die lehrhaft unterweisenden Rechtsätze in V. 7–11 auch über Sanktionen informieren, ist ihre warnende Funktion nicht zu übersehen. Am jetzigen Ort im Prophetenbuch wird ihr Warncharakter noch verstärkt, weil nun allen Lesern oder Hörern klar ist, worauf nach der Katastrophe von 587 v. Chr. jede Generation zu achten hat, um sich künftig das gleiche Schicksal zu ersparen. Zum andern ist mit 14, 7–11 im vorgolaorientierten Prophetenbuch sichergestellt, daß die von der Katastrophe 587 v. Chr. Betroffenen auch über diese feinere Art der Untreue Jahwe gegenüber informiert waren und dazu rechtzeitig „Rechtsbelehrung" erhalten hatten. Daß zusätzlich zum sonst üblichen Schuldvorwurf im sozialen Bereich und ferner zum Vorwurf offenen Abfalls zu fremden Göttern als weitere Schuldkategorie die Sünde im Kopf eingeführt wird, nämlich das Erwägen, das gedankliche Durchspielen, das Ausprobieren anderer Orientierungsgrößen neben Jahwe, dürfte außerdem

---

[27] Vgl. ferner die sog. „Gemeinschaftsordnung" (s. Qumran, 6 ff.; dazu Stegemann, Essener [s. o. Anm. 26], 152 ff.) 1QS II, 11 „... Verflucht sei der, der mit den Götzen seines Herzens [*bglwly lbw*] übertritt [vgl. Dtn 29, 17–20], (12) ... und den Anstoß seiner Sünde vor sich hinstellt [*wmkšwl ʿwwnw yśym lpnyw*; vgl. Ez 14, 3. 4. 7]..."; s. a. 1QS II, 17.

[28] Die häufig vertretene These (vgl. z. B. Fohrer, HAT, 77, Eichrodt, ATD I, 105 f. und Zimmerli, BK XIII, 1, 312), daß in V. 9 letztlich an eine „Verführung" durch Jahwe gedacht wäre, hat Mosis (Ez 14, 1–11, vgl. 165 ff.) eindeutig widerlegt.

[29] Vgl. zur Illustration Jer 29, 21 f. über die Falschpropheten im Kreis der Gola.

mit Bemühungen zusammenhängen, so besser die Katastrophe von 587 v. Chr. als ein dem Verschuldungsstand angemessenes Totalgericht Jahwes theologisch zu vertreten.

An den sonst für ein Prophetenbuch, seine Entstehung und Fortschreibung charakteristischen Ausführungen und Nachweisen zu einem die Geschichte Israels wie die Weltgeschichte steuernden Ordnungswirken Jahwes ist der Verfasser offensichtlich nicht interessiert. Sein Hauptanliegen ist die Reinheit des Jahweglaubens; er sieht sie in Gefahr und erkennt darin die Gefährdung der Einheit des Jahwevolkes. Diese Einheit gilt es zu wahren, indem alles unterbunden und ausgeschieden wird, was das Band der Einheit, den einigenden Jahweglauben, schwächt, korrodiert. Durch Abstoßen der „unreinen" Elemente kann die Reinheit und damit der Bestand der Eigenwelt bewahrt werden.

Aus V. 7, der aus der Sicht des Landes formuliert ist, und V. 11, in dem abschließend festgehalten ist, daß es bei alledem darum geht, erneutes (vgl. „nicht mehr") Abirren von Jahwe und Verunreinigung zu verhindern, ist zu folgern, daß der ursprüngliche Aussagekern von 14,1–11, der sich ähnlich wie Ez 13,17–21* um eindeutige Kriterien eines „orthodoxen" Jahweglaubens bemüht und Fehlentwicklungen und damit dem Auseinanderfallen des Jahwevolks entgegenzusteuern sucht[30], in einem gewissen Abstand zur Katastrophe von 587 v. Chr. in Juda abgefaßt worden ist. Vermuten darf man weiterhin, daß diese sakralrechtlich geprägten Texte nicht erst und speziell für die Verankerung im Prophetenbuch konzipiert wurden; mittels ihrer Verklammerung im Prophetenbuch im auf die Katastrophe vorausweisenden Buchteil konnte allerdings eindrücklich belegt werden, wie wichtig es für die eigene Gegenwart war, sich an dieses Regelwerk zu halten, so doch anderenfalls die Nichteinhaltung, wie ja schon einmal geschehen, wieder zur Verunreinigung des ganzen Volkes und daraufhin in eine erneute Katastrophe führen würde.

c. 14,12–20 Nur die Gerechten entgehen dem Gericht

In Ez 14,12ff. hat sich die Blickrichtung verschoben. Hier geht es nicht wie zuvor in 14,1–11 um die Frage, wie eine intakte Gemeinschaft mit den Verschuldungen einzelner verfahren muß; hier wird der Fall angenommen, daß ein Land total von Jahwe abgefallen ist. Nachdem klargestellt ist, daß Jahwe daraufhin mit umfassender Vernichtung reagieren wird, wird festgehalten, daß allerdings der mit einem Noah, Daniel und Hiob vergleichbare, also durch entsprechende Gerechtigkeit ausgewiesene Fromme sein Leben retten wird. Den Verfasser bewegt offensichtlich die Frage, inwiefern Jahwes Totalgerichte und seine Gerechtigkeit miteinander in Einklang stehen können,

---

[30] Oder muß es heißen: „damit die Einheit und den Zusammenhalt des Jahwevolkes neu zu konstituieren sucht"?

bzw. ob und wie Gerechte und Fromme trotz der Totalität eines Strafgerichts wie der einer Hungerkatastrophe eine Chance haben[31].

Nimmt man 14, 21–23 als direkte Weiterführung von 14, 12–20 hinzu, so läuft diese Textfolge jetzt insgesamt darauf hinaus, daß die Jerusalemer, die nach 597 v. Chr. zurückgeblieben waren, zu Recht allesamt und ausnahmslos das Geschick der von Jahwe vorgesehenen totalen Ausrottung[32] verdienen. Daß der Katastrophe 587 v. Chr. einige entrinnen werden[33], steht dazu nicht im Widerspruch; denn 14, 21–23 stellt zugleich klar, daß diese als Entronnene deswegen noch nicht gerecht sind, schon gar nicht wie ein Noah, Daniel oder Hiob. Sie entkommen nicht um ihrer selbst willen, sondern zu dem Zweck, eben gerade im Blick auf ihren „Wandel und ihre Taten" (V. 22/23) der ersten Gola in Babel als Beweis zu dienen, daß das Totalgericht (14, 21 b) Jahwes an Jerusalem berechtigt war. Ein solcher Sonderfall von „Errettung" ist jedoch zuvor in 14, 12–20 nirgends vorgesehen.

Deutlich ist, daß der für 14, 21–23 zuständige Autor den Spezialfall der Katastrophe Jerusalems 587 v. Chr. in seiner Bewertung auf die grundsätzlichen Feststellungen in 14, 12 ff. abzustimmen sucht[34]. Das war in seinen Augen deswegen erforderlich, weil er die Gefahr sah, daß die in 14, 12–14(15–20) vorgestellte Auffassung zu falschen Schlußfolgerungen über das Endergebnis der Katastrophe verleitete. Denn aus den Darlegungen in 14, 12–20 konnte ja auch geschlossen werden, daß die, die ihr Leben aus der Katastrophe von 587 v. Chr. hatten retten können, als Gerechte und somit zu Recht dem Gericht entgangen waren; das bedeutete jedoch eine äußerste Infragestellung der Überzeugungen der golaorientierten Redaktion, der es ja gerade um den Nachweis ging, daß die nach 597 v. Chr. in Jerusalem und im Land Verbliebenen restlos verdorben und als solche als *massa perditionis* anzusehen waren.

12–14 V. 12–14 arbeitet zunächst lediglich heraus, daß ein von Jahwe initiiertes Strafgericht an einem Land, das sich an Jahwe „versündigt" hat, nicht die wirklich Gerechten in das Unheilsgeschehen miteinbezieht. Worin die Schuld konkret bestehen kann, wird nicht gesagt[35]. Der Verweis auf die „Treulosigkeit" eines Fremdlandes Jahwe gegenüber erinnert an Jer 18, 7–10, wo in V. 10 sogar der Vorwurf ergehen kann, daß ein Fremdvolk „nicht auf meine [Jahwes] Stimme hören" will. Daß Jahwe „Mensch und Vieh ausrotten"[36] wird, umschreibt die alles umfassende Auswirkung der von ihm eingesetzten Unheilsmacht[37]. Damit vermeidet der Verfasser wahrscheinlich bewußt die in

[31] Vgl. in Ez 9 die Bemühungen, Maßnahmen vorstellbar zu machen, die im Rahmen eines Totalgerichts möglichwerweise Unschuldige bewahren.

[32] Vgl. *whkrty* in 14, 13. 17; *lhkryt* in 14, 19; entsprechend V. 21.

[33] *plṭh* in V. 22, vgl. auch Ez 6, 8.

[34] Vgl. dazu unten zu 14, 21–23.

[35] In Ex 9, 34 besteht die „Versündigung" des ägyptischen Pharao in seinem Ungehorsam.

[36] Diese Wendung taucht sonst außer Ez 14, 13. 17. 19. 21 noch in den Unheilsworten für die Edomiter Ez 25, 13 und die Ägypter 29, 8 auf.

[37] Zum „Zerbrechen des Brotstabs" vgl. oben zu Ez 4, 16 f.

Ez 21, 8. 9 so anstößige Redeweise von einem gleichermaßen die „Gerechten und Frevler" treffenden Vernichtungshandeln Jahwes. Da es ihm im folgenden speziell auch um den Nachweis geht, daß Jahwe trotz des Totalgerichtes auf die tatsächlich Gerechten Rücksicht nimmt, ist es durchaus denkbar, daß Ez 14, 12–14 auch als klarstellende Korrektur zu Ez 21, 8 f. gedacht ist[38].

14, 12–13 reflektiert also die Möglichkeit durch, daß ein von Jahwe eingeleitetes Gerichtshandeln neben der *massa perditionis* ja auch noch einige Gerechte treffen könnte. Indem konstatiert wird, daß die wirklich Gerechten ihr Leben retten (vgl. 14, 14), wird dem Leser signalisiert, daß auch eine umfassende Katastrophe noch innerhalb der Gerechtigkeitsordnung Jahwes zu verstehen ist: Gibt es Gerettete, so handelt es sich um wirklich Gerechte; gibt es sie nicht, so waren eben alle verdorben.

Die drei genannten Gerechten, Noah, Daniel und Hiob, die ihr Leben retten würden, sind offensichtlich schon allseits bekannte Größen. Jedenfalls spricht für eine weite Verbreitung und einen großen Bekanntheitsgrad der entsprechenden Erzählstoffe[39], daß auf Zusatzinformationen verzichtet werden konnte. Ob diese Erzählstoffe bereits in den uns überlieferten Verschriftungen[40] fixiert umliefen, kann hier offen bleiben. Daß es Vorstufen gegeben hat, ist keine Frage. Im Falle Daniels rechnet man mit einer allmählichen Entstehung der Einzelerzählungen im ausgehenden 6. und laufenden 5. Jh. v. Chr.[41]; auch hier sind Vorstufen, also weiter zurückreichende, wenn auch nicht mehr im einzelnen sondierbare Danieltraditionen und -stoffe zu veranschlagen[42]. Daß gerade auf Noah, Daniel und Hiob und nicht z. B. auf Samuel und Mose wie in Jer 15, 1 oder auch Abraham etc. als exemplarische Gerechte verwiesen wird, mag damit zusammenhängen, daß es dem Autor hier um einen „Grundsatz göttlicher Vergeltung [geht], der nicht nur für Israel, sondern für jedes straffällig gewordene Volk Gültigkeit besitzt"[43], woraufhin der Verweis auf den Noah der Urgeschichte, den sich im fremden Lande bewährenden Daniel und den wohl als Aramäer[44] vorgestellten Hiob am nächsten lag.

Ez 14, 15–20 zieht die Linien weiter aus und wirft die Zusatzfrage auf, inwieweit die Gerechtigkeit der Gerechten Auswirkungen auf die engsten Ver- 15–20

[38] Möglichweise waren 14, 12–14 ursprünglich auch für den näheren Kontext zu 21, 8 f. konzipiert und entsprechend verankert; daß im Verlauf der Redaktionsgeschichte des Buches ältere Textfolgen neu arrangiert worden sind, ergeben Sondierungen zum ursprünglichen Kontext von 11, 1–13* (s. o. 162 f.) und 15, 1–4 (vgl. dazu Pohlmann, Ezechielstudien, 55 [Anm. 49]. 126 f. 173 f. sowie unten zu Ez 15).

[39] Zur Diskussion und zu weiteren Einzelheiten vgl. Wahl, 542 ff.

[40] Zu Noah vgl. Gen 5, 29–10, 32; zu Daniel vgl. Dan 1, 6–12, 9; zu Hiob vgl. im Hiobbuch besonders die Rahmenerzählung Kap. 1 f.; 42, 7–17.

[41] Vgl. R. G. Kratz, Translatio Imperii. Untersuchungen zu den aramäischen Danielerzählungen und ihrem theologiegeschichtlichen Umfeld, WMANT 63, Neukirchen 1991, 146.

[42] Zu Vermutungen über die lange und verwickelte Vorgeschichte der Danielgestalt vgl. Kratz, aaO., 133 f.

[43] So Eichrodt, ATD I, 108.

[44] Vgl. Kaiser, Grundriß, Bd. 3, 81.

wandten bzw. die Folgegeneration hat[45], und bleibt dabei, daß jeweils nur der Gerechte selbst dem Gericht entgeht[46]. Die Wendung „das (sein) Leben retten" erinnert an die Zusage „das Leben zur Beute" zu erhalten/haben, die in Jer (38, 2) 39, 18; 45, 5 an Jeremias Retter Ebed Melech sowie Jeremias Vertrauten Baruch ben Nerija ergeht; nach Jer 45, 1–5 wird man unter dieser Zusage nicht mehr als – aber immerhin – die Bewahrung des nackten Lebens verstehen.

Zugleich sollen offensichtlich alle wesentlichen, totales Verderben verursachenden Unheilsmächte berücksichtigt[47] und so für jeden Fall sichergestellt werden, daß für die jeweils Schuldigen niemals ein Entkommen möglich sein wird[48]. Daß „hier von einer weltweiten Weise göttlicher Gerechtigkeit" geredet ist, mag auch auf eine „Kampffront gegen alle eingebildeten Sicherheiten Israels, das sich auf die Verdienste seiner großen Frommen verlassen möchte"[49], hinweisen; zugleich sollen diese Ausführungen Jahwes seit je weltweit beanspruchte Interessen- und Einflußsphäre in den Blick rücken und sodann klarstellen, daß eben auch fremden Völker ein nicht willkürliches, sondern „faires", die „Gerechten" berücksichtigendes Gerichtshandeln Jahwes zusteht[50]. Darf man aus den Darlegungen in 14, 12–20 sowie der sonst nur noch in den Völkerorakeln in Ez 25, 13 und 29, 8 verwendeten Formulierung „Menschen und Vieh ausrotten" schließen, daß im Stadium der Konzipierung von 14, 12–14[15–20] und Verklammerung dieses Abschnitts auch bereits Fremdvölkerorakel Bestandteile des Prophetenbuches waren?

d. 14, 21–23 Die Rolle von Überlebenden nach Jerusalems Untergang

Wie bereits vermerkt, korrigiert der für Ez 14, 21–23 zuständige Autor die grundsätzlichen Feststellungen in 14, 12ff. im Blick auf den Spezialfall der Katastrophe Jerusalems 587 v. Chr. Er blickt ganz deutlich schon auf diese Katastrophe zurück; denn er weiß von Jerusalemern, die übrig geblieben sind und ebenfalls in die Verbannung (die erste Gola ist in V. 22 direkt angesprochen) mußten. Hier liegt also eine Aussage *ex eventu* vor, und zwar (vgl. V. 22) aus golaorientierter Sicht. Daß die Katastrophe von 587 v. Chr. keineswegs den völligen Untergang aller Jerusalemer zur Folge gehabt hatte[51], daß

---

[45] Vgl. zu dieser Fragestellung besonders Ez 18.

[46] Ob für 14, 15–20 wegen der verfeinerten Problemstellung möglicherweise ein anderer Verfasser zuständig ist als der, der 14, 12–14 formuliert hat, kann hier offen bleiben. Möglicherweise sind in 14, 15–20 einige Akzente erst nachträglich von 14, 21–23; 15, 1–8 her angebracht worden (vgl. besonders *šmmh* in 14, 15f. und 15, 8.).

[47] Zur Aufreihung der Unheilsmächte und Variationen vgl. oben 96 zu Ez 5, 1f.

[48] Die Ausführungen in 14, 15–20 berühren sich mit Lev 26, 22. 25.

[49] Zimmerli, BK XIII, 1, 321f.

[50] Ein vergleichbarer theologischer Reflexionsstand ist z. B. auch in Jer 18, 7–10 (vgl. noch Jer 12, 14–17; ferner Jer 1, 10) erkennbar.

[51] Vgl. auch die Darstellung der Ereignisse und Entwicklungen in Juda nach 587 v. Chr. in Jer 40ff.

es also „Entronnene“ gab, und zwar auch solche, die nach Babel ins Exil gelangten, war eine nicht zu bestreitende Tatsache. Für eine die erste Gola favorisierende Position mußte das, zumal im Blick auf solche Darlegungen wie in Ez 14, 12–20, die Frage aufwerfen, ob dann nicht bei Annahme eines gerechten Gerichts (14, 12–20) diese „Entronnenen“ als „Gerechte“ einzustufen waren und ihnen daraufhin ein besonderer Rang zuzuerkennen war. Indem Ez 14, 21–23 als prophetisches Zukunftswort darlegt, daß die „Pleite“ (hebr. = *plṭh*), der Rest weniger und ihr Weg ins Exil von Jahwe bereits vor der Katastrophe ins Auge gefaßt war, ließ sich zunächst die Überzeugung absichern, daß der tatsächliche Ablauf der Katastrophe bis in Einzelheiten auf Jahwes Plan zurückzuführen war. Zum andern nimmt hier der Autor zugleich zu der Frage Stellung, welche Funktion diesen nach 587 v. Chr. exilierten Jerusalemern nun noch zukommen konnte. Für ihn sind es keineswegs Gerechte und Fromme, wie analog zu 14, 12–20 an sich zu folgern wäre, die möglicherweise den Anspruch erheben konnten, als der Rest Israels und damit als das wahre Israel zu gelten. Gerade an ihrem Verhalten soll der ersten Gola verdeutlicht werden, daß Jahwes Unheilshandeln Jerusalem nicht umsonst (vgl. 14, 23) getroffen hat. Im Verbund mit Ez 33, 23–29 soll 14, 21–23 (inkl. 15, 6–8[52]) sicherstellen, daß Ausgang und Ergebnis der Katastrophe Sonderstellung und Exklusivanspruch der ersten Gola nicht tangieren. Denn wie Ez 33, 23–29 zum Beschluß der Unheilsankündigungen noch einmal das Endergebnis „totale Verwüstung“ im Lande vor Augen hält und aus golaorientierter Sicht damit diejenigen, die im Lande nach 587 v. Chr. weiterhin existierten[53], auf die Weise für bedeutungslos erklärt, daß sie im weiteren Verlauf der Geschichte im Land dort völlig aufgerieben worden sein sollen, so kommentiert 14, 21–23 den ebenfalls nicht zu bestreitenden Sachverhalt, daß auch 587 v. Chr. noch einmal Israeliten ins Exil gehen mußten.

Fazit: Der Verfasser von Ez 14, 21–23 steht auf der Seite der ersten Gola; er äußert sich zu Fragen, die Identität und Selbstwertgefühl der Gola betrafen, und zwar nach der Katastrophe von 587 v. Chr. Denn erst jene historische Tatsache, daß Jerusalem verbrannt und zerstört wurde, es aber trotz der Katastrophe zahlreiche Überlebende gab – sowohl die im Lande verbliebenen als auch die ins Exil verschleppten –, und sich nach der Katastrophe entsprechend im Lande die Zustände wieder notdürftig konsolidierten, zwang zur Auseinandersetzung mit dem Geschick dieser „Entronnenen“. Daß das in der hier gebotenen Weise geschah, indem diese Gruppierungen abgewertet werden und dargelegt wird, daß sie für Jahwes Zukunftspläne keine Rolle mehr spielen sollen, deutet daraufhin, daß sie in den Augen der ersten Gola (oder ihrer Abkömmlinge nach der Rückkehr?) dem eigenen Ausschließlichkeitsanspruch entgegenstanden.

Deutlich ist ferner, daß der golarorientierte Verfasser unseres Abschnitts 14, 21–23 sich mit vorgegebenen Textpassagen auseinandersetzt (14, 12–20),

[52] Vgl. dazu unten z. St.

[53] Vgl. „die Bewohner der Trümmerstätten“ in Ez 33, 24 (vgl. auch V. 27).

sie korrigiert, bzw. mögliche Widersprüche zu seinen eigenen Auffassungen auszugleichen sucht. Die Anknüpfung der redaktionell erstellten Einheit 14,21–23 an den vorgegebenen Text 14,1–11.12–20 gelingt mit Hilfe der Wiederaufnahme der in 14,12–20 vorgestellten Unheilsmächte „Hunger, wildes Getier, Schwert und Pest" (V.13.15.17.19) in V.21, und zwar in abweichender Reihenfolge „Schwert, Hunger, wildes Getier und Pest" deswegen, weil so anders als im vorausgehenden Kontext stringenter die Katastrophenabfolge für Jerusalem Krieg/Belagerung und die entsprechenden Auswirkungen deutlich zu machen war[54]. Es wird sich zeigen, daß auch Ez 15,6–8 Bestandteil des golaorientierten Beziehungsgeflechts ist und auf die gleiche redaktionelle Hand zurückgeht, die sowohl in 14,21–23 wie auch in 33,21 ff. (vgl. besonders V.27 ff.) greifbar ist und dort speziell in buchkonzeptioneller Hinsicht das besondere eigene Aussageanliegen der Golafavorisierung[55] durchsetzt.

Ez 15–19 Bildreden

Ez 15 Das unnütze Rebholz – Jerusalem

1 Und es erging das Wort Jahwes an mich folgendermaßen: 2 „Menschensohn, **was hat das Holz des Weinstocks voraus allem Holz [das Rankengewächs]**[56]**, das unter den Bäumen des Waldes ist? 3 Nimmt man davon Holz, um etwas daraus zu machen, oder nimmt man davon einen Pflock, um daran allerlei Gerät aufzuhängen? 4 Siehe, dem Feuer übergibt man's zum Fraß;**

seine beiden Enden frißt das Feuer, und seine Mitte ist angebrannt. Ist es zu etwas geeignet? 5 Siehe, als es unversehrt war, wurde es nicht zu etwas verarbeitet; wieviel weniger, wenn Feuer es frißt, und es angebrannt ist; und da sollte es noch zu etwas verarbeitet werden? **6 Darum, so spricht [der Herr]**$^{G\text{-}}$ **Jahwe: Wie das Holz des Weinstocks unter den Bäumen des Waldes,** *das ich dem Feuer zum Fraß gebe,* **so gebe ich die Bewohner Jerusalems dahin.**

[54] Vom Hunger ist häufig in Verbindung mit Schwert und Pest als Unheilsmächten die Rede; vgl. „Schwert, Hunger, Pest" (so die verbreitetste Abfolge) in Ez 6,11; 12,16; vgl. Jer 14,12; 24,10; 28,8; 29,17; 32,14; 42,17; 44,13 u.ö.; „Schwert, Pest, Hunger" in Ez 7,15; andere Abfolgen in Ez 5,12 („Pest, Hunger, Schwert, Zerstreuung"; vgl. Lev 26,23–33); Ez 14,13 ff. („Hunger, wilde Tiere, Schwert, Pest"); 14,21 („Schwert, Hunger, wilde Tiere, Pest"); 33,27 („Schwert, Tiere, Pest"); vgl. noch Jer 5,12; 11,22; 14,13 („Schwert, Hunger"); Jer 15,2 („Tod, Schwert, Hunger, Gefangenschaft").

[55] Vgl. Hölscher, Hesekiel, 167, zu Ez 33,23–29: „Das Heil kommt allein von der *gwlh* in Babylonien"; genauer müßte es allerdings heißen: „von der ersten *gwlh*...".

[56] Fehlt in G^B.

7 Und ich richte mein Angesicht[57] *auf sie. Aus dem Feuer kommen sie heraus; aber das Feuer wird sie fressen. Und ihr werdet erkennen, daß ich Jahwe bin. Indem*[58] *ich mein Angesicht auf sie richte, 8 da gebe ich das Land zur Wüstung, weil sie vollkommen treulos*[59] *sind, Spruch [des Herrn]*$^{G-}$ *Jahwes.“*

Lit.: Pohlmann, Ezechielstudien, 159 ff.

a. 15, 1–8[60] Zum Aufbau

„Schon der naive Leser des Hesekielbuches empfindet, wenn er zu Kap. 15 kommt, das Neue und Andersartige, das hier einsetzt. Aus der Welt der prosaischen Rhetorik tritt er ein in die Hallen der Dichtung“[61]. In der Tat lassen sich in diesem Stück metrisch geformte Teile erkennen, so besonders in V. 2 und 3[62]. Betrachtet man das Kapitel in der vorliegenden Textgestalt, so besteht es deutlich aus zwei Teilen. Die Verse 1–5, eingeleitet durch die Jahwe- 1–5
wort-Ergehensformel, enthalten eine Bildrede, die anschließenden, durch „darum“ (*lkn*) und die Botenformel eingeführten Verse 6–8 deren Deutung. Im Blick auf den Übergang vom Gleichnis zur Deutung fällt auf, daß das die Deutung einleitende „darum“ (*lkn*) (V. 6) ungewöhnlich verwendet wird. Es begegnet sonst überwiegend in Zusammenhängen, die ein Strafhandeln Jahwes ansagen, nachdem zuvor[63] die Straf- oder Unheilsbegründung[64] zu lesen war. Von einer solchen Begründung wird aber in Ez 15 generell abgesehen; denn der Verweis auf die Treulosigkeit[65] in V. 8 hinkt deutlich hinterher.

Im jetzigen Deutungstext 15, 6–8 bezieht sich V. 6 zunächst auf 15, 1–4 a. Es erscheint allerdings merkwürdig, daß das in V. 6 aβ aus V. 2 aufgenommene Bild „wie das Holz des Weinstocks unter den Bäumen des Waldes“ mit Rückgriff auf V. 4 a und somit längst Gesagtes wiederholend (= nutzloses Holz taugt nur zum Verbrennen) derart gewendet wird, daß es jetzt Jahwe selbst sein soll, der das Rebholz dem Feuer übergibt. Hier findet eine Vermischung statt, insofern die Deutung in die Bildhälfte eingreift und hier nachträglich neue Akzente setzt. Eine sich nicht in die Bildhälfte drängende Ausdeutung des Gleichnisses müßte lauten: „Wie nutzloses Rebholz ins Feuer geworfen wird, so wird Jahwe Jerusalem (o. ä.) ins Feuer werfen“. Normalerweise wissen unserem Text vergleichbare Gleichnisse[66] Bild und Deutung streng

---

[57] Vgl. Ez 14, 8, anders 15, 7 Ende (vgl. Jer 21, 10; 44, 11).
[58] Zu dieser Wiedergabe von 15, 7 f. vgl. oben zu Ez 12, 15.
[59] Vgl. Ez 14, 13.
[60] Zur Stellung im jetzigen Kontext s. o. 197.
[61] Hölscher, Hesekiel, 89.
[62] Vgl. dazu z. B. Greenberg, AncB, 266.
[63] Vgl. z. B. Ez 25, 13. 16; 26, 3; 28, 6; 29, 8.
[64] Mit *yʿn* eingeleitet.
[65] Mit *yʿn* eingeleitet.
[66] Vgl. z. B. Jer 24, 5. 8; Ez 22, 20; Ez 34, 12; Am 3, 12.

auseinanderzuhalten.[67] Außerdem verwundert die Weiterführung von V. 6 mit „aus dem Feuer kommen sie heraus“ (*mh’š yṣ’w*) in V. 7 aα; denn die Folge davon, daß Jahwe die Jerusalemer wie das Rebstockholz dem Feuer übergibt (V. 6), ist nun wider Erwarten, daß die Betroffenen zunächst einmal „aus dem Feuer herauskommen“[68] (V. 7 aα). Diese Aussage bezieht sich offensichtlich auf das im Gleichnis angesprochene Verkohlen des Rebstockholzes (V. 4 b. 5). Da anschließend der Hinweis auf eine weitere Vernichtung durch Feuer erfolgt (7 aβ: „und das Feuer wird sie verzehren“), ist hier an ein wiederholtes Verbrennen gedacht. Nimmt man dagegen die Verse 15, 2–5 für sich, so ist ihr Aussageziel am Ende lediglich, daß das nutzlose Rebholz ins Feuer gehört; noch weniger taugt es zu etwas, wenn es dann schließlich halb verbrannt ist (V. 4 und 5). Das wirft die Frage auf, ob und inwiefern die Deutung des Bildwortes dessen Aussagehorizont überschreitet. Welchen Standpunkt vertritt der für die Deutung zuständige Verfasser? Hölscher meinte: „Der Feuerbrand, von dem das Gericht redet, wird nun als die erste Katastrophe Jerusalems von 597 verstanden, aus der man noch glücklich entkommen ist; aber es wird nun ein zweiter Feuerbrand angedroht, der die Jerusalemer verzehren wird, also das Unglück von 586“[69]. Ähnlich äußert sich Zimmerli: „Das erste Verbrennen meint die Katastrophe unter Jojachin ... Ganz konkret wird nun ein neues Gericht angesagt“[70]. M. E. ist im Blick auf den vorausgehenden Kontext (14, 21–23)[71] allein folgende Auffassung möglich:
6 V. 6 Ende bezieht das Gleichnis auf die Jerusalemer. Diese sind aber nicht diejenigen, für die die Deutung des Gleichnisses bestimmt ist. Die Deutung spricht die Exilierten (erste Gola) an. Denn Ez 15, 7 bα kann mit der sogenannten Erkenntnisformel (Anrede in der 2.pers.pl.masc.) nur diesen Kreis vor Augen haben[72] und nicht die Jerusalemer, um deren Geschick es hier geht. Dem korrespondiert, daß auch Ez 15, 6. 7 a sich nicht an die von den Unheilsansagen eigentlich Betroffenen richten, da von diesen hier in der 3. Person die Rede ist, also über sie verhandelt wird[73]. D.h.: Der ersten Gola wird hier dargelegt, was die Jerusalemer nun für die weitere Zukunft erwartet: Gegen sie wird sich Jahwes Antlitz richten, sie geraten ins Feuer etc. Für diese Auffassung spricht auch, daß das Bild vom Feuer auf die Jerusalemer Situation von 597 v. Chr. gar nicht zutreffend anzuwenden war[74]. 15, 6–7 reflektiert demnach hier mit Hilfe des vorgegebenen Gleichnisses die gleiche Situation, auf die in Ez 14 die Verse 21–23[75] eingingen. 15, 6 f. behauptet also: Jerusalem nach 597 v. Chr. ist wie ein nutzloses Rebholz, das Jahwe dem

[67] Vgl. so auch Jes 5, 1–6; V. 7; bzw. Jes 5, 1–2; V. 7.
[68] Vgl. G (fut.).
[69] Hesekiel, 92.
[70] BK XIII, 1, 329; vgl. auch Fohrer, HAT, 83.
[71] Vgl. dazu die Beobachtungen oben 204 ff.
[72] Vgl. Ez 14, 21–23.
[73] Vgl. Ez 11, 15; Ez 12, 19.
[74] Vgl. 2. Kön 24, 10 ff.
[75] Vgl. hier auch das Stichwort *yṣ’* in V. 22.

Feuer zum Fraß gibt (V. 6 aγb). Es werden zwar einige aus dem Feuer herauskommen (V. 7 aα), aber das Feuer wird sie doch verzehren (V. 7 aβ). Ist 15, 6 f. so zu verstehen, so liegt die Weiterführung mit V. 8 auf der gleichen Linie: Angekündigt wird die Katastrophe von 587 v. Chr., angekündigt wird, daß es einige geben wird, die entrinnen werden (vgl. 14, 22), die aber dennoch schließlich dem Feuer nicht entgehen[76], angekündigt wird die totale Verwüstung des Landes.

15, 6–8 ist folglich in der Zeit nach der Katastrophe von 587 v. Chr. konzi- 6–8
piert worden. Denn erst jene historische Tatsache, daß Jerusalem verbrannt und zerstört wurde, es aber trotz der Katastrophe zahlreiche Überlebende gab, ist die Voraussetzung dafür, daß man sich mit dem Geschick der Entronnenen und der Frage ihrer künftigen Rolle befassen konnte, ja mußte. Daß die Akzente so gesetzt sind, die der Katastrophe von 587 v. Chr. entronnenen Gruppierungen – hier die im Lande Verbliebenen – aus Jahwes Plan mit seinem Volk herauszunehmen, kann nicht das Selbstverständnis jener Gruppierungen selbst widerspiegeln; hier wird aus Sicht der ersten Gola[77] geurteilt[78].

Die bisherigen Beobachtungen zu Ez 15, 6–8 werfen die Frage auf, ob für das gesamte Kapitel noch ein und derselbe Autor zu veranschlagen ist. Zu ihrer Beantwortung ist es zunächst erforderlich, über den ursprünglichen Umfang des Gleichnisses und sein Aussageanliegen Klarheit zu erzielen.

b. 15, 2–5 Das „Gleichnis“

Ez 15, 2 ist in der masoretischen Fassung nicht unproblematisch, weil *hyh* (3. 2
pers. masc. sing.) nicht auf das feminine *zmwrh* („Rankengewächs“) abgestimmt ist. Es liegt daher nahe, entweder *zmwrh* als nicht ursprünglich anzusehen oder die Worte von *zmwrh* bis *bʿṣy* („das Rankengewächs, das unter den Bäumen“) insgesamt als nachgetragene Glosse für das eigentliche Gleichnis unberücksichtigt[79] zu lassen. Das Motiv für diese Glossierung wäre gewesen, aufgrund des Eindrucks, daß in diesem Gleichnis Unvergleichbares miteinander verglichen wird (ein Rankengewächs mit wirklichen Bäumen, also Zedern o.ä.), eine vermeintliche Unlogik des Vergleichs zu beseitigen. Während in V. 3 Inhalt und Form in Ordnung sind, wird man die zweite Vers- 3
hälfte von V. 4 als eine Texterweiterung einstufen müssen. Dafür spricht ein- 4
mal, daß zum Schluß (V. 4 bγ) die im Gleichnis entscheidende Frage von V. 3 a „nimmt man davon Holz, um etwas daraus zu machen?“ (= *hyqḥ mmnw ʿṣ lʿśwt lmlʾkh*) leicht variiert wiederholt wird (*hyṣlḥ lmlʾkh*); zum an-

[76] Vgl. so auch Cooke, ICC, 158.
[77] Siehe dazu bereits oben 204 f.
[78] Vgl. ähnlich die golaorientierte Redaktion im Jeremiabuch, besonders Jer 24; dazu Pohlmann, Studien; vgl. auch Levin, Verheißung, 165 ff.
[79] V. 6 scheint mit *ʿṣ hgpn bʿṣ hyʿr* das *hzmwrh*... etc. in V. 2 noch nicht vorausszusetzen.

deren ist nicht zu übersehen, daß diese Wiederholung durch die in 4bαß vorangehende Feststellung „seine beiden Enden frißt das Feuer, und seine Mitte ist angebrannt" veranlaßt ist. Da mit dieser Feststellung ein neuer Sachverhalt zum bisherigen Vergleichspunkt (Holz ist nicht gleich Holz) zusätzlich ins Auge gefaßt wird, ist das ursprüngliche Gleichnis hiermit in seinem ursprünglichen Beziehungsgefüge gesprengt; denn indem darin lediglich Holz vom Weinstock mit Baumholz verglichen wird, kommt dabei heraus, daß das Rebholz nicht einmal zur Herstellung eines schlichten Pflocks, eines Wandnagels taugt (3b), während man aus dem Baumholz nützliche Gegenstände herstellen kann[80]. Die damit implizit aufgeworfene Frage, was man dann mit Rebholz überhaupt anfangen kann, beantwortet V. 4a: Feuer machen. Fazit: Jedes andere Holz ist somit nützlicher als Rebholz. Indem nun Ez 15, 4b mit dem Verbrannt- oder Verkohltsein von Rebholz ein weiteres Vergleichsmoment einführt, bekommt das Gleichnis eine zweite Spitze. Zugleich wird die ursprüngliche Stringenz des Gleichnisses gefährdet; denn das, was über verbranntes Rebholz zu sagen ist, gilt natürlich auch für verbranntes oder verkohltes Holz von Bäumen des Waldes. Folglich ist in 15, 4b das schlichte, zunächst eingipflige Gleichnis nachträglich ausgebaut worden.

Will das Gleichnis ursprünglich mit seiner Aussage über den Wert des Rebholzes lediglich den Rang einer entsprechenden Größe beleuchten, so geht aus den nachgetragenen Einzelheiten in V. 4b deutlich hervor, daß jetzt nicht mehr ausschließlich und gezielt der Wert des Rebholzes an sich von Interesse ist, sondern das, was mit einem solchen Rebholz geschieht; wichtig ist das Geschick des Rebholzes, bzw. das Geschick der dem Rebholz entsprechenden Größe. Diesem Interesse am weiteren Geschick des Rebholzes entspricht die sprachliche Form von V. 4b: Es wird über das weitere Geschick des Rebholzes berichtet. Dem korrespondiert inhaltlich, daß auffälligerweise nicht vom restlosen Verbrennen des Rebholzes erzählt wird. Indem das nicht geschieht, sondern vielmehr Wert auf die Feststellung gelegt wird, daß das Rebholz im Feuer zunächst angekohlt wurde, soll offensichtlich betont werden, daß das im Vergleich zu wirklichen Hölzern nutzlose Rebholz noch einmal eine „Wertminderung" erfahren hat. Das kann nur damit zusammenhängen, daß der Bearbeiter hier das Moment einer „Wertminderung" berücksichtigt haben will, das in dem hier vor Augen stehenden Vorgang eine Rolle spielt. Die Übertragung auf das Rebholz soll dann die Bedeutung dieser „Wertminderung" ins richtige Licht rücken und klarstellen, daß, wie die Wertminderung des Rebholzes total war, so auch die Wertminderung in jenem Vorgang keine Zukunftsperspektive gestattet. Im Blick auf die im Gleichnis verhandelte und beantwortete Frage nach dem Wert des Rebholzes kommt jedoch mit der Erweiterung in V. 4b kein neuer Aspekt oder Akzent hinzu. Das Ergebnis bleibt auch nach V. 4b. 5 dasselbe wie beim Abschluß des Gleichnisses
5 in V. 4a: Das Rebholz taugt zu nichts (vgl. V. 5Ende); eigentlich wäre auch

[80] Nach Jes 44, 14ff. freilich auch Götzenbilder.

hier wie in V. 4 a noch fortzufahren: Es taugt nur zum Feuern. Somit gehören der in Vers 4 b nachgetragene Vergleichspunkt zusammen mit Vers 5 und entsprechend die darauf folgende Deutung in V. 6–8[81] nicht zum ursprünglichen Gleichnis. Als ältester Grundbestand des Kapitels ist 15, 2*–4 a[82] anzusehen[83]:

15, 2–4 a*

15, 2"... was hat das Holz des Weinstocks
voraus allem Holz... des Waldes?
15, 3 Nimmt man von ihm Holz,
um ein Werkstück zu machen,
oder nimmt man von ihm einen Pflock,
daran allerlei Gerät aufzuhängen?
15, 4 Siehe, dem Feuer übergibt man es zum Fraß."

Bei einem Versuch, die Frage zu klären, wo diese kurze Redeeinheit[84] von wem mit welcher Zielrichtung ursprünglich gesprochen worden sein kann, ist zu beachten, daß das Gleichnis in der Frageform gehalten ist. Die Frage ist eine rhetorische; die Antwort steht von vornherein fest. Wenn die Antwort auf die Frage, welchen Nutzen das Rebholz hat, nicht strittig sein kann, dann muß diese Sichtweise selbst, die eine uns noch unbekannte Größe mit dem Reb*holz* gleichsetzen kann, die Korrektur an bestimmten Auffassung der Adressaten des Gleichnisses sein. Um zu erfassen, worin die Korrektur besteht, empfiehlt sich eine Überprüfung all des Materials, das ebenfalls in gleichnishafter Rede Rebstock, Rebholz o.ä. thematisiert und mit einer bestimmten Größe identifiziert. Läßt sich feststellen, ob und worin sich unsere Verse von bisherigen Redeweisen unterscheiden? Es ergibt sich zunächst, daß im Bild vom Rebstock entweder von Israel als Gesamtgröße[85] oder vom Königtum[86] bzw. von einem bestimmten König[87] die Rede sein kann[88]. Ferner:
An keiner Stelle wird wie in 15, 2*–4 a über den Wert des Rebstock*holzes* re- 2*–4 a
flektiert[89]; das bedeutet für unsere Textstelle, daß die Bildrede vom Rebstock

[81] Vgl. noch unten 215 f.
[82] Ob V. 4 a nicht auch schon ein aus V. 3Ende nachträglich gezogenes Fazit darstellt, kann man immerhin fragen.
[83] Zur Form vgl. z. B. ähnlich Jes 10, 8–11; 10, 15; Jer 23, 28; Am 3, 3 ff.; 5, 18–20; Hiob 8, 11–13 u. ö.
[84] Vgl. ähnlich kurze Texteinheiten in Jer 22, 6–7; 22, 10; 22, 28; Am 3, 12.
[85] Vgl. Jer 2, 21; 6, 9; Hos 10, 1; Joel 1, 7; Ps 80, 9 ff.; auf Moab bezogen Jes 16, 6 ff.
[86] Vgl. Ez 17, 6 ff.; 19, 10 ff.
[87] Vgl. Ez 17, 9 f.; vgl. auch Herodot, Historien, I, 108 die Gleichsetzung des Perserkönigs Kyros mit einem Rebstock: „Ihm (Astyages) träumte, aus dem Schoße seiner Tochter [der späteren Mutter des Kyros] wachse ein Rebstock, und dieser Rebstock bedecke ganz Asien...".
[88] Vgl. zu Einzelheiten Pohlmann, Ezechielstudien, 164 ff.
[89] Sofern auf ein Geschick des Rebstocks angespielt wird, kann hervorgehoben werden, daß der Rebstock ursprünglich einen anderen Standort gehabt hat (vgl. Ps 80, 9 ff. der Rebstock aus Ägypten; Jer 2, 21 ohne Herkunftsangabe, aber mit Verweis auf das Eingepflanztsein durch Jah-

in der Anwendung auf die Nützlich- bzw. Nutzlosigkeit des Rebstock*holzes* einen zusätzlichen, bisher so nicht verhandelten Aspekt aufgegriffen hat. Der sonst im Blick auf die Wertigkeit des Rebstocks unüblichen Rede vom *Holz* des Rebstocks und der Frage nach dem Nutzen des Holzes ist zu entnehmen, daß der Rebstock hier nicht mehr als lebendiger, sondern als herausgerissener oder umgehauener Rebstock betrachtet ist, für ihn also ein ihn seiner eigentlichen Wertigkeit beraubendes Vernichtungsgeschick vorausgesetzt wird[90]. Der Autor des Gleichnisses hat demzufolge ein der Zerstörung des Rebstocks adäquates Ereignis, ein bereits zurückliegendes Unheilsgeschehen im Sinn. Zugleich gibt er deutlich zu erkennen, daß nach diesem Unheilsgeschehen die betroffene Größe in seinen Augen keine weitere Zukunft mehr hat.

Nimmt man den ursprünglichen Kern des Gleichnisses für sich, so wäre als die dem Rebstockholz adäquate Größe ebensogut wie Jerusalem[91] das Jerusalemer Königtum (bzw. ein bestimmter König) denkbar[92]. Will man eine Entscheidung zwischen diesen beiden Interpretationsmöglichkeiten herbeiführen, so ist das nur möglich, wenn sich zusätzliche Indizien beibringen lassen, mit deren Hilfe das jeweilige Für und Wider der einen oder anderen Auffassung mehr Gewicht erhält. Auf ein solches für eine Entscheidung hilfreiches Indiz stößt man, wenn man den Sachverhalt beachtet, daß im Gleichnis

---

we). Außerdem können Fehlwuchs genannt werden (Jer 2,21) oder Fehlentwicklungen, die sich aus dem Wachstum ergeben haben (Hos 10,1f; vgl. auch Ez 17,7ff.). Es kann konstatiert werden, daß der Rebstock zerstört worden ist oder, daß seine Vernichtung bevorsteht (vgl. Ps 80,13f.; Joel 1,7; s.a. Jes 16,8f.).

[90] Ähnliche Bildreden im AT, in denen das Geschick von Bäumen oder Pflanzen derart durchgespielt wird, daß sie am Ende abgehauen und entwurzelt daliegen, bestätigen diese Auffassung. Bei einer Durchsicht dieser Bildreden lassen sich gewisse Anhaltspunkte dafür gewinnen, wie das für den Rebstock vorauszusetzende Vernichtungsgeschick einzuordnen ist; es ergibt sich: All solchen Texten (vgl. Jes 10,16–19; 10,33f.; 11,1; 37,24; Jer 46,22ff.; Ez 31,1–14; Sach 11,1f.), die ein Unheilsgeschehen an einem Volk oder König (Ez 31,1ff. = Pharao) vor Augen haben und mit der Vernichtung eines Baumes oder Waldes umschreiben, ist gemeinsam, daß diese Vernichtung mit dem Abholzen, Entwurzeln oder Verdorren des jeweiligen Baumes ans Ziel gekommen und damit abgeschlossen und endgültig ist (vgl. noch Jer 11,16).

[91] Die Weiterführung des Bildes in Ez 15,4b.5 (s.o. 207ff.) zusammen mit der sekundär als prophetische Ansage nachgetragenen Interpretation zielt auf das Unheilsgeschehen von 587 v.Chr. und interpretiert dieses Ereignis gegen die Auffassung des vorgegebenen Textes als eine Katastrophe, die eine Ergänzung erfahren wird, bis das ganze Land „zur Wüstung“ wird; die dem Rebstock adäquate Größe ist hier Jerusalem im Blick auf die Katastrophe von 587 v.Chr. Erwägen kann man, ob nicht das ursprüngliche Gleichnis (15,2*–4a) zunächst mit V.6 (ohne den Relativsatz „das ich dem Feuer zum Fraß gab“, der auffällig in die Bildhälfte hineininterpretiert [s.o. 207]) als Aussage über Jerusalem interpretiert, also zu einer prophetischen Unheilsansage umfunktioniert worden war. Der für die jetzige Textfassung 15,1–8 im Verbund mit 14,21–23 verantwortliche Redaktor hätte in diesem Fall aus seiner golafavorisierenden Sicht nur noch zusätzlich klargestellt (V.4b.5.6aβ.7f.), daß hier nicht nur die Katastrophe Jerusalems (587 v.Chr.) angesagt ist, sondern auch der endgültige Untergang derjenigen, die dieser Katastrophe zunächst entkommen waren (vgl. oben 209). Die Eingangsbeobachtung, daß 15,6–8 durchaus nicht spannungsfrei konzipiert erscheint, fände so eine einleuchtende Erklärung.

[92] Das ergab sich aus der Durchsicht ähnlicher Bildreden.

vom Rebstockholz ein weiteres Bild verwendet worden ist, also ein Bild im Bild auftaucht. In Ez 15, 3b wird die negativ zu beantwortende Frage nach dem Nutzen des Rebstockholzes spezifiziert, indem zusätzlich gefragt wird: „... oder nimmt man davon einen Pflock, um daran allerlei Gerät/Geschirr aufzuhängen?" Dem Autor schwebt hier deutlich ein Wandpflock vor Augen. Geht man allen Textstellen nach, in denen ein Pflock (*ytd*) eine Rolle spielt, so sprechen die Bedeutungszusammenhänge eindeutig dafür, daß der Autor von 15, 2*–4 a hier nicht mit dem Ansehen Jerusalems beschäftigt ist; denn da in zahlreichen Texten Jerusalem mit einem Zelt verglichen werden kann[93], wäre es doch sehr verwunderlich, daß, unterstellt man einmal die mögliche Gleichsetzung des Rebstockholzes mit Jerusalem, die gerade dann doch naheliegende Assoziierung von *ytd* im Sinne von „Zeltpflock"[94] hier nicht auftaucht, sondern wie in Jes 22, 23– 25 von einem Wandpflock die Rede ist[95], an dem man etwas aufhängen kann[96]. Das spricht dafür, daß unser Text (15, 2*–4 a) in einen Diskussionsvorgang hineingehört, in dem über die Bedeutung des Jerusalemer Königtums bzw. eines bestimmten Königs gestritten wurde. Das Königtum oder ein bestimmter König hätten ein Geschick erfahren, das dem Entwurzelt- oder Abgehauenwerden eines Rebstocks gleichkam. Denjenigen, die dennoch dessen besonderen Wert weiterhin verteidigen zu können meinten, hält der Verfasser von Ez 15, 2*–4 a entgegen: Wie von einem nicht mehr lebendigen Rebstock nur noch das Holz von Nutzen und Wert sein könnte, Rebstockholz jedoch anerkanntermaßen keinerlei Nutzwert habe, sondern nur noch als Brennholz tauge, so müsse eben auch ein „entwurzeltes" Königtum, bzw. der entsprechende König als völlig nutzlos gelten.

Auf welches Ereignis könnten bei dieser Sichtweise beide Parteien, der Autor des Gleichnisses und seine Adressaten, zurückgeblickt haben? Die einschneidendsten Folgen für das Jerusalemer Königtum bzw. einen Jerusalemer König waren bekanntlich mit den Ereignissen von 597 v. Chr. und 587 v. Chr. verbunden gewesen. 597 v. Chr. hatte Jojachin vor den Babyloniern kapituliert und anschließend mit der Elite seines Hofes (2. Kön 24, 15 ff.) das Geschick des Exils im fernen Babylon auf sich nehmen müssen. Aus 2. Kön 25, 27 ff. geht hervor, daß Jojachin mindestens bis 562 v. Chr. in Babylon gelebt hat, ja daß er schließlich von den Babyloniern insofern in einem gewissen Maße wieder aufgewertet wurde, als ihm an der königlichen Tafel ein Platz zugestanden wurde[97]. Dagegen traf den letzten regierenden Davididen Zedekia ein wesentlich härteres Geschick. Er geriet 587 v. Chr. in die Hände der

---

[93] Vgl. besonders Jes 33, 20; ferner 54, 2; Jes 54, 2; Klgl 2, 4. 6; das Zelt als Bild für den Jerusalemer Tempel z. B. in Ps 15, 1; 27, 5. 6; 61, 5.

[94] In diesem Sinn vgl. z. B. die Angaben über die Anfertigung der Stiftshütte in Ex 27, 19; 35, 18; 38, 20; 39, 40; Num 3, 37; 4, 32; vgl. ferner *ytd* in Jes 33, 20.

[95] Jes 22, 23–25 wendet das Bild vom Wandpflock auf eine Person an, die in einer Funktion gesehen wird, für andere einen Halt zu bieten.

[96] Vgl. Ez 27, 11 „an einer Mauer etwas aufhängen", vgl. auch Hld 4, 4.

[97] Zu Nachrichten über Jojachin in babylonischen Quellen vgl. z. B. TGI (1979[3]), 78 f.

erfolgreichen Belagerer und wurde von Nebukadnezar grausam bestraft. Zedekia mußte mit eigenen Augen die Hinrichtung seiner Söhne mitansehen, anschließend wurde er geblendet und in Ketten nach Babel verschleppt. Von seinem weiteren Schicksal erfahren wir nichts (vgl. 2. Kön 25, 1–7). Zedekia verschwindet aus der Geschichte. Wir haben keinerlei Hinweise, weder in biblischen noch außerbiblischen Quellen, auf irgendein weiteres Interesse an diesem König.

Das ist im Falle Jojachins offensichtlich anders. Auffälligerweise und sicher aufgrund einer positiven Einschätzung dieses Königs selbst noch im Exil enthält das gesamte Ezechielbuch zahlreiche Datierungen nach der Ära Jojachins. In Ez 1, 2 wird ihm ausrücklich der Königstitel zugestanden[98]. Aus Jer 22, 24–30 ist zu entnehmen, daß Jojachins Bedeutung auch nach seiner Exilierung noch diskutiert wurde. Zwar könnte Jer 22, 24 noch aus der Zeit vor seiner Exilierung stammen; die anschließenden Verse Jer 22, 25–27 gehen jedoch schon auf seine Exilssituation ein und konstatieren, daß Jojachin – der Königstitel fehlt – im fremden Land sterben wird und keine Chancen hat, jemals in seine Heimat zurückzukehren. Damit richtet sich dieses Wort offensichtlich gegen Erwartungen, wie sie der Prophet Hananja in seinem Heilswort (Jer 28, 4), dem Kontext nach noch während der Regierungszeit Zedekias, ausdrückt, der anders als Jeremia eine Restituierung Jojachins angekündigt haben soll. In Jer 22, 28 wird die Frage aufgeworfen: „Ist denn Konjahu [= Jojachin] ein verachtetes Gefäß, daß man zerschlägt, oder ein Gerät, an dem nichts liegt? Warum sind er und seine Nachkommen fortgeschleudert und hingeworfen in ein Land, das sie nicht kennen?“ Die folgenden Verse, wahrscheinlich nicht vom gleichen Autor, konstatieren dann noch, daß keinerlei Aussicht besteht, daß Jojachins Nachkommen wieder auf dem Thron Davids sitzen werden und über Juda herrschen. Solche Äußerungen und ihre schriftliche Fixierung deuten daraufhin, daß man in gewissen Kreisen an Jojachin und seinen Nachkommen interessiert war, und daß es Stimmen gegeben haben muß, die über die Bedeutung dieses Königs und seiner Abkömmlinge nachdachten, ja, an Jojachin und seine Söhne Hoffnungen für die Zukunft knüpften[99].

Somit dürfte deutlich sein, daß das Diskussionswort Ez 15, 2*–4 a in die Auseinandersetzung um Rolle und Rang des exilierten Königs Jojachin hineinpaßt und die Nutz- und Wertlosigkeit dieses Zweiges der davidischen Dynastie gegen eine gegenteilige Ansicht vertreten könnte[100]. Während die eine Seite ihre Hoffnungen auf Jojachin setzt, wendet die andere Seite ein, daß

---

[98] Anders in Jer 27, 20 [G]; 22, 28.

[99] Vgl. auch die Rolle, die Jojachins Enkel Serubbabel in Hag und Sach spielen; vgl. ferner 2 Chr 3, 17 ff.

[100] Daß eine solche Auffassung zumindest genauso naheliegend ist wie die Identifizierung der im Gleichnis gemeinten Größe mit Jerusalem nach 587 v. Chr., bestätigt Ez 19, 10–14, wo der Rebstock ganz eindeutig das Jerusalemer Königtum repräsentiert (vgl. dazu unten 289 f.; siehe ferner Ez 17, 5–10).

dieser entwurzelte König in Analogie zum bloßen Rebstockholz zu nichts mehr taugt[101] und keine Zukunftsperspektive mehr hat[102].

Fragt man nun nach dem Entstehungsort eines solchen, König Jojachin betreffenden Wortes, so spricht m. E. vieles für die nach 587 v. Chr. in Juda verbliebene Restbevölkerung[103], die sich bei ihren Konsolidierungsbemühungen unter und nach Gedalja (vgl. Jer 40–42*) auch mit dem Sachverhalt zu befassen hatte, daß, wenn auch fern der Heimat und in Gefangenschaft, immer noch ein Davidide existierte (vgl. Klgl 2,9). Unter den nach 587 v. Chr. im Lande Verbliebenen muß es Gruppierungen gegeben haben, die mit den Nachkommen Davids für die Zukunft besondere Hoffnungen verbanden. Der in Jer 41,1ff. geschilderte Vorgang, daß ein gewisser Ismael, selber aus königlichem Geschlecht, nach der Ermordung Gedaljas die in Mizpa unter Gedaljas Obhut verbliebenen Königstöchter entführt, deutet daraufhin, daß die Auseinandersetzungen im Lande, die schließlich auch zur Ermordung Gedaljas führten, auch mit Bewegungen zusammenhingen, für die die Frage der Wiedererrichtung des davidischen Königtums mit dem Ende Zedekias und seiner Söhne keineswegs endgültig erledigt war, und sich gewisse Hoffnungen auf den im Exil lebenden Davididen Jojachin konzentrieren mochten. Diejenigen, die es für völlig unangebracht hielten, auf Jojachin weiterhin irgendwelche Hoffnungen zu setzen, dürften in Kreisen zu suchen sein, die nach 587 v. Chr. für die Anerkennung der babylonischen Oberherrschaft plädierten[104] und jegliche dagegen gerichteten Pläne ablehnten[105].

Versucht man nun, die Frage nach dem ursprünglichen literarischen Ort
von Ez 15,2*–4a zu beantworten, so deuten schon die bildhaften Berührun- 2*–4a
gen zwischen 15,2*–4a (Rebstockholz) und 19,10–14 (Rebstock) auf zwischen diesen beiden Texteinheiten bestehende Zusammenhänge. Für den ursprünglichen Ort von 15,2*–4a hinter 19,10–14 läßt sich ferner noch ins Feld führen, daß 19,10–14, da hier in der zurückblickenden Klage das Ende des Jerusalemer Königtums (587 v. Chr.) konstatiert wird[106], geradezu die Frage nach der Rolle des im Exil weilenden Davididen Jojachin provoziert[107]. Seinen jetzigen Ort im Ezechielbuch verdankt unser Text der re-
daktionellen Hand, die für die jetzige Fassung von V. 4b–8 zuständig ist. 4b–8

[101] Die Art und Weise der Frageformulierung in V. 3a und 4bγ ist möglicherweise ein Indiz dafür, daß der Hörer oder Leser zum hebr. *ml'kh* („Werkstück") das ähnlich klingende *mlwkh* („Königtum") assoziieren soll (vgl. 15,4bγ und 16,13 [dazu Greenberg, AncB 279]), woraufhin die Frage dann lautet: „... um das Königtum daraus zu machen?", bzw. „ist es zum Königtum geeignet?".

[102] Vgl. die ähnlich negative Einschätzung Jojachins in Jer 22,24–30.

[103] Eine Datierung vor 587 v. Chr. ist nicht grundsätzlich auszuschließen. M. E. hat jedoch die Herleitung des Wortes aus der Zeit nach 587 v. Chr. deswegen mehr für sich, weil die Diskussion über den Exilskönig und seine Zukunft erst nach dem Untergang Zedekias und seiner Söhne aufgebrochen sein dürfte.

[104] Vgl. die Position des Statthalters Gedalja in Jer 40,9.

[105] Vgl. entsprechende Ausführungen in Jer 27f.

[106] Vgl. dazu unten zu Ez 19,10ff.

[107] Zu weiteren Einzelheiten vgl. unten 294f. zu Ez 19,10–14.

Der betreffende Bearbeiter, der das ursprünglich auf Jojachin bezogene Wort als Unheilswort für Jerusalem (bzw. Juda) in Anspruch nahm[108] und entsprechend ausdeutete und erweiterte, war auch derjenige, der die oben aufgezeigte[109] Verklammerung von Ez 15 mit Ez 14 (vgl. besonders 14, 21 ff.) vornahm. Er vertritt, wie wir gesehen haben, einen golafavorisierenden Standpunkt[110].

Ez 16 Das undankbare Findelkind – Jerusalem

1 Und es erging das Wort Jahwes an mich folgendermaßen: 2 „Menschensohn, teile Jerusalem seine Greueltaten mit. 3 Und du sollst sprechen: So spricht [der Herr][G-] Jahwe zu Jerusalem: **Deine Abstammung und deine Herkunft sind aus dem Lande der Kanaanäer; dein Vater war ein Amoriter[Ap] und deine Mutter eine Hethiterin. 4 Und deine Herkunft: Am Tage, da du geboren wurdest, wurde deine Nabelschnur nicht abgeschnitten, und mit Wasser wurdest du nicht gewaschen…[111], und mit Salz wurdest du nicht abgerieben, und in Windeln wurdest du nicht gewickelt. 5 Kein Auge blickte mitleidig auf dich, dir eines davon zu tun aus Mitleid mit dir. Und du wurdest aufs freie Feld geworfen, weil man dich mißachtete am Tage, da du geboren wurdest. 6 Und ich ging an dir vorüber und sah dich zappelnd in deinem Blute[Ap]; und ich sprach zu dir in deinem Blute[Ap]: Bleibe leben![112] 7 Wachse heran[Ap] wie das Gewächs des Feldes [mache ich dich][113]. Und du wuchsest heran und wurdest groß und kamst in die Zeit der Monatsregel[Ap]; deine Brüste[Ap] wurden prall, und dein Haarwuchs nahm zu; und du warst nackt und bloß. 8 Und ich ging an dir vorüber, und ich sah dich. Und siehe, es war deine Zeit die Zeit der Liebe. Und ich breitete den Saum meines Gewandes über dich und bedeckte deine Blöße. Und ich leistete dir den Eid und ging einen Bund mit dir[Ap] ein[114], Spruch [des Herrn][G-] Jahwes, und du wurdest mein. 9 Und ich wusch dich mit Wasser und spülte dein Blut[Ap] von dir ab und salbte dich mit Öl. 10 Und ich bekleidete dich mit einem bunten Gewand und band dir Sandalen aus Tachasch-Leder unter. Und ich umhüllte dich mit Byssus und bedeckte dich mit einem Schleier. 11 Und ich schmückte dich mit Schmuck und gab Armreifen an deine Hände und eine Halskette um deinen Hals. 12 Und ich gab einen**

---

[108] Vgl. hier noch die Erwägungen oben Anm. 91.

[109] Vgl. oben 208 f.

[110] Zu den Anliegen der in Ez 15, 6–8 greifbaren Redaktion vgl. Pohlmann, Ezechielstudien, 3 ff. 43 ff. 120 ff.; zu redaktionstechnischen Verfahrensweisen vgl. aaO., 45, Anm. 174.

[111] Das Folgende ist unsicher.

[112] Die anschließende Wiederholung von V. 6 bα in V. 6 bβ (so M, anders G und S) resultiert aus einem Schreiberversehen.

[113] Zusatz; vgl. Ap. BHS.

[114] Zu *bw' bbryt* vgl. Jer. 34, 10.

Ring an deine Nase und Ohrringe an deine Ohren und ein prächtiges Diadem auf dein Haupt. 13 Und du schmücktest dich mit Gold und Silber, und deine Kleidung war Byssus und Schleier und buntes Gewand. Weizengries und Honig und Öl aßest du, und du wurdest sehr, sehr schön [und du brachtest es zum Königtum]^{G-}. 14 Und dein Ruhm gelangte unter die Völker wegen deiner Schönheit; denn sie war vollkommen wegen meines Schmuckes, den ich dir angelegt hatte, Spruch [des Herrn]^{G-} Jahwe. 15 Und du verließest dich auf deine Schönheit und triebst Hurerei hinsichtlich deines Ruhmes, und mit deiner Hurerei überschüttetest du jeden, der vorüberkam[115]. 16 Und du nahmst von deinen Kleidern und machtest dir buntgefleckte Höhen und hurtest darauf [nicht durch das Zeichen und nicht wird sein][116]. 17 Und du nahmst deine Schmuckstücke aus meinem Gold und meinem Silber, die ich dir gegeben hatte, und machtest dir Figuren von Männlichem und hurtest damit. 18 Und du nahmst die Kleider deines bunten Gewandes und bedecktest sie damit; und mein Öl und mein Räucherwerk legtest du davor. 19 Und mein Brot, das ich dir gegeben hatte, - Weizengrieß und Öl und Honig hatte ich dir zu essen gegeben - und du legtest es vor sie zum angenehmen Geruch [und es geschah][117], Spruch [des Herrn]^G- Jahwe. 20 Und du nahmst deine Söhne und deine Töchter, die du mir geboren hattest, und opfertest sie ihnen zum Fraß. War deine Hurerei nicht genug, 21 daß du meine Söhne schlachtetest und sie dahingabst, dadurch daß du sie ihnen (zum Feueropfer) darbrachtest? 22 Und bei all [deinen Greueltaten und]^G- deiner Hurerei dachtest du nicht an die Tage deiner Jugend, als du nackt und bloß warst, zappelnd in deinem Blut [warst du][118]. 23 Und es geschah nach all deinen Bosheiten^Ap [wehe, wehe dir][119], Spruch [des Herrn]^G- Jahwe, **24 und du bautest dir einen Sockel und machtest dir eine Anhöhe** auf jedem freien Platz[120]. 25 An jeder Straßenecke bautest du deine Anhöhe **und machtest zum Abscheu deine Schönheit und machtest deine Beine breit für jeden, der vorüberkam, und vermehrtest deine Hurerei.** 26 Und du hurtest mit den Ägyptern, deinen Nachbarn mit dem großen Glied, und vermehrtest deine Hurerei, um mich zu beleidigen. 27 Und siehe, ich streckte meine Hand gegen dich aus und schmälerte dein Anrecht, und ich übergab dich dem Fanatismus deiner Hasser, den Philisterinnen, die sich beschämt fühlten wegen deines schändlichen Lebenswandels. 28 Und du hurtest mit den Assyrern, weil du nicht genug bekommen hattest[121]; und du hurtest mit ihnen und bekamst auch nicht genug. 29 Und du vermehrtest deine Hurerei nach dem Krämerland, nach Chaldäa hin, und

[115] Das anschließende *lw yhy* (fehlt in G*) ist schwierig; die Übersetzung müßte lauten: „er/es werde/gehöre ihm", bzw. „er/es wurde/gehörte ihm" (zur „Jussivform... an Stelle der gewöhnl. Imperfektform" vgl. G-K[28], § 109 k).
[116] Nicht befriedigend zu erklären.
[117] Unverständlicher Zusatz; vgl. Ap. BHS.
[118] Fehlt in S und V, Zusatz.
[119] Fehlt in G, Zusatz.
[120] Vgl. V. 31.
[121] Wörtlich: „aus Mangel an deiner Sättigung".

auch damit bekamst du nicht genug. 30 Wie fieberheiß ist dein Herz[122], Spruch [des Herrn][G-] Jahwe. Indem du dies alles tust, das Treiben eines hemmungslosen Hurenweibes, 31 und indem du deinen Sockel an jeder Straßenecke bautest[Ap] und machtest deine Anhöhe auf jedem freien Platz, da warst du nicht wie eine Hure, indem du Geschenke verschmähtest[123]. 32 Die Frau, die an ihrem Mann ehebrecherisch handelt, nimmt Fremde. 33 Allen Huren gibt man Lohn; und du gabst deine Hochzeitsgaben allen deinen Liebhabern und beschenktest sie, damit sie zu dir kamen von ringsumher zu deiner Hurerei. 34 Und es war bei dir das Gegenteil von den Frauen bei deiner Hurerei; und hinter dir her hurte man nicht; und indem du Geschenke gabst, und man gab dir keine Geschenke, da wurdest du zum Gegenteil. **35 Darum, Hure, höre das Wort Jahwes: 36 So spricht [der Herr][G-] Jahwe: Weil du deine Scham entblößt[Ap] hast, und deine Blöße[124] enthüllt wurde bei deiner Hurerei mit[Ap] deinen Liebhabern** und mit allen Götzen deiner Greueltaten und um[Ap] des Blutes deiner Söhne willen, die du ihnen gabst, **37 darum, siehe,** ich sammle alle deine Liebhaber, denen du gefielst[125], und alle, die du liebtest, mitsamt all denen, die du haßtest; und ich sammle sie wider dich von ringsumher, und ich enthülle ihnen deine Blöße, und sie werden all deine Blöße sehen. **38 Und ich richte dich nach dem Recht[Ap] für Ehebrecherinnen [und für die, die Blut vergießen][G-] und ich gebe[Ap] Grimm und Eifer über dich.** 39 Und ich gebe dich in ihre Hand, und sie reißen deinen Sockel nieder, und sie zerstören deine Anhöhen, und sie ziehen dir deine Kleider aus, und sie nehmen deine Schmuckstücke, und sie lassen dich nackt und bloß liegen. 40 Und sie berufen wider dich eine Volksversammlung ein, und sie steinigen dich, und sie hauen dich mit ihren Schwertern in Stücke. 41 Und sie verbrennen deine Häuser mit Feuer, und sie vollstrecken an dir Strafgerichte vor den Augen vieler Frauen. **Und ich mache mit deiner Hurerei ein Ende.** Und auch Geschenke wirst du nicht mehr geben. 42 Und ich befriedige meinen Grimm an dir, und mein Eifer wird von dir ablassen. Und ich komme zur Ruhe und rege mich nicht mehr auf. 43 Weil du nicht an die Tage deiner Jugend dachtest, und du mich in alledem zum Zorn reiztest[Ap], gebe auch ich[Ap] deinen Wandel auf deinen Kopf, Spruch [des Herrn][G-] Jahwe; hast du nicht[126] Schändliches getan zu all deinen Greueltaten hinzu? 44 Siehe, jeder, der Spottverse über dich macht, wird sprechen: ‚Wie die Mutter, so die Tochter'. 45 Tochter deiner Mutter bist du, die ihres Mannes und ihrer Söhne überdrüssig wurde; und die Schwester deiner Schwestern[127] bist du, die ihrer Männer und ihrer Kinder überdrüssig geworden waren. Eure Mutter ist eine Hethiterin, und euer Vater ist ein Amoriter. 46 Und deine große Schwester ist Samaria, sie

---

[122] So der einleuchtendste Übersetzungsvorschlag (vgl. Zimmerli, BK XIII, 1, 338).

[123] Wörtlich: „Geschenk, Lohn zu verschmähen".

[124] Vgl. V. 8.

[125] Die mit Verweis auf Ez 23, 5 vorgeschlagene Konjektur *ʿgbt* für *ʿrbt* (vgl. Ap. BHS), die dann auf die Übersetzung „nach denen du Verlangen hattest" führt, ist erwägenswert.

[126] *wlʾ* hier wie in V. 47.56 als Frageeinsatz (vgl. G-K[28], § 150, 1).

[127] So mit Ap. BHS; M liest hier wie in V. 51 und 52 sing.; vgl. dazu auch unten Anm. 206.

und ihre Töchter, die zu deiner Linken wohnt; und deine kleine Schwester, die zu deiner Rechten wohnt, ist Sodom und ihre Töchter. 47 Und wandeltest du nicht[128] auf ihren Wegen und hast dich mit ihren Greueltaten befaßt? Schon bald[129], und du triebst es schlimmer[130] als sie auf allen deinen Wegen. 48 So wahr ich lebe, Spruch [des Herrn][G-] Jahwe, Sodom, deine Schwester, sie und ihre Töchter, haben nicht getan, wie du getan hast und deine Töchter. 49 Siehe, das war die Verschuldung Sodoms, deiner Schwester: Stolz, Fülle an Brot und sorglose Ruhe hatte sie und ihre Töchter, und die Hand des Elenden und Armen stärkte sie nicht. 50 Und sie wurden übermütig[Ap] und taten Greueltaten vor mir; und ich entfernte sie, wie du gesehen hast[Ap]. 51 Und Samaria hat nicht die Hälfte deiner Verfehlungen begangen. Und du machtest deine Greueltaten zahlreicher als sie, und du hast deine Schwestern[Ap] gerecht erscheinen lassen durch all deine Greueltaten, die du getan hast. 52 Auch du trage deine Schande, die du für deine Schwestern[Ap] eingetreten bist durch deine Verfehlungen, aufgrund deren – du vollzogst sie abscheulicher als sie – sie gerechter dastehen als du. So schäme auch du dich und trage deine Schande, darum daß du deine Schwestern[Ap] als gerecht erscheinen ließest[131]. 53 Und ich werde ihr Geschick wenden, das Geschick Sodoms und ihrer Töchter und das Geschick Samarias und ihrer Töchter, und ich wende[Ap] dein Geschick[Ap] in ihrer Mitte, 54 darum daß du deine Schande trägst und dich schämst wegen all dessen, was du getan hast, indem du sie tröstest. 55 Und deine Schwester[Ap] Sodom und ihre Töchter werden in ihren früheren Zustand[132] zurückkehren, und Samaria und ihre Töchter werden in ihren früheren Zustand zurückkehren, und du und deine Töchter, ihr werdet in euren früheren Zustand zurückkehren. 56 Und war nicht[133] Sodom, deine Schwester, berüchtigt[134] in deinem Munde am Tage deines Stolzes[Ap], 57 bevor deine Bosheit[135] aufgedeckt wurde? Wie sie bist du nun[Ap], [so] das Höhnen der Töchter Edoms[Ap] und all ihrer Nachbarn [der Töchter der Philister][136], die dich verachten ringsum her? 58 Deine Schandtat[137] und deine Greueltaten, du mußt sie tragen", Spruch Jahwes. 59 Fürwahr, so spricht [der Herr][G-] Jahwe: „Und ich tue[Ap] dir an, was du getan hast, die du die Verfluchung verachtet hast, den Bund zu brechen. 60 Und ich gedenke meines Bundes mit dir[Ap] in den Tagen deiner Jugend, und ich richte für dich einen ewigen Bund auf. 61 Und du gedenkst deiner

[128] Vgl. oben Anm. 126 zu V. 43.
[129] *kmʿṭ* („nur ein wenig") in temporaler Bedeutung (vgl. Ps 81, 15); das sonst nicht belegte *qṭ* dürfte auf Dittographie zurückgehen.
[130] Vgl. Ez. 23, 11.
[131] Zum inf. pi. fem. vgl. G-K[28], § 52p.
[132] Vgl. Ez. 36, 11.
[133] Vgl. oben Anm. 126 zu V. 43.
[134] Wörtlich: „zum Gerücht".
[135] Eventuell ist „deine Blöße" zu lesen, vgl. Ap. BHS.
[136] Zusatz?
[137] Vgl. V. 27. 43.

Wege[138] und schämst dich; indem ich deine Schwestern nehme[Ap], die größer sind als du, nebst denen, die kleiner sind als du, da gebe ich sie dir zu Töchtern, aber nicht deines Bundes wegen. 62 Und ich richte meinen Bund auf mit dir; und du sollst erkennen, daß ich Jahwe bin, 63 auf daß du dich erinnerst und beschämt bist; und du wirst deinen Mund nicht mehr aufmachen wegen deiner Schande, indem ich dich entsühne für alles, was du getan hast", Spruch [des Herrn][G-] Jahwes.

Lit.: O.H. Steck, Zion als Gelände und Gestalt. Überlegungen zur Wahrnehmung Jerusalems als Stadt und Frau im Alten Testament, ZThK 86, 1989, 261–281; Krüger, Geschichtskonzepte, 137–198.325–332; Christl Maier, Jerusalem als Ehebrecherin in Ezechiel 16: Zur Verwendung und Funktion einer biblischen Metapher, in: H. Jahnow u. a., Feministische Hermeneutik und Erstes Testament. Analysen und Interpretationen, Stuttgart 1994, 85–105.

a. Ez 16 Zum Kontext

In Ez 16 wird Jerusalem mit einem von Jahwe geretteten Findelkind verglichen, das schließlich als Jahwes Ehefrau ihm untreu wird und dafür grausam bestraft werden soll. Da Ez 15 im Anschluß an das Bild vom unbrauchbaren Rebholz lediglich eine sehr knappe Begründung für das in Aussicht gestellte Geschick Jerusalems (vgl. 15, 8) enthält, wirken die ausführlichen Darlegungen über die Untreue in Ez 16 wie eine ergänzende Stellungnahme zum vorausgehenden Kapitel. Wegen der zwischen Ez 15 und 17 (vgl. besonders 17, 5–10) erkennbaren thematischen Berührungen (Thema „Rebstock") könnte man vermuten, daß ein ursprünglicher Textzusammenhang Ez 15/17 vorgegeben war und durch Einschaltung der Bildrede von der untreuen Frau in Ez 16 nachträglich gestört worden ist. Gegen die Annahme einer originalen Textfolge 15*/17* spricht jedoch schon, wie bereits ausgeführt, daß Ez 15, bevor die erkannten Erweiterungen (15, 4bff.) vorgenommen wurden, ursprünglich hinter 19, 10–14 verankert war. Zudem scheint Ez 17,(1–4)5–10 wegen des gesamten Handlungsablaufs und der in V. 9–10 aufgeworfenen Fragen nach dem weiteren Geschick des Rebstocks gerade im Vorausblick auf die Abfolge 19, 10–14; 15, 2–4* konzipiert worden zu sein, und zwar zu dem Zweck, dem Leser hier Vorgeschichte und Hintergründe jenes später verhandelten Geschicks des Rebstocks (sein totales Ende, das Verdorren und sein „Nutzwert" lediglich als Feuermaterial) aufzudecken. Wie im einzelnen die jetzige Textfolge Ez 15/16 vor Ez 17 zustande kam, läßt sich kaum noch aufhellen; hier lassen sich verschiedene Möglichkeiten durchspielen: Entweder wurde Ez 16*, nachdem bereits Ez 15* mit den erforderlichen Erweiterungen vor Ez 17 eingearbeitet war, nachträglich eingeschaltet, oder Ez 16* wurde zugleich mit Ez 15* vor Ez 17 verankert, oder Ez 16* war bereits in

---

[138] G liest sing.

der Abfolge 16*/17 vorgegeben, woraufhin Ez 15 (ursprünglich hinter 19, 10–14![139]) erst später (im gleichen Zuge mit einer Bearbeitung einer Vorstufe von Ez 16?) an den jetzigen Ort versetzt worden wäre. Wir lassen diese Frage hier auf sich beruhen und kommen darauf zurück, sofern im folgenden genauere Kenntnis der Wachstums- und Redaktionsgeschichte dieser Kapitel zu erlangen ist.

b. Ez 16 Aufbau

16, 1–43 behandelt anhand der Bildrede vom undankbaren Findelkind bzw. der untreuen Ehefrau Ursprung und Geschichte Jerusalems und deckt so die Hintergründe für Jerusalems Untergang auf. In 16, 44–58 wird Jerusalems schuldhaftes Verhalten mit den Vergehen Samarias und Sodoms verglichen; 16, 59–63 eröffnet mit dem Verweis auf Jahwes Bund eine Zukunftsperspektive. Das Kapitel ist keineswegs aus einem Guß; es „ist das längste im ganzen Buche und literarkritisch besonders schwierig“[140]. In der Regel erkennt man in 16, 44–58 und 16, 59–63 nachträgliche Erweiterungen zu 16, 1–43[141]; aber auch 16, 1–43 enthält jetzt Textanteile, die zusatzverdächtig sind.

c. 16, 1–43

1–14 Der auf die sogenannte Wortergehensformel (V. 1) folgende Redebefehl (V. 2, Parallele zu Ez 22, 2 b, vgl. 20, 4 b) soll alles Weitere als Aufdeckung der Greueltaten Jerusalems kennzeichnen. Während in 22, 1–16 direkt im Anschluß an V. 2 katalogartig die Greueltaten der „Blutstadt“ und entsprechend der Katalog der Schuldigen[142] vorgeführt werden, hebt die durch den Propheten vermittelte, an Jerusalem als Adressatin gerichtete Gottesrede in 16, 3 zunächst einmal Jerusalems keineswegs edlen „Stammbaum“ (V. 3) hervor. Auf die Anfänge der Beziehung zu Jahwe und die weitere Entwicklung der Stadt spielt der Vergleich mit einem Findelkind (V. 4–14) an, das nicht nur sein Leben Jahwe verdankt (V. 4–7 aα), sondern als schließlich erwachsenes Mädchen auch von ihm zur Ehefrau erwählt und aufs feinste ausgestattet und so versorgt wird, daß es sich zu einer wunderschönen Frau entwickelt, deren Ruhm sich weit verbreitet (V. 7 aβ–14).

15–34 legen dar, daß und wie nun aus dieser Ehefrau eine Hure geworden 15–34
ist; die entsprechenden Ausführungen lassen deutlich erkennen, daß hier

[139] S. o. 215.
[140] Hölscher, Hesekiel, 92.
[141] Vgl. z. B. Zimmerli, BK XIII, 1, 341 f.; neuerdings Krüger, Geschichtskonzepte, 325 ff.
[142] Hier sind es durchweg Vergehen, die das Binnengefüge Jerusalems als von Jahwe gewollte Ordnung tangieren.

sukkzessiv nachgetragene Textanteile die Verkommenheit der Frau belegen und weiter ausmalen sollen[143].

35–43 35–43 Mit dem Aufmerksamkeitsruf leitet V. 35 über zu den Folgerungen, die Jahwe aus alledem ziehen wird (36–43): die Frau bzw. Hure wird grausam bestraft werden, alle ihr einst gewährten Vergünstigungen werden ihr genommen, das Ende ist ihre Hinrichtung. Auch dieser Abschnitt ist nicht in seiner Ursprungsfassung erhalten.

Insgesamt läuft in der Textfolge 16, 3. 4–14. 15–34. 35–43 die in V. 2 geforderte Aufdeckung der „Greueltaten" auf eine die gesamte Geschichte Jerusalems deckende Generalabrechnung hinaus.

Mit V. 3 mit den Informationen über die kanaanäische Herkunft etc., die durchaus im Einklang mit anderweitigen atl. Hinweisen auf die vorisraelitische Geschichte Jerusalems[144] stehen, soll zum einen klargestellt werden, daß von den Anfängen her keinerlei Anspruch auf eine Sonderstellung Jerusalems bestand[145]; und zum andern, daß die späteren fatalen Entwicklungen bereits von Beginn an angelegt waren. Denn Jerusalem (= Jebus) steht so betrachtet in engster Verbindung zu jenen Völkern, die nach Dtn 7, 1 u. ö. aus dem Land vertilgt werden sollen und von denen sich Israel fernhalten soll, um sich nicht zur Verehrung anderer Götter und damit zum Abfall von Jahwe verleiten zu lassen.

Die anschließende, auf Jerusalem bezogene Bildrede von Aufstieg und Karriere eines Findelkindes bis zur angesehensten Stellung einer Frau und Ehegattin[146] und schließlich deren selbstverschuldeten Untergang hebt zum einen hervor, wie Jerusalem unverdient allein durch Jahwes einstige freiwillige Zuwendung und sich gebunden wissende Fürsorge überhaupt zu ihrer hohen und bewunderten Stellung gelangen konnte; zum anderen soll so nachvollziehbar werden, daß und inwiefern allein das ungehörige Verhalten Jerusalems Jahwe gegenüber den Ausschlag für den Untergang gibt. Daß die in höchste Stellung erhobene Frau sich freiwillig als Hure hergibt, soll das Ausmaß an Perversion verdeutlichen, die darin besteht, daß Jerusalem das von Jahwe aufgebaute Verhältnis undankbar und grundlos ignoriert und sich anderweitig orientiert[147].

---

143 Vgl. dazu unten 226 ff.

144 Vgl. z. B. Gen 10, 15 f., dort in enger verwandtschaftlicher Verknüpfung Kanaan, Hethiter, Amoriter und Jebusiter (letztere die vorisraelitischen Bewohner Jerusalems); zur Eroberung Jerusalems durch David vgl. 2. Sam 5, 6 ff.; zum vorisraelitischen Jerusalem vgl. z. B. W. H. Schmidt, Alttestamentlicher Glaube in seiner Geschichte, Neukirchen 1990^{7}, § 13.

145 Vgl. ähnlich Am 9, 7.

146 Vgl. auch den (in G fehlenden) Schlußvermerk in V. 13 „und du brachtest es zum Königtum", nach Cooke, ICC, z. St. geradezu die Klimax der Bildrede; Greenberg (AncB, z. St.) verweist auf die Assonanz zu Ez 15, 4Ende (...*mlwkh* - ... *ml'kh*).

147 Mit ähnlicher Tendenz, daß Jahwe allein der Gebende und Fürsorgende ist, werden auch sonst die Anfangsbedingungen der Beziehungen Jahwes zu seinem Volk charakterisiert. So hat z. B. nach Hos 11, 1 ff. Jahwe „Israel" in Ägypten zu seinem „Sohn" erklärt und großgezogen; auch hier bleibt der Dank des Zöglings aus, wird von Seiten Israels das auf Jahwes Liebe und Fürsorge aufgebaute Verhältnis gelöst.

Die Bildrede basiert hauptsächlich auf einer Israel offensichtlich geläufigen Anschauungsform, der Verkörperung eines Volkes, einer Volksgruppe oder einer Stadt in einer Einzelperson[148], sehr oft in einer Frau[149]. Wegen dieser Anschauungsform dienen auch sonst im AT häufig Geschick oder „Karriere“ einer Frau[150] als Gleichnis für das Geschick einer Stadt oder eines Volkes[151]. Da die Bildrede hier eben gerade der Klarstellung dienen soll, warum es trotz der langewährenden engen Bindung Jahwes an Jerusalem dazu kam, daß diese Stadt dem Untergang entgegengeht, dürfte der Grundtext kaum als Allegorie[152] angelegt gewesen sein. Bemühungen, alle Einzelmomente der Bildrede aufzuschlüsseln und in entsprechende Sachaussagen umzusetzen, sind daher unangebracht[153].

Die einzelnen Aussageelemente über Abstammung, „Aufstieg“ und „Niedergang“ gehen stringent in ein und dieselbe Stoßrichtung, nämlich Jerusalem und den Jerusalemern jegliche Sonderstellung abzusprechen und damit jegliches Elitebewußtsein Jerusalems und der Jerusalemer[154] als völlig unberechtigt zurückzuweisen. Der Verfasser hat seine Generalabrechung in einer Weise arrangiert, daß keinerlei Zweifel auch nur daran aufkommen kann, daß Jerusalem genau das Geschick widerfährt, das sie verdient hat (vgl. V. 43)[155].

Wie in Ez 16 (und 23) soll auch in Hos 1–3[156]; Jes 1, 21; Jer 3, 1–5; 3, 6 ff.; 13, 24 ff. der Vergleich mit einer Hure zeigen, wie abtrünniges Verhalten Jahwe gegenüber schließlich dessen konsequente Feindseligkeit provozieren mußte, woraufhin umfassend bewirktes Unheil als Jahwes Reaktion verständ-

---

148 Vgl. die Anredeformen z. B. Jes 40, 27; 41, 8 „Jakob“; „Tochter Zion“ Jes 1, 8; Jer 4, 31; „Tochter Babel“ Jer 50, 42; „Jungfrau Israel“ Am 5, 2.

149 Zum Belegmaterial für die „Stadt als Frau“ in Israels Umwelt vgl. z. B. Steck, Zion, 274 f.

150 Vgl. z. B. Jes 1, 21; 23, 15 ff.; Nah 3, 4 ff. als Hure; z. B. Jes 47, 8 f.; 54, 1 als kinderlose Witwe; Jes 62, 5 ff. als Braut; vgl. auch Jer 4, 30 f.

151 In Unheil thematisierenden Texten ist das Vergleichsmoment die Erniedrigung oder der Fall einer Frau, in Heilsworten ihre Restitution oder Erhöhung. Für Unheilsworte ist charakteristisch, daß darin einem herrlichen Einst (hohe Stellung, Ansehen) ein elendes Jetzt (Fall, Verachtung) gegenübersteht; Heilsworte ordnen entsprechend umgekehrt oder dreistufig (1. einstiges Ansehen [implizit vorausgesetzt durch] 2. jetziges Elend, 3. künftiges Ansehen); zum Kontrast zwischen einstiger Größe und gegenwärtigem Elend vgl. besonders Klgl; vgl. auch unten zu Ez 19, 1–9. 10–14 und Ez 31*.

152 D.i. eine „geheimnisvolle und phantastisch spielende Verkleidung eines Sachverhalts, die der Weissagung wie auch anderen Zwecken dienen kann“; so R. Bultmann (Die Geschichte der synoptischen Tradition, FRLANT 29, Göttingen 1964^{6}, 214) zur Eigenart der Allegorie.

153 Ob in den späteren Zusätzen allegorische Redeweise eingesetzt ist, bleibt zu prüfen.

154 Vgl. die entsprechende Redeweise in Ez 11, 3.

155 Daß der gleiche Verfasser auch schon die jetzt in 16, 59–63 vorliegende heilvolle Zukunftsperspektive konzipiert und mit seiner Bildrede verknüpft hat, ist demnach auszuschließen.

156 Vgl. hierzu Levin, Verheißung, 241, der feststellt, „daß man sich in Hos 2 auf Schritt und Tritt an die beiden Bildreden von der untreuen Frau in Ez 16 und 23 erinnert sieht. Der Zusammenhang ist unbestreitbar. Er reicht bis in den einzelnen Wortlaut hinein. Daß die Priorität auf Seiten des Hoseabuches liegt, ist nicht einfach vorauszusetzen, wenn man die umfangreiche Fortschreibungsgeschichte der Prophetenbücher… bedenkt, an der auch die hoseanische Überlieferung teilgehabt hat“.

lich und als Ordnungswirken akzeptabel wurde.[157] Aus der vorgegebenen und geläufigen Vorstellung von der Verkörperung Jerusalems in einer Frau resultiert andererseits auch der häufige Vergleich des Geschicks Jerusalems mit dem Geschick einer Frau, die zur Witwe (gemacht?) geworden ist[158]. Analog dazu, daß das Witwendasein mangels eines männlichen Schutzes Verlassenheit, Rechtsunsicherheit, Schande etc. implizierte, versuchte man Jerusalems desolate Situation wegen und nach der Eroberung so zu begreifen, daß die Stadt von Jahwe als ihrem Schutzpatron verlassen worden war. Allerdings war hier dann noch offen, warum denn überhaupt der Schutzpatron Jahwe in und seit der Katastrophe abseits oder fern stand. Bezeugt ist ja „zumal in Deuterojesaja auch die andere Sicht, daß die Katastrophe Jerusalems unbegründet bleibt (51, 17 ff.)...“[159]. Und mußte nicht zudem, so betrachtet, Jahwe sogar unter Ohnmachtsverdacht geraten? Entsprechende Äußerungen des Zweifels an Jahwes Macht und Fähigkeiten sind z.B. in Jer 8, 19 a; 14, 8 b. 9; Jes 50, 2 a (vgl. 59, 1 f.) erhalten geblieben[160]. Bei den Bemühungen, die seit der Katastrophe von 587 v. Chr. irritierenden Theodizeeanfechtungen inkl. Ohnmachtsverdacht angemessen theologisch abzufangen, dürfte in Ez 16 die Bildrede von der hurerischen Frau ein fortgeschrittenes Reflexionsstadium wiederspiegeln. Anders als beim Vergleich mit einer Frau, die zur Witwe wird, gelingt es mit dem Vergleich mit einer Frau, die sich zur Hure entwickelt, eindrücklich, Israel bzw. Jerusalem zu belasten und damit den Verdacht und die Befürchtung auszuräumen, daß Jahwe sein Volk oder seine Stadt in der Katastrophe grundlos, vielleicht gar machtlos im Stich gelassen haben könnte.

Die die Bildrede und ihren Aufbau prägende, umfassend rückblickende und wertende Geschichtsschau setzt ebenfalls intensive theologische Bemühungen voraus, die Katastrophe von 587 v. Chr. zu verarbeiten und zu rechtfertigen. Während es nach Ez 22 die Verschuldungen sind, die im Zeitraum nach 597 und vor 587 v. Chr. das Unheilshandeln Jahwes provoziert haben und somit den Untergang Jerusalems 587 v. Chr. rechtfertigen, ist in Ez 16

---

[157] Daß in Ez 16 Theodizeeaspekte eine große Rolle spielen, betont zutreffend Greenberg, AncB, 299.

[158] Vgl. Jes 49, 14; 54, 4 ff. u. ö.; vgl. Jes 47: Babel als Herrscherin/Königin, die zur Witwe gemacht werden soll.

[159] Steck, aaO., 277; vgl. ähnlich die sumerischen „Balag-Kompositionen“, in denen das auch sonst „in der mesopotamischen Religionsgeschichte immer wiederkehrende Problem des Machtumfangs einer Gottheit“ anklingt und „im Fortgang der Klage in seinen schillernden, logisch eher widersprüchlichen Aspekten weiter artikuliert“ wird. „Einerseits wird geklagt, Inanna habe Uruk verlassen und damit die schutzlose Stadt der Zerstörung preisgegeben. Andererseits werden die erzürnten Gottheiten Enlil, Ninlil... (etc.) als verantwortlich für die Verwüstungen erkannt... Nur eine Möglichkeit wird überhaupt nicht in Erwägung gezogen: daß die Zerstörung der Stadt in der Schuld der Bewohner ihre Ursache haben könnte“ (H. Spieckermann, Stadtgott und Gottesstadt. Beobachtungen im alten Orient und im Alten Testament, Bib 73 [1992], 14).

[160] Vgl. L. Perlitt, Anklage und Freispruch Gottes. Theologische Motive in der Zeit des Exils, ZThK 69, 1972, 290–303: Noch Deuterojesaja „kämpft... an gegen diese tief eingebrannte Überzeugung von der völligen Unwirksamkeit Gottes“ (296).

ähnlich wie in Ez 20 aus einer zurückblickenden geschichtsperspektivischen Gesamtsicht der „Schuldaufweis" als Generalabrechnung konstruiert. Ganz offensichtlich nimmt im Zuge fortschreitender Reflexionen über die Hintergründe der Ereignisse von 587 v. Chr. die Tendenz zu, mit Hilfe geschichtsperspektivischer Rückblicke die Anfänge der Geschichte des Abfalls von Jahwe immer weiter zurück zu verfolgen, bzw. zurück zu verlegen[161].

16, 1–14 Das Findelkind – geeignet zur Königin

4–7 Sämtliche Angaben zur Situation des Findelkindes sollen sicherstellen, daß dieses von seinen lieblosen Eltern abgelehnte und ausgesetzte Wesen völlig verloren und dem Tode ausgeliefert war. Allein Jahwes Initiative ermöglicht sein Leben. 4–7

Auffälligerweise und in einem gewissen Kontrast zu den in V. 8–12 geschilderten Maßnahmen Jahwes zu Gunsten des jungen Mädchens nimmt sich Jahwe des hilflosen Neugeborenen nicht direkt und konkret an. Während sich Jahwe nach V. 8–12 in fast peinlich berührender Weise um die Körperpflege des herangereiften Mädchens bemüht, hält er hier auf Abstand; es genügt allein sein Wort, daß das Kind lebt und aufwächst. Vielleicht ist dieser Kontrast noch ein Indiz dafür, daß ursprünglich zwei zunächst voneinander unabhängig umlaufende Erzählmotive, das vom Findelkind und das von der schön geschmückten Frau, zu einer „story" mit Jahwe in der Hauptrolle kompiliert wurden und dabei bestimmte Vorgegebenheiten eine ausgeglichenere Charakterisierung Jahwes erschwerten.

Möglicherweise legt der Verfasser in V. 4–7 deswegen auf eine gewisse Distanz Jahwes zum Findelkind Wert, weil er sich andernfalls Jahwe im direkten Kontakt mit dem blutbeschmierten, ungewaschenen, bloßen und zappelnden Neugeborenen vorstellen müßte[162]. Jedenfalls werden hier Details vermieden. Auch im folgenden (V. 7 a) ist nicht wichtig, wie, sondern allein, daß das Mädchen schließlich erwachsen wird. Zum Thema „Ausschmückung der Braut" (V. 9–12) leiten dann schon die Hinweise über, die das Mädchen nun als im heiratsfähigen Alter vor Augen malen (V. 7 aβ.bα).

8–14 Daß Jahwe hier nun nicht wie zuvor beim Findelkind auf Abstand hält, muß damit zusammenhängen, daß die Ausschmückung der Braut allein auf Jahwes Initiative und Bemühungen zurückgeführt werden soll. Um jegli- 8–14

[161] Vgl. z. B. 2. Kön 21, 14 f. (nach Würthwein, Könige, ATD 11, 2, 442 ein „auf einen DtrN-Kreis zurückgehende[r] Passus...: Der Rest von Jahwes Erbe... wird von Jahwe selber den Feinden preisgegeben, weil sie vom Auszug aus Ägypten an, d. h. von der Zeit an, da Jahwe die Gemeinschaft mit Israel begründete, ihn ‚gereizt', sich gegen seinen Willen aufgelehnt haben."); Dtn 9, 7 ff.; 1. Sam 8, 8; ferner Jer 7, 25; Jer 11, 7 f.; vgl. aber Jer 32, 22 f. (Vorwurf des Ungehorsams seit der Inbesitznahme des Landes); Jer 2, 1–3 (Verweis auf die Treue Israels in seiner Jugendzeit in der Wüste); Jer 32, 31 („... seit diese Stadt gebaut ist"; vgl. dagegen Jer 32, 23); Jer 15, 4 („um Manasses willen, des Sohnes..., für alles, was er in Jerusalem begangen hat" [vgl. 2. Kön 21, 10–13]).

[162] Sich aber nicht vorstellen kann, und zwar weil – abgesehen von Reinheitsfragen – in einer solchen Situation „Männer" in praktischen Dingen normalerweise völlig hilflos reagieren.

chen Eigenverdienst der Braut selbst[163] auszuschließen, muß sie als völlig passiv dargestellt werden; Jahwe muß also höchstpersönlich und in allen Einzelheiten - wie im Erzählmotiv vorgegeben - die Braut „schön machen". Daß im thematisch eng mit Ez 16 verwandten Kap. 23 in V. 40-42 „von Ferne kommende Männer" diejenigen sind, die die Frau (vgl. singl. in 23, 40b) mit Armspangen und einem prächtigen Diadem (23, 42, vgl. 16, 11. 12b) beschenken und schmücken, könnte damit zusammenhängen, daß hier noch Anklänge an eine ältere Version erhalten sind, und darauf hindeuten, daß das Motiv „Ausschmückung einer Frau" in Ez 16 daher entnommen und erst sekundär mit Jahwe in Verbindung gebracht wurde.

8 8 Wiederum werden Einzelheiten ausgespart; wie, wo, warum Jahwe diesem heiratsfähigen Mädchen begegnet (V. 8 aα), braucht der Leser nicht zu wissen. Wichtig ist, daß dieses Mädchen sich wieder in einer hilflosen Situation befindet (V. 7 bβ), und daß Jahwe sich daraufhin für es zuständig erklärt. Daß er es zu seiner Braut erwählt und die Ehe mit ihm schließen will, macht er damit deutlich, wie es auch sonst als Brauch belegt ist, daß er den Saum seines Gewandes über die Erwählte ausbreitet[164]. Für letzte Klarheit sorgt dann noch der Verweis auf das als Eid geleistete Versprechen und den „Bund"; da beides sonst im Zusammenhang einer Eheschließung nicht belegt ist[165], ist hier damit möglicherweise eine Anspielung auf Jahwes Zusagen in der Anfangszeit Israels[166] beabsichtigt.

9-14 9 Daß Jahwe selbst Reinigung und Salbung vornimmt, ist, wie bereits vermerkt, auffällig; solche Körperpflege ist sonst Sache der Frau selbst[167], jedenfalls Frauensache[168]. Nach V. 10-12 ist die gesamte von Jahwe besorgte Ausstattung der Braut „vom Feinsten"; die einzelnen Produktbezeichnungen verraten, daß hier an kostbare ägyptische Importware gedacht ist. „Buntes Gewand" kann sogar einer Königin (Ps 45, 15) stehen. Auf die kostbare Kleidung abgestimmt spart Jahwe nicht an reichem, edlem Schmuck. Da auch ein prächtiges, einer Königin würdiges Diadem (vgl. Jes 62, 3) nicht fehlen darf, ist zu folgern, daß hier insgesamt die Ausstattung einer Frau von königlichem Rang vorgeführt wird, wie das dann das abschließende Fazit in V. 13 auch explizit hervorhebt[169]. V. 14 konstatiert schließlich als Ergebnis der Fürsorge und Freigebigkeit Jahwes das wegen ihrer außerordentlichen Schönheit weltweite Ansehen dieser Frau, also Jerusalems.

---

163 Vgl. immerhin 16, 13, wonach die Braut auch selbst agiert.
164 Vgl. Rut 3, 9.
165 Vgl. aber immerhin Mal 2, 14.
166 Vgl. z. B. Ez 20, 6.
167 Vgl. Ruth 3, 3; Jdt 10, 3; ZusDan: Susanna (Th) 17.
168 Vgl. auch Est 2, 12f.; ferner Ez 23, 40.
169 Möglicherweise handelt es sich um Anklänge an die frühere, im älteren vorgegebenen Motivgut enthaltene Zeichnung Jerusalems als Königin.

16, 15–34 Hurenmentalität*

Während kaum Zweifel darüber bestehen können, daß die Aussageelemente „Abstammung" – „Aufstieg" – „Niedergang" in dieser Abfolge für die Grundkonzeption der Bildrede 16, 1–34 maßgeblich sind, und auch durchweg unstrittig ist, daß die Version über „Abstammung" und „Aufstieg", wie sie jetzt in 16, [1–2]3. 4–14 vorliegt, überwiegend noch die der Grundkonzeption darstellt, ist dagegen weit weniger klar, welche Textanteile in V. 15–34 anfänglich die Art und Weise des „Niedergangs", also der Hurerei beschrieben haben. So wird der Vorwurf in V. 15, sich mit „jedem, der vorüberkam" eingelassen zu haben, in 16–21 in einer Diktion „spezifiziert", die die „Hurerei" der Frau als Abfall vom reinen Jahwekult, also Fremdgötterei mit den entsprechenden Abscheulichkeiten assoziieren soll. Während V. 22 an die elende Ausgangssituation des Findelkindes erinnert und implizit den Vorwurf der Undankbarkeit Jahwe gegenüber enthält, verweisen 23–30 a dann nach der Wiederaufnahme von Feststellungen aus V. 15. 16 in V. 24 f. auf eine Hurenmentalität im Umgang mit ausländischen Mächten, um so Jerusalems außenpolitische Arrangements im Verlauf der Geschichte zu monieren (vgl. die Erwähnung Ägyptens V. 26, der Philister V. 27[170], der Assyrer V. 28 sowie Chaldäas [=Babylonien] V. 29). Schließlich bemüht sich nach erneuter Aufnahme von V. 15. 16 bzw. V. 24. 25 in V. 31 a der Abschnitt 30 b–34 um zusätzliche Erläuterungen zu den zuvor angesprochenen Hurenarrangements: Die Hure läßt sich nicht für ihre Dienste bezahlen; sie zahlt selbst, damit ihre Partner sich bei ihr einfinden.

Zur Klärung der Frage, in welcher Weise ursprünglich die hurerischen Aktivitäten der Frau vorgestellt waren, hilft leider auch der folgende Abschnitt 16, 35–43 mit den Ausführungen über die Strafmaßnahmen Jahwes nicht weiter. Da die unübersehbaren engen Berührungen zwischen Ez 16 und Ez 23[171] das Ergebnis nachträglicher Angleichungen sind, aber nicht immer zu klären ist, welche Textanteile in welchem Kapitel ursprünglich bzw. nachgetragen sind, sind bei einem Versuch, die Genese von 16, 15–34 und 16, 35–43 mit ihren zahlreichen Unstimmigkeiten zu durchschauen und den Kernbestand und damit die ursprüngliche Fortsetzung von 16, 1–14 zu sondieren, kaum wirklich sichere Ergebnisse erreichbar.

In der Regel sucht man den Ursprungstext in 16, 15. 24 f.[172]. V. 26–29 15. 24 f.
dürfte deswegen nicht zum ursprünglichen Kerntext zählen, weil hier das Resultat nachträglicher Angleichungen an die Ausführungen in Ez 23, 12 ff. erkennbar ist[173]. Wiederum abhängig von V. 26–29 und im Nachtrag dazu sollen V. 30 b–34 die Hurenmentalität in ihrer äußersten Perversion in den Blick rücken. V. 16–19. 20–23 kann man kaum anders betrachten als „eine aus dem

170 V. 27 mit dem Verweis auf eine Reaktion, ein Zwischeneingreifen Jahwes unterbricht den „Lasterkatalog".

171 Zum Verhältnis Ez 16 – Ez 23 vgl. unten den Exkurs zu Ez 23.

172 So z. B. Zimmerli, BK XIII, 1, 353 ff.; Fuhs, NEB I, 80.

173 Vgl. z. B. 16, 26 als „zusammenfassende Zitierung von 23, 20" (Zimmerli, BK XIII, 1, 358).

Rahmen des Bildes ganz herausfallende, sehr wenig poetische Beschreibung des Götzendienstes, die sich schon durch ihre rhythmische Formlosigkeit und durch die monotone Wiederholung der gleichen Vokabeln als sekundär erweist"[174].

Mithin hätte der Kerntext in V. 15 a. 24*. 25*[175] als ursprüngliche Fortsetzung zur Geschichte des Findelkindes, das dank Jahwes Förderung schließlich bis zum Rang einer Königin gleich aufgestiegen war, lediglich pauschal festgehalten, daß diese Frau zur Hure wurde und sich entsprechend auf-
15 führte. Gründe dafür werden explizit nicht angegeben. Doch ist nach V. 15 aα „und du verließest dich auf deine Schönheit" klar, daß der Verfasser hier mit dem Vorwurf des Selbstruhms und der überheblichen Selbstsicherheit auf die daraus resultierende bzw. sich darin schon manifestierende Abkehr von Jahwe hinaus will. Denn es ist keine Frage, daß als nach der bisherigen Geschichte (V. 3–14) angemessene Einstellung allein das dankbare Vertrauen und die entsprechende Orientierung auf den Geber aller Gaben und den Garanten der damit verbundenen Vorzugsstellung angebracht gewesen wäre[176]. Die lediglich noch diese Vorzugsstellung, aber nicht mehr ihren Garanten berücksichtigende Selbsteinschätzung, diese Selbstdefinition über nun gleichsam zu „Eigenkapital" erklärten Gaben, führt zwangsläufig dazu, den eigenen Rang nun über den Marktwert zu suchen, also konsequent, bindungs- und hemmungslos die „Selbsvermarktung" zu organisieren: Jetzt kommt es auf „Selbstdarstellung" an, jetzt gilt es, sich „gut zu verkaufen", sich eben auch zu prostituieren (V. 15 b).

Mit V. 15 hat der Verfasser den Grundvorwurf definiert; die für die oben sondierten sukkzessiven Textnachträge verantwortlichen Ergänzer können hier lediglich noch spezifizieren bzw. die ihrer Meinung nach noch zur Verdeutlichung fehlenden Akzente nachliefern. Mit dem knappen Hinweis in
24 V. 24 a auf das Errichten von „Sockel" und „Anhöhe" schien ein Interpretationsspielraum bzw. -bedarf angezeigt zu sein. Zwar wird man sich unter den genannten Konstrukten (vgl. *bnh* = „bauen" in V. 24 und *hrs* = einreißen") Einrichtungen für kultische Zwecke[177] vorzustellen haben; doch worauf V. 24 abα[178] genau anspielt, bleibt im einzelnen dunkel. Es lag nahe, hier Verfehlungen im kultischen Bereich angesprochen zu sehen und über entsprechende Sachverhalte zwischen V. 15 und V. 24 a zu informieren.

Die Doppelaussagen in V. 15 und V. 25 hängen damit zusammen, daß die

---

[174] Hölscher, Hesekiel, 93.

[175] Ein Rekonstruktionsversuch legt folgende Fassung nahe: 15 „Und du verließest dich auf deine Schönheit und triebst Hurerei hinsichtlich deines Ruhmes,... [vgl. noch unten Anm. 191 zu 16,22] 24 und du bautest dir einen Sockel und machtest dir eine Anhöhe... 25 ... und machtest zum Abscheu deine Schönheit und machtest deine Beine breit für jeden, der vorüberkam, und vermehrtest deine Hurerei".

[176] Vgl. zur Jahwe gegenüber generell angemessenen Einstellung z. B. Ps 13,6; 25,2; 37,7.

[177] Vgl. U. Winter, Frau und Göttin, Göttingen 1987², Abb. 353, 350.

[178] Der Rest des Verses sowie V. 25 aα dürften auf eine Jer 11,13 berücksichtigende Ergänzerhand zurückgehen.

Nachträge hinter V. 15 eine teilweise Wiederaufnahme in V. 25 erforderlich machten, weil im anderen Fall (ohne den erneuten Hinweis auf die Bereitschaft für „jeden, der vorüberkam") die in V. 26–30 folgende, ebenfalls, aber in einem früheren Textstadium, nachgetragene Illustration kaum stimmig erscheinen konnte.

16,35–43 Konsequenzen*

Der ursprünglichen Kurzfassung der Hurenkarriere entsprach wahrscheinlich eine ebenfalls kurze Ankündigung der Strafmaßnahmen Jahwes. Häufig nimmt man dafür 16, 35. 36 aα. 37 a. 39– 41 a in Anspruch[179]. Allerdings hat schon Hölscher darauf hingewiesen, „daß 16, 35–43 eine schiefe Weiterführung des hesekielischen Bildes ist; denn es ist widersinning, daß ein beleidigter Ehemann die Liebhaber mit der Exekution der Ehebrecherin beauftragt"[180]. Dann bleibt für 16, 35ff*., wie an sich auch von der Rolle Jahwes in 16, 1–14 her zu erwarten, allein Jahwe als Gerichtsherr. Die Ausmalung der Strafaktionen in 16, 35–43 zielt jetzt ganz eindeutig darauf ab, hier Einzelzüge der Katastrophe Jerusalems 587 v. Chr. anklingen zu lassen: Die Liebhaber sind die Babylonier, die gegen Jerusalem heranziehen, die Stadt schließlich erobern, zerstören und verbrennen (vgl. 37. 39–41 a). Diese Darstellung setzt V. 26–29 voraus, die ebenfalls nicht zum ursprünglichen Kerntext zählen[181].

Sind in V. 35–43 alle jene Textanteile sekundär, die unter dem Einfluß der Ausführungen in Ez 23 widersinnig die „Liebhaber" nun selbst als Ahndungsinstanzen des hurerischen Treibens vorstellen, so bleibt für die nur noch hypothetisch zu erschließende Textfolge hinter V. 35 der Einsatz in V. 36 mit dem Verweis auf die Schamlosigkeit und die Hurerei mit den Liebhabern (V. 36 a*[182]); darauf folgte, mit „darum, siehe, ich will an dich[183]" in V. 37 eingeleitet, in V. 38 die Ankündigung Jahwes, nun die auf unzweifelhaften Ehebruch vorgesehene Strafe, also die Todesstrafe zu vollziehen[184]. Möglicherweise fungierte V. 41 bα noch als abschließendes Fazit[185].

Der für die so rekonstruierte Kernfassung von Ez 16 zuständige Autor

---

179 So z. B. Zimmerli, BK XIII, 1, 353 ff.; Eichrodt, ATD 22, 1, 116 ff.; Fuhs, NEB I, 80.

180 Hesekiel, 94.– Nach Eichrodt wird die „unbarmherzige Justiz der Fremden"... „wohl aus der Erbitterung über das trügerische Doppelspiel, dessen sie sich bei ihren Liebhabern schuldig gemacht hat, zu erklären sein" (ATD 22, 1, 125); aber das Motiv „beleidigte Liebhaber" klingt hier anders als in Ez 23 (vgl. dazu Pohlmann, Ezechielstudien, bes. 207 ff.) nirgends an.

181 Vgl. dazu unten.

182 Mit dem Rest des Verses wollte ein späterer Bearbeiter die Nachträge in V. 16–19. 20–21 berücksichtigt sehen.

183 Vgl. so G.

184 Zur Fortsetzung von *hnny ˁl*... mit *w* + Afformativkonjugation vgl. z. B. Ez 5, 8; 29, 10; 34, 10; vgl. sonst 34, 20.

185 Zimmerli erkennt in den eben sondierten Textanteilen „eine kräftige Theologisierung. Jahwe handelt hier selber", BK XIII, 1, 361. Diese Einschätzung ist allerdings als Argument für die Einstufung als Nachinterpretation nicht stichhaltig; „Jahwe handelt" auch in 16, 4–12 „selber"; außerdem waren die von Zimmerli veranschlagten Voraussetzungen für eine „Nachinterpretation" gar nicht gegeben.

konzentriert sich ausschließlich auf das Verhältnis Jerusalem – Jahwe. Er erkennt Jerusalem eine hohe Wertstellung zu und geht von einer engen Bindung zwischen der Stadt und Jahwe aus; er legt äußersten Wert auf die Botschaft, daß diese Bindung allein aus Jahwes Engagement für die Stadt resultiert, und zugleich, daß diese Bindung allein durch Jerusalems Fehlverhalten zerstört wurde. Die Katastrophe Jerusalems 587 v. Chr. ist die zwangsläufige Folge all der Schuld, die die Stadt auf sich geladen hat; Jahwes souveränes Ordnungswalten hat Jerusalems Schuld nicht ungeahndet lassen können. Diese Sichtweise ist im Ezechielbuch ja nicht neu, sondern eine, wenn nicht die Grundvoraussetzung für die Entstehung zahlreicher Texteinheiten und -anordnungen (vgl. z. B. Ez 8–11). Fragt man sich, warum der Autor das Problem der Hintergründe der Katastrophe Jerusalems in der vorgestellten Weise angeht, so liegt die Vermutung nahe, daß im ihm vorgegebenen Textgut die Gleichsetzung Jerusalems mit einer schön geschmückten Frau und mit deren Geschick ausschlaggebend war, darauf einzugehen und dieses Thema zu verarbeiten[186]. Für welches Stadium der Genese des Buches der Autor in Anspruch zu nehmen ist, ist schwer zu entscheiden. Unwahrscheinlich ist, daß die Auffassung von der Zurückweisung Jahwes als des zuständigen Gottes sowie die impliziten Vorwürfe jahwefremder Kultpraktiken (V. 24/25*) hier in dieser Weise in eine Bildabfolge umgesetzt worden wären, nachdem schon die aus golaorientierter Hand konzipierte Textfolge Ez 8–11 vorlag. Die hier zumal in Ez 8 vorgeführten Kultverirrungen waren mit der Kernfassung von Ez 16 nicht noch deutlicher vor Augen zu führen; dagegen wirkt umgekehrt Ez 8 mit den Informationen über die Zustände im Tempelbereich wie eine Ergänzung zu Ez 16*, da hier jegliche Stellungnahme zum Tempel fehlt. Daraufhin liegt die Vermutung nahe, daß Ez 16* im Zusammenhang mit der Entstehung des älteren Prophetenbuches, bzw. mit Texterweiterungen dazu, verfaßt wurde[187].

16, 16–19. 20–23. 26–30. 31–34 Nachträge

16–19 Der für V. 16–19 zuständige Bearbeiter will deutlicher herausstellen, daß die hurenhafte Treulosigkeit Jerusalems Jahwe gegenüber durch Verfehlungen im kultischen Bereich bedingt ist. Seine aus dem Rahmen des bisherigen Bildes herausfallenden Ausführungen[188] stehen in einer gewissen Nähe zu den Spottliedern in Jes 44, 9–20 und 46, 5–8 (vgl. noch Jes 40, 19 f.; 41, 6 f.), in denen das Herstellen von Götterbildern und damit die Sinnlosigkeit des Bilderdienstes thematisiert wird. Daß es die zuvor erwähnten, von Jahwe großzügig gewährten Gaben (V. 10–13) sind, die zur Anfertigung, Ausstattung[189] und

[186] Vgl. dazu Pohlmann, Ezechielstudien, 216.

[187] Zu weiteren Erwägungen vgl. unten zu Ez 23.

[188] V. 16 steht in Konkurrenz zu den Aussagen in V. 18 und ist deswegen möglicherweise späterer Zusatz (so schon Eichrodt, ATD 22, 1, 116).

[189] Vgl. ähnlich Jer 10, 9.

schließlich Verehrung der Idole[190] mißbraucht werden, soll das außerordentlich Perverse der entsprechenden Mentalität verdeutlichen. Ob und welche kultischen Verirrungen der eigenen Gegenwart dem Verfasser hier vor Augen stehen, ist unklar.

20–23 Mit dem Nachtrag 20 f.[191] über den Vollzug von Kinderopfern soll sichergestellt werden, daß Jerusalem nicht einmal vor der abscheulichsten aller kultischen Perversionen zurückschreckte[192]. Damit will der Ergänzer auf der Suche nach den Hintergründen der Katastrophe von 587 v. Chr. das Kinderopfer als Mitursache in den Blick rücken (vgl. noch Ez 20, 25 f. 31; 23, 37), weil angesichts solcher Abirrungen jeglicher Zweifel an Jahwes gerechtem Unheilswirken verstummen muß. 20–23

26–30 a Stehen in V. 16–19 als „Hurerei" Fremdgötterei und Kultpervertierungen vor Augen, so dienen in 20–29 als Belege die „häufig wechselnden Liebhaber"[193], womit offensichtlich auf das politische Taktieren und die Schaukelpolitik Jerusalems zwischen den Großmächten[194] angespielt wird[195]. 26–30 a

30 b–34 spielt auf „die mit der Bündnispolitik [Jerusalems] verbundenen, wiederholten Tributzahlungen an fremde Großmächte (vgl. z. B. Hos 8, 9 f.; 12, 2; Jes 30, 6 f.)"[196] an und deckt dem Leser auf, daß die Hure also „ver- 30 b–34

[190] Was man unten den „Figuren von Männlichem" zu verstehen hat, ist nicht deutlich.

[191] Der vorwurfsvolle Hinweis in V. 22* auf Jerusalems Vergeßlichkeit hinsichtlich seiner elenden Anfänge (vgl. 16, 6. 7) ist möglicherweise im direkten Anschluß an V. 15* und vor V. 24*. 25* Bestandteil des ursprünglichen Kerntextes (vgl. oben Anm. 175) gewesen.

[192] Daß in Israel wie auch bei seinen Nachbarn in Extremsituationen exzeptionell Kinderopfer möglich waren, ist z. B. aus Jer 7, 29 ff.; Mi 6, 7 und 2. Kön 3, 27 zu folgern. Im Israel der Exilszeit wurde dieses Opfer als mit dem Jahweglauben unvereinbar erklärt und energisch abgelehnt; zu Polemiken vgl. Jer 7, 29 ff.; 19, 1 ff.; 32, 26 ff.; Ez 20, 25 f. 31; 23, 37; zu Verboten vgl. Dtn 18, 10; Lev 18, 21; 20, 2–5.– Zum gesamten Problemkomplex „Kinderopfer" vgl. O. Kaiser, Den Erstgeborenen deiner Söhne sollst du mir geben. Erwägungen zum Kinderopfer im Alten Testament, in: Denkender Glaube. FS C. H. Ratschow, Berlin u. New York 1976, 24–48 (wieder abgedr. in: O. Kaiser, Von der Gegenwartsbedeutung des Alten Testaments. Ges. Stud. zur Hermeneutik und zur Redaktionsgeschichte, hg. v. V. Fritz, K.-F. Pohlmann u. H.-C. Schmitt, Göttingen 1984, 142–166); H. P. Roschinski, Punische Inschriften zum MLK-Opfer und seinem Ersatz, TUAT II, 4, 606 ff.; E. Gerstenberger, Das 3. Buch Mose Leviticus, ATD 6, Göttingen 1993, zu Lev 18, 21; 20, 2–5.

[193] V. 27 vermerkt, die Aufzählung unterbrechend, philistäische Eingriffe in Jerusalemer Interessen als ein direktes Eingreifen Jahwes. In der Regel geht man davon aus, daß hier an vom Assyrerkönig Sanherib durchgesetzte Gebietsabtretungen an die Philister (vgl. dazu TGI, 69) gedacht ist; der Vermerk könnte „als Apologie des Klägers Jahwe intendiert sein" (Krüger, Geschichtskonzepte, 155); denn er konstatiert eine Art „erzieherische" Maßnahme Jahwes, die zur Warnung und damit der Verhütung des Schlimmsten hätte dienen können.

[194] Mit dem Verweis auf das Verhalten einer Hure suchte in jüngster Zeit Wladimir Shirinowskij, russischer Rechtsextremist, Polens Wunsch nach Aufnahme in die Nato abzuqualifizieren: „Wenn Polen wie eine Hure von einem Freier zum nächsten rennt, so wird das noch einmal tragisch enden" (zitiert nach der Wochenzeitung „DIE ZEIT" Nr. 9 vom 23. Februar 1996, vgl. unter „Worte der Woche", 4).

[195] Da V. 20–29 als Resultat nachträglicher Angleichungen an die Ausführungen in Ez 23, 12 ff. zu verstehen ist, vgl. zu weiteren Einzelheiten die Ausführungen dazu unten zu Ez 23, 12 ff.

[196] Vgl. Krüger, aaO., 183.

kehrte Welt gespielt“ hat, so daß hier im Nachtrag zu V. 26–30 a die Hurenmentalität als den normalen Rahmen von Verworfenheit völlig sprengend beleuchtet ist.

d. 16, 44–58 Jerusalems schuldhaftes Verhalten im Vergleich mit den Vergehen Samarias und Sodoms

Der für 44–58 zuständige Ergänzer schlägt ein völlig neues Thema an; ihm geht es nicht mehr wie in der vorausgehenden Bildrede von Aufstieg und Fall des „Findelkindes“ Jerusalem um die Beantwortung der in der Exilszeit drängenden Frage, woraufhin denn trotz der ursprünglich engen Bindung Jahwes an Jerusalem die Katastrophe eintreten konnte, bzw. woraufhin denn Jahwe die einst enge Bindung aufgegeben und die Katastrophe bewirkt hat. Daß er mit Hilfe des Sprichwortes „Wie die Mutter, so die Tochter“ (V. 44) die Aufmerksamkeit noch einmal auf Jerusalems Abstammung lenkt, geschieht zu dem Zweck, die weitere Verwandtschaft, nämlich die Schwestern Samaria und Sodom, einführen zu können, um daraufhin in V. 45–52 Jerusalems Rang im Vergleich mit diesen beiden Größen und ihrem jeweiligen Geschick[197] zu thematisieren und zu klären. Mit den anschließenden Darlegungen V. 53–58 lenkt der Ergänzer den Blick über die Jerusalem ja noch bevorstehende Strafaktion und Unheilssituation hinaus; er weiß, daß die Katastrophe von 587 v. Chr. nicht das Ende bedeutete.

44–52 44–52 Das Vorgehen des Ergänzers[198] bedeutet zunächst eine Ez 16, 3 weiterführende zusätzliche Herabstufung der Stadt; Jerusalems Herkunft ist keine bessere als die Samarias[199] und nicht einmal des sprichwörtlich verkommenen Sodom[200]. Alle drei sind eben die Töchter ein und derselben Mutter[201]. Daß der Verfasser dann nach seiner Aufrechnung der jeweiligen Schuld der drei Städte Jerusalem als ungleich höher belastet darstellt (V. 47–52), bewirkt ihre weitere Degradierung; Jerusalem rangiert in einer Reihe mit Samaria und Sodom, aber an deren unterstem Ende.

Warum diese Abwertung Jerusalems, zumal zu Gunsten Samarias[202] und Sodoms? Zu welchem Zweck soll die Schuld der beiden Nachbarinnen relati-

---

[197] Zur Eroberung Samarias vgl. 2. Kön 17; zum Untergang Sodoms Gen 19. Daß die Angaben über die Verschuldung Sodoms in Ez 16, 49 von denen in Gen 19 abweichen und Jes 1, 10 ff. sowie Jer 23, 14 ebenfalls andere Vergehen benennen, deutet daraufhin, daß neben Gen 19 weitere Versionen von einem Gottesgericht an Sodom im Umlauf waren; vgl. C. Westermann, Genesis, BK I, 2, Neukirchen 1981, 363 f.

[198] Vgl. auch die Gegenüberstellung von Nordreich „Israel“ und Südreich „Juda“ in Jer 3, 6 ff.

[199] Zur niedrigen Wertschätzung des Nordreichs „Israel“ bzw. Samarias vgl. besonders das dtr. Geschichtswerk (s. bes. 2. Kön 17).

[200] Vgl. z. B. Jes 1, 9. 10; Jer 23, 14.

[201] Ob allerdings V. 45 bβ zum ältesten Bestand zu rechnen ist, kann man wegen der vom Kontext abweichenden Rederichtung (2. pers. plur. fem.) bezweifeln; es könnte sich um eine spätere Glosse handeln, die sicherstellen soll, daß hier von derselben Mutter wie in V. 3 b die Rede ist.

[202] Wahrscheinlich setzt der Verfasser die Ausführungen in Jer 3, 6–10. 11 ff. voraus.

viert werden, so daß „sie gerechter dastehen" als Jerusalem (V. 52)? Da gleich anschließend in V. 53–55 eine von Jahwe geplante Schicksalswende[203] nicht nur Jerusalems, sondern auch, und zwar betont, Sodoms und Samarias angekündigt ist, kann man die vorausgehenden Schuldverrechnungen nur so verstehen, daß ihr Ergebnis diesen Plan Jahwes als gerechtfertigt erscheinen lassen soll; m.a. W.: es geht hier um die Beantwortung der Frage, wie es angehen kann, daß Samaria trotz seiner Sündengeschichte ebenso wie das verkommene Sodom schließlich besser dastehen wird als Jerusalem. Da sich diese Frage kaum als lediglich theoretische Frage aufgedrängt haben dürfte, wird hier der Versuch vorliegen, die politischen Entwicklungen und das politische Gefüge der Region nach 587 v. Chr. theologisch zu beleuchten, und zwar genauer die Konstellation *Samaria – Jerusalem* zu der Zeit vor dem Auftreten Nehemias[204], da Samaria in der Tat besser dastand als Jerusalem und Juda, weil das ehemalige Südreich nicht mehr als ein Anhängsel der Provinz Samaria mit der gleichnamigen Hauptstadt[205] ausmachte. Dem Verfasser dürfte es darum gehen, diese Situation der Benachteiligung und Zurücksetzung Jerusalems dennoch in Einklang mit einem gerechten Ordnungswirken Jahwes zu erweisen: Das politisch zurückgestoßene Jerusalem muß sich deswegen mehr verschuldet haben als die aus Jerusalemer Sicht verhaßte Hauptstadt im Norden, weil im anderen Fall Jerusalems Situation im Vergleich zu Samarias überlegener Stellung nicht als Ergebnis eines gerechten Ordnungswirkens Jahwes veranschlagt werden kann.

Weniger eindeutig ist zunächst, aus welchen Gründen der Verfasser auf Sodom verweist[206]. Er spricht über Sodom nicht wie über eine Größe einer grauen Vorzeit, sondern wie über eine direkt vor Augen stehende politische Gegebenheit; denn wie Samaria hat auch das südlich von Jerusalem gelegene Sodom[207] „Töchter"; d. h., daß das Umland, die zur jeweiligen Stadt gehörenden Dörfer als „Filialen"[208], mitberücksichtigt werden sollen. Soll das in 16,44–58 „vermutlich einfach als ‚Typus der sündigen Stadt' … fungierende ‚Sodom' als Chiffre für Idumäa/Edom verstanden wer-

---

[203] Zur Formel *šwb šbwt* vgl. unten 234.

[204] Um 445 v. Chr.; vgl. Neh 1,1 ff.; zu Einzelheiten vgl. Donner, Geschichte 2, 453 ff.

[205] Wahrscheinlich war diese Territorialordnung, nach der Juda und Jerusalem dem Gouverneur der Provinz Samaria unterstellt waren, und die bis weit in die persische Zeit bestand, schon von Nebukadnezar geschaffen worden (vgl. Donner, Geschichte 2, 455).

[206] Daß in V. 45.51 und 52 nach M im Konsonantenbestand viermal nur von *einer* Schwester die Rede ist, während vom Kontext der Plural zu erwarten ist, wertet Krüger als „Indiz für ein literarisches Wachstum des Textes"; er rechnet damit, „daß im Grundbestand des Textes Jerusalem nur *eine* ‚Schwester', Sodom an die Seite gestellt war, und die Einführung Samarias als zweiter ‚Schwester' auf eine spätere Bearbeitung zurückzuführen ist" (Geschichtskonzepte, 325). Die möglicherweise spätere Bearbeitung andeutenden Indizien (vgl. auch das Ungleichgewicht der Aussagen über Sodom in V. 49 f. und Samaria in V. 51 f.) ließen sich allerdings auch so werten, daß hier ursprünglich nur von Samaria als Jerusalems Gegenüber die Rede war und die Gegenüberstellung mit Sodom zusätzliche, aktuelle Aspekte aufgreift; vgl. unten das Folgende.

[207] Vgl. V. 46 „zu deiner Rechten"; die Blickrichtung des Verfassers ist die nach Osten!

[208] Vgl. „Töchter" in dieser Bedeutung z. B. in Num 21,25; Ri 1,27; Neh 11,25–30.

den"[209], und blickt der Verfasser auf die Region im Süden Jerusalems und Judas, die als Provinz Edom in persischer Zeit[210] eine Jerusalem beeinträchtigende Größe darstellte[211]?

53–58 53–58 Der Verfasser ist gegenüber den politischen Größen Samaria im Norden und Sodom im Süden positiv eingestellt; das ist erkennbar daran, daß er neben Jerusalems auch deren Zukunft mitbedenkt und sie in der von ihm veranschlagten Heilsperspektive fest verklammert; ja, auffälligerweise scheint die Restitution der beiden Schwestern Jerusalems Vorrang vor Jerusalems künftiger Wiederherstellung (vgl. die Textfolge jeweils in V. 53 und 55) zu haben; jedenfalls ist Jerusalems künftiges Geschick in engster Verbindung (vgl. V. 53Ende) mit den Entwicklungen im Norden und im Süden gesehen. Die Formel „das Geschick wenden"[212] (V. 53)[213] begegnet häufig als *terminus technicus* in heilsprophetischen Texten, um die Aufhebung von Jahwes Strafgericht und die daraufhin mögliche Wiederherstellung früherer Heilsverhältnisse anzuzeigen (vgl. z.B. Jer 33, 7f.; 33, 11). Der Verfasser weiß von einer gewissen Konsolidierung der Verhältnisse in Jerusalem, wie sie unter den ersten Perserkönigen möglich geworden war[214]; er läßt aber zugleich auch durchblicken, wie oben bereits dargelegt, daß Jerusalems Position in der Region, zumal wegen der „großen Schwester" (vgl. V. 46) Samaria, sehr schwach ist. Die hier Ezechiel in den Mund gelegte Ankündigung der Unheilswende ebenso wie die vorausgehenden vergleichenden Schuldberechnungen sind also *ex eventu* konzipiert.

Die Stoßrichtung der Ausführungen geht dahin, unter Aufbietung der Autorität Ezechiels Jerusalem jegliche Überheblichkeit gegenüber ihren nachbarlichen „Schwestern" auszutreiben. Ob und inwieweit der Verfasser mit seinen Ausführungen auch ein politisches Arrangement zwischen Jerusalem und den beiden Nachbarprovinzen im Norden und im Süden im Auge hat[215]? Oder geht es nur darum, die Jerusalemer Situation der Unterlegenheit und Demütigung als von Jahwe verordnet zu erklären?

---

[209] So Krüger, Geschichtskonzepte, 332, Anm. 229.

[210] „Diese Provinz war der südliche Nachbar von Juda und umfaßte Gebiete des einst ebenfalls zu Juda gehörenden Raumes auf der Höhe des Südendes des Toten Meeres und darüber hinaus jenseits der Akaba" (so S. Herrmann, Geschichte Israels in alttestamentlicher Zeit, München 1973, 398, Anm. 9.).

[211] Der Umfang des perserzeitlichen Juda läßt sich aus Neh 3, 1–32 erschließen; vgl. dazu Herrmann, aaO., 387f.

[212] Vgl. dazu J. M. Bracke, *šub šᵉbût:* A Reappraisal, ZAW 97 (1985), 233–244.

[213] Vgl. sonst noch in Ez 29, 14 (Ägypten); 39, 25 („Jakob"); häufig in Jer 30–33; vgl. auch Jer 48, 47; 49, 6. 39 u. ö.

[214] Vgl. die Einschätzung der Lage in Esr 9, 9.

[215] Zu Hoffnungen auf eine Wiedervereinigung von Juda und Israel vgl. Ez 37, 15ff.

e. 16, 59–63 Jerusalems Grund zur Hoffnung

Von noch jüngerer Hand sind die V. 59–63; der zuständige Verfasser knüpft an die vorausgehenden Darlegungen an, korrigiert diese und setzt neue Akzente. V. 61 deutet an, daß Jahwe für die weitere Zukunft doch wieder eine Vormachtstellung Jerusalems vorgesehen hat: „Jerusalem soll die Metropolis des ganzen Landes mit allen seinen Orten werden"[216]. Der Verfasser begründet diese neue Heilsaussicht damit, daß der in 16, 8 erwähnte Bund Jahwes mit Jerusalem zwar von Jerusalem unter Mißachtung der Verfluchung gebrochen worden war[217], daß Jahwe aber eben anders als Jerusalem[218] dieses Bundes mit Jerusalem weiter gedenkt (V. 60). „Dem ‚Nicht-Gedenken' Jerusalems wird... das gnadenvolle ‚Gedenken' Jahwes entgegengehalten, durch welches Jerusalem beschämt zum rechten ‚Gedenken' (61. 63) gebracht werden soll"[219]. Als Endergebnis aller Ausführungen in diesem umfangreichen Kap. 16 hält der Verfasser dieser Schlußverse also fest, daß sein Gott sich letztlich nicht von der menschlichen Schuld die Gesetze des Handelns vorschreiben läßt; weil Gott eben nicht Mensch ist, bleibt er sich selbst als der Heil wollende und wirkende Gott treu. Aus dieser Reflexion resultiert V. 60 b, daß Jahwe den Bund wiederaufrichten wird, nun als einen immerwährenden Bund[220]. Die „V. 62–63 wirken wie eine nachgetragene, erweiterte Wiederholung von V. 60–61"[221].

Ez 17 Vom Geschick des Zedernwipfels und des undankbaren Weinstocks – Jojachin und Zedekia

1 Und es erging das Wort Jahwes an mich folgendermaßen: 2 „Menschensohn, gib ein Rätsel auf und sprich einen Gleichnisspruch zum Haus Israel; 3 und du sollst sprechen: „So spricht [der Herr]$^{G-}$ Jahwe:

Der große Adler, mit großen Flügeln, mit langer Schwinge,
mit vollem Gefieder^{Ap} bunt schillernd[222], kam zum Libanon.
Und er ergriff den Wipfel der Zeder. 4 Die Spitze ihrer Sprossen pflückte er ab
und brachte sie ins Krämerland, in die Händlerstadt setzte er sie ein.

---

[216] Hölscher, Hesekiel, 97.
[217] Vgl. die Berührungen mit Formulierungen in 17, 16. 18 f.
[218] Vgl. V. 22. 43.
[219] Zimmerli, BK XIII, 1, 369.
[220] Vgl. Jer 32, 40; Ez 37, 26; s. dazu Levin, Verheißung, 217 f.
[221] AaO., 225, Anm. 106.
[222] Wörtlich: „der Buntes hatte".

5 Und er nahm vom Samen des Landes und gab ihn in ein Saatfeld,
...[223] an vielen Wassern wie eine Weidenrute setzte er ihn ein.
6 Und er sollte sprossen und zum Weinstock werden[Ap] von niedrig wucherndem Wuchs,
ihm sein Laubwerk zuzuwenden; und seine Wurzeln sollten unter ihm sein.
Und er wurde zum Weinstock und trieb Schosse und streckte Ranken aus.
7 Und da war ein anderer[Ap] großer Adler, mit großen Flügeln und viel Gefieder.
Und siehe, dieser Weinstock wandte[Ap] seine Wurzeln zu ihm hin,
und sein Laubwerk streckte er ihm zu, daß er ihn tränke, weg von dem Beet[Ap] seiner Pflanzung.
8 Auf gutes Feld, an[Ap] vielen Wassern war er gepflanzt,
Zweige zu treiben und Frucht zu tragen, ein prächtiger Weinstock zu werden.
9 Sprich: So spricht [der Herr][G-] Jahwe: Wird es gelingen?[Ap]
Wird er nicht seine Wurzeln ausreißen und seine Frucht abreißen, so daß alle Blätter seines Sprießens verwelken? [Er wird verwelken,][G-] aber nicht durch große Macht und viel Volk, ihn hochzuheben[Ap] von seinen Wurzeln.
10 Siehe, er[Ap] ist gepflanzt. Wird es gelingen?
Wird er nicht, sowie ihn der Ostwind trifft, gänzlich verwelken?
Auf dem Beet[Ap] seines Sprießens wird er verwelken."

11 Und es erging das Wort Jahwes an mich folgendermaßen: 12 „Sprich doch zum Haus der Widerspenstigkeit: Erkennt ihr nicht, was dieses bedeutet? Sprich: Siehe, es kam der König von Babel nach Jerusalem, und er ergriff seinen König und seine Fürsten und brachte sie zu sich nach Babel. 13 Und er nahm von den Nachkommen des Königs und schloß mit ihm einen Bund und stellte ihn unter Verfluchung; und die Mächtigen[224] des Landes nahm er weg, 14 auf daß es ein gering geachtetes, niedriges Königtum[225] sei, sich nicht zu erheben, zu halten seinen Bund, damit es bestehen bleibe. 15 Aber er empörte sich gegen ihn, indem er seine Boten nach Ägypten sandte, daß man ihm Pferde und viel Volk gebe. Wird es ihm gelingen? Wird sich retten, wer dieses tut? Und hat er den Bund gebrochen, wird er dann sich retten?[Ap] 16 So wahr ich lebe, Spruch [des Herrn][G-] Jahwe, am Ort des Königs, der ihn zum König gemacht hat, dessen Verfluchung er mißachtet und dessen Bund mit ihm[Ap] er gebrochen hat, inmitten von Babel wird er sterben. 17 Und nicht mit großer Heeresmacht und zahlreichem Aufgebot wird der Pharao[226] an ihm handeln im Kampf, beim

[223] Das sonst im AT nicht mehr belegte *qḥ* in M hat in G und S keine Entsprechung.
[224] Vgl. Ez 31, 11; s. a. Ap. BHS zu Ez 30, 13; 31, 14.
[225] Vgl. Ez 29, 14.
[226] Häufig wird vorgeschlagen, „Pharao" als durch V. 15 a veranlaßte Glosse zu streichen; der Vers habe ursprünglich festgestellt, daß der babylonische Großkönig ohne großen militärischen Aufwand mit Zedekia leichtes Spiel haben werde (vgl. z. B. Herrmann, KAT; neuerdings Allen, WBC). Hier wird jedoch verkannt, daß dann die erste Vershälfte mit der zweiten in Widerspruch

Aufschütten der Sturmrampen und beim Bau der Belagerungswerke zur Vernichtung vieler Menschenleben. 18 Und er hat die Verfluchung mißachtet, indem er den Bund brach; und siehe, er hatte seine Hand (darauf) gegeben, und doch hat er all dieses getan; er wird sich nicht retten.

19 Darum, so spricht [der Herr]$^{G-}$ Jahwe, so wahr ich lebe, meine Verfluchung, die er mißachtet hat, und meinen Bund, den er gebrochen hat, das^{Ap} gebe ich auf seinen Kopf. 20 Und ich breite über ihn mein Netz aus, und er wird in meinem Jagdnetz gefangen; [und ich bringe ihn nach Babel; und ich halte dort Gericht über ihn, weil^{Ap} er gegen mich treulos war.]$^{G-}$ 21 [Und all seine Elite^{Ap}]$^{G-}$ und^{Ap} alle seine Scharen werden durchs Schwert fallen, und die Übriggebliebenen werden in alle Winde zerstreut; dann werdet ihr erkennen, daß ich, Jahwe, geredet habe."

22 So spricht [der Herr]$^{G-}$ Jahwe: „Und ich nehme vom Wipfel der Zeder, [dem hohen, und ich gebe]$^{G-}$ von der Spitze seiner Sprossen [zart]$^{G-}$ breche ich ab; und ich selbst pflanze auf einen hohen und ragenden Berg ein. 23 Auf dem hohen Berge Israels pflanze ich es ein; und es wird Zweige tragen und Frucht bringen und zur prächtigen Zeder werden. Und darunter werden wohnen allerlei Vögel[227]; alles, was Flügel hat, wird im Schatten seines Laubwerks wohnen. 24 Und es werden erkennen alle Bäume des Feldes, daß ich Jahwe bin. Ich erniedrige den hohen Baum und erhöhe den niedrigen Baum; ich lasse verwelken den frischen Baum und lasse sprossen den welken Baum. Ich, Jahwe, rede, und ich handle[228]."

Lit.: Lang, Aufstand, 28–88; H. Schweizer, Die vorhergesehene Katastrophe. Der Sturz des Weltenbaums (Ez 31), in: H. Schweizer (Hg.), „... Bäume braucht man doch!". Das Symbol des Baumes zwischen Hoffnung und Zerstörung, Sigmaringen 1986, 89–108; H. Simian-Yofre, Ez 17,1–10 como enigma y parábola, in: Bib 65, 1984, 27–43; Krüger, Geschichtskonzepte, 399ff. (zu 17,1–21), 332–341 (zu 17,22–24).

a. Ez 17 Zum Kontext und zum Aufbau

Im Blick auf die an Ez 17 anschließende Textfolge[229] Ez 18/19 ist unübersehbar, daß zwischen 17,5–10 und 19,10–14 wegen der Weinstockthematik enge Berührungen bestehen. Da zwischen Ez 17 und Ez 18 in der jetzigen Fassung solche Verbindungslinien oder Verknüpfungselemente nicht nachweisbar sind, könnte die Annahme naheliegen, daß Ez 18 eine vorgegebene

---

steht; denn die in 17aβ.b erwähnten militärischen Belagerungsmaßnahmen implizieren einen großen Einsatz an Menschen und Material.

[227] Anders G.

[228] Vgl. 36,36.

[229] Zur Frage, wie im einzelnen die jetzige Textfolge Ez 15/16 vor Ez 17 zustande kam, vgl. oben zu Ez 15.

Textfolge Ez 17/19 im nachhinein sprengt. Eine Klärung dieses Punktes ist allerdings erst nach der Auswertung von Ez 18 möglich[230].

Nach der Jahwewort-Ergehensformel (V. 1), mit der alles Folgende als Jahwerede gekennzeichnet ist, ergeht in V. 2 die Aufforderung, ein Gleichniswort (bzw. Rätselspruch) an das Haus Israel gerichtet auszusprechen (V. 2[231]); V. 3 aα mit der Botenformel stellt sicher, daß es sich um ein von Jahwe selbst formuliertes Gleichniswort handelt, und V. 3 aβ–10 entsprechend zu lesen ist. V. 11 leitet mit einer erneuten Jahwewort-Ergehensformel einen neuen Textabschnitt ein, der sich bis zum Ende des Kapitels erstreckt, aber keineswegs aus einem Guß ist. In V. 22 klingt ein neues Thema (Jahwes künftiges Heilshandeln) an; aber auch die Verse 19–21 heben sich schon durch die Botenformel und eine weitere Jahweschwurformel (vgl. schon V. 16) vom bisherigen Kontext ab.

b. 17, 1–10 Zum Verhältnis Bildrede (17, 1–10) – Deutung (17, 11 ff.)

V. 3 aα mit Redeauftrag und Botenformel soll klarstellen, daß alles Weitere als göttliche Botschaft ausgerichtet wird. V. 3 aβ. 4 setzt damit ein, daß ein großer, prächtiger Adler zum Libanon kommt, den Wipfel einer Zeder abbricht, ihn ins Krämerland bringt (V. 4) und ihn dort in die Händlerstadt setzt. Nach V. 5 nimmt der Adler anschließend vom Samen des Landes und setzt ihn in ein Saatfeld, an reichliches Wasser[232], damit er aufgehe und zu einem üppigen Weinstock von niedrigem Wuchs werde, und seine Ranken sich zu ihm (dem Adler) kehren, und seine Wurzeln unter ihm bleiben. Das Ergebnis (V. 6 b): Er wird zu einem Weinstock und bekommt Zweige und Triebe.

V. 7 leitet mit dem Verweis auf einen anderen großen Adler eine neue Sinneinheit ein. Dieser Adler wird nur kurz vorgestellt; von einem aktiven Verhalten wird nichts mitgeteilt. Die Handlungsinitiative geht jetzt von dem vorher beschriebenen Weinstock (*hgpn hz't*) aus. Der Weinstock wendet sich nun mit seinen Wurzeln und Trieben diesem zweiten Adler zu, damit dieser ihn tränke, und zwar besser als das Beet seiner Pflanzung. V. 8 erinnert (vgl. schon V. 5) daran, daß er auf gutes Feld und an reichlichen Wassern gepflanzt war, Zweige zu treiben, Frucht zu bringen und ein prächtiger Weinstock zu werden. Offensichtlich soll so noch einmal verdeutlicht werden, wie unverständlich und unklug sich der Weinstock verhält.

War mit V. 3 aα betont worden, daß das sich bis V. 8 erstreckende Bildwort als Jahwerede fungiert, so hat die in V. 9 erneut auftauchende Botenformel die Aufgabe, sicherzustellen, daß es jetzt ebenfalls Jahwe selbst ist, der das Fazit aus dem zuvor dargestellten Geschehensablauf zieht, bzw. diesen Ge-

---

[230] Vgl. unten 259 f.

[231] Vgl. 24, 3.

[232] Vgl. dazu Ez 19, 10 und 31, 5. 7.

schehensablauf bewertet. Diese Bewertung steckt in der Frage „Wird das glücken? Wird er (d. h. der erste Adler) seine Wurzeln nicht ausreißen, so daß er verdorrt? Wird er nicht, sobald der Ostwind ihn trifft (V. 10), völlig vertrocknen auf dem Beet, da er sproßte?"

Dieses Wort[233] von den beiden Adlern, dem Zedernwipfel und dem Weinstock enthält einerseits charakteristische Züge einer Fabel, ist jedoch auch mit Hinweisen auf historische Gegebenheiten durchsetzt. Die Erwähnung des „Krämerlandes" und der „Händlerstadt" spielt auf Babel an (vgl. Ez 16, 29). Ist an dieser Stelle die verschlüsselte Redeweise noch aufzuhellen, so gelingt das für die anderen Bildelemente und ihr Verhältnis zueinander nicht ohne weiteres. Mit Recht beurteilt man 17, 1–10 als eine Allegorie[234].

Ob die an 17, 1–10 anschließende, mit der Wortereignisformel eingeleitete Deutung der Allegorie (17, 11 ff.) mit der Allegorie selbst gleichzeitig entstanden ist, ist nicht sicher[235]. Läßt man hier die ebenfalls an zahlreichen Stellen angebrachten Erweiterungen zunächst bei Seite[236], so müßte dieser Deutung entsprechend die Allegorie wie folgt verstanden werden: Der erste Adler ist der König von Babel, der nach Jerusalem (= Libanon) kommt und den Jerusalemer König und seine Fürsten (= den Zedernwipfel und die obersten Sprossen) nimmt und nach Babel (= Händlerstadt) bringt (vgl. 12). Darauf (V. 13) nimmt er vom königlichen Samen (= vom Samen des Landes; vgl. V. 5) mit dem Ziel (V. 14), daß daraus ein niedriges Königtum (vgl. V. 6) wird. Aber (V. 15) der entsprechende König wird abtrünnig und setzt sich mit der Bitte um militärischen Beistand mit Ägypten (= der zweite Adler, vgl. V. 7) in Verbindung. Indem der weitere Text (V. 17) konstatiert, daß der ägyptische Pharao jedoch während der Belagerungssituation keine Hilfe sein wird, geht hier der Deutungstext über die Aussagen der Allegorie selbst hinaus, und zwar insofern, als hier die in der Allegorie aufgeworfene, aber offengelassene Frage nach dem Ausgang beantwortet wird, hier also der weitere Gang der Dinge mitgeteilt ist. Daraus läßt sich folgern, daß hier die Deutung die Ereignisse von 587 v. Chr. als „schon geschehen"[237] hinter sich weiß. Zu fragen ist aber, ob man das auch für die Allegorie selbst veranschlagen darf. Wenn darin am Schluß die Frage aufgeworfen wird, ob der Weinstock nicht verdorren muß (V. 10), dann ist zwar klar – und nicht erst aufgrund der folgenden Ausdeutungen – , daß diese rhetorisch gestellte Frage auf das Katastrophengeschehen von 587 v. Chr. zielt; es ist aber keineswegs eindeutig, ob sich der

[233] Die eben vorgenommene Paraphrase übergeht offenkundig nachträgliche Erweiterungen; dazu Zimmerli, BK XIII, 1, z. St. und unten.

[234] Vgl. z. B. Fohrer, HAT, 94; Garscha, Studien, 26; nach Zimmerli (BK XIII, 1, 378) handelt es sich um eine „Fabel... schon stark mit allegorisierenden Zügen durchsetzt"; zur Eigenart der Allegorie vgl. Bultmann (s. o. Anm. 152).

[235] Vgl. Zimmerli, BK XIII, 1, 384, der meint, daß sie „in einem gewissen zeitlichen Abstand (scil. zu 17, 1–10) formuliert worden" ist.

[236] Garscha z. B. rechnet mit Zusätzen in 17, 13 aβ.bα. 14 b. 15 b. 16. 18–19. 20 b (vgl. Studien, 33); vgl. dazu unten 251 ff.

[237] Zimmerli, BK XIII, 1, 384.

für 17, 1–10 zuständige Verfasser im Vorausblick auf die sich in seinen Augen anbahnende Katastrophe[238] zu Wort meldet oder ob er *ex eventu* im Rückblick dazu Stellung nimmt.

Somit ist für 17, 1–10 vorerst lediglich zu veranschlagen, daß der zuständige Autor eine ganz bestimmte Ereignisabfolge (die Geschicke Jerusalems oder der Jerusalemer Könige in den Jahren 597–587 v. Chr.) vor Augen hat und diese Ereignisfolge in bildhafter Weise thematisiert. Da von 17, 11 ff. her die historische Standortbestimmung des Verfassers von 17, 1–10 unsicher bleiben muß, kann beim folgenden Versuch, die volle Intention der Allegorie zu erfassen, die anschließende Deutung unberücksichtigt bleiben.

c. 17, 1–10 Die Bildrede vom Geschick des Zedernwipfels und des undankbaren Weinstocks

Der Text besteht aus den Einheiten 1.) 17, 3 aβ–4; 2.) 17, 5–6; 3.) 17, 7(8); 4.) 17, 9–10. Einen Anhaltspunkt für den historischen Vorgang, auf den angespielt wird, bietet – wie bereits vermerkt – zunächst die erste Einheit.

3 aβ–4 3 aβ–4 Mit dem Krämerland[239] ist Babylonien gemeint (vgl. Ez 16, 29). Die vom Adler abgepflückte Zedernspitze wird demnach dorthin in die Hauptstadt Babel gebracht. Da altorientalische Herrscher und Mächte verbreitet mit dem Adler als Verkörperung von Macht und Schnelligkeit verglichen wurden[240], repräsentiert der große Adler folglich den König von Babel. Daß dieser sich zum „Libanon" begibt, läßt den Leser aufhorchen; denn er versteht das Bild der Libanonzeder als Anspielung auf das Königtum oder auf Jerusalem als Sitz des Königtums[241]. Aus der Fortführung der Rede im zweiten Teil (V. 5–6) ist dann zu entnehmen, daß mit der erstgenannten Aktion des Adlers auf die Exilierung Jojachins 597 v. Chr. angespielt wird. Denn das in V. 5 f. angesprochene Vorgehen des Adlers, das Einpflanzen des Weinstocks auf guten Boden, im Anschluß an die Aktion mit dem Zedernwipfel muß sich auf Maßnahmen des babylonischen Königs beziehen, die er in Jerusalem zur Neuregelung der dortigen Verhältnisse in seinem Sinne vornahm, nachdem er die dem Zedernwipfel entsprechende Größe nach Babel entfernt hatte. Damit ist dem Leser klar, daß hier von der Einsetzung Zedekias zum König von Nebukadnezars Gnaden die Rede ist. Die verschlüsselten Darlegungen lassen erkennen, daß der zuständige Autor Wertungen miteinfließen

---

[238] So z. B. Zimmerli, BK XIII, 1, z. St.

[239] *kn'n* bzw. *kn'ny* in der Bedeutung „Krämer-, Händlerland" bzw. „Krämer, Händler" vgl. z. B. in Hos 12, 8; Zef 1, 11; Sach 14, 21; Einzelheiten zur ältesten Bedeutung („Land der Purpurhändler") bei M. Noth, Die Welt des Alten Testaments, Berlin 1962^{4}, 45 ff. (= Herder 1992).

[240] Vgl. im AT z. B. Hab 1, 8; Jer 48, 40; 49, 22; ausführliches Belegmaterial und weitere Einzelheiten bei Lang, Aufstand, 33 ff.

[241] Vgl. z. B. Jer 22, 6 f.; ferner Jer 22, 20–23, bes. V. 23; siehe ferner Jes 10, 34 (dazu die Fortsetzung mit Jes 11, 1 ff.); Sach 11, 1–3; siehe auch Greenberg, AncB, 310: „In biblical literature, Lebanon's cedars symbolized (royal) majesty".

läßt: Zwar ist der Weinstock ein Edelgewächs; aber er erhält das Etikett „von niedrigem Wuchs“ (V. 6 aα), ist daher von geringerem Ansehen als die Zeder (V. 6).

5–6 Die vor Augen stehende Einsetzung Zedekias zum König wird als ein 5–6
positiver Akt dargestellt; es wird betont, daß akzeptable Bedingungen gewährleistet waren. Dieses Königtum konnte gedeihen und Gestalt annehmen, wenn auch unter der Oberherrschaft des babylonischen Königs (V. 6 aβ). Damit legt der Verfasser offensichtlich großen Wert darauf, vollkommen abzusichern, daß von Seiten des Babyloniers alles zum Besten bestellt worden war[242].

7–8 Im dritten Teil der Texteinheit (V. 7–8) wird eine weitere Größe, ein 7–8
anderer großer Adler, eingeführt. Die Beschreibung charakterisiert ihn im Vergleich zum ersten Adler als weniger prächtig (vgl. V. 3). Ferner wird nur auf die Existenz eines solchen Adlers verwiesen; von irgendeiner Initiative dieses Adlers ist nichts gesagt. Hervorgehoben wird vielmehr, daß es der Weinstock ist, der jetzt die Initiative ergreift. Er schickt nach dem zweiten Adler, damit er ihn besser tränke als das bisherige Beet seiner Pflanzung (V. 7 b). Diese Verhaltensweise soll offensichtlich mit der sich auf V. 5 b. 6 zurückbeziehenden Feststellung kritisiert werden, daß der Weinstock doch schon alles hatte, was er zum prächtigen Gedeihen brauchte. Damit wird das Verhalten des mit dem Weinstock identischen Zedekia als äußerst unklug, als ein Affront gegen den ersten Adler (Nebukadnezar) gekennzeichnet, und zwar nicht nur deswegen, weil der erste Adler ja schon für beste Lebensbedingungen, einen Platz an reichlichen Wassern, gesorgt hatte; auch deswegen, weil dieses Verhalten die gegenüber dem zweiten Adler deutlich überlegene Macht des ersten Adlers (vgl. V. 3 mit V. 7) außer Acht läßt. Weil der zweite Adler in einem Konkurrenzverhältnis zum ersten Adler zu sehen ist, ist dem Leser klar, daß er für den ägyptischen Pharao als dem Widerpart des Königs von Babel steht.

9–10* Die im vierten Teil die gesamte Texteinheit abschließende Frage, ob 9–10
der Weinstock Erfolg haben wird, und sein Vorhaben gelingen kann, ob das Geschick des Weinstocks, daß ihn der erste Adler ausreißen wird, vermeidbar ist, kann sich der Hörer bzw. Leser daraufhin selbst beantworten. Sie nimmt das Ergebnis vorweg.

Welches Ziel verfolgt diese Art der Darstellung geschichtlicher Gegebenheiten und Abläufe im Blick auf die Ansprechpartner des Autors? Ohne Frage sollen bestimmte, dem Verfasser dieses Stückes sichere Einsichten und Wertungen weiter vermittelt werden. Sie resultieren aus einem Rückblick auf die Ereignisse von 597 v. Chr. und auf die weiteren Entwicklungen. Sie sind daran erkennbar, wie er diese Ereignisse und Entwicklungen interpretiert und gewichtet. Daß der Verfasser am Geschick Jojachins interessiert ist und ihm im Vergleich zu seinem Nachfolger Zedekia eine besondere Bedeutung zuer-

[242] Vgl auch V. 8, wo dieser Aspekt noch einmal wiederholt und betont wird.

kennen möchte, ist deutlich. Mit 17, 1–4, dem Bild vom Zedernwipfel, erreicht er, daß der Leser in Jojachins Verbannung[243] einen tieferen Sinn erahnen kann. Es findet sich nirgends ein Hinweis auf ein negativ zu bewertendes Ende[244]; das weitere Geschick der „Zedernspitze" wird somit zumindest offen gehalten[245]. Der Autor interpretiert ferner die Einsetzung Zedekias zum König und gewichtet das Ansehen seines Königtums (Weinstock von niedrigem Wuchs, V. 6). Er wertet und gewichtet ferner die Machtverhältnisse im Vorderen Orient kurz vor 587 v. Chr.: Ein großer prächtiger Adler V. 3 (= Babel); ein anderer großer, dennoch weniger prächtiger Adler V. 7 (= Ägypten). Er beurteilt den Abfall Zedekias vom König von Babel im Blick auf die angedeuteten Machtverhältnisse als unklug und das Verhalten Zedekias im Blick auf die von Nebukadnezar zugestandenen Bedingungen (reichliches Wasser etc. V. 5. 8) als undankbar. Zu klären bleibt: Tut er das alles, um seinen Hörern damit vor Augen zu führen, daß Zedekias Vorgehen in die Katastrophe führen *wird*?[246]. Lenkt er deswegen den Blick zurück in die Geschichte und wählt er aus diesem Grund seine merkwürdigen Bilder (Adler – Zedernwipfel – Weinstock – zweiter Adler)? Oder geht es darum, verstehbar zu machen und zu werten, was gekommen ist und warum es so gekommen ist? Soll auf diese Weise die bereits zurückliegende Katastrophe von 587 v. Chr. erklärt werden und vor Augen gestellt werden, welche Bedeutung dieses Ereignis hat und welche Konsequenzen daraus zu ziehen sind? Wir versuchen eine Antwort auf diese Fragen, indem wir weiter sondieren, warum der Autor hier überhaupt die Redeweise solcher Allegorie gewählt hat.

Exkurs: Ez 17, 1–10 im Verhältnis zu Ez 19, 10–14 und Ez 31*

Daß sich in der so merkwürdigen „Rätselrede" in Ez 17, 1–10[247] die darin vorgetragene „Geschichte" von einem Weinstock (17, 5–10) in mehreren Punkten deutlich mit der in 19, 10–14 vorliegenden Klage (vgl. V. 14 *qynh*) über das tragische Geschick eines Weinstocks berührt[248], deutet daraufhin, daß zwischen 19, 10–14 und 17, 1 ff. (be-

---

243 Die Versetzung des Zedernwipfels wird nicht begründet.

244 Von einer Gefahr des „Vertrocknens" o.ä., wie später im Blick auf das Geschick des Weinstocks, ist nichts angedeutet; erst in 17, 22–24 wird auf den Zedernwipfel wieder (positiv!) Bezug genommen.

245 Vgl. die ähnlich positive Bewertung der Exilierung Jojachins in Jer 24 mit dem Bild von den guten Feigen.

246 So Zimmerli, der meint, daß die Allegorie warnend auf die Katastrophe von 587 v. Chr. vorausweist: „Die Fragen am Schluß, in welche die Fabel ausläuft, drängen den Hörern die Einsicht auf, daß die Treulosigkeit Zedekias sich gegen diesen selber wenden wird" (BK XIII, 1, 383); vgl. auch Lang, Aufstand, 28 ff.

247 Zu Ez 17, 11 ff. vgl. unten 250 ff.

248 Greenberg, AncB, 359: „... the two (sc. Ez 17 und 19) are indeed similar". Zu den engen terminologischen Berührungen (vgl. u. a. „an vielen Wassern" in 17, 5. 8 und 19, 10; der „Ostwind" [17, 10 und 19, 12] mit seiner versengenden Wirkung [19, 12], bzw. Wirkung des Verdorrens [17, 10] begegnet ähnlich nur noch Hos 13, 15; Jona 4, 8) kommen deutliche Entsprechungen hinsichtlich des „dramaturgischen" Aufbaus hinzu: Einem ersten Teil mit der Beschreibung der vorzüglichen Standorts- und Wachstumsbedingungen sowie des prächtigen Gedeihens des

sonders 17, 5–10) ein Abhängigkeitsverhältnis besteht[249]. Dieser Sachverhalt bietet die Chance, aufzuhellen, in welchem zeitlichen und sachlichen Neben- bzw. Nacheinander diese beiden Texte entstanden sind, und so die Frage zu klären, warum der Autor von 17, 1–10 sein Anliegen nicht klar und deutlich, ohne „Rätsel" und „Gleichnis" vorstellt.

Bei einer textvergleichenden Gegenüberstellung fällt auf: In 17, 5ff. ist davon die Rede, daß sich ein Weinstock von dem ihm zugewiesenen wasserreichen Platz abwendet; solches Verhalten ist nicht normal, also unklug und undankbar. Solche Kategorien klug/unklug, dankbar/undankbar weisen diesen Text als eine konstruierte Geschichte aus, die unter Zuhilfenahme märchenhafter oder fabelhafter Züge zeigen soll, wohin es führt, unklug oder undankbar zu sein. Dagegen ist in 19, 10–14 von ei- 19, 10–1
nem solchen unnatürlichen (unklugen) Verhalten des Weinstocks nirgends die Rede[250]. Hier wird zunächst hervorgehoben (V. 10. 11 aα), daß der Weinstock einen guten Platz hat, an dem er entsprechend gedeiht. Aber, und darauf liegt der Akzent, dennoch konnte die vermeintlich so sichere Stellung nicht die Existenz des Weinstocks garantieren. Dem Qina-Charakter von 19, 10–14 muß man entnehmen, daß diese Texteinheit auf ein katastrophales Ereignis (wahrscheinlich 587 v. Chr.) zurückblickt und ebenso wie die 19, 1–9 vorausgehende, ursprüngliche „Löwenklage"[251] aus der Retrospektive formuliert ist. Analog zur Totenklage spricht sich der Verfasser auf diese Weise klagend und resignativ über den Verlust des Jerusalemer Königtums aus. Es geht in 19, 10–14 also nur darum, klagend darauf hinzuweisen, daß natürliche, normalerweise feststehende Ordnungen umgeworfen werden können. Besondere Hintergründe dafür können nicht aufgedeckt werden; auf irgendein Fehlverhalten des „Weinstocks" selbst deutet nichts. Sein Geschick hing ab von Außeneinwirkungen, auf die er selbst keinen Einfluß nehmen konnte. Darin gerade besteht der Klageanlaß[252]. In Ez 17, 5–10 dagegen ist die Ursache für die Störung bzw. Gefährdung des Weinstocks, daß er sich selbst falsch verhalten hat (vgl. V. 7 und V. 10). Hier wird also aufgedeckt, daß der Weinstock seinen Untergang selbst provoziert hat. Vor Augen steht offensichtlich die Politik Zedekias, der sich nach Meinung des Verfassers Nebukadnezar gegenüber unklug, wenn nicht undankbar gezeigt hat.

Erhellt somit die Art und Weise, wie das Bild vom Weinstock in 17, 5–10 eingesetzt wird, daß hier im Vergleich zu 19, 10–14 zusätzliche Aspekte in das Bild hineingetragen worden sind, dann sind die zahlreichen Berührungen schlicht darauf zurückzuführen, daß der Verfasser von 17, 5–10 die Klage 19, 10–14 vor Augen hatte. Die hier vorgegebene Bildrede hat er bewußt aufgenommen und verarbeitet, weil es ihm darum ging, daß der Leser diesen Text (Ez 19) nun von 17, 1–10 herkommend in seinem Sinn „richtig" verstand. Das erklärt auch, warum die neue Texteinheit eine so merkwürdig

---

Weinstocks (17, 5–6 und 19, 10. 11 aα) korrespondiert jeweils nach Hinweisen auf eine kritische Verhaltens- bzw. Wachstumsphase des Weinstocks (17, 7[8] und 19, 11 aβb) abschließend, daß der Weinstock seine günstigen Standortvorteile aufs Spiel gesetzt (17, 9–10) und damit seine Vernichtung provoziert hat, bzw. bereits vernichtet ist (19, 12–14).

[249] Vgl. auch Zimmerli, BK XIII, 1, 383: „ist 10 (scil. Ez 17, 10) von 19, 12 her bestimmt?"

[250] 19, 11 aβb (= „und sein Wuchs ragte hoch empor bis zu den Wolken…") gehört nicht zur ursprünglichen Klage, da hier eine solchen Klagen unangemessene „moralische" Abqualifizierung nachgetragen ist (auffälligerweise im Rückgriff auf Ez 31, 3, vgl. auch Ez 31, 9) mit dem Ziel, das Geschick des Weinstocks als selbstverschuldet zu erklären; vgl. so auch Zimmerli, BK XIII, 1, 430; weitere Einzelheiten unten zu Ez 19.

[251] Vgl. dazu unten 282 ff.

[252] Zu weiteren Einzelheiten vgl. unten zu Ez 19.

wirkende Bildkombination darstellt: Der Verfasser von 17, 1–10 mußte bei seinem Anliegen „im Bild“ von 19, 10–14 bleiben; folglich war seine eigene Aussageabsicht auch wieder nur bildhaft (vgl. das Bild vom Adler [= Nebukadnezar], der sich als Weingärtner betätigt) einzubringen, er mußte sie in das vorgegebene Bild integrieren[253]. Fazit: Die engen Berührungen zwischen 17, 5–10 und 19, 10–14[254] sind eindeutig darauf zurückzuführen, daß der Verfasser von 17, 1–10 hier auf die in 19, 10–14 vorliegende Klage über den Untergang des Jerusalemer Königtums Bezug nimmt. Die darin angedeuteten Vorgänge, das Geschick des Jerusalemer Königtums, meint er im Blick auf die nach seiner Ansicht tatsächlichen Hintergründe mit seiner Bildrede klarer vor Augen stellen und zugleich zutreffender bewerten zu können. Damit steht zugleich fest, daß er seine Bildrede dann ebenfalls nach 587 v. Chr. konzipiert hat.

Offen ist noch die Frage, was den Autor bewogen hat, im Eingangsteil Ez 17, 1–4 vom Geschick des Zedernwipfels und seiner Versetzung durch den prächtigen Adler nach Babel zu handeln,[255] um auf diese Weise auf das Geschick Jojachins und seinen Stellenwert anzuspielen. Aus welchem Grund verfällt der für Ez 17* zuständige Verfasser hinsichtlich seiner Interpretation der Exilierung Jojachins gerade auf das Bild von der Zedernspitze (vgl. 17, 1–4)? Dieser Frage hat man bislang kaum Beachtung geschenkt. Man hat bisher bestenfalls notiert, daß sich das Bild von der Zedernspitze
Ez 31 in 17, 1–4 und das Zederngedicht in Ez 31 deutlich aufeinander beziehen[256], und gefragt, „wie die Bilder von Ez 17 und Ez 31 literarisch zusammenhängen“[257]. Darüberhinaus hat man jedoch m. W. nicht versucht, die Hintergründe der deutlich erkennbaren Berührungen[258] aufzuhellen. Wie sind diese Berührungen zu bewerten und zu erklären? Wie läßt sich nachvollziehen, daß der Verfasser von 17, 1 ff. für sein Aussageanliegen Bildmaterial verwendet, das teilweise auch in einem Gedicht (Ez 31) auftaucht, dessen Thema das Geschick des ägyptischen Pharao ist? Oder ist diese Frage schon falsch gestellt, weil sie, so formuliert, von falschen Voraussetzungen ausgeht? Es sei noch einmal daran erinnert, was bislang über seine Anliegen und Verfahrensweisen festgestellt werden konnte: Er reagiert auf einen vorgegebenen Text (19, 10–14) und sucht, dessen Aussagen dem Leser in seinem Sinne zu verdeutlichen. Zu diesem Zweck knüpft er an das hier vorgegebene Bildmaterial an. So erklären sich Berührungen und Verbindungslinien zwischen 17, 1–10 und 19, 10–14. Von daher könnte man folgern, daß er auch in 17, 1–4 auf einen vorgegebenen Text reagiert, seine eigene Auffassung dazu hier anzubringen sucht und demzufolge daraus Bildmaterial aufgegriffen hat. Ein Versuch, auf diese Weise die Berührungen zwischen 17, 1–4 und Ez 31 zu begründen, scheint jedoch daran zu scheitern, daß das Gedicht von der Libanonzeder in Ez 31 sich im jetzigen Kontext und in der jetzigen Fassung auf das Geschick des ägyptischen Pharao konzentriert. Darauf kommt jedoch der Verfasser von 17, 1–4 nirgends zu sprechen. Somit bliebe als recht unbefriedigende Erklärung für die Berührungen zwischen 17, 1–4 und Ez 31, daß der Verfasser von Ez 17, 1 ff. aus

[253] Es erübrigt sich also völlig, zusätzlich eine ältere Textvorstufe als Ausgangstext sowohl für 19, 10–14 als auch für 17, 5–10 zu postulieren, wie Garscha (Studien, 30. 40f) das tut.

[254] S. o. Anm. 248.

[255] Man fragt: Was ist mit der Zeder selbst? Warum kann der Verfasser, wenn er schon das Bild der Zeder einführt, im folgenden den Zedernbaum völlig unberücksichtigt lassen?

[256] Simian-Yofre, Ez 17, 1–10, 36 verweist auf Ez 31, 2–9, und erkennt zahlreiche Berührungen im Vokabular beider Texte.

[257] Vgl. Schweizer, Katastrophe, 105, Anm. 20.

[258] Vgl. Ez 31, 3 … *'rz blbnwn* … *hyth ṣmrtw* und 17, 3 … *hlbnwn wyqḥ 't ṣmrt h'rz; ṣmrt* im AT nur Ez 17, 3. 22 und 31, 3. 10. 14.

Ez 31 das Bild von der Libanonzeder lediglich aufnimmt, um mit seiner Hilfe sein eigenes Aussageanliegen bildhaft auszudrücken. Macht man sich jedoch klar, daß es im atl. Schrifttum durchaus nicht unüblich war, im Bild der Libanonzeder auf das Königtum oder auf Jerusalem als Sitz des Königtums anzuspielen[259], so erscheint es um so merkwürdiger, daß der Verfasser von Ez 17 einen Text wie Ez 31 (zumal auf den ägyptischen Pharao bezogen) überhaupt berücksichtigt und von dort Anregungen zu seiner Bildwahl erhalten hat[260]. Einleuchtend und durchsichtig wäre ein Rückgriff auf das Zederngedicht in Ez 31 allerdings, wenn man analog zum oben erhobenen Verhältnis zwischen Ez 17 und Ez 19 annehmen dürfte, daß sich auch Ez 31 ursprünglich auf Jerusalem oder das Jerusalemer Königtum bezogen hat und erst sekundär zu einem Klagelied über Ägyptens Pharao, wie es jetzt verstanden werden will, „umfunktioniert"[261] und entsprechend plaziert worden ist. Daß solches „Umfunktionieren" von Worten, die zunächst auf Jerusalem o.ä. zielten, in der prophetischen Literatur praktiziert worden ist, läßt sich mehrfach belegen[262]. Folgende Indizien deuten daraufhin, daß der Verfasser von 17,1–10 in der Tat nicht nur das Gedicht vom Weinstock in 19,10–14 kennt und dazu Stellung nimmt, sondern auch ein in der Ursprungsfassung auf das Jerusalemer Königtum bezogenes Zederngedicht vor Augen hatte: Die vorliegende Fassung von Ez 31 ist unübersehbar erst das Ergebnis eines komplizierten literarischen Gestaltungsprozesses[263]; zudem läßt sich zeigen, daß der zu postulierende ursprüngliche Kern dieses Kapitels analog zur Klage über das Ende der mächtigen Löwen 19,1–9*[264] und zur Klage über die Vernichtung des edlen Weinstocks 19,10–14 aus einer Klage über den Fall des prächtigen Zedernbaums bestand. Daß in all diesen Klagetexten ein gemeinsames Grundmuster vorliegt, und daß die Zeder in Ez 31 ebenso wie der Löwe und der Weinstock in Ez 19 traditionellerweise die herausragende Stellung des Jerusalemer Königtums kennzeichnen[265], spricht für eine äußerst enge Verwandtschaft dieser Texte untereinander. Der Verfasser von 17,1–10 dürfte die beiden Klagetexte über das Geschick der Zeder und des Weinstocks in der Abfolge Ez 31*; Ez 19,10–14 gelesen haben. Denn er faßt das Weinstockwort offensichtlich so auf, als stehe darin das im Vergleich zum früheren König-

---

[259] Vgl. dazu bereits oben Anm. 241 zu V. 3 ab. 4.

[260] Die Möglichkeit, die Berührungen zwischen beiden Texten darauf zurückzuführen, daß der Verfasser von Ez 31 aus Ez 17,1–4 schöpfte, scheidet m. E. von vornherein aus; vgl. zu Ez 31 Pohlmann, Ezechielstudien, 185 ff.

[261] Im Blick auf unsere bisherigen Beobachtungen und Erwägungen ist interessant, daß schon Zimmerli zu Ez 31 feststellen konnte: „Wer allein die Beschreibung des Baumes vor Augen hat, könnte nicht darauf kommen, daß mit diesem Bilde gerade der Pharao... gemeint sein müßte... Man fühlt sich an die Analogie... der *qynh* von Ez 19 erinnert" (BK XIII, 2, 753).

[262] So hat z. B. Jer 6,22 f. Jerusalem vor Augen; in Jer 50,41–43 sind dieselben Aussagen fast wörtlich auf Babel bezogen. Das Gleiche ist der Fall in Jer 10,12–16 und Jer 51,15–19 (vgl. auch Jer 49,19–21 und Jer 50,44–46).

[263] Zu Einzelheiten vgl. Pohlmann, Ezechielstudien, 185 ff.; vgl. auch unten zu Ez 19.

[264] Zu Einzelheiten vgl. unten z. St.

[265] Zum Bild der Zeder vgl. oben Anm. 241; zum Löwen vgl. Gen 49,9, wo im Zusammenhang mit dem sogenannten Jakobssegen „an hervorragender Stelle das Bild des königlichen Löwen... für den Königsstamm Juda" verwendet ist (so Zimmerli, BK XIII, 1, 424.), siehe ferner Num 24,9; vgl. auch Num 23,24; vgl. ferner die Anwendung des Bildes auf Saul und Jonathan in 2. Sam 1,23, auf den ägyptischen König in Ez 32,2; in 1. Makk 3,4 wird noch Judas Makkabäus mit einem Löwen verglichen. Zum Weinstock: nach Ri 9,12 f. zählt der Weinstock zu den des Königtums würdigen Edelgewächsen; in Ez 17,5 ff. wird auf das Königtum Zedekias angespielt. Vgl. auch Herodot, Historien, I, 108 (s. o. zu Ez 15 Anm. 87).

tum nun niedrigere Königtum Zedekias vor Augen (vgl. 17,1-4.5-10). Diese Einschätzung des Weinstocks (= niedriges Königtum) lag nahe, insofern direkt zuvor das Wort von der Libanonzeder zu lesen stand[266]; die darin beklagte Beseitigung der Zeder bezog er auf den Verlust der hervorragenden Stellung Jerusalems, bzw. auf die Depravierung des Jerusalemer Königtums 597 v. Chr.[267].

(Ende des Exkurses)

17,1-10 (Forts.)

Da der Autor den Untergang des Jerusalemer Königtums beklagende Texte voraussetzt[268], blickt er folglich auf die bereits zurückliegende Katastrophe von 587 v. Chr. zurück. Der jetzt nur noch hypothetisch rekonstruierbaren ursprünglichen Textabfolge dieser Klagen, in der die Worte vom Weinstock und der Zeder noch vereint waren, wollte der Verfasser von Ez 17 eine Vorausinterpretation vorschalten. Das erlaubt Rückschlüsse auf den genaueren historischen Standort des Autors von 17,1-10. Der Verfasser will offensicht-
1-4 lich Jojachin einen besonderen Stellenwert zuerkennen. Mit 17,1-4, dem Bild vom Zedernwipfel kann er die Weiterexistenz dieser Linie des Davidhauses nach den beiden Katastrophen ins Bewußtsein rücken. Zudem muß der Leser hier hinter der Aktion des großen Adlers, also betreffs der Exilierung Jojachins, eine besondere Absicht vermuten. Denn war später in Ez 31* von der Vernichtung des großen Zedernbaums zu lesen (als ursprünglich auf den Untergang des Jerusalemer Königtums bezogene Klage vor 19,10-14, s. Exkurs), so mußte die vorher notierte Versetzung des Zedernwipfels nach Babel, auch wenn über konkrete Zwecke nichts verlautet, als ein positiv zu wertender, weil vom Untergangsgeschick des Zederbaums abgekoppelter Vorgang erscheinen, mit dem eine Chance für die Zukunft offen gehalten war[269]. Positiv ist auch die Charakterisierung des ersten Adlers, also Babels oder Nebukadnezars Vorgehen. Dagegen ist das Verhalten des wohlversorgten Weinstocks negativ eingestuft, weil er sich dem ersten Adler gegenüber als unklug und undankbar zeigt. Anders als das den vorgegebenen Texten zu entnehmen war, wird das Geschick des Jerusalemer Königtums mit eigenen Verschuldun-
9 gen in Zusammenhang gesehen. Die in Ez 17,9[270] artikulierte Befürchtung,

---

[266] Zu den Beweggründen, die dazu geführt haben, das Zedernwort aus seinem von uns erschlossenen ursprünglichen Kontext zu entfernen und unter die Ägyptenworte zu versetzen, um hier die Zeder mit dem ägyptischen Pharao zu identifizieren, vgl. Pohlmann, Ezechielstudien, 190, Anm. 204.

[267] Die Reihenfolge Ez 31*; 19,10-14 erklärt auch, warum die in 19,11aβ nachgetragene „moralische" Abqualifizierung (vgl. oben Anm. 250) sich eng mit Formulierungen in 31,3 berührt; vgl. dazu unten 19,11.

[268] Vgl. den obigen Exkurs.

[269] Vgl. dagegen das Urteil über Jojachin in Jer 22,24 ff., bes. V. 30.

[270] V. 10 ist „eine Erweiterung, welche unter Aufnahme von Stichworten aus dem vorher Ge-

daß der Adler den Weinstock vernichten wird, erscheint daraufhin dem Leser ebenso verständlich wie die in Aussicht genommene Reaktion des Adlers selbst. Die politische Unklugheit Zedekias (Schaukelpolitik) und seine Undankbarkeit gegenüber dem babylonischen Oberherrn hatten die Katastrophe von 587 v. Chr. provoziert. Diese Haltung des Autors Babel gegenüber erinnert an Textpassagen im Jeremiabuch[271], in denen die Unterwerfung unter Babels Oberherrschaft als die einzig vernünftige Einstellung und Politik propagiert wird. Danach gab es in Jerusalem schon vor 587 v. Chr. eine Partei, die die babylonische Oberherrschaft akzeptierte; auf sie dürfte sich nach der Katastrophe der von den Babyloniern eingesetzte Statthalter Gedalja gestützt haben. Zugleich enthalten diese Texte deutliche Warnungen, sich mit Ägypten in Verbindung zu setzen (vgl. Jer 42, 13 ff.). Eine Babel gegenüber realistische Politik wird jedoch von „nationalistischen" Kreisen abgelehnt. In deren Augen waren die Babylon gegenüber positiv oder realistisch eingestellten Gruppierungen Verräter[272], zu denen auch Jeremia gerechnet wurde[273]. Im Blick auf diese Nachrichten ist zu erwägen, ob Ez 17, 1-10 nicht aus den Reihen solcher „probabylonischer" Gruppen stammt, ist doch hier wie dort die gleiche Einstellung erkennbar. In jedem Fall ist es ein explizites Anliegen des Verfassers, am Geschick des Weinstocks aufzuzeigen, daß es eine Fehleinschätzung der Konstellation vor 587 v. Chr. war, wenn man sich damals gegen die babylonische Oberherrschaft zu sperren versuchte. Damit war sicherlich zugleich eine Warnung vor weiteren gegen Babylon gerichteten Experimenten in der eigenen Gegenwart nach 587 v. Chr. beabsichtigt[274].

Doch war das alles? Ging es nur darum, im Rückverweis auf die Vergangenheit vor politischer Unklugheit zu warnen? Oder lassen sich Anhaltspunkte dafür finden, daß der für 17, 1-10 zuständige Autor hier anders, als das in den ihm vorgegebenen Klagetexten der Fall ist, hinter den angesprochenen Ereignissen eine höhere Ordnung erkennt? Da sowohl in Ez 31 (vgl. V. 5) als auch in 19, 10-14 (vgl. V. 11 aβb) Spuren späterer Bearbeitung er-

---

sagten den Gerichtsvorgang nochmals neu formuliert" (Zimmerli, BK XIII, 1, 383); der Ergänzer will mit dem Verweis auf den das Verdorren bewirkenden Ostwind (vgl. so auch 19, 12 aβ) sicherstellen, daß sich die Klage über das Geschick des Weinstocks in 19, 10-14 auf das gleiche Geschehen bezieht.

[271] Zielt Ez 17 deutlich darauf ab, daß es angebracht gewesen wäre, sich mit der neuen Ordnung zu arrangieren und sie als eine Ordnung zu akzeptieren, in der es sich der Oberherrschaft Babels zu unterwerfen galt, so erinnert das an Jer 27, wo Jerusalem und die Nachbarstaaten (hier im Auftrag Jahwes) aufgefordert sind, sich dem Joch Babels zu beugen und damit ihre Existenz zu retten; vgl. Jer 27, 12 f.; 38, 2. 17-20; ferner 40, 9 ff.

[272] Vgl. Jer 41, 1 ff. die Ermordung Gedaljas durch den aus königlichem Geschlecht stammenden Ismael ben Netanja.

[273] Vgl. Jer 37, 13; 38, 3 ff.; 38, 24 ff.

[274] In diesem ältesten Textstadium von Ez 17 (= 17, 1-10) fehlt noch der Gedanke, daß es der Bruch der kultisch-rituell dem babylonischen König zugesicherten Vertragstreue gewesen war, womit Zedekia den Untergang provozierte; vgl. dagegen 17, 13 aβbα. 14 b. 15 bβ. 16.(17). 18 sowie 17, 19-21; siehe dazu auch unten 251 ff.

kennbar sind[275], die das Motiv des Hochmuts und der Überheblichkeit eintragen und damit ebenfalls Hintergründe der Katastrophe andeuten wollen, ist der Frage nachzugehen, in welchem Verhältnis die in 17, 1–10 greifbare Interpretationsweise zu jenen nachträglichen Anmerkungen zu Hochmut und Überheblichkeit steht. Ist es ein und derselbe Autor, der mit den Motiven „Hochmut“ und „Schaukelpolitik“ zugleich argumentiert oder können diese Motive als Indizien für zwei jeweils unterschiedliche Interpretationsstandpunkte gewertet werden? Für die Beantwortung dieser Fragen erscheinen folgende Beobachtungen wichtig: Muß man aufgrund der bislang gewonnenen Einsichten mit mehreren Klagegedichten zum Thema „Untergang“[276] rechnen [277], so kann man sich vorstellen, daß diese Texte und ihre Abfolge schließlich in den Augen späterer so wirken mußten, als ginge es darin um eine Aufreihung stolzer und erhabener Größen, mit der belegt werden sollte, wie geradezu gesetzmäßig alles Stolze und Erhabene zu Fall kommen muß[278]. Darin immerhin war nun eine Ordnung zu erkennen, analog zu der Ordnung, die weisheitlichen Denkbemühungen vertraut ist, sofern sie sich auf die Strukturierung der Eigenwelt konzentrieren und zeigen wollen, daß innerhalb der Eigenwelt ein Hang zum Stolzen und Hohen, zum Erhabenen und Überheblichen das Funktionieren des Sozialkosmos gefährdet, die beständige Ordnung des eigenen Kosmos aber zugleich darin besteht, daß „Hochmut vor dem Fall kommt“[279]. Die Katastrophengeschehen erschienen so betrachtet „in Ordnung“: Sie waren nach dem Gesetz verlaufen: Alles Hohe kommt zu Fall, alles Stolze wird stürzen; wer übertreibt, wer überzieht, wer zu hoch hinaus drängt, stört die Weltordnung. Das war geschehen, das waren, wie man an den Gedichten vermeintlich illustriert sah, die Fehlhaltungen gewesen, aufgrund derer der Untergang vorprogammiert war[280]. Auf-

---

[275] Vgl. dazu Pohlmann, Ezechielstudien, 153; ferner unten z. St.

[276] Zu weiteren Einzelheiten vgl. Pohlmann, aaO., 192 ff.

[277] Vgl. ähnlich M. Krieg, Todesbilder im Alten Testament, AThANT 73, Zürich 1988, 454, der im Blick auf die neben Jerusalem auch Tyros und Ägypten thematisierenden „Leichenlieder Ezechiels“ (454) einen ursprünglichen „Nänienzyklus aus sechs Liedern“ erschließen möchte.

[278] Daß diese Klagen überhaupt zu dem Zweck schon abgefaßt worden wären, „den Hochmut, die Macht und Pracht der Angesprochenen als Beginn und Grund von Fall, Zerbruch und Untergang“ zu erweisen, wie Krieg (ebd.) annimmt, ist allerdings eine Einschätzung, die das ursprüngliche Anliegen solcher Klagen völlig verkennt. Das Motiv „Hochmut kommt vor dem Fall“ hat in echten Klagetexten keinen Platz. Die Untergangsklage hebt analog zur Totenklage das Erhabene, Stolze, Schöne etc. einer zu beklagenden Größe ja nicht hervor, um klarzustellen, daß dergleichen eben wegen „Hochmut“ zu Fall kommen mußte, sondern um die Absurdität und Uneinsichtigkeit eines vor Augen stehenden Geschicks auszudrücken und darüber zu klagen, daß hier die üblichen Ordnungszusammenhänge und -betrachtungen nicht greifen.

[279] Vgl. z. B. Spr 16, 18; 17, 19; 18, 12.

[280] Ein solcher Erklärungsversuch impliziert zum einen das Eingeständnis, daß die bisherige Vorstellung von Jerusalem als Mitte eines absolut gesetzten eigenen Ordnungsbereiches endgültig nicht mehr zu halten war. Zum anderen konnte man schließlich so zu der Überzeugung gelangen, daß sich die Katastrophenereignisse selbst schon in einem höheren und umfassenderen Ordnungshorizont abgespielt hatten, woraufhin man nun auch eine die noch verbliebene Eigenwelt umfassende neue Ordnungsebene veranschlagen konnte. Darüber, ob in dieser Sichtweise nun

grund dieser Erwägungen kann man also durchaus die Möglichkeit in Betracht ziehen, daß dem Verfasser von Ez 17,1–10 die Abfolge Ez 31*; Ez 19,10–14* nicht mehr in der Originalfassung, sondern schon mit den auf den Hochmut verweisenden Erweiterungen[281] vorlag, diese Erweiterungen also einem seinen eigenen Bemühungen vorausgehenden Interpretationsstadium angehören. Die Art und Weise, wie der Verfasser von Ez 17,1–10 die Installierung des Königtums Zedekias beschreibt, indem er hier den Weinstock mit dem Prädikat „von niedrigem Wuchs" (17,6aα [vgl. 17,14]) belegt, deutet zudem daraufhin, daß er hier im Vorausblick auf 19,11aβb formuliert. Da in der ihm vorgegebenen Textreihung im Weinstockwort (19,10–14) die Anspielungen auf den „Hochmut" des Weinstocks (= Zedekias) als Wiederholungsfall erklärungsbedürftig schienen und zugleich nicht ohne weiteres einsichtig sein mochte, aus welchen Gründen nach einer ja schon einmal vorgenommen Erniedrigung (das Geschick des Zedernbaums) eine weitere erfolgte, versuchte er konkret zu zeigen, wie die im Rahmen einer neuen Ordnung dem Vasallenkönigtum Zedekias (= Weinstock) zugestandene Existenz durch unkluge politische Ambitionen verspielt wurde, und es so erst zur eigentlichen Katastrophe kam, bzw. welches Verhalten angesichts der Wirksamkeit der neuen Ordnung angebracht gewesen wäre. Möglicherweise las der für 17,1–10 verantwortliche Autor die vorgegebenen Klagetexte schon so, daß nach seinem Verständnis hier vorweg etwas festgehalten schien, was schließlich auch eingetroffen war, also als Weissagung, die er durch die tatsächliche Ereignisabfolge bis zur Katastrophe von 587 v.Chr. bestätigt fand, so daß hinter allem ein höheres Ordnungswalten zu veranschlagen war.

1–4 Als ein Indiz, das in diese Richtung deutet, wird man die „Zweigipfligkeit" von Ez 17,1–10 werten können: Bevor in 17,5–10 die Hintergründe für das Scheitern des Weinstocks (Zedekia) aufgehellt werden, geht es ja in 17,1–4 zunächst deutlich darum, die Sonderstellung Jojachins in den Blick zu rücken; die hier pointiert den Darlegungen über das Scheitern Zedekias (V.5ff.) vorausgeschickte Bildrede über den Zedernwipfel läuft darauf hinaus, daß dessen weiteres Geschick nach seiner Versetzung nach Babel offen gehalten ist. Daß der Exilierung Jojachins im Rückblick aus der Zeit nach der Katastrophe von 587 v.Chr. jetzt eine positive Seite abgewonnen werden kann[282], und dieser Vorgang nicht mehr als Teilgeschehen einer Ereignisabfolge, als Glied einer lediglich fatalistisch zu betrachtenden Ereigniskette mit negativem Ende verstanden wird, läßt sich am besten so erklären, daß die Abfolge der Klagetexte dem Verfasser von 17,1–10* eine planvolle Reihung der entscheidenen Ereignisse widerspiegelte, woraufhin er mit seinen Darle- 1–4

anders als in den vorgegebenen Untergangsklagen schon von vornherein ein Hintergrundwirken Jahwes implizit vorausgesetzt war, lassen sich nur Vermutungen anstellen. Daß diese neu erkannte „Ordnung" schließlich in der Folgezeit mit Jahwes Wirken in Verbindung gesehen wird, ist sicher (vgl. z.B. Ez 17,24; 21,30ff.; Jes 2,12ff.; 10,33; Kap. 14 u.ö.).

[281] Vgl. zumindest Ez 19,11aβ(b?); 31,5.10aβ.b.

[282] Anders Jer 22,28–30.

gungen deren weitere Hintergründe zu beleuchten versucht. Allerdings ist explizit von einem Mit- oder Hintergrundwirken Jahwes nirgends die Rede[283]. Doch ist hier immerhin zu beachten, daß der Autor mit den rhetorischen Fragen im Schlußteil (V. 9 f.[284]) dem vorgestellten Sprecher den Prophetenmantel umhängt; denn er läßt ihn abschließend nicht konstatieren, daß, wie er ja selbst sehr wohl aus der Sicht nach 587 v. Chr. weiß, der „Weinstock“ tatsächlich zerstört wurde, sondern böse Vorahnungen („wird das gelingen, wird das gut ausgehen“) artikulieren.

Gute Vorahnungen dürfte, wie bereits angedeutet, die Vorschaltung von
5–10 Ez 17, 1–4 vor 17, 5–10 signalisieren. Die jetzige Abfolge läuft darauf hinaus,
die Bedeutung des Königtums Zedekias zu relativieren. Es wird nicht nur hinsichtlich seiner Entfaltungsmöglichkeiten etc. als von niedrigerem Rang (vgl. so auch V. 5 f.) eingestuft, es wird auch klar, daß der Verlust dieses Königtums für die Situation nach 587 v. Chr. nicht die Zerschlagung aller bisherigen mit dem Jerusalemer Königtum verbundenen Hoffnungen bedeutet: Der Weinstock (= das Königtum Zedekias)[285] ist zwar tatsächlich vernichtet worden, aber es existiert ja noch der zuvor nach Babel versetzte Zedernwipfel[286].

d. 17, 11–21 Deutung der Bildrede

Bei den bisherigen Bemühungen, die Aussageintention von Ez 17, 1–10 zu erfassen, war die in 17, 11ff vorliegende Ausdeutung der Allegorie unberücksichtigt geblieben, da von vornherein nicht sicherzustellen war, daß beide Texteinheiten von ein und demselben Verfasser stammen[287].

Ez 17, 11–21 ist uns nicht in der Fassung erhalten, wie sie im ersten Wurf konzipiert gewesen sein muß. Bei genauerem Hinsehen fällt deutlich auf, daß
hier bestimmte Ausführungen zumindest den in 17, 1–10 vorgegebenen Aus-
12–15 sagerahmen sprengen. Die Deutung bleibt vorerst (17, 12b–15) auf der Ebene
innerweltlicher Vorgänge. Wie in 17, 1–10 ist hier explizit von einem Mit-

[283] Daß 17, 1–3aα. 9a die Allegorie als Jahwerede vorstellt, muß außer Betracht bleiben, weil nicht auszuschließen ist, daß es sich hier um spätere Zusätze handelt.

[284] Vgl. die vorige Anm.

[285] So in Ez 17, 5-10 die Identifizierung des Weinstocks in 19, 10-14.

[286] Vgl. Jer 24 das auf Jojachins Gola angewandte Bild von den guten Feigen.– Ez 15, 2*–4a hinter Ez 19, 1–9. 10–14 (s. o. 215) hat dieser Interpret wahrscheinlich schon gar nicht mehr auf Jojachin gemünzt verstanden (s. o. 213 ff.) und vielleicht so aufgefaßt, daß hier das seiner Ansicht auf Zedekia zu beziehende Bild vom Weinstock noch eine Weiterführung erfahren hat.

[287] Nach Zimmerli, BK XIII, 1, 384, wäre „die in 11 ff. zugesetzte Deutung [17, 22–24 behandelt er als „Heilswort“ gesondert]... in einem gewissen zeitlichen Abstand formuliert worden“. Er betrachtet diesen Text im wesentlichen als einheitlich, unterscheidet allerdings zwei Redegänge: 17, 11–18 und 17, 19–21 (377. 387). Für Fohrer sind Allegorie und Deutung gleichzeitig entstanden (HAT, 94). Er sieht allerdings in 17, 16–18 eine „näherbestimmende Gl[osse], die genauer auf den Vertragsbruch und die Vorgänge... eingeht, die Ez noch unbekannt sein mußten“; ferner wäre V. 20 „wiederholende Gl[osse] nach 12, 13“ (aaO., 95).

oder Hintergrundwirken Jahwes nirgends die Rede. Kulminationspunkt ist hier V. 15 mit der gleichen Frage, mit der die Allegorie in V. 10 endete: Wird der Erfolg haben (vgl. *htṣlḥ* in V. 10 a [s. a. V. 9] und *hyṣlḥ* V. 15 b), sich retten (*mlṭ ni.*), der so etwas tut? In 17, 18 bβ ist diese rhetorische Frage in eine Feststellung umgewandelt: Er wird sich nicht retten! Hier liegt also eine Doppelung vor; V. 18 bβ nimmt V. 15 b wieder auf. Was dazwischen steht, enthält zugleich Aspekte, die über die Aussagen der Allegorie selbst hinausgehen. Darin war das Verhalten des Weinstocks (=Zedekia) als unklug und un-
dankbar charakterisiert worden. In 17, 16–18 wird dargelegt, daß Zedekia 16–18
eid- und vertragsbrüchig geworden ist[288]. Sein Fehlverhalten wird hier also nicht wie in 17, 1–10 darin erkannt, daß er nicht der Machtposition des ersten Adlers Rechnung getragen hat und die von diesem gewährte Existenzmöglichkeit dankbar akzeptiert hat. Der springende Punkt ist hier (V. 16–18), daß er seine dem König von Babel kultisch-rituell zugesicherte Vasallentreue[289] gebrochen hat. Damit ist hier eine neue Wertungsebene[290] ins Spiel gebracht: Wer so handelt, handelt nicht nur unklug und undankbar, sondern auch in einem tiefen Sinne moralisch verwerflich und kann deswegen keinen Anspruch auf Rettung haben[291]. Da in den vorausgehenden Versen schon bestimmte Textanteile auf dieses neue Erklärungsmuster für das Scheitern Zedekias vorbereiten, liegt die Vermutung nahe, daß 17, 16–18 zusammen mit 17, 13 aβbα. 14 b. 15 bβ insgesamt nachgetragen worden sind. Der Nachtragscharakter ergibt sich im Fall von V. 13 aβbα auch aus der Art der literarischen Verklammerung (vgl. die Wiederaufnahme des in V. 13 einleitenden *wyqḥ* nach der Einschaltung durch *lqḥ* am Versende).

Nach allem sind in 17, 11–21 folgende Interpretationsstufen zu beachten[292]:

1. Im ältesten Stadium schloß sich an die in sich verständliche Allegorie (17, 1–10) eine kurze Deutung an, die wahrscheinlich von anderer Hand stammt als die Allegorie selbst. Diese Deutung umfaßte 17, (11?). 12 b[293]. 13 aαbβ. 14 a. 15 abα. Der dafür verantwortliche Autor will sicherstellen, daß 17, 1–10 auf die Situation des Jerusalemer Königtums im Zeitraum von 597 (Kapitulation und Verbannung Jojachins) bis 587 v. Chr. (Zerstörung Jerusalems und Bestrafung Zedekias) zu beziehen ist[294]. Im Vergleich zur Al-

[288] Ein entsprechendes Aussageelement fehlt in der Allegorie.

[289] Vgl. V. 16 a.

[290] Vgl. so schon Hölscher, Hesekiel, 101: „Damit wird ein theologisches Motiv in das Thema hineingetragen…“

[291] Vgl. anders Jer 38, 17 f.; während der Endphase der Belagerung Jerusalems, also im weiten Abstand zum eigentlichen Zeitpunkt des Vertragsbruchs, weist Jeremia König Zedekia auf die immer noch mögliche Rettung hin; Bedingung ist sofortige Kapitulation und Unterwerfung.

[292] Zum Werdegang von 17, 11–21 vgl. auch Hossfeld, Untersuchungen, 59–98.

[293] Die jetzige Einleitung 17, 11. 12 aα dürfte später eingebracht worden sein; erwägen kann man, ob die Frage in V. 12 aβ zum ältesten Textstadium zu rechnen ist.

[294] S. o. Einleitung, I. Das Ezechielbuch – Zeitgeschichtlicher Hintergrund, 1. Juda und Jerusalem unter babylonischer Oberherrschaft (bis 587 v. Chr.).

legorie scheint der Verfasser die von den Babyloniern vorgegebenen Rahmenbedingungen des letzten Jerusalemer Königtums, die in der Allegorie als mindestens akzeptabel herausgestellt sind[295], nicht ganz so positiv zu bewerten; anders als 17, 6. 8 deutet er explizit jedenfalls nichts über Perspektiven dieses Königtums an. Er stimmt jedoch deutlich mit der Allegorie darin überein, daß die Schaukelpolitik Zedekias, sein törichter Versuch, sich nach Ägypten hin zu orientieren (vgl. 17, 7) und im Vertrauen auf ägyptische Militärhilfe[296] die Unabhängigkeit von Babylon anzustreben, erst die eigentliche Katastrophe provoziert hat[297].

2. Der für die Textanteile V. 13 aβbα. 14 b. 15 bβ. 16. 18 zuständige Bearbeiter will auf eine andere Dimension des Verhaltens Zedekias hinweisen. Abgesehen von der riskanten und unvernünftigen Schaukelpolitik an sich hätte auch bedacht werden müssen, daß mit dieser Politik der Bruch eines bestehenden Vertrages verbunden war; und das hieß ja, daß Zedekia die bei Vertragsabschluß[298] seinem Oberherrn eidlich versicherte Vertragstreue verraten hatte[299].

3. An das Thema „Eid- und Vertragsbruch" (vgl. V. 16. 18) anknüpfend,
19–21 charakterisiert V. 19 Zedekias Vergehen als ein Vergehen gegenüber Jahwe, um damit zugleich die Katastrophe Zedekias als von Jahwe selbst herbeigeführt (V. 20) verständlich zu machen. Hier stoßen wir zweifellos auf eine weitere, sich von den bisherigen Darlegungen abhebende Texteinheit[300]. Es ist jetzt *Jahwes* Verfluchung und *sein* Bund, die Zedekia in seinem Verhalten Nebukadnezar gegenüber außer Acht gelassen hat. D.h.: Der törichte Abfall Ze-

[295] Vgl. dazu oben zu 17, 5 f.; besonders V. 8 betont noch einmal, daß von Seiten des Babyloniers alles zum Besten bestellt worden war.

[296] Nach Jer 37, 5–11 hätte tatsächlich ein Entsatzheer des ägyptischen Pharao immerhin die Unterbrechung der Belagerung Jerusalems, nämlich einen zeitweiligen Abzug des babylonischen Belagerungsheeres bewirken können. Von einer Kontaktaufnahme eines judäischen Oberkommandierenden mit Ägypten während der Belagerung ist in einem der sogenannten Lachisch-Briefe (Brief Nr. 3, Zeile 13–18, vgl. z. B. TGI, 75 f. oder TUAT I, 621 f.) die Rede; die auf großflächigen Tonscherben (Ostraka) in Tinte festgehaltenen knappen Mitteilungen geben einige Einblicke in die damalige Situation kurz vor der Eroberung Jerusalems.

[297] Daß die für dieses Textstadium maßgebliche Sichtweise in einer gewissen Nähe zu Auffassungen steht, wie sie Würthwein für die von ihm rekonstruierte dtr. Grundschrift von 1/2. Kön vermutet (vgl. besonders ATD 11, 2, 490: „Will sie (DtrG) vielleicht andeuten, daß man Juda und Jerusalem durch entsprechende Zugeständnisse [Verweis auf Tributleistungen und Unterwerfung] hätte retten können und sollen?"; zu weiteren Einzelheiten muß auf den Kommentar selbst verwiesen werden.), sei immerhin angemerkt. Andererseits betont Würthwein, daß für DtrG „politischer und religiöser Gesichtspunkt... eng miteinander verbunden" sind (aaO., 495), was in Ez 17, 1ff* so nicht, jedenfalls nicht erkennbar, der Fall ist.

[298] V. 18 erwähnt den beim Bundschließen üblichen Handschlag; vgl. zum Handschlag 2. Kön 10, 15.

[299] Beispiele von altorientalischen Vasallenverträgen in TUAT I, 2; vgl. besonders 160 ff. die „Vasallenverträge Asarhaddons mit medischen Fürsten".

[300] Das bestätigen auch die erkennbaren terminologischen Unterschiede: Ist zuvor (V. 19) von „Fluch verachten" und „Bund brechen" die Rede, so qualifiziert V. 20 b (diese Aussage fehlt allerdings in G) Zedekias Verhalten als *mꜥl*, also als Abfall von Jahwe (vgl. in diesem Sinn Ez 14, 13; 15, 8; 18, 24; 20, 27; 39, 23. 26).

dekias wird hier auf „allerhöchster" Ebene gewertet; es handelt sich um Treuebruch gegenüber Jahwe[301]. V. 20 ist deutlich unter dem Einfluß von 19, 8.9 formuliert und stellt hier – wahrscheinlich im Vorausblick auf 19, 8.9 und zum Zweck einer Vorweginterpretation der dortigen Aussagen – klar, daß Jahwe selbst Urheber und Vollstrecker des Gerichts ist[302]. V. 20 hat zusammen mit V. 21 auf den ersten Blick sicher auch eine Funktion in der Richtung, im Zusammenhang mit dem bisher nicht näher eingestuften V. 17[303] und den jeweils darin enthaltenen zahlreichen Anspielungen auf historische Vorgänge[304] vor und während der Katastrophe von 587 v. Chr. den Ansage- bzw. Weissagungscharakter der ganzen Einheit zu verstärken und damit abzusichern: Genau so ist alles tatsächlich eingetroffen, wie es vorausgesagt war. Darüberhinaus ist zu beobachten: 17, 20 a führt noch einmal hinter den Aussagestand von V. 16 zurück, indem mit den hier benutzten Bildern vom „Netz auswerfen" auf die Gefangennahme Zedekias angespielt wird. Diese zusätzliche Anmerkung zum Geschick Zedekias hat zugleich die Funktion einer Überleitung; im Anschluß daran können die Auswirkungen des von Zedekia zu verantwortenden Unheils auf weitere Kreise vor Augen gemalt werden. Nach allem muß 17, 19–21 „als eigener Abschnitt mit neuer Interpretation verstanden werden"[305]. 17, 21 bezieht in das Geschick Zedekias weitere Betroffene ein (seine Elitetruppen[306], seine „Scharen" und die „Übriggebliebenen" [*whnš'rym*]), und stellt fest, daß die Truppen Zedekias durchs Schwert fallen und die „Übriggebliebenen" in alle Winde zersteut werden. Anders als 12, 14 ist 17, 21 so formuliert, daß mit den „Übriggebliebenen" nicht nur der Rest seines Heeres, sondern generell die nach der Katastrophe Übriggebliebenen einbezogen erscheinen[307]. All diese Beobachtungen führen zu dem Schluß, in 17, 19–21 soll aus der Sicht der golaorientierten Redaktion dargelegt werden[308], daß das Ende Zedekias schließlich auch das Ende aller im Lande Verbliebenen zur Folge hatte[309].

---

301 In V. 16–18 auf V. 12–15 bezogen waren dagegen Vertrag, Vertragsbruch und Strafe noch ganz als Angelegenheit der irdischen Vertragspartner eingestuft.

302 Außerdem ist zu beachten, daß V. 20 weitgehend in wörtlicher Entsprechung in 12, 13. 14 auftaucht; s. o. 176 zu 12, 13 f.

303 Daß 17, 17 jetzt einen ursprünglich zwischen V. 16 und V. 18 bestehenden Zusammenhang unterbricht, ist deutlich erkennbar.

304 Vgl. Jer 37, 5–11; 2 Kön 25, 1 b.

305 Hossfeld, Untersuchungen, 94.

306 So (*mbḥrw*) mit Ap. BHS; gegen M („seine Flüchtlingsschar") spricht von zahlreichen Textzeugen abgesehen nicht nur „die Tatsache, daß *mbrḥ* im AT sonst nie belegt ist, sondern ebensosehr der Sinnzusammenhang, der zunächst ein Wort über das normale Heer und dann erst das Wort über die Flüchtigen als den ‚Rest' (*whnš'rym*, V. 21 aβ) erwarten läßt"; zu *mbḥr* sonst in Ez vgl. 23, 7; 24, 4 f.; 31, 16; vgl. noch Dan 11, 15.

307 *š'r* ni. in Ez sonst nur 6, 12; 9, 8; 36, 36; vgl. noch *š'ryt* 5, 10; 9, 8; 11, 13; 25, 16; 36, 3. 4. 5.

308 In V. 21 b ist mit dem „ihr werdet erkennen" die erste Gola angesprochen.

309 Vgl. ähnlich die Konzeption in Jer 24, 8–10.

e. Ez 17, 22–24 Die Zukunft des Zedernwipfels

Im Anschluß an 17, 19–21 bietet 17, 22–24 „einen heilvollen Kontrapunkt"[310]. Der Verfasser beschreibt in einer Ich-Rede Jahwes dessen künftiges Handeln mit bildhaften Formulierungen, die er aus 17, 3f. entnommen hat. Er knüpft also bewußt an die Allegorie an, die eingangs (V. 3f.) mit dem Verweis auf einen „großen Adler", der den „Wipfel der Zeder wegnimmt", „die Spitze ihrer Sprossen abpflückt" und sie an einen anderen Ort – gemeint ist Babel[311] – versetzt, Jojachins Exilsgeschick vor Augen malt[312]. Anstelle des „großen Ad-
22 lers" in 17, 3f. wird in 17, 22 Jahwe selbst als Handlungssubjekt eingeführt. Wie in 17, 3 ist der „Wipfel der Zeder" etc. auch in 17, 22 Handlungsobjekt, allerdings mit einer kleinen Modifikation; während in 17, 3f. der Zedernwipfel an sich nach Babel versetzt wird, nimmt Jahwe in V. 22 „vom Zedernwipfel" und „von der Spitze ihrer Sprossen"[313]. Jahwes Handeln ist zwar mit dem Handeln des „großen Adlers" in 17, 3f. weitgehend identisch, zielt aber in eine andere Richtung, ja es bringt die Kehre im Rückblick auf das Handlungsziel, das der „große Adler" verfolgte: Den Wipfel der Zeder (oder einen Ableger davon) nimmt und pflückt Jahwe, um ihn „auf einem hohen Berg"[314] einzupflanzen. 17, 22 ist somit deutlich so konzipiert, daß das hier in Aussicht gestellte Handeln Jahwes als Fortsetzung und Vollendung des in 17, 3f. behandelten Geschehens erscheint. Im Rückblick wird das in 17, 3f. umschriebene Geschehen, die Exilierung Jojachins nach Babel, als vorläufig erkennbar. Da dieses Geschehen jetzt auf einer Linie liegt, an deren Zielpunkt Jahwe als der zuständige Akteur erkennbar ist, ist zugleich sichergestellt, daß er selbst auch die Ausgangsposition seines Handelns – die vom „großen Adler" bewirkte Versetzung des Zedernwipfels nach Babel – herbeigeführt und bestimmt hat.

Der Aussagehorizont des im wesentlichen einheitlich formulierten V. 22[315] ist nach vorn offen; denn man erwartet noch eine weiterführende Aussage darüber, was nun aus dem von Jahwe selbst auf den „hohen Berg" versetzten
23 Zedernsproß werden soll. Sie liegt in V. 23aβ vor: Der Wipfel der Zeder wird zu einer prächtigen Zeder. Damit ist im wesentlichen das eigentliche Aussageziel der Redeeinheit formuliert. V. 23aα ist erläuternder Nachtrag, der klarstellen soll, daß der „hohe Berg" in V. 22 die „Bergeshöhe Israels" ist[316].

---

310 Hossfeld, Untersuchungen, 89; vgl. ähnlich die jetzige Textfolge in Jer 22, 6–23, 6, die abschließend, nachdem zuvor auf die die Katastrophe provozierenden Verhaltensweisen des Jerusalemer Königtums verwiesen wurde, einen von Jahwe dem David erweckten Sproß in Aussicht stellt.

311 Zu *'rṣ kn'n* für Babel vgl. Ez 16, 29.

312 Zu Einzelheiten vgl. die Ausführungen oben z. St., 240ff.

313 Es kann also in 17, 22bβ keinesfalls an Restituierung Jojachins selbst gedacht sein.

314 Die für Kulthöhen oder Lokalitäten von Kultanlagen gebräuchliche Bezeichnung „hoher Berg" (vgl. z. B. Jes 30, 25; 40, 9; 57, 7; Jer 3, 6) weist hier wie in Ez 40, 2 auf Jerusalem.

315 Zu textkritischen Einzelheiten vgl. Zimmerli, BK XIII, 1, z. St.

316 Vgl. Ez 20, 40; 34, 14.

Der Nachtragscharakter ist auch daraus ersichtlich, daß zum einen das Pflanzen Jahwes (in V. 22 *wštlty*) in V. 23 noch einmal (*ʾštlnw*) aufgenommen werden muß, und daß zum anderen jetzt anders als in V. 22 (*štl* c. *ʿl*)[317] *štl* c. *b* konstruiert wird[318]. Ob in V. 23 noch weitere Versanteile sekundär sind, ist nicht ganz eindeutig zu klären. Es kann hier offen bleiben, ob die Aussagen über das „Frucht" bringen sowie über die Vögel, die im Schatten der Zeder wohnen, mehr bezwecken sollen, als die Pracht der Zeder auszumalen[319].
Der Zusatzvers 24[320] soll wohl andeuten, daß „alle Heidenvölker... an der 24
Erniedrigung des alten, an der Erhöhung des neuen Davididen die Macht Jahwes erkennen" werden[321].

Nach allem ist davon auszugehen, „daß 17, 22–24 zu keinem Zeitpunkt eine in sich abgeschlossene, literarisch selbständige Einheit gebildet hat"[322]. Der Verfasser hat diesen Passus in enger Anlehnung an das vorgegebene Bildwort 17, 3 ff. geschaffen. Er greift das in 17, 3 ff. vorliegende Bild vom nach Babel versetzten Zedernwipfel auf und bestimmt das damit in besonderer Weise gewertete Exilsgeschick Jojachins als Ausgangspunkt des zu erwartenden Heilshandeln Jahwes. So bewirkt er zum einen – und zwar unter Aufnahme und Weiterführung der Aussageintention von 17, 19–21 –, daß nun klar ist: Jahwe hat nicht nur das Kapitel der Geschichte Jerusalems unter Zedekia zu Ende geführt; sondern, indem er ein völlig neues Kapitel aufschlagen wird und in der Weise, wie er neu einsetzen wird, bleibt Jerusalem solange ohne Zukunft, bis Jahwe der Stadt das Elitepotential der ersten Gola aus Babel zuführt und damit ihren Status neu definiert. 17, 19–21 und 17, 22–24 erscheinen so eng aufeinander bezogen[323]. Zum anderen bedeutet diese Konzeption zugleich, daß die in 17, 3 f. vor Augen stehende Exilierung Jojachins

---

317 Vgl. Jer 17, 8 (vgl. Ap. BHS); Ez 17, 8; 19, 10; Ps 1, 3.

318 So sonst noch Ez 19, 13; Ps 92, 14.

319 Vgl. z. B. Ps 104, 17.

320 Zum Zusatzcharakter von V. 24 vgl. neuerdings auch Chr. R. Seitz, Theology in Conflict. Reactions to the Exile in the Book of Jeremiah, BZAW 176, Berlin – New York 1989, 149, Anm. 107; anders Lang, Aufstand, 65 ff.

321 So Hölscher, Hesekiel, 102.– Vom Erniedrigen des Hohen (und umgekehrt) ist auffälligerweise in Ez 21, 31 im Zusammenhang mit Aussagen über den „Fürsten Israels" die Rede.

322 Krüger, Geschichtskonzepte, 333.

323 Für die Annahme, daß der in 17, 22–24* konzipierte „heilvolle Kontrapunkt" (Hossfeld, s. o. Anm. 310) bereits mit 17, 19–21 vorbereitet worden ist, spricht auch, daß in beiden Abschnitten die gleiche literarische Technik eingesetzt wird, nämlich unter Auswertung vorgegebener Bildworte zu formulieren, bzw. für die in vorgegebenen Bildworten dargestellten Vorgänge im nachherein das Hintergrundwirken Jahwes herauszustellen. So greift 17, 20 auf 19, 8 b. 9 zurück; für das Ausbreiten des Netzes etc. der Löwenfänger in 19, 8 b. 9 steht jetzt in 17, 20 Jahwe selbst. Analog verfährt 17, 22, indem die Aktionen, die in 17, 3 bβ. 4 a der „große Adler" vollzieht, hier von Jahwe – nun zum Positiven gewendet – durchgeführt werden. Der Verfasser bezieht sich jeweils auf vorgegebene Bildworte und nimmt darin verwendete bildhafte Formulierungen in einer Weise auf, daß die Bildaussage zugleich als Sachaussage fungiert. Das gleiche Verfahren ist in Ez 15 zu beobachten (zu Ez 15 vgl. oben Anm. 91), wo Jahwe überraschend in V. 6 aβ als Hintergrundakteur des Bildgeschehens eingeführt wird, und damit Bild- und Sachebene vermischt werden.

als von Jahwe selbst geplant und beabsichtigt erscheinen muß, und außerdem die davon Betroffenen als Mittel zur Durchsetzung der Heilspläne Jahwes ausgezeichnet werden. Das den Verfasser leitende Interesse ist also nicht nur die Frage: „Was kommt nach dem Gericht?“[324]; es geht ihm eben gerade auch darum, den „heilvollen Kontrapunkt“[325] so zu setzen, daß dabei unübersehbar das erste Golageschehen als Voraussetzung für Jahwes künftiges Heilshandeln in den Blick gerät. Wie man sich dieses Heilshandeln Jahwes konkret vorzustellen hat, führt er im einzelnen nicht aus. Der damit gewährte Interpretationsspielraum ist jedoch keineswegs so groß, daß man die Aussage des Verfassers von 17,22–24 auf eine „Erhöhung Israels und ... des Tempelberges in seiner Mitte“[326] beziehen kann. Wegen der engen Korrespondenzen zu 17,3f ist davon auszugehen, daß der Verfasser an ein Handeln Jahwes denkt, bei dem ein Abkömmling Jojachins aus Babel „auf den hohen Berg“, also nach Jerusalem versetzt werden wird[327]. Unausgesprochen bleibt jedoch, unter welchen Begleitumständen das geschehen soll, ob dem Zeitpunkt der Aktion Jahwes dann erst noch eine längere Phase des Wachsens bis zur „prächtigen Zeder“ (V. 23) folgen wird. Ebensowenig Wert legt der Verfasser auf Informationen über Entwicklungen oder Aktionen Jahwes, die diesem Heilshandeln vorausgehen[328]. Wichtig ist ihm neben dem reinen „Daß“ einer künftigen Restitution des davidischen Königtums offensichtlich nur noch eines: Dieses Königtum ist Folge und Ergebnis des ersten Golageschehens. Der kommende Davidide ist ein Nachkomme Jojachins[329].

Ez 17,22–24* ist im Verbund mit 17,19–21 ein Textprodukt der golaorientierten Redaktion. Diese will hier sicherstellen: Jahwe hat das Kapitel der Geschichte Jerusalems unter Zedekia zu Ende geführt; er wird ein völlig neues Kapitel aufschlagen. Das wird geschehen im Rückgriff auf das Elitepotential der ersten Gola aus Babel. Bis dahin muß Jerusalem in der Bedeutungslosigkeit verharren. Indem der Redaktor die Akzente so setzt, erreicht er zugleich, daß damit unübersehbar das erste Golageschehen als Voraussetzung für Jahwes künftiges Heilshandeln ins Zentrum gerückt ist[330].

---

[324] Hossfeld, Untersuchungen, 97.

[325] Vgl. oben Anm. 310.

[326] So Herrmann, Heilserwartungen, 259.

[327] Krüger, Heilskonzepte, 334, denkt an „einen Nachfolger Jojachins als neuen Herrscher Israels“; so auch Seitz, Conflict (s. o. Anm. 320), 150.

[328] Vgl. dagegen Ez 34,23f. und 37,24f., wo jeweils erst im Anschluß an Darlegungen über wichtige von Jahwe gesteuerte Ereignisse von einem davidischen Herrscher die Rede ist.

[329] Vgl. 1. Chr 3,17ff. die Genealogie der nachexilischen Davididen; zu Serubbabel, Enkel Jojachins, und seiner Führungsposition z. Zt. der Wiedererrichtung des Tempels vgl. Esr 2,2; 3,2ff. u. ö.; vgl. ferner Hag 1, 1. 12ff.; 2,2ff.; Sach 4,6ff.

[330] Ähnlich Jer 24,5; vgl. dazu Pohlmann, Studien, 22.

Ez 18 Die Lehre der individuellen Schuldhaftung – Die Möglichkeit der Umkehr zu Jahwe

1 Und das Wort Jahwes geschah zu mir folgendermaßen: 2 „Was macht ihr da[331] diesen Gleichnisspruch im[332] Land Israels[333] folgendermaßen: ‚Väter essen saure Trauben, und die Zähne der Söhne werden stumpf'.

3 So wahr ich lebe, Spruch [des Herrn][G-] Jahwes, ihr werdet diesen Gleichnisspruch nicht mehr machen in Israel[334]. 4 Siehe, alle Seelen, sie sind mein; die Seele des Vaters wie die Seele des Sohnes, sie sind mein. Die sündige Seele[335], sie wird sterben.

5 Und jemand, wenn er gerecht ist, und Recht und Gerechtigkeit tut, 6 auf[Ap] den Bergen nicht ißt und seine Augen nicht zu den Götzen des Hauses Israel erhebt und die Frau seines Nächsten nicht entehrt und sich einer Frau in ihrer Unreinheit nicht naht 7 und niemanden bedrückt, das Pfand des Schuldners zurückgibt[Ap], Raub nicht wegreißt, sein Brot dem Hungrigen gibt und den Nackten mit einem Kleid bedeckt, 8 nicht um Wucher verleiht und keinen Zuschlag nimmt, vom Unrecht seine Hand abwendet, wahres Recht tut zwischen jedermann, 9 in meinen Satzungen wandelt[Ap] und meine Rechte bewahrt, sie[Ap] zu tun, gerecht ist er, er soll gewiß am Leben bleiben", Spruch [des Herrn][G-] Jahwes.

10 Und zeugt er einen gewalttätigen Sohn, der Blut vergießt, und eines tut von diesen (Dingen)[Ap], 11 [und er (scil. der Vater) hatte all dieses nicht getan][336], falls er auch auf[Ap] den Bergen ißt und er die Frau seines Nächsten entehrt, 12 den Elenden und Armen bedrückt, Raub[Ap] wegreißt, das Pfand nicht zurückgibt und zu den Götzen seine Augen erhebt, Greueltat tut, 13 um Wucher verleiht und Zuschlag nimmt, der soll gewiß nicht leben[Ap]; all diese Greueltaten hat er getan, er soll getötet werden; sein Blut soll auf ihm sein.

14 Und siehe, zeugt er einen Sohn, und er sieht alle Sünden seines Vaters, die er getan hat, und er sieht und tut nicht dergleichen, 15 auf den Bergen ißt er nicht und seine Augen erhebt er nicht zu den Götzen des Hauses Israel, die Frau seines Nächsten entehrt er nicht 16 und niemanden bedrückt er, Pfand pfändet er nicht, Raub reißt er nicht weg, sein Brot gibt er dem Hungrigen und den Nackten bedeckt er mit einem Kleid, 17 vom Unrecht[337] wendet er seine Hand ab, Wucher und Zuschlag nimmt er nicht, meine Rechte tut er, in meinen Satzungen wandelt er – der soll nicht sterben in der Ver-

[331] Zur Konstruktion vgl. Jona 1, 6.
[332] Möglich ist auch die Übersetzung „über das Land", vgl. Ez 16, 44; Hab 2, 6; Mi 2, 4.
[333] G: „über die Israeliten".
[334] Oder: „Es wird für euch keinen mehr geben, der diesen Gleichnisspruch macht in Israel", vgl. Ap. BHS.
[335] Genauer: „die sündigende Seele".
[336] G liest anders, fehlt in S.
[337] So mit G, vgl. Ap. BHS sowie V. 8.

schuldung seines Vaters. Er soll gewiß am Leben bleiben. 18 Sein Vater, falls er Erpressung übt, Raub wegreißt^Ap und das, was nicht gut ist, tut inmitten seiner Leute[338], siehe, er stirbt in seiner Verschuldung. 19 Und ihr sagt: ‚Warum trägt der Sohn nicht an der Verschuldung seines Vaters?'[339] Und der Sohn tut Recht und Gerechtigkeit, alle meine Satzungen bewahrt er, und er tut sie, er soll gewiß am Leben bleiben. 20 Die sündige Seele, sie wird sterben. Der Sohn trägt nicht an der Verschuldung seines Vaters, und der Vater trägt nicht an der Verschuldung des Sohnes; die Gerechtigkeit des Gerechten soll auf ihm sein, und der Frevel des Frevlers soll auf ihm sein.

21 Und der Frevler, falls er umkehrt von all seinen Sünden[340], die er getan hat, und all meine Satzungen bewahrt und tut Recht und Gerechtigkeit, er soll gewiß am Leben bleiben; er soll nicht sterben. 22 All seiner Vergehen, die er getan hat, soll ihm nicht gedacht werden; in seiner Gerechtigkeit, die er getan hat, soll er leben. 23 Hätte ich denn wirklich am Tod^Ap des Frevlers Gefallen, Spruch [des Herrn]^G- Jahwes, nicht vielmehr daran, daß er umkehrt von seinen Wegen[341] und lebt?

24 Und indem der Gerechte umkehrt von seiner Gerechtigkeit und Unrecht tut wie all die Greueltaten, die der Frevler tut [tut er es, und er sollte leben?]^G-, soll all seiner Gerechtigkeit[342], die er getan hat, nicht gedacht werden; in seiner Untreue, die er beging, und in seiner Sünde, die er beging, darin soll er sterben. 25 Und ihr sagt: ‚Nicht in Ordnung ist der Weg Jahwes^Ap'. Hört doch, Haus Israel! Mein Weg soll nicht in Ordnung sein? Sind nicht (vielmehr) eure Wege nicht in Ordnung? 26 Indem der Gerechte umkehrt von seiner Gerechtigkeit und Unrecht tut und stirbt…^Ap, stirbt er in seinem Unrecht, das er getan hat.

27 Und indem der Frevler umkehrt von seinem Frevel, den er getan hat, und Recht und Gerechtigkeit tut, erhält er seine Seele am Leben. 28 [Und er hat es gesehen]^G- und er ist umgekehrt von all seinen Sünden, die er getan hat, er soll gewiß am Leben bleiben, er soll nicht sterben. 29 Und das Haus Israel sagt: ‚Nicht in Ordnung ist der Weg Jahwes^Ap.' Mein Weg soll nicht in Ordnung sein,[343] Haus Israel? Sind nicht (vielmehr) eure Wege nicht in Ordnung?[344]

30 Darum, einen jeden richte ich euch, Haus Israel, entsprechend seinen Wegen, Spruch [des Herrn]^G- Jahwe. Kehrt um und wendet euch ab von all euren Verfehlungen, damit es euch nicht zum Anstoß zur Verschuldung werde. 31 Werft von euch all eure Verfehlungen, die ihr an mir^Ap begangen habt,

---

338 G liest: „meines Volkes".

339 Möglicherweise ist jedoch gemeint: Warum nimmt der Sohn nicht weg die Verschuldung seines Vaters? – vgl. dazu Ps. 85,3; Gen 18,24, dazu R. Knierim, Die Hauptbegriffe für Sünde im Alten Testament, Gütersloh 1967², 50ff.

340 So mit Q, vgl. Ap. BHS.

341 G liest sing.

342 Eigentlich plur.

343 Vgl. Ap. BHS und V. 25.

344 Vgl. Ap. BHS und V. 25.

und macht euch ein neues Herz und einen neuen Geist. Warum wollt ihr denn sterben, Haus Israel? 32 Denn ich habe keinen Gefallen am Tode des Todverfallenen, Spruch [des Herrn]G- Jahwes, [und wendet euch ab, daß ihr lebt]«G-.

Lit.: Schulz, Todesrecht, 167ff.; Vogt, Untersuchungen, 108ff.; A. Schenker, Saure Trauben ohne stumpfe Zähne. Bedeutung und Tragweite von Ez 18 und 33,10–20 oder ein Kapitel alttestamentlicher Moraltheologie, in: Mélanges Dominique Barthélemy, hg. von P. Casetti, O. Keel u. A. Schenker, OBO 38, Göttingen 1981, 449–470; N. Kilpp, Eine frühe Interpretation der Katastrophe von 587, ZAW 97, 1985, 210–220; Krüger, Geschichtskonzepte, 357ff.; 373ff.

a. Ez 18 Zum Kontext

Nach Hölscher steht das Thema von Kap. 18 „zu dem von Kap. 17 und 19 in einer gewissen Beziehung. Dort ist die Rede von der Wegführung ins Exil, die unter Jojachin geschah. Das gab die Veranlassung zum Auftakt des Kapitels 18, 2. Auch bei seiner Behandlung der drei Generationen mag der Verfasser an die drei Generationen eben jener Zeit denken: an den frommen Vater Josia, an die gottlosen Söhne Joahas, Jojakim und Zedekia, an den im Exil lebenden Enkel Jojachin, als dessen Zeitgenossen die angeredeten Exulanten gedacht sind. Die Zeichnung gerade des gottlosen Sohnes könnte an das Bild Jojakims Jer 22, 13ff. erinnern. Vielleicht spielt auch die in Kap. 17 gegebene Gegenüberstellung der mit Jojachin Weggeführten und der unter Zedekia... Zurückgebliebenen mit hinein“[345]. Ähnlich meint Zimmerli[346]: „Die Einordnung von 18 gerade an dieser Stelle mag damit zusammenhängen, daß Kap. 17 wie 19 das Gericht an einer Abfolge von Königen sichtbar machen. Kap. 18 will demgegenüber jedes fatalistische Mißverständnis der Folge von Gerichten brechen“.[347] Vielleicht enthalten diese Sichtweisen jede für sich richtige Teilerkenntnisse. Die wirklichen Hintergründe, warum Ez 18 gerade am jetzigen Ort verankert ist, sind bislang nicht durchsichtig. Ein Versuch, diese Frage zu beantworten, setzt voraus, daß zuvor geklärt ist, ob Ez 18 in seiner jetzigen Textgetalt oder möglicherweise in einer früheren Fassung am jetzigen Ort untergebracht worden ist. Erst wenn letzteres nicht der Fall gewesen sein kann, wenn also Ez 18 als eine Texteinheit aus einem Guß anzusehen ist, wäre von dem vorliegenden Kapitel als ganzem auszugehen und durchzuspielen, welche Motive für die jetzige Verklammerung ausschlaggebend gewesen sein können. Läßt sich dagegen zeigen, daß das Kapitel mehre-

[345] Hesekiel, 103f.

[346] BK XIII, 1, 110*.

[347] Für Garscha ist Ez 18 am jetzigen Ort untergebracht worden, weil dem Verfasser dieses Kapitels „das in Kp 17 geschilderte Schicksal des Vasallenkönigs... als Beispiel und Beleg für den Grundsatz von Schuld und Schuldfolge (Kp 18) dienen“ sollte (Studien, 33); die Möglichkeit dieser Verklammerung sei durch „eine geschickt durchgeführte Bearbeitung“ in Ez 17, 11–21 (Ez 17, 13aβ.bα. 14b. 15b. 16. 18–19) vorbereitet worden (aaO., 31; s. a. 34).

re Bearbeitungsstufen durchlaufen hat, so wäre jeweils zu überprüfen, in welchem Textstadium und aufgrund welcher spezifischen Aussageabsicht eine frühere Fassung hinter Ez 17 bzw. vor Ez 19 wichtig erscheinen mochte. In diesem Zusammenhang ist folgender Sachverhalt von Bedeutung: Zahlreiche Aussagen aus Ez 18 und ähnliche Argumentationsketten liegen auch in Ez 3 und Ez 33 vor[348]. Danach wird das Thema „Schuld, Schuldverhaftung und Umkehrmöglichkeit“ an zwei besonders markanten Gliederungspunkten des Buches[349] programmatisch vorgestellt und abgehandelt; das wirft die Frage auf, in welchem Umfang buchkonzeptionell orientierte Texteingriffe dazu führten, daß Ez 18 in der jetzigen Fassung zwischen Ez 17 und 19 wie eine nochmalige (im Blick auf Ez 3), bzw. wie eine vorweggenommene (im Blick auf Ez 33) Behandlung eben dieser Thematik wirkt[350].

b. Ez 18 Zur Frage der Einheitlichkeit

Für Zimmerli besteht kein Anlaß, die Einheitlichkeit des Kapitels zu bezweifeln; als Ganzes zeige „Ez 18 die Form des Disputationswortes“, ausgelöst durch V. 2; von diesem Vers abgesehen „kommt der Redepartner in dieser breiten Ausführung“ noch in V. 19. 25 und 29 zu Wort[351]. Zimmerli sieht zwar, daß in 18, 21 ff. ein neuer Gedankengang vorliegt; aber indem er den in 18, 30 b formulierten Bußruf als Skopos des gesamten Kapitels einstuft[352], versucht er an der Einheit des Kapitels festzuhalten. Dabei verkennt er allerdings, daß 18, 21 ff. einen Aspekt betonen will, der in 18, 1–20 überhaupt noch nicht in den Blick rückt; denn hier dreht sich noch alles um die Frage, ob und in welchem Maße die Schuld des Vaters auf den Sohn übergeht[353]. Die in 18, 21 ff. verhandelte Möglichkeit der Umkehr oder der Abkehr von Schuld hat jedoch die Fragestellung von 18, 1–20 inzwischen längst überholt; denn derjenige, der der Auffassung ist, daß sich der Schuldige durch Umkehr etc. retten kann, kann nicht zugleich noch ein ernsthaftes Problem darin gesehen haben, ob und wie sich die Schuld des Vaters auf den Sohn überträgt; und derjenige, der das Problem der Schuldverhaftung des Sohnes behandelt, tut das hier deutlich noch, ohne den Aspekt der individuellen Umkehrmöglichkeit mitzuberücksichtigen. 18, 1–20 ist daher im Vergleich zu 18, 21 ff.

[348] Vgl. besonders die enge Verwandtschaft zwischen den Darlegungen in 18, 21–32 und in 33, 11–20; s. ferner die Berührungen zwischen 3, 20 und 18, 24(26).

[349] Ez 3 Einleitung; Ez 33 Ein- bzw. Überleitung zu den Heilsworten (nach den Fremdvölkerworten Ez 25–32).

[350] Vgl. zu Einzelheiten oben 74 ff. den Exkurs: Ez 3, 17–21 und die Berührungen mit Ez 18, 21–24(25–29) und Ez 33, 7–9.

[351] BK XIII, 1, 396; vgl. neuerdings auch Fuhs, NEB I, 94.

[352] „1–20 bleiben ohne die Verbindung mit diesem Skopos eine akademische Erörterung“ (BK XIII, 1, 396.).

[353] Vgl. besonders 18, 18–20.

deutlich die ältere Texteinheit[354]. Die Abhandlung 18, 1–20 ließ aus der Sicht einer späteren Reflexionsstufe darüber im Unklaren, wie es denn mit der Umkehrmöglichkeit des „Ungerechten“ (vgl. 18, 20Ende) steht, und erschien somit unvollständig, also ergänzungsbedürftig. Die ergänzenden Ausführungen liegen in 18, 21–31 vor.

Da nicht auszuschließen ist, daß auch 18, 1–20 nicht in der ältesten Fassung vorliegt, ist auch für diese Versfolge zu überprüfen, ob der Text überhaupt aus einem Guß ist. Folgende Beobachtungen deuten daraufhin, daß 18, 1–20 nicht von einem Autor in einem Zuge konzipiert worden ist[355]. Zum einen: Die in 18, 5–20 dargelegten Äußerungen knüpfen an den Spruch in 18, 2 an. Dabei fällt auf, daß in der jetzigen Textfolge nicht wie in diesem Spruch „Väter“ und „Söhne“, also zwei Generationen, sondern Vater (18, 5–9), Sohn (18, 10–13) und Enkel (18, 14–20), also drei Generationen eine Rolle spielen. Damit erweitern die Ausführungen in 18, 14–20 die Generationenfolge von 18, 2. Ferner: Ebenfalls nicht ausgeglichen mit 18, 2 wirkt der in 18, 19 im Zitat vorgebrachte Einwand der vor Augen stehenden Disputationspartner. Denn artikuliert sich in 18, 2 eine Stimmung derart, daß hier der Schicksalszusammenhang zwischen der Generation der Väter und der der Söhne als nicht durchsichtig erscheint, so geht es in 18, 19 um die Überzeugung derjenigen, für die dieser Schicksalszusammenhang eben gerade durchsichtig ist, weil sie davon ausgehen, daß die Söhne zweifellos in der Schuld der Väter stehen[356]. Diese Unausgeglichenheiten dürften als Indizien dafür zu werten sein, daß an der Entstehung der jetzigen Textfolge 18, 1–20 mehrere Hände beteiligt gewesen sind.

c. 18, 1–13

Die in dieser Textfolge enthaltenen Ausführungen bieten eine doppelte Stellungnahme zu der mit dem Spruch in V. 2 vorgegebenen Fragestellung, auf welche Weise Verhalten und Geschick zweier Generationenfolgen einander bedingen. Während V. 3 f. den Spruch lapidar zurückweist und grundsätzlich für ungültig erklärt, wirken die V. 5–13 mehr wie ein mit umfangreichem Belegmaterial gestützter Versuch einer Korrektur der mit diesem Spruch vertretenen Sichtweise.

---

[354] So auch H. Schulz, Todesrecht, 178, der zwar die „literarische Verwandtschaft der beiden Kapitelhälften“ betont, für den aber „v. 21 ff... nicht von dem Verfasser von 1–20, sondern von einer Schultradition“ stammt; vgl. auch Kilpp, 1985, 212.

[355] Zimmerli stellt im Blick auf die Frage, ob eine Einheit aus einem Guß vorliegt, immerhin formale „Zersetzungserscheinungen“ (BK XIII, 1, 404) fest.

[356] Vgl. auch Hölscher, Hesekiel, 103: „Schon in 18, 19 wird das Thema von 18, 2 nicht geradlinig weitergeführt; denn die Klage der Leute ist in 18, 19 eine ganz andere als in 18, 2“; s. zu diesem Punkt auch unten 272.

18, 1–4 „Die sündige Seele wird sterben“

Auf die einleitende Jahwewort-Ergehensformel folgt als Ausgangspunkt des anschließenden Disputationswortes[357] das Zitat[358] eines rhythmisch geformten, im Lande Israels gängigen Spruchs, in dem eine Ursache und ihre Wirkung in absurd erscheinender Weise aufeinander bezogen werden[359]. Bekanntlich taucht das gleiche Wort auch in Jer 31, 29 auf. Die ältere Forschung wollte darin eine sarkastische[360], freche, zynische oder nihilistische[361] Absage an Jahwe erkennen[362]; neuere Arbeiten urteilen über die sich in diesem Wort artikulierende Haltung weniger scharf und versuchen zu ihrem besseren Verständnis die entsprechenden Hintergründe aufzudecken. So meinte
2 Schenker, 18, 2 von 18, 19 her verständlich machen zu können; in V. 19 a gehe aus der Art der Frage hervor, daß in den Augen der hier Zitierten nicht die Behaftung der Nachfahren mit der Schuld ihrer Vorväter schwierig und erklärungsbedürftig ist, „sondern umgekehrt: Schwierig und der Erklärung bedürftig ist die Straflosigkeit der Söhne schuldiger Väter! Unverständlich ist offenkundig der Stop der sich auswirkenden Schuld“[363]. Diesen Ausführungen wird man im Blick auf 18, 19 zustimmen müssen[364]. Ist aber diese Interpretation so auf 18, 2 zu übertragen? Schenker meint „Im Lichte von v. 19 gewinnt der Sinn des Maschal in v. 2 klare Konturen“ und gelangt zu der Auffassung: V. 2 „enthält keine Kritik; er ist so gemeint, wie er lautet: der eine brockt die Suppe ein, der andere löffelt sie aus. Das ist der Lauf der Dinge... Die Israeliten sind realistisch genug, dieses Gesetz anzuerkennen, weit entfernt sich dagegen prometheisch oder zynisch aufzulehnen. Für sie ist damit kein Theodizeeproblem verbunden“[365]. Letzteres trifft sicher für 18, 19 zu, keineswegs jedoch für 18, 2! Schenker überspielt die unterschiedlichen Einstellungen[366], die sich in den beiden Worten ausdrücken. Das hat zutreffend

[357] S. o. zu 12, 21 ff. Anm. 877.

[358] Zur Art der Einführung des Zitats vgl. auch Ez 12, 22.

[359] Nicht absurd ist der Genuß saurer Trauben; auch nicht absurd ist, daß der Genuß saurer Trauben eine die Zähne tangierende Wirkung hat. Nach G. Dalman, Arbeit und Sitte in Palästina, I–VII, Gütersloh 1928–1942; vgl. Bd. IV, 345, galten in Palästina zu Beginn unseres Jh.s saure Trauben durchaus als Delikatesse (s. a. I. Löw, Die Flora der Juden, I–IV, Wien und Leipzig 1924–1934, vgl. Bd. I, 76 ff.); die Wirkung auf die Zähne nahm man in Kauf. Absurd ist die hier veranschlagte Weise einer Zeitverzögerung der Wirkung.

[360] Vgl. Herrman, KAT, 110.

[361] Vgl. Zimmerli, BK XIII, 1, 402 f.

[362] Vgl. weiter die Zitatenlese bei Kilpp, 1985, 210.

[363] Saure Trauben, 456 f.

[364] D.h.: Für diejenigen, aus deren Mund die Rückfrage V. 19 a zitiert wird, bleibt es unvorstellbar, wie sich angesichts der von den Vätern aufgebürdeten Last überhaupt eine neue Zukunftsperspektive eröffnen könnte. Da die Katastrophe so empfunden werden mußte, daß nicht nur die Schuldigen vor 587 v. Chr. zur Rechenschaft gezogen wurden, sondern auch deren Nachkommen ausnahmslos die Folgen zu tragen hatten, so mußte daraus ein neues, bisher nicht übliches und bisher auch nicht denknotwendiges Schuldverständnis resultieren; vgl. ferner unten zu 18, 19.

[365] AaO., 457 f.

[366] Vgl. bereits oben Anm. 356.

Kilpp erkannt, wenn er im Blick auf die Frage nach dem Verhältnis von 18,2 zu 18,19 feststellt: „Würden diejenigen, die sich mit den ‚Söhnen identifizieren (= V. 2) und doch unter den Fehlern der vorhergehenden Generation zu leiden haben, an dieser Stelle (= V. 19) den Propheten fragen: ‚Warum trägt der Sohn nicht die Schuld des Vaters?‘, müßte man ihnen den absurden Gedanken unterstellen, sie würden das Mittragen der Strafe wollen oder gar fordern“[367]. Daß 18,19 im deutlichen Abstand zum Sprichwort in 18,2 formuliert worden ist, stellt auch Levin fest[368]. Gegen die ältere und neuere Forschung, die überwiegend davon ausgeht, daß sich das Sprichwort 18,2 gegen eine alte Vorstellung von der kollektiven Vergeltung richtet, so daß es als Indiz für einen allmählichen Übergang vom kollektivistischen Rechtsempfinden der älteren Zeit hin zum ethischen und religiösen Individualismus des nachexilischen Judentums gewertet wird, hält Levin ein entwicklungsgeschichtliches Nacheinander von Kollektivschulddenken und Individualschuldverhaftung im AT nicht für nachweisbar[369]: „Seit der exilischen Zeit nimmt das Bewußtsein der überindividuellen und metaphysischen Dimension der Schuld auffallend zu. Die Ursache für diesen offenkundigen Lernprozeß liegt auf der Hand: die Katastrophe Judas. Damals hat man in dramatischer Weise die Erfahrung des kollektiven und geschichtlichen Schuldzusammenhangs gemacht, die es von nun an auch theologisch zu bewältigen galt. Das Sprichwort von den stumpfen Zähnen ist dafür einer der ersten Belege und zugleich einer der ersten Belege für das Bewußtsein des überindividuellen Schuldzusammenhangs überhaupt. Es ist nicht gegen eine alte Praxis, sondern gegen eine neue Erfahrung gerichtet“[370]. Entsprechend ordnet Levin 18,19, da hier diese Erfahrung schon verinnerlicht erscheint, zeitlich nach 18,2 ein; hier ist nach seiner Auffassung „das Rechtsempfinden der nachexilischen Zeit beschrieben“[371]. Kann man Levins Beurteilung von 18,19 zustimmen, so scheint dagegen der Sachverhalt, der in 18,2 angesprochen ist, noch keineswegs in voller Schärfe erfaßt zu sein. Denn was heißt das, wenn Levin formuliert, daß 18,2 „einer der ersten Belege für das Bewußtsein des überindividuellen Schuldbewußtseins überhaupt ist“, und was heißt „gegen eine neue Erfahrung gerichtet“, wenn kurz vorher für „die überindividuelle Dimension der Schuld“ eine „gemeinmenschliche Erfahrung“[372] veranschlagt wird? Was ist dann das Neue der Erfahrung, das man mit dem Wort in 18,2 auf den Punkt zu bringen sucht? Die Wahrnehmung des überindividuellen Schuldzusam-

---

[367] Interpretation, 212.

[368] Vgl. Verheißung, 38–47.

[369] Vgl. Levins Exkurs „Kollektive und individuelle Vergeltung“, Verheißung, 40–46; vgl. so bereits G. von Rad, Das fünfte Buch Mose, ATD 8, Göttingen 1968², 109.

[370] Verheißung, 46.

[371] Verheißung, 46, Anm. 40; vgl. auch 54: „Es ist für die Geschichte des Gottesvolkes Israel entscheidend gewesen, daß später die Sünde der Väter nicht mehr beiseite geschoben, sondern als die eigene Schuld angenommen und bekannt worden ist“ (Verweis auf Jer 3,25; Jer 14,20; zu vergleichen wäre ferner Jer 32,18; Esr 9,6f.13; Ps 106,6; Klgl 3,42 u. ö.).

[372] Vgl. Verheißung, 45.

menhangs an sich kann nicht das entscheidend und bestürzend Neue gewesen sein; denn daß man im alten Israel längst mit dieser Vorstellung von überindividuellen Schuldverhaftungen vertraut war, läßt sich gar nicht - und will auch Levin nicht - bestreiten. Somit bleiben Schwierigkeiten, genauer zu bestimmen, gegen welche neue Erfahrung sich die Aussageintention von 18, 2 richtet. Sie hängen möglicherweise damit zusammen, daß man hier - von 18, 19 und dem weiteren Kontext irregeleitet - die falsche Richtung anpeilt. Daß 18, 2 die Ereignisse von 587 v. Chr. einerseits im Bewußtsein eines überindividuellen Schuldzusammenhangs ins Auge zu fassen sucht, aber andererseits so formuliert ist, daß dieser Schuldzusammenhang gleichsam außer Kontrolle geraten zu sein scheint und folglich auch „theologisch" undurchsichtig ist, könnte ein Indiz dafür sein, daß die Katastrophe von 587 v. Chr. und ihre Auswirkungen nicht mehr im traditionellen Denkhorizont „Unheil als Folge von Schuld" und damit auch nicht mehr im bisherigen die Generationen übergreifenden Ordnungswirken Jahwes unterzubringen waren. Das Sprichwort lautet in der M-Fassung: „Väter essen[373] saure Trauben, und/aber die Zähne der Söhne pflegen stumpf[374] zu werden". Somit steht nicht ein einmaliges Geschehen vor Augen, das zurückliegt und abgeschlossen ist. Betont wird vielmehr: So ist es, so geht es zu. Gemeint ist ein zwangsläufiger und zugleich ungesteuerter und unkontrollierbarer Automatismus. Zwangsläufig ist dieser Automatismus, wie das Essen saurer Trauben eben immer stumpfe Zähne zur Folge hat; in diesem Punkt enthält der Automatismus durchaus ein Ordnungsmoment, auf das man sich einstellen kann, mit dem umzugehen ist: Ein bestimmtes Verhalten, wie das Essen unreifer Trauben, hat für den Esser selbst zwangsläufige Folgen. Bis dahin ist dieser Automatismus noch kalkulierbar. Ein jeder kann wissen oder erfahren, was er für sich selbst bewirkt, wenn er den Automatismus in Gang setzt: Ein bestimmtes Tun hat für den Täter selbst ein bestimmtes Ergehen zur Folge! Ungesteuert erscheint der Automatismus, sofern das Sprichwort „eine Ursache und eine Wirkung mit einander verknüpft, die nichts mit einander zu thun haben"[375]. Das Postulat eines Kausalnexus zwischen den Generationen[376] wird festgehalten; aber 18, 2 läuft darauf hinaus, daß dieser Kausalnexus nicht mehr nachvollziehbar, nicht mehr beschreibbar ist. Ein an sich kalkulierbarer Automatismus hat sich völlig seiner Kontrolle entzogen.

18, 2 will also nicht einfach darauf hinaus, daß es Verschuldungen der Väter gibt, für die die Söhne einzustehen haben und einstehen können. Wollte man diese Auffassung unterstellen, so wäre zu fragen, warum dann nicht unverblümt wie z. B. in Klgl 5, 7 formuliert werden konnte: „Unsere Väter, die

---

[373] *y'klw*; die Präformativkonjugation mit vorgestelltem Subjekt drückt hier einen dauerhaften bzw. wiederholten Vorgang (anders Jer 31, 29!) aus (vgl. z. B. Spr 27, 18; Num 18, 10; Lev 22, 13). G liest wie in Jer 31, 29 *'klw* und übersetzt „haben gegessen".

[374] Präformativkonjugation mit vorgestelltem Subjekt.

[375] B. Duhm, Das Buch Jeremia, KHC Abt. XI, Tübingen 1901, 253.

[376] Vgl. 16, 44 „wie die Mutter, so die Tochter".

sündigten, sind nicht mehr. Wir selbst müssen ihre Verschuldungen tragen". Hier verstehen die „Söhne" ihr Geschick als ein Verhängnis, „in das sie ohne ihr eigenes Zutun allein durch die Schuld der Väter geraten waren... In der Bezeichnung dieser Schuld als Sünde liegt die Erkenntnis beschlossen, daß es sich bei diesem Unglück in Wahrheit um eine von Jahwe selbst verhängte Strafe handelt. So zielt die Betonung der eigenen Schuldlosigkeit auf das Gerechtigkeitsempfinden Gottes ab, das sich in der Befreiung der schuldlos Unterdrückten äußern sollte"[377]. Hier in Klgl 5, 7 kann also beides zusammengedacht werden - die Schuld der Väter, die daraus selbstverständlich resultierende und nachvollziehbare Schuldverhaftung mit den entsprechenden negativen Folgen sowie die eigene Schuldlosigkeit an diesen Folgen[378] - und vor Jahwe als die zuständige Instanz gebracht werden. Das ist aber ganz offensichtlich in 18, 2 nicht der Fall. Hier ist weder von Jahwe die Rede noch von Schuld! Der hier - offensichtlich auf dem Wege weisheitlicher Denkbemühungen - „konstruierte", die Generationen übergreifende Zusammenhang postuliert zwar eine Ordnung, den überindividuellen Kausalnexus, in dem Familienglieder untereinander stehen, hält also fest, daß eine gegenwärtige Generation mit der vorausgehenden zusammen gesehen werden muß; aber auf die entscheidende Frage, wie das ohne eigenes aktives Verschulden überkommene Geschick nach 587 v. Chr. dennoch als einsehbares Folgegeschehen des Verhaltens der Väter akzeptabel und zu bewältigen ist, gibt es keine Antwort. 18, 2 ist der Ausdruck fatalistischer Resignation angesichts der eigenen Misere (= „stumpfe Zähne"), zu deren Bewältigung die traditionelle „Theologie" keine Hilfe bietet. Die Misere besteht nicht nur in der Elendssituation an sich, sie besteht gerade auch darin, daß Jahwe als steuernde Ordnungsinstanz aus dem Blick geraten ist und als Appellationsinstanz ausfällt (vgl. anders bereits Klgl 5, 7). Das zu postulierende und postulierte Beziehungsgeflecht zwischen der Vätergeneration und den Söhnen ist offensichtlich in den Augen der Betroffenen „theologisch" überhaupt nicht mehr zu erfassen und begreifbar zu machen[379]; und das deswegen, weil die Misere der „stumpfen Zähne" nicht mehr mit der traditionellen Vorstellung in Einklang zu bringen ist, die Unheil als eine jeweils von Jahwe selbst verhängte Strafe, bzw. gesteu-

[377] Vgl. O. Kaiser, Klagelieder, ATD 16, 2, Göttingen 1981³, 380.

[378] Vgl. besonders eindrücklich so auch das sogenannte 2. Pestgebet des Hethiterkönigs Mursili II (ca. 1340–1310 v. Chr.): § 8: „... So hat auch mein Vater gesündigt... Ich aber habe in nichts gesündigt. Nun ist es [freilich] so: des Vaters Sünde kommt auf den Sohn. So ist auch auf mich die Sünde meines Vaters gekommen..." (so die Übersetzung C. Kühnes, RTAT, 191 ff.); an diesem Text ist zudem interessant, daß die schuldlose Verstrickung in die Schuld der Väter, indem die negativen Folgen dieser Schuld zu tragen sind, auf kultischem Wege (Schuldeingeständnis [§ 8], Appellation an die Gottheit [§ 9], Sühnleistungen [§9f]) aufgehoben und somit auch die negativen Folgen aufgehoben werden können. Auch aus Ps 109 ist zu entnehmen, daß die Schuld des Vaters (oder der Mutter) auf kultischem Wege abzulösen, also zu bewältigen war, vgl. Ps 109, 14(!); vgl. auch Hiob 1, 5, wo umgekehrt der Vater mögliche Verschuldungen der Söhne mit Hilfe kultischer Maßnahmen kompensiert.

[379] Vgl. dagegen die Auffassungen in dem in Anm. 378 vorgestellten Beispiel.

ertes Folgegeschehen, für entsprechende Verschuldungen werten kann, woraufhin entsprechend an Jahwe appelliert, kultisch agiert etc. werden kann.

Von einer Kritik oder von einem Aufbegehren gegenüber Jahwe kann gar keine Rede sein. In 18, 2 äußert sich die bloße Irritation in einer Weise, die noch erkennen läßt, daß die alten Erklärungsmuster, sucht man sie in diesem Spezialfall in Anschlag zu bringen, versagen und absurd ausfallen müssen. Schuld, auch die Schuld der Väter, war ja immer zu bewältigen gewesen; aber hier erschien der bisherige Vorstellungshorizont gesprengt, innerhalb dessen Schuldzusammenhänge veranschlagt und auch geordnet werden konnten. Es ist die totale Katastrophe, die Zerstörung aller bisher die eigene Ordnungswelt stützenden Institutionen (Tempel, Kult, Königtum etc.), die auf der Ebene des klassischen Schuldverständnisses nicht mehr nachvollziehbar und durchschaubar ist, weil ein der bisher angenommenen Korrespondenz von Schuld und Strafe entsprechendes Reagieren nicht mehr möglich erscheint. M.a.W.: Ist die Katastrophe von einem derartigen Ausmaße, daß sie möglichen Schuldzusammenhängen als der auslösenden Ursache gar nicht mehr zu korrespondieren scheint, während bislang Schuldzusammenhängen, welcher Art auch immer, jeweils kultisch Rechnung getragen werden konnte[380], also die postulierte Ordnung, das stimmige Gefüge zwischen einer Notsituation und der zu veranschlagenden Schuld, letztlich nie als ganze außer Kraft gesehen werden mußte, so stand man völlig irritiert vor der drängenden Frage, welche Hintergründe, welche „Ordnung" denn sonst für die Katastrophe und die anschließende Misere ausschlaggebend gewesen sein konnten[381]. Offensichtlich war angesichts der Katastrophe und ihrer Folgen Jahwe als die bisher geltende Ordnungsinstanz und somit das gesamte auf der theologischen Ebene postulierte Ordnungsgefüge in seiner Anwendbarkeit in Frage gestellt.

Im Blick auf die resignative und kritische Redeweise sowie die assoziative Nähe zu dem Weinstockwort in 19, 10–14 ist es immerhin denkbar, daß das Sprichwort nicht erst zum Zweck seiner in 18, 3–13* folgenden Widerlegung hier aufgenommen wurde, sondern bereits im näheren Kontext dieses Weinstockwortes – als resignierende Abschlußbemerkung – vorgegeben war. Mitschwingen mochte dabei durchaus ein Moment der Kritik „... an den entscheidungsmächtigen politischen Gruppen der letzten Königszeit, die für das herrschende Leiden verantwortlich gemacht werden"[382].

3 f. Mit V. 3 f. als Ich-Rede Jahwes wird die Ungültigkeit des Spruchs erklärt.

[380] Vgl. z. B. für Israel: Jos 7; 2. Sam 21; 2. Sam 24, 25; danach kann drohendes Unheil oder gegenwärtige Not derart behoben werden, daß die verursachende Schuld beseitigt oder kultisch bewältigt wird.

[381] „Der Versuch, die Krise zu bewältigen, indem man das Unerklärliche, Dunkle doch irgendwie... integriert, die Unordnung zum Bestandteil der Weltordnung erklärt, um so trotz allem Ordnung zu wahren, ist aufgegeben in mutwilligem Protest, ist angesichts dessen, was mit dem Untergang Judas geschehen ist, schlechterdings nicht mehr möglich". Dieser Einschätzung Levins (Verheißung, 39) kann man mit der Einschränkung zustimmen, daß sich hier nicht „mutwilliger Protest", sondern die totale Irritation und Orientierungslosigkeit artikuliert.

[382] Kilpp, 1985, 220.

Für den Verfasser von V. 4 enthält er die Behauptung, daß Jahwe wahllos eine Generation bevorzugen und eine andere benachteiligen könnte; er weist sie lapidar mit der Klarstellung zurück, daß Jahwe für „alle Seelen" gleichermaßen zuständig ist. Impliziert für ihn der Spruch in V. 2, daß unkontrollierbare, chaotische, wahllos verderbende Mächte am Werk sein müßten, so hält er dem entgegen, daß Jahwe den Ort des Verderbens und des Todes auf den Bereich der Sünde eingegrenzt hat. In dem partizipial formulierten Grundsatz ist mit der „Seele, die sündigt" die Person gemeint, die in der Sünde bleibt (V. 24 bβ; vgl. auch 3, 20), die also nicht die Möglichkeit der Umkehr wahrnimmt (V. 21; vgl. V. 27 f.; Ez 3, 19), bzw. nicht der Aufforderung zur Umkehr folgt (vgl. V. 30 f.). Der in priesterlich-sakralrechtlicher Sprache[383] gehaltene V. 4 b bringt vorweg alle weiteren Darlegungen auf einen Nenner, bzw. alle weiteren Darlegungen wirken jetzt wie eine nachträgliche Explizierung dieser Formel. Da sie in V. 20 a wörtlich aufgenommen ist, und zudem im jüngsten Abschnitt 18, 21 ff. in V. 21 und V. 24 der Begriff „Sünde" (*ḥṭ't*) nachträglich als auf V. 4 zurückweisendes Stichwort eingetragen sein dürfte[384], wird der Grundsatz das Endergebnis des gesamten in Ez 18 erkennbaren Reflexionsprozesses enthalten.

18, 5–13 Der gerechte Vater und sein ungerechter Sohn

In den hier folgenden nochmaligen Ausführungen zu der mit dem Spruch in V. 2 vorgegebenen Fragestellung, auf welche Weise Verhalten und Geschick zweier Generationenfolgen einander bedingen, fällt die keineswegs durchstrukturierte Aufzählung der verschiedenen Verschuldungsmöglichkeiten auf: Während das *ʿśh mšpṭ wṣdqh* (18, 5) zunächst in 18, 6 (vgl. 18, 11 b. 12 b. 15) mit dem Verweis auf Vergehen im Bereich des Kultischen sowie sexueller Verfehlungen spezifiziert ist, rücken 18, 7. 8 Verschuldungen auf der Ebene sozialen Verhaltens in den Blick (vgl. 18, 12 a. 13 a; 18, 16. 17 a). Ist die vorliegende Abfolge mit diesem Nebeneinander verschiedenartiger Schuldkategorien ursprünglich? Was mit der jetzigen Textfolge erreicht werden soll, ist klar. Es ging offensichtlich darum, die mit 18, 2 vorgegebene Fragestellung so aufzugreifen und so zu verhandeln, daß nicht bloß das Beispiel eines einem bestimmten Stande zugehörigen Vaters und entsprechend seines Sohnes vor Augen stand. Während die Hinweise allein auf asoziales, ungerechtes Verhalten (Unterdrückung, Ausbeutung) lediglich den König bzw. die „Fürsten" oder sonstige Führer und Mitglieder der Oberschicht im Blickfeld hätten, stellen die Verweise auf Verschuldungsmöglichkeiten sowohl im sozialen als auch im kultischen und sexuellen Bereich sicher, daß hier Aussagen über alle Mitglieder der Gemeinschaft ohne Unterschied ihrer sozialen Stellung beabsichtigt sind. Die jetzige Kombination unterschiedlicher Verschuldungs-

---

[383] Vgl. die Anklänge an Lev 7, 18. 25 u. ö.

[384] Analog zu V. 27 hätte in V. 21 der Terminus „Frevel" nahegelegen, in V. 24 analog zu V. 26 der Terminus „Unrecht".

möglichkeiten läßt also erkennen, daß der verantwortliche Verfasser die in 18, 2 anstehende Frage im umfassenden Sinn, alle Glieder der Gemeinschaft, „jedermann" betreffend reflektiert.

Im Blick auf diesen Sachverhalt ist es nicht abwegig, die Möglichkeit näher in Betracht zu ziehen, daß die jetzt vorliegende Textfolge (18, 5–13) erst das Ergebnis späterer Eingriffe in eine ältere Textvorlage darstellt[385], und daß es diese Eingriffe waren, die die ursprünglich nachvollziehbare thematische und sachliche Verbindung der älteren Aussageeinheit mit dem Kontext von Ez 17 und Ez 19 jetzt nicht mehr erkennen lassen.

18, 5–13 Der Ursprungstext*

Da in Ez 17 und Ez 19 speziell das Verhalten und Geschick der Jerusalemer Könige thematisiert ist, ist die Vermutung nicht abwegig, daß der älteste Kern von Ez 18 darauf abgestimmte Aussagen enthielt und vor Ez 19 verankert wurde, um weitere Aspekte zum Punkt „Verhalten und Geschick der Könige" anzusprechen. In welcher Weise das geschehen sein kann, erhellt ein Blick auf den Textkomplex Jer 21, 11–23, 6, dessen einzelne Aussageeinheiten sich auf Verhalten, Geschick, Rang etc. der letzten Könige Judas konzentrieren. Verwiesen sei besonders auf Jer 22, 1–5[386] und 22, 13–19; denn hier wendet sich der Prophet an den „König von Juda und sein Haus"[387], bzw. König Jojakim[388], um die Folgen sozialer Vergehen anzumahnen; Hinweise auf Verfehlungen kultischer oder sexueller Art spielen hier keine Rolle. Mit Jer 22 berührt sich Ez 18 auch insofern deutlich, als hier wie dort mit *ynh* (hi.; vgl. 18, 7. 12 und Jer 22, 3), *špk dm* (vgl. 18, 10 und Jer 22, 3. 17), *ʿny wʾbywn* (vgl. 18, 12 und Jer 22, 16), *gzl* (vgl. 18, 7. 12 und Jer 21, 12; 22, 3) klare Berührungen in der Terminologie feststellbar sind[389]. Die in 18, 5 (vgl. 18, 19b)

---

[385] „... Indizien für eine – lebhafte und vielleicht mehrschichtige – Überarbeitung dieser Tatbestandskataloge" findet auch Krüger, vgl. Geschichtskonzepte, 366.

[386] Vgl. schon Jer 21, 11 f.

[387] Jer 22, 2 mit G; vgl. schon Jer 21, 11.

[388] So deutlich Jer 22, 15.

[389] Verwiesen sei ferner auf Ez 22, 23–31. Das Wort, das nach Zimmerli die Funktion hat, „einem vom Gericht betroffenen Volk das Recht dieses Gerichts sichtbar zu machen und es zur Anerkenntnis desselben zu bringen" (BK XIII, 1, 522 f.), stammt aus der Zeit nach 587 v. Chr. Deutlich ist, daß die zur Begründung der Katastrophe veranschlagten Verschuldungen lediglich in den obersten Führungskreisen des Volkes geortet werden können. An erster Stelle (vgl. die G-Lesart!) werden die asozialen Verhaltensweisen der „Fürsten" vorgeführt (vgl. Zef 3, 1–5.); die gleichen Vorwürfe richten sich an die „Beamten" und den *ʿm hʾrṣ*. Verschuldungen im Bereich des Kultes werden lediglich Priestern und Propheten vorgehalten; es handelt sich hier jedoch im Unterschied zu 18, 6. 15 um Nachlässigkeiten und Mißbräuche innerhalb ihres spezifischen Aufgabenbereiches. Verschuldungsmöglichkeiten des gemeinen Volkes stehen nicht im Blickpunkt und werden nicht mitreflektiert. Das ist 22, 6–12 schon anders (vgl. V. 7 a. 8. 9 b. 10. 11); diese Ausführungen sind jünger als 22, 23–31 und im Rückgriff darauf (deswegen steht auch hier an erster Stelle die gewalttätige Art der „Fürsten") aus der Absicht heraus entstanden, den Verschuldungsnachweis für alle Schichten zu führen. Damit verstärkt sich der Verdacht, daß jene Verse in 18, 5 ff., die über das Verhalten im sozialen Bereich hinaus auch auf das Verhalten im kultischen und sexuellen Bereich hinweisen, später eingearbeitet worden sind (Vogt, Untersuchungen, 113,

den gerechten Vater charakterisierende Wendung *ʿśh mšpṭ wṣdqh* wird hier (vgl. Jer 22, 3; Jer 22, 15 [Josia?]), völlig sachgemäß, auf den König bezogen[390]. Denn: „Oberste Aufgabe des Königs ist es, ‚gedeihliche Ordnung (*mišpat*) und *ṣedaqa* für sein ganzes Volk' zu schaffen..."[391]. Eine Zusammenstellung sozialer Königspflichten findet sich auch im ugaritischen Krt-Text (Vorwürfe des aufrührerischen Thronfolgers, KTU 1.16 VI 45-50): „Nicht verschaffst du Recht der Witwe, nicht richtest du die Rechtssache des in seinem Leben Bedrohten, nicht wirfst du nieder diejenigen, die den Armen bedrücken! Vor dir läßt du nicht speisen die Waisen und hinter deinem Rücken die Witwen..."[392].

Aufgrund der bisherigen Überlegungen und Beobachtungen ist zur bislang unbefriedigend gelösten Frage, warum Ez 18 überhaupt im jetzigen Kontext untergebracht ist, folgendes festzuhalten: In Ez 19 und Ez 17 ist das Jerusalemer Königtum, bzw. das Geschick der letzten Könige das Thema. Während die Klagen Ez 19* (und Ez 31*)[393] lediglich gleichsam fatalistisch die letzten Phasen des Königtums vor Augen stellen, versucht Ez 17 in seiner ältesten Fassung[394] eine Erklärung des Untergangs mit dem Verweis auf das politisch unkluge Verhalten gegenüber der babylonischen Supermacht[395]. Die Ausführungen zum Tun von „Recht und Gerechtigkeit" in 18, 5-13 (vgl. V. 5) deuten nun nach allem daraufhin, daß hier in einem ältesten Kern die Frage nach dem Bestand und den Chancen des Königtums analog zu Jer 21, 11-23, 6[396] verhandelt und alles davon abhängig gemacht wird, ob die Könige „Recht und Gerechtigkeit" getan haben (vgl. *ʿśh mšpṭ wṣdqh*).

In Aufnahme des bereits vorgegebenen Spruchs 18, 2, den er auf die Abfolge und das Geschick der letzten Könige bezogen auffaßt, und im Vorausblick auf die in Ez 19 anschließenden Klagen über den Verlust des Königtums will

---

vermutet, daß „die drei langen Kataloge... in V. 6-8, V. 11 b-13 a, und V. 15-17 aα... später eingefügt wurden" und rechnet mit 18, 1-5. 9. 10 a. 13 b. 14. 17 aβ. 19. 20 als älterer Textgrundlage.).

[390] Vgl. ferner Jer 23, 5; Jer 33, 15; Jes 9, 6 (jeweils im Blick auf den kommenden Davididen der Heilszeit.).

[391] Kl. Koch, THAT II, Sp. 512 zu *ṣdq/ṣdqh*; s. a. KAI Nr. 26 A I, 12; Nr. 4, 6; 10, 9; vgl. auch 2. Sam 8, 15 David; 1. Kön 10, 9 Salomo; Jes 9, 6; Jer 33, 15; Ez 45, 9 die Fürsten; Spr 21, 3 u. ö.; im Blick auf Ez 18 stellt Koch (ebd.) zu *ʿśh mšpṭ wṣdqh* fest: „der Ausdruck ist ‚demokratisiert' seit 18, 5. 19. 21. 27; 33, 14. 16. 19." In diesem Punkt hat Koch nur zum Teil Recht. Ursprünglich, jedenfalls in Ez 18, 5, dürfte sich die Aussage auch hier auf den König bezogen haben; erst im Zuge einer Bearbeitung unter einer neuen Fragestellung (vgl. Ez 18, 19) dürfte die sogenannte „Demokratisierung" erfolgt sein, und zwar in dem Sinne, daß nun jeder Fromme die Funktion des Königs übernimmt (vgl. z. B. auch Gen 18, 19; Jes 56, 1; Jes 58, 2). – Zum *ṣdq/ṣdqh*- Verständnis in Israels Nachbarkulturen vgl. Koch, aaO., Sp. 508.

[392] Übersetzung nach K.-H. Bernhardt, RTAT, 242; vgl. auch Ps 72, 1 ff.; ferner Spr 16, 12: „denn in *ṣdqh* hat ein Thron Bestand"; ähnlich Spr 20, 28 (vgl. G); Spr 25, 5; 29, 4. 14; 31, 5. 9 (der König urteilt nach Recht und tritt ein für den Elenden und Geringen).

[393] S. o. 244 f.

[394] Vgl. dazu oben 246 ff.

[395] Vgl. zu weiteren Aspekten oben 247 ff.

[396] Zu den engen Berührungen jener Versteile in 18, 5 ff., die auf das Verhalten im sozialen Bereich zu sprechen kommen, mit in Jer 22 verwendeten Formulierungen s. o. 268.

der Verfasser darauf hinaus, daß das jeweilige Geschick der letzten Könige nicht von einem blinden Fatum bestimmt, sondern davon abhängig war, daß der Gerechte, der Recht und Gerechtigkeit tut und nicht unterdrückt etc., lebt, also nicht untergeht (vgl. 18, 5.7*. 8. 9*), und der Ungerechte, der unterdrückt, Blut vergießt etc. (vgl. 18, 10 a. 12 aα. 13*), nicht leben wird, also untergeht. Dieses Kriterium ermöglichte die rechte Beurteilung der Generationenfolge der letzten Davididen, erlaubte die Feststellung einer Ordnung im Blick auf die Abfolge der letzten Könige. Für die Entstehung der – zugestandenermaßen nur noch hypothetisch zu erschließenden – „Urfassung"[397] dürften, zumal im Vorausblick auf die Darlegungen in Ez 19, ähnliche Reflexionen über die Abfolge der letzten Könige ähnlich eine wichtige Rolle gespielt haben, wie in Jer 22 (Josia und seine Söhne). Dem Verfasser von 18, 5–9* liegt in jedem Fall daran, die Generation der Väter von Schuld zu entlasten, um dann mit 18, 10–13* die Söhne zu belasten. Anderenfalls hätte man erwarten können, daß er zunächst vom ungerechten Vater handelt, den das verdiente Geschick ereilt, und anschließend dessen Sohn als den Gerechten charakterisiert, der leben soll. Der Sohn steht für ihn demnach für die Königsgeneration, die 587 v. Chr. die Katastrophe traf; nach seiner Auffassung war diese Katastrophe von den Betroffenen selbstverschuldet und entsprechend auszubaden. Der Vater – möglicherweise denkt der Verfasser an Josia (vgl. Jer 22, 15!) – handelte dagegen gerecht. Das Sprichwort 18, 2 ist also deswegen zurückzuweisen oder korrekturbedürftig, weil es den Anschein erweckt, daß die Söhne schuldlos das Gericht getroffen hat, und die Väter ungerechterweise verschont geblieben sind, und daraufhin Jahwes Ordnungswirken angezweifelt wird. Gegenüber dieser fatalistisch wirkenden Einschätzung der Generationenabfolge in 18, 2 (vgl. auch 19, 1–14![398]) wird in 18, 5–13* die Frage nach dem „Warum?" der Katastrophe mit dem Verweis auf die Könige und ihr Verhalten[399] beantwortet, wobei dann implizit entsprechende Reaktionen Jahwes veranschlagt sind.

Die hier ausschlaggebenden Reflexionen sind offensichtlich anderer Art als die Denkbemühungen, die zu der Konzeption in 17, 1–10 geführt haben. Läßt sich noch klären, in welchem zeitlichen und sachlichen Abstand sie zu sehen sind? Ging es in 18, 5–13* im Anschluß an 18, 2 und Vorausblick auf

---

[397] Immerhin postuliert ähnlich Vogt eine Vorfassung zu 18, 1–20, vgl. Untersuchungen, 113.

[398] Dazu unten 286.

[399] Möglicherweise berührt sich diese Art der Ordnungsfindung, die hier die Endphase des Jerusalemer Königtums betrifft, mit jener Sichtweise, die nach Würthwein für die dtr. Grundschrift von Kön. charakteristisch ist. Hier besteht „durchweg ein Zusammenhang... zwischen guter und schlechter Beurteilung eines Königs und günstiger oder ungünstiger politischer Lage Judas zu seiner Zeit. Diese Beobachtung legt die Annahme nahe, daß die Beurteilungen der Könige gemäß dem Auf und Ab der Geschichte Judas und nach dem Grundsatz von einem engen Zusammenhang zwischen Tun und Ergehen erteilt wurden. Diejenigen Könige, die in – politisch gesehen – guten Zeiten regierten, haben nach der Überzeugung von DtrG auch das getan, ‚was recht ist in den Augen Jahwes' (und umgekehrt)" (E. Würthwein, Die Bücher der Könige, 1. Kön. 17–2. Kön. 25, ATD 11, 2, Göttingen 1984, 495.).

Ez 19* gegen die dort erkennbare fatalistische Sicht der Ereignisse darum, analog zu Jer 22 die Existenz des Königtums bzw. dessen Ende mit dem Verhalten der Könige im sozialen Bereich in Verbindung zu bringen und entsprechend an ein Ordnungswalten Jahwes zu erinnern, dem die Könige schon immer unterstellt waren, so wird man 17, 1–10 wegen der hier schon maßgeblichen geschichtsperspektivischen Reflexionsstufe[400] als einen im Vergleich zu 18, 5–13* jüngeren weiterführenden Versuch einstufen, im Blick auf das Geschick der in Ez 19* etc. vor Augen stehenden letzten Könige die Hintergründe und Zielpunkte der geschichtlichen Entwicklungen aufzudecken[401].

Die bisherigen Beobachtungen und Erwägungen sprechen dafür, daß für 18, 5– 13 eine ältere Vorstufe zu postulieren ist, in der ähnlich wie in Jer 22 lediglich dargelegt war, an welchem Verhalten die Könige, deren Geschick im Kontext das Thema war, gescheitert sind, bzw. durch welches Verhalten ein Unheilsgeschick vermieden wurde. Da der weitere Fortschreibungsprozeß dieser Einheit, wie bereits für 18, 14–20 angedeutet, durchsichtig[402] ist, die Genese der vorliegenden Fassung von Ez 18 also nachvollziehbar ist, ist auch nachvollziehbar, aus welchen Gründen Ez 18 insgesamt zwischen Ez 17* und Ez 19, also im Kontext das Jerusalemer Königtum thematisierender Texte auftaucht.

d. 18, 14–20 Der ungerechte Vater und sein gerechter Sohn

Die im Sprichwort 18, 2 vorgegebene Konstellation „Väter – Söhne" ist hier, wie bereits angemerkt, schon deswegen gesprengt, weil jetzt die Generationenfolge „Vater" (18, 5–9) – „Sohn" (18, 10–13) weitergeführt und darüber gehandelt wird, daß der ungerechte Sohn eines gerechten Vaters einen gerechten Sohn hat.

Dazu fällt auf, daß auch von 18, 17–20 her gesehen die jetzt vorliegende Abfolge „gerechter Vater" (18, 5–9), „ungerechter Sohn" (18, 10–13), „gerechter Enkel" (18, 14–20) an sich schon überschüssig wirkt. 18, 14–20 ist deutlich auf die Frage konzentriert, welche Auswirkung die Schuld eines ungerechten Vaters auf seinen gerechten Sohn hat (vgl. V. 17–20). Diesen Punkt hat 18, 5–9 noch nirgends im Blick. Die Abfolge „gerechter Vater – ungerechter Sohn" tangiert überhaupt nicht den Kernpunkt des Anliegens, auf den der Verfasser in 18, 14–20 hinaus will[403]. Hält man also daran fest, daß 18, 1–20

---

[400] Vgl. die Erwägungen oben 248 ff.

[401] Der schwierigen Frage, in welchem gesellschaftlichen Umfeld diese Texte entstanden und wichtig waren, kann hier nicht näher nachgegangen werden.

[402] Zu 18, 21–32 vgl. unten 273 ff.

[403] Das Stichwort *ʿwn* spielt in 18, 1–13 nirgends eine Rolle (vgl. aber 18, 17. 18. 19. 20); eine Feststellung, wie sie in 18, 20 baß (*w'b l' yś' bʿwn hbn*) vorliegt, wäre auch hinter 18, 13 möglich gewesen. Daß sie hier nicht, sondern erst im Abschnitt 18, 14–20 erfolgt, zeigt an, daß in 18, 5–13* die Antwort auf 18, 2 nicht in erster Linie als Stellungnahme zum Problem einer Generationen übergreifenden Schuldhaftung konzipiert ist.

von einer Hand konzipiert worden ist, so bleibt völlig undurchsichtig, was der dafür verantwortliche Verfasser mit dem einleitenden Abschnitt über den gerechten Vater bezwecken wollte. Durchsichtig wird die jetzige Textfolge und ihre Genese, wenn man im Blick auf das ‚Überschußmoment' in 18, 5–9 davon ausgeht, daß dem Verfasser von 18, 14–20 „der gerechte Vater" in 18, 5–9 und entsprechend „der ungerechte Sohn" in 18, 10–13 – und zwar in Korrespondenz zu 18, 2 – bereits vorgegeben waren[404].

Welches spezifische Anliegen der Verfasser von 18, 14–20 verhandelt, indem er 18, 1–13*[405] aufnimmt und im Anschluß daran den „gerechten Sohn" einführt, woraufhin jetzt erst deutlich wird, daß es um die Frage geht, ob gerechte Söhne in die Schuld ihrer Väter einbezogen sind (18, 17–20), läßt sich im folgenden noch klarer herausarbeiten.

Wir kommen zuvor auf eine oben bereits vermerkte Beobachtung zurück:
19 Für den innerhalb des Abschnitts 18, 14–20 in V. 19 aus dem Munde der Diskussionspartner zitierten Einwand – „Warum trägt der Sohn nicht die Schuld des Vaters?" – läßt sich feststellen, daß hier auf eine Grundeinstellung angespielt wird, die sich deutlich von der Position derjenigen unterscheidet, deren Auffassung in 18, 2 vorgeführt wird. Denn artikuliert sich in 18, 2 eine Stimmung derart, daß hier der Schicksalszusammenhang zwischen der Generation der Väter und der der Söhne als nicht durchsichtig erscheint, so geht es in 18, 19, wie bereits vermerkt, um die Überzeugung derjenigen, für die dieser Schicksalszusammenhang eben gerade durchsichtig ist, weil sie – und dagegen richten sich die Darlegungen im Kontext (V. 17f. 20) – davon ausgehen, daß die Söhne zweifellos in der Schuld der Väter stehen. Der für 18, 14–20 zuständige Autor greift diesen Punkt hier auf; er will offensichtlich zu einem Problem Stellung nehmen, das sich gerade der Folgegeneration der 587 v. Chr. bestraften schuldigen Väter aufdrängte. Denn diese mußte ihre gegenwärtige und andauernde Misere schließlich darauf zurückführen, daß sie eben die Schuld der Väter abzutragen hatte. Die Irreversibilität der Katastrophe signalisierte, daß diese Schuld weiterhin bestand und nicht aufgehoben werden konnte. Aus der entsprechend resignativen Stimmung heraus artikulierte sich die Überzeugung „Der Sohn trägt die Schuld des Vaters", die in 18, 19 mit dem Diskussionseinwand und daher als Rückfrage formuliert belegt werden soll.

Beachtet man, daß mit *mdʿ lʾ* eine Frage eingeleitet wird, mit der ein Fragender jeweils irritiert darauf reagiert, daß ein normaler Sachverhalt (vgl. Ex 3, 3), ein normales Verhalten (vgl. 1. Kön 2, 43) oder eine gängige Überzeugung (vgl. Jer 8, 22) in seinen Augen aufgehoben ist oder werden soll, so ist deutlich, daß in 18, 19 „Gesprächspartner" zitiert werden, die es als geradezu denknotwendig empfinden, daß der Sohn die Schuld des Vaters trägt. Daraus ist allerdings nicht zu folgern, daß diese „Gesprächspartner" die Auffassung

[404] Ob dieser Verfasser 18, 1–13 bereits in der jetzigen Fassung las oder ob er eine Vorform im gleichen Zug mit der Weiterführung durch 18, 14–20 überarbeiten mußte, mag offen bleiben.

[405] Vgl. die vorige Anmerkung.

von der Schuldverhaftung des Sohnes für den Vater beharrlich verteidigen wollen. Im Hintergrund dieser Frage muß nichts anderes stehen als die von der Wirklichkeit nach 587 v. Chr. aufgezwungene Einschätzung, daß sich die Schuld der Väter auswirkt, und daß es keine Möglichkeit gibt, sich diesen Auswirkungen zu entziehen: „Unsere Väter haben gesündigt. Sie sind nicht mehr. Wir müssen ihre Sünden tragen" (vgl. Klgl 5,7). „Wer oder was sollte daran etwas ändern?" – wäre der Tenor der Frage. Das aufgezwungene „Modell" der Generationen übergreifenden Schuldverhaftung konnte zwar die gegenwärtige und andauernde Misere erklären und somit auch einen hinter allem Katastrophengeschehen waltenden Ordnungswillen Jahwes andeuten. Ungelöst blieb hier jedoch angesichts der von den Vätern aufgebürdeten Last, wie man wieder zu einer neue Zukunft eröffnenden Perspektive gelangen konnte. Aus den daraus resultierenden resignativen Gedanken versucht die Argumentation in 18,14–20 herauszuhelfen. Gegen das die elende Wirklichkeit erklärende Modell der übergreifenden Schuldverhaftung setzt der für 18,14–20 zuständige Theologe seine Konzeption der individuellen Schuldverhaftung.

Diese Konzeption implizierte eine grundsätzliche Umzentrierung bisherigen Ordnungsdenkens. Hier steht nicht mehr, wie nach älterer Vorstellung, der einzelne als derjenige vor Augen, der eingebunden in die allgemeine Ordnung für diese Ordnung mitverantwortlich ist, also auch mitbetroffen ist, wenn diese Ordnung von anderer Seite gestört oder gefährdet wird. Eine solche Ordnung rückt offensichtlich gar nicht mehr in den Blick. Der einzelne verwirklicht jetzt nur noch für sich Ordnung.

e. 18,21–32 Die Umkehr des Ungerechten und das Straucheln des Gerechten

In 18,21 ff. wird eine neue[406], allerdings aus den bis dahin vorgebrachten Aussagen resultierende Fragestellung behandelt: Daß der Gerechte zum Leben gehört, der Ungerechte aber zum Tode, dieses vorgegebene Ordnungsmodell wurde offensichtlich im weiteren Verlauf der Glaubensgeschichte und der entsprechenden Denkbemühungen deswegen als zu starr empfunden, weil hier außer Betracht blieb, daß die Kategorien „Gerecht" und „Ungerecht" in reiner Form nur selten anzuwenden waren. Insofern wird jetzt dem Ungerechten die Möglichkeit der Abkehr von seiner Ungerechtigkeit zugestanden, und zur Umkehr aufgefordert, während auf der anderen Seite der unübersehbaren Möglichkeit der Abkehr auch des Gerechten von seiner Gerechtigkeit Rechnung getragen werden mußte. Das Ordnungsmodell wird also verfeinert und zugleich stabilisiert, aus dem starren Nebeneinander oder Auseinander „Gerechte und Ungerechte" wird wieder ein Ordnungsprozeß, ein Kräftespiel.

[406] Vgl. hier auch Kilpp, 1985, 212 f.

Die Textfolge, die mehrfach Wiederholungen aufweist (vgl. V. 21 mit V. 27; V. 24 mit V. 26; V. 25 mit V. 29), läuft in den V. 30–32 auf die an das Haus Israel (V. 29. 30. 31) gerichtete Aufforderung zur Umkehr hinaus (vgl. Ez 33, 10 f.). Der Leser muß daraus schließen, daß demnach vor der Katastrophe bis zuletzt die Möglichkeit der Umkehr für jeden einzelnen mit entsprechend positiven Folgen gegeben war[407]. Die den Umkehrruf beschließende Frage „Warum wollt ihr denn sterben?“ (vgl. Ez 33, 11) ist auf V. 30 a abgestimmt: Das Gericht findet in jedem Fall statt; für die Sünder bleibt nur der Tod; doch die Unschuldigen und Bußfertigen werden, so könnte man mit Jer 21, 9; 38, 2; 39, 18; 45, 5 formulieren, „das Leben zur Beute haben“.

Die in V. 25 (vgl. V. 29) zitierte Gegenrede der vom Haus Israel Angesprochenen[408] beinhaltet „die hartnäckige Kritik an Gottes befremdender Entscheidung, die den Gottlosen dem Frommen gleichstellt und das dem Frommen ach so unentbehrliche Überlegenheitsgefühl über den Sünder vernichtet“[409], weil nun „beide nach ihrem aktuellen Verhalten, ohne Rücksicht auf ihre Vergangenheit beurteilt werden“[410]. Diese Kritik an Jahwes Vorgehensweise („Weg“) als regellos, willkürlich wird als anmaßend zurückgewiesen; die Kritiker selber sind es, deren Wege nicht „nicht in Ordnung“, regellos sind.

In 18, 21 ff. regt sich also der Widerspruch gegen eine der Wirklichkeit gegenüber als unangemessen empfundene Sichtweise, die eine Gerechtigkeitsordnung nur noch in Aussonderungsvorgängen von Ungerechten wahrnimmt, damit Jahwes Ordnungs- und Gerechtigkeitswillen rein reaktiv versteht und damit zunehmend in dem Sinn beschränkt, daß schließlich die Unrechtssphäre zwangsläufig zunehmen und sich so immer mehr verselbständigen muß, wogegen dann der Zuständigkeitsbereich Jahwes immer mehr schrumpft. Indem hier nun den „Ungerechten“ die Wandlungsfähigkeit zugestanden wird (V. 21), soll in den Blick gerückt werden, daß Jahwe für den Gesamtzusammenhang zuständig ist. Wie das Chaos einst von Jahwe nicht sich selbst überlassen wurde, vielmehr alles Chaotische eben auch integriert, umgewandelt und immer wieder der Ordnung zugeführt wurde, um auf diese Weise den Kosmos zu erhalten und zu stabilisieren, so erscheint der Ungerechte als derjenige, der zu Jahwes Zuständigkeitsbereich gehört und deswegen nicht auf-

---

[407] Ferner ist daraufhin sichergestellt, daß die Überlebenden der Katastrophe von 587 v. Chr. entsprechend ihrem Tun bzw. ihrer rechtzeitigen Umkehr davongekommen waren. Daß hier golaorientierte Theologen formulieren, ist deswegen unwahrscheinlich, weil in deren Augen die nach 597 v. Chr. weiterhin in Juda und Jerusalem ansässigen Bewohner als *massa perditionis* galten (vgl. oben zu Ez 14, 21 ff. und 15, 1–8).

[408] Deutet die zweimalig zitierte Gegenrede daraufhin, daß hier unterschiedliche Gruppierungen als angesprochen gelten sollen? Soll mit der in V. 25 nicht weiter spezifizierten „Ihr“-Anrede dem Leser signalisiert werden, daß zunächst einmal die Umgebung „Ezechiels“, also die erste Gola angesprochen wird und daß diese somit mit den in V. 29 ff. Angesprochenen auf einer Stufe gesehen werden sollen?

[409] So Eichrodt, ATD 22, 2, 316, zu Ez 33, 17 und 18, 25.

[410] Krüger, Geschichtskonzepte, 370.

zugeben ist und sich auch selbst nicht aufzugeben braucht (vgl. 18,23.32), sofern er die Möglichkeit der Umkehr nicht ausschlägt.

Das Hauptanliegen dieses Abschnitts ist, Jahwe als einen Gott zu vermitteln, der das Leben will, dem alles daran liegt, Leben zu erhalten, der bis zuletzt Wege eröffnet, auch den Frevler vor seinem Untergang zu bewahren.

f. Ez 18 im Gesamtkontext des Buches

Der Konzeption des Prophetenbuchs zufolge sind die in diesem Kapitel festgehaltenen Klarstellungen dem Propheten vor dem Eintritt der Katastrophe 587 v.Chr. übermittelt wurden. Daraus folgt, daß sich dem Leser Sinn und Ordnung dieser Katastrophe samt ihrer Folgen von Ez 18 her erschließen sollen. Wie erklärt sich dieser Sachverhalt angesichts der oben gewonnenen Ergebnisse, daß die ältesten Textanteile sowie die darin enthaltenen Zitate bereits Probleme und Stimmungen der Überlebensgeneration nach 587 v.Chr. widerspiegeln? Damit ist zugleich die schwierige Frage aufgeworfen, ob und in welcher Weise die einzelnen in Ez 18 erkannten Fortschreibungsstufen mit den einzelnen Stadien der Entstehungsgeschichte des gesamten Buches in Verbindung zu bringen sind. Diese zumal wegen der komplizierten Textentwicklungen schwierige Frage wird sich kaum völlig befriedigend beantworten lassen. Folgende Hinweise dürften immerhin in die richtige Richtung gehen:

Aus Ez 3,17–21 konnte geschlossen werden[411], daß die golaorientierte Redaktion (oder eine Fortschreibung im golaorientierten Sinn) die in Ez 18 sakralrechtlich unterweisenden Passagen bereits in dem ihr vorgegebenen Prophetenbuch[412] vorgefunden und im Rahmen ihrer Konzeption gleich eingangs (3,17–21) dahingehend aufgenommen hat, daß Ezechiels Tätigkeit in der Situation der ersten Gola auch die besondere Aufgabe einschloß, seinen Leidensgenossen in der Exilsgemeinde entsprechend dieser Lehre Weisung zu erteilen und über sie zu wachen und zu warnen[413]. Auch der in 14,21–23 greifbare golaorientierte Redaktor setzt sakralrechtlich unterweisende Passagen (14,4– 11.12–20) voraus und reagiert darauf[414]. Daher ist davon auszugehen, daß das vorgolaorientierte „Prophetenbuch" bereits Darlegungen enthielt, deren Aussageanliegen nicht in die Richtung der eigentlichen Prophetenbuchkonzeption „Ansage – Erfüllung" zielte. Im postulierten Kerntext (18,2–13*) wie in den Fortschreibungen in Ez 18 ging es ursprünglich darum, die Katastrophe theologisch zu verarbeiten und schließlich angesichts der Folgen Chancen und Aufgaben der Überlebenden vor Jahwe neu zu bestimmen, was zuletzt in 18,21–32 auf das allgemein geltende Angebot und die Aufforderung individueller Schuldabkehr hinauslief. Bereits im Rahmen des

---

[411] Vgl. oben 72ff.
[412] S.o. 74ff.
[413] Zu Einzelheiten vgl. oben 70f.
[414] S.o. 199ff. zu 14,7.

Prophetenbuchs konnte Ez 18* allerdings auch so verstanden werden, daß Jahwe hier den Judäern *vor* der Katastrophe[415] noch die Chance zum Leben, also zur Rettung etc. angeboten hatte, daß diese Chance aber, wie die Katastrophe zeigte, von ihnen ausgeschlagen worden war. Damit erhielt Ez 18 eine unheilsbegründende Funktion: Weil die in Ez 18 dargelegten Bedingungen zum Leben nicht eingehalten worden waren, hatte die Jerusalemer das Unheil getroffen. Zugleich kam die Funktion der Warnung hinzu: Diesen Fehler galt es künftig zu vermeiden. In der golaorientierten Buchfassung schließlich bleibt der warnende Charakter von Ez 18 erhalten. Was es bedeutete, die angebotenen Möglichkeiten nicht zu beherzigen, soll jetzt der ersten Gola am Geschick der Zurückgebliebenen klar werden. Entsprechend wird in 14,21–23 in Fortsetzung zu 14,12–20 sichergestellt, daß von diesen ausnahmslos, vom verkommenen geringen Rest der nach Babel Versprengten abgesehen, niemand sein Leben bewahren konnte. Darf der ersten Gola schließlich und abschließend versichert werden, daß sie zum Leben bestimmt ist (37,1–14[416]), so wird mit dem Verweis auf „Ezechiels Wächteramt" in ihrer Mitte (3,17–21) aufgezeigt, wie für die Einhaltung der Bedingungen zum Leben Sorge getragen ist. 33,1–20 verhandelt die Bedingungen zum Leben dann noch einmal im Horizont der Diasporasituation.

Ez 19 Die Löwin und der Verlust ihrer Junglöwen, die Vernichtung des prächtigen Weinstocks – Das Ende des Jerusalemer Königtums

19,1 Und du erhebe ein Klagelied über die Fürsten Israels, 2 und du sollst sprechen:

„Was ist deine Mutter? Eine Löwin zwischen Löwen,
sie lagerte inmitten von Junglöwen, zog groß ihre Jungen.
3 Und sie erhöhte eines von ihren Jungen, ein Junglöwe wurde es.
Und er lernte Raub zu rauben, Menschen fraß er.
4 Und man bot[Ap] wider ihn[Ap] Völker auf, in ihrer Grube wurde er gefangen,
und sie brachten ihn mit Spitzhaken ins Land Ägypten.
5 Und sie sah, daß zuschanden[Ap], verloren war ihre Hoffnung,
und sie nahm ein anderes[Ap] von ihren Jungen, zum Junglöwen machte sie es.
6 Und er stolzierte unter den Löwen, ein Junglöwe war er geworden,
und er lernte Raub zu rauben, Menschen fraß er.

---

[415] Für 18,1–20 ist zumindest wegen V.6.11.15 („essen auf den Bergen") sicher, daß hier aus der Sicht des Landes formuliert ist (vgl. so auch 14,7, s.o. 201).

[416] Vgl. dazu Pohlmann, Ezechielstudien, 108ff.

7 Und er tat Böses[Ap] ihren Palästen[Ap], und ihre Städte verödete er.
Und es erschauerte das Land und seine Fülle vor dem Laut seines Gebrülls.
8 Da setzte man Völker gegen ihn an[417] ringsum aus den Provinzen,
und sie breiteten über ihn ihr Netz, in ihrer Grube wurde er gefangen.
9 Und sie gaben ihn ins Halseisen, [mit Spitzhaken][418], und sie brachten ihn zum König von Babel, [sie brachten ihn in Jagdnetze[419]][420],
damit seine Stimme nicht [mehr][421] gehört wurde auf[Ap] den Bergen Israels.

10 Deine Mutter ist dem Weinstock vergleichbar[422], an Wassern gepflanzt,
fruchtbringend und voller Zweige war er wegen der vielen Wasser.
11 Und es wurden ihm mächtige Äste zu Herrscherstäben;
und hoch war sein Wuchs bis[Ap] zwischen die Wolken[423], und er zeigte sich in seiner Höhe in der Fülle seines Laubwerks.
12 Und er wurde ausgerissen im Grimm, zur Erde wurde er geschleudert;
und der Ostwind ließ vertrocknen seine Frucht, sie wurden abgerissen
und vertrockneten, seinen mächtigen Ast, ihn fraß das Feuer[424].
13 Und nun ist er gepflanzt in der Wüste, im Lande von Dürre und Durst.
14 Und es ging Feuer aus von dem Ast, seine Zweige, seine Frucht fraß es.
Und es blieb nicht an ihm ein mächtiger Ast, Stab zum Herrschen.
Ein Klagelied ist es, und es ist zum Klagelied geworden.“

Lit.: H. Jahnow, Das hebräische Leichenlied im Rahmen der Völkerdichtung, BZAW 36, Gießen 1923; Chr. Begg, The reading in Ez 19,7a: a proposal, EThL LXV (1989), 370–380; Pohlmann, Ezechielstudien, 139 ff.; Chr. R. Seitz, Theology in Conflict. Reactions to the Exile in the Book of Jeremiah, BZAW 176, Berlin 1989, 131-148*; I. Kottsieper, „Was ist deine Mutter?“ Eine Studie zu Ez 19, 2–9, ZAW 105 (1993), 444–461.

a. 19, 1–14 Zum Kontext und zum Aufbau

Das Kapitel setzt ein mit einer Aufforderung an eine in der 2. pers. sing. masc. angeredete Person, ein Klagelied (*qynh*) über die „Fürsten“[425] Israels anzustimmen. Der jetzige Abschlußvers 14 nimmt das Stichwort *qynh* wieder auf, indem hier festgestellt wird, daß die vorausgehenden Verse ein Klagelied

[417] Vgl. zu *ntn ʿl* in diesem Sinne Neh 5, 7.
[418] Fehlt in S; ursprünglich auf V. 4 zurückverweisende Randglosse?
[419] G liest „ins Gefängnis“; V hat „in carcerem“.
[420] Wahrscheinlich Zusatz; vgl. Ez 12, 13; 17, 20.
[421] Fehlt in G und S.
[422] M liest „in deinem Blut“; im Blick auf 31, 2. 8. 18 liegt die Annahme nahe, daß in dem *bdmk* ursprünglich eine Form der Wurzel *dmh* enthalten war; möglich ist *ndmh* (Partizip) oder *ndmth* (vgl. Ez 32, 2); s. a. Klgl 2, 13 zu Vergleichen in Klagetexten.
[423] Vgl. 31, 3.
[424] Vgl. 15, 4.
[425] G: „den Fürsten“.

sind und zum Klagelied geworden sind. Das gesamte Kapitel ist also durch Einleitungs- und Schlußvers als eine geschlossene Texteinheit gekennzeichnet. Inwiefern man sich Ez 19 als aus einem Guß entstanden vorstellen muß, bleibt allerdings zu klären. Das Kapitel gliedert sich deutlich in zwei Abschnitte: 19, 1–9 und 19, 10–14. Der Abschnitt 19, 10–14 liegt zwar thematisch mit den vorausgehenden Versen auf einer Linie, er hebt sich jedoch andererseits deutlich durch die Verwendung neuen Bildmaterials von ihnen ab. Unübersehbar ist, daß sich 19, 10–14 sehr eng mit 17, 1–10 berührt. Beide Texte verwenden in poetischer Redeform das Bild vom Weinstock. Wie dieser Sachverhalt zu werten ist, wurde anläßlich der Auslegung von 17, 1–10 bereits dargelegt. Die Frage, ob und inwiefern Ez 18 jetzt zwischen den Kapiteln 17 und 19 als Fremdkörper zu betrachten ist, ist ebenfalls schon behandelt worden[426]. Für Ez 20 läßt sich zeigen, daß es sich um ein Nachtragskapitel handelt, das in eine vorgegebene Textfolge Ez 19/21 f. eingeschaltet wurde[427].

b. 19, 1–9 Die Löwin und der Verlust ihrer Junglöwen

V. 1 enthält eine Aufforderung an ein männliches Individuum, eine Klage (*qynh*) über die „Fürsten" Israels anzustimmen[428]. Der Inhalt der Klage wird nach einer zusätzlichen Redebeauftragung (in V. 2aα) dem Sprecher anschließend mitgeteilt. Nach V. 1. 2aα in Verbindung mit dem vorausgehenden Kontext (Jahwerede; vgl. 18, 1) ist folglich der in 19, 2aβ–9 (ebenso 19, 10–14) wiedergegebene Wortlaut der *qynh*[429] als von Jahwe offenbart gedacht.

V. 2 führt eine „Mutter"[430] ein, die als Löwin dargestellt ist, die ihre Jungen großzieht. Eines ihrer Jungen „erhöht" sie (V. 3), es wird zum Junglöwen, lernt zu rauben und Menschen zu fressen. Daraufhin (V. 4) werden Völker gegen ihn aufgeboten, er wird in einer Grube gefangen und an Haken nach Ägypten geführt. Rückte V. 3b. 4 das Geschick des Löwenjungen in den

[426] Vgl. oben 259 f.

[427] Vgl. zu Einzelheiten Pohlmann, Ezechielstudien, 54 ff.; s. weiterhin oben die Überlegungen zum ursprünglichen Kontext von Ez 15, 2*–4 a sowie unten Anm. 506.

[428] „Fürst/Fürsten" im näheren Kontext zu Ez 19: 21, 17. 30; 22, 6. 25 (G); im Ezechielbuch generell: 7, 27; 12, 10. 12; 26, 16; 27, 21; 30, 13; 32, 29; 34, 24; 37, 25; 38, 2. 3; 39, 1. 18; 44, 3; 45, 7. 8. 9. 16. 17; 48, 21. 22

[429] *qynh* in Ez sonst noch 2, 10; 26, 17; 27, 2. 32; 28, 12; 32, 2. 16.

[430] Zum Stichwort „Mutter" vgl. 16, 3. 44. 45; 23, 2 = „Jerusalem"; Jes 50, 1 = Israel oder Zion/Jerusalem; 2. Sam 20, 19 = eine Stadt; Jer 50, 12 = Babel; Hos 2, 4 = „Volk" (?). Ez 16, 3. 44. 45; 23, 2 sowie der dem Komplex Ez 17–19 vorausgehende Kontext, in dem Jerusalem das zentrale Thema zu sein scheint (vgl. 14, 21 ff. [die diesem Abschnitt vorausgehenden Texteinheiten konzentrieren sich in der Regel auf „das Haus Israel" oder „das Land Israel"; vgl. schon 7, 1 ff.; 12, 21 ff.; u. ö.]; 15, 6; 16, 1 ff.), deuten darauf hin, daß eine Gleichsetzung der „Mutter" mit Jerusalem intendiert ist.

Blick, so konzentriert sich V. 5 wieder auf die Löwenmutter: Da sie sehen muß, daß ihre Hoffnung zerschlagen ist[431], nimmt sie ein anderes ihrer Jungen und bestimmt es zum Junglöwen. Auch dieser Junglöwe (V. 6) lernt wieder (vgl. V. 3 b) zu rauben etc. Nach V. 7 b[432] erschauert das Land vor seinem Gebrüll. Man bietet wieder (V. 8; vgl. V. 4) Völker gegen ihn auf, wirft das Netz über ihn, er wird in einer Grube gefangen; mit einem Halseisen bringt man ihn zum König von Babel (V. 9 a), so daß man seine Stimme nicht mehr hört auf den Bergen Israels (V. 9 b).

Die jetzige Einheit 19, 1–9 besteht folglich aus einer einleitenden Redeaufforderung in 19, 1. 2 aα1, die zugleich den folgenden Redeinhalt als Qina definiert, und dem überwiegend im Qina-Metrum[433] gefaßten Redeinhalt. Der Redeinhalt gliedert sich in die eingangs in 19, 2 aα2 aufgeworfene Frage nach dem Geschick oder dem Status einer „Mutter" und die sich daran anschließende Antwort (bis V. 9). Angesprochen ist eine 2. pers. sing. masc. Die Antwort selbst fällt zweigliedrig aus (a. 19, 2–4; b. 19, 5–9). Die einführende Information in 19, 2 aβ.b über eine Löwin stellt die Klammer dar, die beide Glieder zusammenhält. Ein weiteres Bindeglied ist 19, 5 a, indem hier gleichsam zu 19, 2–4 ein Fazit gezogen und zugleich zu 19, 5 b–9 übergeleitet wird. Zwischen beiden Aussagegliedern bestehen neben inhaltlichen auch sehr auffällige formale Korrespondenzen: 19, 3 a entspricht fast wörtlich 19, 5 b, 19, 3 b wörtlich 19, 6 b, 19, 4 taucht zum großen Teil in den ausführlicher gefaßten Schlußversen (19, 8. 9) auf. Beide Teile schließen jeweils mit Verweisen auf geographisch/historische Größen (V. 4 „Land Ägypten"; V. 9 „König von Babel"; „Berge Israels").

Andererseits ist nicht zu übersehen, daß der zweite Teil im Vergleich zum ersten die dargestellten Vorgänge umfassender gestaltet. So fehlt im ersten Teil zu den Aussagen in 19, 6 a. 7 b[434]. 8 bα. 9 b jeweils das Pendant. Diese Beobachtungen legen einerseits die Vermutung nahe, daß die Zweigliedrigkeit ebenso wie die Korrespondenzen zwischen beiden Teilen auf planvolle Gestaltung ein und desselben Autors zurückgehen. Andererseits bleibt zu prüfen, ob die zu beobachtenden Divergenzen damit zusammenhängen, daß die jetzt durchkonzipierte Texteinheit eine Vorgeschichte hat, hier also vorgegebenes Textmaterial verarbeitet worden ist. Eine Klärung hängt davon ab, ob sich noch aufdecken läßt, aus welchen Gründen und auf welcher Reflexions-

---

[431] *ky nwḥlh* ist nicht eindeutig; Zimmerli (BK XIII, 1 z. St.) liest: *nw'lh* = „als Tor dastehen, zuschanden werden".

[432] Das Aussageziel von V. 7 a ist unklar; M: „Und er erkannte seine Witwen und verödete ihre Städte"; Ap. BHS schlägt vor: „Und er zerbrach (= *wyrʿ* [*rʿʿ* II]) ihre Paläste (*'rmnwtyhm* für *'lmnwtyw*)..."; über die bisherigen zahlreichen Lösungsvorschläge vgl. den forschungsgeschichtlichen Überblick bei Begg (1989); nach Kottsieper (ZAW 105, 460) ist V. 7 a „als eine Glosse zu verstehen...", „die auf die Zerstörung Jerusalems zurückblickt. Sie entspricht dabei bes. 2. Chr 36, 19: Dort wird berichtet, daß neben dem Tempel auch *kl 'rmnwtyh* zerstört wurden... Der Bearbeiter zeigt sich... vom Chronisten abhängig".

[433] Vgl. dazu z. B. Jahnow, Leichenlied, 201; ferner Kottsieper, aaO., 444–454.

[434] Zu V. 7 a vgl. oben Anm. 432.

ebene die jetzige Texteinheit zweiteilig konzipiert worden ist. Hier hilft die Beobachtung weiter, daß den Hinweisen auf die geographischen und historischen Größen „Ägypten“ (V. 4b), „Babel“ (V. 9a) und „Israel“ (V. 9b) für das jetzige Aussageanliegen eine besondere Bedeutung zukommt. Deutlich ist in jedem Fall, daß 19, 4b. 9 über den Horizont einer bloßen „Löwengeschichte“ hinausweisen sollen. Denn hier wird das Geschick der Tiere mit ganz konkreten historischen Gegebenheiten verknüpft. Die entsprechenden Angaben gehen über die Feststellung hinaus, daß der jeweilige Junglöwe gefangen etc. wird. Die Verweise auf die Verschleppung nach Ägypten bzw. Babel und die Lokalisierung des Geschehens in Israel machen dem Hörer bzw. Leser deutlich, daß diese Geschichte über den Vordersinn eines Löwengeschicks hinaus einen Hintersinn enthält, der im Zusammenhang steht mit den historischen Größen „Ägypten“ und „Babel“. D.h.: Die vorliegende Abfolge ist mit V. 4b. 9a. offensichtlich im Blick auf bestimmte historisch/politische Konstellationen konstruiert worden: Zunächst ist Ägypten der besondere „löwenzwingende“ Machtfaktor, dann ist es Babel. Es sind also die „Fänger“-Mächte Ägypten und Babel, mit denen die Löwenmutter und ihre Junglöwen kollidieren. Zum vollen Hintersinn des Textes führen weitere Einzelaspekte, die die historische Konstellation, von der das Verhalten und das Geschick der Löwenmutter und ihrer Junglöwen tangiert sind, konkretisieren. Stellt sich dem Hörer oder Leser von Anfang an im Blick auf die Anrede „deine Mutter“ nicht nur die Frage, wer eigentlich angesprochen ist, sondern auch, woraufhin denn die Rede von der Löwenmutter und ihren Jungen zielt, so wird seine Spannung zunächst bis V. 4a offen gehalten. Dann erfährt er in V. 4b, daß es sich um eine Löwenmutter handelt, die ihren Junglöwen durch Verschleppung nach Ägypten verliert. Diesem ersten Hinweis auf eine historisch-politisch identifizierbare Größe folgt in V. 9aβ ein zweiter (Babel). Mit diesen beiden „Daten“ in dieser Reihenfolge sind dem Hörer zwei Fixpunkte vorgegeben, die ihm den Hintersinn der Löwengeschichte aufschließen. Ägypten und Babel sind für den israelitischen Hörer emotional stark besetzte politische Größen. Vorgänge, die mit diesen politischen Größen zu tun haben und den eigenen Bereich tangieren, sind ihm vertraut. Fällt somit die Feststellung einer Verschleppung nach Ägypten bzw. Babel, und noch dazu in dieser Abfolge, so braucht er nicht lange zu rätseln, worauf diese Löwengeschichte anspielen will. Vor Augen stehen müssen ihm die Vorgänge um den nach Ägypten verschleppten König Joahas (vgl. 2. Kön 23, 33f.) sowie um den nach Babel ins Exil geführten König Jojachin oder Zedekia[435]. Der Hintersinn dieser Löwengeschichte zielt also aufgrund der historisierenden Züge

---

[435] Beide Auffassungen werden vertreten; daß neben Zedekia (vgl. z. B. Fohrer, HAT, z. St.) auch Jojachin in Frage kommt, wird man nicht nur deswegen erwägen, weil es nicht einleuchtet, daß gerade im Ezechielbuch dieses Geschick übergangen wird; hier ist auch zu beachten, daß die Sichtweise von 19, 3 und 5 (Initiative jeweils der Löwenmutter!) stimmiger bleibt, wenn die Junglöwen mit Joahas und Jojachin identisch sind; denn Zedekia galt ja schon als König von Babels Gnaden (vgl. 2. Kön 24, 15ff.; so ausführlich 17, 5.).

auf das Schicksal des judäischen Königtums, bzw. seiner Könige, und zwar im Blick auf die politischen Umwälzungen und Entwicklungen im ausgehenden 7. und zu Beginn des 6. Jh.s.

Nach zweimaliger Gefangennahme eines Davididen und anschließender Verschleppung erkennt der für 19, 1–9 zuständige Autor die grundsätzliche Beschränkung der Entfaltungsmöglichkeiten des davidischen Königtums[436] und damit Jerusalems[437] als des Trägers dieses Königtums, weil nun unübersehbar die Lebenskraft des Königtums gebrochen erscheint. Diese Einsicht geht der Abfassung von 19, 1–9 voraus, und diese Einsicht sucht der zuständige Autor zu vermitteln. Folglich liegt die Annahme nahe, daß derjenige, der die einschneidenden Ereignisse der Gefangennahme etc. zweier judäischer Könige thematisiert, hinsichtlich der Zweigliedrigkeit des Löwengedichts nicht von einem wie auch immer gefaßten vorgegebenen Text über eine Löwin und ihre beiden Jungen beeinflußt ist, sondern selbst die vorliegende Doppelung bewerkstelligt hat.

Der Sinn der vor Augen stehenden Ereignisse und ihr Gewicht soll mit Hilfe eines Vergleichs erschlossen und dargelegt werden. Zum Vergleich geeignet erscheint der mächtige, stolze Löwe, der trotz seiner Macht gefangen wird. Daß gerade dieser Vergleich gesucht wird, dürfte kein Zufall sein; denn in Gen 49, 9 im Zusammenhang mit dem sogenannten Jakobssegen wird „an hervorragender Stelle das Bild des königlichen Löwen... für den Königsstamm Juda“[438] verwendet. Diese Stellen enthalten sehr altes Aussagematerial. Der in Gen 49, 9 vorliegende Tiervergleich „als solcher und in seiner Entfaltung sagt das Lob für den Stamm Juda ausreichend aus... Der Löwe gilt als das mächtigste, stärkste und kühnste Raubtier; ebendies sagt der Vergleich von dem Stamm Juda“[439]. Die Berührungen zwischen unserer Stelle und Gen 49, 9 sind auffällig und sicher beabsichtigt[440]. Der Hörer soll somit in 19, 2ff. auf eine Vorstellung und Überzeugung hin angesprochen werden, die in Juda für sein Selbstwertgefühl prägend war und einen deutlichen Stolz ausdrückte. Diesem Selbstwertgefühl wird Rechnung getragen und nicht wi-

---

436 Vgl. auch die Reaktion auf diese Vorgänge in Jer 22, 10 und 22, 28.

437 Offen bleiben kann die schwierige Frage, ob in der Löwenmutter das davidische Königtum oder Juda bzw. Jerusalem insgesamt zu sehen ist. Es ist jedenfalls die Größe oder Institution gemeint, mit der das Königtum und die judäischen Könige aufs engste verbunden sind.

438 Zimmerli, BK XIII, 1, 424.

439 Vgl. C. Westermann, Genesis, BK I, 3, Neukirchen 1982, 260.– Zum Vergleich mit einem Löwen siehe auch 2. Sam 1, 23; Num 23, 24; 24, 9; Dtn 33, 20. 22; Ez 32, 2; Nah 2, 12 ff. In 1. Makk 3, 4 wird noch Judas Makkabäus mit einem Löwen verglichen: „Er glich einem Löwen in seinen Taten und einem jungen Löwen, der nach Raub brüllt“ (Übersetzung nach E. Kautzsch, Das erste Buch der Makkabäer, in: E. Kautzsch, (Hg.) Die Apokryphen und Pseudepigraphen des Alten Testaments. Erster Band: Die Apokryphen des Alten Testaments, Tübingen 1900 (= 2., unveränderter Nachdruck, Darmstadt 1962), 24–81, z. St.; vgl. ferner O. Keel, Die Welt der altorientalischen Bildsymbolik und das Alte Testament. Am Beispiel der Psalmen, Neukirchen-Vluyn 1980[3], 76: „Könige werden in einer kühnen Metapher nicht selten als Löwen dargestellt“; vgl. auch aaO., 281.

440 Vgl. *lby', rbṣ, gwr, ṭrp*.

dersprochen. Die Gedankenführung läßt keinerlei kritisierende Züge[441] erkennen[442]. Ist demzufolge davon auszugehen, daß dem Verfasser das traditionell hoch besetzte Bild des Löwen vorgegeben war, so ist allerdings immer noch offen, ob es sich ihm schon in einer ausgeführten Redeform anbot, oder ob er es lediglich – möglicherweise in loser Anspielung auf Gen 49, 9 – aufgegriffen hat und dementsprechend ohne Rücksichtnahme auf eine vorgeprägte Redeform die für die eigene Aussageabsicht geplante Redeinheit 19, 1–9 eigenständig konzipierte. Letzteres ist deswegen weniger wahrscheinlich, weil in diesem Fall doch wohl die oben vermerkten Divergenzen und das jetzige Übergewicht der zweiten Aussagehälfte zu vermeiden gewesen wären. Außerdem verwundert, daß der Verfasser bei völlig eigenständiger Konzipierung die Form der Qina wählt, obgleich die Textfolge „einen ganz epischen Charakter"[443] trägt und er „den Untergang eines ganzen Herrschergeschlechtes als das Ergebnis einer folgerichtigen Entwicklung mit epischer Ruhe darstellen kann"[444]. Daß 19, 2–9 über das Versmaß hinaus noch weitere Charakteristika der Qina enthält, nämlich in V. 2 aα „die direkte Anrede des ‚Toten' am Anfang", die „zwingend zum Stil des Leichenliedes zu gehören" scheint[445], ferner die ebenfalls der Qina eigenartige Negation des Normalen[446] in V. 9 (vgl. die Korrespondenz zu V. 7 b), der Gegensatz von Einst und Jetzt[447], daß der Verfasser auf der anderen Seite mit der gesamten Aussageeinheit deutlich den Rahmen einer reinen Klage überschreitet, weil er über einen längeren Zeitraum sich erstreckende geschichtliche Entwicklungen eindrucksvoll vor Augen stellt – diese Ambivalenz erklärt sich am besten, wenn der Verfasser sein Aussageanliegen unter Einfluß einer vorgegebenen Qina formuliert. Fohrers Erwägung, daß der Verfasser „ein profanes Volkslied oder -gedicht... verwerten" konnte, und daß das „ursprüngliche Lied... von einem einzigen Löwen erzählt" habe, „den die Löwin aufgezogen hat, ... und der

---

441 19, 7 a vgl. oben Anm. 432.

442 „Daß ein Löwe Beute macht, Menschen frißt und laut brüllt, wird im antiken Sinne zum Preise des Helden gesagt" (so Jahnow, Leichenlied, 205, zu 1. Makk 3, 4).

443 So Jahnow, Leichenlied, 201.

444 AaO., 202; vgl. auch M. Krieg, Todesbilder im Alten Testament, AThANT 73, Zürich 1988, 456, der für 19, 2–9 „ein episches Gefüge" konstatiert, das „die poetischen Bauformen narrativ zu sprengen droht".

445 Jahnow, Leichenlied, 206, mit der Begründung: „denn in eine solche Erzählung, die durchgehend in der dritten Person gehalten ist, paßt sie eigentlich nicht", ebd.; zur Anrede des Toten vgl. z. B. 2. Sam 1, 26; 3, 34; Jer 38, 22.

446 Vgl. aaO., 206, ferner 131.

447 Vgl. dazu aaO., 202 u. ö.; ferner Krieg, Todesbilder, 455: „Die Qinaelemente stellen die einstmals hochragende Macht und Pracht neben den jetzt offenkundigen Untergang"; vgl. auch aaO., 451 und 458. Der Gegensatz von Einst und Jetzt spielt auch in Totenklagen anderer Kulturbereiche eine Rolle; so wird der Tod des Mongolenherrschers Cinggis Khan von einem seiner Gefolgsleute mit folgenden Worten (Auschnitt) besungen: „Als Flügel des segelnden Falken flogst du einst, mein Herrscher! Bist du wirklich zur Last des polternden (Leichen-) Wagens geworden, mein Herrscher? Als Flügel des jagenden Falken flogst du, mein Herrscher! Bist du (wirklich) zur Last des rollenden Wagens geworden, mein Herrscher?" (vgl. M. Weiers (Hg.), Die Mongolen, Darmstadt 1986, 191).

Schaden anrichtet und Schrecken verbreitet, bis der Mensch ihn... zu überwältigen weiß (ursprüngliche Gedanken vielleicht in 2.6–9)“[448], ist dann dahingehend zu modifizieren, daß „die kürzere Vorlage...“[449], eine eingliedrige Qina gewesen ist.

*Die ursprüngliche Löwenklage – 19,2a*b. 5b. 6. 7b. 8*. 9**

Da der oben erwähnte, für die Qina charakteristische Gegensatz von Einst und Jetzt besonders deutlich im zweiten Teil von 19,1–9, also in den Versen 5b–9, erkennbar ist, obwohl dieser Gegensatz (vgl. V.7b und V.9b) für das Aussagegefälle der jetzigen Gesamteinheit funktionslos ist, liegt die Vermutung nahe, daß hier die vorgegebene, eingliedrige Qina erhalten geblieben ist[450]. Ihr ursprünglicher Einsatz war die jetzt eingangs in 19,2aα in der direkten Anrede aufgeworfene Frage *mh 'mk* und der anschließende Verweis auf die Löwin. Als originale Textfolge läßt sich erschließen: 19,2a[451].b.5b. 6.7b.8*.9*[452]. Sie besteht aus zwei Teilen: a. 19,2aα = Eingangsfrage; b. 19,2aβ.b.5b.6.7b.8*.9* = Antwort. Die Antwort ist zweigliedrig; 19,2aβ.b.5b.6.7b schildern den von einer Löwin initiierten Aufstieg und die Größe ihres Junglöwen, 19,8*.9* seinen Untergang.

Es handelt sich um einen wirklichen Klagetext[453]. Der Klageanlaß ist den Hörern vertraut; im Bild vom Verlust und Untergang des einst prächtigen Junglöwen, der Gegenüberstellung von Einst und Jetzt, wird dieser Klageanlaß als eine bestürzende Verlusterfahrung eingestuft. Während das klassische Leichenlied naturgemäß auf einen tatsächlichen Todesfall zurückblickt, ist allerdings das hier verhandelte beklagenswerte Geschick, wie dem Bild von der Gefangennahme und Verschleppung des Junglöwen zu entnehmen ist, nicht im eigentlichen Sinne ein Todesgeschick.

Berücksichtigt man, daß der Löwenvergleich bevorzugt auf Fürsten und Könige Verwendung fand[454], so liegt die Vermutung nahe, daß diese Klage auf ein dem Bild entsprechendes besonders beklagenswertes Geschick eines judäischen Königs reagiert, also nicht den Tod, sondern die Gefangennahme

---

[448] HAT, 104; Kottsieper (ZAW 105, 455) denkt an ein Lied über eine erfolgreiche Löwenjagd.

[449] Fohrer, HAT, 104.

[450] Daß die Überschrift in V.1 ursprünglich von einer Qina über *einen* Fürsten (vgl. G; Jahnow, Leichenlied, 204, hält den Singular für „ursprünglich“, „da eine nachträgliche Änderung des viel besser in den Zusammenhang passenden Plural in den Singular unwahrscheinlich ist“.) ausgeht, ist möglicherweise ein Indiz dafür, daß sie zunächst nur für eine eingliedrige Qina konzipiert war.

[451] Ohne die Redeaufforderung.

[452] Der Hinweis auf die Verschleppung zum König von Babel stammt erst vom für 19,1–9 insgesamt verantwortlichen Autor; ob auch der Hinweis auf die „Berge Israels“ erst später angebracht worden ist, ist schwer zu entscheiden.

[453] Zum Text vgl. unten 294f.

[454] Vgl. Saul und Jonathan in 2. Sam 1,23; Ez 32,2 der ägyptische König; vgl. auch 1. Makk 3,4.

und Verschleppung eines Königs widerspiegelt. Das bedeutet, daß diese Klage nicht als Totenklage im ursprünglichen Sinne fungiert. Daß sie in einen über das normale Einzelgeschick hinausreichenden Klagehorizont gehört, ist zudem dem Verweis auf die eingangs vorgestellte „Mutter" zu entnehmen. Damit wird deutlich, daß nicht allein das Geschick des von der Gefangennahme betroffenen Königs im Blickpunkt steht, sondern das gesamte weitere Umfeld, das durch jenes Geschick tangiert und bedroht ist[455]. Mit dieser „Mutter" als der Löwenmutter dürfte Jerusalem als Königssitz, bzw. das Jerusalemer Königtum, vor Augen stehen[456]. Im Blick auf den konkreten Klageanlaß, die Gefangennahme eines Jerusalemer Königs, bezieht diese Klage somit zugleich die gegenwärtige Gesamtsituation des Jerusalemer Königtums mit ein. Das beklagenswerte Geschick eines Königs erscheint also in einem umfassenderen Horizont, nämlich als die beklagenswerte Situation des Königtums überhaupt, und das deswegen, weil dieses Geschick in seinem Sondercharakter die Wertstellung und den Anspruch der „Löwin" grundsätzlich in Frage gestellt hat.

Die Frage, welchen König konkret die Klage im Blick hat, ist schwer zu beantworten; denn es ist keineswegs sicher, daß angesichts der Nähe des Ereignisses, auf das die Totenklage reagiert, eine besondere Information über den Zielort der Verschleppung erforderlich war. So kommen theoretisch drei Könige in Betracht: Joahas, Jojachin und Zedekia. Auf diesen Punkt ist später noch einmal einzugehen. Unabhängig von weiteren Einsichten dazu kann hier schon als besonders bemerkenswert festgehalten werden, daß trotz der außerordentlichen Bedeutung des angesprochenen Geschehens nirgends ein Hinweis auf tieferliegende Hintergründe und ein Hintergrundwirken Jahwes erfolgt. Das ist zwar innerhalb dieser Klage insofern stimmig, als sie so konsequent auf der Ebene einer Totenklage bleibt. Auffällig ist jedoch, daß eben anstelle einer Reaktion im Rahmen des religiösen Denkhorizontes gerade diese Reaktion auf der Ebene der Totenklage erfolgt. Das legt die Vermutung nahe, daß der Verfasser unserer Klage deswegen die Denkebene der Totenklage wählt, weil er die Ortung des Geschehens nicht mehr auf der ihm bislang geläufigen religiösen Metaebene vornehmen konnte.

1–9 Der für die Gesamteinheit 19, 1–9 zuständige Autor hält diese in der ihm vorgegebenen Klage eingeschlagene Linie durch; denn auch seine erweiterte „Neuauflage" spielt nirgends auf ein Hintergrundwirken Jahwes an. Im Rückblick auf die Vergangenheit erkennt er zu dem in der vorgegebenen Klage angesprochenen Vorgang einen weiteren Parallelfall. Da er die Analogie der noch weiter zurückliegenden Verschleppung Joahas' berücksichtigt wissen will, formuliert er analog zur vorgegebenen Klage und schaltet die so

[455] Vgl. ähnlich den Einsatz des David zugeschriebenen Leichenliedes auf Saul und Jonathan in 2. Sam 1, 19.

[456] Vgl. oben Anm. 430; vgl. so auch Krieg, Todesbilder (s. o. Anm. 444), 452f: „Die Löwin als Mutter der Jungleuen trägt keine individuellen Züge, sondern beschreibt die Dynastie in ihrem Anspruch".

konzipierten Verse 3–4 vor. Die Verkürzungen[457] erklären sich so, daß der 3–4
Autor auf die Hervorhebung des Gegensatzes von Einst und Jetzt keinen Wert legt. Daß das Geschick Joahas' vor Augen steht, stellt der historisieren-
de Hinweis auf Ägypten (V. 4 bβ) sicher. Außerdem stammt von ihm V. 5 a als 5 a
notwendiges Bindeglied zu V. 5 bff. Während in der vorgegebenen Klage mit dem Verweis auf die Löwenmutter lediglich implizit angezeigt war, daß das Untergangsgeschick des Löwenjungen nicht isoliert zu gewichten war, allerdings ohne daß weitere Wertungen und Folgerungen damit einhergingen, wertet V. 5 a explizit, was bereits in diesem vorausgehenden Fall der Verlust des Löwenjungen bedeutete: die Löwenmutter sah ihre Hoffnung zerstört[458]. Mit dieser der Löwenmutter unterstellten Selbsteinschätzung[459] artikuliert der Autor die Einsicht, daß die Löwenmutter, und d. h. das Jerusalemer Königtum, bereits durch das Geschick des Joahas in eine grundsätzliche Krise geraten war. Daß er zu dieser Einsicht im Blick zurück in die vergangene Geschichte gelangt ist, zeigt eine gewisse Distanz zu dem in der vorgegebenen Klage angesprochenen Geschehen und zugleich zur Klagehaltung selbst an; das wird daran deutlich, daß die Vorschaltung der Anspielung auf das Geschick Joahas' den Sonderfall in der ursprünglichen Klage gleichsam „einebnet". Die bloße Klageposition, die direkte Betroffenheit, die sich in der Klage mit Hilfe des Bildvergleichs Ausdruck zu schaffen versucht, hat der Verfasser der gesamten Einheit also bereits damit hinter sich gelassen, daß er geschichtliche Abfolgen beobachtet und Zusammenhänge zweier einander entsprechender Geschehnisse erkennt und gewichtet.

Wie bereits vermerkt, läßt der Verfasser ganz auf der Linie der vorgegebenen Qina kein Wort darüber verlauten, wie die vor Augen stehenden Entwicklungen zu erklären sind. Man vermißt jegliche Begründung der gleichsam unausweichbaren Unheilssituationen, da Hinweise auf ein Fehlverhalten der Könige[460] oder Verschuldungen des Volkes etc. fehlen. Außerdem ist nirgends eine Andeutung auf ein im Hintergrund der Ereignisse erkennbares göttliches Handeln enthalten; der Jahwename taucht in diesem Text überhaupt nicht auf.

Muß man daraufhin an einen Verfasser denken, der hier lediglich „den politischen Niedergang des Königtums in Juda beklagt", dem sich „nicht die Frage nach dem göttlichen Walten [stellt], das hinter diesem politischen Geschehen erkannt werden könnte", der „schlicht um seine Könige, deren er mit unverhohlenem Stolz in Form einer Fabel gedenkt", trauert[461]? Daß es um mehr geht als um schlichte Trauer um die Könige[462], ist schon daran

---

457 S. o. 279.

458 Zu *'bdh tqwth* vgl. Ez 37, 11.

459 Daß hier die Löwenmutter mit typisch menschlichen Zügen dargestellt ist, ist sonst ein Charakteristikum von Tierfabeln.

460 19, 7 a ist mit Kottsieper (s. o. Anm. 432) eindeutig als nachexilisches Interpretament einzustufen.

461 So Garscha, Studien, 285.

462 In diesem Sinne ist eher die oben rekonstruierte vorgegebene Klage 19, 2 a*.b. 5 b. 6. 7 b. 8*. 9* aufzufassen; vgl. auch 2. Sam 1, 17–27, das Klagelied über Saul und Jonathan.

deutlich abzulesen, daß er bereits über die bloße Klageposition der vorgegebenen Qina hinausgelangt ist[463] und Einsicht in die umfassenden Konsequenzen der zurückliegenden Klageanlässe zu vermitteln sucht, nämlich, daß das Jerusalemer Königtum schon längst seines bislang hervorgehobenen Ranges entkleidet ist. Die Frage nach einem göttlichen Walten wird zwar nicht explizit angesprochen; doch muß das Fehlen des Jahwenamens wie überhaupt das Fehlen von Andeutungen eines göttlichen Hintergrundwirkens nicht daraus resultieren, daß sich dem Autor die Fragen in dieser Richtung überhaupt nicht gestellt haben. Aus dem Text geht zunächst ja nur hervor, daß er keine Auskünfte über ein göttliches Hintergrundwirken enthält. Das kann aber schlicht damit zusammenhängen, daß der Autor sich zu solchen Auskünften nicht in der Lage weiß, und das deswegen, weil ihm die Ereignisse der jüngsten Vergangenheit, wie er sie gewichtet, völlig neue Mächte in bisher nicht gekanntem Vorgehen auf dem Plan signalisieren, woraufhin die bisherigen Vorstellungen von Jahwe und seinem Hintergrundwirken in Frage gestellt waren.

Daß der Autor nirgends auf Verschuldungen oder Verfehlungen zu sprechen kommt, die als Erklärung für die das Königtum gefährdenden Entwicklungen gelten könnten, deutet in die gleiche Richtung: Die vor Augen stehenden Vorgänge waren nicht mehr mit seinen bisherigen Vorstellungen von einem seitens Jahwe garantierten Ordnungshorizont des Jerusalemer Königtums in Einklang zu bringen. Daher gelingt vorerst nicht mehr als die fatalistische Einsicht in den Lauf der Dinge.

Fazit: In der vorliegenden Fassung zielt 19, 1–9 mit dem Verweis auf die Löwenmutter, die ihre Löwenjungen großzieht, aber mitansehen muß, daß ihre Bemühungen letztlich scheitern, auf die Anerkenntnis beklagenswerter Abläufe und Entwicklungen. Vor Augen gestellt wird die hoffnungslose Situation einer Löwenmutter[464], deren Zeit abgelaufen ist, weil neue Entwicklungen - gleichsam neue Umweltfaktoren - die bisher freie Löwenexistenz nicht mehr zulassen. Die Löwin, und d. h. das Jerusalemer Königtum, so die fatalistisch-resignative Schlußfolgerung, ist am Ende. Daß die Löwenmutter „die... eigentlich Leidtragende“[465] ist, geht schon aus der Einleitung (V. 2) hervor, aber auch besonders aus V. 5 a, wo im Blick auf das Schicksal des ersten Löwenjungen vom Scheitern ihrer Hoffnung die Rede ist, eine Feststellung, die nach V. 9 dann auch nicht wiederholt zu werden braucht, da das Geschick des zweiten Löwenjungen das gleiche ist.

Bei einem Versuch, die Frage nach Zeit, Ort und Adressaten des Autors zu

---

[463] Ähnlich das Urteil Jahnows, Leichenlied, 202: „Die Wirkung des alten Leichenliedes beruhte auf dem unvermittelten Gegensatz von Einst und Jetzt und auf der Stimmung der Wehmut, die dieser Gegensatz auslöste. Von dieser Stimmung weiß... Ezechiel [für Jahnow der Verfasser der jetzigen Textfolge] nichts; er kann deshalb den Untergang eines ganzen Herrschergeschlechtes als das Ergebnis einer folgerichtigen Entwicklung mit epischer Ruhe darstellen“.

[464] Vgl. Hiob 4, 10 f.: Sogar die gefährlichen und mächtigen Löwen sind verletzlich und zu zähmen.

[465] So Zimmerli, BK XIII, 1, 423.

beantworten, steht man vor fast unüberwindlichen Schwierigkeiten. Sicher ist nur, daß der Autor auf zwei Verschleppungen judäischer Könige zurückblickt. Im ersten Fall ist der Sachverhalt eindeutig; es handelt sich um Joahas' Exilierung nach Ägypten. Im zweiten Fall steht entweder das Geschick Jojachins oder das Zedekias vor Augen[466].

Für die Beantwortung der Frage, ob der Autor die jetzige Redeeinheit 19,1–9 vor 587 v.Chr., also im Rückblick auf Jojachin als den zweiten Löwen, oder nach 587 v.Chr. im Rückblick auf Zedekia als den zweiten Löwen konzipiert hat, ist ausschlaggebend, ob es gelingt, mehr Klarheit über den historischen Ursprungsort der oben rekonstruierten Qina[467] zu erzielen. Ganz gleich, auf welchen König sie den Blick fixiert, ob auf Jojachin oder Zedekia – ist sie erst nach der Katastrophe von 587 v.Chr. entstanden, so kann auch der von dieser Qina abhängige Autor erst nach 587 v.Chr. gewirkt haben. Aus der vorgegebenen Qina für sich genommen sind allerdings keinerlei Erkenntnisse über ihren historischen Ursprungsort zu gewinnen. Doch kann man hier mit Hilfe von Analogieschlüssen weiterkommen; denn es existieren vergleichbare und gleich strukturierte Klagetexte, deren historischer Ort bestimmbar ist.

c. 19,10–14 Die Vernichtung des prächtigen Weinstocks

Dieser zweite Abschnitt des Kapitels ist durch den einleitenden Verweis auf „deine Mutter" mit der vorausgehenden Einheit (V.1–9) verklammert[468]. Beide Texteinheiten sollen jetzt also im Zusammenhang gehört oder gelesen werden.

Das Gedicht im Qina-Metrum[469] handelt von einer „Mutter"[470], die im folgenden mit einem Weinstock verglichen[471] wird. Der Weinstock wird positiv als fruchtbringend vorgestellt; dabei wird betont, daß seine Fruchtbarkeit mit seinem Standort zusammenhängt[472]. Die positive Kennzeichnung wird in V.11 noch gesteigert mit der Feststellung, daß der Weinstock mehrere „machtvolle Zweige"[473] hervorbringt, die anschließend als „Herrscherstä-

---

466 Über weitere Identifikationsmöglichkeiten und -versuche informiert Chr. Begg, The identity of the princes in Ezekiel 19: Some reflections, EThL LXV (1989), 358–369.

467 Vgl. oben 283ff.

468 Vgl. „deine Mutter" in V.2.

469 Vgl. dazu z.B. Zimmerli, BK XIII, 1, 429.

470 S.o. Anm. 430 zu 19,2.

471 Für das merkwürdige *bdmk* in V.10 empfiehlt sich mit Zimmerli, aaO., 419, die Herleitung von *dmh*; vgl. Klgl 2,13 die Frage, womit Jerusalem in seinem Geschick zu vergleichen (*dmh*) ist; s.a. Jer 6,2, dazu W.Rudolph, Jeremia, HAT 12, Tübingen 1968[3], z.St., ferner 27,32; 31,2; 32,2.

472 Vgl. zweimal *mym* in V.10; zu „gepflanzt an Wassern..." vgl. Ps 1,3; Jer 17,8.

473 So M; G hat sing.; vgl. *mṭh ʿz*... auch in V.12 und 14.– Lang, Aufstand, 109, konstatiert einen hier beabsichtigten „Doppelsinn": Der „Hauptast..., der herrschende Ast soll gleichzeitig als Zepter den König Judas verbildlichen".

be"[474] bezeichnet werden (V. 11 aα2; V. 14)[475]. V. 12 verweist auf die dem Weinstock widerfahrenen Geschehnisse (Herausreißen im Zorn, Verdorren durch den Ostwind, Feuer), die zur Folge haben, daß aus dem bisher üppigen, fruchtbaren, an reichen Wassern gepflanzten Weinstock ein welker, auf trockenem Wüstenboden gepflanzter Weinstock wird (V. 13), so daß er keinen machtvollen Zweig (*mṭh ʿz*) mehr haben wird (V. 14 aβ).

Demnach besteht 19, 10–14 wie die oben rekonstruierte, dem Verfasser von 19, 1–9 vorgegebene Qina aus zwei einander korrespondierenden Teilen; im ersten Teil wird dargestellt, wie ein Weinstock einst unter besten Bedingungen gute Ergebnisse bringt; im zweiten, wie durch eine Wendung dieser Bedingungen zum Schlechten gute Ergebnisse hinfällig geworden und künftig nicht mehr möglich sind.

Das Grundmuster des Textes dürfte damit erfaßt sein. 19, 10–14 ist entsprechend dem für die Qina charakteristischen Gegensatz von Einst und Jetzt konzipiert. Besonders eindrücklich wird dieser Gegensatz am Schluß (V. 14 aβ) mit der Feststellung, daß kein „machtvoller Zweig" mehr bleibt, in negativer Korrespondenz zu V. 11 aα „und es wurden ihm machtvolle Zweige" herausgestellt. In diesem Punkt berührt sich der Text aufs engste mit der ursprünglichen Qina in 19, 2 a*b. 5 b. 6. 7 b. 8*. 9*[476], wo dem Hinweis „und es erschauerte das Land und seine Fülle vor dem Lärm (*qwl*) seines Gebrülls" im Einst-Teil in V. 7 b dann im Jetzt-Teil der abschließende Vermerk in V. 9 b „auf daß man nicht mehr hörte seine Stimme (*qwl*) ..." entspricht. In beiden Fällen erfolgt jeweils zum Beschluß der Schilderung der einstigen Größe eine Konkretion. Darauf nimmt dann jeweils wieder der Abschlußvers Bezug, um so den Niedergang und seine Auswirkungen an einem konkreten Einzelzug zu verdeutlichen[477]. Ist aufgrund dieser Beobachtungen für 19, 10–14 das Grundmuster einer Qina zu veranschlagen, so erweisen sich zugleich folgende Textanteile als gattungsfremd und somit nachträglich eingebracht: In V. 11 spezifizieren die Teile aβb das Wachstum des Weinstocks unter Verwendung von Formulierungen aus 31, 3; die bis dahin (V. 11 aα) positive Charakterisierung des Weinstocks wird eingeschränkt, indem dem Weinstock der Ruch des Überheblichen[478] angehängt wird; damit ist das anschließend dargestellte Geschick des Weinstocks als Folge eines Fehlverhaltens erklärt. 19, 11 aβb kann deswegen nicht zur ursprünglichen Klage gehört haben, weil

[474] G hat sing.

[475] Zu *šbṭ mšlym* s. a. Jes 14, 5.

[476] Vgl. oben 282 ff.

[477] Die gleiche Korrespondenz läßt sich in 31, 2–13 beobachten, wo „in der Weise der Totenklage (allerdings ohne das Metrum der *qynh*...)" (vgl. Zimmerli, BK XIII, 2, 754 f.) im Bild von Größe und Fall des Zedernbaums jetzt über den Untergang des ägyptischen Pharao gehandelt wird (daß in Ez 31* ursprünglich das Geschick des Jerusalemer Königtums vor Augen stand, wurde bereits gezeigt [vgl. oben 242 ff. Exkurs: Ez 17, 1–10 im Verhältnis zu Ez 19, 10–14 und Ez 31*]): Ez 31, 6 aα „in ihren Zweigen nisteten allerlei Vögel des Himmels" – 31, 13 a „auf seinem gefällten Stamm verweilten alle Vögel des Himmels".

[478] „11 aβ–b is unmistakably pejorative..." (Greenberg, AncB, 358).

hier eine solchen Klagen (*qynh*) unangemessene „moralische" Abqualifizierung erfolgt mit dem Ziel, das Geschick des Weinstocks als selbstverschuldet zu erklären.

Nach V. 12 aα wäre der Weinstock „ausgerissen im Zorn, auf die Erde geworfen"[479]; daß diese Aussagen zusatzverdächtig sind, folgt daraus, daß nun das in negativer Korrespondenz zu V. 11 aα in V. 14 aβ vorliegende und damit zum Grundbestand zu rechnende Fazit überholt erscheint. Außerdem setzt die Rede vom „Zorn" voraus, daß dieser ansonsten prächtige und fruchtbare Weinstock selbst zum Zorn Anlaß gegeben hat; das Moment der Selbstverschuldung des Geschicks kann jedoch in der eigentlichen Qina gar nicht auftauchen. Reflexionen über Fehlverhalten und Selbstverschuldung relativieren die Intensität der Betroffenheit; weil damit zugleich der Klageanlaß relativiert wird, kann es gar nicht erst zur echten Klage kommen. V. 12 aα wertet auf der gleichen Reflexionsebene wie V. 11 aβb. Ferner ist der zweimalige Hinweis auf eine Vernichtung durch Feuer (V. 12 bβ und 14 aα) nicht mit der Rede von der Verderbnis durch den Ostwind[480] in Einklang zu bringen. Diese Diskrepanzen dürften darauf zurückzuführen sein, daß V. 12 bβ und 14 aα von 15, 4 ff. her, wo die Redewendung angemessen ist[481], nachgetragen wurden. V. 13 korrespondiert zwar das Jetzt „gepflanzt in der Wüste, im Lande von Dürre und Durst" dem Einst „gepflanzt am Wasser" in V. 10 aβ; doch setzt diese Aussage deutlich die bereits als Zusatz erkannte Feststellung voraus, daß der Weinstock „im Zorn" ausgerissen und auf die Erde geworfen wurde (V. 12)[482]. Folglich bestand die ursprüngliche Klage aus 19, 10. 11 aα. 12 aβ.bα*. 14 aβ.[483]

Schon die Bildwahl „Weinstock" deutet darauf hin, daß der Dichter dieser Klage hier an das Jerusalemer Königtum denkt[484]. Daß das tatsächlich der Fall ist, geht aus den Hinweisen auf den „machtvollen Ast" (*mṭh ʿz*) in V. 11 aα und 14 aβ klar hervor; denn die Wortkombination *mṭh ʿz* (bzw. plur.) begegnet auch in Ps 110, 2[485], hier in einem Vers, in dem der Jerusalemer König angeredet ist: „Dein machtvolles Zepter (*mṭh ʿzk*) möge ausrecken Jahwe vom Zion! Herrsche inmitten deiner Feinde!"[486]. Der Einst-Teil der Klage legt daher zunächst dar (V. 10 f.), wie unter günstigen Bedingungen die gesunde und gesicherte Stellung dieses Königtums gewährleistet war. Die zwei-

---

479 Vgl. ähnlich Jer 22, 28 im Blick auf Jojachin.

480 Zum verderblichen Ostwind, der sogar Brunnen und Quellen zum Versiegen bringt, vgl. Hos 13, 15.

481 Vgl. zu Ez 15 oben 209 f.

482 Eine deutlichere Klassifizierung der diversen Zusätze ist schwierig; zu weiteren Einzelheiten vgl. oben den Exkurs: Ez 17, 1–10 im Verhältnis zu Ez 19, 10–14 und Ez 31* (242 ff.).

483 Zum Text vgl. unten 294 f.

484 Zum Vergleich „Israels" bzw. des Königtums mit einem Weinstock vgl. oben zu Ez 17 Anm. 265.

485 Vgl. noch Jer 48, 17.

486 Dazu H.-J. Kraus, Psalmen, BK XV, 2, 1966³, 758: „Der Sänger wünscht, daß Jahwe ‚vom Zion aus' den Macht- und Einflußbereich des Regenten ausweitet...".

te Texthälfte soll dann im Kontrast dazu vor Augen stellen, daß die ursprünglich gesunde und gesicherte Position des Königtums zerstört wurde. Der Dichter hat hier also Ereignisse vor Augen, die die an sich garantierte günstige Position der Jerusalemer Königtums katastrophal verändert haben.

Die bislang strittige Frage, ob der Dichter solche katastrophal verändernden Ereignisse bereits hinter sich weiß[487] oder ob er sie als noch bevorstehend befürchtet[488], ist im Blick auf die bisherigen Ergebnisse eindeutig zu beantworten: Diese Klage blickt auf die endgültige Katastrophe von 587 v. Chr. zurück.

Fazit: Daß der Dichter in dieser Klage das herrliche „Einst" (der prächtige Weinstock) und das elende „Jetzt" (der zerstörte und verkümmerte Weinstock) gegenüberstellt[489], nämlich, wie ein üppiger, weil an reichen Wassern wachsender Weinstock, der gleichsam naturgemäß Früchte und machtvolle Triebe hervorbringen muß, dennoch zum verkümmernden Weinstock gemacht wird, weil ihm seine Lebensbasis aufgrund äußerer Einwirkungen zerstört wird, ist Ausdruck der Wehmut über den unerwarteten tragischen und unverwindbaren Verlust. Vor Augen steht die beklagenswerte Situation Jerusalems, bzw. der den bisherigen Vorstellungshorizont völlig sprengende Verlust des Jerusalemer Königtums (vgl. Klgl 4, 12).

Das besonders Auffällige an 19, 10–14* ist, daß hier ebenfalls wie in der Löwengeschichte 19, 2-9 nirgends auf Jahwe Bezug genommen wird. Hier wie dort fehlt jeglicher Verweis auf eine Metaebene (kein göttliches Wirken, keine Verschuldung). Der Fall liegt in 19, 10–14 somit völlig anders als in Ps 80, 9 ff., wo ebenfalls das Bild vom Weinstock begegnet (hier ganz deutlich im Rückblick auf das widerfahrene Unheil). Hier gilt Jahwe als derjenige, der einst den Weinstock (das Volk Israel) gepflanzt hatte[490]. Da er zugleich auch derjenige ist, der die Zerstörungen selber in Gang gebracht hatte (vgl. V. 13),

---

[487] Vgl. z. B. Zimmerli, der 19, 10–14 für ein Leichenlied hält, „das... den völligen Untergang des Königshauses beklagt", „den völligen Zusammenbruch... voraus(setzt)", „also nach 587 v. Chr. verfaßt" ist (BK XIII, 1, 429). Nach Eichrodt ist „dieses Gleichnis im Unterschied von der vorhergehenden Parabel nicht als Weissagung, sondern als Schilderung der göttlichen Verwirklichung seiner Drohung aufzufassen...". Die „Unterschrift in V. 14" stelle „in tiefer Ergriffenheit fest..., daß der prophetische Gebrauch des Leichenliedes im Dienst seiner Gerichtsansage sich durch den Gang der Dinge in eine wirkliche Klage über wirklich vollzogenes Sterben und Vergehen verwandelt habe..." (ATD 22, 2, 165.).

[488] Vgl. z. B. Fohrer: Das Lied stamme „aus der Zeit vor 587 v. Chr., vor dem beklagten Ereignis selbst". Ezechiel habe hier Überlieferungen allgemeiner Lebensweisheit (ein profanes Lied) „zu einem Klagelied auf den künftigen Untergang Zedekias" gestaltet (HAT, 107). Für Lang, Aufstand, ist Ezechiel „ein prophetischer Politiker" (158): „Wenn der Prophet dem König in einer doppelten Leichenklage vorführt, daß ihm der Tod im Aufstandsfalle sicher ist, dann sind die Schwächen der unpolitischen Exegese vermieden; man muß weder eine unpolitische rückwärtsgewandte Prophetie noch eine Art zukunftsbestimmender Magie postulieren. Der Prophet warnt den König, um ihn vom Aufstandsplan abzubringen. Durch die Totenklage sagt er ihm, daß es um Tod oder Leben geht" (114).

[489] Vgl. die Gegenüberstellung von „Einst" und „Jetzt" in der Totenklage (s. o. Anm. 463) sowie in Klgl.

[490] Vgl. Ps 80, 9 ff.; vgl. auch Jer 2, 21; ferner Joel 1, 7 „mein (= Jahwes) Weinstock".

wird er hier als die hinter der gesamten Geschichte stehende Ordnungsinstanz verstanden. Deswegen ist hier die Klage auch auf Jahwe ausgerichtet, während die Klagemomente in Ez 19 orientierungslos sind.

Diese Beobachtungen zwingen zu der Folgerung, daß der Autor von 19, 10–14 – und darin erweist er sich mit dem Autor der oben rekonstruierten Qina 19, 2 a*b. 5 b. 6. 7 b. 8*. 9* verwandt, wenn er nicht sogar mit ihm identisch ist – derart irritiert ist, daß er zunächst einmal nicht in der Lage ist, das Geschick des Weinstocks mit einem Wirken Jahwes in Verbindung zu bringen[491]. Angesichts der eingetretenen Irritationen und Infragestellungen sämtlicher bislang geltender Ordnungsvorstellungen bleibt ihm nur der Rückgriff auf das vorgegebene Muster der Totentrauer, die analog zur reinen Totenklage orientierungslose Untergangsklage. Da die Sphäre des Todes aus dem Bereich herausfällt, für den Jahwe zuständig ist[492], liegt der Schluß nahe, daß in den uns interessierenden Klagen deswegen der Bezug auf Jahwe fehlt, weil sie sich auf eine Situation beziehen, für die man analog zum Phänomen „Tod“ keine Möglichkeit mehr sah, sie mit Jahwes Ordnungswalten in Verbindung zu bringen; entsprechend sah man sich außerstande, klagend an Jahwe zu appellieren[493].

Zur oben offen gelassenen Frage nach dem historischen Ort des Verfassers, der jetzt in 19, 1–9 „den Untergang eines ganzen Herrschergeschlechtes als das Ergebnis einer folgerichtigen Entwicklung mit epischer Ruhe“[494] darstellt, kann nach allem folgendes festgehalten werden: Die Klage 19, 10–14* bleibt strikt auf den konkreten Klageanlaß, den Untergang des Jerusalemer Königtums, konzentriert. Der Verfasser der „erweiterten Neuauflage“ zu 19, 2 a*b. 5 b. 6. 7 b. 8*. 9* dagegen, der bereits in der Lage ist, seinen Blick weiter zurück in die „Vorgeschichte“ der Katastrophe zu lenken, zeigt schon eine gewisse Distanz zu dem in der vorgegebenen Klage angesprochenen Ge-

[491] Vergleichbare Schwierigkeiten scheinen im babylonischen Erra-Gedicht (s. o. zu Ez 10 Anm. 715) eine Rolle zu spielen; weitere Hinweise unten 295 f.

[492] Vgl. z. B. Ps 88, 11 ff.; Ps 115, 17 f. u. ö.; vgl. dazu Jahnow, Leichenlied, 55 f.: Die „Leichenklage“ war „durchaus profan, sie gehört keineswegs etwa der religiösen Lyrik an“.

[493] In den Klageliedern Klgl 1 und 2 liegt der Fall offensichtlich schon anders. Hier gilt mit Chr. Hardmeier (Texttheorie und biblische Exegese. Zur rhetorischen Funktion der Trauermetaphorik in der Prophetie, BEvTh 79, München 1978): „Gegenüber der elementaren Untergangstrauer angesichts einer Zerstörungskatastrophe und darin integrierten reinen Untergangsliedern... , die sich analog zur Leichenklage wohl auf die klagende Feststellung der Vernichtung mehr oder weniger beschränkt haben dürften, liegt in den Threni... bereits kultische Verarbeitung der Untergangstrauer vor“ (333). „Diese Untergangsklagen stellen bereits eine gottesdienstliche Verarbeitung des elementaren Zerstörungsleides dar. Man wird darum unterscheiden müssen einerseits zwischen der elementaren, nicht adressierten Untergangstrauer... angesichts der manifesten Zerstörung und als unmittelbare Leidpräsentation ohne Bezug auf Gott und andererseits der kultischen Begehung einer Zerstörungskatastrophe, in der das Untergangsklagelied mit seinem Gebetscharakter zum Tragen kommt. Das Untergangsklagelied blickt in der Trauerschilderung bereits auf die Untergangstrauer zurück, während das Untergangslied als Trauerlied zusammen mit dem Vollzug anderer Trauerriten unmittelbarer und elementarer Ausdruck dieser Trauer ist“ (345).

[494] So Jahnow, vgl. oben Anm. 463.

schehen und zugleich zur Klagehaltung selbst an. Die bloße Klageposition, die direkte Betroffenheit, die sich in der Klage mit Hilfe des Bildvergleichs Ausdruck zu schaffen versucht, hat der Verfasser der gesamten Einheit bereits damit hinter sich gelassen, daß er geschichtliche Abfolgen beobachtet und Zusammenhänge zweier einander entsprechender Geschehnisse erkennt und gewichtet.

Aus dieser Gegenüberstellung darf man, wenn auch nicht mit absoluter Sicherheit, so doch mit großer Wahrscheinlichkeit folgern: Bezeugt 19, 10-14*, daß direkt im Rückblick auf die Katastrophe zunächst nur die Reaktion der orientierungslosen Untergangsklage blieb, so wird man den Bemühungen des Verfassers von 19, 1-9, im Rückgriff wiederum auf eben eine solche vorgegebene Untergangsklage nun geschichtliche Abfolgen zu erkennen und Zusammenhänge herzustellen, entnehmen können, daß solche Bemühungen dann aufgrund der damit bereits einsetzenden „Ursachenforschung" grundsätzlich nicht schon vor solchen Klagen und damit auch nicht vor dem eigentlichen Klageanlaß 587 v. Chr. ansetzten.

d. Untergangsklagen – Älteste Texte im Ezechielbuch

Die bisherigen Sondierungen zu Ez 19 zusammen mit den Beobachtungen und Erwägungen zu Ez 17 laufen darauf hinaus, daß in 19, 1-9*; 19, 10-14* und 31*[495] Klagetexte erkennbar sind, die nicht nur den gleichen historischen Ursprung haben, sondern auch gemeinsam und in enger Abfolge[496] überlie-

[495] Vgl. dazu Pohlmann, Ezechielstudien, 185 ff.; ferner oben 242 ff. den Exkurs: Ez 17, 1-10 im Verhältnis zu Ez 19, 10-14 und Ez 31*.

[496] Der Verfasser von 17, 1-10 dürfte die beiden Klagen über die Zeder und den Weinstock in der Abfolge Ez 31*; 19, 10- 14 gelesen haben. Er interpretiert das Weinstockwort so, als stehe darin das im Vergleich zum früheren Königtum nun niedrigere Königtum Zedekias vor Augen (vgl. 17, 1-4. 5-10). Diese Einschätzung des Weinstocks (=niedriges Königtum) war für ihn dann umso naheliegender, wenn direkt zuvor das Wort von der Libanonzeder zu lesen stand; die Beseitigung der Zeder bezog er auf den Verlust der hervorragenden Stellung Jerusalems, bzw. auf die Depravierung des Jerusalemer Königtums 597 v. Chr. Die Reihenfolge Ez 31*; 19, 10-14 erklärt auch die nachträgliche Angleichung von 19, 11 aβ an 31, 3.– Fragt man nach den Beweggründen, die dazu geführt haben, das Zedernwort aus seinem von uns erschlossenen ursprünglichen Kontext zu entfernen und unter die Ägyptenworte zu versetzen, um hier die Zeder mit dem ägyptischen Pharao zu identifizieren, so erhält man weitere Hinweise, die zusätzliche Rückschlüsse auf Abfolge und Umfang der Klagetexte nahelegen: Die jetzige Textfolge 19, 1-9 spielt in V. 4 auf Ägypten an, in V. 9 tritt Babel an Ägyptens Stelle als Löwenfänger. Folgten im Anschluß daran das Zedernwort (Ez 31*) und dann das Weinstockwort (19, 10- 14), so lag es in diesem Stadium der Textentwicklung (zur Verdoppelung der ursprünglichen Löwenklage 19, 2 a*b. 5 b. 6. 7 b. 8*. 9* zur jetzigen Textfolge 19, 1-9 vgl. oben 279 ff.) nahe, in dieser Reihung auch den Niedergang Ägyptens angesprochen zu sehen (Ägypten war von Babel abgelöst worden) und Ez 31* hinter 19, 1-9 auf den Niedergang des ägyptischenen Pharao zu beziehen, zumal im auf Ez 31* folgenden Weinstockwort eindeutig der Untergang des Jerusalemer Königtums angesprochen war. Aufgrund dieser Überlegungen läßt sich der Werdegang der ursprünglichen Klagen bis zur vorliegenden Fassung von Ez 19 wie folgt vermuten: a. einzelne Klagetexte;

fert worden sind. Für diese Annahme spricht auch, daß in diesem Fall die Berührungen, die erwiesenermaßen zwischen Ez 17, 1–10 und Ez 19 und merkwürdigerweise zugleich zu Ez 31 bestehen, verständlicher sind. Der Autor von 17, 1–10 hat zugleich 19, 10–14 und Ez 31* im Blick.

Ob außerdem noch weitere Klagestücke ähnlicher Art im Ezechielbuch nachzweisen sind, bleibt zu überprüfen.[497] Da unter den zahlreichen Worten über Tyros besonders Ez 27, 3b–9. 26–34(36), das Wort über den Untergang des herrlichen Schiffes, in deutlicher Nähe zu den bisher behandelten Dichtungen zu stehen scheint, ist ferner der Frage nachzugehen, ob nicht an jene Texte, die das Unheilsgeschick Jerusalems bzw. seines Königtums thematisieren, zugleich auch noch Worte angehängt waren, die das Augenmerk auf das gleiche Geschick anderer lenken[498] wollten.[499] Möglicherweise besaß auch das nunmehr kaum noch in seiner Urfassung zu erschließende Wort vom kostbaren Siegelring in Ez 28, 12–19 (nach V. 12aβ Qina über den König von Tyros) eine ähnliche Struktur, wie sie für 19, 1- 9*, 19, 10–14 und Ez 31* noch deutlich erkennbar ist: Analog zu den Klagen über die Gefangennahme des mutigen Löwen, das Verdorren des edlen Weinstocks, den Fall der prächtigen Zeder könnte der ursprüngliche Klagetext dargelegt haben, wie ein kostbarer Siegelring zu einem wertlosen Objekt herabgewürdigt wurde[500]. Es ist durchaus zu erwägen, ob nicht auch das Bild von einem kostbaren Siegelring ursprünglich die besondere Wertschätzung Jerusalems bzw. seines Königtums illustrieren sollte.

Wir halten fest, daß eine Sammlung älterer Klagetexte, wahrscheinlich in folgender Anordnung, existiert hat. Unter Vorbehalt[501] läßt sich folgender Inhalt rekonstruieren:

---

b. Sammlung von Klagetexten, Reihung unsicher; c. Klagetexte in der Abfolge 19, 2a*b. 5b. 6. 7b. 8*. 9*; Ez 31*; 19, 10–14*; d. 19, 1–9; Ez 31*; 19, 10–14.

[497] Vgl. Zimmerli, BK XIII, 2, 676, anläßlich der Beobachtung, „daß im Buche Ez an keiner anderen Stelle so reine metrische Gebilde erkennbar waren wie bei den *qynh*-Formulierungen“: „Offenbar hat die frühere Exilszeit, was durch die *qynh*-Sammlung der Thr weiter bestätigt wird, diese Form metrischer Dichtung besonders gepflegt. Das ist sachlich von der in Israel einmaligen Klageliedsituation des völligen Zerbrechens seiner Staatlichkeit her auch von innen her wohl zu begreifen.“; vgl. ferner Krieg, Todesbilder (s. o. Anm. 444) 454.

[498] Vgl die Erwägungen Kriegs, aaO., 454.

[499] Ähnliche Worte scheinen in Jer 48, 31–33* (vgl. Jes 16, 8–10); Jes 14, 12(?) überliefert.

[500] Vgl. in Ez 28, 17 „zur Erde geworfen“; V. 18 „zu Staub auf der Erde“. Das Bild vom auf die Erde geworfenen Siegelring wird in Jer 22, 24–28 auf Jojachin angewendet!

[501] Vgl. Hölschers Betonung zu seiner Übersetzung der „Gedichte Hesekiels“, „daß diese Übersetzungen nicht den Anspruch exakter wissenschaftlicher Wiedergabe machen können. Nicht nur, weil die Herausschälung des echten Bestandes dieser Gedichte und die Feststellung ihres Urtextes notwendigerweise in vielen Einzelpunkten ganz unsicher bleibt und bleiben wird, sondern auch, weil wir im Punkte der hebräischen Metrik noch weit davon entfernt sind, sichere Gesetze aufstellen zu können. Die Übersetzungen sollen nur dazu dienen, dem Leser die Ergebnisse der Analyse in groben Umrissen ein wenig zu veranschaulichen“ (Hesekiel, 90); zu den Problemen der Metrik des Hebräischen vgl. z. B. O. Kaiser, Einleitung in das Alte Testament, Gütersloh 1984[5], 328ff.

19, 2 a*b „Was ist deine Mutter? Eine Löwin zwischen Löwen,
sie lagerte inmitten von Junglöwen... (?)
19, 5 b Und sie nahm eines von ihren Jungen,
zum Junglöwen machte sie es.
19, 6 Und er stolzierte unter den Löwen,
ein Junglöwe war er geworden,
und er lernte Raub zu rauben
Menschen fraß er.
19, 7 b Und es erschauerte das Land und seine Fülle
vor dem Laut (qwl) seines Gebrülls.

*

19, 8* Da setzte man Völker gegen ihn an,
von ringsumher...(?)
und sie breiteten über ihn ihr Netz,
in ihrer Grube wurde er gefangen.
19, 9* Und sie gaben ihn ins Halseisen,
und brachten ihn fort;
damit seine Stimme (qwl) nicht mehr gehört wurde...?

**

31, 2[502] [Wem warst du gleich in deiner Größe?]
31, 3 Siehe, eine Zypresse(?), eine Zeder auf dem Libanon,
mit schönem Gezweig... und von hohem Wuchs,
und bis in die Wolken ragte ihr Wipfel.
31, 4 a Wasser machten sie groß,
Wasserflut zog sie hoch.
31, 6 aα *In ihren Ästen nisteten allerlei Vögel des Himmels.*

*

31, 12 abα1 Da haben Fremde... sie umgehauen
und sie niedergeworfen [auf die Berge, und in alle Täler fielen ihre Zweige](?).
31, 13 a *Auf ihrem Stamm verweilten alle Vögel des Himmels.*

**

19, 10 „Deine Mutter, wie ein Weinstock...
an Wassern gepflanzt;
fruchtbringend und voller Zweige war er,
wegen der vielen Wasser.
19, 11 aα *Und es wurden ihm mächtige Äste[503] zu Herrscherstäben[504].*

*

[502] Zum ursprünglichen und jetzigen Ort von Ez 31 vgl. Pohlmann, Ezechielstudien, 190ff. sowie oben (245) zu Ez 17.

[503] Oder sing.?

[504] Oder sing.?

19, 12 aβ Aber der Ostwind[505] dörrte aus seine Frucht,
19, 12 bα ‚es verdorrte sein kräftiger Ast'.
19, 14 aβ *Und es blieb nicht an ihm ein mächtiger Ast, ein Stab zum Herrschen.*"

An diese Sammlung wurde an das abschließende Weinstockwort das Wort vom unnützen Rebholz Ez 15, 2*–4 a angehängt[506]:

15, 2 „... was soll das Holz des Weinstocks
vor allem Holz des Waldes?
15, 3 Nimmt man von ihm Holz,
um ein Werkstück zu machen,
oder nimmt man von ihm einen Pflock,
daran allerlei Gerät aufzuhängen?
15, 4 a Siehe, dem Feuer wirds zum Fraß vorgeworfen..."

Auf eine vergleichbare Parallele zu der oben rekonstruierten Sammlung von Klagen (noch ohne Ez 15, 2*–4 a) stößt man in der Aufreihung hervorragender und bewundernswerter Größen im Klagelied Marduks im Erra-Gedicht (IV, 40–44):

„Weh Babylon, dessen Wipfel ich prächtig gemacht habe wie eine Dattelpalme,
aber der Wind hat ihn ausgetrocknet.
Weh Babylon, das ich ausgefüllt habe mit Getreide wie ein Föhrenzapfen,
aber ich habe mich nicht gesättigt an ihrer Üppigkeit.
Weh Babylon, das ich gepflanzt habe wie einen Garten der Fruchtbarkeit,
aber ich habe ihre Frucht nicht gegessen.

---

[505] Zum verderblichen Ostwind, der sogar Brunnen und Quellen zum Versiegen bringt, vgl. Hos 13, 15.

[506] Vgl. oben (215) zu Ez 15; diese Textfolge ist sukzessive entstanden; Ez 15, 2*–4 a setzt Ez 19, 10–14 bereits voraus und stammt ebenfalls aus der Zeit nach 587 v. Chr., und zwar mit großer Wahrscheinlichkeit aus Kreisen der im Lande Verbliebenen. 15, 2*–4 a hat mit 19, 10–14 sowie der oben rekonstruierten Vorstufe von 19, 1–9 gemeinsam, daß auch in diesem Text nichts über ein Walten und Wirken Jahwes verlautet; ebensowenig scheinen für die im Hintergrund gesehenen Unheilsabläufe moralische Begründungen veranschlagt zu werden. Für eine enge Verbindung mit Ez 19, 10–14 spricht auch, daß sich hier die Nachträge zum Stichwort „Feuer" in 19, 12 bβ. 14 (*'š* mit *'kl*) am besten so erklären, daß dieses Stichwort im einstigen Anschlußtext 15, 2*–4 a vorgegeben war. Da sich zeigen läßt (vgl. dazu unten zu Ez 20), daß Ez 20 erst nachträglich in eine ältere Textfolge Ez 19/21f eingeschaltet worden ist, weil hier (19, 1) wie dort (21, 17. 30) der „Fürst", bzw. die „Fürsten" Israels im Blickpunkt stehen, wird ferner durchsichtig, warum 21, 1 ff. mit dem Bild vom Waldbrand, vom fressenden Feuer etc. einsetzt. Das lag deswegen nahe, weil dieser Text direkt an die Textfolge 19, 10–14; 15, 2*–4 a anschloß. Malte die Klage 19, 10–14 vor Augen, daß dem Jerusalemer Rebstock mit seinen Königstrieben seine Wachstumsbasis und damit jegliche Zukunft genommen worden war, so bleibt 15, 2*–4 a daran anschließend im Bilde und macht am Beispiel vom wertlosen Rebstockholz deutlich, daß auch jener „Königstrieb" in Babel, Jojachin, keine Zukunft hat und somit kein Anlaß für irgendwelche Hoffnungen sein kann.

Weh Babylon, das ich wie ein Siegel aus Bernstein Anum an den Hals gehängt habe...".[507]

Es ist deutlich, daß hier ähnlich wie in den Ezechieltexten die Bildvergleiche den hohen Rang Babylons vor der Zerstörung sowie die Elendssituation nach der Zerstörung (hier in den Augen Marduks) illustrieren sollen, um so die Klage über den erlittenen Verlust zu verstärken. Hervorzuheben ist ferner, daß die im Erra- Gedicht vor Augen stehenden Katastrophen auf Erras zorniges Toben zurückgeführt werden, daß das Austoben seines Zornes jedoch nur möglich erscheint, weil Marduk seinen Thron verlassen hat. M.a.W.: Die schlimmen Zeiten, das allgemeine Chaos, worauf das Erra-Gedicht anspielt, sind nur denkbar, weil oder solange Marduk seinen Thronsessel verläßt, bzw. das eingetretene Chaos ist ein Indiz dafür, daß Marduk als der Garant der Ordnung derzeit sein Amt nicht wahrnimmt. Wenn sich nach W. von Soden[508] „der so eigenartige und ungewöhnliche Gedanke, dass der Götterkönig zeitweilig einem anderen die Herrschaft überliess, ... sonst nirgends..." findet, so könnte das damit zusammenhängen, daß der im Blick auf die tatsächliche Zerstörung Babylons und die schrecklichen Wirren nun unausweichliche Zweifel an Marduks Macht und Ordnungswalten nur so zurückgewiesen werden konnte. Es liegt offensichtlich im Erra-Gedicht außerhalb des Vorstellunghorizontes, daß Marduk selbst für die Katastrophe seiner Stadt verantwortlich zeichnet.

Daß in den uns interessierenden Bildworten im Ezechielbuch auffälligerweise jeglicher Hinweis auf ein Hintergrundwirken Jahwes fehlt, dürfte analog damit zusammenhängen, daß das vor Augen stehende Chaos nicht mehr mit der Vorstellung eines ordnenden Handelns Jahwes in Einklang zu bringen war.[509] Daß der bisher geltende Ordnungshorizont grundsätzlich in Zweifel geraten war, läßt sich auch daraus folgern, daß in den fraglichen Texten jeglicher Hinweis auf ein Vergehen oder Verschulden überhaupt fehlt. Offensichtlich empfand man die Diskrepanz zwischen Ergehen und Tun als so groß, daß eine beides umgreifende Ordnungswelt, wie man sie vor der Katastrophe voraussetzen durfte, nicht mehr vorstellbar erschien.[510] Die in Ez 19,1-9*; Kap. 31*; 19,10-14* greifbaren Klagen, die analog zu Totenklagen auf beklagenswerte und völlig uneinsichtige Geschicke zurückblicken, spiegeln die Irritationen derer wider, deren bisher geltende Vorstellungen von

---

[507] Übersetzung nach B. Maarsingh, Das Schwertlied in Ez 21,13–22 und das Erra-Gedicht, BEThL LXXIV, 1986, 350–358; zur Übersetzung vgl. auch TUAT III,4, 781 ff.; zu weiteren Einzelheiten s.o. zu Ez 10 Anm. 715.

[508] Reflektierte und konstruierte Mythen in Babylonien und Assyrien, StOr 55,4, Helsinki 1984, 149- 157, vgl. 152.

[509] Während es innerhalb des religiösen Vorstellungshorizontes des Erra-Gedichts (polytheistisch) möglich war, für das hereingebrochene Chaos den Gott Erra in Anspruch zu nehmen und auf diesem Wege nun doch wieder hinter allem eine gewisse Ordnung anzudeuten, bestand diese Möglichkeit im Horizont einer exklusiv auf Jahwe konzentrierten Religion nicht.

[510] Zu Ez 19,1–9 und 10–14 bemerkt Zimmerli, BK XIII,1, 425: Die Schilderung entbehrt „jedes moralischen oder gar religiösen Akzentes einer ‚gerechten Vergeltung'" (vgl. auch 426).

der außerordentlichen Bedeutung Jerusalems, des Königtums, des Tempels, kurz: deren religiöse Mitte und Ordnungshorizont durch die Katastrophe von 587 v. Chr. hinfällig geworden waren. Sie dokumentieren die religiöse Krise, den Verlust des bisherigen theologischen Ordnungshorizontes angesichts der Katastrophen[511]. Ein zu Jahwe hingewendetes Reden und kultisches Handeln mußte aussichtslos erscheinen[512]. Das besondere Interesse am Jerusalemer Königtum, seine hohe Wertschätzung und die deutliche Irritation über seinen Verlust dürfen als Indizien dafür gewertet werden, daß sich hier ein dem Jerusalemer Königtum nahestehender, zur gebildeten Oberschicht zählender Kreis artikuliert. Die traditionell vorgegebenen Vergleiche der Könige[513] mit den Löwen, Jerusalems oder des judäischen Königtums mit einem Weinstock und mit einer Zeder legten es nahe, entsprechend Vorgänge vor Augen zu malen, die auf natürliche, wenn auch unerwartete, widersinnige Weise, zum Untergang dieser Größen führen konnten. So verstanden könnte man die fraglichen Texte durchaus mit „weisheitlichen" Denkbemühungen in Verbindung bringen, mit Bemühungen, das Undurchschaubare dennoch zu durchschauen. Allerdings ist nicht zu übersehen, daß das, was hier „begreifbar" und nachvollziehbar gemacht werden soll, nicht über die pessimistisch-resignative Einsicht in widersinnige und dennoch irreversible Untergangsgeschicke hinausführt. Daß sich der Dichter dessen bewußt ist, läßt sich noch daraus folgern, daß er sich in der Form der Totenklage äußert. Denn für die atl. Totenklage ist charakteristisch, daß sie ohne Adresse nur noch das Leid, den Kummer über den Tod einer nahestehenden Größe, in Worte fassen kann, daß sie nur noch einmal erinnern kann, und daß sie da, wo ein Todesgeschick völlig widersinnig und uneinsichtig ist, diese Uneinsichtigkeit ausdrückt (vgl. z. B. 2. Sam 3, 31–34).

Kurz: Diese Klagetexte geben zu erkennen, daß es kein theologisches Denkmuster[514] gab, mit dessen Hilfe Jahwe als zuständige Instanz einsichtig zu machen war und daraufhin ansprechbar wurde. Mit den bis dahin geltenden theologischen Vorstellungen konnte die erfahrene „Horizonterweiterung" nicht bewältigt werden. Im Blick auf die durch das Unheilsgeschehen völlig zerstörte Ordnung fühlte man sich wie im Bereich des Todes aus dem von Jahwe verantworteten Ordnungsbereich herausgefallen.

---

[511] Zu ähnlichen Texten im Jeremiabuch vgl. Pohlmann, Ferne Gottes (Teil B.: „Unheilsahnung und Unheilsklage"), s. bes. die Zusammenfassung 181 ff.

[512] Vgl. H. Spieckermann, Heilsgegenwart. Eine Theologie der Psalmen, FRLANT 148, Göttingen 1989, 122, zu Ps 137: „Ob die Depression in Ps 137 auch deshalb so tief ist, weil es noch nicht gelungen war, das Entsetzen über den Verlust des theologischen Mittelpunktes in (An)Klage zu fassen, den Gedanken der Schuld mit den Ereignissen von 587 in Verbindung zu bringen...?"

[513] Vgl. oben zu Ez 17 Anm. 265.

[514] Vgl. dagegen Hos 6, 1–3.